新时代
法治发展的新面向

主编 陈甦

NEW DEVELOPMENT OF RULE OF
LAW IN CHINA

中国社会科学出版社

图书在版编目(CIP)数据

新时代法治发展的新面向/陈甦主编. —北京：中国社会科学出版社，2019.5

ISBN 978 - 7 - 5203 - 3336 - 8

Ⅰ.①新… Ⅱ.①陈… Ⅲ.①法学—研究—中国 Ⅳ.①D920.0

中国版本图书馆 CIP 数据核字(2018)第 237597 号

出 版 人	赵剑英	
责任编辑	喻 苗	
责任校对	韩天炜	
责任印制	王 超	

出　　版	中国社会科学出版社	
社　　址	北京鼓楼西大街甲 158 号	
邮　　编	100720	
网　　址	http://www.csspw.cn	
发 行 部	010 - 84083685	
门 市 部	010 - 84029450	
经　　销	新华书店及其他书店	
印　　刷	北京君升印刷有限公司	
装　　订	廊坊市广阳区广增装订厂	
版　　次	2019 年 5 月第 1 版	
印　　次	2019 年 5 月第 1 次印刷	
开　　本	710×1000　1/16	
印　　张	48.5	
字　　数	609 千字	
定　　价	168.00 元	

凡购买中国社会科学出版社图书，如有质量问题请与本社营销中心联系调换
电话:010 - 84083683

版权所有　侵权必究

序

党的十九大报告指出，经过长期努力，中国特色社会主义进入了新时代。这个新时代，是党领导人民承前启后、继往开来、在新的历史条件下继续夺取中国特色社会主义伟大胜利的时代，是我国各项事业持续发展、中华民族伟大复兴持续接近的新的历史方位，也是我国法治进步不断前行、法学繁荣不断添彩的新的历史方位。

随着中国特色社会主义进入新时代，我国社会主要矛盾已经转化为人民日益增长的美好生活的需要和不平衡不充分的发展之间的矛盾。人民对美好生活的需要，已不仅对物质文化生活提出了更高要求，而且在民主、法治、公平、正义、安全、环境等方面的要求也日益增长；我国社会生产力水平总体上显著提高，更突出矛盾是城乡、区域、收入分配等存在的不平衡不充分等问题，这已成为满足人民日益增长的美好生活需要的主要制约因素。在已转化的社会主要矛盾面前，法治既是人民美好生活需要的基本内容，也是满足人民追求美好生活需要、解决不平衡不充分发展问题的重要手段。中国特色社会主义进入了新时代，必然对法治中国建设和法学理论研究提出许多的甚至关系全局、影响深远的新任务、新课题和新要求。

新时代法治发展的新面向

以党的十九大精神为指导推进法学理论创新，首先就要学懂、弄通十九大精神。只有在学懂、弄通党的十九大精神的基础上，才能做实法学理论创新，即做出符合中国实际、满足实践需要、取得实质进展的法学理论创新。如果对新时代的历史方位不清晰，对党的十九大精神未学懂，对党和国家的大政方针未弄通，法学理论创新离做实的目标就总会存在一步之遥。在新时代发展中国特色社会主义法学理论体系，就应该在党的十九大精神的指引下，观察中国法治实态的新现象，聚焦中国法治建设的新实践，发现人民对法治需求的新重点，由此确定法学研究的新面向，进而确定法学研究领域的新任务和新课题。只有这样，我国的法学论述才能讲清楚中国特色社会主义进入新时代对法学理论创新的新要求，讲清楚我国社会主要矛盾的变化对法学研究提出的新课题，讲清楚以法治思维和法治方式解决社会主要矛盾时的新观察新思考新举措，不断提升法学的论述能力和阐释效果，不断创新和发展中国特色社会主义法学理论体系。

在新时代推进法学理论创新，应坚持正确的政治方向和学术导向，尊重法治规律，满足法治需求。在追求法学理论创新的科研实践中，围绕新时期法治建设目标与任务，结合十九大报告中有关法治建设的新精神新理念新举措，对中国法治建设经验进行理论阐释，对中国法治发展趋势做出科学判断，进而提出法治建设领域的发展思路，以此展开做实创新的法学科研实践。

在新时代推进法学理论创新，应坚持理论联系实际，对法治中国建设的实践和经验进行理论提升，用中国法治理论来解释中国法治实践，以中国法治的新实践来推进法学理论的新发展。时代是思想之母，实践是理论之源，当下中国的法治实践是中国法学理论创新的源泉。推进新时代法学理论创新，应坚持立足中国，面向世界，深入挖掘中国法治实践的学术价值，提炼出立足中国法治建设实践的理论命题。在此基础上，构建具有中国特色、中国风格、中国气派的法学体系。

为深入贯彻党的十九大精神，大力推进法学理论创新，中国社会科学院法学研究所组织专家学者以"新时代法治发展的新面向"为主题，对法学各学科或专业领域的当前任务与发展趋势进行梳理研析，撰写了相关理论文章并选萃成集。希望这些专业思考与学术阐释能够为新时代法治建设增能，为构建中国特色法学体系建功，为实现全面推进依法治国总目标助力。

陈 甦

中国社会科学院学部委员、法学研究所所长

目 录

特稿：民族复兴新征程的宪法引领与保障 　　　　谢伏瞻　1

全面依法治国篇

以十九大精神引领法治社会建设新征程 　　　　李　林　11
新时代中国特色社会主义法治理论的构建　叶子豪　支振锋　31
习近平总书记关于新时代依宪治国的新理念
　　新思想新实践 　　　　李　林　43
中国宪法实施的理论逻辑与实践发展 　　　　翟国强　82
新时代法治政府建设的新要求 　　　　李洪雷　100
统筹推进依法治国和依规治党 　　　　李　忠　135
依法治军体制机制的改革与完善 　　　　莫纪宏　149
民事权利保障机制的立法完善 　　　　朱广新　166

全面深化改革篇

农村土地"三权分置"改革亟待入法 　　　　孙宪忠　185
新时代监察体制改革的路径 　　　　周汉华　197
深化司法体制综合配套改革 　　　　祁建建　212
新时代反腐败斗争的法治保障 　　　　李　霞　229

| 深化商事制度改革的目标与路径 | 陈　洁 | 243 |
| 国家机构改革与组织法的革新 | 卢　超 | 264 |

新发展理念篇

新时代中国法治经济建设的逻辑	谢海定	281
供给侧结构性改革与宏观调控法治化	席月民	319
建设创新型国家与知识产权保护	管育鹰	357
私人产权保护的中国路径	谢鸿飞	380
自贸区的制度创新和法治保障	夏小雄	397
进一步加强我国财税法治建设的若干思考	肖　京	412
深化金融体制法治建设	吴　峻	427

社会建设篇

全面建成小康社会须完善社会保障法治	谢增毅	453
制定《社会法典》 促进改善民生	冉　昊	466
新时代国民健康的立法保障	董文勇	478
农村留守群体关爱服务体系构建	邓　丽	506
新时代基层社会治理与平安建设的挑战与因应		
——基于珠海市基层平安社会建设调研的实证分析		
	田纯才　刘雁鹏	528

文化建设篇

中华民族共同体的法理阐释	贺海仁	553
用法律来推动核心价值观建设	李　忠	572
建设新时代社会主义法治文化	莫纪宏	587
推动社会主义文化繁荣兴盛的法治保障	莫纪宏	599
网络强国建设的法治保障	支振锋　叶子豪	643

生态文明建设篇

生态文明新时代的法治保障	刘洪岩 林潇潇	661
新时代环境治理体系的构建与完善	刘洪岩 张忠利	678
进一步推进生态环境监管体制改革	刘洪岩 岳小花	692

国际法治篇

人类命运共同体与国际法治	蒋小红	713
完善海洋法律体系，加快建设海洋强国	马金星	729
实现"一带一路"倡议的法治化体系构建	刘敬东	747

特稿：民族复兴新征程的宪法引领与保障

谢伏瞻

宪法与国家前途、民族命运息息相关。我国宪法同党和人民进行的艰苦奋斗与创造的辉煌成就紧密相连，同党和人民开辟的前进道路与积累的宝贵经验紧密相连，同中华民族的复兴之路紧密相连。实践证明，我国现行宪法是符合国情、符合实际、符合时代发展要求的好宪法，是充分体现党和人民共同意志、充分保障人民民主权利、充分维护人民根本利益的好宪法，是推动国家发展进步、维护民族和谐团结、保证人民创造幸福生活、实现中华民族伟大复兴的好宪法，是我们国家和人民经受住各种困难和风险考验、始终沿着中国特色社会主义道路前进的根本法治保障，必须全面贯彻、长期坚持。

宪法必须随着党领导人民建设中国特色社会主义实践的发展而不断发展完善，这是我国宪法发展的一个显著特点，也是中国特色社会主义法治建设的一个基本规律。经过长期努力，中国特色社会主义进入了新时代。第十三届全国人民代表大会第一次会议通过的《中华人民共和国宪法修正案》，根据坚持和发展中国特色社会主义的新形势新实践，把党和人民在实践中取得的重大理论创新、实践创新、制度创新成果以国家根本法的形式确认下来，使之成为国家意志和全国各族人民的共同遵循，成为新时代引领和保障中华民族强起来、实现中华民族伟大复兴中国梦的国家根本法依据。

中华民族伟大复兴的宪法道路选择

我国现行宪法开篇写道："中国是世界上历史最悠久的国家之一。中国各族人民共同创造了光辉灿烂的文化。"在世界四大文明古国中，唯有中华文明有国有史，传承至今，不曾中断。中华文明孕育了独具特色的治国理政智慧。在世界法制史上，中华法系以其体系庞大、规范严密、德法兼顾而独树一帜，为人类法治文明发展做出重要贡献。但到了近代，由于西方列强入侵和封建统治腐朽，中国一步步沦为半殖民地半封建社会，中华民族遭受深重苦难。

实现中华民族伟大复兴是近代以来中华民族最伟大的梦想。为了走向国家富强、实现民族复兴，曾有一些政治势力寄希望于效仿西方宪法制度，试图通过变法立宪来改变中华民族的前途命运，但几经探索都没能找到解决中国问题、实现民族复兴的正确道路，人民依旧深陷苦难，民族依旧蒙受屈辱，国家依旧积贫积弱。究其根源，就在于这些宪法模式的理念依据、道路选择、制度安排与规范设计不符合中国国情，不契合民族特性，不反映社会规律，不代表人民利益。历史已经证明，西方资本主义的宪政模式根本不可能为中华民族伟大复兴提供观念引领和制度保障。中国必须从自己的国情和实际出发，选择符合自己历史发展规律的民主政治和宪法道路，这样才能为实现中华民族伟大复兴扫清政治障碍、提供宪法保障。

中国共产党一经成立，就义无反顾肩负起实现中华民族伟大复兴的历史使命。从建立革命根据地开始，我们党就进行了制定和实施人民宪法的探索与实践。新中国成立后，1954年宪法确认了中华民族站起来的历史事实，引领了社会主义革命和建设的伟大历史进程；1982年现行宪法开创了改革开放和社会主义现代化建设历史新时期，肯定了中华民族富起来的发展道路和建设成果，引领和保障了中国特色社会主义的伟大实践。实践证明，只有在中国共产党领导下制定和实施的社会主义宪法，才能引领和保障中华民族伟大复兴。

我国社会主义宪法引领和保障中华民族伟大复兴

我国现行宪法是在深刻总结我国革命、建设、改革成功经验基础上制定和不断完善的，是我们党领导人民长期奋斗历史逻辑、理论逻辑、实践逻辑的必然结果。宪法确立的一系列根本性制度、原则和规则，具有显著的制度优势、坚实的实践基础、牢固的民族认同感和强大的生命力，能够为实现中华民族伟大复兴提供坚实的宪法基础与充分的宪法保障。

翻开现行宪法序言，中国共产党领导中国人民进行革命、建设、改革的光辉历程与伟大成就清晰可见。宪法修正案对中国人民从站起来、富起来到强起来的历程进行宪法确认，勾画了中华民族的昨天、今天和明天。回溯新中国的宪法制度史可以发现，我国宪法既是治国安邦的总章程，也是中华民族伟大复兴的总规划。中华民族伟大复兴的目标确立、道路选择、制度设计与方略安排，得到不同时期宪法的确认和保障。

回顾人类宪法发展史，好的社会实践与好的宪法有机关联、相辅相成。在中华民族复兴之路上有一部好宪法的引领与保障，中国特色社会主义道路就会越走越宽广，中华民族伟大复兴就能成为一个必将实现的宏伟目标。中国革命、建设、改革的历史经验表明，我国现行宪法与中国特色社会主义伟大实践相辅相成，既深刻反映社会主义宪法发展的一般规律，又充分彰显中国特色社会主义的实践规律。

此次宪法修改以国家根本法的形式对新中国成立近70年来党领导人民进行社会主义革命、建设、改革取得的一系列重大历史性成果做出最新确认，对中国特色社会主义进入新时代进行最高法律确认，在总体保持我国宪法连续性、稳定性、权威性的基础上推动宪法与时俱进、完善发展，为新时代坚持和发展中国特色社会主义、实现"两个一百年"奋斗目标和中华民族伟大复兴的中国梦提供了有力宪法保障。

新时代的宪法修改铸牢中华民族伟大复兴之魂

此次宪法修改，是在中国特色社会主义进入新时代、中华民族伟大复兴踏上新征程中的一次重要政治宣言。新时代催生新思想，新思想引领新时代。此次宪法修改最重大的核心要义和最深刻的精神实质，是确立习近平新时代中国特色社会主义思想在国家政治和社会生活中的指导地位。这充分反映了全党全国各族人民的共同意愿，体现了党的主张和人民意志的高度统一，对于更好发挥宪法的规范、引领、推动、保障作用，进一步筑牢全党全国各族人民为实现中华民族伟大复兴中国梦而奋斗的共同思想基础，具有重大的现实意义和深远的历史意义。

复兴之路须有方向，复兴之体须有灵魂。中华民族伟大复兴不仅是一个物质文明日益丰富的过程，而且是一个不断塑造精神文明、凝魂聚气的过程。习近平新时代中国特色社会主义思想内涵丰富、博大精深，从理论和实践结合上系统回答了新时代坚持和发展什么样的中国特色社会主义、怎样坚持和发展中国特色社会主义等一系列基本问题,透彻阐述了中华民族伟大复兴的基本内涵、目标任务、实现路径、战略步骤,深刻揭示了中华民族在伟大复兴进程中的历史新方位,是走好新时代民族复兴征程的共同思想基础和强大精神力量。

此次宪法修改以习近平新时代中国特色社会主义思想为指导,以国家根本法的形式确认新时代我国发展的根本任务、领导核心、指导思想、发展道路、奋斗目标等,使我国宪法实现与时俱进,始终成为国家发展进步、人民创造幸福生活、中华民族实现伟大复兴的根本法治保障。在习近平新时代中国特色社会主义思想指引下,我们比以往任何时候都更有信心、更有能力完成新时代党的历史使命,实现中华民族伟大复兴的中国梦。

构建中国特色哲学社会科学必须坚定宪法自信

哲学社会科学作为人类认识世界、改造世界的重要工具,历来是推动历史发展和社会进步的重要力量。坚持和发展新时代中国特色社会主义,实现中华民族伟大复兴,必须加快构建中国特色哲学社会科学。

构建中国特色哲学社会科学,必须对宪法确立的指导思想充满自信。我国宪法确立了马克思列宁主义、毛泽东思想、邓小平理论、"三个代表"重要思想、科学发展观、习近平新时代中国特色社会主义思想作为国家的指导思想,这也就确立了构建中国特色哲学社会科学的根本遵循。习近平新时代中国特色社会主义思想是对马克思列宁主义、毛泽东思想、邓小平理论、"三个代表"重要思想、科学发展观的继承和发展,是马克思主义中国化的最新成果,是当代中国的马克思主义、21世纪的马克思主义,是党和国家必须长期坚持的指导思想。构建中国特色哲学社会科学，必须坚持以习近平新时代中国特色社会主义思想为指导，将这一思想贯穿到哲学社会科学的学科建设、人才培养、科学研究、课程设置、教材编写、学术评价等各环节中。

构建中国特色哲学社会科学，必须对宪法确立的发展道路和奋斗目标充满自信。我国宪法规定，国家的根本任务是，沿着中国特色社会主义道路，集中力量进行社会主义现代化建设；明确指出，要把我国建设成为富强民主文明和谐美丽的社会主义现代化强国，实现中华民族伟大复兴。中国特色社会主义道路是实现社会主义现代化、创造人民美好生活的必由之路，是实现中华民族伟大复兴的必由之路。构建中国特色哲学社会科学，要在宪法引领、规范和保障下，阐释中国道路、提炼中国经验，按照立足中国、借鉴国外，挖掘历史、把握当代，关怀人类、面向未来的思路，在指导思想、学科体系、学术体系、话语体系等方面充分体现中国特色、中国风格、中国气派，服务于社会主义现代化强国建设和实现中华民族伟大复兴的中国梦。

构建中国特色哲学社会科学，必须对宪法确认的中国共产党领导和我国社会主义制度充满自信。我国宪法规定，社会主义制度是中华人民共和国的根本制度；中国共产党领导是中国特色社会主义最本质的特征。构建中国特色哲学社会科学，必须坚持宪法确认的中国共产党领导地位不动摇，坚定中国特色社会主义道路自信、理论自信、制度自信、文化自信。在哲学社会科学研究中，要正确区分学术问题和政治问题，把握好政治立场坚定性和科学探索创新性的有机统一。既要牢固树立"四个意识"，坚持正确的政治方向；又要坚持百花齐放、百家争鸣，勇于推进实践基础上的理论创新。

构建中国特色哲学社会科学，必须对宪法确认的我们党领导人民创造的社会主义先进文化和中华优秀传统文化充满自信。社会主义先进文化以马克思主义为指导，坚守中华文化立场，立足当代中国现实，面向现代化、面向世界、面向未来，是民族的科学的大众的社会主义文化，蕴含着强大的精神力量，凝结着全体人民共同的价值追求。中华优秀传统文化是中华民族的精神根脉，也是中华民族的突出优势。中华优秀传统文化中蕴含的丰富哲学思想、人文精神、传统美德等，是解决当代人类面临的共同难题的重要思想源泉。构建中国特色哲学社会科学，要立足中国特色社会主义文化，坚持不忘本来、吸收外来、面向未来，努力提出能够体现中国立场、中国智慧、中国价值的理念、主张、方案，不断增强我国哲学社会科学的国际影响力，更好发挥中国特色哲学社会科学对增强国家文化软实力、提高国际话语权的重要作用，不断铸就中华文化新辉煌。

（作者为中国社会科学院院长）

全面依法治国篇

以十九大精神引领法治
社会建设新征程

李 林

> 中国特色社会主义进入新时代，我国社会主要矛盾已经转化为人民日益增长的美好生活需要和不平衡不充分的发展之间的矛盾。我国稳定解决了十几亿人的温饱问题，总体上实现小康，不久将全面建成小康社会，人民美好生活需要日益广泛，不仅对物质文化生活提出了更高要求，而且在民主、法治、公平、正义、安全、环境等方面的要求日益增长。同时，我国社会生产力水平总体上显著提高，社会生产能力在很多方面进入世界前列，更加突出的问题是发展不平衡不充分，这已经成为满足人民日益增长的美好生活需要的主要制约因素。
>
> ——十九大报告

党的十九大报告做出了中国特色社会主义进入新时代、我国社会主要矛盾已经转化等重大战略判断，确立了习近平新时代中国特色社会主义思想的历史地位，明确提出了新时代坚持和发展中国特色社会主义的基本方略，深刻回答了新时代坚持和发展中国特色社会主义的一系列重大理论和实践问题，做出了社会主义现代化建设"两个阶段"的重大战略安排，明确中国特色大国外

新时代法治发展的新面向

交要推动构建新型国际关系，推动构建人类命运共同体，促进全球治理体系变革，绘就了高举中国特色社会主义伟大旗帜、决胜全面建成小康社会、夺取新时代中国特色社会主义伟大胜利的新蓝图，引领全面依法治国进入坚持和发展中国特色社会主义的新时代，开启了迈向建设社会主义现代化和法治化强国的新征程。党的十九大不仅在中国共产党和中华人民共和国的历史上具有十分重大的里程碑意义，而且在世界近现代发展史和国际共产主义运动史上也具有十分重大的标志性意义。

党的十九大报告坚持和发展了十八大以来全面推进依法治国、加快建设社会主义法治国家的基本方针、基本原则和战略布局，把全面推进依法治国的总目标和坚持全面依法治国提升为新时代中国特色社会主义核心思想和基本方略，明确提出法治国家、法治政府、法治社会要一体建设、相互促进，提出两个一百年交汇期决战全面小康深化依法治国实践的新要求和基本任务，提出到2035年基本建成法治国家、法治政府和法治社会的战略目标，通篇体现了习近平总书记关于法治的重要论述，贯穿了坚持和发展中国特色社会主义的法治精神。

建设法治社会，既是建设法治中国的重要组成部分，是全面依法治国的基础工程，也是建设中国特色社会主义法治体系、建设社会主义法治国家的重要环节。党的十九大明确指出：经过长期努力，中国特色社会主义进入新时代，这是我国发展新的历史方位。[①] 作为中国特色社会主义不可或缺的组成部分，中国特色社会主义法治和全面依法治国当然也进入了新时代，具有新时代全面依法治国的基本特征和本质属性，承担新时代法治建设的基本功能和历史责任，引领、促进和保障中国特色社会主义的不断

---

① 习近平：《决胜全面建成小康社会 夺取新时代中国特色社会主义伟大胜利——在中国共产党第十九次全国代表大会上的报告》，人民出版社2017年版，第10页。

发展。全面依法治国进入新时代，不仅意味着法治社会建设站在新的历史方位上进入了新时代，而且意味着法治社会建设要积极回应和深入解决社会新矛盾、经济新发展、人民新需求、改革新任务、法治新实践等带来的挑战和问题，在深化依法治国实践的伟大进程中开启新时代法治社会建设的新征程。

一 法治国家、法治政府、法治社会一体建设、互相促进

党的十九大报告在总结过去五年社会主义民主法治建设取得的历史性成就时指出，五年来，我们……协调推进"四个全面"战略布局，党和国家事业全面开创新局面，民主法治建设迈出重大步伐，推进全面依法治国，党的领导、人民当家做主、依法治国有机统一的制度建设全面加强，科学立法、严格执法、公正司法、全民守法深入推进，法治国家、法治政府、法治社会建设互相促进，中国特色社会主义法治体系日益完善，全社会法治观念明显增强。[1] 十九大报告用"法治国家、法治政府、法治社会建设互相促进"的表述，对过去五年法治社会建设的成就和特点做出了重要总结，对未来法治社会建设提出了新的要求和希望，是对法治社会建设认识的深化和实践的深入。

2012年12月4日习近平总书记在纪念现行宪法公布施行30周年大会和第十八届中央政治局第四次集体学习等场合，明确提出"法治国家、法治政府、法治社会一体建设"[2] 命题，法治社

---

[1] 习近平：《决胜全面建成小康社会 夺取新时代中国特色社会主义伟大胜利——在中国共产党第十九次全国代表大会上的报告》，人民出版社2017年版，第4页。

[2] 《习近平谈治国理政》，外文出版社2014年版，第142页；习近平：《在第十八届中央政治局第四次集体学习时的讲话》（2013年2月23日），载中共中央文献研究室编《习近平关于全面依法治国论述摘编》，中央文献出版社2015年版，第3页。

会和法治国家、法治政府被紧密连接起来，它们的建设必须"一体建设"。"一体建设"这种表述及其要求，既是对长期以来加强中国特色社会主义法治建设之"建设"概念内容的具体化和实施方式的深化与拓展，也是对如何建设法治国家、法治政府和法治社会的一种宏观性要求。"一体建设"，就是要把法治国家、法治政府、法治社会这三者视为一个不可分割、不可或缺、不能错位、不能缺位的有机整体，在建设的内涵和对象上，三者要一体化进行而不能各行其是、各自为政；在建设的速度上，三者要统一实施、协调推进，而不能过分超前或者滞后，尤其不宜轻率提出"率先建成法治政府""率先建成法治社会"之类的口号或者目标；在建设的力度上，三者要彼此相当、相互照应，而不能参差不齐、强弱悬殊，更不能出现短板和漏洞。党的十八届四中全会《决定》明确提出，建设中国特色社会主义法治体系，建设社会主义法治国家，必须"坚持法治国家、法治政府、法治社会一体建设，实现科学立法、严格执法、公正司法、全民守法，促进国家治理体系和治理现代化"①。习近平总书记强调指出：全面推进依法治国、建设社会主义法治国家，必须"准确把握全面推进依法治国工作布局，坚持依法治国、依法执政、依法行政共同推进，坚持法治国家、法治政府、法治社会一体建设。全面推进依法治国是一项庞大的系统工程，必须统筹兼顾、把握重点、整体谋划，在共同推进上着力，在一体建设上用劲"②。这其中，法治社会是法治国家和法治政府的基础；建设法治社会是全面依法治国的重要方面，是建设法治国家、法治政府的社会基础工程。

党的十九大报告在坚持三者"一体建设"的基础上，进一步

---

① 《中共中央关于全面推进依法治国若干重大问题的决定》（2014年10月23日），载中共中央文献研究室编《十八大以来重要文献选编（中）》，中央文献出版社2016年版，第157页。

② 习近平：《加快建设社会主义法治国家》，《求是》2015年第1期。

明确提出法治国家、法治政府、法治社会建设三者要"相互促进",从而使三者建设的相互关系和推进要求从"一体建设"发展到"相互促进",进一步深化和完善了法治社会建设的内涵和方式。"一体建设"把法治建设活动和过程视为一个有机整体,强调的是法治国家、法治政府、法治社会建设的整体性、系统性、不可分割性和同步性,"相互促进"把法治建设视为一个由各个部分组成的法治系统,凸显的是法治国家、法治政府、法治社会建设过程中,三者之间的关联关系和互动关系,强调的是协同性、相互性、联动性和动态实施性。党的十九大提出法治国家、法治政府、法治社会建设要"相互促进",是对三者"一体建设"的重要补充和深化完善。"相互促进"与"一体建设"两个方面相互结合、彼此补充、相辅相成,协调推进法治社会建设与法治国家、法治政府建设一体化进程,将使 2035 年基本建成法治社会更加具有方向性、机制性和方法性的保障和支持。

二 新矛盾对法治社会建设的新需要

党的十九大报告做出中国特色社会主义进入新时代的重大战略判断,指出我国社会主要矛盾已经从党的十一届六中全会提出的"人民日益增长的物质文化需要同落后的社会生产之间的矛盾",转化为人民日益增长的美好生活需要和不平衡不充分的发展之间的矛盾。人民的美好生活需要,不仅对物质文化生活提出了更高要求,而且在民主、法治、公平、正义、安全、环境等方面的要求日益增长。[①] 新的社会主要矛盾的深刻变化,集中体现在两个方面:一方面,从需求方(人民需要)的角度来看,以往

---

① 习近平:《决胜全面建成小康社会 夺取新时代中国特色社会主义伟大胜利——在中国共产党第十九次全国代表大会上的报告》,人民出版社 2017 年版,第 11 页。

新时代法治发展的新面向

人民日益增长的"物质文化需要",已经转化为对"美好生活需要",而以"民主、法治、公平、正义、安全、环境"等为主要内容的人民对美好生活的新需要,都直接或间接关涉法治及其涵盖的民主自由、公平正义、安全环保等法治文明的内容,基本上都是广义的法律调整和法治运行需要面对和解决的重大问题,是推进科学立法、严格执法、公正司法和全民守法应当高度重视和积极回应的现实问题,是建设法治国家、法治政府、法治社会、法治经济、法治文化、法治生态和深化依法治国实践亟待解决的根本问题;[①] 另一方面,从供给方(法治生产)的角度来看,我国社会以往"落后的社会生产"供给,已经转化为"发展的不平衡不充分"新态势,这里的发展,包括了政治发展、经济发展、法治发展、社会发展、文化发展、生态文明发展以及新发展理念要求的"五大发展"等各个方面。在法治供给方面,集中体现在我们党通过依法执政和领导法治发展提供的顶层设计和战略性供给,国家权力机关通过立法体系现代化和科学民主立法提供的法律法规供给,国家行政机关通过行政体制和行政能力现代化以及依法行政提供的执法服务供给,国家司法机关通过司法体制和司法能力现代化以及公正司法提供的公正裁判、定分止争的司法正义供给,全体公民通过信法尊法学法守法用法、树立法治信仰形成自觉守法的秩序供给,执政党通过提高依法执政和依规治党的执政能力提供治国理政的政治供给等,基本上都既存在法治供给不充分、不到位、不及时的问题,也存在法治供给和法治资源配置不平衡、不协调、不合理的问题。

这其中,许多问题是属于法治社会建设需要回应和解决的法治问题。

[①] 李林:《开启新时代中国特色社会主义法治新征程》,《环球法律评论》2017年第6期。

其一，社会主要矛盾的存在，本质上就是建设法治社会要调整、应对和解决的社会基本问题。法律是社会关系的调整器，法治是社会矛盾的化解器。法治社会不是没有矛盾、没有风险、没有冲突、没有纠纷的乌托邦、理想国的社会，而是必然会产生矛盾、存在风险、出现冲突、发生纠纷的社会。① 面对这些风险、矛盾和问题，建设法治社会的积极意义在于，执政党、国家、社会和公民能够理性对待，运用法治思维和法治方式等人类法治文明的手段举措加以防范和解决。法治社会虽然不能从宏观上直接调整和解决社会主要矛盾的问题，但它可以从调整社会关系、规范社会行为、分配社会利益、化解社会矛盾、构建社会秩序等中观和微观方面，为回应社会主要矛盾提供具体的法治保障和深厚的法理支撑。

其二，党的十九大报告提出的民主、法治、公平、正义、安全、环境等社会新矛盾的新需要，实质上都是法治范畴需要关注的问题，基本上都是建设法治社会应当面对和解决的问题。法治社会应当是民主社会、和谐社会、公平社会、正义社会、平安社会、生态文明社会、幸福社会。新时代社会主要矛盾的新变化，既从社会发展的多方面、多角度、多领域对法治社会建设提出了

---

① "和谐社会绝不是一个没有利益冲突的社会，而是一个有能力解决和化解利益冲突，并由此实现利益大体均衡的社会，而要实现这种调节和均衡就必须靠'法'……共和国的历史证明，一旦法治沉沦，往往就是人治横行，权力为所欲为，社会混乱的时期……历史的经验表明，人类千万年的历史，最伟大的成就就是实现了对权力的驯服，把权力关进了笼子。只有实现了依法治权，依法治官，保障公民权利才不会落空，公平正义才能'比太阳还要有光辉'。"（黄豁：《消解"阶层固化"隐忧》，《瞭望》周刊2011年第2期）美国耶鲁大学著名政治学教授詹姆斯·C.斯科特曾经指出："我不认为有绝对稳定、绝对和谐的社会，纠纷的存在是一个社会成功实现其目标的标志。这就像一个好的婚姻里，双方常常发生争论一样。我的意思是说，一个成功的社会应该去善于管理冲突，而不是杜绝冲突。"（于建嵘、[美]斯科特：《低层政治与社会稳定》，《南方周末》2008年1月24日）世界社会治理的实践经验同样早已证明，法治是人类政治文明的积极成果，是实现社会和谐和人民幸福的根本保证。

新时代法治发展的新面向

新课题、新挑战、新期待,也从法治建设的多环节、多层次、多学科对如何建设法治社会提出了新目标、新要求和新任务。党的十九大做出新社会主要矛盾的重大判断,对于法治社会建设而言,既是前所未有的挑战,也是千载难逢的机遇。

其三,新时代社会主要矛盾的变化,必然会反映到法治体系建设和法治社会实践中,突出表现为在法治建设中,立法、执法、司法、守法、用法、护法等环节的不平衡;在中国特色社会主义法治体系中,国家法律法规体系、法治实施体系、法治监督体系、法治保障体系、党内法规体系五大体系的不平衡;在依法治国总体布局中,法治国家、法治政府、法治社会、法治经济、法治政治、法治政党、法治文化等方面的不平衡;在法治改革中,司法改革、法治政府建设、立法发展、依法执政、法治监察等领域的发展不平衡;在司法改革中,法院改革、检察院改革、公安体制改革、司法行政改革等部门改革的不平衡;在法治建设具体实践中,中央与地方、地方与地方、不同区域之间、不同行业之间、不同领域之间、东西南北中之间等的发展不充分不平衡。我国法治发展的这些不充分不平衡,必然从方方面面影响、掣肘和制约法治社会建设。例如,科学民主立法供给不充分,将使法治社会建设缺少必要的法律依据和合法性前提;法治政府建设不到位,将直接影响法治社会建设的一体化和相互促进的发展进程;公正司法未实现,将具体影响人民群众通过每一个司法案件对法治社会公平正义的感受和认知;等等。

法治社会建设与社会建设、乡村建设相辅相成、殊途同归。党的十九大高度重视社会建设,明确提出要提高保障和改善民生水平,加强和创新社会治理,打造共建共治共享的社会治理格局。加强社会治理制度建设,完善党委领导、政府负责、社会协同、公众参与、法治保障的社会治理体制,提高社会治理社会化、法治化、智能化、专业化水平。加强预防和化解社会矛盾机制建设，正确处理人民内部矛盾。加快社会治安防控体系建设，依法打击和惩治黄赌毒黑拐骗等违法犯罪活动，保护人民人身权、财产权、人格权。①加强社区治理体系建设，推动社会治理重心向基层下移，发挥社会组织作用，实现政府治理和社会调节、居民自治良性互动。

党的十九大报告在实施乡村振兴战略部分明确提出，要加强农村基层基础工作，健全自治、法治、德治相结合的乡村治理体系。②在我国，城市的社会治理和农村的乡村治理，是基层治理和社会治理的两个方面军，也是法治社会建设的两大基础性领域。党的十九大报告提出要完善社会治理体制，提高社会治理社会化、法治化、智能化、专业化水平，构建自治、法治、德治相结合的乡村治理体系，实质上都是法治社会建设的重要任务。应当在推进全面依法治国和推进国家治理体系和治理能力现代化的大格局下，进一步创新法治社会建设的理念思路、体制机制、方式方法。在法治社会建设的治理理念上，应当更加重视引入现代治理中的"他治、自治和共治"理念和范式，减少他治，重视自治，强化共治，推进基层和社会治理现代化和法治化；在法治社会建设的治理手段上，应当更加重视大数据、互联网、信息化、云计算等高科技手段在法治社会建设中的推广和运用，把法治与"网治""数治""科治""信息治"紧密结合起来，为法治社会建设插上现代高科技的翅膀；在法治社会建设的治理规范上，应当更加重视发挥法治与德治、法律与道德、硬法与软法、国家法与民间法、成文法与习惯法、公法与私法等规范规则的共同治理

---

① 习近平：《决胜全面建成小康社会 夺取新时代中国特色社会主义伟大胜利——在中国共产党第十九次全国代表大会上的报告》，人民出版社2017年版，第49页。

② 同上书，第32页。

作用，形成以法治和法律为主导的多种规则规范综合治理、系统治理、全方位治理的格局，切实把法治社会建设和依法依规治理的重心下移到乡村、社区、街道、厂矿、学校等基层单位，不断夯实法治中国建设的法治社会基础。

总之，法治社会建设进入中国特色社会主义新时代、面临新的社会主要矛盾，必须高度重视人民群众对法治社会建设（如平安、稳定、秩序、公平、正义、和谐、幸福、尊严等）的新需要，积极回应和解决新的社会主要矛盾在法治社会建设领域出现的法治供给不充分、法治发展不平衡等问题，积极打造法治社会建设转型升级的2.0版。

三 新思想对法治社会建设的新指引

党的十九大最重大的理论创新、最重要的政治成果、最深远的历史贡献，是把习近平新时代中国特色社会主义思想载入党章，确立为我们党必须长期坚持和不断发展的指导思想和行动指南。[①] 习近平新时代中国特色社会主义思想，是对马克思列宁主义、毛泽东思想、邓小平理论、"三个代表"重要思想、科学发展观的继承和发展，是马克思主义中国化的最新成果，是党和人民实践经验和集体智慧的结晶，是中国特色社会主义理论体系的重要组成部分，是全党全国人民为实现中华民族伟大复兴而奋斗的行动指南，必须长期坚持并不断发展。习近平总书记关于法治的重要论述，是习近平新时代中国特色社会主义思想的重要组成部分，是中国特色社会主义法治理论的最新成果。

党的十九大报告对习近平新时代中国特色社会主义思想，提

---

① 袁曙宏：《中国特色社会主义新时代的纲和魂——学习习近平新时代中国特色社会主义思想的认识和体会》，《求是》2017年第23期。

出了"八个明确"。其中,"明确全面推进依法治国总目标是建设中国特色社会主义法治体系、建设社会主义法治国家",进一步坚持和重申了我们党全面推进依法治国的总目标并把这个总目标纳入习近平新时代中国特色社会主义思想的范畴,明显提升了依法治国在党和国家战略大局中的指导思想意义。这表明,开启中国特色社会主义法治新征程,推进法治社会建设新发展,并不是要改弦更张、另起炉灶,而是要求我们必须一如既往地坚持中国特色社会主义法治道路,贯彻中国特色社会主义法治理论,在习近平总书记关于法治的重要论述指导下,深入贯彻落实党的十八大以来以习近平同志为核心的党中央在全面依法治国方面做出的一系列战略决策、顶层设计和改革部署,把全面依法治国这项长期战略任务和系统工程持之以恒地深入推行下去,不达成建成中国特色社会主义法治体系、建成社会主义法治中国的目标绝不停留罢休。建设法治社会,应当从理论上深刻认识并处理好"一个明确"(明确全面推进依法治国总目标是建设中国特色社会主义法治体系、建设社会主义法治国家)与其他"七个明确"的关系,在理论上绝不能把"八个明确"割裂开来或者分别孤立起来理解,在实践中绝不能把"一个明确"与"七个明确"对立起来、冲突起来。"八个明确"是一个逻辑清晰、目标明确、主线突出、相互依存、不可分割的有机整体。坚持习近平总书记关于法治的重要论述对全面依法治国和法治社会建设的指导地位,必须完整统一地理解"八个明确"的深刻内涵,全面准确地贯彻落实"八个明确"的核心要义。[①]

习近平新时代中国特色社会主义思想,还提出"十四个坚持"(十四个基本方略),其中包括坚持全面依法治国。全面依

---

① 参见李林《开启新时代中国特色社会主义法治新征程》,《环球法律评论》2017年第6期。

新时代法治发展的新面向

法治国基本内涵包括 12 项：必须把党的领导贯彻落实到依法治国全过程和各方面；坚定不移走中国特色社会主义法治道路；完善以宪法为核心的中国特色社会主义法律体系；建设中国特色社会主义法治体系；建设社会主义法治国家；发展中国特色社会主义法治理论；坚持依法治国、依法执政、依法行政共同推进；坚持法治国家、法治政府、法治社会一体建设；坚持依法治国和以德治国相结合；依法治国和依规治党有机统一；深化司法体制改革；提高全民族法制素养和道德素质。① 在这里，依法治国既是我们党领导人民治国理政的基本方略，也是我们党坚持和发展中国特色社会主义基本方略的重要组成部分。在坚持依法治国的表述中，十九大报告没有提及"科学立法、严格执法、公正司法、全民守法"，也没有提及"党领导立法、保证执法、支持司法、带头守法"，却十分明确地肯定了"坚持法治国家、法治政府、法治社会一体建设"。这是党的十九大对"一体建设"和"相互促进"，共同推进法治国家、法治政府、法治社会建设的充分肯定，也是坚持将习近平新时代中国特色社会主义思想作为法治建设指导思想和行动指南的根本遵循。建设法治社会作为建设社会主义法治国家和全面坚持依法治国的重要内容，被与"八个明确"和"十四个坚持"一道，共同纳入我们党指导思想和基本方略的范畴，不仅显著提升了法治社会建设的理论、战略和实践地位，而且赋予了法治社会建设在新时代坚持和发展中国特色社会主义新征程中的新责任和新使命，对在实现中华民族伟大复兴历史进程中的法治社会建设提出了新目标和新要求。

---

① 习近平：《决胜全面建成小康社会 夺取新时代中国特色社会主义伟大胜利——在中国共产党第十九次全国代表大会上的报告》，人民出版社 2017 年版，第 22—23 页。

四 新目标对法治社会建设的新规划

党的十九大报告指出,改革开放之后,我们党对我国社会主义现代化建设做出战略安排,提出"三步走"战略目标。解决人民温饱问题、人民生活总体上达到小康水平这两个目标已提前实现。在这个基础上,我们党提出,到建党一百年时建成经济更加发展、民主更加健全、科教更加进步、文化更加繁荣、社会更加和谐、人民生活更加殷实的小康社会,然后再奋斗三十年,到新中国成立一百年时,基本实现现代化,把我国建成社会主义现代化国家。① 道路决定方向、决定命运,目标决定实践、决定前途。在全面建成小康社会的基础上,把建设社会主义现代化强国分为"两步走",即从2020年全面建成小康社会,到2035年基本实现现代化,再到2050年左右全面建成社会主义现代化强国,是新时代坚持和发展中国特色社会主义的总体战略安排和时间表、路线图,同时也是新时代全面推进依法治国、努力建设法治中国,到2050年左右实现法治强国的根本战略引领和时间表、路线图。

党的十九大报告指出,从2020年到2035年,在全面建成小康社会的基础上,再奋斗15年,基本实现社会主义现代化。到那时……人民平等参与、平等发展权利得到充分保障,法治国家、法治政府、法治社会基本建成,各方面制度更加完善,国家治理体系和治理能力现代化基本实现……现代社会治理格局基本形成,社会充满活力又和谐有序;生态环境根本好转,建设美丽中国目标基本实现。② 新中国的历史上,在我们党的代表大会政

---

① 习近平:《决胜全面建成小康社会 夺取新时代中国特色社会主义伟大胜利——在中国共产党第十九次全国代表大会上的报告》,人民出版社2017年版,第27页。
② 习近平:《决胜全面建成小康社会 夺取新时代中国特色社会主义伟大胜利——在中国共产党第十九次全国代表大会上的报告》,人民出版社2017年版,第28页。

新时代法治发展的新面向

治报告中很少有像经济社会建设那样提出一系列具体发展目标和任务指标的情况。1997年党的十五大报告在确立依法治国作为党领导人民治国理政基本方略的同时，明确提出2010年形成中国特色社会主义法律体系。党的十八大报告提出到2020年全面建成小康社会时，要实现依法治国基本方略得到基本落实、法治政府基本形成、司法公信力明显提高、人权得到切实尊重和保障、国家各项工作实现法治化的五大目标任务。[①] 党的十九大报告进一步明确提出，到2035年在基本建成社会主义现代化国家的同时，要基本建成法治国家、法治政府、法治社会。这意味着：第一，建设法治社会是我们党在实现中华民族伟大复兴历史进程中将长期坚持的基本方针，是建设法治中国必须努力实现的奋斗目标，我们对此要充满信心；第二，建设法治社会是建设社会主义现代化国家的重要目标和历史性任务，新时代的法治社会建设只会加强而不会削弱、只会提速而不会放慢；第三，我们党提出用近20年左右时间基本建成法治国家、法治政府和法治社会，这既说明法治社会建设具有艰巨性、长期性、系统性，而不可能搞"法治大跃进"、不可能一蹴而就，也说明我们党在做出法治中国建设和法治社会建设的战略决策和目标设计时，是立足国情、实事求是、谨慎稳妥的，而不是头脑发热的"法治政绩工程""法治拍脑袋工程"；第四，鉴于我们曾于2004年提出用10年左右时间基本建成法治政府，[②] 党的十八大和"十三五规划"又提出到2020年基本建成法治政府，事实上都难以实现。党的十九大

[①] 胡锦涛：《坚定不移沿着中国特色社会主义道路前进，为全面建成小康社会而奋斗》（2012年11月8日），载中共中央文献研究室编《十八大以来重要文献选编（上）》，中央文献出版社2014年版，第14、15页。

[②] 国务院：《关于印发〈全面推进依法行政实施纲要〉的通知》（国发〔2004〕10号）明确提出："全面推进依法行政，经过十年左右坚持不懈的努力，基本实现建设法治政府的目标。"

明确提出到2035年基本建成法治国家、法治政府和法治社会，应当进一步明确"三个基本建成"的路线图和任务书以及实现条件、路径依赖、阶段性目标、具体任务、评价标准等，以防"三个基本建成"目标落空。

五　新任务对法治社会建设的新要求

全面推进依法治国是一个系统工程，是国家治理领域一场广泛而深刻的革命。[①] 法治社会建设必须纳入这场变法性的深刻"法律革命"，融入这个社会法治系统工程，必须与法治国家、法治政府一体建设，与依法治国、依法执政、依法行政相互配合，与科学立法、严格执法、公正司法、全民守法相互作用，与法治经济建设、法治文化建设、法治生态建设相互匹配，才能达成建设法治社会、法治国家的目标。法治是一部由各种零部件组成的精密完整的国家机器，所有零部件的科学配置、密切配合、相互作用、共同发力，才能使法治国家机器良好运行并发挥最大功效。法治社会是法治国家机器中一个十分关键的零部件、一颗至关重要的螺丝钉，它的"关键性"和"重要性"只有放在法治机器这个整体中才能得到有效存在和真实体现，建设法治社会的成效也只有在国家法治建设这个系统工程中才能得到评判和检验。因此，深化新时代法治社会建设，开启新时代法治社会建设新征程，必须与党的十九大做出的坚持全面依法治国、深化依法治国实践的整体战略部署紧密结合起来，必须与法治中国建设的全部理论探索和实践推进紧密结合起来，必须融入坚持和发展中

[①] 习近平：《关于〈中共中央关于全面推进依法治国若干重大问题的决定〉的说明》（2014年10月20日），载中共中央文献研究室编《十八大以来重要文献选编（中）》，中央文献出版社2016年版，第154页。

新时代法治发展的新面向

国特色社会主义的全过程和各方面。

党的十九大报告提出了深化依法治国实践八个方面的重点任务。①

（1）坚持厉行法治，推进科学立法、严格执法、公正司法、全民守法。这就要求法治社会建设要坚持宪法法律至上，紧扣"新十六字方针"确立的法治工作基本格局，用法治思维和法治方式多环节、多层次、多角度、多方位推进法治社会建设，而不是单打独斗、单枪匹马、孤军作战。

（2）成立中央全面依法治国领导小组，加强对法治中国建设的统一领导。这就从全面依法治国顶层设计的最高领导体制上，进一步强化了以习近平为核心的党中央加强对法治中国建设集中统一领导的权威性、统一性和有效性，有利于统筹推进全面依法治国与全面建成小康社会、全面深化改革、全面从严治党，有利于全面推进法治国家、法治政府、法治社会相互促进、一体建设，有利于在中央的统一领导下把法治建设与社会建设深度融合起来，把法治社会建设与经济建设、政治建设、文化建设、生态文明建设、党的建设紧密结合起来，使法治社会建设与社会主义现代化建设同步展开、协调推进。②

（3）加强宪法实施和监督，推进合宪性审查工作，维护宪法权威。这就要求法治社会建设不仅要紧盯微观的法律规范实施、具体的法律关系调整、个别的法律行为规制、基层的法律秩序构建，而且要有宪法意识、宪法观念，在法治社会建设的具体实践中贯彻宪法精神、体现宪法意志、维护宪法权威，用具体实在法治行为保证宪法实施，落实宪法监督，发现合宪性审查的对象和

---

① 习近平：《决胜全面建成小康社会 夺取新时代中国特色社会主义伟大胜利——在中国共产党第十九次全国代表大会上的报告》，人民出版社2017年版，第38—39页。

② 参见李林《成立中央全面依法治国领导小组意义重大》，《中国社会科学报》2017年11月7日第1版。

问题。

（4）推进科学立法、民主立法、依法立法，以良法促进发展、保障善治。这不仅要求立法机关通过民主科学依法的立法供给，为法治社会建设提供及时、充分、管用的社会法律体系和制度规范，以保证法治社会建设有良法[①]可依循；而且要求这种良法体系在法治社会建设的实践中得到应用和检验，能够切实有效地促进经济社会发展，保证社会稳定和谐有序，促使社会平安健康文明，实现社会领域的良法善治和公平正义。

（5）建设法治政府，推进依法行政，严格规范公正文明执法。政府与社会、政府法治与社会法治、建设法治政府与建设法治社会，是相辅相成、相互作用、相互依存的三对范畴。法治政府建设得好坏成败，直接关涉法治社会建设的成效，两者密不可分。因此，按照党的十九大报告的要求，建设法治国家、法治政府、法治社会要"相互促进"、彼此支持。由于我国的依法治国是政府主导和行政推进型的法治，在法治政府与法治社会"两个建设"中，法治社会建设居于相对从属的地位，是"一体建设"的弱项和短板。因此深化法治政府建设，全面推进依法行政，改革行政体制，提高行政效率，规范行政行为，必然会为法治社会建设创造良好的公法环境、提供依法高效办事的政府服务，为社会建设中的法治、自治和共治提供更大空间和自由度，从而极大地促进和带动法治社会建设。

（6）深化司法体制综合配套改革，全面落实司法责任制，努

[①] "良法"就是党领导人民管理国家、治理社会的一整套系统完备、科学规范、运行有效、成熟定型的制度体系，其中主要是宪法制度和法治体系。习近平总书记说："人民群众对立法的期盼，已经不是有没有，而是好不好、管用不管用、能不能解决实际问题；不是什么法都能治国，不是什么法都能治好国"（习近平：《在第十八届中央政治局第四次集体学习时的讲话》（2013年2月23日），载中共中央文献研究室编《习近平关于全面依法治国论述摘编》，中央文献出版社2015年版，第43页），而是要求以系统完备、科学规范、运行有效的"良法"治理国家和社会。

力让人民群众在每一个司法案件中感受到公平正义。在狭义上，司法和司法体制改革不属于法治社会建设的范畴，但司法审判和司法体制改革的结果却与法治社会建设密切相关，直接影响和辐射法治社会的方方面面。一次不公正的审判，常常会在社会上引起负面评价的轩然大波；而一次对冤假错案的公开纠正，也常常引爆法治社会的正能量好评。因此，按照十九大的部署，在过去五年司法体制改革取得全面成就的基础上，进一步深化和推开司法体制综合配套改革①，全面深入落实司法责任制，努力让人民群众在每一个司法案件中感受到公平正义，就是从司法领域推进和支持法治社会建设，让人民群众在对司法公正的具体获得感中不断增强对中国特色社会主义法治社会的情感认同、事实认同和文化认同，从而自觉主动投入法治社会建设。

（7）加大全民普法力度，建设社会主义法治文化，树立宪法法律至上、法律面前人人平等的法治理念。这既是法治宣传教育的任务，更是法治社会建设的职责。全民普法和守法作为依法治国的长期基础性工作，要深入开展法治宣传教育，引导全民自觉守法、遇事找法、解决问题靠法。党的十八届四中全会决定指出：法律的权威源自人民的内心拥护和真诚信仰。人民权益要靠法律保障，法律权威要靠人民维护。必须弘扬社会主义法治精神，建设社会主义法治文化，增强全社会厉行法治的积极性和主动性，形成守法光荣、违法可耻的社会氛围，使全体人民都成为

---

① 2017年8月29日，中央全面深化改革领导小组第三十八次会议审议通过的《关于上海市开展司法体制综合配套改革试点的框架意见》明确提出，"在上海市率先开展司法体制综合配套改革试点，要坚持党对司法工作的领导，坚持法治国家、法治政府、法治社会一体建设，坚持满足人民司法需求、遵循司法规律，在综合配套、整体推进上下功夫，进一步优化司法权力运行，完善司法体制和工作机制，深化信息化和人工智能等现代科技手段运用，形成更多可复制可推广的经验做法，推动司法质量、司法效率和司法公信力全面提升"。上海试点的开始，标志着中国司改已进入司法体制综合配套改革阶段，将在整体推进上下功夫，推动司法质量、司法效率和司法公信力全面提升。

社会主义法治的忠实崇尚者、自觉遵守者、坚定捍卫者。① 法律要发挥作用，需要全社会信仰法律。"只有树立对法律的信仰，各族群众自觉按法律办事，民族团结才有保障，民族关系才会牢固。"② 需要全社会法治观念增强，必须在全社会弘扬社会主义法治精神，建设社会主义法治文化。要在全社会树立法律权威，使人民认识到法律既是保障自身权利的有力武器，也是必须遵守的行为规范，培育社会成员办事依法、遇事找法、解决问题靠法的良好环境，自觉抵制违法行为，自觉维护法治权威。③ 由此可见，法治宣传教育和全民守法越有成效，全社会越信仰法治精神、恪守法治秩序、维护法治权威，全社会的法治文化氛围越浓厚、法治精神越弘扬、法治观念越增强、法治自觉性越提高，法治社会的文明程度就越高尚，法治社会的理性状态就越良好，法治社会的行为秩序就越和谐，法治社会的风险矛盾就越减少……因此，建设法治社会，必须高度重视法治宣传教育，深入推进全民守法工程，不断强化法治社会的法治文化和法治行为基础。

（8）各级党组织和全体党员要带头尊法学法守法用法，任何组织和个人都不得有超越宪法法律的特权，绝不允许以言代法、以权压法、逐利违法、徇私枉法。这是法治社会依法治权、依法治官的必然要求，也是全面从严治党、依法依规管住关键少数的重要任务。自古以来，"法之不行，自上犯之"④。全面依法治国和法治社会建设的关键，是管住位高权重的关键少数，把权力关

---

① 《中共中央关于全面推进依法治国若干重大问题的决定》（2014年10月23日），载中共中央文献研究室编《十八大以来重要文献选编（中）》，中央文献出版社2016年版，第172页。
② 习近平：《在中央民族工作会议暨国务院第六次全国民族团结进步表彰大会上的讲话》（2014年9月28日），载中共中央文献研究室编《习近平关于全面依法治国论述摘编》，中央文献出版社2015年版。
③ 习近平：《加快建设社会主义法治国家》，《求是》2015年第1期。
④ 《史记·商君列传》。

进法律和制度的笼子里。习近平总书记指出:"各级领导干部要带头依法办事,带头遵守法律,对宪法和法律保持敬畏之心,牢固树立法律红线不能触碰、法律底线不能逾越的观念,不要去行使依法不该由自己行使的权力,也不要去干预依法自己不能干预的事情,更不能以言代法、以权压法、徇私枉法,做到法律面前不为私心所扰、不为人情所困、不为关系所累、不为利益所惑。"[1] 法治社会建设绝不是要以法治民而必须是依法治官,绝不是要控制百姓群众而必须是依法治权、监督制约公权力。依照宪法和法律切实管住公权、保障人权、维护产权,就能从根本上把法治社会建设提到一个新高度。

(作者为中国社会科学院学部委员、法学研究所研究员)

---

[1] 习近平:《在第十八届中央政治局第四次集体学习时的讲话》(2013年2月23日),载中共中央文献研究室编《习近平关于全面依法治国论述摘编》,中央文献出版社2015年版,第110—111页。

新时代中国特色社会主义法治理论的构建

叶子豪　支振锋

> 坚定不移走中国特色社会主义法治道路，完善以宪法为核心的中国特色社会主义法律体系，建设中国特色社会主义法治体系，建设社会主义法治国家，发展中国特色社会主义法治理论。
>
> ——十九大报告

党的十九大宣布中国特色社会主义进入新时代，明确全面推进依法治国总目标是建设中国特色社会主义法治体系、建设社会主义法治国家。在这一时代背景下，法治理论如何回应时代要求，如何建构可靠的法治理论，这种理论如何能够与西方发达理论形成竞争态势，如何给世界上那些既希望加快发展又希望保持自身独立性的国家和民族提供了全新选择，为解决人类问题贡献了中国智慧和中国方案，这是我们这一时代的课题，也是法学理论需要面对并解决的重大问题，要求我们用中国的法治理论解读中国法治实践，提出具有中国特色的法治理论，自觉建构有中国特色的社会主义法治理论体系。

新时代法治发展的新面向

一 中国法治发展历程：对两种理论的依附

新中国成立以来我们全盘接受苏联的法学思想，受苏联维辛斯基法理学影响，我们将法律视作阶级统治的工具，运用阶级斗争、革命等政治话语构建了一套政治法理学，对"法律面前人人平等""契约自由"等现代法律理念大加鞭挞，[①] 人治思维盛行，多场政治运动对法律制度和法学体系带来灾难性后果，整个社会也陷入混乱。改革开放后，关于法治的讨论逐渐成为法理学的重要部分。20世纪80年代围绕"人治"与"法治"的讨论拉开了法治地位确立的序幕，在这场讨论中确立了法治理论存在的正当根据。[②] 90年代曾提出"社会主义市场经济是法治经济"的口号，将法治与市场经济结合在一起为市场经济保驾护航。随着1997年党的"十五大"采纳"依法治国"以及1999年将"依法治国，建设社会主义法治国家"写入宪法，法治正式确立其政治地位，成为治国理政的基本方略。

历史上，受政治大环境的影响，我国的法治理论一开始就呈现为一种依附的状态。改革开放以前，我们难以在整个政治和社会中寻找到关于"法治"的要素，因为中国前三十年的法学倒向苏联模式，苏联对法学的态度从其教材的名称"国家与法的理论"中就可以看出，即政治吸附法律，法律沦落为阶级斗争的工具。法律只具有工具性价值，并非不可替代，领导批示、党的政策、行政指令都比法律更能达到"阶级斗争"的目的，所以法律一度被完全忽视，法学理论也失去其存在的独立价值。改革开放后，无论是决策层还是知识界都在深刻反思

[①] 参见胡水君《法理学的新发展》，中国社会科学出版社2013年版，第33页。
[②] 同上书，第128页。

新时代中国特色社会主义法治理论的构建

"文革"带来的惨痛教训。十一届三中全会提出"为了保障人民民主，必须加强社会主义法制，使民主制度化、法律化，使这种制度和法律具有稳定性、连续性和极大的权威，做到有法可依，有法必依，执法必严，违法必究"，重新确立了法律的地位。这时知识界反思的知识资源主要来源于西方尤其是自由主义，原因在于改革开放带来的直观感受就是"先进"和"落后"两分，这种落差支配了知识分子对于"现代化"的想象，即欧美资本主义国家的市场经济、民主政制、现代法治等"蓝色文明"逐渐内化为知识分子对现代国家的想象标准。所以知识分子大量移译欧美的著作，通过思想层面的补课逐步把中国带进现代国家的行列。总体而言，20世纪80年代的法学理论状况虽然正在摆脱苏联的影响，但是却又不加反思地投入美式自由主义理论的怀抱，所以整个知识图景呈现为摆脱苏联的依附，却心甘情愿地依附于美式西方法治。

伴随着改革开放以来西方法律理论的大规模引入，中国的法律理论不可避免以西方理论尤其是自由主义理论为样本。自由主义法治理论没有统一的定义，但是可以大致描述为法治是法律的理想状态，法律之下的人应该受法律指引行动，同时法治理论包含权力受限、法律至上、自由民主等理念。自由主义对于法治事业的描述本身是值得追求的现代价值，但是以自由主义为核心的法治理论随着西方国家的全球扩张蕴含着意识形态色彩，即试图通过价值一元的论述将自由主义法治理论描述为法治的起源和终点，从而以此规定后发国家的现代化法治道路。[①] 这实际上排斥了人类探索新的法治发展道路与理论的可能。

---

① 这种价值一元论体现为将现代化简化为西方的现代化，同理，将法治道路简化为自由主义法治道路。这种进路的典型代表是福山（Francis Fukuyama）在冷战后宣称历史已经终结。参见［美］弗朗西斯·福山《历史的终结及最后之人》，陈高华译，广西师范大学出版社2014年版，第23—35页。

二　理论的自觉发展：说明理论和批判理论[①]

　　一些中国学者意识到并开始反思这种理论输入隐含的意识形态输入，在理论上做出回应。围绕着如何反思西式法治并自觉建立有中国特色的法治理论，我们首先需要明确法理论与法律实践的关系。法理论不仅仅是逻辑层面的展开，而是内植于法律实践的，法理论围绕着法律实践展开，是对法律实践进行反思的过程中为实践难题和困境提供一套解释甚至是解决方案。而法律实践具有论辩性特征，[②] 法律实践蕴含着不同梯度的论辩结构，在简单案件中，论辩的深层次结构不会展现出来，但在疑难案件中，不同理论主张会不断提升论辩强度，由此要求论辩各方提高辩护梯度来面对不同主张并维护自己立场。[③] 随着辩护梯度的上升，论辩各方对具体实践的看法逐渐依赖于对一般性问题的主张。具体到法治领域，法治实践中的不同理论主张随着辩护梯度的上升，意味着呈现为不同的法治实践辩护模式，多元法治理论主张的目的都在于解决法治实践中的难题，并为法律实践提供更好的辩护。所以，法治实践的理论主张最后都殊途同归，必须上升到法治的一般性问题上主张自己的看法，所以围绕此问题展开的理论是一种一般性理论。

　　[①] 陈景辉根据法理论的展开方式不同将法理论区分为说明理论和批判理论，其中说明理论围绕着实在法展开，批判理论围绕着实质道德原则展开。本文参考陈景辉的区分，但是具体指代和意涵有所不同。参见陈景辉《法理论为什么是重要的——法学的知识框架及法理学在其中的位置》，《法学》2014 年第 3 期，第 50—67 页。
　　[②] ［美］罗纳德·德沃金：《法律帝国》，许杨勇译，上海三联书店 2016 年版，第 10—11 页。
　　[③] ［美］罗纳德·德沃金：《身披法袍的正义》，周林刚、翟志勇译，北京大学出版社 2014 年版，第 61 页。

（一）说明理论

围绕着对西方以自由主义为标榜的法治理论的反思，中国学者提出了不同的法治理论。这类法治理论的发展带有一个非常鲜明的色彩，即强调"中国"的自主性身份，换言之，这种理论都围绕着中国的法治问题和法治实践进行建构，意图标示出其理论立场与特点，与作为西方的理论相区分。这种法治理论在法治实践的不同层次辩护梯度上可以分为两种，第一种是说明理论，第二种是批判理论，这两种理论构成了中国学者面对西方理论时对"法治"的基本看法。

说明理论体现为对"中国法治实践"这种事实进行理论重构与说明，阐明其中的基本内涵、发生机理、社会后果、现实意义等方面，再对其进行归纳、重构并做抽象化处理，对这些实践现象进行理论表达。法治实践事实在中国有其独特的表现形式，可将其归纳为两种具体模式。

第一，法律政治话语模式，主要表现为中国共产党及中国政府对法律及法治具体表述，例如中共十八届四中全会的主题是"依法治国"，并形成关于全面推进依法治国若干重大政治问题的决定；再如中共十九大将全面依法治国视为中国特色社会主义的本质要求和重要保障。这些政治话语不仅属于中国法治实践的一部分，同时也在深刻地形塑中国法治实践的内容与方向，在中国的法治中具有独特的地位。

第二，法治社会运作模式，这种模式强调法治事实上在社会中的具体表现，认为在中国除了国家法这种具有规范性效力的法律以外，还有一种在社会生活中发挥实效的习惯法，正是后者的存在及其对社会中的人的施加影响，才是中国最真实的法治实践，这是西方法治难以提供解释力的。① 通过对这些经验性事实归纳总结为法治的一般理论表达，以此说明这种法治实践在中国具有合理性，形成一种关于"中国法治"的理论言说。这种模式的产生在中国有其特殊的社会条件，因为中国在现代化进程中尚存传统农业时代遗留的传统规范，这些传统规范为中国提供了稳定的社会秩序，并且其运作模式与西方法治模式存在差异，因此在中国社会中存在这种法治实践。

在这类法治实践的条件下，说明理论主要是围绕着这两种法治实践进行建构。具体言之，在政治话语模式方面，一些论者会将中央文件的内容和精神通过学术生产机制进行重构，将政治话语进行学术化处理，通过学理性表述为政治话语提供理论上的说明和论证，② 但由于理论所使用的话语没有偏离政治话语的表述，仍然以相似的话语表达具体观点，所以这种说明理论属于"政法法学"范畴，③ 可以称之为"法治的政治说明理论"。在法治社会运作模式方面，被称为"社科法学"的理论进路意图呈现法律在实然层面的运作，尽管这些实践可能偏离法律的应然逻辑，比如此种理路的代表人物苏力曾就"法律规避"进行过说明，认为民众对国家法的规避是不可避免的，因此需要通过承认法律多元形成社会秩序。④ 这种进路实际上是试图为中国的具体法治实践

---

① 苏力：《也许正在发生：转型中国的法学》，法律出版社2004年版，第235—236页。

② 比如十九大召开后，李林和张文显等学者发表的均属此类文章。参见李林《开启新时代中国特色社会主义法治新征程》，《环球法律评论》2017年第6期，第5—29页；张文显《新时代全面依法治国的思想、方略和实践》，《中国法学》2017年第6期，第5—28页。

③ 苏力：《也许正在发生——中国当代法学发展的一个概览》，《比较法研究》2001年第3期，第1—9页。

④ 苏力：《法律规避和法律多元》，《中外法学》1993年第6期，第14—20页。

进行说明,并运用各种不同的理论资源论证其合理性,①因而称之为"法治的社会说明理论"。

这两种理论进路在法治理论中具有相同特征,即都为中国法治实践的运行过程、结果和因果关系等方面进行说明,同时对说明对象保持价值中立。这种价值中立性会引致一个重大问题,即这种理论缺乏为自身辩护与证成的能力。具体来说,法治政治说明理论虽然呈现为学术样态,但是由于其主要内容来源于执政党的政治决策,基于执政党的政治权威与政治地位,这种理论实际上不会参与学术论辩,所以也不涉及在学术场域中为自身辩护。但是,法治的社会说明理论则深度参与法学学术论辩,因此需要详细说明它存在的问题。法治的社会说明理论虽然能说明法治实践的事实以及背后的因果关系,但是这类说明所呈现出来的样态是一种"一事一议"的模式,即把发生在地方的具体问题和具体实践单独抓取出来进行说明,②再把这些实践纳入"中国法治"的大旗下,以中国的特殊性来对抗西方中心主义与一元论述。但是如果提高这种法治实践的辩护梯度,假设将目光抬高到说明理论如何证明这种法治实践的存在是有效的并能为未来的法律实践提供真正标准,③或者说对地方性的法治实践的说明如何阐述一套一般性、普遍性的法治理论,那么法律的社会说明理论难以提

---

① 比如苏力的理论资源大部分来源于理查德·波斯纳,强世功早年的法社会学研究也带有很强的福柯的理论色彩,例如他的《惩罚与法治》一书,虽然全书未引福柯的著作,但是其理论工具的应用可见福柯微观权力、知识—权力等概念。参见苏力《波斯纳及其他:译书之后》,法律出版社2004年版,第3—17页;强世功《惩罚与法治:当代法治的兴起(1976—1981)》,法律出版社2009年版。

② 在中国进行法社会学研究的学者大多采用此种模式进行研究,例如苏力在湖北农村研究基层司法制度,陈柏峰研究乡村司法都属于这种进路。参见苏力《送法下乡——中国基层司法制度研究》,北京大学出版社2011年版;陈柏峰《当代中国乡村司法的功能与现状》,《学习与探索》2012年第11期,第45—53页。

③ 陈景辉:《法律与社会科学研究的方法论批判》,《政法论坛》2013年第1期,第46—60页。

供一套能真正与西方法治理论抗衡的法律理论，即便它对中国社会的法治实践的阐述具有启发性观点。

（二）批判理论

除了说明理论外，中国法治理论还有一种具有批判性面向的理论，这类理论不仅呈现出确立中国的理论主体性而且同时批判西方意识形态的样态。批判理论与上述的说明理论具有一体两面的关系，即从事说明理论的学者可能在批判理论上也有建树，但是基于辩护梯度的层次不同，本文才将其分为两种类型的理论，因为批判理论相较于说明理论而言，更强于利用不同的理论资源主张自身存在的正当性，并基于此批判西方中心主义。比如苏力广泛运用后现代主义、法律现实主义、社会科学研究方法强调"本土资源论"，以此来批判法律移植的"变法"模式，同时批判西方现代性下的普遍主义；[1] 梁治平则试图从具有地方性知识性质的中国文化资源入手，从文化的角度解释法律；[2] 强世功则提出"立法者的法理学"的主张，[3] 并强调要建立中国自己的宪法学，[4] 等等。

批判理论对于理解中国改革开放40年以来的法治实践和确立中国法治实践的正当性固然有益，因为中国学者试图通过思索解决自身的生活方式和生存困境，以此拒斥西方意识形态为后发国家规定的现代化发展框架，由此确立法治理论的自主性；但是这种批判理论只是对西方霸权尤其是理论殖民的应激反应，并非

---

[1] 苏力：《法治及其本土资源》，北京大学出版社1996年版，第3—22页。

[2] 梁治平：《法律的文化解释》，生活·读书·新知三联书店1994年版，第1—72页。

[3] 强世功：《立法者的法理学》，生活·读书·新知三联书店2007年版，第3—30页。

[4] 强世功：《中国宪法中的不成文宪法——理解中国宪法的新视角》，《开放时代》2009年第12期，第10—39页。

以真正的主体性姿态面对西方，因为中国的现代化建设仍在进行中；但是批判理论的整体思路却是运用西方的后现代理论批判西方现代性。① 因此，批判理论实际上没有确立真正的主体性，与其说批判理论以气势磅礴的姿态批判西方，更不如说这是缺乏理论自信的表现。所以批判理论调用的理论资源只能在局部达成证立自身的目标，在更广阔的论域中还是无法形成一套能与西方理论尤其是自由主义的法治理论对话的法治理论。所以，批判理论在内容上是对西方理论的防御性批判，试图通过中国的特殊性消解西方理论的普遍性，但是这种批判最后会随着其理论资源的瓦解而不复存在。

以上论述分别批评了说明理论和批判理论，批评的根本性理由其实能总结为以下说法：上述的两种理论都在低层次辩护梯度中主张具有中国特色的法治理论，而不是在法治的一般性问题上建构理论，也因此无法在一般性的层面上为自己的主张辩护，也难以就自由主义主张的一般性理论形成竞争的态势。所以法治理论的任务就是结合新时代下中国法治实践，提炼出一般性的法治问题，由此建构一套具有一般性但又有中国底色的法治理论。

三 在新时代建构具有竞争性的一般性法治理论

那么我们如何建构一般性法治理论？尤其是党的十九大宣布中国特色社会主义进入新时代以来，法治理论如何回应这一时代命题，建构一套新时代的法治理论？既然法治理论的目标是要一般性地解决法治实践中的问题，那么我们首先要明确新时代的问题是什么，以及在何种意义上这个问题是具有一般性的。

---

① 如上文所引的学者就有使用波斯纳、吉尔兹、福柯的理论。

新时代法治发展的新面向

习近平总书记在党的十九大报告中指出，中国特色社会主义进入新时代，我国社会主要矛盾已经转化为人民日益增长的美好生活需要和不平衡不充分的发展之间的矛盾。① 主要矛盾发生转变是关系全局的历史性变化，由此带来的问题也是全新而富有挑战性的，就法治理论而言，这一问题的重点就是十九大报告指出的"人民美好生活需要日益广泛，不仅对物质文化生活提出了更高要求，而且在民主、法治、公平、正义、安全、环境等方面的要求日益增长"②。对主要矛盾的转变以及这一转变所带来的对美好生活更高需求是理解法治实践的重要方面，我们需要从中提炼出一般性问题。

主要矛盾的转变是新时代的特征之一，也是法治实践面对的问题。人民对美好生活的需求包含民主、法治、公平、正义、安全、环境等方面，制约美好生活的条件就是发展的不平衡和不充分，法治在此作为人民美好生活的要求之一，说明法治理论必须发展出法治的一般理论，以此来提供关于法治的知识，为法治实践提供理论支撑。那么法治理论在此扮演的角色就是构造法治的一般性理论，描绘法治的理想图景，以此规定法治的样态与走向，满足人民法治的需求，从而能兼顾其他美好生活需求的满足。对这一法治理论的评价标准自然就是是否能够满足人民群众对法治的需求。

是否满足人民的法治需求是一个关于法治实践的一般性问题。一般性是说这一问题不仅在中国呈现为一个重要问题，在中国以外的国家也同样具有重要性。因为对民主、法治、公平、正义、安全、环境的需求是现代国家共享的价值，这种需求在民主

---

① 习近平：《决胜全面建成小康社会 夺取新时代中国特色社会主义伟大胜利——在中国共产党第十九次全国代表大会上的报告》，人民出版社2017年版，第11页。

② 同上。

化时代应该是由人民群众作为基本评判标准。所以在此意义上，"满足人民群众的需求"的标准具有一般性。具体到法治理论而言，只要是严肃对待法治的国家都会面临共同问题，即如何提供一套人民满意的法治理论。原因在于我们讨论法治时是将法治作为一种政治理想来看待，而这个问题是关于法治理论在多大程度上能够为社会提供"法治"的最佳方案，并且这套方案同时也符合人民的需求。因此围绕这一法治实践问题我们可以建构不同的一般性法治主张，因为人民对于法治需求的侧重点不同，从不同的法治需要或法治实践面向出发来梳理问题、建构理论，实际上都是在进行不同理论主张，都是在回应同一问题，并且不同主张经过辩护梯度提高带来的挑战会逐渐上升为对这个问题的一般性看法，在抽象层面上反思这个问题，因此在这个意义上是在提供一般性法治理论。

从上述的一般性问题提出和理论建构中，我们可以讨论如何以真正的主体性去面对自由主义法治理论。既然如何建构一套能满足人民美好生活需要的法治理论具有一般性，那么任何国家、民族的法治理论都需要处理这一问题。在此意义上，中国的法治理论可以提供基于自身法治实践与生活方式的一般性理论与其他理论对话，甚至在思想市场上竞争。唯有这样，才真正确立了主体性面对自由主义理论，才可能在最高的辩护梯度中为自身进行辩护。

建构中国特色社会主义法治理论要从一般性层面入手，首先是从法治实践中提炼出一般性问题，然后围绕着这一问题提供一般性解决方案为法治实践辩护，由此建构一般性法治理论。党的十九大提出中国特色社会主义进入新时代，新时代中主要矛盾发生转变，因此法治理论需要面对这一转变中产生的一般性问题：如何满足人民对于法治的需求。因此中国特色社会主义法治理论的任务就是从问题着手，构建一套真正具备竞争性的法治理论。

四 结语

本文梳理和简单评述了新中国成立以来尤其是改革开放以来我国的法治理论，希望在摆脱对西式法治理论依附的同时建构一套具备正当性和竞争性的法治理论。因为法治模式不可能化约为西式法治模式这一种类型，中国人有资格为自己的生活方式和生存秩序辩护，并就由此产生的一般性实践问题提供最佳的辩护方案。这种努力的意义不仅仅是在为争取承认而斗争，更是要打破西方中心主义近500年来的支配地位，为所有后发国家的发展提供"走自己的现代化之路"的正当性。也就是说，在新时代，我们不仅要从自己法治的历史与现实的实践中提炼出有中国特色的法治理论，而且这种法治理论并不仅仅属于"中国"，同样是一种具有普遍解释力、能够与西方法治理论相竞争的中国法治理论，从而丰富人类对法治理论的探索和选择，为全人类的法治进步贡献有中国特色的思想和智慧。

分别为中国社会科学院法学研究所研究员，中国社会科学院研究生院硕士研究生。）

习近平总书记关于新时代依宪治国的新理念新思想新实践

李　林

> 宪法是国家的根本法，是治国安邦的总章程，是党和人民意志的集中体现，具有最高的法律地位、法律权威、法律效力。我国宪法是符合国情、符合实际、符合时代发展要求的好宪法，是我们国家和人民经受住各种困难和风险考验、始终沿着中国特色社会主义道路前进的根本法制保证。坚持依法治国首先要坚持依宪治国，坚持依法执政首先要坚持依宪执政。
> ——习近平总书记在首个国家宪法日之际做出重要指示

一　宪法思想是习近平新时代中国特色社会主义思想的重要内容

习近平新时代中国特色社会主义思想，是中国特色社会主义进入新时代的最新理论成果，是开启新征程的指导思想和行动指南。习近平新时代中国特色社会主义思想内容十分丰富，涵盖改革发展稳定、内政外交国防、治党治国治军等各个领域、各个方面，构成了一个系统完整、逻辑严密、相互贯通的思想理论体系。党的十九大报告用"八个明确"和"十四条基本方略"概括了这一重大思想的核心内涵。宪法思想是习近平新时代中国特色社会主义思想的重要内容,是不可或缺的有机组成部分。

新时代依宪治国的新理念新思想从内容和精神实质上与习近平新时代中国特色社会主义思想高度契合。2012年习近平总书记在"12·4"重要讲话中指出:我国宪法以国家根本法的形式,确立了中国特色社会主义道路、中国特色社会主义理论体系、中国特色社会主义制度的发展成果,反映了我国各族人民的共同意志和根本利益,成为历史新时期党和国家的中心工作、基本原则、重大方针、重要政策在国家法制上的最高体现。[1] 尤其是,习近平新时代中国特色社会主义思想确认"全面推进依法治国总目标是建设中国特色社会主义法治体系、建设社会主义法治国家",强调必须"坚持全面依法治国……把党的领导贯彻落实到依法治国全过程和各方面,坚定不移走中国特色社会主义法治道路,完善以宪法为核心的中国特色社会主义法律体系,建设中国特色社会主义法治体系"。[2] 习近平总书记2018年2月24日在主持第十九届中央政治局第四次集体学习(以下简称第四次集体学习)时进一步指出:决胜全面建成小康社会、开启全面建设社会主义现代化国家新征程、实现中华民族伟大复兴的中国梦,推进国家治理体系和治理能力现代化、提高党长期执政能力,必须更加注重发挥宪法的重要作用。要坚持党的领导、人民当家作主、依法治国有机统一,加强宪法实施和监督,把国家各项事业和各项工作全面纳入依法治国、依宪治国的轨道,把实施宪法提

---

[1] 《习近平谈治国理政》,外文出版社2014年版,第136页。
[2] 习近平:《决胜全面建成小康社会 夺取新时代中国特色社会主义伟大胜利——在中国共产党第十九次全国代表大会上的报告》,人民出版社2017年版,第22页。

习近平总书记关于新时代依宪治国的新理念新思想新实践

高到新的水平。①

（一）新时代依宪治国新理念新思想是中国特色社会主义法治思想的核心内容

习近平总书记关于法治的重要论述，是中国特色社会主义法治理论的灵魂，其蕴含的统筹布局的战略观、治国理政的方略观、公平正义的价值观、党法统一的政治观、人民为本的主体观、宪法至上的权威观、全面推进的系统观、良法善治的治理观、于法有据的改革观、依法治权的监督观、民族复兴的强国观、命运共同体的全球观等新观点新理念新思想，是中国特色社会主义法治思想的精髓要义。②

习近平总书记关于法治的重要论述，是以马克思列宁主义、毛泽东思想、邓小平理论、"三个代表"重要思想、科学发展观和习近平新时代中国特色社会主义思想为指导，坚持"三者有机统一"，坚定不移走中国特色社会主义法治道路，坚决维护宪法法律权威，依法维护人民权益、维护社会公平正义、维护国家安

---

① 习近平：《更加注重发挥宪法重要作用 把实施宪法提高到新的水平》（2018年2月24日在第十九届中央政治局第四次集体学习时的讲话），《人民日报》2018年2月25日。

② 李林：《习近平全面依法治国思想的理论逻辑与创新发展》，《法学研究》2016年第2期。另参见张文显《习近平法治思想研究（上）——习近平法治思想的鲜明特征》，《法制与社会发展》2016年第2期；《习近平法治思想研究（中）——习近平法治思想的一般理论》，《法制与社会发展》2016年第3期；《习近平法治思想研究（下）——习近平依法治国的核心观点》，《法制与社会发展》2016年第4期。参见陈冀平《学习贯彻落实党的十九大精神 加强对法学法律工作者的政治引领》（《人民论坛》2018年）；党的十八大以来，习近平总书记在厉行法治、依法执政、依法治国、推进法治改革、创新国家治理体系新的伟大实践中，围绕全面依法治国提出了一系列新概念、新范畴、新命题、新论断、新观点、新理念、新思想，内容涵盖了法治和依法治国的全部理论要素和法治建设的各个方面，历史性地提出了"中国特色社会主义法治体系"，创造性地发展了中国特色社会主义法治理论，形成了具有鲜明时代特征、理论风格和实践特色的中国特色社会主义法治思想，为全面依法治国、建设法治中国提供了科学的理论指导和坚实的学理支撑、根本遵循和行动指南。

全稳定，是为实现"两个一百年"奋斗目标、实现中华民族伟大复兴中国梦提供有力法治保障的中国特色社会主义法治理论体系。

习近平总书记关于法治的重要论述，是党和人民实践经验和集体智慧的结晶，深刻阐释了新时代中国特色社会主义法治的理论依据、本质特征、指导思想、价值功能、内在要求、中国特色、基本原则、发展方向等重大问题，系统阐述了什么是新时代的社会主义法治，为什么要全面依法治国，如何推进全面依法治国、建设中国特色社会主义法治体系和法治中国，如何运用法治方式和法治思维管理国家、治理社会、管理经济文化事业等一系列根本性问题，对于推进全面依法治国、建设社会主义法治国家，推进国家治理体系和治理能力现代化，把我国建成富强民主文明和谐美丽的社会主义现代化法治强国，具有重大的理论意义、历史意义和现实价值。

习近平总书记关于法治的重要论述，是对马克思列宁主义经典作家关于国家与法学说的中国化继承和最新发展，是对毛泽东同志关于人民民主法律思想的时代化丰富和实践性深化，是对邓小平理论、"三个代表"重要思想和科学发展观关于中国特色社会主义法治观念的系统化坚持和理论化创新，是对全面依法治国和中国特色社会主义法治最新实践的科学总结和理论升华，是传承中华法文化精华、汲取全球法治精髓、借鉴国际法治经验的最新法治理论成果，是中华民族对世界法治文明和人类法治文化的原创性理论贡献，是全党全国人民为建设社会主义现代化法治强国、实现中华民族伟大复兴而奋斗的指导思想和行动指南。

宪法思想作为习近平总书记关于法治的重要论述的核心内容，主要体现在以下方面：

习近平总书记关于新时代依宪治国的新理念新思想新实践

（1）坚持依宪治国和依法执政。习近平总书记明确提出：依法治国，首先是依宪治国；依法执政，关键是依宪执政。新形势下，我们党要履行好执政兴国的重大职责，必须依据党章从严治党、依据宪法治国理政。①

（2）在推进全面依法治国的战略布局中，全面贯彻实施宪法，维护宪法权威，加强宪法实施和监督，是建设社会主义法治国家的首要任务和基础性工作，②必须把全面贯彻实施宪法提高到一个新水平。

（3）在立法方面，习近平总书记明确要求：我们要以宪法为最高法律规范，继续完善以宪法为统帅的中国特色社会主义法律体系，把国家各项事业和各项工作纳入法制轨道。要抓住提高立法质量这个关键，深入推进科学立法、民主立法，完善立法体制和程序，努力使每一项立法都符合宪法精神，反映人民意愿、得到人民拥护。③

（4）在树立和维护法治权威方面，习近平总书记明确提出：法治权威能不能树立起来，首先要看宪法有没有权威。必须把宣传和树立宪法权威作为全面推进依法治国的重大事项抓紧抓好，切实在宪法实施和监督上下功夫。④

（5）在抓住"关键少数"遵宪守法和全民守法方面，习近平总书记强调：任何组织或者个人都必须在宪法和法律范围

---

① 习近平：《在首都各界纪念现行宪法公布施行30周年大会上的讲话》（2012年12月4日），载中共中央文献研究室编《十八大以来重要文献选编（上）》，中央文献出版社2014年版，第91页。

② 同上书，第88页。

③ 习近平：《在庆祝全国人民代表大会成立六十周年大会上的讲话》（2014年9月5日），载中共中央文献研究室编《十八大以来重要文献选编（中）》，中央文献出版社2016年版，第56页。

④ 习近平：《关于〈中共中央关于全面推进依法治国若干重大问题的决定〉的说明》（2014年10月20日），载中共中央文献研究室编《十八大以来重要文献选编（中）》，中央文献出版社2016年版，第148页。

内活动，任何公民、社会组织和国家机关都要以宪法和法律为行为准则，依照宪法和法律行使权利或权力、履行义务或职责。任何组织或者个人，都不得有超越宪法和法律的特权。一切违反宪法和法律的行为，都必须予以追究。①

（6）在法治宣传教育方面，习近平总书记强调：要在全社会广泛开展尊崇宪法、学习宪法、遵守宪法、维护宪法、运用宪法的宣传教育，弘扬宪法精神，弘扬社会主义法治意识，增强广大干部群众的宪法意识，使全体人民成为宪法的忠实崇尚者、自觉遵守者、坚定捍卫者。②

（二）习近平新时代中国特色社会主义思想入宪具有重大意义

2018年3月11日，第十三届全国人大一次会议通过《中华人民共和国宪法修正案》，把习近平新时代中国特色社会主义思想载入宪法，成为国家和宪法的指导思想，明确了习近平新时代中国特色社会主义思想在国家政治和社会生活中的指导地位。习近平新时代中国特色社会主义思想是马克思主义中国化的最新成果，是党和人民实践经验和集体智慧的结晶，是党的十八大以来党和国家事业取得历史性成就、发生历史性变革的根本的理论指引，具有重大的政治意义、理论意义、实践意义。马克思列宁主义、毛泽东思想、邓小平理论、"三个代表"重要思想、科学发展观、习近平新时代中国特色社会主义思想，共同构成我国现行宪法的思想原则和理论基础，是现行宪法制定、修改和实施的指导思想。把习近平新时代中国特色社会主义思想载入宪法，充分反映了全党全国各族人民的共同意愿，体现了党的主张和人民

---

① 《习近平谈治国理政》，外文出版社2014年版，第138页。
② 习近平：《更加注重发挥宪法重要作用　把实施宪法提高到新的水平》（2018年2月24日在第十九届中央政治局第四次集体学习时的讲话），《人民日报》2018年2月25日。

习近平总书记关于新时代依宪治国的新理念新思想新实践

意志的高度统一,对于更好地发挥宪法的规范、引领、推动、保障作用,进一步巩固全党全国各族人民为实现中华民族伟大复兴中国梦而奋斗的共同思想基础,凝聚起中华儿女团结奋斗的磅礴伟力,夺取新时代中国特色社会主义伟大胜利,具有重大的现实意义和深远的历史意义。①

习近平新时代中国特色社会主义思想入宪,不仅具有重大政治意义,而且具有重大法治意义。党的指导思想入宪的法治意义在于:

一是我国宪法明确规定,全国各族人民、一切国家机关和武装力量、各政党和各社会团体、各企业事业组织,都负有维护宪法尊严、保证宪法实施的职责。将党的指导思想转化为宪法和国家指导思想,标志着这一思想的作用主体发生了重大变化。如果这一思想仅仅是执政党的指导思想,它的作用主体则限于九千万共产党员、党中央和党的各级组织、党的各级领导干部等;而把党的指导思想通过法定程序转化为宪法和国家指导思想,它的作用主体就扩大到了14亿中国人民以及所有国家机关、武装力量、民主党派、社会组织、群众团体、企业事业单位等,这一思想就成为全国各族人民团结奋斗的共同思想基础,成为中华民族实现伟大梦想的最高指导思想和根本行动指南。

二是我国宪法明确规定,全国各族人民、一切国家机关和武装力量、各政党和各社会团体、各企业事业组织,都必须以宪法为根本的活动准则。通过修宪将党的指导思想转化为宪法和国家指导思想,意味着党的指导思想的基本功能发生了重大变化,举国上下各个领域、各项事业,政治生活和社会生活的方方面面,所有国家机构和社会主体,都必须坚持以宪法和国家指导思想为

---

① 轩理:《将习近平新时代中国特色社会主义思想载入宪法的重大意义》,《人民日报》2018年2月27日。

价值导引，其活动必须坚持以宪法和国家指导思想为行动指南。

三是我国宪法以法律的形式确认了中国各族人民奋斗的成果，规定了国家的根本制度和根本任务，是国家的根本法，具有最高的法律效力。通过修宪将党的指导思想转化为宪法指导思想，意味着党的指导思想的效力方式和效力范围发生了重大变化。宪法指导思想作为国家意志的最高体现，具有毋庸置疑的法律效力，一切国家机构、社会主体和公民个人，都必须接受宪法精神，遵从宪法制度，落实宪法规范，保证宪法实施。一切国家机关和武装力量、各政党和各社会团体、各企业事业组织都必须遵守宪法和法律。一切违反宪法和法律的行为，必须予以追究。任何组织或者个人都不得有超越宪法和法律的特权。包括宪法序言在内的宪法具有最高法律效力，用国家意志及其引导性、教育性和强制性等属性特征，有力保证了宪法指导思想的贯彻落实。

（三）应当如何理解我国宪法序言的法律效力①

宪法是国家的根本法，是治国安邦的总章程，具有最高法律地位、法律权威和法律效力。但有个别人认为：我国现行宪法序言是一种政治宣示，没有任何法律效力。我们认为这种观点有失偏颇。首先需要讨论和界定的是，何谓法律效力？目前学理上关于法律效力大致有三种观点：

第一种观点是"可诉性的法律效力观"。这种观点认为，只有在法院诉讼中得以援引适用的法律才具有"可诉性"，而只有具备"可诉性"的法律才具有法律效力。据此观点，在全国人大及其常委会制定的现行有效的260多部法律中，大约只有六分之一的法律会出现在人民法院的判决（裁定）书中，才具有"可诉

---

① 林木：《如何理解我国宪法序言及其法律效力》，《光明日报》2018年2月28日。

性"的法律效力。根据我国的宪法制度，我国宪法及其序言不能在法院作为裁判依据直接适用，不具有直接的"可诉性"，因而宪法及其序言都被认为没有法律效力。这种观点显然不符合我国法律体系和宪法法律效力的制度安排。

第二种观点是"规范性的法律效力观"。这种观点认为，只有含有假定、处理、制裁（或者行为模式和行为后果）的法律（法律条文），才具有法律效力。按照这种观点，我国许多法律的"总论""总则""绪论"中的有关内容，都不符合要求。例如，我国立法法第3条规定："立法应当遵循宪法的基本原则，以经济建设为中心，坚持社会主义道路、坚持人民民主专政、坚持中国共产党的领导、坚持马克思列宁主义毛泽东思想邓小平理论，坚持改革开放。"民法总则第1条规定："为了保护民事主体的合法权益，调整民事关系，维护社会和经济秩序，适应中国特色社会主义发展要求，弘扬社会主义核心价值观，根据宪法，制定本法。"换言之，根据"规范性的法律效力观"，由于我国大多数法律中的每部法律，都存在有非规范性的规定（如目的条款、宗旨条款、叙述条款、原则条款、价值条款、技术条款等），因而这其中的每部法律将被这种观点人为地区分为具有法律效力和不具有法律效力的两个部分。显然，用这种"规范性的法律效力观"来解释我国许多法律和现行宪法，是不能被接受甚至是荒谬的。

第三种观点认为，法律效力可以分为广义和狭义两种。规范性法律文件的效力为狭义的法律效力，是指法律规范对什么人和事、在什么时间和地点有约束力；非规范性法律文件的效力为广义的法律效力，是指除规范性法律以外的其他法律文书的法律约束力。广义的法律效力观点，可以用来解释一切程序和内容合法的发生法律效力的宪法和法律文件。我们认为，对法律效力的认识应当超越那种将法律文本机械地分割成不同部分的片面化理解，而应当坚持在整体意义上理解和把握法律效力。

从世界宪法制度的整体情况来看，宪法序言是否具有法律效力，各国的规定和实践不尽相同。法兰西第三共和国宪法以1789年的《人权宣言》为序言；1946年法兰西第四共和国宪法以条文的形式，将有关的政治、经济、社会原则列入序言之中；1958年法兰西第五共和国宪法在序言中宣布"法国人民庄严宣布忠于1789年《人权宣言》所肯定的，以及为1946年宪法之序言所确认并加以补充的各项人权和有关国家主权的原则"。到1971年7月16日，法国宪法委员会在关于自由结社案的判决中，承认"法国宪法序言的法律效力"。而在美国、日本等国家，宪法序言是否具有法律效力的争论，是围绕宪法序言是否具有"可诉性"展开的。

宪法序言具有最高法律效力，是我国宪法最重要的特征之一，也是我国宪法与其他许多国家宪法的重大区别。宪法序言是我国宪法的灵魂，是宪法的重要组成部分，同现行宪法各章节一样具有最高法律效力。

其一，我国宪法序言明确规定：本宪法以法律的形式确认了中国各族人民奋斗的成果，规定了国家的根本制度和根本任务，是国家的根本法，具有最高的法律效力。我国宪法最大的特色之一，就是在宪法序言中明确规定中华人民共和国宪法具有最高法律效力。一切国家机关和社会主体，都必须以宪法为根本的活动准则，并负有维护宪法尊严、保证宪法实施的职责。这是我国宪法作为整体具有最高法律效力的根本法律依据。如果宪法序言没有法律效力，就意味着宪法序言规定的上述内容没有法律约束力，这就等于否定了我国宪法是国家根本法、具有最高法律效力的最终宪法依据，否定了我国整部宪法的法律效力基础。

其二，宪法序言是宪法不可分割的有机组成部分。我国现行宪法是一个由标点符号、数字、文字、条款、段落、章节、总纲、序言、修正案等组成的有机整体，它们共同构成宪法并产生宪法的最高法律效力。宪法及其法律效力具有整体性和不可分解性，任何将宪法序言与宪法总纲、宪法具体条文区分开来，进而认为宪法序言没有法律效力的观点，都是错误的。正如一个人如果被肢解之后就不成其为人一样，如果有人硬要把宪法的所有要素肢解开来，做出有无法律效力的区分，那么当把宪法的标点符号、数字、文字、段落等分解出来后，宪法本身就不复存在了，更何谈宪法及其序言的法律效力。所以，我国宪法作为一个完整的不可分割的有机整体，宪法的每一个字句符号、每一个组成部分都是具有法律效力的。

其三，宪法序言对宪法条文具有统领性和指导性，宪法条文的具体规定是宪法序言规定的基本价值和原则的具体化和条文化，总纲中许多规定特别是有关国家基本国策的规定，是对宪法序言规定的国家根本任务、奋斗目标等的具体实现方式。此外，宪法序言对宪法解释和宪法修改具有约束力，序言规定的指导思想和基本原则是宪法解释和修改最重要的理据，序言对我国历史和基本国情的判断是宪法解释和修改最基本的立足点。一般立法、执法、司法、释法都不得违反宪法序言的基本原则和立宪精神。

二 新时代依宪治国新理念新思想的理论逻辑

新时代依宪治国新理念新思想在理论体系和内在逻辑上，可以分为民主政治、法治（全面依法治国）和宪法（依宪治国）三个方面。

（一）中国特色社会主义民主政治方面的宪法思想

1. 坚持中国特色社会主义

党的十九大报告指出：中国特色社会主义是改革开放以来党的全部理论和实践的主题，是党和人民历尽千辛万苦、付出巨大代价取得的根本成就。① 我国宪法坚持中国特色社会主义，以国家根本法的形式确立了中国特色社会主义道路、理论、制度、文化的发展成果。

中国特色社会主义道路是实现社会主义现代化、创造人民美好生活的必由之路。② 我国宪法坚持中国特色社会主义道路自信，明确规定我国将长期处于社会主义初级阶段；国家的根本任务是，沿着中国特色社会主义道路，集中力量进行社会主义现代化建设；中国各族人民将继续在中国共产党领导下，坚持人民民主专政，坚持社会主义道路，坚持改革开放，不断完善社会主义的各项制度，发展社会主义市场经济，发展社会主义民主，健全社会主义法治，把我国建设成为富强民主文明和谐美丽的社会主义现代化强国，实现中华民族伟大复兴。

中国特色社会主义理论体系是指导党和人民实现中华民族伟大复兴的正确理论。我国宪法坚持中国特色社会主义理论自信，明确规定马克思列宁主义、毛泽东思想、邓小平理论、"三个代

---

① 习近平：《决胜全面建成小康社会　夺取新时代中国特色社会主义伟大胜利——在中国共产党第十九次全国代表大会上的报告》，人民出版社2017年版，第16页。

② 早在制定1954年宪法时，刘少奇在中华人民共和国第一届全国人民代表大会第一次会议上所做的《关于中华人民共和国宪法草案的报告》中就非常清晰明确地指出："我国走社会主义的道路，是确定不移的。除此以外，没有其他的路可走。从中华人民共和国成立以后，我国已经走上了社会主义的道路。"

表"重要思想、科学发展观、习近平新时代中国特色社会主义思想在国家和社会生活中的指导地位,具有最高的法律地位、法律权威、法律效力。这一根本规定,是近代以来我国历史发展的必然结果,是总结中国革命、建设和改革长期历史经验的必然结论。

中国特色社会主义制度是当代中国发展进步的根本制度保障。我国宪法坚持中国特色社会主义制度自信,确立了一整套更加成熟稳定的国家制度体系,包括:社会主义的根本制度,人民代表大会制度的根本政治制度,中国共产党领导的多党合作和政治协商制度、民族区域自治制度和基层群众自治制度等基本政治制度,中国特色社会主义法律体系等制度。宪法是国家各项制度和法律法规的总依据,通过修改宪法,充实宪法的重大制度规定,对完善和发展中国特色社会主义制度具有重要作用。

中国特色社会主义文化是激励全党全国各族人民奋勇前进的强大精神力量。我国宪法坚持中国特色社会主义文化自信,明确规定加强社会主义精神文明建设,倡导社会主义核心价值观,提倡爱祖国、爱人民、爱劳动、爱科学、爱社会主义的公德,在人民中进行爱国主义、集体主义和国际主义、共产主义的教育,反对资本主义的、封建主义的和其他的腐朽思想,有利于巩固全党全国各族人民团结奋斗的共同思想道德基础。

2. 坚持中国共产党领导

我国宪法确立了中国共产党的领导地位。习近平总书记指出:"我国宪法以根本法的形式反映了党带领人民进行革命、建设、改革取得的成果,确立了在历史和人民选择中形成的中国共产党的领导地位。对这一点,要理直气壮讲、大张旗鼓讲。要向干部群众讲清楚我国社会主义法治的本质特征,做到正本清源、以正视听。"① 中国特色社会主义最本质的特征是中国共产党领导，中国特色社会主义制度的最大优势是中国共产党领导；党是最高政治领导力量，是社会主义法治最根本的保障。坚持中国共产党的领导，是我国宪法最鲜明的政治特征。我国宪法不仅在序言中规定坚持中国共产党的领导，而且还通过对现行宪法的修改，把"中国共产党领导是中国特色社会主义最本质的特征"写入了宪法第一章"总纲"第1条第2款，进一步充实宪法坚持和加强中国共产党全面领导的内容。中国共产党是执政党，是国家的最高政治领导力量。中国共产党领导是中国特色社会主义最本质的特征，是中国特色社会主义制度的最大优势。宪法从社会主义制度的本质属性角度对坚持和加强党的全面领导进行规定，有利于在全体人民中强化党的领导意识，有效把党的领导落实到国家工作全过程和各方面，确保党和国家事业始终沿着正确方向前进。②

把"中国共产党领导是中国特色社会主义最本质的特征"写入了宪法"总纲"第1条第2款的宪制意义在于：一是在宪法正文中第一次明确规定"中国特色社会主义"，把第1条"社会主义制度"的一般表述明确为"中国特色社会主义制度"，推动了中国特色社会主义宪法根本制度的与时俱进。二是进一步凸显了中国共产党领导的性质、地位和作用，相对于中国特色社会主义的一般经济特征、政治特征、文化特征、社会特征，中国共产党的领导是"最本质的特征"，具有根本性、全局性和统领性。三是以宪法形式体现了在国家机构和国家政治生活中，"党是领导

---

① 习近平：《关于〈中共中央关于全面推进依法治国若干重大问题的决定〉的说明》，载中共中央文献研究室编《十八大以来重要文献选编（中）》，中央文献出版社2016年版，第147页。

② 王晨：《关于〈中华人民共和国宪法修正案（草案）〉的说明》，《人民日报》2018年3月6日。

一切的"精神，实质上否定了"党政分开"的政治逻辑，明确体现了党政结合、党政一体的全新党政关系，目的是要把党的领导贯彻落实到国家机构、国家生活、国家行为的全过程和各方面。四是不仅要在宪法序言中规定中国共产党领导的历史合理性和现实必要性，而且要在宪法正文中赋予党的领导更加明确的宪法规范性和国家意志性，使宪法关于坚持中国共产党领导的表述和规定在整体上更加科学合理。我国宪法在关于国家根本制度的条文中规定"中国共产党领导是中国特色社会主义最本质的特征"，确认了党在国家政权结构中总览全局、协调各方的领导核心地位。坚持和加强党的全面领导，是宪法的明确要求，也是宪法实施的重要内容，更是宪法实施的根本保证。加强宪法实施和监督，就是要落实宪法确立的"中国共产党领导是中国特色社会主义最本质的特征"这一重要原则，坚持党对一切工作的领导，坚定维护以习近平同志为核心的党中央权威和集中统一领导。通过加强宪法实施和监督，全面贯彻习近平新时代中国特色社会主义思想，把党和国家的中心工作、基本原则、重大方针、重要政策落实到国家运行机制和各项具体制度中，确保党的领导核心作用得以发挥，确保党和人民意志得以体现，确保党和人民利益得以实现。①

3. 坚持人民主体地位

我国宪法是人民的宪法，坚持人民的主体地位，实现人民当家做主是宪法的本质要求和基本任务。中国共产党执掌国家政权，治国理政，推进全面依法治国，必须依靠人民、为了人民，确保人民当家做主。我国社会主义民主是维护人民根本利益的最广泛、最真实、最管用的民主。发展社会主义民主政治就是要体

---

① 李飞：《努力把宪法实施和监督工作提高到新的水平》，《求是》2018年第11期。

现人民意志、保障人民权益、激发人民创造活力，用制度体系保证人民当家做主。① 习近平总书记明确提出：我们要坚持国家一切权力属于人民的宪法理念，最广泛地动员和组织人民依照宪法和法律规定，通过各级人民代表大会行使国家权力，通过各种途径和形式管理国家和社会事务、管理经济和文化事业，共同建设，共同享有，共同发展，成为国家、社会和自己命运的主人。② 我国现行宪法明确规定：人民是国家的主人，国家的一切权力属于人民。中国共产党章程规定："党除了工人阶级和最广大人民群众的利益，没有自己特殊的利益。党在任何时候都把群众利益放在第一位，同群众同甘共苦，保持最密切的联系，坚持权为民所用、情为民所系、利为民所谋，不允许任何党员脱离群众，凌驾于群众之上。"人民是国家主人的政治定性和宪法定位，决定了人民必然是依法治国的主体而不是客体，决定了一切国家权力和国家机构的人民性，国家法治必须以保障人民幸福安康为己任。人民对美好生活的向往，是党治国理政的奋斗目标，也是宪法和依法治国要达成的目标，两者殊途同归。

4. 切实尊重和保障人权

坚持人民主体地位，应当落实到国家尊重和保障人权上。列宁说过：宪法就是一张写着人民权利的纸。③ 我国宪法不仅专章规定了公民的基本权利与义务，而且还在 2004 年修宪时明确规定了"国家尊重和保障人权"的原则。人权入宪的法治意义在于，通过国家尊重保障人权，把抽象的人民概念转变为具体的公

---

① 习近平：《决胜全面建成小康社会 夺取新时代中国特色社会主义伟大胜利——在中国共产党第十九次全国代表大会上的报告》，人民出版社 2017 年版，第 35—36 页。

② 习近平：《在首都各界纪念现行宪法公布施行 30 周年大会上的讲话》（2012 年 12 月 4 日），载中共中央文献研究室编《十八大以来重要文献选编（上）》，中央文献出版社 2014 年版，第 89 页。

③ 《列宁全集》第 12 卷，人民出版社 1987 年版，第 50 页。

民主体，把笼统的人民幸福落实为具体的法定权利，从而使人民幸福、人民利益得到具体化落实和法治化保障。习近平总书记指出："我们要依法保障全体公民享有广泛的权利，保障公民的人身权、财产权、基本政治权利等各项权利不受侵犯，保证公民的经济、文化、社会等各方面权利得到落实，努力维护最广大人民根本利益，保障人民群众对美好生活的向往和追求。"① 以宪法确认尊重和保障人权，以法治落实人权保障，是我们党不忘初心、牢记使命、全心全意为人民服务的必然要求，是国家坚持人民当家做主、维护人民主体地位的具体化、法治化体现。

（二）全面依法治国方面的宪法思想

习近平总书记在"12·4"重要讲话中指出：宪法确立了社会主义法治的基本原则，明确规定中华人民共和国实行依法治国，建设社会主义法治国家，国家维护社会主义法制的统一和尊严。落实依法治国基本方略，加快建设社会主义法治国家，必须全面推进科学立法、严格执法、公正司法、全民守法进程。②

我们要以宪法为最高法律规范，继续完善以宪法为统帅的中国特色社会主义法律体系，把国家各项事业和各项工作纳入法治轨道，实行有法可依、有法必依、执法必严、违法必究，维护社会公平正义，实现国家和社会生活制度化、法治化。③ 我国宪法实现了党的主张和人民意志的高度统一，具有显著优势、坚实基础、强大生命力。宪法是国家根本法，是国家各种制度和法律法规的总依据。宪法具有最高的法律地位、法律权威、

---

① 《习近平谈治国理政》，外文出版社2014年版，第141页。
② 习近平：《在首都各界纪念现行宪法公布施行30周年大会上的讲话》（2012年12月4日），载中共中央文献研究室编《十八大以来重要文献选编（上）》，中央文献出版社2014年版，第89页。
③ 同上书，第89—90页。

新时代法治发展的新面向

法律效力,要加快形成完备的法律规范体系、高效的法治实施体系、严密的法治监督体系、有力的法治保障体系,形成完善的党内法规体系,用科学有效、系统完备的制度体系保证宪法实施。

习近平总书记在党的十九大报告中明确提出,全面依法治国是中国特色社会主义的本质要求和重要保障。必须把党的领导贯彻落实到依法治国全过程和各方面,坚定不移走中国特色社会主义法治道路,完善以宪法为核心的中国特色社会主义法律体系,建设中国特色社会主义法治体系,建设社会主义法治国家,发展中国特色社会主义法治理论,坚持依法治国、依法执政、依法行政共同推进,坚持法治国家、法治政府、法治社会一体建设,坚持依法治国和以德治国相结合,依法治国和依规治党有机统一,深化司法体制改革,提高全民族法治素养和道德素质。[①]

针对现阶段如何深化依法治国实践的问题,习近平总书记在党的十九大报告中明确指出:全面依法治国是国家治理的一场深刻革命,必须坚持厉行法治,推进科学立法、严格执法、公正司法、全民守法。成立中央全面依法治国领导小组,加强对法治中国建设的统一领导。加强宪法实施和监督,推进合宪性审查工作,维护宪法权威。推进科学立法、民主立法、依法立法,以良法促进发展、保障善治。建设法治政府,推进依法行政,严格规范公正文明执法。深化司法体制综合配套改革,全面落实司法责任制,努力让人民群众在每一个司法案件中感受到公平正义。加大全民普法力度,建设社会主义法治文化,树立宪法法律至上、法律面前人人平等的法治理念。各级党组

---

① 习近平:《决胜全面建成小康社会 夺取新时代中国特色社会主义伟大胜利——在中国共产党第十九次全国代表大会上的报告》,人民出版社2017年版,第22—23页。

织和全体党员要带头尊法学法守法用法,任何组织和个人都不得有超越宪法法律的特权,绝不允许以言代法、以权压法、逐利违法、徇私枉法。①

我国宪法与社会主义法治共为一体,在推进全面依法治国的实践中,相互依存、相辅相成、休戚与共。新中国成立以来,尤其是改革开放和党的十八大以来的实践证明,凡是宪法制定、修改、维护和实施得好的时候,法治就发展进步,就能在保障人民权利和治国理政中发挥较好作用;凡是法治不断完善发展、得到全面遵守和实施的时候,宪法就能够贯彻好实施好,宪法权威就能够得到很好维护。反之,凡是法治遭到严重破坏和粗暴践踏的时候,宪法必然遭殃受损,人民利益和国家事业必然遭受损失,党和国家的权威必然受到损害。必须把宪法建设与法治建设紧密结合起来,充分发挥宪法在引领、推进和保障全面依法治国中的重要作用。推进全面依法治国,必须坚持和推进依宪治国,坚持宪法确定的中国共产党领导地位不动摇,坚持宪法确定的人民民主专政的国体和人民代表大会制度的政体不动摇,坚持宪法法律至上,全面贯彻实施宪法,树立和维护宪法在国家生活中的至高法律权威。

(三) 依宪治国方面的宪法思想

在依宪治国方面,新时代依宪治国新理念新思想包括以下主要内容:

1. 依法治国,首先是依宪治国;依法执政,关键是依宪执政

党领导人民制定宪法和法律,党领导人民执行宪法和法律,党自身必须在宪法和法律范围内活动,真正做到党领导立法、保

---

① 习近平:《决胜全面建成小康社会　夺取新时代中国特色社会主义伟大胜利——在中国共产党第十九次全国代表大会上的报告》,人民出版社 2017 年版,第 38—39 页。

证执法、带头守法。"坚持依宪治国、依宪执政，就包括坚持宪法确定的中国共产党领导地位不动摇，坚持宪法确定的人民民主专政的国体和人民代表大会制度的政体不动摇。"① 任何人以任何借口否定中国共产党领导和我国社会主义制度，都是错误的、有害的，都是违反宪法的，都是绝对不能接受的。

2. 宪法的生命在于实施，宪法的权威也在于实施

习近平总书记在"12·4"重要讲话中指出：全面贯彻实施宪法，是建设社会主义法治国家的首要任务和基础性工作。②"宪法是国家的根本法，是治国安邦的总章程……全国各族人民、一切国家机关和武装力量、各政党和各社会团体、各企业事业组织，都必须以宪法为根本的活动准则，并且负有维护宪法尊严、保证宪法实施的职责。"

3. 维护宪法权威，加强宪法监督，保证宪法实施

宪法是国家的根本法。"维护宪法权威，就是维护党和人民共同意志的权威。捍卫宪法尊严，就是捍卫党和人民共同意志的尊严。保证宪法实施，就是保证人民根本利益的实现。只要我们切实尊重和有效实施宪法，人民当家作主就有保证，党和国家事业就能顺利发展。反之，如果宪法受到漠视、削弱甚至破坏，人民权利和自由就无法保证，党和国家事业就会遭受挫折。"③ 要完善宪法监督制度，积极稳妥推进合宪性审查工作，加强备案审查制度和能力建设。党的十九大报告明确要求：必须"加强宪法实

---

① 习近平：《在省部级主要领导干部学习贯彻党的十八届四中全会精神全面推进依法治国专题研讨班上的讲话》（2015年2月2日），载中共中央文献研究室编《习近平关于全面依法治国论述摘编》，中央文献出版社2015年版，第36页。

② 习近平：《在首都各界纪念现行宪法公布施行30周年大会上的讲话》（2012年12月4日），载中共中央文献研究室编《十八大以来重要文献选编（上）》，中央文献出版社2014年版，第88页。

③ 《习近平谈治国理政》，外文出版社2014年版，第137页。

施和监督，推进合宪性审查工作，维护宪法权威"①。

4. 加强宪法学习宣传教育

要弘扬宪法精神、普及宪法知识，为加强宪法实施和监督营造良好氛围。习近平总书记在主持第四次集体学习时指出：宪法法律的权威源自人民的内心拥护和真诚信仰，加强宪法学习宣传教育是实施宪法的重要基础。要坚持从青少年抓起，把宪法法律教育纳入国民教育体系，引导青少年从小掌握宪法法律知识、树立宪法法律意识、养成尊法守法习惯。要完善国家工作人员学习宪法法律的制度，推动领导干部加强宪法学习，增强宪法意识，带头尊崇宪法、学习宪法、遵守宪法、维护宪法、运用宪法，做尊法学法守法用法的模范。②

5. 增强宪法自信

习近平总书记在主持第四次集体学习时指出："我们坚定中国特色社会主义道路自信、理论自信、制度自信、文化自信，要对我国宪法确立的国家指导思想、发展道路、奋斗目标充满自信，对我国宪法确认的中国共产党领导和我国社会主义制度充满自信，对我国宪法确认的我们党领导人民创造的社会主义先进文化和中华优秀传统文化充满自信"③，不断增强全党全国各族人民的宪法自信。我国宪法坚持和发展中国特色社会主义，就是用国家根本法的形式，宣示中国特色社会主义的道路自信、理论自信、制度自信和文化自信，集中体现我们党、国家和人民的宪法自信。在根本上，人民对于宪法的自信源于对中国共产党坚强领

---

① 习近平：《决胜全面建成小康社会　夺取新时代中国特色社会主义伟大胜利——在中国共产党第十九次全国代表大会上的报告》，人民出版社2017年版，第38页。

② 习近平：《更加注重发挥宪法重要作用　把实施宪法提高到新的水平》（2018年2月24日在第十九届中央政治局第四次集体学习时的讲话），《人民日报》2018年2月25日。

③ 同上。

导的自信，来源于对中国特色社会主义的自信，坚定宪法自信是坚持中国特色社会主义道路、理论、制度、文化自信的重要体现。当代中国宪法制度已经并将更好展现国家根本法的力量、更好发挥国家根本法的作用，充分体现国家制度体系的生机活力和制度优势。

三 新时代依宪治国新理念新思想的历史逻辑和实践逻辑

（一）新时代依宪治国新理念新思想的历史逻辑

新时代依宪治国新理念新思想源于五千年中华民族源远流长的文明史，源于我们党领导中华民族从站起来、富起来迈向强起来的革命、建设和改革的奋斗史，源于我们党领导人民追求民主共和、制宪行宪和推进全面依法治国的伟大历史进程，具有深厚的历史底蕴和清晰的历史逻辑。

1840年鸦片战争后，中国逐渐沦为半殖民地半封建的社会。为了改变国家和民族的苦难命运，实现中华民族的伟大复兴，中国尝试过君主立宪制、帝制复辟、议会制、多党制、总统制等各种宪制形式，经历了从清末的"十九信条"起，到民国元年（1912）的《中华民国临时约法》，到北洋军阀政府的几个宪法和宪法草案，到蒋介石反动政府的《中华民国训政时期约法》，一直到蒋介石的伪宪法。[①] 各种政治势力及其代表人物借制宪行宪之名，你方唱罢我登场，城头变幻大王旗。但他们都没能找到解决中国问题、实现民族复兴的正确答案和根本出路，中国依然是山河破碎、积贫积弱，列强依然在中国横行霸道、攫取利益，

[①] 毛泽东：《关于中华人民共和国宪法草案的讲话》，《毛泽东文集》第6卷，人民出版社1999年版，第325—326页。

习近平总书记关于新时代依宪治国的新理念新思想新实践

中国人民依然生活在苦难和屈辱之中。1921年，中国共产党应运而生。从此，我们党就以实现中华民族伟大复兴为己任，在领导人民进行革命、建设和改革的伟大斗争中，不断探索和开辟人民宪制和社会主义法治的中国道路。

1927年，党领导人民创建革命根据地，建立了工农民主的苏维埃政权。1931年，革命根据地准备制定宪法大纲，党中央提出了制宪的七大原则。① 这些原则在1931年11月江西瑞金召开的第一次全国苏维埃代表大会通过的《中华苏维埃共和国宪法大纲》（以下简称《宪法大纲》）中，得到充分体现。《宪法大纲》是党领导的革命根据地政权制定施行的第一个宪法性文件，具有重要历史意义。在新民主主义革命时期，我们党领导的革命根据地政权还先后制定颁布了《晋察冀边区目前施政纲领》《晋冀鲁豫边区政府施政纲领》《陕甘宁边区施政纲领》《陕甘宁边区宪法原则》《华北人民政府施政方针》等宪法性文件。这些革命政权的法制建设和宪制实践，为新中国成立后我们党领导人民建设新法制、制定新宪法，积累了宝贵经验，奠定了重要基础。②

习近平总书记在主持第四次集体学习时强调指出：中国共产党登上中国历史舞台后，在推进中国革命、建设、改革的实践

---

① 实现代表广大民众的真正的民权主义；实现劳动群众自己的政权；实现妇女解放；实现民族自决；争取并且确立中国经济上、政治上真正的解放；实行工农民权的革命专政；拥护工人利益，实行土地革命，消灭一切封建残余。

② 1954年9月15日，刘少奇在中华人民共和国第一届全国人民代表大会第一次会议上所做的《关于中华人民共和国宪法草案的报告》中指出：中华人民共和国宪法草案是历史经验的总结……我们现在提出的宪法草案乃是对于一百多年以来中国人民革命斗争的历史经验的总结，也是对于中国近代关于宪法问题的历史经验的总结。当然，我们的宪法草案又是中华人民共和国成立以来新的历史经验的总结。一九四九年，中国人民政治协商会议制定了一个共同纲领。这个共同纲领起了临时宪法的作用。这个共同纲领总结了过去革命的经验，特别是人民革命根据地的经验，宣告了中华人民共和国的成立，确定了中华人民共和国应当实现的各方面的基本政策。

中，高度重视宪法和法制建设。从建立革命根据地开始，我们党就进行了制定和实施人民宪法的探索和实践。新中国成立后，在我们党领导下，1954年9月召开的第一届全国人民代表大会第一次会议通过了《中华人民共和国宪法》，为巩固社会主义政权和进行社会主义建设发挥了重要保障和推动作用，也为改革开放新时期我国现行宪法的制定和完善奠定了基础。党的十一届三中全会开启了改革开放历史新时期，发展社会主义民主、健全社会主义法制成为党和国家坚定不移的方针。我国现行宪法即1982年宪法就是在这个历史背景下产生的。这部宪法深刻总结了我国社会主义建设正反两方面经验，适应我国改革开放和社会主义现代化建设、加强社会主义民主法制建设的新要求，确立了党的十一届三中全会之后的路线方针政策，把集中力量进行社会主义现代化建设规定为国家的根本任务，就社会主义民主法制建设做出一系列规定，为改革开放和社会主义现代化建设提供了有力法制保障。我国宪法是治国理政的总章程，必须体现党和人民事业的历史进步，必须随着党领导人民建设中国特色社会主义实践的发展而不断完善。[1]

　　历史总能给人以深刻启示。回顾我国宪法制度发展历程，我们越加感到，宪法与国家前途、人民命运息息相关。我国宪法同党和人民进行的艰苦奋斗和创造的辉煌成就紧密相连，同党和人民开辟的前进道路和积累的宝贵经验紧密相连。习近平总书记在主持第四次集体学习时强调指出：回顾我们党领导的宪法建设史，可以得出这样几点结论。[2] 一是制定和实施宪法，推进依法治国，建设法治国家，是实现国家富强、民族振兴、社会进步、

---

　　[1] 习近平：《更加注重发挥宪法重要作用　把实施宪法提高到新的水平》（2018年2月24日在第十九届中央政治局第四次集体学习时的讲话），《人民日报》2018年2月25日。

　　[2] 同上。

人民幸福的必然要求。二是我国现行宪法是在深刻总结我国社会主义革命、建设、改革的成功经验基础上制定和不断完善的,是我们党领导人民长期奋斗历史逻辑、理论逻辑、实践逻辑的必然结果。三是只有中国共产党才能坚持立党为公、执政为民,充分发扬民主,领导人民制定出体现人民意志的宪法,领导人民实施宪法。四是我们党高度重视发挥宪法在治国理政中的重要作用,坚定维护宪法尊严和权威,推动宪法完善和发展,这是我国宪法保持生机活力的根本原因所在。宪法作为上层建筑,一定要适应经济基础的变化而变化。

用宪法这一国家根本法的形式,把我们党领导人民在长期革命、建设和改革中取得的胜利成果确认下来,指引中华民族从站起来、富起来迈向强起来,把我国建设成为现代化强国,实现国家富强、人民幸福、民族复兴的中国梦,这就是新时代依宪治国新理念新思想的历史逻辑。

(二) 新时代依宪治国新理念新思想的实践逻辑

我国宪法以国家根本法的形式,确认了中国共产党领导中国人民进行革命、建设、改革的伟大斗争和根本成就,确立了工人阶级领导的、以工农联盟为基础的人民民主专政的社会主义国家的国体和人民代表大会制度的政体,确定了国家的根本任务、领导核心、指导思想、发展道路、奋斗目标,规定了中国共产党领导的多党合作和政治协商制度、民族区域自治制度以及基层群众自治制度,规定了社会主义法治原则、民主集中制原则、尊重和保障人权原则,等等,反映了我国各族人民共同意志和根本利益。[①] 在"12·4"重要讲话中,习近平总书记

---

① 党的十九届二中全会审议通过的《中共中央关于修改宪法部分内容的建议》,2018年1月19日。

充分肯定了我国现行宪法重大意义和成功实践。他指出：30年来，我国宪法以其至上的法制地位和强大的法制力量，有力保障了人民当家做主，有力促进了改革开放和社会主义现代化建设，有力推动了社会主义法治国家进程，有力促进了人权事业发展，有力维护了国家统一、民族团结、社会稳定，对我国政治、经济、文化、社会生活产生了极为深刻的影响。30年来的发展历程充分证明，我国宪法是符合国情、符合实际、符合时代发展要求的好宪法，是充分体现人民共同意志、充分保障人民民主权利、充分维护人民根本利益的好宪法，是推动国家发展进步、保证人民创造幸福生活、保障中华民族实现伟大复兴的好宪法，是我们国家和人民经受住各种困难和风险考验、始终沿着中国特色社会主义道路前进的根本法治保证。[①] 实践充分证明，我国现行宪法具有显著优势、坚实基础、强大生命力，必须坚决维护、长期坚持、全面贯彻。

宪法只有不断适应新形势、吸纳新经验、确认新成果，才能具有持久生命力。1988年、1993年、1999年、2004年，全国人大分别对我国宪法个别条款和部分内容做出必要的也是十分重要的修正，使我国宪法在保持稳定性和权威性的基础上紧跟时代前进步伐，不断与时俱进。通过4次宪法修改，我国宪法在中国特色社会主义伟大实践中紧跟时代步伐，不断与时俱进，有力推动和保障了党和国家事业发展，有力推动和加强了我国社会主义法治建设。

根据新时代坚持和发展中国特色社会主义的新形势新实践，在总体保持我国宪法连续性、稳定性、权威性的基础上，有必要

[①] 习近平：《在首都各界纪念现行宪法公布施行30周年大会上的讲话》（2012年12月4日），载中共中央文献研究室编《十八大以来重要文献选编（上）》，中央文献出版社2014年版，第87页。

对我国宪法做出适当的修改。① 从我国宪法的实践逻辑来看，2018年的这次修宪，并不是因为现行宪法"出了问题"或者"是一部坏宪法"而需要修改，恰恰相反，我国现行宪法是一部好宪法，这是本次修宪的基本政治判断和实践前提，但是"好宪法"也需要与时俱进、不断完善发展，这样才能保持充分的活力和旺盛的生命力，才能为坚持和发展中国特色社会主义的伟大实践提供有力宪法保障。修改宪法部分内容，把党和人民在实践中取得的重大理论创新、实践创新、制度创新成果上升为宪法规定，由宪法及时确认党和人民创造的伟大成就和宝贵经验，是为了更好发挥宪法的规范、引领、推动、保障作用，是实践发展的必然要求。我国宪法必须随着党领导人民建设中国特色社会主义实践的发展而不断完善发展，这是我国宪法实践发展的一个显著特点，也是一条基本规律。② 修改宪法是为了更好地实施宪法，让文本上的宪法"活起来""落下去"，充分发挥国家根本法的作用。③

四　党的十八大以来贯彻实施宪法的伟大实践

宪法的生命在于实施，宪法的权威也在于实施。④ 我国宪法实施有两个显著特点：一是在主体上，多种主体全面实施。宪法

---

① 王晨：《关于〈中华人民共和国宪法修正案（草案）〉的说明》，《人民日报》2018年3月6日。

② 《中国共产党第十九届中央委员会第二次全体会议公报》，《人民日报》2018年1月19日。

③ 栗战书：《在深入学习宣传和贯彻实施宪法座谈会上的讲话》，《人民日报》2018年3月28日。

④ 习近平：《在首都各界纪念现行宪法公布施行30周年大会上的讲话》（2012年12月4日），载中共中央文献研究室编《十八大以来重要文献选编（上）》，中央文献出版社2014年版，第88页。

规定，全国各族人民、一切国家机关和武装力量、各政党和各社会团体、各企业事业组织，都负有维护宪法尊严、保证宪法实施的职责。二是在方式上，政治实施和法治实施相结合。宪法是最重要的政治法，党的领导是宪法实施最根本的政治保障；宪法又是国家法治体系的核心组成部分，完备的法治必然对贯彻实施宪法产生促进作用。

党的十八大以来，我们党和国家采取一系列重要举措，全面推进和保障宪法贯彻落实，取得了前所未有的成就。

一是把全面保障宪法实施摆在更加突出的位置。习近平总书记在首都各界纪念现行宪法公布施行30周年大会上的讲话和其他重要讲话中多次指出："依法治国，首先是依宪治国；依法执政，关键是依宪执政"[1]，强调要把保障宪法实施、维护宪法权威摆在全面依法治国更加突出的位置，着力解决宪法实施的具体制度和监督机制还不健全，一些领导干部的宪法意识还有待进一步提高等问题。这些重要思想，对加强宪法实施和监督提出了明确要求、指出了努力方向。

党中央做出重大决策、采取有效措施，扎实推进宪法实施和监督：进一步健全宪法实施监督机制和程序，建立健全全社会忠于、遵守、维护、运用宪法法律的制度；完善全国人大及其常委会宪法监督制度，加强备案审查制度和能力建设，将每年12月4日定为国家宪法日，建立宪法宣誓制度；推进合宪性审查工作；提出关于修改宪法部分内容的建议；等等。[2] 在党的领导下，以创新宪法理念引领依宪治国，是我国宪法实施的政治优势和制度

---

[1] 习近平：《在首都各界纪念现行宪法公布施行30周年大会上的讲话》（2012年12月4日），载中共中央文献研究室编《十八大以来重要文献选编（上）》，中央文献出版社2014年版，第91页。

[2] 全国人大法律委员会、全国人大常委会法制工作委员会课题组：《党的创新理论引领立法工作创新发展》，《中国人大》2017年第24期。

特色。

全国人大常委会2015年7月1日通过实行宪法宣誓制度的决定：规定各级人大及县级以上各级人大常委会选举或者决定任命的国家工作人员，以及各级人民政府、人民法院、人民检察院任命的国家工作人员，在就职时应当公开进行。习近平总书记指出：宪法宣誓制度有利于彰显宪法权威，增强公职人员宪法观念，激励公职人员忠于和维护宪法，也有利于在全社会增强宪法意识、树立宪法权威。

2018年3月17日，中华人民共和国国家主席和国家军事委员会主席习近平进行首次宪法宣誓。

二是加强完善宪法制度方面的立法，落实和推进宪法实施。立法机关、行政机关依据宪法制定法律、行政法规，将宪法精神、原则和规定予以具体化，是我国宪法贯彻实施的重要途径和方式。立法机关通过制定国家勋章和国家荣誉称号法、国歌法，修改立法法、地方组织法、选举法、代表法、预算法，做出授权决定确保国家监察体制、行政审批制度、农村土地制度、司法体制、公务员制度等重大改革做到于法有据，从多方面具体贯彻实施了宪法。例如，全国人大及其常委会及时修改立法法，明确发挥立法的引领和推动作用，发挥人大在立法中的主导作用，同时完善立法体制、赋予设区的市地方立法权、明确立法权力边界、深入推进科学立法民主立法；贯彻落实中央关于加强县乡人大工作和人大建设的精神，及时审议通过修改地方组织法、选举法、代表法的决定，重点对县乡人大组织制度和工作制度、代表选举和代表工作等方面的相关规定做了修改完善；修改预算法和有关工作指导性文件，加强人大预算决算审查监督工作，健全审计查出突出问题整改情况向全国人大常委会报告机制；制定国家勋章和国家荣誉称号法，对国家勋章和国家荣誉称号的设立、授予对象、授予程序等做出规定；制定国歌法，对国歌的地位，国歌的奏唱场合、形式和礼仪，国歌教育，国歌词谱版式，侮辱国歌行为的法律责任等做了规定。①

三是加强规范性文件备案审查，有效保证宪法具体实施。从2013年至2016年，全国人大常委会对"一府两院"新制定的140件行政法规、司法解释逐件进行主动审查研究，对地方性法规开展有重点的主动审查，接收处理各类审查建议443件，依法纠正50多件地方性法规和司法解释中存在的与法律不一致问题。②十二届全国人大常委会的五年，共接收报送备案的规范性文件4778件，对188件行政法规和司法解释逐一进行主动审查，对地方性法规有重点地开展专项审查，认真研究公民、组织提出的1527件审查建议，对审查中发现与法律相抵触或不适当的问题，督促制定机关予以纠正，③保证中央令行禁止，保障宪法法律实施，维护国家法制统一。

四是针对重大涉宪问题做出决定决议，推动和保障宪法贯彻落实。例如，通过关于香港特别行政区行政长官普选问题和2016年立法会产生办法的决定，为香港在宪法和法律范围内有序完成行政长官换届选举，提供了有力的法律和制度保障。又如，依据宪法对香港特别行政区基本法第104条做出解释，坚决遏制和反对"港独"行径，捍卫宪法和基本法权威。依法做出决定，将国歌法列入两个基本法附件三，在香港、澳门特别行政区实施。批准内地和香港在广深港高铁西九龙站设立口岸实施"一地两检"的合作安排，确认合作安排符合宪法和香港基本法。再如，通过

---

① 全国人大法律委员会、全国人大常委会法制工作委员会课题组：《党的创新理论引领立法工作创新发展》，《中国人大》2017年第24期。
② 同上。
③ 张德江在第十三届全国人民代表大会第一次会议上做的《全国人民代表大会常务委员会工作报告》，2018年3月11日。

关于成立辽宁省第十二届人民代表大会第七次会议筹备组的决定，根据宪法精神和有关法律原则，采取创制性办法及时妥善处理辽宁贿选案，维护了宪法和法律权威。①

五是在宪法框架下处理好改革与法治的关系。改革开放早期，实践中出现了所谓"良性违法""良性违宪"②的现象。党的十八大以来，我们坚持依宪治国，提出要正确处理改革与法治的关系，在法治下推进改革，在改革中完善法治，做到重大改革要于法有据。国家立法机关注重发挥立法的引领和推动作用，通过加强重点领域立法、一揽子打包修法、及时修改完善有关法律规定等多种方式，为有关改革举措提供法律依据，实现立法和重大改革决策相衔接。十二届全国人大常委会的五年，共做出21件授权决定和改革决定，涉及自由贸易试验区、农村集体土地制度、司法体制、国防和军队等方面的一批重大改革；共审议通过15个统筹修改法律的决定，涉及修改法律95件次，持续推进行政审批、职业资格认定等方面改革，激发市场和社会活力。落实党中央改革调整生育政策的重大部署，及时做出决议，修改人口与计划生育法。决定废止有关劳动教养的法律规定。对刑法、刑

---

① 全国人大法律委员会、全国人大常委会法制工作委员会课题组：《党的创新理论引领立法工作创新发展》，《中国人大》2017年第24期。
② "良性违宪"是指国家机关的一些举措虽然违背当时宪法的个别条文，但却有利于发展社会生产力、有利于维护国家和民族的根本利益，是有利于社会的行为。改革开放以来，我国出现了不少表面上看似违宪，但实际上却符合历史发展趋势的事件。（1）1978年安徽18个农民包产到户改革，违反了1978年宪法关于人民公社制度的规定。（2）1978年宪法规定全国人大常委会只能"解释宪法和法律，制定法令"（第25条第（3）项），没有制定法律的权力，但由于改革开放要求制定大量法律，全国人大常委会在未经修宪，也未做宪法解释的情况下，自行行使立法权，1979年至1982年间共制定了11部法律，这都是违背当时宪法规定的。（3）1988年以前，深圳等经济特区突破1982年宪法关于土地不得买卖、出租的规定，决定将土地使用权出租。（4）1998年以后，四川遂宁、广东、江苏、云南、山西、河南、湖北等地进行"乡镇长直选"改革试点，违反了宪法关于"地方各级人民代表大会分别选举并且有权罢免本级人民政府的省长和副省长……乡长和副乡长、镇长和副镇长"的规定。

新时代法治发展的新面向

事诉讼法的有关条款做出解释。立法主动适应改革和经济社会发展需要，避免改革与法律脱节的现象，维护了宪法的稳定和权威。①

六是组建中央全面依法治国委员会。党的十九大报告指出：成立中央全面依法治国领导小组，加强对法治中国建设的统一领导。②《深化党和国家机构改革方案》③进一步明确：组建中央全面依法治国委员会。为加强党中央对法治中国建设的集中统一领导，健全党领导全面依法治国的制度和工作机制，更好落实全面依法治国基本方略，组建中央全面依法治国委员会，负责全面依法治国的顶层设计、总体布局、统筹协调、整体推进、督促落实，作为党中央决策议事协调机构。全面依法治国委员会的主要职责是：统筹协调全面依法治国工作，研究全面依法治国重大事项、重大问题，统筹推进科学立法、严格执法、公正司法、全民守法，协调推进中国特色社会主义法治体系和社会主义法治国家建设等。中央全面依法治国委员会办公室设在司法部。全面依法治国，当然包括依宪治国和依宪执政，包括加强宪法实施和监

---

① 全国人大法律委员会、全国人大常委会法制工作委员会课题组：《党的创新理论引领立法工作创新发展》，《中国人大》2017年第24期。

② 李林：《成立中央全面依法治国领导小组意义重大》，《中国社会科学报》2017年11月7日第1版。

③ 2018年2月28日，中国共产党第十九届中央委员会第三次全体会议通过了《深化党和国家机构改革方案》。该《方案》明确提出：在新的历史起点上深化党和国家机构改革，必须全面贯彻党的十九大精神，坚持以马克思列宁主义、毛泽东思想、邓小平理论、"三个代表"重要思想、科学发展观、习近平新时代中国特色社会主义思想为指导，牢固树立政治意识、大局意识、核心意识、看齐意识，坚决维护以习近平同志为核心的党中央权威和集中统一领导，适应新时代中国特色社会主义发展要求，坚持稳中求进工作总基调，坚持正确改革方向，坚持以人民为中心，坚持全面依法治国，以加强党的全面领导为统领，以国家治理体系和治理能力现代化为导向，以推进党和国家机构职能优化协同高效为着力点，改革机构设置，优化职能配置，深化转职能、转方式、转作风，提高效率效能，积极构建系统完备、科学规范、运行高效的党和国家机构职能体系，为决胜全面建成小康社会、开启全面建设社会主义现代化国家新征程、实现中华民族伟大复兴的中国梦提供有力制度保障。

督、推进合宪性审查工作、维护宪法权威、弘扬宪法精神、学习贯彻实施宪法等方面的内容。

七是设立全国人大宪法和法律委员会。十三届全国人大一次会议通过宪法修正案，将全国人民代表大会下设的"法律委员会"更改为"宪法和法律委员会"。设立宪法和法律委员会，既体现了依宪治国与依法治国的统一，同时也明确了我国宪法监督与合宪性审查工作的实施主体，完善了我国的宪法监督机制，为设区的市的地方立法权的运行提供了根本制度的保障，必将推动宪法的实施，提高宪法的尊严和权威。根据《深化党和国家机构改革方案》的说明，为弘扬宪法精神，维护宪法权威，加强宪法实施和监督，推进合宪性审查工作，将全国人大法律委员会更名为全国人大宪法和法律委员会。全国人大宪法和法律委员会在继续承担统一审议法律草案工作的基础上，增加推动宪法实施、开展宪法解释、推进合宪性审查、加强宪法监督、配合宪法宣传等职责。

八是设立全国人大监察和司法委员会。《深化党和国家机构改革方案》明确提出，为健全党和国家监督体系，适应国家监察体制改革需要，促进国家监察工作顺利开展，将全国人大内务司法委员会更名为全国人大监察和司法委员会。全国人大监察和司法委员会在原有工作职责基础上，增加配合深化国家监察体制改革、完善国家监察制度体系、推动实现党内监督和国家机关监督有机统一方面的职责。十三届全国人大第一次会议通过了《中华人民共和国国家监察法》，以国家基本法律的形式坚持和加强党对反腐败工作集中统一领导，使党的主张通过法定程序成为国家意志，以法治思维和法治方式惩治腐败。制定监察法是贯彻落实党中央关于深化国家监察体制改革决策部署的重大举措；是坚持和加强党对反腐败工作的领导，构建集中统一、权威高效的国家

新时代法治发展的新面向

监察体系的必然要求；是总结党的十八大以来反腐败实践经验，为新形势下反腐败斗争提供坚强法治保障的现实需要；是坚持党内监督与国家监察有机统一，坚持走中国特色监察道路的创制之举；是加强宪法实施，丰富和发展人民代表大会制度，推进国家治理体系和治理能力现代化的战略举措。

九是及时修改宪法，实现宪法与时俱进。2018年3月11日，第十三届全国人民代表大会第一次会议高票通过了宪法修正案。[①] 本次宪法修正案，共有21条，其中11条同设立监察委员会有关；涉及宪法的三个部分：第一部分"序言"（4条修正案）：指导思想，统一战线，民族关系，外交；第二部分"总纲"（5条修正案）：党的领导是中国特色社会主义最本质的特征，民族关系，社会主义核心价值观，宪法宣誓；第三部分"国家机构"（12条修正案）：国家治理体制完善，国家主席制度，监察委员会以及相关条款的修改，宪法和法律委员会。本次宪法修改是中国特色社会主义进入新时代的首次修宪，具有重大的现实意义和深远的历史意义：修宪是党中央从新时代坚持和发展中国特色社会主义全局和战略高度做出的重大决策；修宪是推进全面依法治国、推进国家治理体系和治理能力现代化的重大举措；修宪是党领导人民建设社会主义现代化强国的必然要求；修宪为新时代坚持和发展中国特色社会主义提供有力宪法保障。

十是以习近平同志为核心的党中央高度重视宪法在治国理政中的重要地位和作用，不断加强党对宪法监督和实施的领导，努力把全面贯彻实施宪法提到一个新水平。2012年12月4日，在

---

① 第十三届全国人民代表大会第一次会议于2018年3月11日2964名代表参加投票，2958票赞成，2票反对，3票弃权，1票无效，高票通过了宪法修正案。现行宪法之前的四次修改，反对票和弃权票均高于本次：1988年：22票反对、16票弃权；1993年：8票反对、36票弃权；1999年：21票反对、24票弃权；2004年：10票反对、17票弃权。

习近平总书记关于新时代依宪治国的新理念新思想新实践

首都各界纪念现行宪法公布施行30周年大会上习近平总书记发表重要讲话，强调"依法治国首先是依宪治国，依法执政关键是依宪执政"[①]；2014年9月5日，习近平总书记在庆祝全国人大成立60周年大会讲话中提出："坚持依法治国首先要坚持依宪治国，坚持依法执政首先要坚持依宪执政。"[②]党的十八届三中全会通过的《中共中央关于全面深化改革若干重大问题的决定》明确提出：宪法是保证党和国家兴旺发达、长治久安的根本法，具有最高权威。要进一步健全宪法实施监督机制和程序，把全面贯彻实施宪法提高到一个新水平。建立健全全社会忠于、遵守、维护、运用宪法法律的制度。坚持法律面前人人平等，任何组织或者个人都不得有超越宪法法律的特权，一切违反宪法法律的行为都必须予以追究。完善规范性文件、重大决策合法性审查机制。建立科学的法治建设指标体系和考核标准。健全法规、规章、规范性文件备案审查制度。健全社会普法教育机制，增强全民法治观念。逐步增加有地方立法权的较大的市数量。

党的十八届四中全会通过的《中共中央关于推进全面依法治国若干重大问题的决定》明确提出：健全宪法实施和监督制度。宪法是党和人民意志的集中体现，是通过科学民主程序形成的根本法。坚持依法治国首先要坚持依宪治国。所有国家机关和社会主体都必须以宪法为根本的活动准则，并且负有维护宪法尊严、保证宪法实施的职责，一切违反宪法的行为都必须予以追究和纠正。要完善全国人大及其常委会宪法监督制度，健全宪法解释程序机制。加强备案审查制度和能力建设，把所有规范性文件纳入备案审查范围，依法撤销和纠正违宪违法的

---

① 《习近平谈治国理政》，外文出版社2014年版，第141页。
② 习近平：《在庆祝全国人民代表大会成立六十周年大会上的讲话》（2014年9月5日），载中共中央文献研究室编《十八大以来重要文献选编（中）》，中央文献出版社2016年版，第55页。

新时代法治发展的新面向

规范性文件，禁止地方制发带有立法性质的文件。将每年12月4日定为国家宪法日。在全社会普遍开展宪法教育，弘扬宪法精神。建立宪法宣誓制度，凡经人大及其常委会选举或者决定任命的国家工作人员正式就职时公开向宪法宣誓。明确提出：党中央向全国人大提出宪法修改建议，依照宪法规定的程序进行宪法修改。法律制定和修改的重大问题由全国人大常委会党组向党中央报告。

党的十九大明确指出：加强宪法实施和监督，推进合宪性审查工作，维护宪法权威……任何组织和个人都不得有超越宪法法律的特权。发挥人大及其常委会在立法工作中的主导作用，健全人大组织制度和工作制度，支持和保证人大依法行使立法权、监督权、决定权、任免权，更好发挥人大代表作用，使各级人大及其常委会成为全面担负起宪法法律赋予的各项职责的工作机关，成为同人民群众保持密切联系的代表机关。完善人大专门委员会设置，优化人大常委会和专门委员会组成人员结构。

2017年9月29日，习近平总书记主持召开中央政治局会议，决定启动宪法修改工作，成立宪法修改小组。宪法修改小组由张德江任组长，王沪宁、栗战书任副组长。宪法修改要遵循四个原则：坚持党对宪法修改的领导，把坚持党中央集中统一领导贯穿于宪法修改全过程，确保宪法修改的正确政治方向；严格依法按程序推进宪法修改；充分发扬民主、广泛凝聚共识；坚持对宪法做部分修改、不做大改。保持宪法的连续性、稳定性、权威性。[①]我国宪法是治国理政的总章程，必须体现党和人民事业的历史进步，必须随着党领导人民建设中国特色社会主义实践的发展而不断完善发展；宪法作为上层建筑，一定要适应经济基础的变化而

[①]《中共中央政治局召开会议讨论拟提请十九届二中全会审议的文件》，《人民日报》2018年1月12日。

习近平总书记关于新时代依宪治国的新理念新思想新实践

变化。①

2018年1月12日，中央政治局召开会议研究修改宪法部分内容的建议。中央政治局听取了《中共中央关于修改宪法部分内容的建议》在党内外一定范围征求意见的情况报告，决定根据这次会议讨论的意见进行修改后将文件稿提请十九届二中全会审议。会议认为，宪法是党和人民意志的集中体现，现行宪法颁布以来，在改革开放和社会主义现代化建设的历史进程中、在我们党治国理政实践中发挥了十分重要的作用。实践证明，我国现行宪法是符合国情、符合实际、符合时代发展要求的好宪法。会议指出，为更好发挥宪法在新时代坚持和发展中国特色社会主义中的重要作用，需要对宪法做出适当修改，把党和人民在实践中取得的重大理论创新、实践创新、制度创新成果上升为宪法规定。党中央决定用一次全会专门讨论宪法修改问题，充分表明党中央对这次宪法修改的高度重视。②习近平总书记指出："中共中央决定对宪法进行适当修改，是经过反复考虑、综合方方面面情况作出的，目的是通过修改使我国宪法更好体现人民意志，更好体现中国特色社会主义制度的优势，更好适应提高中国共产党长期执政能力、推进全面依法治国、推进国家治理体系和治理能力现代化的要求。"③

2018年1月18—19日，党的十九届二中全会专门讨论通过了《中国共产党中央委员会关于修改宪法部分内容的建议》。习近平总书记在党的十九届二中全会上两次就宪法和宪法修改

---

① 习近平：《更加注重发挥宪法重要作用 把实施宪法提高到新的水平》（2018年2月24日在第十九届中央政治局第四次集体学习时的讲话），《人民日报》2018年2月25日。

② 《中共中央政治局召开会议讨论拟提请十九届二中全会审议的文件》，《人民日报》2018年1月12日。

③ 《中共中央召开党外人士座谈会征求对中共中央关于修改宪法部分内容的建议的意见》，《人民日报》2018年1月20日。

新时代法治发展的新面向

问题发表重要讲话。2018年1月26日，中共中央向全国人大常委会提出《中国共产党中央委员会关于修改宪法部分内容的建议》。

2018年2月24日，十九届中央政治局进行主题为"我国宪法和推进全面依法治国的意见和建议"的第四次集体学习，习近平总书记发表重要讲话，强调要"决胜全面建成小康社会、开启全面建设社会主义现代化国家新征程、实现中华民族伟大复兴的中国梦，推进国家治理体系和治理能力现代化、提高党长期执政能力，必须更加注重发挥宪法的重要作用。要坚持党的领导、人民当家作主、依法治国有机统一，加强宪法实施和监督，把国家各项事业和各项工作全面纳入依法治国、依宪治国的轨道，把实施宪法提高到新的水平"[①]。

2018年3月11日，十三届全国人大一次会议高票通过了《中华人民共和国宪法修正案》。宪法修正案确立了习近平新时代中国特色社会主义思想在国家政治和社会生活中的指导地位，调整充实了中国特色社会主义事业总体布局和第二个百年奋斗目标的内容，完善了依法治国和宪法实施举措，充实了坚持和加强中国共产党全面领导的内容，调整了国家主席任职方面的规定，增加了有关监察委员会的各项规定。宪法修正案的通过施行，更好地适应了新时代中国特色社会主义伟大实践，对于进一步加强以习近平同志为核心的党中央集中统一领导，推进国家治理体系和治理能力现代化，具有十分重大的意义和极其深远的影响。在十三届全国人大一次会议上，习近平总书记全票当选国家主席和中央军委主席，即刻进行庄严的宪法宣誓，充分彰显宪法尊严，有

---

① 习近平：《更加注重发挥宪法重要作用　把实施宪法提高到新的水平》（2018年2月24日在第十九届中央政治局第四次集体学习时的讲话），《人民日报》2018年2月25日。

力弘扬宪法精神,极大鼓舞和振奋了全国人民尊崇宪法、维护宪法、实施宪法的意志和决心。①

宪法的根基在于人民发自内心的拥护,宪法的伟力在于人民出自真诚的信仰。② 在以习近平同志为核心的党中央坚强领导下,体现了人民意志和中国共产党的正确主张的宪法,又由中国共产党领导全体人民保证它的实施,就一定能够在促进我国改革开放和社会主义现代化事业的胜利发展中发挥伟大的作用。

(作者为中国社会科学院学部委员、法学研究所研究员)

---

① 李飞:《努力把宪法实施和监督工作提高到新的水平》,《求是》2018年第11期。
② 习近平:《在首都各界纪念现行宪法公布施行30周年大会上的讲话》(2012年12月4日),载中共中央文献研究室编《十八大以来重要文献选编(上)》,中央文献出版社2014年版,第90页。

中国宪法实施的理论逻辑与实践发展

翟国强

> 加强宪法实施和监督，推进合宪性审查工作，维护宪法权威。推进科学立法、民主立法、依法立法，以良法促进发展、保障善治。
>
> ——十九大报告

从历史发展来看，我国宪法是立足中国国情和借鉴域外经验的产物，既具有宪法的一般普遍特征，也具有鲜明的中国特色，体现了普遍性与特殊性的统一。宪法确认了党领导人民进行革命、建设、改革的伟大斗争和根本成就，确立和规定了以人民为中心尊重和保障人权，国体和政体，国家指导思想、发展道路、根本任务、奋斗目标，国家制度体系和依法治国基本方略等重要内容，是党的主张和人民意志相统一的宪法表达，是国家意志和宪法精神的集中体现。宪法必须随着党领导人民建设中国特色社会主义实践的发展而不断发展完善，这是我国宪法发展的一个显著特点，也是中国特色社会主义法治建设的一个基本规律。

第十三届全国人民代表大会第一次会议表决通过的《中华人民共和国宪法修正案》，在总体保持我国宪法连续性、稳定性、权威性的基础上，根据新时代坚持和发展中国特色社会主义的新形势新实践,对现行宪法做出适当修改完善,把党和人民在实践中取得的重大理论创新、实践创新、制度创新成果通过国家根本法确认下来,使之成为国家意志和全国各族人民的共同遵循,成为国家各项事业、各方面工作的活动准则,成为新时代引领和促进中华民族强起来的国家根本法依据,对于全面贯彻党的十九大和十九届二中、三中全会精神,广泛动员和组织全国各族人民为夺取新时代中国特色社会主义伟大胜利而奋斗具有十分重大的意义。

宪法的生命在于实施,宪法的权威也在于实施。我国现行宪法颁布实施以来,以其至上的法治地位和强大的法治力量,在国家和社会生活中发挥了重要作用。但中国宪法实施的原理和机制不同于其他国家宪法,有其特殊的历史逻辑、理论逻辑和实践逻辑。宪法修正案通过以后,如何遵循中国宪法自身的理论逻辑,将宪法实施提高到一个新的水平,是全面推进依法治国的一个至关重要的任务和课题。

一 中国宪法的历史逻辑

作为一个民族的集体记忆,历史是民族国家安身立命的基础,是政治合法性的重要来源。所以有"欲灭人之国,必先去其史"的说法。我国宪法记载了近代以来中华民族为实现伟大复兴而奋斗的光辉历史,宣示了党领导人民进行革命、建设和改革取得的伟大成就,阐述了国家的核心价值、指导思想和基本原则,宣告了国家的基本路线、大政方针和奋斗目标,确立了国家的制度体系和权力架构,规定了人民与国家、中央与地方、公民基本权利与义务等重大关系,具有鲜明的政治性、引领性和宣示性。宪法体现了中华文化的优良传统和中华民族的共同意志,具有鲜明的民族性,是维护国家统一、民族团结、实现中华民族伟大复兴中国梦的根本法。

我国宪法开篇以历史叙事的方式确认了党领导人民进行革命、建设和改革的历史进程。宪法确认中国各族人民共同创造了光辉灿烂的文化,全国各族人民共同缔造了统一的多民族国家。宪法序言第一句话是:"中国是世界上历史最悠久的国家之一。中国各族人民共同创造了光辉灿烂的文化,具有光荣的革命传统。""革命传统"是理解中国宪法历史逻辑的一个关键词。在国家建构的意义上,中国革命首先是中国共产党带领中国人民进行的新民主主义革命。如果进一步追溯,这个历史的画卷会更长。至少可以追溯到一百多年前的近代,仁人志士为了中华民族的生存和发展进行的努力和斗争。宪法序言写道:"一八四〇年以后,封建的中国逐渐变成半殖民地、半封建的国家。"近代以来,为了改变国家和民族的苦难命运,实现中华民族的伟大复兴,中国尝试过君主立宪制、议会制、多党制、总统制等各种宪制形式。但都没能找到解决中国问题、实现民族复兴的正确答案和根本出路,中国依然是山河破碎、积贫积弱,列强依然在中国横行霸道、攫取利益,中国人民依然生活在苦难和屈辱之中。

1949年中华人民共和国的成立,标志着中国人民从此站起来了。人民成为新国家、新社会的主人。新国家、新社会需要新宪法。①1949年9月29日,中国人民政治协商会议第一届全体会议通过了《中国人民政治协商会议共同纲领》。这个共同纲领总结了过去革命的经验,特别是人民革命根据地的经验,宣告了中华人民共和国的成立,确定了新国家应当实行的各项基本政策,是一部真正立足中国实际、切合人民需要的行动纲领,是具有临时

---

① 1949年2月,党中央发布《关于废除国民党的六法全书与确定解放区的司法原则的指示》,为成立新中国、制定新宪法、实行新法制扫清了政治障碍。

宪法性质的人民大宪章。① 1954年宪法的制定是中国制宪史上的一次革命。② 它总结了新民主主义革命历史经验和社会主义改造与建设的经验，规定了国家在过渡时期的总任务，确立了新国家的国体和政体，规定了公民的基本权利和义务，确定了建设社会主义制度的道路和目标，是一部得到人民拥护的好宪法。1954年宪法颁布实施的前几年，我国各级政权都能遵循宪法规定的轨道运行。中央在决定重大问题时，毛泽东、周恩来常常问彭真是不是符合宪法，是不是符合法律程序，提醒"可不要违宪呐！"③。但后来，党在指导思想上发生"左"的错误，逐渐对宪法和法制不那么重视了。到了"文化大革命"时期，宪法实际上成为一纸空文。

党的十一届三中全会确定把党的工作重心转移到社会主义现代化建设上来，提出了发展社会主义民主和健全社会主义法制的目标。1982年12月4日，五届全国人大第五次会议举行全体会议通过《中华人民共和国宪法》。这部宪法是根据党的十一届三中全会确定的路线、方针、政策，总结我国社会主义建设正反两方面经验，深刻吸取十年"文化大革命"的沉痛教训，借鉴世界社会主义成败得失，适应我国改革开放和社会主义现代化建设、加强社会主义民主法制建设的新要求，经过全民讨论，由全国人民代表大会通过的。现行宪法颁布以来，在改革开放和社会主义现代化建设的历史进程中发挥了十分重要的作用。

根据我国改革开放和社会主义现代化建设的实践和发展，全国人大于1988年、1993年、1999年、2004年先后四次对1982

---

① 刘少奇：《关于中华人民共和国宪法草案的报告》（1954年9月15日）；载中共中央党史研究室《中国共产党历史》第2卷，中共党史出版社2011年版，第16页。
② 中共中央党史研究室：《中国共产党历史》第2卷，中共党史出版社2011年版，第253页。
③ 《彭真传》，中央文献出版社2012年版，第858页。

年宪法即我国现行宪法的个别条款和部分内容做出必要的也是十分重要的部分修改。自2004年宪法修改以来，党和国家事业又有了许多重要发展变化。经过长期努力，中国特色社会主义进入新时代，这是我国发展新的历史方位。这次修宪也是新时代首次宪法修改，是决胜全面建成小康社会，开启全面建设社会主义现代化强国新征程中的一次宪法修改。根据新时代坚持和发展中国特色社会主义的新形势新实践，在总体保持我国宪法连续性、稳定性、权威性的基础上，对我国现行宪法做出适当的修改完善，把党和人民在实践中取得的重大理论创新、实践创新、制度创新成果通过国家根本法确认下来，使之成为全国各族人民的共同遵循，成为国家各项事业、各方面工作的活动准则，对于建设社会主义现代化强国，实现中华民族伟大复兴具有十分重大的意义。

二　中国宪法的理论逻辑

中国宪法制度的理论逻辑既具有一般宪法的普遍特征，同时也具有鲜明的中国特色，体现了普遍性与特殊性的统一。比较而言，中国宪法的理论逻辑不同于一般西方宪法，其基本理论和指导思想是马克思主义宪法原理。但是中国的马克思主义不是简单照搬马克思主义经典作家论述的教条式的马克思主义，而是不断进行理论创新的中国化的马克思主义。纵观中国近现代历史的发展，马克思主义理论在中国发展的一个重要特征就是因时因地、结合中国特定的社会现实而被不断中国化，不断推陈出新。作为中国政治体系的核心，中国共产党创造性地发展了马克思主义，不断赋予马克思主义新的含义。因此，中国共产党重视不断发展出新的宪法理论，以适应不断变化发展的社会，强调在社会发展过程中的"解放思想"，不断结合新的变化，与中国的社会现实进行不断调适，在坚持中不断发展。这些不断发展的理论也是中国宪法的指导思想，贯穿于宪法文本和宪法实施始终。现行宪法的几次修改，推动了宪法精神的与时俱进。此次宪法修正案将"中国共产党领导是中国特色社会主义最本质的特征"写进宪法，体现了鲜明的时代性，进一步强化了"中国特色社会主义"这一基本宪法精神。

新中国成立初期，我国宪法的理论和制度受苏联宪法学说特别是斯大林的宪法观念影响很大。基于经济基础决定上层建筑的原理，宪法理论的一个重要的内容就是将宪法理解为是对某种政治事实的确认和宣示。比如，毛泽东就认为宪法是"革命成功有了民主事实以后，颁布一个根本大法，去承认它，这就是宪法"[①]。因此，在宪法的起草过程中，有关的政治家和领导人非常重视宪法序言中对"四件大事"等历史事实的叙述，邓小平直接过问宪法序言的内容，彭真则亲自执笔起草序言。从政治的视角看，在任何国家，任何政治体制下，宪法不仅是法，同时也是一个政治象征或者政治宣言。特别是通过革命取得政权后制定的宪法，往往需要对一些事实进行宣告和确认，通过以宪法规范确认事实的方式来寻求政权的历史正当性。

伴随着新中国立宪的进程，执政党更加重视宪法对未来的规范作用，提出了"宪法是治国安邦的总章程"的经典论断。即，"一个团体要有一个章程，一个国家也要有一个章程，宪法就是一个总章程，是根本大法。用宪法这样一个根本大法的形式，把人民民主和社会主义原则固定下来，使全国人民有一条清楚的轨道，使全国人民感到有一条清楚的明确和正确的道路可走，就可以提高全国人民的积极性"。1982年，现行宪法通

---

① 参见翟国强《中国共产党的宪法观念史：超越事实论的变迁》，《法学评论》2016年第1期。

过后，人民日报的社论标题就是"宪法：新时期治国安邦的总章程"。此后，"宪法是治国安邦的总章程"逐渐成为我国主流政治话语中一个约定俗成的说法，出现在一些中央文件中，也在许多重要场合被国家领导人所引用。强调宪法是国家的根本法，是治国安邦的总章程，具有最高的法律地位、法律权威、法律效力。

改革开放以后，随着政治秩序整体上趋于稳定，中国宪法变革的动力逐渐趋于稳定，根本法的观念在主流的政治观念中逐步得以强化。宪法变动逐渐进入稳定期，就法治建设而言，全面推进宪法实施，成为法治建设的主要任务。这种现实也需要对过去的宪法理念进行与时俱进的理解和解释。新的宪法观念将超越那种将宪法单纯作为确认事实的形式，而更加强调宪法是规范政治行为的，对政治主体具有引导和引领功能的基本规范。[①] 基于法治的视角，宪法是国家治理的四梁八柱，宪法稳则国家稳，宪法强则国家强。但宪法又不是僵死的教条，必须随着国家和经济社会的发展而发展。宪法具有稳定性与变动性，是我国革命、建设、改革不同时期的阶段性特征在宪法上的必然反映，是我国统筹改革发展稳定动态关系、协调改革与法治互动关系在宪法上的集中体现。改革开放初期，我们"摸着石头过河"推进改革，一些改革探索突破了宪法法律的规定。对此，法学界提出了"良性违法""良性违宪"的概念。[②] 如果说，在过去某个特定时期的具体条件下，改革"良性违宪违法"有其必然性，那么在全面依法治国新时代，应当严格遵循"在法治下推进改革，在改革中完善法治"的原则，正确处理

[①] 翟国强：《八二宪法颁布以来宪法观念与理论基础的变迁》，《华东政法大学学报》2012年第6期。

[②] 参见郝铁川《论良性违宪》，《法学研究》1996年第4期；童之伟《"良性违宪"不宜肯定》，《法学研究》1996年第6期。

改革与宪法（法治）的关系，既要坚持重大改革于法有据，也要坚持重大改革于宪有据，避免改革与宪法脱节。

近二十年来，随着依法治国方略的深入贯彻实施，宪法的法律性逐渐被社会各界接受并强化，主流宪法观念逐渐将宪法看作法律体系的基础，因此是一种需要在法律系统内贯彻实施的规范。而实施的方式主要是立法。即，通过完备的法律推动宪法实施。在推动中国宪法实施方面，立法担任着重要角色、发挥着重要作用。宪法所确立的国家根本制度和根本任务、基本原则、方针政策、活动准则等，需要通过一系列行之有效、相互衔接和配套的法律法规来贯彻来落实。随着法律体系的不断完善和健全，宪法确认的基本权利和国家组织规范在普通法律层面得以具体化并建立了相应的保障机制。在这个过程中，宪法的法律性逐渐被各级立法机关和行政机关乃至社会公众所普遍接受。

三　中国宪法实施的基本格局

全面贯彻实施宪法，是建设社会主义法治国家的首要任务和基础性工作。整体来看，中国宪法具有政治性和法律性的双重特征。无论在政治文件、领导讲话，还是法律规定中，"宪法是治国安邦的总章程"往往和"宪法是国家的根本大法"相提并论，各有侧重。因此可以说，宪法既是治国安邦的总章程，也是国家的根本法。一方面，我国宪法作为治国安邦的总章程，是重要的政治纲领和政治宣言，具有面向未来的属性。我国宪法确认了国家的根本道路和政治方向，确立了国家的指导思想、根本任务和奋斗目标，是人民共同意志和根本利益的体现。另一方面，作为根本法，宪法是法治体系的根基，是"一切法度之根源"，是立法、执法、司法的根本法律依据。因此，依法治国首先要依宪治国，建设中国特色社会主义法治体系、建设社会主义法治国家。

我国现行宪法颁布实施以来，以其至上的法治地位和强大的法治力量，在国家和社会生活中发挥了重要作用。与一些西方国家以司法为中心（如美国）的宪法实施模式不同，我国宪法实施通过政治和法律两种方式进行。① 一方面，宪法是最重要的政治法，党的领导是宪法实施的根本政治保障。宪法实施必须坚持党的领导，依靠人民群众的力量，促进全国各族人民、一切国家机关和武装力量、各政党和各社会团体、各企业事业组织主动地以宪法为依据，在宪法范围内活动，从各方面保证宪法的实施。另一方面，宪法是国家的根本法，所有国家机关都负有在各自职权范围内贯彻实施宪法的责任，都必须以宪法作为根本的活动准则。中国特色社会主义进入新时代，党中央更加重视贯彻实施宪法在治国安邦和引领全面依法治国中的重要作用。强调坚持依法治国首先要坚持依宪治国，坚持依法执政首先要坚持依宪执政，提出全面贯彻实施宪法，是建设社会主义法治国家的首要任务和基础性工作，要把保障宪法实施、维护宪法权威摆在全面依法治国更加突出的位置。

从政治的角度看，我国宪法作为治国安邦的总章程，在治国理政的实践中发挥了重要作用，有效保障了国家各项工作沿着既定的道路和目标前进，避免了在各种大是大非问题上出现颠覆性错误。因为中国是一个大国，决不能在根本性问题上出现颠覆性错误，一旦出现就无法挽回、无法弥补。我国现行宪法实施以来的实践证明，我国宪法作为治国安邦的总章程，有力保障了人民

---

① 参见翟国强《中国宪法实施的双轨制》，《法学研究》2014年第3期。

当家做主，有力促进了改革开放和社会主义现代化建设，有力推动了社会主义法治国家进程，有力促进了人权事业发展，有力维护了国家统一、民族团结、社会稳定，对我国政治、经济、文化、社会生活产生了极为深刻的影响，是符合国情、符合实际、符合时代发展要求的好宪法，是充分体现人民共同意志、充分保障人民民主权利、充分维护人民根本利益的好宪法，是推动国家发展进步、保证人民创造幸福生活、保障中华民族实现伟大复兴的好宪法，是我们国家和人民经受住各种困难和风险考验、始终沿着中国特色社会主义道路前进的根本法治保障。宪法的根基在于人民发自内心的拥护，宪法的伟力在于人民出自真诚的信仰。全面贯彻实施宪法需要提高全体人民的宪法观念，在全社会树立宪法至上的理念。要在全社会深入开展尊崇宪法、学习宪法、遵守宪法、维护宪法、运用宪法的宣传教育活动，大力弘扬宪法精神，不断增强人民群众的宪法意识。

从法治的角度看，宪法作为国家根本大法，是国家各项制度和法律法规的总依据，全面推进依法治国必须发挥宪法作为根本法的作用。必须坚持依宪治国，以宪法为总依据，深入推进科学立法、严格执法、公正司法、全民守法，坚持有法可依、有法必依、执法必严、违法必究。我国宪法规定，全国各族人民、一切国家机关和武装力量、各政党和各社会团体、各企业事业组织，都必须以宪法为根本的活动准则，并且负有维护宪法尊严、保证宪法实施的职责。任何组织或者个人，都不得有超越宪法和法律的特权。一切违反宪法和法律的行为，都必须予以追究。

四 新时代中国宪法实施的新趋势

合宪性审查，是依据宪法对法律文件或具体行为是否符合宪法进行审查，确认其与宪法规定是否存在不一致、相抵触或矛盾的情况，并根据宪法做出具有法律效力的判断。从世界范围来看，合宪性审查是保障宪法实施的重要制度安排。十九大报告指出，加强宪法实施和监督，推进合宪性审查工作，维护宪法权威。为弘扬宪法精神，增强宪法意识，维护宪法权威，加强宪法实施和监督，推进合宪性审查工作，此次宪法修改在全国人民代表大会下设立宪法和法律委员会，增强宪法实施与监督的专门性、专业性和权威性，负责推动宪法实施、开展宪法解释、推进合宪性审查、加强宪法监督、配合宪法宣传等工作。这项制度改革措施对于深入推进合宪性审查工作，加强实施与宪法监督，推进全面依法治国具有重大意义。

（一）合宪性审查成为宪法实施的重要抓手

推进合宪性审查工作，是全面依法治国的关键环节，是维护宪法权威的"最后一道防线"，是全面贯彻实施宪法最有效的保障手段。从实际效果看，"纠正一次违宪行为，要比宣讲百次宪法的效果更好"，更有助于各级领导干部树立宪法思维，维护宪法权威。缺少或者弱化合宪性审查这个关键环节，宪法权威就只能是一个"稻草人"，国家宪法就可能蜕变为一纸空文的"闲法"，国家法治的根基就会被不断侵蚀，法治的统一和权威就会成为无本之木、无源之水。

推进合宪性审查工作，对于加强党的领导、巩固党的执政地位、提升党依宪执政的执政能力和执政水平，具有重要意义。合宪性审查有利于从国家根本法的高度，确保包括宪法序言在内的全部宪法精神得到尊重、全部宪法原则得到恪守、全部宪法条款得到实施，从而有效巩固党的领导地位，有力回击国内外敌对势力对党的领导体制和方式合宪性的污蔑和攻击。

推进合宪性审查工作，有利于全面激活宪法的价值和功能，使我国宪法进一步彰显为切实管用的"刚性宪法"，从而进一步强化和保障党的领导与宪法的高度统一性，确保将党的重大路线方针政策通过宪法转化为国家最高意志，通过合宪性审查保证各级国家机关认真贯彻实施宪法，保证所有公职人员模范遵守宪法。

推进合宪性审查工作，有利于依照宪法对重大决定和决策进行统一监督，对地方政府的重大决策和立法决定等进行统一审查，对全国司法权运行的监督做出统一部署，维护中央权威，确保中央政令畅通，保证党对军队和政法队伍的绝对领导，防止出现某些行政部门和地方政府各自为政的局面。

（二）合宪性审查的基本制度安排

我国现行宪法确定了一切法律、行政法规和地方性法规不得与宪法相抵触的合宪性原则。从世界范围来看，不同国家的合宪性审查制度各有其特点，大致可以分为三种模式。[①] 第一种模式是以美国为代表的普通法院进行合宪性审查的制度模式。即，普通法院在审理具体案件过程中附带地对作为案件审理依据的法律的合宪性进行审查。第二种模式是专门机构的审查模式，以德国的宪法法院制度和法国的宪法委员会制度为两种典型代表。许多大陆法系国家都采取专门机构审查模式。第三种模式是以中国等社会主义国家为代表的代议机关审查模式。即由作为民意代表机关的国家权力机关或者立法机关审查法律文件或具体行为是否符合宪法。

根据我国宪法体制，合宪性审查工作由人大主导。我国现

---

① 参见《宪法学》编写组《宪法学》，高等教育出版社、人民出版社2011年版，第303—308页。

行宪法确定了一切法律、行政法规和地方性法规不得与宪法相抵触的合宪性原则。1998年，全国人大常委会的工作报告指出："对行政法规、地方性法规等规范性文件进行合宪性审查，是全国人大常委会的一项重要职权。"具体程序主要规定在立法法中。根据现行《立法法》第99条的规定，我国的合宪性审查机构是全国人大常委会，目前的合宪性审查工作是有一定的范围和特定程序的要求，并不是泛泛地强调一切国家机关、社会组织和公民个人的行为以及法律法规和规范性文件必须符合宪法的规定。合宪性审查的对象是行政法规、地方性法规、自治条例和单行条例。现行《立法法》第99条规定：国务院、中央军事委员会、最高人民法院、最高人民检察院和各省、自治区、直辖市的人民代表大会常务委员会认为行政法规、地方性法规、自治条例和单行条例同宪法或者法律相抵触的，可以向全国人民代表大会常务委员会书面提出进行审查的要求，由常务委员会工作机构分送有关的专门委员会进行审查、提出意见。由上规定可知，《立法法》第99条规定的"合宪性审查工作"只能由"全国人民代表大会常务委员会"来进行，属于"合宪性审查"的对象也是特定的，即"行政法规、地方性法规、自治条例和单行条例"，对"合宪性审查"的要求也只能由"国务院、中央军事委员会、最高人民法院、最高人民检察院和各省、自治区、直辖市的人民代表大会常务委员会"提出。根据《立法法》第99条第2款的规定，上述国家机关以外的"其他国家机关和社会团体、企业事业组织以及公民"只能提出"合宪性审查"的"建议"。"要求"作为一种正式的法律程序意味着，一旦有权提出合宪性审查请求的国家机关向全国人大常委会正式提出违宪审查的请求后，全国人大常委会作为合宪性审查机构必须要基于正式的法律程序，向提出请求的国家机关做出正式的有法律效力的答复。但"建议"则不一定导致合宪性审查程序的启动。全国人大常委会作为合宪性审查机构，对于公民或社会组织提出的违宪审查建议，如果认为有必要的时候，才可以纳入正式的审查程序进行审查。《立法法》的上述规定，既突出了"合宪性审查"在保证宪法实施、维护宪法权威中的重要性，同时通过设定特定的合宪性审查对象，保证了合宪性审查工作能够依法有序地进行。

全国人大及其常委会制定的法律本身是否合宪，属于全国人大及其常委会自我监督的事项，根据现行《立法法》第97条第（1）项的规定，如果全国人大在监督全国人大常委会制定的法律过程中发现违宪问题的，"有权改变或者撤销它的常务委员会制定的不适当的法律，有权撤销全国人民代表大会常务委员会批准的违背宪法和本法第七十五条第二款规定的自治条例和单行条例"。此外，现行《立法法》第87条还明确规定："宪法具有最高的法律效力，一切法律、行政法规、地方性法规、自治条例和单行条例、规章都不得同宪法相抵触。"因此，包括规章等规范性文件在内的备案审查也具有广义上合宪性审查的功能。

（三）从备案审查到合宪性审查

当前，我国合宪性审查是内嵌在备案审查制度中的附带性审查。从法律规定来看，通过备案审查对下位法是否符合上位法做出法律效力的判断，是宪法法律赋予全国人大及其常委会的重要职权，也是全国人大及其常委会履行宪法监督职责的重要工作。作为我国一项重要的宪法制度，备案审查被认为是"人大监督职权中最有力度、最有深度，也最有广度的重要抓手之一"。这项制度旨在使已有的法律体系更加完善，可以说是中国特色社会主

新时代法治发展的新面向

义法治体系的一种内在优化机制，对全面推进依法治国，建设中国特色社会主义法治体系具有重要的意义。2017年12月24日，备案审查工作情况提请全国人大常委会审议，这是新时代加强备案审查工作的一项新举措。备案审查作为一项正式法律制度，在我国宪法和法律中早有明确规定，特别是监督法和立法法中对此有许多具体明确的规定。2004年，全国人大常委会在法工委下正式设立法规备案审查室，并于2005年底修订《法规备案审查工作程序》和《司法解释备案审查工作程序》。备案审查专门机构成立以来，通过沟通协商、不断督促制定机关纠正法规、司法解释，备案审查发挥了实实在在的功效。但长期以来，备案审查的具体工作和实践一直是内部运作。全国人大法律委员会主任委员乔晓阳曾把这项工作形容为"鸭子浮水，脚在下面动，上面没有看出来"[1]。

党的十八大以来，我国备案审查制度不断完善和发展。党的十八届四中全会提出，加强备案审查制度和能力建设，把所有规范性文件纳入备案审查范围，依法撤销和纠正违宪违法的规范性文件。近年来，全国人大常委会围绕"加强备案审查制度和能力建设"这一任务，积极开展了相应的工作，备案审查工作逐步有序加强。数据显示，十二届全国人大以来，常委会办公厅共接收报送备案的规范性文件4778件。其中，2017年共接收报送备案的规范性文件889件。[2] 备案审查机制逐渐完善，备案审查力度不断加大，备案审查工作也走向透明化，逐渐与百姓生活息息相关。

---

[1]《十二届全国人大常委会审查建议反馈实践：轨迹勾勒与宏观评述》，《中国法律评论》2018年第1期，第95—108页。

[2] 全国人民代表大会常务委员会法制工作委员会：《关于十二届全国人大以来暨2017年备案审查工作情况的报告》，第十二届全国人民代表大会常务委员会第三十一次会议，2017年12月24日。

需要指出的是,目前的备案审查制度还主要停留在内部运作层面,对公众参与缺乏有效的反馈程序。但是一旦引入广泛的公众参与机制,审查主体面对数量较大的公众或其他法定主体提出的申请如何进行筛选、鉴别,就成为摆在备案审查机关面前的首要问题。如果进一步扩大公众参与,可以借鉴国外有关经验,设立必要的门槛,对审查的启动要件进行明确规定,将那些不符合法律要件的申请排除在法律程序之外。否则,备案审查机构可能会不堪重负。此外,对于那些可以进入审查程序中的申请和诉求,如何审查相关的法律规范是否违反上位法,依据什么样的标准,运用什么法律方法来审查,如何处理那些经过审查后与上位法不符合的法律规范,都需要认真研究。

不可否认,我国的备案审查制度建立的时间不长、经验不足,备案审查制度也曾被批评为"备而不审,审而不决"。但任何制度的完善都有一个过程,完善中国的备案审查制度需要不断摸索,有序推进,不可一蹴而就。就目前我国的法治发展状况和备案审查制度的现状而言,首先是建立公开机制,逐步公开备案数量、审查建议提请数量、处理情况等相关信息。选取一些符合条件的申请,进行审查形成法律意见,进行公开的反馈。其次,进一步加强备案审查工作力度,切实做到"有备必审,有错必纠",同时对不违反上位法的法律规范需要进行合法性认定,消除社会各界疑虑,维护宪法和法律权威。最后,依法逐步有序引入公众参与,聚民意、集民智,调动各方面力量,不断完善以宪法为核心的中国特色社会主义法律体系。加强备案审查不能以合法性审查来淡化或弱化合宪性审查。备案审查的根本依据是宪法,在强化备案审查的基础上,必须同步推进合宪性审查。唯有如此,才能让备案审查成为推动全面依法治国向纵深推进的重要抓手。

(四) 合宪性审查的推进策略

我国宪法的历史发展和基本原理都不同于西方国家宪法，因此推进合宪性审查的基本立场和方法也不同于西方国家的宪法监督制度。有鉴于此，在我国推进合宪性审查工作中应坚持以下立场和方法，逐步推进：第一，事前预防为主，事后纠正为辅。社会主义合宪性审查制度不应以掣肘制衡为原则，而应以事前预防为主，事后纠正违宪只是一种辅助手段。这有助于从源头上减少违宪现象和宪法争议，尽量将违宪消灭在萌芽状态，而不是等违宪行为发生后再进行事后纠正。第二，合宪判断为主，违宪判断为辅。比较世界不同国家的合宪性审查制度，大多数宪法性判断都以合宪为主，违宪判断只是少数。我国的违宪判断应坚持绝对必要性原则，即若无充分必要，就尽量少做违宪判断，仅在绝对必要的情况下才做出违宪判断。第三，法律问题为主，政治问题为辅。合宪性审查是一种处理法律问题、解决法律纠纷的工作机制，因此一般不处理政治问题。合宪性审查对于政治问题应秉持回避原则，特别是外交、军事、国防等领域的政治问题不宜引入合宪性审查程序。第四，被动审查为主，主动审查为辅。为尽可能维护国家权力的既有格局，合宪性审查应坚持被动式的"不告不理"立场，以被动审查为原则，以主动审查为例外。

推进合宪性审查工作，是我国宪法的自我完善、自我调适和自我发展，要立足中国国情和实际，合理借鉴世界法治文明成果，在我国宪法框架内进行制度设计。推进合宪性审查工作，必须在坚持人民代表大会制度前提下，推进相关体制机制完善，任何时候都不能偏离和突破人民代表大会制度的根本框架。推进合宪性审查工作，必须与全国人大及其常委会的职能分工、制度实践和工作机制相适应，与人民代表大会制度的宪法原理和制度安排相匹配，与坚持党的领导、人民当家做主、依法治国有机统一的基本原则相符合，竭尽所能地减少对现有政治秩序和法治体系的影响，最大限度地维护人民代表大会制度的稳定性、权威性。

（作者为中国社会科学院法学研究所研究员）

新时代法治政府建设的新要求

李洪雷

建设法治政府，推进依法行政，严格规范公正文明执法。

——十九大报告

建设法治政府是依法治国、建设社会主义法治国家治国基本方略的关键环节和核心内容。近年来，中央对加强法治政府建设高度重视，做出了一系列战略安排和部署。经过各方面的努力，我国法治政府建设成绩斐然，各级政府及其工作人员的依法行政水平和能力进一步提高。但是，在新的历史条件下，建设法治政府也面临诸多新情况、新问题和新挑战，与完善社会主义市场经济体制、推进国家治理现代化和建设法治中国的要求相比，还存在很大差距。通过加强法治政府建设，保护公民、组织的合法权益，提升政府管理的效能效率，规范行政权力的合法合理运作，维护社会公平正义，仍是我们所面临的实践难题。党的十八大报告将法治政府基本建成确立为到2020年全面建成小康社会的重要目标，党的十九大报告要求，"建设法治政府，推进依法行政，严格规范公正文明"。要落实十九大报告的要求，并如期实现法治政府基本建成的目标，时间紧、任务重、要求高，必须下大力气加以推进。

一 建设法治政府的内涵和重要意义

(一) 建设法治政府的内涵

建设法治政府,要求一切国家行政机关和工作人员都必须严格按照法律的规定,在法定职权范围内依法、合理行使行政职能,遵循法律的正当程序,做到高效便民、权责统一。具体而言,法治政府的基本含义包括如下方面的内容。

1. 合法行政

行政机关实施行政管理,必须遵循宪法、法律、法规、规章的规定,不得违反现行有效的法律规范;行政机关的行政管理措施,如果影响公民、法人和其他组织合法权益或者增加公民、法人和其他组织义务的,必须要有法定依据,只要没有法律、法规、规章的规定,就不得采取相关的行政管理措施。没有上位法的依据,规章一般也不得设定减损公民、法人和其他组织权利或者增加其义务的规范。

2. 合理行政

行政机关实施行政管理,既要合法,又要合理,并努力实现两者有机统一。行政管理要遵循公平、公正、公开原则。行政机关要平等对待行政管理相对人,不偏私、不歧视。行政机关所采取的行政措施应当有助于正当目的的实现;应当必要、适当,可以采用多种措施实现行政目的时,应当采用对当事人权益影响最小的措施;行政机关所采取的行政措施,对当事人权益的影响应当与所能实现的行政目的及公共利益相称,不能严重失衡。行政机关实施行政管理应当诚实守信,保护当事人的正当信赖与合理预期,不能朝令夕改,出尔反尔。

3. 程序正当

行政机关实施行政管理，应当遵循正当法律程序的要求。除涉及国家秘密和依法受到保护的商业秘密、个人隐私的外，应当公开；要依法保障行政相对人、利害关系人的知情权、参与权和救济权；行政机关工作人员履行职责，与行政管理事项或者相对人存在利害关系时，应当回避。

4. 高效便民

行政机关应提高行政效率，优化办事流程，积极采用信息技术，推动跨部门信息共享与业务协同，实现管理方式创新；应当遵守法定时限，积极履行法定职责，强化服务意识，提供便民服务，降低社会成本与公众办事负担。

5. 权责统一

行政机关依法履行经济、社会和文化事务管理职责，要由法律、法规赋予其相应的执法手段。行政机关违法或者不当行使职权，应当依法承担法律责任，实现责任和权力的统一。要依法做到执法有保障、有权必有责、用权受监督、违法受追究、侵权须赔偿。

（二）建设法治政府的重要意义

1. 建设法治政府是依法治国、建设社会主义法治国家的关键和核心

行政机关管理的范围涉及国家政治、经济、社会、文化等各个领域，行政机关负责实施的法律、法规约占全部法律、法规的80%，几乎所有的行政规章都由行政机关负责执行，这决定了行政机关依法行政必然成为依法治国的重中之重。要通过建设法治政府，使行政权力授予有据、行使有规、监督有效，做到依法治"官"、依法治权。建设法治政府是法治国家建设的主体，也是其

中具有示范性和带动性的关键环节。

2. 建设法治政府是深化行政体制改革、实现国家治理现代化的有力手段

行政体制改革、实现国家治理现代化与法治政府建设关系密切。行政体制改革和国家治理现代化，是我国政府管理走向法治化的前提和基础。建设法治政府，必须从行政体制改革和国家治理转型切入，通过法治政府建设，真正将政府职能转到宏观调控、市场监管、社会管理、公共服务和生态环境保护上来，建立起适应社会主义市场经济体制和民主法治要求的行政体制和治理体系。这里需要避免的一个认识误区是，将法治政府理解为是束缚和限制行政机关的手脚，限制行政职能的发挥。应当明确，法治政府是一种积极保障（高效行政）与消极防范（防止滥用行政权力）的有机结合。现代国家已经从夜警国转变为行政国、社会（福利）国或规制国，其职能已经不限于传统的治安维护，而是发展到包括经济规制和社会福利等广泛领域；法律的宗旨也不仅仅是保障公民的权利，还要增进公益以及对不同主体的利益要求和价值主张加以协调平衡。在这样的背景下，仅仅关注对行政权的控制和对政府的防范，显然已无法回应经济社会现实对行政法制度设计的需求。现代行政法已经超越和扬弃了传统的控权模式，采取一种更加平衡的模式，既要实现对行政权的规范与制约功能，又要通过以程序为中心的制度设计，通过对包括信息披露、标准设定、许可特许以及自我规制、合作规制等在内各种规制手段的设置，实现规制手段与规制目标的匹配，保证行政权运作和公共管理的效率与效能，促进国家、团体与个人的相互信赖和协作配合。法治政府的目的不仅在于对政府行政机关的行政行为依法进行规范，防止权力的滥用，而且也在于保证国家行政管理的有效和效率，使其能够最大限度地发挥作用。行政机关既不

能侵犯私人的合法权益，同时还必须履行积极保护私人权利、提供社会福利和进行经济性、社会性规制等法定职责。

3. 加强法治政府建设是全面建成小康社会的必然要求和重要保障

党的十六大报告指出，全面建设小康社会，一个很重要的方面是社会主义法制更加完备，依法治国基本方略得到全面落实，人民的政治、经济和文化权益得到切实尊重和保障。推进依法行政、建设法治政府是全面落实依法治国基本方略的重要内容，是建设完备的社会主义法制的必然要求，是人民的政治、经济和文化权益的重要保障。十七大报告明确地将法治政府建设取得新成效作为全面建成小康社会新要求的重要内容。十八大报告中则将基本建成法治政府纳入2020年全面建成小康社会的指标中。法治政府基本建成，是全面建成小康社会的题中应有之义。全面建成小康社会，不仅要实现物质文明的小康，同时也要实现社会公平正义的小康。没有法治政府的基本建成，就难以保障社会公正、促进社会和谐，难以使人民群众过上更加幸福、更有尊严的生活。另外，也不能孤立地就法治政府论法治政府，要把法治政府建设放置于全面建成小康社会的大背景、总要求之中加以谋划、安排与推进，法治政府建设必须服务于全面建成小康社会的宏伟目标。

4. 建设法治政府是全面深化改革的重要内容和有力保障

一方面，实现国家治理体系和治理能力现代化，内在地包含了建设职能科学、权责法定、执法严明、公开公正、廉洁高效、守法诚信的法治政府，要将各级行政机关从决策到执行及监督的整个过程都纳入法治轨道，在法治框架内打造有限政府、诚信政府、责任政府和阳光政府。全面深化改革的一项重要任务是形成系统完备、科学规范、运行有效的制度体系，使各方面制度更加成熟更加定型,这其中也内在地包含了行政法制度体系的成熟、定型和完善。另一方面,法治,尤其是政府法治是改革发展的可靠保障。当前,我国改革进入攻坚期和深水区,经济发展步入新常态,对政府治理和服务水平的要求越来越高。破解改革难题,厚植发展优势,必须深入推进依法行政、加快建设法治政府,坚持在法治下推进改革、在改革中完善法治,更加自觉地运用法治思维和法治方式来深化改革、推动发展、化解矛盾、维护稳定,在法治轨道上统筹社会力量、平衡社会利益、调节社会关系、规范社会行为,依靠法治解决各种社会矛盾和问题,确保我国在深刻变革中既生机勃勃又井然有序。① 全面监察小康社会,"小康"讲的是发展水平,"全面"讲的是发展的平衡性、协调性、可持续性。② 我国目前发展中不平衡、不协调、不可持续问题依然突出,其中大量的与有法不依、执法不严、违法不纠有关,必须密织法律之网、强化法治之力,③ 将依法行政和法治政府建设提升到一个新的高度。

二 我国法治政府建设的回顾

(一) 恢复发展期(1978—1989)

1978年12月召开了中共十一届三中全会。会议公报中提出,全党工作的着重点应该转移到社会主义现代化建设上来。为了保

---

① 习近平:《在中共十八届四中全会第二次全体会议上的讲话》(2014年10月23日),载中共中央文献研究室编《习近平关于全面从严治党论述摘编》,中央文献出版社2016年版,第11页。

② 习近平:《在党的十八届五中全会第二次全体会议上的讲话(节选)》(2015年10月29日),《求是》2016年第1期。

③ 习近平:《在中共十八届四中全会第二次全体会议上的讲话》(2014年10月23日),载中共中央文献研究室编《习近平关于全面从严治党论述摘编》,中央文献出版社2016年版,第11页。

障人民民主，必须加强社会主义法制，使民主制度化、法律化，使这种制度和法律具有稳定性、连续性和极大的权威，做到有法可依，有法必依，执法必严，违法必究。三中全会的召开为行政体制的健全和行政法制的恢复发展提供了重要政治保障。"八二宪法"的颁布，则为行政体制改革和行政法制建设提供了宪法保障。宪法中对于行政管理活动基本原则的规定，对于国家行政机关组织、基本工作制度和职权的规定，对于公民基本权利和义务的规定，一方面构成了行政法最高位阶的法律渊源，另一方面指导了此后的行政体制改革和行政法制建设。

1982年国务院进行了改革开放以后第一轮机构改革，改革随后在地方各级展开。这次改革最主要的成绩是精简了各级领导班子，并开始废除领导干部职务终身制，加快了干部队伍年轻化建设步伐。但改革未能触动高度集中的计划经济管理体制，未将政府职能转变作为自己的目标和任务。1988年七届全国人大一次会议通过了国务院机构改革方案，启动了第二轮机构改革。这次改革是在深化经济体制改革、推动政治体制改革的大背景下出现的，首次提出了"转变政府职能是机构改革的关键"，强调政府的经济管理部门要从直接管理为主转变为间接管理为主，强化宏观管理职能，淡化微观管理职能。改革的内容主要是合理配置职能，科学划分职责分工，调整机构设置，转变职能，改变工作方式，提高行政效率，完善运行机制，加速行政立法。改革的重点是那些与经济体制改革关系密切的经济管理部门。由于后来发生的政治风波以及治理、整顿，改革目标未能完全实现。

在行政法制建设方面，这一时期既制定了《治安管理处罚条例》《环境保护法》《文物保护法》《食品卫生法（试行）》《森林法》等大量的部门行政法律、法规，也制定了《国务院组织法》《地方组织法》《行政法规制定程序条例》等一般性的行政法律、法规。这一时期行政法制建设的主导观念是"行政管理法制化",强调按照稳定性的法律规则来对公共事务进行管理,重点放在依法治事、依法管理老百姓方面,对于保障公民权利、控制政府权力,尽管已经有所认识和落实,但还没有成为主导。

(二) 加速发展期（1989—1997）

1989年4月《行政诉讼法》颁布,标志着我国行政体制改革和行政法制建设进入了一个新的阶段。这一时期,社会主义市场经济体制被确立为经济改革方向,这为行政法制建设提出了新的要求。依法行政、推进社会主义法制建设得到了最高决策层日益增多的强调。

1992年10月,党的十四大明确提出经济体制改革的目标,即要建立社会主义市场经济体制,使市场在国家宏观调控下对资源配置起基础性作用。十四大报告中指出,党政机构臃肿,层次重叠,许多单位人浮于事,效率低下,脱离群众,已经到了非改不可的地步。要按照政企分开和精简、统一、效能的原则,下决心对现行行政管理体制和党政机构进行改革。1993年3月,中共十四届二中全会讨论通过了机构改革方案。随后,八届全国人大一次会议审议通过了《国务院机构改革方案》,启动了第三轮机构改革。这次会议上通过的政府工作报告中正式提出了依法行政的原则,强调各级政府都要依法行政、严格依法办事,一切公职人员都要带头学法懂法,做执法守法的模范。

这一时期,除了《行政诉讼法》以外,还颁布了《国家赔偿法》《行政复议条例》《行政监察条例》和《行政监察法》《审计法》《行政处罚法》《国家公务员暂行条例》等多部重要的一般性行政法律、法规。这些法律、法规一方面强化了对公民权利的救济和对行政权的监督,另一方面强化了对行政权行使过程和程序的规范和控制，并且初步建立了现代公务员制度。此外，这一时期部门行政法律、法规的数量倍增，制定了《土地管理法》《税收征收管理法》《律师法》等多部重要的法律、法规。这一时期的行政法制建设，在强调行政管理法制化的同时，更加关注对公民权利的保障和对行政权行使的规范制约。

（三）全面发展期（1997—2012）

1997年中共十五大报告再一次提出要"推进机构改革"，认为当时机构庞大，人员臃肿，政企不分，官僚主义严重，直接阻碍改革的深入和经济的发展，影响党和群众的关系。要按照社会主义市场经济的要求，转变政府职能，实现政企分开，把企业生产经营管理的权力切实交给企业；根据精简、统一、效能的原则进行机构改革，建立办事高效、运转协调、行为规范的行政管理体系，提高为人民服务的水平；把综合经济部门改组为宏观调控部门，调整和减少专业经济部门，加强执法监管部门，培育和发展社会中介组织。深化行政体制改革，实现国家机构组织、职能、编制、工作程序的法定化，严格控制机构膨胀，坚决裁减冗员。深化人事制度改革，引入竞争激励机制，完善公务员制度，建设一支高素质的专业化国家行政管理干部队伍。1998年3月九届全国人大一次会议审议通过了《关于国务院机构改革方案的决定》，启动了第四轮机构改革。改革的目标是：建立办事高效、运转协调、行为规范的政府行政管理体系，完善国家公务员制度，建设高素质的专业化行政管理队伍，逐步建立适应社会主义市场经济体制的有中国特色的政府行政管理体制。这次机构改革取得了很大的成绩。至2003年6月，经过机构改革，全国各级党政群机关共精简行政编制115万名，市县乡政府清退超编人员43万人。干部队伍结构得以趋向合理。

2002年中共十六大报告提出了深化行政管理体制改革的任务，要求进一步转变政府职能，改进管理方式，推行电子政务，提高行政效率，降低行政成本，形成行为规范、运转协调、公正透明、廉洁高效的行政管理体制。依法规范中央和地方的职能和权限，正确处理中央垂直管理部门和地方政府的关系。按照精简、统一、效能的原则和决策、执行、监督相协调的要求，继续推进政府机构改革，科学规范部门职能，合理设置机构，优化人员结构，实现机构和编制的法定化，切实解决层次过多、职能交叉、人员臃肿、权责脱节和多重多头执法等问题。按照政事分开原则，改革事业单位管理体制。2003年3月10日，十届全国人大一次会议通过了关于国务院机构改革方案的决定，启动了第五轮机构改革。这次改革的重点是，深化国有资产管理体制改革，完善宏观调控体系，健全金融监管体制，继续推进流通体制改革，加强食品安全和安全生产监管体制建设。这次改革适应了我国加入WTO的形式变化，抓住当时社会经济发展阶段的突出问题，进一步转变了政府职能。

2007年中共十七大报告要求加快行政管理体制改革、建设服务型政府。报告提出，行政管理体制改革是深化改革的重要环节。要抓紧制定行政管理体制改革总体方案，着力转变职能、理顺关系、优化结构、提高效能，形成权责一致、分工合理、决策科学、执行顺畅、监督有力的行政管理体制。健全政府职责体系，完善公共服务体系，推行电子政务，强化社会管理和公共服务。加快推进政企分开、政资分开、政事分开、政府与市场中介组织分开，规范行政行为，加强行政执法部门建设，减少和规范行政审批，减少政府对微观经济运行的干预。规范垂直管理部门和地方政府的关系。加大机构整合力度，探索实行职能有机统一的大部门体制，健全部门间协调配合机制。精简和规范各类议事

新时代法治发展的新面向

协调机构及其办事机构，减少行政层次，降低行政成本，着力解决机构重叠、职责交叉、政出多门问题。统筹党委、政府和人大、政协机构设置，减少领导职数，严格控制编制。加快推进事业单位分类改革。2008年2月，中共第十七届中央委员会第二次全体会议研究了深化行政管理体制改革问题，提出了《中共中央关于深化行政管理体制改革的意见》。意见提出，深化行政管理体制改革的总体目标是，到2020年建立起比较完善的中国特色社会主义行政管理体制。要通过改革，实现政府职能向创造良好发展环境、提供优质公共服务、维护社会公平正义的根本转变，实现政府组织机构及人员编制向科学化、规范化、法制化的根本转变，实现行政运行机制和政府管理方式向规范有序、公开透明、便民高效的根本转变，建设人民满意的政府。今后5年，要加快政府职能转变，深化政府机构改革，加强依法行政和制度建设，为实现深化行政管理体制改革的总体目标打下坚实基础。2008年3月15日，十一届全国人大一次会议通过了关于国务院机构改革方案的决定，启动了第六轮机构改革。这次改革突出了三个重点：一是加强和改善宏观调控，促进科学发展；二是着眼于保障和改善民生，加强社会管理和公共服务；三是按照探索职能有机统一的大部门体制要求，对一些职能相近的部门进行整合，实行综合设置，理顺部门职责关系。

1997年中共十五大报告中同时提出了"依法治国、建设社会主义法治国家"的治国方略，这是中国共产党治国理政从理念到方式的革命性变化，是我国法治建设中的一个标志性事件，具有划时代的重要意义。1999年九届全国人大二次会议将"依法治国、建设社会主义法治国家"载入了宪法，使依法治国基本方略得到国家根本大法的保障。依法行政是依法治国的重要组成部分，对依法治国基本方略的实行在很大程度上具有决定性的意义。为贯彻依法治国方略，1999年国务院颁布《关于全面推进依法行政的决定》，要求各级政府和政府各部门的工作人员特别是领导干部，"全面、深刻地领会依法行政的精神实质，充分认识依法行政的重大意义，增强依法行政的自觉性，不断提高依法行政的能力和水平"。这是我国历史上第一份关于推进依法行政的中央政府文件，意义重大。2004年3月，国务院在《政府工作报告》中第一次明确提出了建设"法治政府"的目标，随后国务院颁布《全面推进依法行政实施纲要》作为指导各级政府依法行政、建设法治政府的纲领性文件，其中提出经过十年左右坚持不懈的努力，基本实现建设法治政府的目标，并且明确了此后十年全面推进依法行政的指导思想、基本原则、基本要求、主要任务和保障措施。市县两级政府处在政府工作的第一线，是国家法律法规和政策的重要执行者，2008年颁布了《国务院关于加强市县政府依法行政的决定》，就加强市县政府依法行政提出具体要求和举措。2010年颁布《国务院关于加强法治政府建设的意见》，要求"以增强领导干部依法行政的意识和能力、提高制度建设质量、规范行政权力运行、保证法律法规严格执行为着力点"，全面推进依法行政。此外，2003年10月中共十六届三中全会提出科学发展观、2004年9月中共十六届六中全会提出构建社会主义和谐社会以后，为行政法制建设注入了新的价值元素，提供了新的动力和要求。

这一时期，一方面，行政领域立法工作步伐加快，质量不断提高，越加以人为本、重视人权，颁布了《行政复议法》和《行政复议法实施细则》《行政许可法》《立法法》《政府信息公开条例》等重要法律、法规，以及《道路交通安全法》《居民身份证法》《工伤保险条例》《城市生活无着的流浪乞讨人员救助管理办法》等。另一方面，行政执法体系逐步健全，执法力度加大，保证了法律法规的贯彻实施；行政管理体制改革稳步推进，政府职能和管理方式逐步转变，行政监督制度不断完善；各级行政机关工作人员特别是领导干部依法行政意识增强，依法行政能力有了很大提高。

（四）深化发展期（2012—2018）

2012年中共十八大报告强调，要深化行政体制改革。要求按照建立中国特色社会主义行政体制目标，深入推进政企分开、政资分开、政事分开、政社分开，建设职能科学、结构优化、廉洁高效、人民满意的服务型政府。深化行政审批制度改革，继续简政放权，推动政府职能向创造良好发展环境、提供优质公共服务、维护社会公平正义转变。稳步推进大部制改革，健全部门职责体系。优化行政层级和行政区划设置，有条件的地方可探索省直接管理县（市）改革，深化乡镇行政体制改革。创新行政管理方式，提高政府公信力和执行力，推进政府绩效管理。严格控制机构编制，减少领导职数，降低行政成本。推进事业单位分类改革。完善体制改革协调机制，统筹规划和协调重大改革。2013年3月14日第十二届全国人大第一次会议通过了《关于国务院机构改革和职能转变方案的决定》，启动了改革开放以来的第七次国务院机构改革，重点围绕转变职能和理顺职责关系，稳步推进大部制改革，实行铁路政企分开，整合加强卫生和计划生育、食品药品、新闻出版和广播电影电视、海洋、能源管理机构。2015年12月《中共中央国务院关于深入推进城市执法体制改革改进城市管理工作的指导意见》发布，以城市管理现代化为指向，以理顺体制机制为途径，将城市管理执法体制改革作为推进城市发展方式转变的重要手段，与简政放权、放管结合、转变政府职能、规范行政权力运行等有机结合，构建权责明晰、服务为先、管理优化、执法规范、安全有序的城市管理体制，推动城市管理走向城市治理，促进城市运行高效有序，实现城市让生活更美好。

2017年十九大报告提出了习近平新时代中国特色社会主义思想，做出了中国特色社会主义进入了新时代等一系列重要论断。报告中提出，要深化机构和行政体制改革。要统筹考虑各类机构设置，科学配置党政部门及内设机构权力、明确职责。统筹使用各类编制资源，形成科学合理的管理体制，完善国家机构组织法。转变政府职能，深化简政放权，创新监管方式，增强政府公信力和执行力，建设人民满意的服务型政府。赋予省级及以下政府更多自主权。在省市县对职能相近的党政机关探索合并设立或合署办公。深化事业单位改革，强化公益属性，推进政事分开、事企分开、管办分离。2018年2月党的十九届三中全会通过了《中共中央关于深化党和国家机构改革的决定》，对深化党和国家机构改革做出了统一部署和顶层设计。2018年3月17日第十三届全国人民代表大会第一次会议通过了国务院机构改革方案。这次改革是改革开放以来我国力度最大的一次机构改革。这次改革总的考虑是，着眼于转变政府职能，坚决破除使市场在资源配置中起决定性作用、更好发挥政府作用的体制机制弊端，围绕推动高质量发展，建设现代化经济体系，加强和完善政府经济调节、市场监管、社会管理、公共服务、生态环境保护职能，结合新的时代条件和实践要求，着力推进重点领域和关键环节的机构职能优化和调整，构建起职责明确、依法行政的政府治理体系，提高政府执行力，建设人民满意的服务型政府。这次改革适应新时代我国社会主要矛盾变化，聚焦发展所需、基层所盼、民心所向，按照优化协同高效的原则，既立足当前也着眼长远，优化了国务院机构设置和职能配置，理顺了职责关系。改革后，国务院正部级机构减少8个，副部级机构减少7个。通过改革，国务院机构设置更加符合实际、科学合理、更有效率，必将为全面贯彻落实党的十九大部署的各项任务提供有力组织保障。

2012年中共十八大以来，党中央进一步强调依法治国是坚持和发展中国特色社会主义的本质要求和重要保障，是实现国家治理现代化的必然要求，事关党和国家长治久安。我国依法行政和法治政府建设也进入了一个全新的阶段。十八大报告明确提出法治是治国理政的基本方式，强调加快建设社会主义法治国家，全面推进依法行政，并给出了具体的时间表，也即"到2020年，依法治国方略全面落实，法治政府基本建成，司法公信力不断提高，人权得到切实保障和尊重"。2013年中共十八届三中全会做出了《中共中央关于全面深化改革若干重大问题的决定》，把全面深化改革与法治建设紧密结合，提出建设法治中国，必须坚持依法治国、执法执政、依法行政共同推进，坚持法治国家、法治政府、法治社会一体建设，努力推进国家治理体系和治理能力现代化。2014年中共十八届四中全会做出了《中共中央关于全面推进依法治国若干重大问题的决定》，对全面推进依法治国做出了总体部署和系统谋划，阐明了全面推进依法治国的指导思想、基本原则、总目标、总抓手和基本任务以及法治工作的基本格局。这是中国共产党历史上第一次就法治建设专门做出决议，具有重要的里程碑意义。四中全会《决定》用了较大的篇幅对"深入推进依法行政，加快建设法治政府"进行论述。为实现十八大提出的2020年法治政府基本建成的战略目标，并落实四中全会决定对依法行政、法治政府建设提出的具体要求，2015年中共中央、国务院印发了《法治政府建设实施纲要（2015—2020年）》，这是我国历史上第一次以中共中央、国务院文件的形式，对法治政府建设做出重大部署，明确了法治政府建设的总体目标，也即到2020年基本建成职能科学、权责法定、执法严明、公开公正、廉洁高效、守法诚信的法治政府，确立了法治政府建设的衡量标准，即政府职能依法全面履行，依法行政制度体系完备，行政决策科学民主合法，宪法法律严格公正实施，行政权力规范透明运行，人民权益切实有效保障，依法行政能力普遍提高，并部署了相关的主要任务和具体措施。2016年2月，中共中央办公厅、国务院办公厅发布的《关于全面推进政务公开工作的意见》强调，公开透明是法治政府的基本特征。

这一阶段的行政领域立法工作覆盖面更广，通过制定国家安全法、公共文化服务保障法、电影法、中医药法等，全面修订环境保护法、及时修订食品安全法，为维护国家核心利益和其他利益，促进经济社会文化各领域全面发展，提供了重要法制保障；"放管服"改革持续推进，清单管理全面实行，政府法律顾问制度普遍建立，行政决策科学化、民主化、法治化水平进一步提高，"双随机、一公开"全面推行，事中事后监管不断加强，行政执法体制改革深入推进，严格规范公正文明执法水平明显提升，法治政府建设考核评价制度正在建立，督促检查力度显著加强。推进依法行政进入"快车道"，法治政府建设展现出前所未有的"加速度"。加快建设法治政府进入新阶段。颁布实施《法治政府建设实施纲要（2015—2020年）》，确立了到2020年基本建成法治政府的奋斗目标和行动纲领。在这一阶段，我国法治政府建设的一大特点，在于党中央、国务院加强了对依法行政、法治政府建设的顶层设计，对依法行政和法治政府的总体目标、基本要求、衡量标准、推进机制等进行了统筹规划，将依法行政、法治政府建设纳入国家治理体系和治理能力现代化的大局中进行考量和推进；更加强调重大改革要于法有据，必须在法治的轨道上进行改革；更加强调放管服相结合，充分激发市场和社会活力。

三 法治政府建设取得的经验和存在的不足

经过四十年来的努力,我国的行政体制不断优化,法治政府建设取得了长足进展。依法行政制度体系更加完备,行政决策的科学化、民主化和法治化程度日益提高,行政执法体制向着权责统一、权威高效的方向持续迈进,对行政权运行的监督制约机制更加有效,各级行政机关及其工作人员的依法行政水平和观念有了很大提高。这些重大成就的取得,可以归纳为如下几个方面的经验:其一,坚持党的领导。中国特色社会主义最本质的特点是党的领导,最大的优势也是党的领导。党在整个国家治理中处于总览全局、协调各方的领导核心地位。中国共产党决定了我国行政体制改革和法治政府建设的总体方向和重大举措。党的领导是行政体制改革和法治政府建设顺利进行最重要的政治保障。其二,坚持服务于国家的改革开放事业。政府职能的转变,行政权力的规范运行,对公民、组织合法权益的保障,这些是行政体制改革和法治政府建设的核心要义,其实也是我国经济体制改革和政治体制改革的重要内容,是随着改革开放和社会主义现代化建设的发展而持续推进和不断深化的。其三,坚持以人民为中心。为人民服务是各级政府的根本宗旨。我国行政体制的改革和法治政府的建设,之所以能取得成绩、持续推进,极为关键的原因在于自始至终将保护人民、造福人民、保障人民根本权益作为根本目标,从而能取得人民群众的拥护、各方面的力量的支持。其四,坚持从中国实际出发。四十年来,我们在借鉴行政管理和行政法治建设有益经验的同时,坚持不照搬外国管理和法治的理念和模式,坚持从我国的基本国情出发，坚持与经济、社会、文化和生态文明等领域改革的不断推进相适应，坚持不断总结我们自己的经验教训，使得我国的行政体制改革和法治政府建设能够真正符合自己的实际、回应自己的问题、实现自己的事业。

尽管我国行政体制改革和法治政府建设的成绩辉煌、成就巨大，但我们也应清醒地认识到，与在新时代全面推进依法治国、实现国家治理体系和治理能力现代化的任务相比，我国的行政体制和法治政府建设还存在不少问题和很大差距，主要是：其一，行政组织法律制度尚不完善，行政职能、机构、权限等未能实现法定化，中央与地方关系尚不协调，各级政府事权划分不合理、事权和财权不匹配，政府与企业、市场、社会的基本关系尚未理顺，履行政府职能不够全面，职能越位、错位、缺位的情况同时存在，政府对具体经济社会事务的干预仍然过多。党政领导分工交叉，多头管理，效率低下；机构臃肿，影响职能部门作用的发挥。其二，行政立法质量不高，在民主性与科学性上有欠缺，解决焦点和关键问题的能力不足，一些立法存在部门保护和地方保护倾向；行政决策机制和程序尚不健全，违法决策、专断决策、不当决策等仍较为常见，对违法决策缺乏问责和制约。其三，行政执法体制不够协调统一，执法程序不够规范，程序空转现象较为突出，执法的权威性和公正性不足。其四，对行政权运行的制约和监督机制尚不健全，各项监督未能完全发挥实效，尤其是对行政行为司法审查的权威性、独立性、公正性尚有很大不足。其五，一些行政机关工作人员的法治观念还比较淡薄，存在人治思想和长官意识，认为依法行政条条框框多、束缚手脚，依法行政的思维、能力和水平有待提高。

四　新时期加快推进法治政府建设

（一）加快建设法治政府的指南和目标

新时期的法治政府建设，要深入学习贯彻党的十九大精神和习近平新时代中国特色社会主义思想，大力弘扬社会主义法治精神，全面落实依法治国基本方略，坚定不移走中国特色社会主义法治道路，围绕社会主义经济建设、政治建设、文化建设、社会建设、生态文明建设总布局，坚持党的领导、人民当家做主和依法治国的有机统一，坚持法治国家、法治政府、法治社会一体建设，加快推进依法行政，奋力建设法治政府，全面提高行政机关工作人员运用法治思维和法治方式深化改革、推动发展、化解矛盾、维护稳定的能力，推进国家治理体系和治理能力现代化，为全面建成小康社会提供坚实制度支撑和有力法治保障。

法治政府建设的目标是，到 2020 年基本建成职能科学、权责法定、执法严明、公开公正、廉洁高效、守法诚信的法治政府。推进行政体制改革，政府职能得到全面正确的履行，推动政府职能更多地向创造良好发展环境、提供优质公共服务、维护社会公平正义转变；健全行政决策和行政立法的机制和程序，促进决策和立法的科学化、民主化；行政机关严格公正地实施法律法规，行政权力运行规范，公开透明，廉洁高效，得到有效的监督制约；公民权利得到切实有效的保障，行政纠纷得到及时有效化解；行政机关工作人员依法行政的能力和意识得到大幅提升。

（二）进一步转变政府职能、优化行政体制，实现政府职能的科学化、法定化

政府职能是政府管理的核心和灵魂，科学的职能界定和配置

是行政体制改革的首要要求,也是法治政府建设的前提。要加快转变政府职能,改革和优化行政体制,加强行政组织法制建设,形成权界清晰、分工合理、权责一致、运转高效、法治保障的政府职能体系,实现政府职能的科学化、法定化。

(1)进一步转变政府职能。要切实做到政府该放的权坚决放开放到位,政府该管的事坚决管住管好。一方面要简政放权,把企业和个人能够自主决定、市场竞争能够自行调节、社会组织和行业组织能够自律管理的事项,放权给企业、个人、市场和社会。另一方面要依法全面正确履行宏观调控、公共服务、市场监管、社会管理和环境保护职能,以弥补市场失灵,保障公平竞争,推动可持续发展,促进共同富裕,维护社会公平正义。

(2)深化政府机构改革,推进机构、职能、权限、程序、责任法定化,推行政府权力清单制度。在中央政府层次上,积极推进大部制改革,将职能相近的部门尽可能集中于一个部门,强化政府的整体功能。健全政府监管机构建设,加强市场监管职能。压缩行政层级,推进省直管县改革,探索减少省级区划数量。合理划分中央与地方及地方各级政府间的权责,规范垂直管理部门与地方政府的关系。加强中央政府宏观调控职责,加强地方政府公共服务、市场监管、社会管理、环境保护等职责,厘清同一政府不同部门之间的职责分工,健全政府间协调配合机制。推进行政组织和编制管理的科学化和规范化,通过立法明确中央政府的结构和规模、地方政府的法律地位和组织构造、中央与地方的关系以及编制管理的基本规则。更多地发挥权力机关在行政组织设置和编制管理等问题上的作用,对于行政组织设置中的重大问题应由法律加以规范。推进机构编制法定化,研究制定《机构编制法》,对《国务院组织法》和《地方各级人民代表大会和地方各级人民政府组织法》进行全面修改和完善。加快制定与《公务员法》相配套的法规规章，制定《公职人员财产申报法》，规范公务员管理，提高行政管理效能。依法推进事业单位改革，及时运用法律形式巩固事业单位改革成果。

（3）完善宏观调控体系，加强经济社会发展趋势研判，科学确定调控目标和政策取向，主要运用经济、法律手段并辅之以必要的行政手段引导和调控经济运行，完善发展规划、政府投资、财政税收、金融等法律制度，促进国民经济持续健康发展。

（4）加强和优化公共服务，健全社会保障。健全政府主导、社会参与、覆盖城乡、可持续的基本公共服务体系，增强基本公共服务能力，促进基本公共服务均等化、法定化。建立健全以社会保险、社会救助、社会福利为重点的社会保障体系。坚持全覆盖、保基本、多层次、可持续的工作方针，推进基本养老保险、基本医疗保险等社会保险制度完善；将社会救助纳入国民经济和社会发展规划，建立社会救助工作协调机制，完善社会救助资金、物资保障机制，建立社会救助管理信息系统，实现社会救助信息互联互通、资源共享；健全完善城乡居民最低生活保障标准逐年增长工作机制；切实加大对教育、住房保障的投入力度；积极应对人口老龄化，加快建立社会养老服务体系、医疗服务体系。积极适应工业化、信息化、城镇化、农业现代化同步发展的新形势，坚持以实现农牧业转移人口市民化为方向，以城镇基本公共服务常住人口全覆盖为保障，有序放开落户条件，完善相关法规。

（5）创新社会治理，加强社会治理制度和能力建设，形成源头治理、动态管理、应急处置相结合的社会治理机制，维护社会公平正义与和谐稳定。注重发挥法治在社会治理中的重要作用，加快形成党委领导、政府负责、社会协同、公众参与、法治保障的社会治理体系，加强社会治理法规、制度、体制、能力建设，完善加强和创新社会治理的法规和制度安排，建立依法、常态、有序的社会治理机制。加强社会稳定风险评估机制建设，建设立体化社会治安防控体系和公共安全体系。完善应急管理体系，健全自然灾害、环境污染、食品安全、公共卫生、互联网等突发事件的应急机制。积极运用网络平台，维护信息网络安全。建立专业网络机关及常态化网络互动平台，加大政务公开力度，通过建立官方微博和微信、公共信息服务平台等方式，主动融入网络时代。依法加强对网络社会和网络新技术新应用的管理，加强舆情动态监测、分析和研判。健全互联网管理长效机制，建立网络监控体系、网络安全技术保障体系，提高对网络安全事件的应对和防范能力。

积极培育和依法规范社会组织。改革社团管理体制，充分发挥各类行业协会、商会、学会等各类社会团体在沟通政府与社会各界联系、推进政社分开、提高社会自我管理能力、促进社会和谐等方面的重要作用，构建民间组织、政府服务、市场服务三位一体的社会服务系统。支持社会组织参与社会管理和公共服务，重点培育、优先发展经济类、公益慈善类、民办非企业单位和城乡社区社会组织。按照政社分开、管办分离的要求，分类推进行业协会商会与行政机关脱钩。推动行业协会商会的自身改革和发展，完善社会组织法人治理、负责人管理、资金管理、信息披露、监督检查等制度，强化社会责任，强化行业自律。

（6）依法严格市场监管，规范市场经济秩序。推进公平准入，完善监管体系，规范市场执法，维护全国市场的统一开放、公平诚信、竞争有序，维护各类市场主体合法权益。规范各类市场主体行为，加强对垄断性部门和行业的监管，依法打击各种破坏市场经济秩序的违法犯罪活动，严肃查处不正当竞争和限制竞争等违法行为，严肃查处商业贿赂。加强行政执法与刑事司法的衔接，完善衔接工作机制。规范各类中介机构和服务市场，促进社会中介组织依法运作。健全安全生产、食品药品安全、环境保护、节能降耗、劳动用工等监管体制。

（7）强化环境保护。树立绿色文明理念，大力弘扬生态文化。树立绿色政绩观，完善科学考评办法，把资源消耗、环境质量、生态投资、绿色产业等纳入目标考核指标体系。鼓励和引导个人、民间组织、社会团体参与环境保护公益活动，完善环保信息公开机制和公众参与机制，推动环境公益诉讼。加强污染防治与自然资源保护的制度创新，建立生态红线管控制度，建立健全生态补偿基金制度，生态审计制度及生态补偿评级制度，完善流域生态补偿具体实施办法，推进生态环境跨流域、跨行政区域的协同保护。健全各级政府和各有关部门的环境保护监督管理责任，落实环保目标责任制。建立生态环境损害责任终身追究制。加大资源环境执法力度。依法查处破坏资源环境的违法行为，完善和落实突发环境事件的应急预案。依法限制高耗能、高污染行业发展，从源头上保障良好生态环境。加强对生态环境的司法保护，以解决损害群众健康突出环境问题为重点，依法制裁破坏生态、污染环境的违法犯罪行为。开展环境污染损害评估，健全环境损害赔偿机制。

（8）进一步简政放权，深化行政审批制度改革。坚持法不禁止的，市场主体即可为；法未授权的，政府部门不能为。简政放权，要力争做到放无可放、减无可减，全面取消非行政许可的行政审批项目。逐步采用负面清单管理方式，除国家明文规定的外，凡是企业投资项目，一律由企业依法依规自主决策，政府不再审批；对市场机制能有效调节的经济活动，一律取消审批；对确需保留的行政审批事项，一律列入政府权力清单管理，并向社会公布，同时要规范管理、提高效率。减少行政审批事项，必须实事求是,务求实效,决不能玩数字游戏。

(三) 改善政府立法,完善法治政府制度体系

"法,国之权衡也,时之准绳也。权衡所以定轻重,准绳所以正曲直。"建设法治政府,前提是有良法可依,要推进科学立法、民主立法,从而实现良法之治。要构建系统完备、科学规范、运行有效的法治政府制度体系,使政府管理各方面的法律制度更加定型,为建设社会主义的市场经济、民主政治、先进文化、和谐社会、生态文明,促进人的全面发展,提供有力制度保障。

(1) 抓紧重要领域和空白领域的政府立法,消除"立法真空"。倡导立法先行,政府推出重大制度和措施,要以立法为先导。不能草率地以行政文件设定重大制度和重大措施。

(2) 政府立法要坚持解放和发展生产力、维护社会公平正义、规范行政权力运行的价值取向,着力解决经济社会发展中的深层次矛盾和普遍性问题,切实增强法律制度的科学性、合理性和可操作性,做到立法明确、可行和稳定,注意地方的差异性。

(3) 提高政府立法科学化水平,增强法律的针对性、及时性、系统性。要防止立法中的部门保护主义和地方保护主义,防止把畸形的利益格局或权力关系合法化,警惕立法权力滋生的腐败。建立多元化政府立法起草工作机制,一些政府立法委托第三方社会力量、专家学者进行起草。地方政府立法要符合经济社会发展规律,着眼解决问题,突出地方特色,增强立法的科学性、合理性和可操作性。

(4) 坚持开门立法,推进公民有序参与政府立法过程。完善政府立法草案向社会公开征求意见的制度,立法事项原则上都应向全社会公布,并建立意见采纳情况的说明和反馈制度。完善立法听证制度，对影响重大、关系人民群众切身利益的重大立法事项，要通过举行听证会的方式充分听取意见，确保立法草案涉及的利害关系人全面参与立法，保证人民群众对立法的知情权和监督权。

（5）建立和完善政府立法分析、评价、评估机制，提高立法质量和实施效果。针对政府立法工作的不同环节，探索开展政府立法成本效益分析、社会风险评价和立法后评估工作。确立分析、评价、评估工作的组织机构和领导体制，明确分析、评价、评估对象选择的范围和标准，引进科学、有效的方法，确定分析、评价、评估报告的法律效力和发布方式，实现政府立法分析、评价、评估工作的制度化、常态化、合理化。

（6）加强对行政规范性文件的审查和监督。各级政府应当严格按照法定权限和程序制定规范性文件，严格执行规范性文件统一登记、统一编号、统一公布制度和有效期制度。加强规范性文件数据库和检索系统建设，全面落实规范性文件定期清理制度，及时向社会公布清理结果。建立规范性文件自动失效制度。规范性文件有效期为5年，标注"暂行""试行"的，有效期为3年，有效期满的，规范性文件自动失效；制定机关应当在规范性文件有效期届满前6个月内进行评估，认为需要继续施行的，应当重新公布；需要修订的，按制定程序办理。加强对规章和规范性文件的备案审查。

（四）加强行政决策的科学化、民主化、法治化

行政决策是现代政府管理活动的起点，建立健全行政决策机制，是法治政府建设的重要内容。要健全科学民主决策机制，完善重大事项集体决策、专家咨询、社会公示和听证以及决策失误责任追究制度，提高决策的科学化和民主化水平，提高决策质量和效率，决策更加符合经济社会发展的实际需要，最大限度地减少决策失误，增强决策的正当性与可接受性，降低执行成本。

1. 理顺决策体制，完善决策机制

科学界定政府、党委与人大等决策机关的决策范围，科学规范政府决策与党委决策、人大决策的关系，建立决策冲突协调机制，明确协调程序，完善协调方式，将决策冲突的协调和解决纳入制度化途径。抓紧制定《重大行政决策程序条例》，明确重大行政决策的事项范围、必经程序和法律责任。要把公众参与、专家论证、风险评估、合法性审查和集体讨论决定作为重大决策的必经程序。

2. 增强行政决策的透明度

建立健全行政决策公开制度，除涉及国家秘密、商业秘密和个人隐私的以外，决策的事项、方式、过程和结果都应在适当范围内予以公开，特别是涉及群众切身利益的事项，更要切实做到公开是惯例、是常态，不公开是例外，要说明理由。大幅拓宽行政决策公开的领域和范围，实行重大行政决策过程和结果公开。

3. 扩大行政决策的公众参与

扩大和畅通公众参与渠道，及时反馈意见采纳情况。完善重大决策听证制度，扩大听证范围，规范听证程序，增强听证参加人的代表性。提高听证实效，保证听证参与者的利益相关性和听证过程的公开透明，切实避免走过场和形式主义，听证意见应当成为决策的依据之一。建立社情民意反映制度和主动采集制度，改革和完善反映社情民意的服务网络平台，建立公众公平利益表达的制度性平台和参与决策的制度化途径。

4. 提高专家论证质量

加强行政决策咨询机构建设，建立由不同专业的专家组成的统一的专家咨询制度。在重大问题的决策上，将听取专家的咨询意见规定为决策的必经程序，以保证决策的科学性与可执行性。整合国内有关决策咨询机构，同科研机构、高等院校等建立稳定、规范的合作关系，培育、引导、利用各类民间研究机构，逐步建立多层次、多学科的智囊网络，采取课题招标、社会征集、政府订货、经费资助等多种措施，充分发挥它们的思想库作用。推广"政府法律顾问制度"。

5. 建立行政决策评价制度

明确行政决策评价的标准和基本程序，确定必要的机构和人员，建立相应的决策评价跟踪机制，采取民意测验、抽样调查、跟踪反馈等方法对决策实施效果进行评估，评估内容包括决策实施是否会导致违法、违宪行为发生；是否会增加部分人的负担，导致社会不公；是否会影响到生态环境等社会公共利益；以及决策实施是否取得预期的效果。

6. 建立健全行政决策支持系统

建立高层次、功能多样化的统一的信息处理中心，借助现代计算机技术、仿真技术等手段，为决策提供准确的信息支持。健全应急决策体系和机制，完善应急决策预案和法律法规，建设稳定可靠的决策预警、决策服务、决策制定、决策传达、决策执行、决策反馈等诸系统完备统一的应急决策体系。

7. 建立健全重大行政决策合法性审查和集体讨论后决定制度

重大行政决策提请审议前必须通过法制机构的合法性审查。做出重大行政决策必须经政府全体会议、常务会议或者部门领导班子会议集体讨论后决定。

8. 严格落实行政决策责任

推行重大行政决策后评估制度，发现问题，及时调整、纠正。建立重大决策终身责任追究制度及责任倒查机制，违反决策权限和程序规定，出现重大决策失误，造成重大损失的，严格追究行政机关主要负责人和相关责任人的责任。

（五）促进严格、规范、公正、文明执法

执法是建设法治政府的中心环节，保障法律有效实施是建设法治政府的关键。要改革行政执法体制，明确行政执法标准，规范行政执法程序，创新行政执法方式，提高行政执法人员素质，加强行政执法经费的财政保障，使违法行为得到及时的查处和制裁，经济社会秩序得到有效的维护，公民、法人和其他组织的合法权益得到充分的保护，人民群众对行政执法的满意度得到显著提高。

1. 进一步改革行政执法体制，建立权责统一、权威高效、保障有力的行政执法体制

纵向上，合理划分不同层级政府事权，减少行政执法层级，合理配置执法力量，中央和省级政府及其部门主要负责宏观决策与监督检查，具体执行工作与执法职能下沉，交由基层政府承担。横向上，整合执法主体，精简执法机构，相对集中行政执法权，深入推进综合执法，着力解决权责交叉、多头执法问题，实现行政执法和刑事司法有效衔接，适当整合执法主体，相对集中行政执法权，推进综合执法。建立健全行政执法主体资格制度，清理、确认并向社会公告行政执法主体与执法权力。

2. 明确行政执法标准，规范行政执法程序

规范行政执法机关的自由裁量权，推广裁量基准制度，明确执法的具体标准、程序并予以公布，同时应注意不过度损害行政执法具有的灵活性。全面实施《行政处罚法》和《行政强制法》，进一步规范行政处罚和行政强制。制定《行政执法程序条例》，健全行政执法调查取证、告知、听证、集体讨论决定、罚没收入管理、争议协调等制度，保证行政执法程序的正当性和统

一性。制定《行政收费管理法》，规范行政收费行为。行政执法公示、执法全过程记录、重大执法决定法制审核"三项制度"，要在全国范围内全面推广。[①] 强化对行政执法的监督，建立行政执法案卷评查制度。创新行政执法方法。充分运用行政指导、行政合同、行政奖励、行政调解等柔性执法方法。对行政执法过程实行全过程记录制度。

3. 健全行政执法人员管理制度

推行行政执法人员持证上岗制度，建立统一考试和资格管理体系。充实基层一线执法人员，把好基层行政执法人员准入关，保证新招行政执法人员具有一定的法律素质，促进基层行政机关执法水平的整体提升。全面落实行政执法责任制，推行行政执法绩效评估和考核制度。

4. 健全执法经费由财政保障制度

行政执法经费统一纳入财政预算，保证执法经费足额拨付。严禁下达或者变相下达罚没指标，或将行政事业性收费、罚没收入与行政执法机关业务经费、工作人员福利待遇挂钩。切实贯彻收支两条线。

（六）强化对行政权力的监督制约

建设法治政府，制约监督权力是重点。从党内监督、人大监督、行政监督、司法监督、民主监督、社会监督和网络舆论监督等方面，建立横向配合、纵向制衡的全方位监督体系，形成决策科学、执行坚决、监督有力的行政权力运行体系，使人民群众的知情权、参与权、表达权、监督权得到切实保障，行政权力得到有效的监督制约，损害公民、法人和其他组织合法权益的违法行

---

① 袁曙宏：《建设法治政府》，《党的十九大报告辅导读本》，人民出版社2017年版，第285页以下。

政行为得到及时纠正，违法行政责任人依法依纪受到严肃追究。

（1）认真贯彻实施《监督法》，创新人大监督形式，提高人大监督工作透明度，加强监督实效，加强人大预算决算审查监督、国有资产监督和其他对关系人民群众切身利益问题等重大事项的监督，加强执法监督，保证法律法规有效实施。完善政协民主监督机制，畅通民主监督渠道，加大民主监督力度。

（2）加强层级监督与专门监督。全面推行地方政府负总责制度，完善绩效评价标准与方法。健全巡视制度。严格执行领导干部报告个人有关事项、述职述廉、诫勉谈话、函询等制度。实施《监察法》和《审计法》，加强国家监察和审计监督，实现专门监督与一般监督相结合，推进执法监察、廉政监察、效能监察和财政审计、经济责任审计、政府投资审计。

（3）完善纠错问责机制，规范问责程序，推进问责法治化。在各级行政机关和行政机关工作人员中全面推行工作责任制和责任追究制，坚持权责统一、有错必纠，做到有权必有责、用权受监督、侵权要赔偿、失职要问责、违法要追究。完善行政执法过错责任追究制度，严格执行行政首长问责制。建立问责跟踪监督制度，对问责后免职人员重新任职的条件和程序进行规范。

（4）积极探索建立民意为重的考核评价机制，把群众评议与内部考评有机结合起来，充分发动群众举报投诉的积极性，开通监督举报网址、热线电话等，畅通监督举报渠道。高度重视舆论监督，加强新闻舆论监督平台建设，支持新闻媒体对国家工作人员违法或不当的行为进行曝光。政府部门门户网站应统一设立受理群众批评建议网页或者邮箱，并对群众来信及时回复，将调查处理结果对全社会公开。

（5）促进信息公开和公众参与。推行政务公开并逐步实现制度化，进一步完善政府新闻发布制度，提高政府工作透明度，保障公民对政府工作的知情权、参与权、表达权和监督权。加快修订《政府信息公开条例》，研究制定《政务公开法》，全面推行政务公开，防止"暗箱操作"，切实保障人民的知情权、监督权。要切实做到公开是惯例和常态，不公开是例外，并说明理由，推进决策公开、执行公开、管理公开、服务公开、结果公开。积极推进电子政务建设，促进政府公共服务从以提供者为中心向以使用者为中心的转变。各级人民政府及其部门必须依法公布"权力清单"，接受社会监督。抓紧制定《电子政务法》，为电子政务的推进提供法律标准和法制保障。

（七）依法有效化解社会矛盾纠纷

形成公正、高效、便捷、成本低廉的矛盾纠纷解决机制，有效防范和及时化解社会矛盾纠纷，人民群众对行政复议决定和行政诉讼裁判的接受程度显著提高，公民、法人和其他组织通过行政复议、诉讼等法定渠道解决矛盾纠纷的比率大幅提升。

1. 健全社会矛盾纠纷监测、预警、处理和回应机制

及时收集分析热点、复杂矛盾纠纷信息，加强群体性、突发性事件预警监测。加大对社会矛盾纠纷的排查，对可能引发矛盾纠纷的苗头和隐患及时分析研判，制定应对措施。畅通和规范群众诉求表达机制。

2. 完善多元化矛盾纠纷解决机制

围绕农村土地与城市房屋征收、劳资纠纷、环境污染等矛盾纠纷易发多发领域创新多元纠纷解决机制。健全行政调解工作机制，在县级以上地方人民政府普遍建立政府负总责、政府法制机构牵头、各职能部门为主体的行政调解工作机制。进一步推广和健全以人民调解为基础，集人民调解、行政调解、司法调解于一身的相互衔接配合的"三调联动"模式。

3. 修改完善《行政复议法》

加强行政复议机构队伍建设，县级以上人民政府要依法设立并健全行政复议机构，提高行政复议工作人员的素质。积极探索提高行政复议工作质量的新方式、新举措。探索相对集中复议权和行政复议委员会试点。

4. 贯彻落实《行政诉讼法》

采取切实有效措施，保证行政审判的独立性、公正性和权威性，扩大行政诉讼受案范围，强化法院对行政行为的司法审查，解决行政诉讼中公权力监督公权力所遇到的特殊困难，实现司法权对行政权的有效监督制约，保护公民、组织的合法权益，维护国家法制统一。

5. 完善信访制度

畅通群众诉求表达、利益协调和权益保障渠道，规范信访工作程序。引导群众通过法定渠道，在法治框架内解决矛盾纠纷；建立和完善涉法涉诉信访依法终结制度，用法治方式坚决扭转"信访不信法"局面。对已经或者依法应当通过诉讼、仲裁、行政复议等法定途径解决的事项，信访机构不予受理。

（八）改进法治政府建设的推进机制，全面提高行政机关依法行政意识和能力

完善法治政府建设的工作机制，强化行政首长作为推进法治政府建设第一责任人的责任，健全法治政府培训、考核机制、制度，使行政机关工作人员特别是领导干部提升法治政府的意识和水平，增强运用法治思维和法治方式深化改革、推动发展、化解矛盾、维护稳定的能力。大力提高广大公务员特别是领导干部法治政府的观念和能力。公务员特别是各级领导干部带头学法、尊法、守法、用法，牢固树立社会主义法治理念，自觉养成依法行

政和依法办事的习惯，善于运用法治思维和法律手段管理经济、政治、文化和社会事务，解决经济社会发展中的各种突出矛盾和问题，法治政府意识和能力强、做出突出实绩的优秀干部得到优先提拔使用。

1. 加强党对法治政府建设的领导

党是最高政治领导力量，在整个国家治理中处于总览全局、协调各方的领导核心地位，要加快建设法治政府，必须充分发挥各级党委的领导核心作用。各级党委要谋划和落实好法治政府建设的各项任务，把法治政府建设真正摆在全局工作的突出位置，与经济社会发展同部署、同推进、同督促、同考核、同奖惩，把党的领导切实贯彻到法治政府建设的全过程和各方面。各级政府要在党委统一领导下，谋划和落实好法治政府建设的各项任务，主动向党委报告法治政府建设中的重大问题，及时消除法治政府建设的体制机制障碍。各级政府及其部门要结合本地区本部门实际，每年部署法治政府建设年度重点工作，发挥牵引和突破作用，带动法治政府建设各项工作全面深入开展。加强各级政府及其部门法制力量建设，不断提高工作人员的思想政治素质和业务工作能力。

2. 落实第一责任人责任

中办、国办于2016年12月印发的《党政主要负责人履行推进法治建设第一责任人职责规定》，对党政主要负责人抓法治建设的第一责任人提出了明确要求，要切实落实。党政主要负责人应坚持宪法法律至上，反对以言代法、以权压法、徇私枉法；坚持权责一致，确保有权必有责、有责要担当、失责必追究；坚持以身作则、以上率下，带头尊法学法守法用法。要严格依法依规决策，落实党委法律顾问制度、公职律师制度，加强对党委文件、重大决策的合法合规性审查。要支持政府、法院等依法依规履行职能、开展工作，督促领导班子其他成员和下级党政主要负责人依法办事，不得违规干预司法活动、插手具体案件处理。对不认真履行第一责任人职责，本地区本部门一年内发生多起重大违法行政案件、造成严重社会后果的，依法追究主要负责人的责任。县级以上地方各级政府每年第一季度要向同级党委、人大常委会和上一级政府报告上一年度法治政府建设情况，政府部门每年第一季度要向本级政府和上一级政府有关部门报告上一年度法治政府建设情况，报告要通过报刊、政府网站等向社会公开。

3. 加大对法治政府建设工作的督查考核力度

制定法治政府建设考核指标体系，把依法行政、依法办事作为衡量政府领导和公务员工作实绩的重要依据，作为评判行政执行力强弱、工作实绩大小、发展成效好坏的重要标准，纳入行政机关及其工作人员政绩考核指标体系，作为行政机关及其工作人员政绩考核的一项硬标准、硬任务，使法治政府建设真正成为一种硬要求、硬约束。优先提拔使用法治政府建设意识和能力强、做出突出实绩的优秀干部。要加强对法治政府建设进展情况的督促检查，结合法治政府建设年度重点工作，开展定期检查和专项督查。对工作不力、问题较多的，要及时约谈、责令整改、通报批评。

4. 改革和完善公务员录用考试制度，增加公务员录用考试中法律知识的比重

建立公务员法治政府学习培训长效制度。健全落实政府常务会议会前学法、法制讲座、法制培训、法律知识考试考核制度。各级行政学院及公务员培训机构将法制教育纳入课程范围。健全行政执法人员岗位培训制度和政府法治机构工作人员业务培训制度。

5. 进一步加强政府法治机构和队伍建设

推进法治政府建设工作的政治性、政策性、综合性、专业性很强，需要有一个精通法律、精干高效的政府法治机构和一支素质过硬、勇于任事的政府法治队伍，以充分发挥其在推进法治政府建设方面的组织协调和督促指导作用，切实履行其作为政府和部门领导参谋、助手和顾问的职责。

（作者为中国社会科学院法学研究所研究员）

统筹推进依法治国和依规治党

李 忠

> 坚持依法治国和以德治国相结合，依法治国和依规治党有机统一，深化司法体制改革，提高全民族法治素养和道德素质。
>
> ——十九大报告

现代政治是政党政治。综观各国政治体制，多为"政党—国家—社会"架构，党有党规，国有国法，党规和国法共同构成国家治理体系的重要组成部分。协调党规和国法的关系，成为各国无法回避的重大问题。在许多国家，政党在选举环节起重要作用，党规或有关法律对选举活动进行规范，一旦胜选政党进入政府，则国法发挥主导作用，党规仅在制定政策、推荐领导人员、协调公权力运行等方面，对国家机关施加间接影响。

我国同样实行"政党—国家—社会"治理模式，但同其他国家相比，我国有自身独特性。党的十九大提出，坚持依法治国和依规治党有机统一。将国家治理的基本方略和执政党执政的基本方式并列，并强调二者有机统一，这在古今中外可谓独一无二。本文在此方面主要探讨4个问题：(1)统筹推进依法治国和依规治党的重要意义；(2)统筹推进依法治国和依规治党的历史演进；(3)统筹推进工作中存在的主要问题；(4)加强和改进统筹推进工作的对策建议。

一 统筹推进依法治国和依规治党的重要意义

一是适应我国政治体制的需要。我国政治体制的最大特征，是中国共产党领导。中国共产党既是执政党，也是领导党，在我国国家治理体系中处于领导核心地位。党的执政党和领导党的双重属性和使命责任，决定了治国必先治党，而治好党、建好党的根本目的则是治好国、建好国。依法治国和依规治党核心价值的一致性以及相辅相成的内在关系，决定了二者必须统筹推进、一体建设。①

二是全面推进依法治国的需要。全面依法治国是坚持和发展中国特色社会主义的内在要求和重要保障。党的十八届四中全会提出，全面依法治国的总目标是，建设中国特色社会主义法治体系，建设社会主义法治国家，并将总目标具体表述为"形成完备的法律规范体系、高效的法治实施体系、严密的法治监督体系、有力的法治保障体系，完善的党内法规体系"。这表明，党规和国法具有互补性，各有侧重、并行不悖，一方面，依规治党是依法治国的引领和保障，没有完善的党内法规体系，法治体系不可能完备有效；另一方面，依法治国是依规治党的基础和依托，没有完备的国家法律体系做后盾，法治体系就缺乏必要的刚性和强制力。简言之，在党的领导下建设中国特色社会主义法治体系，建设社会主义法治国家，依法治国和依规治党缺一不可，必须统筹推进。

---

① 参见张文显《统筹推进依法治国与依规治党意义重大》，《坚持依法治国与制度治党、依规治党统筹推进一体建设——学习贯彻习近平总书记重要指示精神专题研讨会发言摘编》，《人民日报》2017年5月4日。

三是推进国家治理体系和治理能力现代化的需要。推进国家治理体系和治理能力现代化是全面深化改革的总目标。国家治理体系实际上就是国家制度体系，而中国特色社会主义国家治理体系主要由党内法规制度体系和国家法律制度体系构成。如果这两个制度体系不和谐、不统一，国家治理就难以现代化。从这个角度来说，推进国家治理体系现代化，就必须同时推进党内法规制度体系和国家法律制度体系现代化。[①]

四是党规和国法衔接协调的需要。党规和国法是我们党治国理政两个最重要的制度载体。从党规与国法的关系看，法律适用于包括中国共产党在内的所有国家机关、社会组织和公民个人，部分法律对党组织或相关事务做出规定；党内法规主要适用于党内，同时担负对国家事务和社会事务的引领职责，两者存在交叉关系。从党政机构的关系看，党的机构与国家机构之间是领导与被领导关系，需要党内法规加以规范调整；国家机构在此领域遵循党内法规的规定，同时根据宪法法律履行职责，两者同样存在交叉关系。从党员领导干部的身份看，他们具有党员、公民双重身份，既受党规调整，也受国法调整。以上情况表明，我们党治国理政，必须统筹推进依法治国和依规治党，促进党规和国法在价值取向、制度安排、贯彻实施以及领导体制和工作机制等方面对接联动、协调统一。

总的来看，坚持依法治国和依规治党有机统一，是我国法治建设的独特经验，是依法治国基本方式的自然延伸，是新时代治国理政的基本方略，是维系党和国家长治久安的重要保证。必须始终坚持依法治国与制度治党、依规治党统筹推进、一体建设，

---

① 参见张文显《统筹推进依法治国与依规治党意义重大》，《坚持依法治国与制度治党、依规治党统筹推进一体建设——学习贯彻习近平总书记重要指示精神专题研讨会发言摘编》，《人民日报》2017年5月4日。

新时代法治发展的新面向

为坚持和发展中国特色社会主义提供坚实制度保障。

二 统筹推进依法治国和依规治党的历史演进

统筹推进依法治国和依规治党的思想从提出到形成，大体经历了三个阶段：

（一）萌芽阶段（1949—1978）

新中国的法治建设从 1954 年宪法颁布起步，1957 年反右后法律虚无主义盛行，国家法治建设遭受严重损害，这一局面持续到 1976 年"文化大革命"结束。党内法规出现较早，与我们党结伴而生，[①] 但新中国成立后一段时间，并未受到足够重视，经历了与国家法律几乎相同的命运。

国家法治建设的转折点出现在 1978 年。为防止"文化大革命"的悲剧重演，我们党开始重视社会主义民主法制建设。1978 年 12 月，邓小平在中央工作会议上提出，国要有国法，党要有党规党法；没有党规党法，国法就很难保障。[②] 这一论断首次将党规、国法摆在同等重要位置，蕴含了统筹推进党规、国法的思想。

（二）分立阶段（1978—2012）

此后，党规和国法虽有长足发展，但交集点不多，处于"各自为政"的状态。

从党内法规来看，改革开放后，邓小平重视党的制度建设，形成了制度建党思想。他在一系列讲话中提出，民主和法制，这

[①] 1921 年党的一大通过的《中国共产党第一个纲领》，是我们党的第一个党内法规。
[②] 《邓小平文选》第 2 卷，人民出版社 1994 年版，第 147 页。

两个方面都应该加强;① 必须使民主制度化、法律化,使这种制度和法律不因领导人的改变而改变,不因领导人的看法和注意力的改变而改变;② 制度问题更带有根本性、全局性、稳定性和长期性。③ 不过,党内法规的准确含义在1990年中共中央颁布的《中国共产党党内法规制定程序暂行条例》中才首次得以明确,实践中党内法规建设波澜不惊。近年来,党中央高度重视党内法规建设。2011年7月,中办法规局成立。2012年,中央先后制定发布《中国共产党党内法规制定条例》《中国共产党党内法规和规范性文件备案规定》《中共中央办公厅关于开展党内法规和规范性文件清理工作的意见》三个文件,进一步明确了党内法规制定规范,推动重启了党内法规和规范性文件备案工作,部署开展了党的历史上首次党内法规和规范性文件集中清理工作,党内法规建设按下了快进键。2013年,中共中央发布《中央党内法规制定工作五年规划纲要(2013—2017年)》,这是党内法规制定工作第一个五年规划,提出到2020年形成党内法规制度体系的目标任务。与此同时,在中央有力推动下,中央各有关部门和省、市党内法规工作机构纷纷建立,为党内法规建设提供了组织保证。在这一时期,虽然宪法修改建议由中共中央提出,立法规划计划、重要立法和立法中的重大问题报中央审定,但这些要求是通过文件而不是党内法规规定的,党内法规的内容较少涉及国家法律。

从国家法律看,改革开放后,国家立法工作重新焕发青春。1982年宪法的颁布实施,为新时期国家法治建设奠定了根本制度基础。1997年,党的十五大提出依法治国,建设社会主义法治国

---

① 《邓小平文选》第2卷,人民出版社1994年版,第189页。
② 同上书,第146页。
③ 同上书,第333页。

家，把依法治国确立为治理国家的基本方式。2011年3月，我国宣布建成中国特色社会主义法律体系。但与党内法规较少涉及国家法律一样，国家法律较少涉及党组织，仅宪法、公务员法、村民委员会组织法等少数法律对党组织做了规定。

总的来看，改革开放后党规、国法制定工作取得长足进步，但其作用和影响均主要限于各自领域，统筹推进的轨迹并不清晰。

（三）融合阶段（2012年至今）

党的十八大以来，在全面依法治国的背景下，适应新时期党要管党、从严治党的需要，我们党提出了依规治党的概念，进而提出了统筹推进依法治国和依规治党的思想。

党的十八大后，我们党加大了反腐败斗争力度。在这个过程中，我们党深刻认识到，仅靠党内法规难以约束党员干部，必须党规国法共同推进。2014年10月，党的十八届四中全会提出，建设中国特色社会主义法治体系这个总目标，既包括法律规范体系，也包括党内法规体系；依法执政，既要求党依据宪法法律治国理政，也要求党依据党内法规管党治党，并提出把依法治国基本方略同依法执政基本方式统一起来。2015年1月12日，王岐山在十八届中央纪委五次全会上强调，保持政治定力，坚持全面从严治党、依规治党，坚定不移推进党风廉政建设和反腐败斗争。这是党的领导人首次提出依规治党概念。同年6月4日，习近平总书记在听取十八届中央第六轮巡视情况汇报时，提出"要坚持依法治国、依规治党"。这是党的最高领导人首次提出依规治党这一概念，并将其与依法治国一道作为新时期从严治党的基本方式。2016年12月23日，习近平总书记就加强党内法规制度建设做出重要指示，强调必须坚持依法治国与制度治党、依规治党统筹推进、一体建设。这一论断明确提出了统筹推进依法治国和依规治党的思想,深刻揭示了治党和治国的内在联系,是以习近平同志为核心的党中央治国理政新理念新思想新战略的重要内容,是对马克思主义国家理论、政党理论、法治理论的创新发展,是对中国特色社会主义理论体系的最新贡献。党的十九大进一步明确,坚持依法治国和依规治党有机统一。党的十九大还提出,成立中央全面依法治国领导小组。党的十九届三中全会将临时性的"中央全面依法治国领导小组"更名为常设性的"中央全面依法治国委员会",其基本职责之一是统筹协调全面依法治国工作,负责全面依法治国的顶层设计、总体布局、统筹协调、整体推进、督促落实,办公室设在司法部,这为做好统筹推进工作提供了重要组织保证。

总的来看,党的十八大以来,统筹推进依法治国和依规治党思想正式形成,统筹推进工作进入制度化规范化轨道,标志着我国法治建设进入了新阶段,国家治理现代化迈上了新台阶。

三 统筹推进工作中存在的主要问题

由于起步较晚、认识分歧等原因,统筹推进依法治国和依规治党工作中还存在一些问题。主要表现在以下几方面:

(一)思想认识不够统一

当前,统筹推进工作中的最大问题是认识不到位、思想不统一。一是一些领导干部法治意识比较淡薄,习惯于通过会议、文件、讲话、批示、指示等方式发号施令,不习惯也不知道如何依法办事,更不用说统筹推进依法治国和依规治党。有句俗语"黑头不如红头,红头不如笔头,笔头不如口头",说的就是这种状况。二是一些领导干部对法治建设不够重视，在一些地方党政领导干部的议事日程上，经济、维稳高居前两位，他们认为对经济、维稳投入人财物，GDP数字会上升、犯罪率会下降，但对法治建设投入人财物，就好像把石头扔进水里，听不见动静，存在说起来重要、做起来次要、忙起来不要的问题，既不重视依法治国，也不重视依规治党。三是有的领导干部对党内法规缺乏正确认识，认为党内法规是在法律之外另搞一套，因而对党内法规持抵制态度，在推进地方法治建设时，既没有统筹推进的总体规划，也缺乏相应的制度措施和保障条件。

（二）顶层设计不够清晰

全面推进依法治国头绪多、难度大、涉及面广，必须从全局角度，对各方面、各层次、各要素进行统筹规划，以统一思想认识、集中资源优势，高效快捷有序实现目标。改革开放以来，党中央在不同时期提出了统筹推进的思想和举措，但这些思想和举措是零散的、局部的，难成体系，特别是至今尚无一个法规文件，对这个事关法治建设的战略性、全局性、基础性重大问题做出总体规划，统筹推进无所本、无所依，影响了法治建设的深入推进。

（三）领导体制不够完善

党的十九大提出设立中央全面依法治国领导小组前，党对国家法治建设的领导呈分散状态。在中央层面，党对法治建设的领导大体分为4方面，中央办公厅对党内法规制度建设进行统筹协调、为党领导国家立法提供服务保障（具体工作由中办法规局承担），全国人大常委会党组对国家立法工作进行领导，国务院党组对行政立法工作进行领导，中央政法委对政法工作进行领导。

统筹推进依法治国和依规治党

地方基本沿袭上述格局，并由依法治省（区、市）领导小组对地方法治建设进行统筹协调。主要问题有以下几方面：

（1）上下不衔接。目前，中央全面依法治国委员会办公室设在司法部，各省区市法治建设领导机构办公室设置不一，存在上下不衔接问题。据不完全统计，24个省份成立了依法治省（区、市）专门机构，其中办公室设在司法厅（局）的13个，设在省委政法委的7个，设在省委办公厅的3个，设在省人大常委会的1个。可见，部分地方法治建设领导机构办公室的设置同中央不一致，不利于同步有序部署推进工作。

（2）有效性不足。目前，地方法治建设领导机构办公室的共性问题是，人员编制不足，专业人员匮乏，工作任务繁重，协调能力有限，一些好的设想难以落实，工作指导不能做到经常及时有效。

（3）两张皮问题。由于党内法规工作机构和国家立法机构缺乏沟通联系机制，党的制度建设和国家立法工作之间存在两张皮现象。一方面，按照有关文件规定，立法规划计划、重要立法、立法中的重大问题须报中央审定。但实践中，由于中央有关职能部门事先没有参加调研、不了解规划计划和立法草案起草背景，立法专业性、技术性较强，中央有关职能部门无法在较短时间内对立法机关报来的立法规划计划和立法草案进行实质性审核。另一方面，党委起草文件时，由于缺乏法律人才，不了解、不熟悉法治实践，人大、政府法制机构参与较少甚至无人参与，一些应当明确的法治措施，如立法项目没有写入文件，不利于国家法治建设的统筹推进。此外，由于立法中党的领导作用发挥不够充分，立法机关协调推动不够有力，导致立法受部门利益牵制或争议较大时，多年不能出台。比如，1997年7月3日八届全国人大常委会二十六次会议通过的公路法提出，公路养路费改为燃油附加费，具体办法由国务院决定。由于燃油费问题涉及税务、财政、交通运输、发展改革部门以及地方政府等各方利益，直至2009年1月1日，《成品油价税费改革方案》才颁布实施，其间长达13年之久。

党的十九届三中全会提出，成立中央全面依法治国委员会，统筹协调全面依法治国工作，必将有力推动依法治国和依规治党有机统一，但这一举措也可能存在一些问题。

（1）合理性问题。按照《深化党和国家机构改革方案》，中央全面依法治国委员会的主要职责之一是，统筹推进科学立法、严格执法、公正司法、全民守法。其中，由司法部具体负责统筹推进科学立法值得研究。撇开司法部的协调能力不说，国务院由全国人大产生，对其负责，受其监督，司法部能否对全国人大进行协调（此前由全国人大常委会统筹国务院立法工作），是一个重要的体制问题。而且，司法部协调立法工作，可能削弱全国人大及其常委会对国务院的监督职能。

（2）正当性问题。主要有两个：一是由于中央政法委领导政法工作，由司法部具体负责统筹推进公正司法，必然涉及司法部与中央政法委的职责分工问题，更重要的是，作为行政诉讼对象，司法部可能利用协调职能，不当干预与自己有关的诉讼案件，或者对法院形成不应有的外在压力。二是此前国务院法制办以国务院法制工作机构的身份负责行政立法、行政复议等工作，地位中立，具有超然性、客观性、公正性。新组建的司法部在行政立法中统筹协调各部门关系，如何保持中立；在指导行政复议应诉时，对其作为一方当事人的案件，如何做到客观公正，有待观察。

（四）统筹依据不够充分

目前，法律和党内法规有关党领导国家法治建设的主体、对象、内容、程序、方式、运行机制等的规定不具体、不完善,有关党委与人大、政府、司法机关之间权责关系的规定不明确、不清晰。党领导立法工作、政法工作主要通过文件进行,制度性、规范性不足,其中一些文件属于内部文件,一些文件定密,对外不公开,不利于对这些制度规定的学习研究和遵守执行。

（五）统筹内容不够明确

一是中央全面依法治国委员会的工作程序、工作方式、制度机制,以及与中央政法委、全国人大常委会党组、国务院党组、地方各级党委等承担法治建设领导职责的机构的关系,有待进一步明确。二是中央政法委对政法工作的领导、全国人大常委会和国务院党组对立法工作的领导、地方党委对地方法治建设工作的领导的内涵,有待进一步明确。三是党规国法衔接不够顺畅。比如党章和宪法的关系问题；党员权利的限制问题,党内法规能否限制党员的法律权利,如果能,限制的界限在哪里；党内法规能否调整国家法律范围内的事项,如果能,调整的界限又在哪里；等等。

（六）人员力量不够雄厚

地方党内法规工作机构,特别是市、县级党内法规工作机构缺编制、缺人才的问题比较突出,普遍存在人员编制同工作职能不匹配、专门人才不足、调动过于频繁等问题。省级政府法制机构人员相对充足,但越往基层人员越紧张,难以适应工作需要。

（七）理论研究不够深入

近年来,特别是党的十八大以来,党内法规研究逐步兴起,取得了较大成绩,但对统筹推进工作的研究仍处于起步阶段,对一些基本问题,如党章党规能否突破法律规定,能否对国家机关、社会组织、公民个人直接发挥作用,党员法律权利的克减、法律义务增加的限度,党政联合发文的必要性及效力地位等,研究不够,缺乏共识,影响了统筹推进工作的深入推进。

四 加强和改进统筹推进工作的对策建议

统筹推进依法治国和依规治党,关乎我们党能否履行好执政兴国的重大历史使命,能否赢得具有许多新的历史特点的伟大斗争胜利,能否实现党和国家的长治久安。为进一步加强和改进统筹推进工作,提出如下建议:

第一,提高思想认识。一是增强领导干部的法治意识,引导领导干部清醒地认识到,法治不仅是我们党治国理政的基本方式,也是本地区经济社会发展软环境的核心要素,只有践行法治,才能营造优良营商环境,吸引外来投资和项目,从而自觉把依法办事作为推动经济社会发展的基本功和核心竞争力。二是完善干部考核评价机制,把能不能守法、依法办事作为考核干部的重要内容,突出干部的法治思维和依法办事能力,把尊宪守法作为衡量干部德才素质的重要标准,把法治素养和依法办事能力作为提拔使用干部的重要依据。对党政主要负责人,还要考核其履行推进本地区本部门法治建设第一责任人职责、及时解决本地区本部门法治建设重大问题等情况。三是建立激励约束机制,优先提拔使用法治素养好、依法办事能力强、法治建设成效显著的干部。对那些特权思想严重、法治观念淡薄的干部要批评教育,念紧箍咒,不得提拔重用。四是提高领导干部的党内法规意识,通过会前学规、集中培训等方式,使领导干部充分认识到,党内法规是国家法律的引领和保障,是中国特色社会主义法治体系的有机组成部分,与国家法律相辅相成、相得益彰,从而增强遵守和维护党内法规、坚持和深化依规治党的自觉性坚定性。

第二,加强顶层设计。顶层设计是做好统筹推进工作的基本前提。建议中央适时出台统筹推进依法治国和依规治党的文件,对统筹推进的指导思想、基本原则、主体对象、程序步骤、主要任务、制度措施、评价标准、组织领导等做出全面规定,为统筹推进依法治国和依规治党提供路线图、时间表和任务书。

第三,健全领导体制。领导体制是做好统筹推进工作的关键。一是按照《中共中央关于深化党和国家机构改革的决定》《深化党和国家机构改革方案》的要求,推动中央和地方全面依法治国委员会分别在2018年底、2019年3月前成立,解决上下不对接、有效性不足等问题。二是建立遴选制度,从实务部门和高校研究机构中挑选一批专门人才充实全面依法治国领导委员会办公室,提高专业水平,建立回避制度,强化职务保障,最大限度解决领导体制的合理性和正当性问题。三是建立交流轮岗制度,在中央层面,中央办公厅、全国人大常委会、国务院、中央政法委等部门的局、处级干部定期轮岗,加强业务交流和沟通协调,确保中央精神落实到位,确保中央文件依法合规,确保有关立法如期出台。地方党内法规工作机构和政府法制机构的轮岗工作照此办理。

第四,完善统筹依据。一方面,适时修改完善宪法法律,在宪法中体现统筹推进工作原则,必要时在有关法律中对党组织做出规定。注重国家法律立改废和党内法规立改废释的协调衔接,及时消除二者之间的矛盾冲突。另一方面,完善党内法规制度,适时将有关党内制度规定上升为党内法规,进一步明确党领导国家法治建设的主体、对象、内容、程序、方式和运行机制,明确党委与人大、政府、司法机关之间的权责关系等。有关规定应及时向社会公开。

第五，明确统筹内容。一是及时制定党内法规，明确中央全面依法治国委员会与中央政法委、全国人大常委会党组、国务院党组、地方各级党委的关系。根据中央新要求，对党领导立法、执法、司法等方面工作的制度规定进行修改完善。二是在有关规定中，进一步明确中央政法委对政法工作的领导、全国人大常委会和国务院党组对立法工作的领导、地方党委对地方法治建设工作的领导的内涵，特别是要明确中央政法委的职责范围和工作方式。三是坚持宪法修改与党章修改相协调，使宪法的原则规则与党章确立的指导思想、路线方针政策、目标任务等保持一致。

第六，强化队伍建设。统筹推进依法治国和依规治党，离不开有力的组织保证。一是通过增加编制或调剂人员的方式，配齐配强中央和地方法治建设领导机构，选配专业对口、业务优良、能力过硬的人才，并保持机构人员相对稳定。二是充实党内法规工作人员力量，优化专业结构，加强教育培训，切实解决人员素质能力不适应问题。三是利用此次机构改革契机，加强司法行政机构队伍建设，重点是按照重心下移、力量下沉的要求，强化基层法治队伍建设。

第七，深化理论研究。加大对统筹推进依法治国和依规治党研究工作的支持，把相关重点课题、重要调研纳入国家社会科学基金重点项目，加大资助力度。鼓励党内法规实务部门、国家立法机关同高校研究机构开展合作，通过课题委托、联合调研等方式，深化统筹推进依法治国和依规治党问题研究。

（作者为中国社会科学院法学研究所副研究员）

依法治军体制机制的改革与完善

莫纪宏

> 必须全面贯彻党领导人民军队的一系列根本原则和制度，确立新时代党的强军思想在国防和军队建设中的指导地位，坚持政治建军、改革强军、科技兴军、依法治军。
>
> ——十九大报告

依法治军是党的十九大所确立的习近平新时代中国特色社会主义思想的重要内容，它的基本价值要求就是如何在坚持党对人民军队绝对领导的前提下，根据国家宪法和法律来管理军务、治理军队，从而保证国防和军队建设的规范化、制度化和法治化。依法治军不仅包含了一系列重要的理论观念和思想，也对实践中如何通过具体体制机制来体现依法治军的各项要求有着非常重要的指导作用。因此，加强对依法治军体制机制的研究，对于全面提升人民军队的战斗素质、实现强军目标，有着极为重要的现实意义。

一 依法治军在政策和法律上的由来及沿革

关于武装力量和军队的法治建设问题，早在我国第一部宪法——1954年宪法中就已经涉及。1954年宪法首先规定了武装力量的性质，第20条规定：中华人民共和国的武装力量属于人民，它的任务是保卫人民革命和国家建设的成果，保卫国家的主权、领土完整和安全。其次，关于战争和武装冲突问题，宪法第27条第（13）项规定：全国人民代表大会行使下列职权：决定战争和和平的问题；第31条第（16）项规定：全国人民代表大会常务委员会在全国人民代表大会闭会期间，如果遇到国家遭受武装侵犯或者必须履行国际共同防止侵略的条约的情况，决定战争状态的宣布。再次，关于武装力量的领导体制，1954年宪法第42条规定：中华人民共和国主席统率全国武装力量，担任国防委员会主席。第40条又规定：中华人民共和国主席"任免国防委员会副主席、委员"，"宣布战争状态，发布动员令"。最后，对于武装力量的建设，1954年宪法第49条第（14）项规定：国务院"领导武装力量的建设"；第53条第2款也规定："依照法律服兵役是中华人民共和国公民的光荣义务。"总的来说，1954年宪法将军队和武装力量的领导和建设职责赋予了全国人大及其常委会、中华人民共和国主席、国务院等重要的国家机构，体现了武装力量国家化的要求。

1975年宪法受到"文革""左"倾思潮的影响，没有有效地区分党对人民军队的领导权与国家武装力量依法履行职责之间的关系，对武装力量和军事建设做了不同于1954年宪法的规定。该宪法第15条规定：中国人民解放军和民兵是中国共产党领导的工农子弟兵，是各族人民的武装力量。中国共产党中央委员会主席统率全国武装力量。中国人民解放军永远是一支战斗队，同时又是工作队，又是生产队。中华人民共和国武装力量的任务，是保卫社会主义革命和社会主义建设的成果，保卫国家的主权、领土完整和安全，防御帝国主义、社会帝国主义及其走狗的颠覆和侵略。1978年宪法仍然延续了1975年宪法关于武装力量和军

依法治军体制机制的改革与完善

队建设的规定，在第19条规定：中华人民共和国武装力量由中国共产党中央委员会主席统率。中国人民解放军是中国共产党领导的工农子弟兵，是无产阶级专政的柱石。国家大力加强中国人民解放军的革命化现代化建设，加强民兵建设，实行野战军、地方军和民兵三结合的武装力量体制。中华人民共和国武装力量的根本任务是：保卫社会主义革命和社会主义建设，保卫国家的主权、领土完整和安全，防御社会帝国主义、帝国主义及其走狗的颠覆和侵略。1975年宪法和1978年宪法侧重强调了党对人民军队的绝对领导权。

1982年现行宪法在第三章"国家机构"中单设一节第四节"中央军事委员会"，明确了武装力量的国家性质及领导体制。其中，第93条规定：中华人民共和国中央军事委员会领导全国武装力量。中央军事委员会由下列人员组成：主席，副主席若干人，委员若干人。中央军事委员会实行主席负责制。中央军事委员会每届任期同全国人民代表大会每届任期相同。第94条规定：中央军事委员会主席对全国人民代表大会和全国人民代表大会常务委员会负责。与1982年宪法相平行的是，在宪法规定的国家中央军事委员会之外，1982年修改后的《中国共产党章程》还规定了中国共产党的中央军事委员会①，体现了党对人民军队绝对领导权原则。

在宪法和党章都明确规定了中央军事委员会的前提下，如何保证人民军队在坚持党的绝对领导原则之下，能够依法管理、依法治军，这是改革开放以来加强武装力量和人民军队法治建设的重要课题。党的十六大报告首次以党的文件形式正式确定

---

① 《中国共产党章程》（中国共产党第十二次全国代表大会1982年9月6日通过），该章程第21条第4款规定：党的中央军事委员会组成人员由中央委员会决定。中央军事委员会主席必须从中央政策局常务委员会委员中产生。

· 151 ·

了"依法治军"思想,并对依法治军的体制机制做出了适当的制度安排。十六大报告明确指出:"坚持从严治军,健全军事法规体系,提高依法治军的水平。坚持勤俭建军,建立和完善三军一体、军民兼容、平战结合的联勤保障体制。"党的十七大报告进一步明确提出:坚持依法治军、从严治军,完善军事法规,加强科学管理。党的十八大报告强调:"加大依法治军、从严治军力度,推动正规化建设向更高水平发展。"党的十八届四中全会审议通过的《中共中央关于全面推进依法治国若干重大问题的决定》对依法治军的体制机制建设的要求做了全面的阐述,"深入推进依法治军从严治军"着重体现在以下几个方面:一是党对军队绝对领导是依法治军的核心和根本要求。紧紧围绕党在新形势下的强军目标,着眼全面加强军队革命化现代化正规化建设,创新发展依法治军理论和实践,构建完善的中国特色军事法治体系,提高国防和军队建设法治化水平。二是坚持在法治轨道上积极稳妥推进国防和军队改革,深化军队领导指挥体制、力量结构、政策制度等方面改革,加快完善和发展中国特色社会主义军事制度。三是健全适应现代军队建设和作战要求的军事法规制度体系,严格规范军事法规制度的制定权限和程序,将所有军事规范性文件纳入审查范围,完善审查制度,增强军事法规制度科学性、针对性、适用性。四是坚持从严治军铁律,加大军事法规执行力度,明确执法责任,完善执法制度,健全执法监督机制,严格责任追究,推动依法治军落到实处。五是健全军事法制工作体制,建立完善领导机关法制工作机构。改革军事司法体制机制,完善统一领导的军事审判、检察制度,维护国防利益,保障军人合法权益,防范打击违法犯罪。建立军事法律顾问制度,在各级领导机关设立军事法律顾问,完善重大决策和军事行动法律咨询保障制度。改革军队纪检监察体制。六是强化官兵法治理念和法治素养，把法律知识学习纳入军队院校教育体系、干部理论学习和部队教育训练体系，列为军队院校学员必修课和部队官兵必学必训内容。完善军事法律人才培养机制。加强军事法治理论研究。

党的十九大报告进一步指出："坚持政治建军、改革强军、科技兴军、依法治军，更加注重聚焦实战，更加注重创新驱动，更加注重体系建设，更加注重集约高效，更加注重军民融合，实现党在新时代的强军目标。"十九大报告肯定了党的十八大以来在依法治军的体制机制建设方面所取得的重要成绩，为依法治军体制机制的改革与完善做了全面谋划。

首先，十九大报告强调强军兴军开创新局面。着眼于实现中国梦强军梦，制定新形势下军事战略方针，全力推进国防和军队现代化。召开古田全军政治工作会议，恢复和发扬我党我军光荣传统和优良作风，人民军队政治生态得到有效治理。国防和军队改革取得历史性突破，形成军委管总、战区主战、军种主建新格局，人民军队组织架构和力量体系实现革命性重塑。加强练兵备战，有效遂行海上维权、反恐维稳、抢险救灾、国际维和、亚丁湾护航、人道主义救援等重大任务，武器装备加快发展，军事斗争准备取得重大进展。人民军队在中国特色强军之路上迈出坚定步伐。

其次，十九大报告从"八个明确"的角度来全面揭示习近平新时代中国特色社会主义思想的理论特征，其中之一就是"明确党在新时代的强军目标是建设一支听党指挥、能打胜仗、作风优良的人民军队，把人民军队建设成为世界一流军队"。

再次，十九大报告又从坚持和发展中国特色社会主义"十四个基本方略"角度阐述了"依法治军"的重要意义，规定"坚持党对人民军队的绝对领导。建设一支听党指挥、能打胜仗、作风优良的人民军队，是实现'两个一百年'奋斗目标、实现中华民族伟大复兴的战略支撑。必须全面贯彻党领导人民军队的一系列根本原则和制度，确立新时代党的强军思想在国防和军队建设中的指导地位，坚持政治建军、改革强军、科技兴军、依法治军，更加注重聚焦实战，更加注重创新驱动，更加注重体系建设，更加注重集约高效，更加注重军民融合，实现党在新时代的强军目标"。

最后，十九大报告提出了提高"国防和军事建设法治化水平"的高标准和严要求，并对依法治军体制机制的特征做出了详细阐述，包括：一是面对国家安全环境的深刻变化，面对强国强军的时代要求，必须全面贯彻新时代党的强军思想，贯彻新形势下军事战略方针，建设强大的现代化陆军、海军、空军、火箭军和战略支援部队，打造坚强高效的战区联合作战指挥机构，构建中国特色现代作战体系，担当起党和人民赋予的新时代使命任务。二是适应世界新军事革命发展趋势和国家安全需求，提高建设质量和效益，确保到2020年基本实现机械化，信息化建设取得重大进展，战略能力有大的提升。同国家现代化进程相一致，全面推进军事理论现代化、军队组织形态现代化、军事人员现代化、武器装备现代化，力争到2035年基本实现国防和军队现代化，到21世纪中叶把人民军队全面建成世界一流军队。三是加强军队党的建设，开展"传承红色基因、担当强军重任"主题教育，推进军人荣誉体系建设，培养有灵魂、有本事、有血性、有品德的新时代革命军人，永葆人民军队性质、宗旨、本色。继续深化国防和军队改革，深化军官职业化制度、文职人员制度等重大政策制度改革，推进军事管理革命，完善和发展中国特色社会主义军事制度。树立科技是核心战斗力的思想，推进重大技术创新、自主创新，加强军事人才培养体系建设，建设创新型人民军队。全面从严治军，推动治军方式根本性转变，提高国防和军队建设法治化水平。四是坚持富国和强军相统一，强化统一领导、顶层设计、改革创新和重大项目落实，深化国防科技工业改革，形成军民融合深度发展格局，构建一体化的国家战略体系和能力。完善国防动员体系，建设强大稳固的现代边海空防。组建退役军人管理保障机构，维护军人军属合法权益，让军人成为全社会尊崇的职业。深化武警部队改革，建设现代化武装警察部队。

十九大报告明确指出，坚持依法治军，提高国防和军事建设法治化水平归根结底还是要为军事斗争做准备，最终目的是要打赢未来可能发生的战争。十九大报告强调指出：军队是要准备打仗的，一切工作都必须坚持战斗力标准，向能打仗、打胜仗聚焦。扎实做好各战略方向军事斗争准备，统筹推进传统安全领域和新型安全领域军事斗争准备，发展新型作战力量和保障力量，开展实战化军事训练，加强军事力量运用，加快军事智能化发展，提高基于网络信息体系的联合作战能力、全域作战能力，有效塑造态势、管控危机、遏制战争、打赢战争。

二 依法治军思想的特点及对国防和军队建设法治化的重要作用

党的十八大以来，习近平总书记作为人民军队的统帅，高度重视法治建设在国防和军队建设法治化中的作用，提出了关于依法治军体制机制建设的一系列重要论断，这些论断对党的十八大以来形成比较系统和完整的依法治军理论体系奠定了思想基础。习近平总书记指出："一个现代化国家必然是法治国家，一支现代化军队必然是法治军队。深入推进依法治军、从严治军，是全

新时代法治发展的新面向

面推进依法治国总体布局的重要组成部分,是实现强军目标的必然要求。"① 习近平总书记在纪念建军90周年纪念大会上再次明确要求"要增强全军法治意识,加快构建中国特色军事法治体系,加快实现治军方式根本性转变"②。要求人民军队必须紧紧围绕党在新形势下的强军目标,着眼全面加强革命化现代化正规化建设,对国防和军队建设全方位进行严格规范,建立一整套符合现代军事发展规律、体现我军特色的科学的组织模式、制度安排和运作方式,"构建完善的中国特色军事法治体系,提高国防和军队建设法治化水平"③。

归纳起来,依法治军思想集中体现在以下几个重要方面:

一是强调依法治军对于实现强军目标的重要意义。习近平总书记指出,要充分认识"依法治军从严治军是强军之基,是我们党建军治军的基本方略"④。2012年12月8日至10日,习近平在广州战区考察时就提出,要牢记依法治军、从严治军是强军之基。2013年3月11日,习近平总书记在出席十二届全国人大一次会议解放军代表团全体会议时提出,建设一支听党指挥、能打胜仗、作风优良的人民军队,是党在新形势下的强军目标。同年,习近平总书记在主持党的十八届三中全会决定起草时,明确提出健全军事法规制度体系的要求。2014年又在主持党的十八届四中全会决定起草时,明确要求把依法治军、从严治军问题单列一部分写进去。随后,习近平总书记亲自决策起草、亲自审定

---

① 中共中央文献研究室:《习近平关于协调推进"四个全面"战略布局论述摘编》,中央文献出版社2015年版,第109页。
② 习近平:《在庆祝中国人民解放军建军90周年大会上的讲话》,《解放军报》2017年8月2日第1版。
③ 中共中央文献研究室编:《习近平关于协调推进"四个全面"战略布局论述摘编》,中央文献出版社2015年版。
④ 《深入推进依法治军从严治军的重大战略举措》,《解放军报》2015年2月27日第1版。

《中央军委关于新形势下深入推进依法治军从严治军的决定》，并对有关重大问题提出明确要求，为新形势下深入推进依法治军从严治军提供了科学指南和遵循，标志着我军法治建设站上新起点。习近平总书记非常重视依法治军要与强军目标相结合，高度重视依法治军的政策实效，他指出："深入推进依法治军、从严治军，必须紧紧围绕党在新形势下的强军目标，着眼全面加强革命化现代化正规化建设，坚持党对军队绝对领导，坚持战斗力标准，坚持官兵主体地位，坚持依法和从严相统一，坚持法治建设和思想政治建设相结合，创新发展依法治军理论和实践，构建完善的中国特色军事法治体系，提高国防和军队建设法治化水平。"[1]

二是依法治军的实现必须要强化军队官兵的法治思维。习近平总书记特别强调要强化全军法治信仰和法治思维，他指出，深入推进依法治军、从严治军，首先"要让法治精神、法治理念深入人心，使官兵信仰法治、坚守法治，没有这一条，依法治军、从严治军是难以推进的"[2]。"要强化全军法治信仰和法治思维，让法治精神、法治理念深入人心，让全军官兵信仰法治、坚守法治。"[3] 对于如何贯彻依法治军的各项要求，习近平总书记指出："深入推进依法治军从严治军，要求我们的治军方式发生一场深刻变革；按照法治要求转变治军方式，努力实现从单纯依靠行政命令的做法向依法行政的根本性转变，从单纯靠习惯和经验开展工作的方式向依靠法规和制度开展工作的根本性转变，从突击式、运动式抓工作的方式向按条令条例办事的根本性转变，

---

[1] 中共中央文献研究室编：《习近平关于协调推进"四个全面"战略布局论述摘编》，中央文献出版社2015年版。
[2] 孙金明：《不断强化对法治的信仰》，《解放军报》2015年7月3日第6版。
[3] 《按照法治要求实现治军方式转变》，2018年7月20日，人民网（http://military.people.com.cn/n/2015/0901/c1011-27536412.html）。

新时代法治发展的新面向

在全军形成党委依法决策、机关依法指导、部队依法行动、官兵依法履职的良好局面。"①

三是依法治军要着重加强军事法治体系建设。关于如何从体制机制制度上来有效推进依法治军的各项要求,习近平总书记指出:"我们要深入掌握党的军事指导理论的科学内涵、精神实质、基本要求,用以指导新的历史条件下军队建设和军事斗争准备,始终保持国防和军队建设正确方向,研究新情况、解决新问题、总结新经验,开拓马克思主义军事理论和当代中国军事实践发展新境界"②,尤其"要围绕构建系统完善、严密高效的军事法规制度体系、军事法治实施体系、军事法治监督体系、军事法治保障体系,拿出实实在在的举措"③。要充分认识"深化国防和军队改革与按照法治要求转变治军方式具有内在一致性"④。习近平总书记关于建设军事法治体系的思想在党的十八届四中全会《全面推进依法治国决定》中得到了充分肯定,成为指导人民军队依法治军的具体的行动纲领。2012年12月,习近平总书记在听取广州军区工作汇报后的讲话中强调:"我们要深入研究和把握新形势下治军带兵特点规律,切实把依法治军、从严治军方针贯彻落实到部队建设的全过程和各方面,始终保持部队正规的战备、训练、工作和生活秩序。"⑤

---

① 《〈中央军委关于新形势下深入推进依法治军从严治军的决定〉要点释义》,《解放军报》2015年4月22日第7版。
② 《英明治军背后:习总回忆曾有老领导叮嘱注意三件事》,2018年7月20日,新浪网(http://mil news. sina. com. cn/201503/1009836301 html)。
③ 乙晓光:《努力建设听党指挥善谋打仗的新型司令机关——深入学习贯彻习近平主席在全军参谋长会议上重要讲话精神》,《求是》2015年第14期。
④ 《军报解读习近平在中央军委改革会议上重要讲话》,2018年7月20日,腾讯新闻(http://news qq. com/a/20151224/020494 htm)。
⑤ 习近平:《构建中国特色现代军事力量体系》,载中共中央文献研究室编《习近平关于全面深化改革论述摘编》,中央文献出版社2015年版,2017年7月20日(http://cpc people com cn/n/2014/0815/c164113 25470901 html)。

四是加快建设与现代法治国家相适应的法治军队。依法治军体制机制建设重在队伍建设，抓依法治军只有抓住军队这个主体才能起到事半功倍的效果。习近平总书记多次强调指出："整个国家都在建设中国特色社会主义法治体系、建设社会主义法治国家，军队法治建设不抓紧，到时候就跟不上趟了。"[1] 要"以党在新形势下的强军目标为引领，贯彻新形势下军事战略方针，全面实施改革强军战略，着力解决国防和军队建设的体制性障碍、结构性矛盾、政策性问题，推进军队组织形态现代化，进一步解放和发展战斗力，进一步解放和增强军队活力，建设同我国国际地位相称、同国家安全和发展利益相适应的巩固国防和强大军队，为实现'两个一百年'奋斗目标、实现中华民族伟大复兴的中国梦提供坚强力量保证"[2]。因此，国防和军队建设法治化不仅是全面加强国防和军队建设的必然要求，在全面推进依法治国的背景下，建设法治国家、法治政府和法治社会也必然要求建设一支与法治国家、法治政府、法治社会相称的法治军队。

三 依法治军体制机制建设的主要特征

改革开放以来，武装力量和军队法治建设一直是在宪法和法律的指引下稳步推进的，依法治军的法治要求渗透到军队建设的各个方面，形成了比较完善的军事法治体系。具体来说，表现在以下几个方面：

一是在坚持党对人民军队绝对领导的前提下，军队管理实行了从非法治方式向法治方式的转变。习近平总书记对此明确指

---

[1] 中共中央文献研究室：《习近平关于协调推进"四个全面"战略布局论述摘编》，中央文献出版社2015年版。

[2] 《习近平在中央军委改革工作会议上强调全面实施改革强军战略坚定不移走中国特色强军之路》，《人民日报》2015年11月27日。

新时代法治发展的新面向

出:"深入推进依法治军、从严治军,要求我们的治军方式发生一场深刻变革。各级要严格按照法定职责权限抓好工作、努力实现三个根本性转变,即从单纯依靠行政命令的做法向依法行政的根本性转变,从单纯依靠习惯和经验开展工作的方式向依靠法规和制度开展工作的根本性转变,从突击式、运动式抓工作的方式向按条令条例办事的根本性转变,在全军形成党委依法决策、机关依法指导、部队依法行动、官兵依法履职的良好局面"①,"要坚持依法治军、从严治军,推进管理理念、机制、方法手段创新,提高管理科学化、规范化、法治化水平"②。

二是注重从构建军事法治体系的角度来全面和系统地推进依法治军,建立和完善依法治军的各项体制机制制度。习近平总书记多次明确提出要全面和系统地推进依法治军的各项工作。他反复强调指出:"要深化对依法治军重大意义的认识,构建完善中国特色军事法治体系,为推进强军事业提供重要保障",要"以党在新形势下的强军目标为引领,贯彻新形势下军事战略方针,深入推进政治建军、改革强军、依法治军,坚定信心,狠抓落实,开创强军兴军新局面"。③ "要强化全军法治信仰和法治思维,让法治精神、法治理念深入人心,让全军官兵信仰法治、坚守法治。"④ "我们要深入研究和把握新形势下治军带兵特点规律,切实把依法治军、从严治军方针贯彻落实到部队

---

① 《从十五句话领略习近平治军智慧》,2015 年 7 月 31 日,2018 年 7 月 20 日新华网(http://news.xinhuanet.com/politics/2015/07/31/c_128080701.htm)。

② 丛文胜等:《国防法治:国防和军队建设法治化》,解放军出版社 2016 年版,第 78 页。

③ 习近平:《深入推进政治建军改革强军依法治军》,2016 年 1 月 7 日,2018 年 7 月 20 日中国共产党新闻网(http://cpc.people.com.cn/n1/2016/0107/c64094-28026512.html)。

④ 《按照法治要求实现治军方式转变》,2015 年 9 月 1 日,2018 年 7 月 20 日人民网(http://military.people.com.cn/n/2015/0901/c1011-27536412-2.html)。

建设的全过程和各方面。"① "要增强各级法治观念、依据法规制度指导和开展工作，防止和克服政出多门、工作随意性大等问题。"②

三是加强军事立法工作，为依法治军打下坚实的法律基础。早在1997年《中华人民共和国国防法》中就已经明确规定中央军事委员会有权"根据宪法和法律，制定军事法规，发布决定和命令"。2000年通过的《中华人民共和国立法法》则进一步明确了军事立法制度。2000年《立法法》第93条规定："中央军事委员会根据宪法和法律，制定军事法规。中央军事委员会各总部、军兵种、军区，可以根据法律和中央军事委员会的军事法规、决定、命令，在其权限范围内，制定军事规章。军事法规、军事规章在武装力量内部实施。军事法规、军事规章的制定、修改和废止办法，由中央军事委员会依照本法规定的原则规定。"根据2015年新修订的《立法法》，中央军事委员会还可以与国务院联合制定军事行政法规。上述规定都为建立和完善中国特色社会主义军事法体系提供了基本的宪法和法律依据，为依法治军打下了牢固的法律基础。

四是深化依法治军工作机制建设，保证军事法律法规的有效贯彻落实。经军委主席习近平批准的《中央军委关于新形势下深入推进依法治军从严治军的决定》明确要求："要健全完善军队法治工作体制，强化军队法治工作专门机构职能作用"③，在健全军事法制工作体制、深化军事司法体制改革、调整纪检监察和审

---

① 习近平：《军队改革面临机会窗口 是回避不了的大考》，2014年8月15日，2018年7月20日人民网（http://cpc.people.com.cn/xuexi/n/2015/0901/c385475 27536550 html）。
② 田桂明：《依法用权不"任性"》，《解放军报》2015年3月31日第7版。
③ 《经习近平主席批准中央军委印发关于新形势下深入推进依法治军从严治军的决定》，2018年7月20日，中国军网（http://news.mod.gov.cn/headlines/2015/02/26/content_4571775.htm）。

计体制机制、完善军事法律人才培养管理等方面取得实质性进展。

五是依法保障军人的合法权益。依法治军除了要依据宪法、法律以及军事法规、军事规章等建立严格的各项军事制度,提高人民军队依法治军的法治化水平之外,依法治军也要重点关注通过法律维护军人的合法权益。改革开放以来,人民军队和政府在保障军人合法权益方面做出了大量的工作。1997年《国防法》第7条明确规定:国家和社会尊重、优待军人,保护军人的合法权益,开展各种形式的拥军优属活动。习近平总书记多次指出:"坚持依法治军、从严治军,坚持把改革创新作为军队建设发展的根本动力,坚持以人为本的建军治军理念";"要始终把工作重点放在基层,关心关爱基层官兵,注意把人力物力财力向边防、向基层、向一线倾斜"。① 2018年2月26日至28日召开的党的十九届三中全会通过的《深化党和国家机构改革方案》规定:为维护军人军属合法权益,加强退役军人服务保障体系建设,建立健全集中统一、职责清晰的退役军人管理保障体制,让军人成为全社会尊崇的职业,方案提出,将民政部的退役军人优抚安置职责,人力资源和社会保障部的军官转业安置职责,以及中央军委政治工作部、后勤保障部有关职责整合,组建退役军人事务部,作为国务院组成部门。十三届全国人大一次会议表决通过了关于国务院机构改革方案的决定,批准成立中华人民共和国退役军人事务部。2018年4月16日,退役军人事务部在北京正式挂牌。

六是军队建设与国防建设、军民融合相结合。习近平总书记在对党的十八届四中全会《全面推进依法治国决定》的说明中指出:"全面推进依法治国涉及改革发展稳定、治党治国治军、内

---

① 《从十五句话领略习近平治军智慧》,2015年7月31日,2018年7月20日新华网(http://www.xinhuanet.com/politics/2015-07/31/c_128080701.htm)。

政外交国防等各个领域，必须立足全局和长远来统筹谋划。"① 对于军队与国防的关系，习近平总书记着重强调，"国防和军队改革是全面改革的重要组成部分，也是全面深化改革的重要标志"②，"国防和军队改革作为单独一部分写进全会决定，这在全会历史上是第一次，充分体现了党中央对深化国防和军队改革的高度重视"③。"我们的国防是全民的国防，推进国防和军队建设改革是全党全国人民的共同事业"，要"在更广范围、更高层次、更深程度上把军事创新体系纳入国家创新体系之中，实现两个体系相互兼容同步发展，使军事创新得到强力支持和持续推动"④。关于军民融合，习近平总书记指出："走军民融合式发展路子，是实现富国和强军相统一的重要途径。要进一步把军民融合式发展这篇大文章做好，充分发挥市场在资源配置中的基础性作用，引导国家经济社会资源更好地服务国防和军队建设，注重从体制机制上解决军民融合式发展存在的矛盾和问题，努力形成基础设施和重要领域军民深度融合的发展格局。"⑤ 2017年1月22日，中共中央政治局召开会议，决定设立中央军民融合发展委员会，由习近平任主任。该委员会是中央层面军民融合发展重大问题的决策和议事协调机构，统一领导军民融合深度发展，标志着我国军民融合发展法治化进入一个历史新阶段。目前，有关军民融合的各项具体体制机制制度正在进入立法程序，不久的将来就会落

---

① 习近平：《关于〈中共中央关于全面推进依法治国若干重大问题的决定〉的说明》，《人民日报》2014年10月29日。
② 《习近平谈国防和军队改革：这是一场回避不了的大考》，2015年9月1日，2018年7月20日人民网（http://cpc.people.om cn/xuexi/n/2015/0901/c385475 27536550 html）。
③ 同上。
④ 习近平：《军事创新应重点把握四项原则》，2014年8月31日，2018年7月20日新浪新闻（http://news.sina.com.cn/o/2014-08-31/051930770366.shtml）。
⑤ 《习近平在十二届全国人大一次会议解放军代表团会议上的讲话》，《解放军报》2013年3月11日第1版。

实到具体实践中，从而推动国防和军队建设法治化水平的进一步提升。

七是依法治军要抓好军事人力资源和军队人才建设，努力提升军队官兵的法律素养。习近平总书记特别重视军事人才队伍的建设，指出：尤其是"要着眼于开发管理用好军事人力资源，推动人才发展体制改革和政策创新，形成人才辈出、人尽其才的生动局面。坚持党管干部、党管人才，完善人力资源分类，整合人力资源管理职能，加强军事人力资源集中统一管理，努力使军事人力资源能够转化为实实在在的战斗力。深化军队院校改革，健全三位一体的新型军事人才培养体系。推进军官、士兵、文职人员等制度改革，深化军人医疗、保险、住房保障、工资福利等制度改革，完善军事人力资源政策制度和后勤政策制度，建立体现军事职业特点、增强军人职业荣誉感自豪感的政策制度体系，以更好凝聚军心、稳定部队、鼓舞士气"①。对于军队官兵能够践行依法治军的各项要求，习近平总书记也提出了强化军队官兵法治素养的要求，在经习近平主席批准的《中央军委关于新形势下深入推进依法治军从严治军的决定》中，明确要求："要强化官兵法治信仰和法治思维，深入开展法治教育训练，领导干部要做尊法学法守法用法的模范。"② 习近平总书记多次强调"要着力增强法规制度执行力，狠抓条令条例和规章制度落实，坚决杜绝有法不依、执法不严、违法不究的现象。要把纪律建设作为核心内容，强化官兵号令意识，培养部队严守纪律、令行禁止、步调一

---

① 《经习近平主席批准中央军委印发关于新形势下深入推进依法治军从严治军的决定》，2018 年 7 月 20 日（http://news.mod.gov.cn/headlines/201502/26/content_4571775.htm）。

② 《习近平在中央军委改革工作会议上强调全面实施改革强军战略 坚定不移走中国特色强军之路》，《解放军报》2015 年 11 月 27 日第 1 版。

致的良好作风"①。

总的来说，人民军队在党的绝对领导下，以习近平新时代中国特色社会主义思想为指导，按照强军目标的各项要求，努力建设中国特色社会主义军事法治体系，注重从立法、执法、司法等不同角度来贯彻落实依法治军的各项要求，保证了依法治军体制机制建设的有序化运行，为增强人民军队的战斗力提供了有力的制度保障。

（作者为中国社会科学院法学研究所研究员）

---

① 《习近平谈国防和军队改革：这是一场回避不了的大考》，2015年9月1日，2018年7月20日人民网（http://cpc.people.com.cn/xuexi/n/2015/0901/c385475-27536550.html）。

民事权利保障机制的立法完善

朱广新

> 加快社会治安防控体系建设,依法打击和惩治黄赌毒黑拐骗等违法犯罪活动,保护人民人身权、财产权、人格权。
> ——十九大报告

党的十九大报告在部署"打造共建共治共享的社会治理格局"的基本举措时指出,"加快社会治安防控体系建设,依法打击和惩治黄赌毒黑拐骗等违法犯罪活动,保护人民人身权、财产权、人格权"。如何通过完善相关法律制度,将"保护人民人身权、财产权、人格权"的政策要求落到实处,非常值得研究。

一 加强民事权利保护的意义

在现代法律体系中,人的权利一般包括民事权利、社会经济文化权利、政治权利等。在这些类型的权利中,民事权利因为直接关系着人的衣食住行与社会经济发展的正常运行,所以,它不仅视为个人生存发展的前提及人的社会经济文化权利及政治权利得以享有、行使的前提条件,而且被看作市民社会发展的基础。民事权利因而在现代权利体系中处于基础和核心地位。

党中央一向非常重视民事权利的保护。党的十八大以来,党中央对于民事权利保护更是给予高度重视。中共第十八届四中全会于2014年10月23日通过的《中共中央关于全面推进依法治国若干重大问题的决定》明确要求,"依法保障公民权利,加快完善体现权利公平、机会公平、规则公平的法律制度,保障公民人身权、财产权、基本政治权利等各项权利不受侵犯,保障公民经济、文化、社会等各方面权利得到落实,实现公民权利保障法治化。增强全社会尊重和保障人权意识,健全公民权利救济渠道和方式"。《中共中央国务院关于完善产权保护制度依法保护产权的意见》(2016年11月4日)和《中共中央国务院关于稳步推进农村集体产权制度改革的意见》(2016年12月26日)对如何保护财产权做出了一系列安排,突出体现了党与国家加强民事权利保护的决心。党的十九大报告关于保护人民民事权利的决定,表达了党在新的时代关于保护人民民事权利的美好期待和基本要求。

二 民事权利保护的立法发展状况

我国民法特别强调对民事权益的保护,这一立法传统肇端于《民法通则》。《民法总则》在"保护民事权利是民事立法的重要任务"[①]的立法思想指导下,不仅承继了《民法通则》的立法特色,而且从基本原则、规范结构、权利行使等方面进一步强化、细化了对民事权益的保护。这主要体现在以下三方面。

第一,把"民事权益受法律保护"作为一项原则规定在各项民法基本原则之首。《民法通则》第一章以"基本原则"为名规定了各项民法基本原则。在对平等、自愿、公平、等价有偿、诚

---

① 参见李建国《关于〈中华人民共和国民法总则(草案)〉的说明》,第十二届全国人民代表大会第五次会议,2017年3月8日。

实信用原则做出明确规定（第4条）后，规定了"合法的民事权益受法律保护"的原则（第5条）。《民法总则（草案）》一审稿、二审稿及三审稿完全延续了《民法通则》关于"合法民事权益受法律保护"的规定。然而，2017年3月10日，第十二届全国人民代表大会各代表团全体会议、小组会议审议《民法总则（草案）》时，"有的代表提出，民事权利受法律保护是民法的基本精神，统领整部民法典和各民商事特别法，建议进一步突出民事权利受法律保护的理念"。第十二届全国人民代表大会法律委员会经讨论赞成这种意见，建议将"合法民事权益受法律保护原则"由草案第9条移至第2条之后。①《民法总则》最终接受了这种立法建议，在第3条规定了"合法民事权益受法律保护原则"。以体系观念看，该规定处于立法目的与依据、民法调整对象的规定之后、各项民法基本原则之首。这种体系地位充分彰显了《民法总则》对民事权益受保护原则的高度重视。

第二，专章规定了民事权利的种类、取得、行使及限制。《民法通则》第五章以"民事权利"为名对物权、债权、知识产权、人身权等民事权利做出了明确规定。这种规定存在着特殊的历史背景：改革开放之初，各项改革措施亟须法律保驾护航，而民法典一时难以制定出来，为使人们摆脱"文革"的消极影响，积极投身于改革开放之中，非常需要在法律上对公民的民事权利做出明确规定。然而，经过近三十年的经济、社会及法制发展，当基本民事权利已为《合同法》《物权法》《侵权责任法》《著作权法》《专利法》《商标法》等法律明确规定之后，是否还有必要在《民法总则》之中专章规定民事权利，则存在很大疑问。多

---

① 参见《第十二届全国人民代表大会法律委员会关于〈中华人民共和国民法总则（草案）〉审议结果的报告》（2017年3月12日第十二届全国人民代表大会第五次会议主席团第二次会议通过）。

民事权利保障机制的立法完善

数民法学者认为,《民法总则》不应再像《民法通则》那样对民事权利做出专章规定。全国人大法工委民法室2015年8月28日拟定的民法总则民法室室内稿,接受学者们的意见,没有再专章规定民事权利,只是对"民事权利的行使和保护"做了专门规定(第七章)。但是,这种立法方案遭到一些学者与实务部门人士的批判,他们认为《民法总则》应承继《民法通则》对民事权利做出专章规定。2016年1月11日的民法总则征求意见稿对"民法室室内稿"做出重大调整,其第五章集中规定了民事权利。尽管对此存在很大争议,《民法总则(草案)》采纳了对民事权利做出专章规定的立法意见。其基本理由是:《民法通则》设专章规定民事权利,是我国民事立法的重大成就,凸显了对民事权利的尊重和保护,被称为权利宣言书,影响深远。[1]

其实,立法机关之所以选择继续专章规定民事权利,还为了落实中央提出的"实现公民权利保障法治化"的重大政策决定。这主要是指,在《民法总则》制定期间颁发的《中共中央国务院关于完善产权保护制度依法保护产权的意见》中,提出要"进一步完善现代产权制度,推进产权保护法治化",就"必须加快完善产权保护制度,依法有效保护各种所有制经济组织和公民财产权,增强人民群众财产财富安全感,增强社会信心,形成良好预期,增强各类经济主体创业创新动力,维护社会公平正义,保持经济社会持续健康发展和国家长治久安"。这些重大政策决定为立法机关对民事权利做出全面规定,提供了强有力的政治保障。

第三,相比于《民法通则》,《民法总则》关于民事权利的规定,包括了如下丰富内容:首先,它不仅以具体列举与概括规定的立法技术,对民事主体可以享有的人身权、个人信息权、财

---

[1] 参见李适时主编《中华人民共和国民法总则释义》,法律出版社2017年版,第335页。

产权、知识产权、股权及其他投资性权利做出了详细规定，而且为了适应互联网和大数据时代发展的需要，还明确规定（第127条），"法律对数据、网络虚拟财产的保护有规定的，依照其规定"。其次，它对财产权受法律平等保护原则（第113条）、物权法定原则（第116条）、合同信守原则（第119条）做出了明确规定。再次，它对自主决定权（第130条）、权利与义务相牵连（第131条）、权利不得滥用（第131条）等民事权利行使的基本原则，做出了明确规定。这是三项全新的规定，尤其是自我决定权与权利不得滥用的规定，为协调私益与公益、个人自由主义与社会集体主义之间的冲突，提供了明确的法律依据。最后，它对权利的取得方式、对权利的特别限制（征收征用制度）也做出了明确规定。其第117条关于征收征用的规定，在补偿标准上，对《物权法》第42、44条及《国有土地上房屋征收与补偿条例》的规定有重要发展。

总的看来，《民法总则》第五章关于民事权利的规定，不仅承继了《民法通则》的立法传统，而且极大丰富了民事权利保护的内容。在立法机关看来，此种立法一方面"旨在贯彻落实党中央关于实现公民权利保障法治化和完善产权保护制度的要求，凸显对民事权利的尊重，加强对民事权利的保护"；另一方面是"为民法典各分编和民商事特别法律具体规定民事权利提供依据"。[①]

相比于其他国家或地区的民法典总则编，《民法总则》形成了一种以权利保护为中心的民法总则规范体系。

在《民法总则》关于民事权利一般规定的基础上，依据党的十九大报告对如何在民法典分则各编中完善民事权利的保护进行

[①] 参见李建国《关于〈中华人民共和国民法总则（草案）〉的说明》，第十二届全国人民代表大会第五次会议，2017年3月8日。

系统研究，有重要的理论和实践意义。

三 强化民事权利保障机制的应有选择

（一）正确理解党的十九大报告关于民事权利保护的决定

党的十九大报告是新时代中国共产党治国理政的指导思想和基本方略，其对如何深化依法治国既提出了明确的指导思想，也部署了基本举措。准确理解党的十九大报告关于"保护人民人身权、财产权、人格权"的决定，对完善或强化民事权利保障机制，具有十分重要的意义。

党的十九大报告系统阐述了习近平新时代中国特色社会主义思想和治国理政的基本方略，报告由十三部分组成，每一部分不仅具有鲜明的主题思想，而且具有层次清晰、逻辑鲜明的论述。如若想集中理解某一部分的某一具体决定，必须以点带面地予以系统理解。只有这样才能既深刻领会十九大报告的精神实质，又切实掌握十九大报告关于治国理政具体部署的要义。在党的十九大报告中，"保护人民人身权、财产权、人格权"既不是一个完整的语句，又不是某一部分或某一语段的一个主题思想，只是报告第八部分第六主题语段中一句话的结尾部分。该句话为："加快社会治安防控体系建设，依法打击和惩治黄赌毒黑拐骗等违法犯罪活动，保护人民人身权、财产权、人格权。"由此很容易看出，"保护人民人身权、财产权、人格权"是以"依法打击和惩治黄赌毒黑拐骗等违法犯罪活动"为语义前提的，而"依法打击和惩治黄赌毒黑拐骗等违法犯罪活动"则又是以"加快社会治安防控体系建设"这个更大的语义为前提的。从语段结构上看，这一句只是报告第八部分第六主题语段"打造共建共治共享的社会治理格局"的主要举措之一。关于十九大报告的权威辅导读本非常明确地指明了这一点。① 因此,全面地看,"保护人民人身权、财产权、人格权"只是"加快社会治安防控体系建设,依法打击和惩治黄赌毒黑拐骗等违法犯罪活动"所想实现的目的,而报告第八部分第六主题语段的中心思想,是部署"打造共建共治共享的社会治理格局"的各种举措。

由我国现行法律体系看,人民权利遭受侵害的情形主要有三种:行政法上的违法行为、刑法上的犯罪行为及民法上的侵权行为。《治安管理处罚法》《刑法》《侵权责任法》根据不同的规范功能、法律技术对这三种不当行为进行了明确规制。一个侵害人民权益的不当行为,究竟应依据何种法律予以规制,不仅取决于该种行为侵害了什么、害的严重性,而且取决于法律到底是如何规制这种行为的。"加快社会治安防控体系建设"的法学意蕴是通过《治安管理处罚法》《刑法》之类的公法,打击和惩治黄赌毒黑拐骗等违法犯罪活动。

由"依法打击和惩治黄赌毒黑拐骗等违法犯罪活动"这一语义前提可明显看出,十九大报告显然是想通过落实并完善行政法、刑法等公法,打击和惩治黄赌毒黑拐骗等违法犯罪活动,从而实现对人民权利的保护。由我国多年来的法治实践看,"黄赌毒黑拐骗等"涉及的主要是行政法上的违法行为和刑法上的犯罪行为。由社会现实看,"黄赌毒黑拐骗等"对社会治安造成了相当严重的危害或侵害,其社会危害性对社会和谐发展、建设社会主义现代化国家构成严重妨害。为突出强调这一点,报告使用了"违法犯罪活动"而不是"违法犯罪行为"的语词。

"加快社会治安防控体系建设"这一更为重大的语义前提,更加明确地表明,十九大报告旨在通过公法手段加强社会治安综

---

① 参见潘盛洲《打造共建共治共享的社会治理格局》,《党的十九大报告辅导读本》,人民出版社2017年版,第368页。

合治理。潘盛洲在《党的十九大报告辅导读本》中阐述"加快社会治安防控体系建设，保护人民人身权、财产权、人格权"时，明确指出："要从统筹城市公共安全综合治理入手，建立政府主导下的实体运作、集约高效的城市安全综合治理指挥调度机构，整合社会治理和市政管理相关部门资源，确立其全方位监测预警风险、统一归口应对处置各类风险的主体地位，努力实现城市运行异常情况、隐患苗头的提前发现、及时预警、有效处置。"[①] 该论断涉及的显然主要是公法上的社会治理措施。

从目前关于十九大报告的各种正式解读看，无论是党政机关的决策要员还是执法司法部门的重要官员，十九大报告提到的"保护人民人身权、财产权、人格权"，并非是在民事法律制度建设范畴提出的政策目标，而只是在属于公法的刑事法、行政法建设范畴提出的政策目标。

但是，上述分析并不意味着，我国民事立法尤其正在进行的民法典编纂不应当进一步强化民事权利的保障机制，恰恰相反，无论是根据《民法总则》的最新立法，还是从《中共中央国务院关于完善产权保护制度依法保护产权的意见》和《中共中央国务院关于稳步推进农村集体产权制度改革的意见》这两个重要政策文件看，完善民事法律制度，加强民事权利保护，是民法典分则各编应高度重视的问题。

（二）应在"科学立法"原则和举措下思考民事权利保护的立法完善

全面依法治国是中国特色社会主义的本质要求和重要保障。《中共中央关于全面推进依法治国若干重大问题的决定》明确指

---

① 参见潘盛洲《打造共建共治共享的社会治理格局》，《党的十九大报告辅导读本》，人民出版社2017年版，第368页。

出,"法律是治国之重器,良法是善治之前提。建设中国特色社会主义法治体系,必须坚持立法先行,发挥立法的引领和推动作用,抓住提高立法质量这个关键",并要求"深入推进科学立法、民主立法"。十九大报告明确将"坚持全面依法治国"规定为新时代坚持和发展中国特色社会主义的十四个基本方略之一,并在第六部分("健全人民当家作主制度体系,发展社会主义民主政治")的第四主题语段规定了"深化依法治国实践"的七项主要举措。其中涉及立法的具体举措为:"推进科学立法、民主立法、依法立法,以良法促进发展、保障善治。"而且,更值得注意的是,报告第六部分第四主题语段在阐述七项举措时,首先总体地规定:"全面依法治国是国家治理的一场深刻革命,必须坚持厉行法治,推进科学立法、严格执法、公正司法、全民守法。"由这些规定不难看出,实现全面依法治国必须以"科学立法"为前提,立法如果不科学、不合理,法律执行、案件裁断、人民守法皆不可避免会遭到各种阻碍,法治国家的建设必将面临种种阻力。

按照十九大报告,"科学立法"既是深化依法治国实践的一种指导思想,又是实现依法治国的一种重要立法举措。在此严格要求下,考虑在民法典中完善民事权利的立法时,至少必须清楚认识到,编纂民法典是在中国特色社会主义法律体系已经形成的情况下为完善法律体系而做出的重大决定。

2011年3月10日,第十一届全国人民代表大会常务委员会工作报告宣布,截至2010年底,一个立足中国国情和实际、适应改革开放和社会主义现代化建设需要,由多层次法律规范构成的中国特色社会主义法律体系已经形成。2014年10月,《中共中央关于全面推进依法治国若干重大问题的决定》提出"编纂民法典"。之所以做出这样的重大决定,目的是"完善以宪法为核心的中国特色社会主义法律体系"。既然是为了完善法律体系，那么民法典编纂必须将尊重现有法律规定作为立足点、出发点，并应对修改补充法律的立法建议予以慎思明辨。

（三）强化人格权民法保护的思路和做法

改革开放以来，我国民事立法非常重视包括人格权在内的各种民事权利保护问题，《民法通则》第五章专门规定了民事权利，其中第四节以"人身权"为名，对各种人格权做出了列举规定。另外，《民法通则》第六章（民事责任）第三节（侵权的民事责任）对人格权遭受侵害时的各种法律救济措施（侵权责任）亦做出了明确规定。我国民法由此形成了比较独特的"权利列举+侵权救济"人格权立法模式。由于人格权立法的最大特点，不是规定权利如何产生、行使，而是规定如何救济权利、维护人的尊严，所以，《民法通则》施行之后，针对人格、人的尊严遭受侵害的新情况、新问题，最高人民法院颁布了一些审理人格权案件及审理人身、精神损害赔偿案件的解答、解释等。这些司法解释在受保护法益、损害赔偿方面对《民法通则》做出了一定发展。2009年12月26日通过的《侵权责任法》总结立法和司法经验，进一步发展完善了"权利列举+侵权救济"人格权立法模式。《民法总则》以"一般人格权+具体人格权"的立法模式对人格权做出了更为全面的规定。我国民法的人格权立法由此形成具有鲜明中国特色的立法模式。

由三十余年的历史发展及实施实践看，这种具有中国特色的人格权立法模式，没有因为规范不当或缺失发生过什么重大社会问题，它不仅完全适合我国人格权保护的现实需求，而且事实上已构成中国特色社会主义法律体系的有机组成部分。

因此，加强人格权的民法保护，总体上应采取这样的思路：

保持民事立法的历史延续性，以法律实效为核心，在现行民事法律规范体系中强化人格权保障机制。改革开放四十年来，随着立法、司法的不断进步及法学教育、法治宣传的全面推进，我国人民对于民事权利保护在观念与需求上已发生明显改变：从看重法律赋予哪些权利，深入发展到，特别注重权利保障的实际效果。习近平总书记2015年提出的让人民群众在改革过程有更多"获得感"，加速推进了人民群众的权利观念与需求变迁。为此，加强人格权的民法保护必须以法律的实际保护效果（实效）作为出发点和落脚点。另外，必须尊重我国三十多年来发展形成的人格权民法保护模式，以此为基础，讲法理、讲体系，并借鉴外国立法的有益经验，落实强化人格权保护的政策要求。

在人格权的民法保护上，我国自主形成了"基本法+特别法"的法律规范体系。基本法由《民法通则》《民法总则》《侵权责任法》构成，它们确立了人格权类型和侵权救济的一般规则；特别法主要由《传染病防治法》《精神卫生法》《信息安全法》《人体器官移植条例》等法律、行政法规构成，它们在人格权类型与权利侵害救济方面，确立了一些针对特殊问题的特别规则。在这种立法结构体系下完善、强化人格权保护，显然是最经济实用、最切实可行的路径。

在具体如何完善现行法律规范体系上，可采取如下做法：第一，从确认权利的角度，继承《民法通则》的立法方法，在《民法总则》中完善姓名权、名称权、肖像权的内容。在《民法总则》第110条增补如下内容：（1）自然人有权决定、变更姓名或者许可他人使用自己的姓名，具有人格识别功能的笔名、艺名、网名等，视为姓名。（2）自然人可以许可他人使用或公开自己的肖像。第二，从权利侵害的角度，吸收司法解释的规定，在《侵权责任法》中完善权利救济规则。《最高人民法院关于确定民事侵权精神损害赔偿责任若干问题的解释》（法释〔2001〕7号）第3、4条的规定，在民法典侵权责任编中对侵害死者人格利益、侵害具有人格象征意义的特定纪念物品情形的损害赔偿做出明确规定。第三，为维护《传染病防治法》《精神卫生法》《信息安全法》《人体器官移植条例》等法律、行政法规的完整性、体系性，对于像人体细胞组织器官捐赠、移转及新药、新治疗方法实验等涉及权利确认与侵权救济的特殊问题，应通过修改完善现行特别法来解决。

（四）强化财产权民法保护的立法重点

1. 强化物权保护

在物权保护方面，如何将"三权分置"政策转化到土地承包经营权制度之内及如何通过完善地役权制度而为"国家公园体制"建设提供制度支持，值得深入研究。

"三权分置"政策法治化的关键在于，如何合理、科学地将政策主张、语言转化为法律规则、语言。它涉及的是将政策主张嵌入法律肌体之内的体系化思维问题。它涉及两方面问题：一是"三权分置"政策的根本追求是什么；二是现行土地承包经营权制度在落实"三权分置"政策上存在哪些难题。

"三权分置"政策所应对的现实问题是，如何促进土地经营的集中化、规模化，并使有限土地资源产出效率最大化。它在法律上涉及两方面问题：一是如何促使农村承包经营户自愿将零碎的承包地交由他人尤其是专业农村承包经营户经营，这取决于把承包地交由他人经营所获得的效益（主要是经济利益）是否大于（至少等于）自营承包地所获得的效益、农村承包经营户除了经营土地是否具有其他就业机会等复杂社会经济条件。二是如何使专业农村承包经营户通过多样化的权利体系获得长期经营土地的权利，从而实现土地的规模经营。这涉及能否为专业农村承包经营户提供一种能够长期使用他人土地的权利手段。

在现行《农村土地承包法》中，出租、转包其实能够为专业农村承包经营户提供期限较长的土地使用权。因为根据《合同法》第214条第1款的规定，土地租赁权最长可达20年，相对于30年期限的土地承包经营权，这实际上是一种比较长的土地使用期限。这意味着，土地租赁权完全可以为专业农村承包经营户提供较长的权利。但是，土地租赁权只是一种债权，效力较弱。针对这种情况，可以考虑设立土地租赁权登记制度，通过登记强化土地租赁权的效力，增强对土地使用权的保护。

除强化土地租赁权之外，为使"三权分置"政策得到更好的实施，可以考虑采取以下两种法律手段：

其一，修改完善土地承包经营权的转让权。具体意见是，将《农村土地承包法》第41条修改为：经发包方同意，承包方可以将全部或者部分承包的土地转让给本集体经济组织的其他农户，由该农户同发包方确立新的承包关系，在转让期限内，原承包方与发包方在该土地上的承包关系即行终止。

做出上述修改为后，农村承包经营户所享有的成员权（土地承包权）与土地承包经营权之间的关系就比较明确了。即是说，土地承包经营权的转让，并不会使农村承包经营户在转让权利之后，丧失成员权。农村承包经营户只是在权利转让期限之内失去了对承包地直接占有、使用的权利。转让期限届满后，农村承包经营户还可以凭成员权继续享有土地承包经营权，继续直接占有、使用、收益原承包地。

其二，确立农村承包经营户可以在自己的土地承包经营权之上再为他人设立土地承包经营权（次级土地承包经营权）的新规则。相比于农村承包经营户通过家庭承包方式原始取得的土地承包经营权，次级土地承包经营权的独特性表现为：一是属于典型的继受取得，即以双务有偿合同由特定人那里取得权利；二是属于比较纯粹的财产权，既可以自由交易（再流转）又可以作为融资担保的手段。除了这两方面的特性之外，次级土地承包经营权与原始取得的土地承包经营权在权利属性（用益物权）、权利的基本内容（占有、使用、收益等）上完全一致。在此情况下，就完全没有必要通过拆分土地承包经营权的方式落实"三权分置"政策，只要对现行法稍加修改就可实现新土地政策的基本要求。

总之，从权利逻辑或法律规范自身的规律性上看，将"三权分置"的政策主张转化为具体的法律规则，对现行《农村土地承包法》做出稍微修改、补充就完全可以实现。

2013年11月，党的十八届三中全会决定首次提出建立国家公园体制。2015年9月，中共中央、国务院印发的《生态文明体制改革总体方案》（中发〔2015〕25号）对建立国家公园体制提出了具体要求，强调"加强对重要生态系统的保护和利用""保护自然生态系统和自然文化遗产原真性、完整性"。2017年9月，中央全面深化改革领导小组第37次会议审议通过《建立国家公园体制总体方案》，强调"坚持生态保护第一、国家代表性、全民公益性的国家公园理念"。

国家公园体制建设在物权法方面所涉主要问题是，大量被纳入国家公园规划范围内的集体所有的土地、森林、山岭、草原、荒地、滩涂等，在占有、使用（开发）、收益等上，会受到极其严格的限制。因为根据政策要求，除不损害生态系统的原住民生活生产设施改造和自然观光、科研、教育、旅游外，禁止其他开发建设活动。这具体表现为：国家公园区域内居民的生产生活会受到限制，园内相关配套设施建设要符合国家公园总体规划和管理要求，周边社区建设要与国家公园整体保护目标相协调。

由现实情况看，国家公园大多数处于欠发达地区，发展需求较高，这要求，在发挥好保护生态环境功能的同时，适度开展资源非消耗性利用，非损伤性获取利益，以发挥国家公园的多功能复合效益。

对于国家公园的不动产物权，除了通过不动产征收，将集体所有权转变为国家所有权之外，必须确立一种不改变不动产所有权属状态而只是对其予以必要限制的物权机制。

公共不动产役权就能提供这样一种物权机制。因此，建议在《民法物权编（草案）》第十五章（地役权）增设关于公共地役权或公共不动产役权的规定，其可以这样规定：为了建设、维持电力、石油、天然气、热力、通信、生态环境等公用工程、公益设施或自然生态保护区，可以依法在他人的不动产权利之上设立不动产役权。法律、行政法规对公共不动产役权另有规定的，依照其规定，没有规定的，参照本章的有关规定。

2. 强化债权保护

在债权保护方面，现行法存在许多值得完善之处，如不当得利、无因管理、多数债权人与债务人制度的细化等。在此仅重点谈论两方面的内容。

第一，合同编总则部分一些章节在结构体系上存在明显缺陷，应做适当调整。众所周知，债的关系具有动态发展性，这在合同关系上表现尤甚。动态地看，合同义务一般分为原给付义务与次给付义务。所谓原给付义务，是指原始确立（约定或法定）的合同义务；所谓次给付义务，是指在原给付义务的履行中因特殊事由而发生的义务，如继续履行义务、损失赔偿义务。次给付义务也可看作由原给付义务转换而来的义务，并与原给付义务之间具有统一性。对于双务合同而言，由依据合同约定产生的权利与由该权利转变而来的继续履行请求权、损失赔偿请求权，同样是合同关系动态发展的结果。

据上分析，合同的保全制度不仅适用于由合同约定产生的债权，而且同样适用于合同不履行或不完全履行情形下产生的债权（继续履行请求权、损失赔偿请求权）。同理，合同的转让既适用于由合同约定产生的债权债务，又适用于合同不履行或不完全履行情形下产生的债权债务；合同的权利义务终止，同样适用于违约情形下发生的权利义务关系。

因此，从章节结构上看，"违约责任"章应当规定在"合同的保全""合同的转让""合同的权利义务终止"这三章之前，而不是它们的后面。

《合同法》制定时，由于忽视了合同关系的动态性，将"违约责任"规定在了"合同的转让"与"合同的权利义务终止"的后面。由于民法典合同编将发挥债法总则的功能，所以，在制定合同编时应当对其总则部分予以高度重视，并审时度势地做出调整，不应再沿袭孤立、静态看待合同关系的旧观念。

第二，在典型合同方面，除增补合伙、保证、商业特许经营、物业服务等合同类型外，建议增加雇佣合同。有偿劳务合同有三个基本类型，即雇佣、承揽与委任（托），其他劳务提供类合同，或基本上是上述三者的特殊形态，或兼收并蓄两个基本合同类型的类型特征。这三类合同的类型区分在德国、我国台湾地区等一直是判例、学说研讨的主题。1995年、1997年的合同法试拟稿与征求意见稿曾将雇佣合同规定为一种典型合同，但1998年的合同法草案以雇佣合同的内容与已被正着手制定的劳动合同法所规范而被删除。自2008年1月1日起施行的《劳动合同法》事实上对其使用范围做了严格限制：只有社会组织或基金会（用人单位）与劳务提供者（劳动者）之间发生的劳务与报酬的交易，才适用《劳动合同法》，非社会组织或者基金会与劳动者之间发生的劳动纠纷，被排除在《劳动合同法》之外。不谈《劳动合同法》的此种限制性规定是否合理，但就其适用范围看，显然将自然人之间发生的劳务与报酬的大量交易，沦为无名合同的地位。以此而言，过去摈弃雇佣合同的理由完全是虚幻的、假想的。就我国当下及今后的社会发展状况看，随着生活的日益富足（2020年全面建成小康社会），国民的生活欲望与追求越来越复杂多样，为满足人们的各种消费需求，服务领域内的社会分工越来越向精细化发展，劳务形态因此千姿百态，典型劳务类合同的典型意义已非昔日可比。

雇佣合同纯粹以供给劳务本身为目的，相比于承揽、委托合同，更具有普遍适用性，属劳务类典型合同中的典型。德国民法典、瑞士债法典与我国台湾地区"民法"无不将雇佣合同立于劳务提供类合同之首予以规定。尽管《合同法》未规定雇佣合同，但《侵权责任法》第35条以"个人之间形成劳务关系"的措辞确立了雇主侵权责任，间接承认了雇佣合同关系。民法典合同编应顺应时势将雇佣合同增加为一种典型合同，并赋予其相对于《劳动合同法》的一般规则地位。

（作者为中国社会科学院法学研究所研究员）

全面深化改革篇

农村土地"三权分置"改革亟待入法

孙宪忠

> 巩固和完善农村基本经营制度，深化农村土地制度改革，完善承包地"三权分置"制度。
>
> ——十九大报告

中共十八届三中全会决议提出，要在我国农业经营体制中建立"三权分置"的模式，十八届四中会议再次提出这一要求。2016年10月，中共中央办公厅、国务院办公厅印发了《关于完善农村土地所有权承包权经营权分置办法的意见》，正式提出在原集体土地所有权和承包经营权分离的基础上，将土地承包经营权再分为承包权和经营权。这种涉及承包地的"三权分置"，其中的"三权"是指集体土地所有权、农户承包权和土地经营权。在农民家庭或者个人的土地承包经营权基础上建立经营权，其目的是在稳定承包关系前提下，促进土地经营权在更大的范围内优化配置，满足现代农业发展对土地规模化经营、绿色农业等市场化配置的需求。

承包地之外，我国又开始了农村宅基地的"三权分置"试验，也取得了很好的社会效果。2018年1月15日，国土资源部部长姜大明在全国国土资源工作会议上表示，我国将探索宅基地所有权、资格权、使用权"三权分置"，落实宅基地集体所有权，保障宅基地农户资格权,适度放活宅基地使用权。这意味着六十多年来从未改变过的农民住宅使用权制度也将发生重大改变,进入"三权分置"的体制。按照相关政策设想,农民的宅基地使用权可以部分转让、抵押出去。在一些符合条件的地区,宅基地不再仅仅承担农民的住房保障功能,也将适度成为要素商品,直接进入要素市场。

从当前的政策文件看,我国的"三权分置"制度包括承包地的"三权分置"和宅基地的"三权分置"两部分。但是从依法治国这个角度看,我们就会发现一个问题:三权分置已经推行多年,社会效果也很好,可是截至目前,这种做法并没有入法,可以说在我国法律中还没有任何反映。我们认为,从立法的角度看有三个问题特别需要解决:一是"三权分置"的法律承认的问题,也就是给这种做法一个合法地位的问题;二是"三权分置"的规范化的问题,也就是将这种经营体制下的具体做法予以制度化、常态化的问题;三是纠纷的防止以及解决的法制化的问题,即对难以消除的法律纠纷建立法律规则来预先防止和事后解决的问题。这几个问题的解决都需要尽快修订相关立法,反映改革的成果。

一 "三权分置"改革实践已经成熟

改革开放之初,我国在农村地区实行家庭联产承包责任制,在不改变农民集体土地所有权的基础上,承认农民家庭或者个人对耕作土地享有承包经营权。这种政策极大地调动了亿万农民的积极性,有效解决了农民的温饱问题。改革开放初期,土地承包经营权的创立取得了非常好的社会效益,获得了农民的衷心拥护。现阶段深化农村土地制度改革,还是应该顺应农民保留土地承包权、流转土地经营权的意愿,将土地承包经营权分为承包权和经营权，在立法上同时承认所有权、承包权、经营权的分置并行。

实行农村耕作地的"三权分置"，也就是承包地的"三权分置"，是继家庭联产承包责任制后农村改革的又一重大制度创新，是农村基本经营制度的自我完善，符合生产关系适应生产力发展的客观规律。承包地"三权分置"的优点主要表现在三个方面：第一，促进农村经济经营主体的多元化发展，经营权可以由家庭农场、合作社以及农业企业取得。第二，保障了农民的承包权，也保障了农民转让地权的收益。第三，促进零散的土地集合经营或者规模化经营，促进绿色农业科技农业发展。只有放活土地经营权，才能组建家庭农场、合作社和农业企业，才能促进适度规模经营，使农业走上专业化、社会大生产的轨道。改革开放初期实行承包制只是解决了农民的吃饭问题，但是在造成了农业效益低下以及化学农业的缺陷后，"三权分置"在弥补这一缺陷时发挥着不可替代的作用。在我国宪法规定集体所有权不可动摇的情况下，"三权分置"可以说是消除农业发展障碍的唯一可行的法律措施。

目前，我国农村承包地的"三权分置"已经在全国多个地区推行开来，各地的做法都有成熟的经验。现在需要我们去做的，就是将这些成熟的经验予以总结整理，归纳出可复制可推广的规则，并将其制定成为立法。

最近国家出台的农村宅基地的"三权分置"，指的是保持集体所有权、农民家庭或者个人的宅基地使用权的情况下，推出第三种权利"资格权"，解决宅基地有限度地进入市场的问题。新中国成立60多年来逐步发展演变而成的宅基地制度，主要特征是"集体所有、成员使用、一户一宅、限定面积、无偿分配、长期占有"。这一制度在保障农民住有所居、促进社会和谐稳定中发挥了基础作用。随着城乡社会结构变化、城乡空间结构演化和经济体制改革深化，现行宅基地制度存在的问题和面临的挑战也日益突出。国家开始改革农村宅基地使用制度，参考了承包地"三权分置"的办法，将宅基地合法的权利由目前的"两权"（集体所有权、农户使用权）进一步细分为"三权"，即所有权、资格权和使用权。

目前，宅基地"三权分置"发挥了良好的社会作用，其优势也有三个方面：第一，激活了宅基地用益物权，增加了农民的财产收入。实行宅基地"三权分置"，就是允许农户宅基地占有权自愿、有偿地转让（主要是在集体经济组织内部转让）、有条件地流转和抵押，可以显化宅基地财产价值，有效增加农民土地财产性收入。第二，实行"三权分置"可以优化农村土地资源配置，促进节约用地。我国目前宅基地无偿无限期的福利分配制度，一方面存在着农户多要、多占宅基地的情形，另一方面也存在着大量进城农民宅基地闲置的问题。所以，宅基地"三权分置"确实找到了农户宅基地有偿退出和转让的方法。第三，实行宅基地"三权分置"，在法律和政策上明晰"三权"权能边界、权能关系，有利于坚持和巩固集体所有制，也有利于保护土地使用权人以及第三种主体的合法权益，进而促进新型城镇化的发展。

二 "三权分置"需要解决的法律问题

2016年10月中办和国办发布的"产权保护意见"明确提出，产权制度是社会主义市场经济的基石。但是"产权制度"必须是法律意义上的制度。所以我们认为，不论是谁都不可以把"三权分置"长期置于国家基本法律制度之外。从保障"三权分置"顺利发展的角度看，有如下问题需要思考和解决：

（一）关于农民集体土地所有权与集体成员权的制度建设问题

在"三权分置"的制度中，农民集体土地所有权具有核心地位，中央的要求是"坚持"这一权利的基础地位。新中国的农民集体所有权是按照社会主义法权思想体系建立起来的，这个初衷我们必须坚守。我国《宪法》《物权法》都规定了集体所有权，并将其规定为社会主义的基本权利制度之一。然而在当下的现实中，我们还应该看到集体所有权所面临的集体成员要求将其权利明确化、固定化的重大压力。近年来有 3 亿多户籍意义上的农民离开土地在城市就业多年，还保留着他们的地权。未来城市化背景下还会有更多的农民进城。这些农民以及他们在城市长大、工作的子女，保留了农民的身份，并进而保留他们对于集体土地的权利。这些城市中的"农民"，不但不会轻易地放弃他们的地权，而且他们为了保障自己的利益，还要求将他们的地权也就是土地承包经营权、宅基地使用权在立法上明确化和固定化。在这种情况下，我们就不得不重新思考一个非常重大的现实问题，这就是原来立法和政策设计中，尚在缺失的农民家庭或这个人的成员权的问题。其实，没有进城、仍然生活在农村的农民，他们对于集体以及地权的认识，也是要将其成员权明确化和固定化。而且我们必须看到，"三权分置"的提出和解决，在立法上必须借助于集体成员权的法律制度设计。借助于成员权，农民家庭或者个人的知情权、参与权、决定权、利益分配权和责任承担义务都会十分清晰明确，而不承认或者不能承认成员权。

（二）土地承包经营权固化或者相对固化问题

这是"三权分置"绕不开的一个重要问题。在推行承包地"三权分置"的经营模式时，农民的土地承包经营权必然是制度的基础。随着中央提出的"长久不变"精神的落实，土地承包经营权体现的执政党强化人民权利的观念会逐渐被我国社会所理解，该权利也一定会成为我国未来农村法律制度建设的关键因素。我国的农民集体是农民自己的集体，农民在集体中享有成员权。农民享有土地承包经营权，恰恰就是依据自己在集体中作为所有权人一分子享有的地权。过去，我国立法者和法学家们把这个权利归纳为传统民法中的用益物权，对此笔者不予赞同。因为，用益物权是权利主体对他人之物的权利，而农民承包却是因为他们作为土地所有权人的一分子。所以笔者倾向于把土地承包经营权归纳为农民的自物权。

在建立"三权分置"的立法时，我们对中央提出的"长久不变"的精神应当完全理解，并在立法中予以反映。因为农民的土地承包经营权，正是他们作为土地所有权人的一部分所享有的一项"自物权"；而且，农民家庭和个人在集体之中的成员权事实上已经固化或者相对固化，所以土地承包经营权作为"自物权"的特征会越来越强烈。推行"三权分置"需要土地支配关系的长久化，如果农民的土地承包经营权期限不能长久，也就失去其意义。

（三）重新认识宅基地制度的理论基础问题

我国现行宅基地制度可以概括为"集体所有、成员使用，一户一宅、限定面积，无偿分配、长期占有"。这种宅基地制度的建立，基本的出发点是"居者有其屋"，为农民提供社会保障意义的居住权利。但是，近年来随着建设用地指标紧缺，宅基地利用问题日渐受到社会的关注。因为宅基地配置不平衡，一户多宅、进城落户的农民不愿退出宅基地，而很多新增农户无法分配到宅基地。同时，宅基地及地上房屋财产权价值日益显现，宅基地使用权无法有效流转，这些财产权利价值也无法充分实现。所以，中共十八届三中全会提出"保障农民宅基地用益物权，慎重稳妥推进农民住房财产权抵押、担保、转让，探索农民增加财产性收入渠道"。我们认为，中央的这个决定是非常正确的。同样基于这个理由我们应该认为，逐步实现宅基地财产属性是宅基地制度改革的方向。而实现宅基地财产属性的关键就是放开对宅基地流转的限制。我们的现实调查证明，宅基地的"三权分置"确实是宅基地制度改革过程中，探索出的平衡宅基地居住保障功能和财产价值功能的最有效措施。

三 "三权分置"下第三种权利的理解

（一）关于"土地经营权"

按照"三权分置"的政策设想，这个权利应该是集体经济组织、现有土地承包人之外的另外一个民事主体取得的直接占有耕作土地的权利。其特征是：第一，该权利应该是现有农村土地承包人之外的另一个民事主体享有的权利，经营人可以是本集体经济组织之内的其他成员，当然也可以是集体之外的自然人和法人；第二，该权利受到约定的期限限制；第三，权利的内容仅限于农业型的耕作，而不能从事非农经营。中央文件提出了这种权利应该可以转让、可以抵押的要求。

"三权分置"制度实践以来，事实上已经存在两种"经营权"类型，它们都得到了法律的直接或间接的承认。其一，租赁权类型的"经营权"。它是按照《合同法》第13章《租赁合同》的规定产生的。权利人依据租赁合同占有耕地经营，不需要不动产登记、公证，但是也不可以独立转让和设置抵押，权利人也无法独立起诉和应诉。其二，农民将土地承包经营权入股组建合作社，由合作社取得土地经营权。但是，合作社对于入社土地的支配权利，至今在法律上没有明确。因为合作社属于民法特别法上的法人，是立法上为保护农业这种特殊的产业而设立的法人。同时依据法理，它们属于人合法人，即特别强调合作社的成员基本财产权和人身权的法人，合作社也无法将土地承包经营权予以转让和抵押。

根据中央提出的要求，"经营权"可以转让和抵押，因此，这种权利理应被设计为物权。但是，物权化的"经营权"在我国法律中还不存在。只有将这种权利发展成为物权，在《民法典·物权编》中予以规定，才能够满足可转让、可抵押的要求。因此，应在我国《物权法》中贯彻"三权分置"，增加有关章节，使得"三权分置"从国家基本法律的角度予以落实。

（二）关于"宅基地资格权"

"资格权"这个概念，来源于我国当前宅基地改革的实践，是指集体所有权、农村宅基地使用权之外，有第三种主体享有的占有使用农村宅基地的权利。它的作用就是将宅基地取得资格从使用权中分离出来单独设立资格权，形成宅基地所有权、资格权和使用权三权分置的情况。

所有权是农民集体作为宅基地所有者依法享有占有、使用、收益和处分宅基地的权利。使用权则是占有、使用宅基地建造房屋及附属设施和流转宅基地获得收益的权利。这一次改革中出现的资格权，是农民集体成员享有通过分配、继受、共同共有等方式取得宅基地的权利。宅基地使用权的分配，其实是通过申请、审批方式，从集体那里取得宅基地的权利。宅基地的继受是通过继承、赠予和买卖方式从其他使用权主体那里获得宅基地。宅基地的共同共有则是因夫妻关系等家庭关系，作为分享家庭已有宅基地使用权的权利。在这些过去已经存在的权利上所创设的宅基地资格权,只是一种获得宅基地的资格,或者说是民法上的一种期待性质的权利。资格权是建立在上述成员权基础之上的,只要是集体成员就有权取得建房所需宅基地,资格权是成员权在宅基地分配制度上的具体表现。当集体成员行使资格权时,资格权就转化为宅基地使用权。资格权应包括占有、收益和处分三项权能。占有权表现为保持分配地位的权利和转让宅基地的到期回收权;收益权表现为征收补偿获取权和有偿退出权;处分权表现为符合宅基地申请资格的集体成员自愿放弃申请宅基地和将宅基地退还给农民集体的权利。

四 "三权分置"如何入法

改革性措施不能长期游离在法律之外,已经取得的成功经验,就应该在法律上予以承认,并且通过法律的形式,在全国予以推广。具体地说,我们建议修改《物权法》,在其中增加"三权分置"的条文。将"三权分置"入法的目的有三点:(1)将"三权分置"合法化,也就是依法承认这种做法,让相关当事人的利益都能够受到法律的保护。(2)规范化,也就是依据目前"三权分置"的成功经验将各地不同的做法予以规范化,将处于政策措施状态的各种规则,制定为法律制度,以规范和引导各地的改革实践。(3)为将矛盾纠纷的处理建立公开透明的依据,当事人甚至以此可以通过法院诉讼等方式来化解矛盾建立法律保障。显然,如果"三权分置"的做法一直停留在政策阶段,那么当事人之间的矛盾化解求助于司法体系是很困难的。

如果将土地承包经营权"三权分置"中经营权规定为物权,可以尽可能保持现有《物权法》的基本结构和内容不变,在立法中规定"土地承包经营权"之后增加一章,可以将其规定为"耕作经营权"。这一章需要建立的制度有:第一,关于权利人的制度,将经营权人的范围扩大,包括承认和保护非集体成员、城市资本成立的农业公司等。第二,权利取得的方式,尤其是土地经营合同,应该建立明确的制度,承认经营人和农户个人订立合同以及经营人和"农民集体"订立合同。第三,权利内容必须明确规定,包括许可权利人将其权利转让、抵押、入股、合伙等规则,在法律上都应加以明确规定。第四,权利的期限必须明确规定,农民土地承包经营权是长久不变的,但是土地经营的权利必须要有期限。第五,关于登记与发证的规则必须予以明确。第六,权利的限制、行使权利的条件以及权利的收回等必须予以明确规定。

推进宅基地"三权分置"应以"落实所有权、保障资格权、放活使用权"为实施路径。可以设想到的法律制度应该包括如下方面:第一是落实所有权,保障集体所有权人对集体土地依法享有占有、使用、收益和处分的权利,在立法中着重规定农民集体在宅基地分配、退出、流转方面的管理职责。第二是保障资格权,一是完善资格权细化到人的确认方式,实现资格权取得、实现、灭失的全过程管理;严格以户为单位落实集体经济组织成员宅基地资格权。农户申请过宅基地后,或转让宅基地后,资格权自动消失,不能再申请宅基地。二是拓宽宅基地资格权的实现方式,改变单一以宅基地使用权作为资格权的实现方式,选择住房、货币等形式保障集体成员的资格权。三是建立资格权的保留和退出制度,农户暂时不使用宅基地的时候,可将唯一宅基地退还给集体,但是可以保留其资格权。将来农户需要建房时,可依据其资格权再次申请获得宅基地。在立法上也可以建立制度鼓励有条件的农户自愿有偿放弃资格权。四是建立宅基地资格权重获制度，因自然灾害造成宅基地使用权灭失的可以重新获得资格权，自愿将宅基地有偿退给集体的，也可拥有资格权，能通过流转方式再取得宅基地。第三是放活使用权，核心是在占有和使用权能的基础上赋予收益权能，在依法保护集体所有权和农户资格权的前提下，通过经济手段调节宅基地的配置。一是建立与资格权衔接的宅基地流转制度，促进存量宅基地的流转，但是应该主要地向集体经济组织内部有资格权的农户流转。集体经济组织内部已通过资格权实现分配的农户，亦可通过有偿方式流转取得宅基地使用权。二是同时拥有资格权和使用权的农户（在乡村整治、新农村建设过程中，一些农民可以同时拥有资格权和宅基地使用权），可以以出租、有限期转让等方式将宅基地使用权转让给不拥有资格权的农户，待转让期满后由原使用权主体收回。三是只拥有宅基地使用权的农户，可以将宅基地使用权转让给有资格权的农户。这样的转让属于财产权的转让，它必须符合当事人的自愿，而且也应该支付市场化的价格。

  关于宅基地使用权是否可以转让给无资格权的主体的问题，现在各地做法不一，很多问题需要继续探讨。我们在调研中发现，在一些地方，因为户籍农民大量进入城市居住，他们在农村的住宅长期无人居住，或者他们在农村只是保留了比较破旧的房屋，以保持其对宅基地的占有。这些地方的政府许可农民将其宅基地有期限地交给非集体成员占有使用，许可这些人改建更为舒适的住宅居住。这些做法我们认为具有政策合理性。因为这种转让对于农民的住宅权利并无任何损害，还增加了农民的收益。在一些属于城市近郊地带或者经济发达的地方，为了满足本集体的农民和在城市工作的居民的需要，集体经济组织将农民原来一户一宅的宅基地收回，将农民原来居住的平房改建为现代化的楼房，在极大地扩展原来宅基地使用权人居住面积的情况下，将一些剩余的面积交给非本集体成员长期居住甚至永远占有，获得的收益属于本集体。在这种情况下，仍然会产生集体成员的资格权问题，农民家庭或者个人可以行使其资格权，将其并无使用必要的部分建筑面积（包括宅基地使用权份额）转让给非本集体的成员而获得财产权的报偿。这种情况，对宅基地使用权人也毫无损害，也具有政策合理性。这些具有政策合理性和经济合理性的做法，我们认为应该得到法律的承认和保护。

（作者为中国社会科学院学部委员、法学研究所研究员）

新时代监察体制改革的路径

周汉华

> 深化国家监察体制改革,将试点工作在全国推开,组建国家、省、市、县监察委员会,同党的纪律检查机关合署办公,实现对所有行使公权力的公职人员监察全覆盖。
>
> ——十九大报告

一 新中国成立以来纪检监察体制的演变及其特点

新中国成立以后,党内设立纪律检查机关,政府部门设立行政监察机关,党的纪律检查机关是实施党内监督的专门机关,行政监察机关是人民政府行使监察职能的机关,分属于党的机关和国家行政机关两个序列,保持着各自不同的性质、任务和职权。

1949年11月9日,中共中央政治局会议做出《关于成立中央及各级党的纪律检查委员会的决定》,成立了由朱德等人组成的中共中央纪律检查委员会。领导体制上,"中央纪律检查委员会,在中央政治局领导之下工作。各中央局、分局、省委、区党委、市委、地委、县委党的纪律检查委员会,由各该级党委提出名单,经上两级党委批准后,在各该党委会指导之下进行工作"。

随后，纪委由原来的"在各该党委会指导之下进行工作"更改为"直接在各级党委的领导下进行工作"。

1955年3月，中国共产党全国代表会议在北京举行。会议通过了《关于成立党的中央和地方监察委员会的决议》，选举产生了以董必武等人组成的中央监察委员会。成立监察委员会，在领导体制上做了一些改变。首先是监察委员会的产生方式，"本届党的中央监察委员会由本次全国代表会议选举，并由中央委员会全体会议批准；党的地方各级（省、自治区、直辖市、市、自治州、专区、县、自治县）监察委员会由各该地方最近召集的党的代表大会或代表会议选举，并由上一级党委批准"。其次是监察委员会的领导关系问题，"党的各级监察委员会在各级党委指导下进行工作。党的上级监察委员会有权检查下级监察委员会的工作。党的下级监察委员会应向上级监察委员会报告工作"。

1956年召开的党的第八次全国代表大会制定的党章规定"各级监察委员会在各级党的委员会领导下进行工作"，还明确上级监察委员会对下级监察委员会的部分领导关系。这些规定使纪检系统内部形成了部分垂直领导关系，为确立今后的纪检机关双重领导体制奠定了重要的基础。

"文化大革命"期间，党的监察工作被全盘否定，党的建设遭到全面破坏。1969年1月31日，中央组织部业务组向中央写了《关于撤销中央监察委员会机关的建议》。同年4月，中国共产党第九次全国代表大会通过的《中国共产党章程》取消了党的监察机关的条款。7月，党的中央监察委员会被撤销。

1977年8月，中国共产党第十一次全国代表大会通过的《中国共产党章程》重新恢复设置党的纪律检查委员会，行使原属于党的监察委员会的职权。1978年12月，中国共产党十一届三中全会选举产生了新的中共中央纪律检查委员会。在领导体制方面，恢复重建的各级纪委沿用了党的八大以来的做法，即在同级党委领导下进行工作。

1982年召开的第十二次全国代表大会通过的党章规定"党的中央纪律检查委员会在党的中央委员会领导下进行工作。党的地方各级纪律检查委员会在同级党的委员会和上级纪律检查委员会的双重领导下进行工作"。自此以后通过的党章中，对现行的纪检监察双重领导体制的规定并没有做出改变。十九大通过的党章规定，"党的中央纪律检查委员会在党的中央委员会领导下进行工作。党的地方各级纪律检查委员会和基层纪律检查委员会在同级党的委员会和上级纪律检查委员会双重领导下进行工作。上级党的纪律检查委员会加强对下级纪律检查委员会的领导"。

针对双重领导体制在实践中出现的现实问题，进入21世纪以来，党不断加强纪检监察领导体制的改革和创新，突破点便在于中央纪委和省纪委对派驻（出）纪检监察机构实行统一管理。派驻统管体制是我国纪检监察领导体制改革进程中的一次重大创新。派驻机构由原来受所派出的纪委和驻在部门党组织双重领导改为由纪委直接领导、统一管理，即各部委的纪检组长、监察局长直接由中央纪委监察部委派，与驻在部门之间形成监督与被监督的关系。派驻机构干部的考察任用等直接由中央纪委监察部负责，这就为派驻机构更好地开展工作提供了组织保证。

另外，1949年9月制定的《中国人民政治协商会议共同纲领》第19条规定：在县市以上的各级人民政府内，设人民监察机关，以监督各级国家机关和各种公务人员是否履行其职责，并纠举其中之违法失职的机关和人员。人民和人民团体有权向人民监察机关或人民司法机关控告任何国家机关和任何公务人员的违法失职行为。《中央人民政府组织法》第18条规定，政务院设立人民监察委员会，负责监察政府机关和公务人员是否履行职责。

1950年10月批准试行《中央人民政府人民监察委员会组织条例》，1951年政务院公布了《大行政区人民政府（军政委员会）人民监察委员会试行组织通则》《省（行署、市）人民政府人民监察委员会试行组织通则》，分别规定了地方各级人民监察委员会的职权、机构及其上下级关系。人民监察委员会成立后，依法行使监察职权，对于违法失职之机关和人员予以纠举，产生了积极的监督作用。

1954年宪法基本上沿用《共同纲领》的制度安排，1954年国务院组织法设立监察部作为专门行政监察机构。监察部在组织架构、职权范围和监察程序上与人民监察委员会相比有较大的区别，主要是监察对象和范围扩展至国家行政机关及其国营和合作企业。1955年11月2日国务院常务会议批准发布的《监察部组织简则》规定，监察部对国务院各部门、地方各级国家行政机关，国营企业、公私合营企业，合作社实施监督。由于受极左思潮影响，宪法和法律的实施受阻，社会主义民主和法制建设受到严重破坏。1959年4月，第二届全国人大第一次会议通过了撤销监察部的决议，我国行政监察机构的组织和活动被迫终止。

1982年宪法恢复了行政监察机关的设置。1986年，全国人大常委会做出了《关于设立中华人民共和国监察部的决定》，1987年8月国务院发布《关于在县以上地方各级人民政府设立行政监察机关的通知》，对行政监察机关的领导体制、监察对象和职权等做出了明确规定。1990年国务院颁布了《中华人民共和国行政监察条例》，1997年全国人大常委会通过了《中华人民共和国监察法》（2010年修改），该法规定，行政监察机关独立行使监察权，为保障行政监察机关的独立性，监察法将行政监察的对象定位为行政机关公务员以及行政机关任命的其他人员。

1993年之前，随着党政关系的变化，纪委与监察部门既有强调分别负责的时期，也有强调相互协作、合署办公的时期。1952年2月9日，中共中央《关于加强纪律检查工作的指示》提出，"各级党委的纪律检查委员会与各级人民监察委员会可酌情实行合署办公，分工合作，互相辅助，加强联系，做好工作"。行政监察机关改革开放重建后，1988年3月16日，中央纪委、监察部联合发布《关于党的纪律检查机关和国家行政监察机关在案件查处工作中分工协作的暂行规定》，按照党政分开的原则，纪检机关根据党章和有关规定，对党员违犯党纪的案件进行检查处理，行政监察机关依照国家法律、法规和政策，对监察对象违反政纪的案件进行检查处理，并要求"党的纪律检查机关和行政监察机关在案件查处，特别是重大案件查处工作中，应及时交流信息，互通情况，加强协作"。十三大后逐步撤销了在各级政府工作部门设立的纪检组，国家监察部担负起国家各部门的监察工作。

为了整合反腐败力量，强化监察工作，1993年1月，党中央、国务院决定中央纪律检查委员会与监察部合署办公，实行一套工作机构、两个机关名称，履行党的纪律检查和政府行政监察两项职能，这一体制一直延续至今。

到十八大之前，中国纪检监察体制的特点包括：（1）纪检监察合署办公，提高工作效率；（2）实现双重领导的同时，加强上级纪委对派驻纪检组的统一管理，解决监督主体受制于监督对象的问题；（3）上级对下级进行巡视，解决对同级党委主要负责人及领导班子的监督问题；（4）下级纪委书记由上级提名考察，以加强纪律检查工作的权威性。并且，根据党章，党的地方各级纪律检查委员会全体会议，选举常务委员会和书记、副书记，并由同级党的委员会通过，报上级党的委员会批准。

从上述历史演进过程可以看出，一是纪检监察体制在不断调整、优化，探索有效的监督体制与机制；二是体制调整的目标在于有效解决纪检监察机关地位不够、权限不足等问题。

二 改革目标的设定

本轮监察体制改革之前，主要存在三个突出问题。首先，党内监督已经实现全覆盖，而行政监察对象主要是行政机关及其工作人员，范围过窄。并且，由于行政监察机关属于政府组成部门，纪检监察合署办公之后，有的地方纪委降低成为同级政府组成部门，权威性不足。其次，党的纪律检查机关依照党章党规对党员的违纪行为进行审查，行政监察机关依照行政监察法对行政机关工作人员的违法违纪行为进行监察，检察机关依照刑事诉讼法对国家工作人员职务犯罪行为进行查处，反腐败职能既分别行使，又交叉重叠，没有形成合力。同时，检察机关对职务犯罪案件既行使侦查权，又行使批捕、起诉等权力，缺乏有效监督机制。纪委监察监督执纪与人民检察院查办职务犯罪程序上相互分割，纪检监察机关都有自己的谈话笔录、口供和卷宗等，但是根据刑诉法这些不能作为证据，案件到司法机关之后必须另起炉灶，重新调查，进行证据转化，效率低下，导致资源的重复、浪费，有时候甚至出现已经追究了法律责任之后才追究政纪责任的倒置现象。最后，纪检监察机关监督执纪手段有限，有效性不足，《行政监察法》《行政监察法实施条例》赋予监察机关检查、调查、建议和行政处分等权力，但是并未赋予监察机关行使查封、扣押、冻结等强制措施以及强制执行的权力，这在一定程度上影响到了监察效用的发挥。

这就要求适应形势发展构建集中统一、权威高效的国家监察体系，实现对所有行使公权力的公职人员监察全覆盖，真正把权力都关进制度的笼子，确保党和人民赋予的权力切实用来为人民谋利益。

改革的目标是，通过整合行政监察、预防腐败和检察机关查处贪污贿赂、失职渎职及预防职务犯罪等工作力量，组建国家、省、市、县监察委员会，同党的纪律检查机关合署办公，将有效解决监察覆盖面过窄、反腐败力量分散、纪法衔接不畅等问题，健全党领导反腐败工作的体制机制，实现对所有行使公权力的公职人员监察全覆盖。

三　改革过程

2016年10月27日，党的十八届六中全会公报发布，其中指出："各级党委应当支持和保证同级人大、政府、监察机关、司法机关等对国家机关及公职人员依法进行监督"，这是"将监察机关与人大、政府等首次并列提出"，被定位为重大的政治改革。十八届六中全会通过《关于新形势下党内政治生活的若干准则》和《中国共产党党内监督条例》。该《条例》第37条明确规定："各级党委应当支持和保证同级人大、政府、监察机关、司法机关等对国家机关及公职人员依法进行监督。"11月7日，中共中央办公厅印发《关于在北京市、山西省、浙江省开展国家监察体制改革试点方案》。

2016年12月25日，第十二届全国人民代表大会常务委员会第二十五次会议决定：在北京市、山西省、浙江省开展国家监察体制改革试点工作。将试点地区人民政府的监察厅（局）、预防腐败局及人民检察院查处贪污贿赂、失职渎职以及预防职务犯罪等部门的相关职能整合至监察委员会。试点地区监察委员会由本级人民代表大会产生。监察委员会主任由本级人民代表大会选举产生；监察委员会副主任、委员，由监察委员会主任提请本级人民代表大会常务委员会任免。监察委员会对本级人民代表大会及其常务委员会和上一级监察委员会负责，并接受监督。试点地区监察委员会按照管理权限，对本地区所有行使公权力的公职人员依法实施监察；履行监督、调查、处置职责，监督检查公职人员依法履职、秉公用权、廉洁从政以及道德操守情况，调查涉嫌贪污贿赂、滥用职权、玩忽职守、权力寻租、利益输送、徇私舞弊以及浪费国家资财等职务违法和职务犯罪行为并做出处置决定，对涉嫌职务犯罪的，移送检察机关依法提起公诉。为履行上述职权，监察委员会可以采取谈话、讯问、询问、查询、冻结、调取、查封、扣押、搜查、勘验检查、鉴定、留置等措施。

党的十九大明确指出："制定国家监察法，依法赋予监察委员会职责权限和调查手段，用留置取代'两规'措施。"2017年11月4日第十二届全国人民代表大会常务委员会第三十次会议通过在全国各地推开国家监察体制改革试点工作的决定。

2018年3月11日，第十三届全国人大通过宪法修正案，在宪法第三章中专门增加"监察委员会"一节，并就国家监察委员会和地方各级监察委员会的性质、地位、名称、人员组成、任期任届、领导体制和工作机制等做出规定，为监察委员会建立组织体系、履行职能职责、运用相关权限、构建配合制约机制、强化自我监督等提供了根本依据。根据宪法，各级监察委员会是国家的监察机关，国家监察委员会领导地方各级监察委员会的工作，上级监察委员会领导下级监察委员会的工作。国家监察委员会对全国人民代表大会和全国人民代表大会常务委员会负责。地方各级监察委员会对产生它的国家权力机关和上一级监察委员会负责。监察委员会依照法律规定独立行使监察权，不受行政机关、社会团体和个人的干涉。监察机关办理职务违法和职务犯罪案件，应当与审判机关、检察机关、执法部门互相配合，互相制约。

2018年3月20日，全国人大通过《监察法》，明确各级监察委员会是行使国家监察职能的专责机关，依照本法对所有行使公权力的公职人员进行监察，调查职务违法和职务犯罪，开展廉政建设和反腐败工作，维护宪法和法律的尊严。监察委员会"履行监督、调查、处置职责：（一）对公职人员开展廉政教育，对其依法履职、秉公用权、廉洁从政从业以及道德操守情况进行监督检查；（二）对涉嫌贪污贿赂、滥用职权、玩忽职守、权力寻租、利益输送、徇私舞弊以及浪费国家资财等职务违法和职务犯罪进行调查；（三）对违法的公职人员依法作出政务处分决定；对履行职责不力、失职失责的领导人员进行问责；对涉嫌职务犯罪的，将调查结果移送人民检察院依法审查、提起公诉；向监察对象所在单位提出监察建议"。

《监察法》实现了监察全覆盖的目标，监察对象范围很广，包括："（一）中国共产党机关、人民代表大会及其常务委员会机关、人民政府、监察委员会、人民法院、人民检察院、中国人民政治协商会议各级委员会机关、民主党派机关和工商业联合会机关的公务员，以及参照《中华人民共和国公务员法》管理的人员；（二）法律、法规授权或者受国家机关依法委托管理公共事务的组织中从事公务的人员；（三）国有企业管理人员；（四）公办的教育、科研、文化、医疗卫生、体育等单位中从事管理的人员；（五）基层群众性自治组织中从事管理的人员；（六）其他依法履行公职的人员。"

四 主要的争论问题及制度定位

监察体制改革的宪法基础。监察体制改革是不是要修改宪法，是改革过程中争议较大的一个问题。有些学者认为不修改宪法，通过全国人大授权的方式以及制定监察法，就可以设立监察委员会制度；另外一些学者认为监察委员会制度涉及国家机关之间权力关系的重构，必须修改宪法。最终采用了先修改宪法再制定监察法的方式，2018年宪法修正案对我国现行宪法做出21条修改，其中11条同设立监察委员会有关。比如，将宪法第一章"总纲"第3条第3款中"国家行政机关、审判机关、检察机关都由人民代表大会产生"修改为"国家行政机关、监察机关、审判机关、检察机关都由人民代表大会产生"；将宪法第三章"国家机构"第65条第4款"全国人民代表大会常务委员会的组成人员不得担任国家行政机关、审判机关和检察机关的职务"修改为"全国人民代表大会常务委员会的组成人员不得担任国家行政机关、监察机关、审判机关和检察机关的职务"；将宪法第三章"国家机构"第103条第3款"县级以上的地方各级人民代表大会常务委员会的组成人员不得担任国家行政机关、审判机关和检察机关的职务"修改为"县级以上的地方各级人民代表大会常务委员会的组成人员不得担任国家行政机关、监察机关、审判机关和检察机关的职务"。通过2018年宪法修改，确立了一府一委两院的新宪法体制。宪法修改后，再审议制定了《监察法》，体现了依宪执政、依法改革的原则和精神。

监察委员会的性质。监察委员会究竟属于何种性质的机关，在监察体制改革中是争议较大的另一个问题。与性质界定密切相关的延伸问题是，监察委员会采取的重大措施（尤其是留置），应该受到何种规范的制约。第一种观点认为监察委员会属于行政机关，应受行政诉讼法调整；第二种观点认为监察委员会属于司法机关，应受刑事诉讼法调整；第三种观点认为监察委员会属于反腐败专门机构，应受监察法调整。根据宪法和监察法，监察委员会既不是行政机关，也不是司法机关，而是行使国家监察职能的专责机关。因此，监察委员会的活动与程序，由《监察法》调整。监察机关行使监督、调查职权，有权依法向有关单位和个人了解情况，收集、调取证据。有关单位和个人应当如实提供。对可能发生职务违法的监察对象，监察机关按照管理权限，可以直接或者委托有关机关、人员进行谈话或者要求说明情况。在调查过程中，对涉嫌职务违法的被调查人，监察机关可以要求其就涉嫌违法行为做出陈述，必要时向被调查人出具书面通知。对涉嫌贪污贿赂、失职渎职等职务犯罪的被调查人，监察机关可以进行讯问，要求其如实供述涉嫌犯罪的情况。监察机关调查涉嫌贪污贿赂、失职渎职等严重职务违法或者职务犯罪，根据工作需要，可以依照规定查询、冻结涉案单位和个人的存款、汇款、债券、股票、基金份额等财产。监察机关可以对涉嫌职务犯罪的被调查人以及可能隐藏被调查人或者犯罪证据的人的身体、物品、住处和其他有关地方进行搜查。监察机关在调查过程中，可以调取、查封、扣押用以证明被调查人涉嫌违法犯罪的财物、文件和电子数据等信息。监察机关调查涉嫌重大贪污贿赂等职务犯罪，根据需要，经过严格的批准手续，可以采取技术调查措施，按照规定交有关机关执行。监察对象对监察机关做出的涉及本人的处理决定不服的，可以在收到处理决定之日起一个月内，向做出决定的监察机关申请复审，复审机关应当在一个月内做出复审决定；监察对象对复审决定仍不服的，可以在收到复审决定之日起一个月内，向上一级监察机关申请复核，复核机关应当在两个月内做出复核决定。复审、复核期间，不停止原处理决定的执行。复核机关经审查，认定处理决定有错误的，原处理机关应当及时予以纠正。监察机关及其工作人员行使职权，侵犯公民、法人和其他组织的合法权益造成损害的，依法给予国家赔偿。

监察委员会的监察对象。监察对象究竟是机关还是个人，也是存在一定争议的问题。有观点提出，如果监察全覆盖，尤其是将各级人大纳入监察，而监察委员会又由人大产生，对人大负责，是不是会产生逻辑上的不合理。有观点认为，如果纳入人大，监察对象只能是人大机关的公职人员，不能是人大代表。《监察法》第3条规定，各级监察委员会依照本法对所有行使公权力的公职人员进行监察，调查职务违法和职务犯罪，开展廉政建设和反腐败工作，维护宪法和法律的尊严。因此，监察对象是个人而不是机关，并且，所有行使公权力的公职人员均属于监察对象，包括人民代表大会及其常务委员会机关。当然，在监督个人行为过程中，尤其是在对机关主要负责人的监督中，必然会对机关行为产生影响，这并不改变监察委员会监督对象的定位，也是监察制度改革的必然要求。

留置措施的使用。鉴于留置属于需要限制被调查人人身自由的行为，是否应该规定留置，留置时间多长，留置措施如何规范等，都是争议较多的问题。有学者认为，留置不通过司法程序就限制人身自由，在国际上可能会受到批评；有学者提出，一旦采用留置措施就应允许律师介入，维护被调查人权益，并启动刑事诉讼法规定的相应侦查程序规定；有学者认为留置应允许被调查人申请行政复议或者提起行政诉讼。《监察法》最终将留置界定为监察权的行使，并明确了留置的条件。"被调查人涉嫌贪污贿赂、失职渎职等严重职务违法或者职务犯罪，监察机关已经掌握其部分违法犯罪事实及证据，仍有重要问题需要进一步调查，并有下列情形之一的，经监察机关依法审批，可以将其留置在特定场所：（一）涉及案情重大、复杂的；（二）可能逃跑、自杀的；（三）可能串供或者伪造、隐匿、毁灭证据的；（四）可能有其他妨碍调查行为的。""监察机关采取留置措施，应当由监察机关领导人员集体研究决定。设区的市级以下监察机关采取留置措施，应当报上一级监察机关批准。省级监察机关采取留置措施，应当报国家监察委员会备案。留置时间不得超过三个月。在特殊情况下，可以延长一次，延长时间不得超过三个月。省级以下监察机关采取留置措施的，延长留置时间应当报上一级监察机关批准。监察机关发现采取留置措施不当的，应当及时解除。""对被调查人采取留置措施后，应当在二十四小时以内，通知被留置人员所在单位和家属，但有可能毁灭、伪造证据，干扰证人作证或者串供等有碍调查情形的除外。有碍调查的情形消失后，应当立即通知被留置人员所在单位和家属。监察机关应当保障被留置人员的饮食、休息和安全，提供医疗服务。讯问被留置人员应当合理安排讯问时间和时长，讯问笔录由被讯问人阅看后签名。被留置人员涉嫌犯罪移送司法机关后，被依法判处管制、拘役和有期徒刑的，留置一日折抵管制二日，折抵拘役、有期徒刑一日。"对涉嫌行贿犯罪或者共同职务犯罪的涉案人员，监察机关可以采取留置措施。

　　监察委员会与人民检察院的关系。人民检察院相关部门整体转隶到监察委员会以后，人民检察院是否还保留行使侦查权，对于监察委员会移送的案件人民检察院是否能够不予起诉，监察委员会办案掌握的证据材料在诉讼中的地位与性质，人民检察院的法律监督职能如何定位等，都是监察体制改革中争议的问题。《监察法》明确，监察机关依法收集的物证、书证、证人证言、被调查人供述和辩解、视听资料、电子数据等证据材料，在刑事诉讼中可以作为证据使用。人民法院、人民检察院、公安机关、审计机关等国家机关在工作中发现公职人员涉嫌贪污贿赂、失职渎职等职务违法或者职务犯罪的问题线索，应当移送监察机关，由监察机关依法调查处置。被调查人既涉嫌严重职务违法或者职务犯罪,又涉嫌其他违法犯罪的,一般应当由监察机关为主调查,其他机关予以协助。"对监察机关移送的案件,人民检察院依照《中华人民共和国刑事诉讼法》对被调查人采取强制措施。人民检察院经审查,认为犯罪事实已经查清,证据确实、充分,依法应当追究刑事责任的,应当作出起诉决定。人民检察院经审查,认为需要补充核实的,应当退回监察机关补充调查,必要时可以自行补充侦查。对于补充调查的案件,应当在一个月内补充调查完毕。补充调查以二次为限。人民检察院对于有《中华人民共和国刑事诉讼法》规定的不起诉的情形的,经上一级人民检察院批准,依法作出不起诉的决定。监察机关认为不起诉的决定有错误的,可以向上一级人民检察院提请复议。"

对监察委员会的监督。首先是人大监督,各级监察委员会应当接受本级人民代表大会及其常务委员会的监督。各级人民代表大会常务委员会听取和审议本级监察委员会的专项工作报告,组织执法检查。县级以上各级人民代表大会及其常务委员会举行会议时,人民代表大会代表或者常务委员会组成人员可以依照法律规定的程序,就监察工作中的有关问题提出询问或者质询。其次是社会监督,监察机关应当依法公开监察工作信息,接受民主监督、社会监督、舆论监督。最后是内部监督,监察机关通过设立内部专门的监督机构等方式,加强对监察人员执行职务和遵守法律情况的监督,建设忠诚、干净、担当的监察队伍。除此之外,监察委员会通过与审判机关、检察机关、执法部门的相互配合和制约,以及监察人员政治素质要求、监察程序制约、违法责任追究等,也都能实际上起到监督作用。

五 改革成效

2015年以来,全国纪检监察机关实践"四种形态",用严明的纪律管全党治全党，共处理204.8万人次。其中，运用第一种形态批评教育、谈话函询95.5万人次，占46.6%，使红脸出汗成为常态；第二种形态纪律轻处分、组织调整81.8万人次，占39.9%；第三种形态纪律重处分、重大职务调整15.6万人次，占7.6%，有力维护了纪律的严肃性；第四种形态严重违纪涉嫌违法立案审查11.9万人次，占5.8%，被开除党籍、移送司法机关的真正成为极少数。

十八大以来，经党中央批准立案审查的省军级以上党员干部及其他中管干部440人。其中，十八届中央委员、候补委员43人，中央纪委委员9人。全国纪检监察机关共接受信访举报1218.6万件（次），处置问题线索267.4万件，立案154.5万件，处分153.7万人，其中厅局级干部8900余人，县处级干部6.3万人，涉嫌犯罪被移送司法机关处理5.8万人。

（作者为中国社会科学院法学研究所研究员）

深化司法体制综合配套改革

祁建建

> 深化司法体制综合配套改革，全面落实司法责任制，努力让人民群众在每一个司法案件中感受到公平正义。
>
> ——十九大报告

引言：司法体制综合配套改革的理论与实践价值

2017年8月，中央深改组通过《关于上海市开展司法体制综合配套改革试点的框架意见》，要求加强法官检察官正规化专业化职业化建设、全面落实司法责任制，深入推进司法体制改革。要求始终坚持党的领导，加强法官检察官思想政治与职业道德建设，完善员额制，健全保障机制，为深入推进司法责任制改革提供政策依据。要求坚持法治国家、法治政府、法治社会一体建设，满足人民司法需求、遵循司法规律，综合配套、整体推进、进一步优化司法权力运行，完善司法体制与工作机制，深化运用信息化和人工智能等现代科技，形成更多可复制可推广的经验做法，全面提升司法质量、效率和公信力。这既包含了对上阶段司法改革内容的简要总结，又提出对下阶段改革内容与目标的期待与要求。

深化司法体制综合配套改革

2017年10月，中国共产党在党的十九大报告中指出，"深化司法体制综合配套改革，全面落实司法责任制，努力让人民群众在每一个司法案件中感受到公平正义"。十九大报告对深化司法体制综合配套改革的要求，体现了随着司法体制改革的进一步深入，改革路径清晰、重点突出、目标明确。这一要求，也体现了政策的延续性和前瞻性。

早在2013年，在中国共产党第十八届三中全会上，全面推进司法体制改革的建议就获得采纳，明确提出"建设法治中国，必须深化司法体制改革，加快建设公正高效权威的社会主义司法制度，维护人民权益。要维护宪法法律权威，深化行政执法体制改革，确保依法独立公正行使审判权检察权，健全司法权力运行机制，完善人权司法保障制度"。四中全会提出了关于推进司法体制改革的具体举措、路径和要求，指出"公正是法治的生命线。司法公正对社会公正具有重要引领作用，司法不公对社会公正具有致命破坏作用。必须完善司法管理体制和司法权力运行机制，规范司法行为，加强对司法活动的监督，努力让人民群众在每一个司法案件中感受到公平正义"。为了贯彻党的司法改革要求，在党的领导下，2013年以来我国政法机关持续深入推进司法改革。自2014年至2017年11月，习近平总书记主持召开的38次中央深改组会议审议通过48个司法改革文件，涉及司法领域31个重要改革方案。以员额制为重点的司法人员分类管理、司法责任制、司法人员职业保障、省以下地方法院检察院人财物统一管理四项基础性改革是这轮司法改革的开局任务，核心落在司法责任制，以建立健全权责统一的司法权力运行机制为重要目标；加强人权的司法保障，以努力让人民群众在每一个司法案件中感受到公平正义为追求。司法体制改革撬动了具体诉讼制度改革，以审判为中心的刑事诉讼制度、完善认罪认罚从宽制度、立案登记制、民事执行、检察机关公益诉讼、多元化纠纷解决机制等成为突破点。在改革中探索繁简分流，建设智慧司法，气象宏大，影响深远。

2017年是诸多改革措施的收官之年，在司法体制、工作机制、诉权保障等方面取得实质性进展，以司法责任制为核心的基础性改革全面落地。最高人民法院、最高人民检察院完成中央确定由其承担的司法体制改革任务，完成员额制改革阶段性任务，进一步落实司法责任制，不断健全权责统一的司法权力运行机制，确保人民法院依法独立行使审判权，人民检察院依法独立行使检察权。通过加快智慧司法和专业化司法建设、多层次加强司法公开、深入推进以审判为中心的诉讼制度改革、完善认罪认罚从宽制度、在全国推开职务犯罪侦查体制纳入监察体制改革试点、正式确立检察机关提起公益诉讼制度、规范民事执行、发展国际司法协助等，完善司法权力运行机制。通过严格排除非法证据、扩大律师法律援助范围、完善律师执业权利保障与监管、保护与规范行政诉权、加强弱势群体的司法保护等，进一步加强人权的司法保障。

2018年是贯彻党的十九大要求，推进司法体制综合配套改革承前启后的一年。司法体制配套改革将着力构建优化协同高效的政法机构职能体系、权责一致的司法权运行新机制。[①]

一　规划改革道路要遵循司法规律

2017年7月，习近平总书记在全国司法体制改革推进会上做出重要指示强调，"要遵循司法规律，把深化司法体制改革和现

[①] 刘子阳：《统筹推进政法口机构改革和司法体制改革　形成全方位深层次的政法改革新格局》，《法制日报》2018年5月19日第1版。

代科技应用结合起来,不断完善和发展中国特色社会主义司法制度"。这段讲话深刻揭示了司法体制改革与司法规律之间的关系,司法体制改革必须遵守司法规律,司法规律规划、指引司法体制改革。

司法规律是人类发展过程中的趋势性、方向性知识,是司法要遵循的公理、定式。司法的发展即使在一定时期、某个方面对司法规律有所偏离,也以趋向规律为最终方向,以遵守规律为最终结果。实践中,凡是遵循司法规律的改革措施就容易获得较好的司法效果和社会效果。

(一) 完善审前羁押等贯彻司法中立

以司法中立为例,司法者要和诉讼双方保持中立,独立、无偏私,司法者和诉讼中的任何一方都没有共同的利益,司法者要平等对待诉讼双方。在所有需要限制或者剥夺对方权利和利益的事项上,都需要第三方裁判;在所有需要第三方裁判的事项上,"任何人不得担任自己案件的法官"。以在刑事侦查中贯彻司法中立规律为例,2013年以来对逮捕、羁押等强制措施的适用加强第三方审查,细化逮捕条件和羁押必要性审查程序。依据2016年实施的最高人民检察院《人民检察院办理羁押必要性审查案件规定(试行)》,检察院刑事执行检察部门可采取公开审查办案方式,根据被逮捕犯罪嫌疑人、被告人涉嫌犯罪事实、主观恶性、悔罪表现、身体状况、案件进展情况、可能判处的刑罚和有无再危害社会的危险等因素,可设置加、减分项目,否决项目等具体标准,采取量化方式作为综合评估羁押必要性的参考。列举了十六种应当或者可释放或者变更强制措施的情形,并要求将审查意见书面及时告知申请人。对不需要继续羁押的,建议办案机关予以释放或者变更强制措施。这意味着逮捕与羁押逐步分离,刑事执行检察部门与批捕部门进一步划分权限，这对维护被逮捕的犯罪嫌疑人、被告人合法权益有重要意义。

（二）以各种方式落实司法公开

再以司法公开为例，近年来人民法院在审判流程、裁判文书、执行信息等方面落实司法公开，如截至 2018 年 6 月，中国裁判文书网已公开司法文书约 4681 万份，访问量 162 亿余次。裁判文书公开为国内外了解中国司法实践的进展提供了开放的信息平台，有利于在国际刑事司法方面开展理论探讨和实务上的交流。

2018 年公布的《最高人民法院关于人民法院通过互联网公开审判流程信息的规定》，把中国审判流程信息公开网作为人民法院公开审判流程信息的统一平台。人民法院审判刑事、民事、行政、国家赔偿等案件的流程信息，必须通过互联网向参加诉讼的当事人及其法定代理人、诉讼代理人、辩护人公开。对于人民法院审判的具有重大社会影响案件的流程信息，可以通过互联网或者其他方式向公众公开。有条件的人民法院可通过手机、诉讼服务平台、电话语音系统、电子邮箱等辅助方式，向当事人及其法定代理人、诉讼代理人、辩护人主动推送案件审判流程信息，或者提供查询服务。程序性、流程性、裁判文书等通过互联网向特定主体或者公众公开，使司法公开获得了更多平台。

（三）司法者权责能利一致推进司法权运行机制改革

法院内设机构改革关键是坚持在专业化建设基础上实现扁平化管理的取向，推动机构整合、职能优化，让政务、业务运行更加顺畅高效。要加快完善审级制度，明确四级法院职能定位，防止同质化。

比如，为构建新型审判权运行机制，2017年最高人民法院通过《最高人民法院司法责任制实施意见（试行）》，进一步细化院庭长、审判长、承办法官等的审判职责；要求网上办案，确保全部案件材料网上运转、全部流程节点完整、准确；新增类案与关联案件检索的审判流程，要求承办法官依托办案平台、档案系统、中国裁判文书网、法信、智审等，对本院已审结或正在审理的类案和关联案件进行全面检索，制作类案与关联案件检索报告。

2017年4月，最高人民法院通过《关于落实司法责任制完善审判监督管理机制的意见（试行）》，要求确保"让审理者裁判，由裁判者负责"，指导各级法院通过制定权力职责清单、建立专业法官会议制度、完善信息化审判管理等方式加强审判监督和管理。如规定院庭长的审判监督管理职责主要体现为对程序事项的审核批准等，且在办公办案平台上全程留痕保存。又如除审判委员会讨论决定的案件之外，院庭长对其未直接参加审理案件的裁判文书不再进行审核签发，也不得以口头指示、旁听合议、文书送阅等方式来变相审批案件等。全国法院由独任法官、合议庭直接签发的裁判文书案件数量占到案件总数98%以上。[1] 这有效推进了审判权运行机制的去行政化，有利于人民法院依法独立行使审判权。

二 回应人民需求，加强权利保护

党的十九大报告指出，"中国特色社会主义进入新时代，我国社会主要矛盾已经转化为人民日益增长的美好生活需要和不平

---

[1] 2017年11月1日《最高人民法院关于人民法院全面深化司法改革情况的报告》。

衡不充分的发展之间的矛盾"。要在司法体制综合配套改革中增强人民群众获得感,就必须回应人民的需求,加强权利保护。

(一) 发展完善多元化纠纷解决机制,拓展纠纷解决资源

我国社会主要矛盾具体到纠纷解决领域,体现为人民群众日益增长的权利意识、纠纷解决的需求与纠纷解决资源不平衡、不充分之间的矛盾。自2013年以来,我国法院受理案件数量持续递增,2017年法院审理执结案件2275.4万件,比2013年剧增75.75%。[①] 扩展纠纷解决能力,需要社会各界投入和开发更多的纠纷解决资源。

这成为司法体制改革的重要任务。党的十八届四中全会提出"完善多元化纠纷解决机制"的改革部署,2015年中央发布《关于完善矛盾纠纷多元化解决机制的意见》,2016年最高人民法院出台《关于人民法院进一步深化多元化纠纷解决机制改革的意见》《关于人民法院特邀调解的规定》《关于进一步推进案件繁简分流优化司法资源配置的若干意见》,2017年最高人民法院、司法部发布《关于开展公证参与人民法院司法辅助事务试点工作的通知》《关于开展律师调解试点工作的意见》,试点公证机构参与法院调解取证等公证法律服务,试点律师调解机制。这些文件的出台有利于健全诉调对接工作机制,充分发挥包括律师在内的社会组织、行业组织、人民团体在预防和化解纠纷中的专业化优势。

实践中我国人民调解、行业调解、商事调解、律师调解、专业调解、特邀调解等发展迅猛。目前我国的77万个人民调解委

[①] 参见2014年、2018年最高人民法院工作报告。

员会有367万名人民调解员,2017年解决纠纷约900万件;① 截至2017年底,法院共建立包括人民调解、行业调解、商事调解组织在内的特邀调解组织2.2万个,调解员7.8万人,接受法院立案前委派调解156.6万件,立案后委派调解29.7万件;② 我国约有250家商事仲裁委员会,近年来每年仲裁20余万件案件。③ 多元化纠纷解决机制在实践中应用现代科技,发展出在线调解、异地在线调解等信息化纠纷解决方案。

关于纠纷多元化解决机制的立法也获得推进。山东、黑龙江、福建、厦门等地出台了多元化纠纷解决地方性立法,将其规范化。在国家层面,我国早已有《人民调解法》《仲裁法》《劳动争议调解仲裁法》《公证法》《农村土地承包经营纠纷调解仲裁法》等法律,2012年民事诉讼法也将先行调解入法,但对协商和解、行业调解、商事调解、律师调解等的法律规定仍显不足。

随着"一带一路"建设的推进,相关国际商事纠纷、行业纠纷增多,商事调解、行业调解等纠纷多元化解决的法律地位获得重视。2018年1月中央全面深化改革领导小组第二次会议审议通过《关于建立"一带一路"争端解决机制和机构的意见》,要求"建立诉讼、调解、仲裁有效衔接的多样化纠纷解决机制"。

当前多元化纠纷解决机制将进一步使调解、诉讼、仲裁、公证成为相互衔接、协调、相互支持、对接的纠纷解决体系,共同作为国家治理体系的重要组成部分,满足人民群众解决纠纷的

---

① 参见李海洋《引领基层自我治理,人民调解步入创新发展新时代》,《中国商报》(法治周刊版)2018年5月17日。
② 参见龙飞《内地多元化纠纷解决机制改革的成就及商事调解的发展趋势》,2018年5月24日,新浪网法治热点(http://news.sina.com.cn/sf/news/fzrd/2018-05-24/doc-ihaysvix7483417.shtml)。
③ 毛晓飞:《"一带一路"倡议背景下我国商事仲裁制度的革新》,《人民法治》2018年第2期。

需求。

(二) 推进以审判为中心的诉讼制度改革，保护刑事诉权

以审判为中心的诉讼制度改革要改掉以侦查为中心、以卷宗为中心等做法，实行证据裁判，落实疑罪从无，以法庭审判为中心。以审判为中心的刑事诉讼制度改革本质是对无罪推定的贯彻，保护犯罪嫌疑人、被告人无罪推定的刑事诉权。

2016年6月中央深改组第25次会议审议通过《关于推进以审判为中心的刑事诉讼制度改革的意见》，7月最高人民法院、最高人民检察院、公安部、国家安全部、司法部实施该意见，重申三机关分工配合制约关系等重要原则，指出还有16项制度需完善，7项制度待建立，6项需健全。要求建立健全证据收集指引；建立对命案等重大案件检查、搜查、辨认、指认等过程的录音录像；完善对技术侦查证据的移送、审查、法庭调查和使用规则以及庭外核实程序等；建立重大案件侦查终结前对讯问合法性进行核查制度，对确有刑讯逼供、非法取证情形的，侦查机关应及时排除非法证据等。要求立足我国国情和司法实际，发挥审判特别是庭审在查明事实、认定证据、保护诉权、公正裁判中的重要作用，防范冤假错案，促进司法公正。要求着眼于解决影响司法公正的突出问题，在诉讼各环节贯彻证据裁判，健全非法证据排除，落实证人、鉴定人出庭做证制度，完善法律援助，推进繁简分流，建立符合司法规律的刑事诉讼制度。为此，2017年在一审普通程序、庭前会议、非法证据排除等方面做出了新的规定。

2017年6月，最高人民法院公布《人民法院办理刑事案件第一审普通程序法庭调查规程（试行）》，在全国17个中级人民法院辖区试点。首次明确居中裁判、集中审理、诉权保障、程序公正等原则，总结和梳理既有的举证、质证、认证等规定，又在某些方面做出补充,一是完善庭前会议与法庭审理的衔接机制,庭前会议中初步处理的所有事项要通过法庭审理程序予以确认;二是规定开庭讯问、发问程序、出庭做证程序,如法庭在庭外对技术侦查证据进行核实时可召集公诉人和辩护律师到场;三是规定法庭认证程序,如对于瑕疵证据,要分析其是否影响证据真实性,不能混同非法证据予以排除等。

同时,最高人民法院公布《人民法院办理刑事案件庭前会议规程(试行)》,指出庭前会议是庭审准备程序,不能以其弱化庭审或取代庭审。法院在庭前会议中可处理可能导致庭审中断的程序性事项,组织控辩双方展示证据,归纳双方争议焦点,对附带民事案件予以调解,但不得处理定罪量刑等实体问题。主要内容有,一是被告人及辩护人申请排除非法证据,并依照法律规定提供相关线索或者材料的,必须进行庭前会议,其他情形是否举行由法院决定。二是被告人申请参加或者申请排除非法证据的,法院应通知其到场,公诉人、辩护人应当参加庭前会议。三是对被告人申请排除非法证据,但是没有辩护人的,法院通知法律援助律师提供协助。四是法院在庭前会议中对于明显属于事实不清、证据不足的案件,可以建议检察院撤诉。

三 以问题为导向,推进个案公正和制度完善

以问题为导向有利于改革目标的实现,有利于发现并解决在司法体制改革过程中出现的突出问题和显著矛盾,针对人民群众反映最强烈、最关注的问题,通过实现典型个案中的司法公正来推进相关制度的完善。本部分以对无辜者定罪案件的防范与纠错为例。

（一）选取难点问题作为改革突破口

对无辜者定罪的冤假错案，既是人民群众高度关注的问题，也是我国刑事司法改革框架中不可或缺的组成部分，在世界范围内是刑事法治的难点问题，带有一定的普遍性。

2014年1月，习近平总书记在中央政法工作会议上指出，"不要说有了冤假错案，我们现在纠错会给我们带来什么伤害和冲击，而要看到我们已经给人家带来了什么样的伤害和影响，对我们整个的执法公信力带来什么样的伤害和影响。我们做纠错的工作，就是亡羊补牢的工作"。防范冤案与纠错程序是加强司法人权保障的体现，是贯彻宪法"国家尊重和保障人权"条款的重要举措，也是改革的难点，选取这一问题作为相关改革的突破口具有重要意义。

（二）推进个案中司法公正的实现

实践中个案的洗冤取得突破，2013年以来的五年，我国通过再审改判刑事案件6747件，其中依法纠正受到全社会高度关注的呼格吉勒图案、聂树斌案等重大冤错案件39件78人，并依法予以国家赔偿。[①] 如2014年，内蒙古高院决定赔偿呼格吉勒图父母205万余元，2016年海南省高院决定向陈满赔偿275万元，2017年河北省高院决定向聂树斌父母赔偿268万元。2018年最高人民法院对张文中案再审做出无罪判决，对已经执行的罚金、追缴的财产依法发还。

通过防范和纠正冤假错案这一突出问题，在个案中还无辜者以清白，保障无辜者不受刑事法律追究，取得了好的法律效果和

---

① 参见2018年最高人民法院工作报告。

社会效果。张文中案更是人民法院落实党中央关于产权保护和企业家合法权益保护政策的一个"标杆"案件，有利于通过深入剖析涉产权错案产生原因，健全体制机制，防范类案发生。

（三）对相关制度进行系统化完善

对冤错案件的纠错，使司法理论界和实务界认识到相关制度有待完善，从而检视刑事程序，推动了侦查讯问、非法证据排除、审前羁押、刑事申诉、辩护律师全覆盖等相关制度和实践的发展。自2013年以来，防范冤假错案和纠错程序不断获得完善，中央政法委公布《关于切实防止冤假错案的规定》，最高人民法院发布《关于建立健全防范刑事冤假错案工作机制的意见》，最高人民检察院发布《关于切实履行检察职能防止和纠正冤假错案的若干意见》，司法部发布《关于进一步发挥司法鉴定制度作用防止冤假错案的意见》，公安部制定《关于进一步加强和改进刑事执法办案工作切实防止发生冤假错案的通知》，这些文件中对容易造成冤假错案的各种因素进行规制，对于公正司法、执法提出严格要求，对侦查讯问、非法证据排除、出入所体检、检察监督、刑事申诉、司法考核等做出更细致的规定，不仅有利于解决当时的冤案防范与纠正问题，而且成为进一步完善相关规定的基础。如2016年公布的《关于办理刑事案件严格排除非法证据若干问题的规定》即吸收了此前防范和纠正冤假错案相关规定的有益经验，相关规定对后续的绩效考核、司法责任制、刑罚执行机制改革也大有益处。

2016年生效的《关于办理刑事赔偿案件适用法律若干问题的解释》，进一步对赔偿标准、赔偿程序等做出细化的规定，并公布刑事赔偿典型案例，对再审无罪、重审撤诉、无罪逮捕、违法拘留等冤假错案中刑事赔偿的办理进行指导，推动刑事赔偿案件中法律适用的统一。2017年最高人民法院、司法部联合发布《关于开展刑事案件律师辩护全覆盖试点工作的办法》,在八省市开展试点工作,对于既没有委托辩护人也不符合当前指定辩护条件的案件给予法律援助辩护。

同样值得关注的是,通过纠正冤假错案,也使人民群众受到法治教育,使人民群众逐步认识到片面追求打击犯罪对刑事法治而言是危险的,有助于人民群众树立程序法治意识、刑事司法人权保障意识,提升司法体制配套改革的软环境。

四 推进现代科技在司法中的应用并应对科技的挑战

2013年以来,以"信息化、电子化、智能化"为支撑的智慧司法建设,有力地推进了司法与现代科技的深入融合,一些地方对人工智能、大数据在诉讼中的运用进行积极探索。如设立杭州互联网法院,开发科技司法平台,如公检法一体化办案平台、异步审理模式、智能审判系统、微法院、诉讼服务平台,并进一步开发司法管理、考核等人事、绩效平台等。

2017年7月,习近平总书记在全国司法体制改革推进会上做出重要指示强调,"要遵循司法规律,把深化司法体制改革和现代科技应用结合起来,不断完善和发展中国特色社会主义司法制度"。这段话将现代科技应用和司法体制改革之间的关系定位为相互结合,极大地推动了司法体制的科技化。

2018年,作为司法体制改革配套,中央要求上海、贵州完善常见刑事案件犯罪基本证据标准索引,优化刑事案件智能辅助办案系统,加快推进跨部门大数据办案平台建设,为全国提供可复制可推广的样本;要求其他省区市要认真学习借鉴、应用好上海刑事案件智能辅助办案系统软件，构建适应实际需要的刑事司法新模式，防止另起炉灶、重复建设。[①]

现代科技在诉讼中的运用，对于保障司法公正、提高诉讼效率、节约诉讼资源提出新的任务和要求，对不断完善相关立法、推动实践和学术研究提出新课题，以大数据、云计算、互联网、人工智能等为主要内容的现代科技在诉讼中运用的广泛程度、影响的深刻程度正日益显现。对于现代科技究竟是指什么，将可能对司法、对当事人权利和利益、对律师辩护、代理产生哪些影响，需要前瞻应对，深入研究。

关于处理现代科技与司法之间关系的基本原理，以及科技如何融入司法，笔者认为，应始终贯彻司法为本，科技为用的原则。为此，一是科技在司法中的应用应遵循司法规律，二是科技在司法中的应用应以公正为目标，三是要重视现代科技对司法的挑战，逐步明确科技在司法中应用的边界。

（一）科技在司法中的应用应遵循司法规律

深化司法体制综合配套改革要充分利用高科技，更要关注其对司法中立、公开等司法规律的影响。

首先，科学技术应用于司法办案技术平台，其定性为司法辅助系统。因此，司法中科技的应用应由司法部门主导，不应由技术部门主导。

其次，司法中的科技升级必须遵循司法规律，司法的规律是中立、公开等，具有亲历性特点，定罪量刑等判决是人基于可采证据的主观判断，特别是对事实、证据以及法律事务问题的判断等，这些是否能由机器和软件程序来替代，需要进一步探索。无

---

① 刘子阳：《统筹推进政法口机构改革和司法体制改革 形成全方位深层次的政法改革新格局》，《法制日报》2018 年 5 月 19 日。

论如何设计新型司法平台如微法院、互联网法院、金融法院，法院审理案件还是要遵循司法规律，对被告人不认罪的普通程序案件，由控辩双方质证、辩论，法官居中裁判。为此，推进科技司法方面的改革要充分认识科学技术在司法工作中的边界和局限性，要警惕在探索过程中有可能出现的风险。

（二）科技在司法中的应用应以公正为目标

司法以追求公正为核心和根本目标。在司法中广泛应用科技，也只能是为了实现司法公正这一目标。科技有利于提高效率，效率固然重要，但是如果失去了公正，效率越高错误就越严重。在通过运用科技提高诉讼效率的同时，如果能够分配充分的诉讼资源用于复杂疑难重大案件如被告人不认罪案件、当事人不调解案件等，将是科技应用于司法的一大贡献。对这些案件，智能机器仍可能取代人的部分功能。

启动科技司法融合、应用的背景是这轮司法改革，其关键问题是如何更好地实现司法公正，学界在关注司法科技的同时，更多要关注司法体制本身的改革，其本身有什么问题，哪些问题是科技能够解决的，哪些是需要继续改革司法体制本身的问题，切勿使对技术的讨论淹没了对司法公正的研究。

（三）需要应对科技对司法的挑战

通过理性、科学的研讨，预防司法领域形成对科技的迷信和对技术的崇拜，避免形成对机器和人工智能的依赖。大数据、人工智能的算法、设计应遵循司法规律、遵守法律规定和公序良俗、尊重公民权利，对其所计算出来的概率、可能性是否能够成为法官、检察官的判断依据，应进一步探索。

首先，科技的若干应用挑战了诉讼的基本要素。比如远程开庭有助于解决证人做证率低的问题，但是要整体把握远程技术对诉讼的影响。尤其是刑事诉讼不仅要解决纠纷，还要在贯彻无罪推定的框架下、以公正程序促使犯罪行为人回归社会等，这要求控辩双方在法官主持下对抗、辩论，要求诉讼各方在庭审现场开展活动，这些是不能被机器替代的要素。

其次，办案平台挑战现行司法体制和司法改革。比如，通过统一的证据指引平台和公检法共享的信息平台办案、定罪量刑，其后发现是无辜者的，由谁承担司法责任？以审判为中心的诉讼制度改革在共享办案平台上如何体现？虽然办案平台是辅助性质，但已经上传的侦查、起诉、审判等司法文书很难撤回、修改、推翻，在一定意义上，辅助性质的办案平台实际上是一个督促各部门加强配合的决策机构。在分工负责、互相配合、互相制约原则中，配合得到了加强，分工、制约在信息共享等办案一体化平台中如何加强仍需进一步研究。

结　　语

2018 年贯彻党的十九大报告的要求，深化司法体制综合配套改革，必须坚持党的领导，总结和坚持好的司法改革经验。把通过顶层设计改革推进地方试点，再总结地方可复制经验从而推进修法，作为改革的重要特点和路径。这一改革路径以司法责任制为核心的四项基础性改革、认罪认罚从宽制度改革、检察机关公益诉讼、陪审制等为代表。其中，人民陪审制、检察机关公益诉讼已分别立法，员额制等基础性改革任务也已经落地。

当前要继续推进的改革部署还有许多，以认罪认罚从宽制度试点为例，对被告人认罪认罚的刑事案件，完善对认罪自愿性的保障机制，适用速裁程序、简易程序办理，提高诉讼效率。2018

新时代法治发展的新面向

年9月试点将到期,按照改革部署,试点经验总结将推动刑事诉讼法等有关法律修改。这一修改将构建起中国特色轻罪诉讼制度体系。随着一系列改革措施的部署和推进,司法体制综合配套改革将进一步深化。

(作者为中国社会科学院法学研究所副研究员)

新时代反腐败斗争的法治保障

李 霞

> 强化不敢腐的震慑,扎牢不能腐的笼子,增强不想腐的自觉,通过不懈努力换来海晏河清、朗朗乾坤。
>
> ——十九大报告

党的十八大以来,我国的反腐败斗争成效卓著,不敢腐的目标初步实现,不能腐的笼子越扎越牢,不想腐的堤坝正在构筑,反腐败斗争压倒性态势已经形成并巩固发展。在此基础上,十九大提出了夺取反腐败斗争压倒性胜利的目标,再次强调了完善惩治和预防腐败的三个方面。这是以习近平同志为核心的党中央推进反腐败工作一以贯之的规划和部署。"不敢腐、不能腐、不想腐"机制既是一个有机的整体,有着内在的逻辑关联,同时又各有侧重。其中,形成"不敢腐"的有效机制,意在让每个干部牢记"手莫伸,伸手必被捉"[1]的道理,对腐败"零容忍",通过严格执法执纪,及时、准确地发现和查处腐败。形成"不能腐"的有效机制,旨在通过加强法律制度建设来科学配置和规范权

---

[1] "手莫伸,伸手必被捉"这句诗出自陈毅《七古·手莫伸》(1954);习近平总书记于60年后重提,参见《使纪律真正成为带电的高压线——习近平在十八届中央纪委三次全会上的重要讲话》(2014年1月14日)。

力,通过完善制约机制来强化约束和监督权力。而形成"不想腐"的有效机制,要求在保障党员领导干部必要生活水准的同时,对党员领导干部进行信仰宗旨、理想信念、法治意识等方面的教育,加强廉政文化建设,督促领导干部坚定法治信仰和理念,并在全社会培育清正廉洁的价值理念、规则意识和舆论氛围,使清风正气得到弘扬。

"不敢腐、不能腐、不想腐"机制①的提出,反映了党中央对腐败发生的根源和内在机理的体系性分析,以及对在反腐败中如何正确处理治标与治本、惩治与预防之间关系的精准把握。对于中央所提出的"不敢腐、不能腐、不想腐"机制的重大意义,学界达成了深度共识。评价其"是中共中央探索新时代中国特色社会主义反腐败模式的突破性创新"②,"彰显了我们党对反腐败斗争内在规律的深刻认识"③,"指明了新时期开展党风廉政建设和反腐败工作的路径选择和基本走向"④。围绕如何切实建构"不敢腐、不能腐、不想腐"的机制,法学、政治学、社会学等不同学科均有所讨论,大多在政府管理、社会治理、廉政建设等层面展开。⑤ 法学领域的讨论主要聚焦于刑事反

---

① 中国共产党十八届四中全会决定提出,要"完善惩治和预防腐败体系,形成不敢腐、不能腐、不想腐的有效机制"(《中共中央关于全面推进依法治国若干重大问题的决定》,2014年10月23日)。

② 过勇、贺海峰:《"不必腐"机制:反腐败标本兼治的重要保障》,《国家行政学院学报》2017年第6期,第51—58页。

③ 沈小平:《必须建立"不敢腐、不能腐、不想腐"的长效机制》,2018年2月9日(http://www.71.cn/2018/0209/985920.shtml)。

④ 黄新根:《着力构建不敢腐、不能腐、不想腐的机制研究》,载《中共南昌市委党校学报》2016年第3期,第42—45页。

⑤ 从"中国知网"的搜索情况(2018年5月15日)来看,相关成果具有篇幅较短、论题宽泛的特点,发表载体多为报纸,期刊论文数量较少。

腐政策和贪腐犯罪惩防的主题,[①] 以及"制度反腐"的层面,[②] 系统研究仍不充分。本文拟结合十九大的理论和制度创新,从法治功能的视角,聚焦"不敢腐、不能腐、不想腐"机制的建构,对新时代推进反腐败工作的法治保障进行阐释,并尝试提出若干实施方案和建议。

  法治是建立"不敢腐、不能腐、不想腐"机制的必要且有效的保障,法治功能实现的程度,决定了此机制运行的实效。法治的主要功能——规范、预防、威慑、惩戒、保障、教化、指引等,在"不敢腐、不能腐、不想腐"机制中,均得以体现,又各有偏重。"不敢腐"机制主要旨在加大对腐败行为的惩戒力度和执法力度,体现了法治的威慑和惩戒功能;"不想腐"机制主要依靠对党员领导干部进行法治教育、培育法治和规则意识,体现了法治的教化和指引功能;而"不能腐"机制的形成与法治具有更为密切的关联,体现了法治的规范和保障功能——无论是权力结构的优化,还是权力流程的再造,抑或监督问责机制的夯实,都有赖于法治的健全与完善。要言之,必须紧密结合依法治国、建设社会主义法治国家,在法治的轨道上反对腐败,促使"不敢腐、不能腐、不想腐"有效机制的最终形成,取得反腐败斗争的压倒性胜利。

---

 ① 具有代表性的成果包括:赵秉志:《论我国反腐败刑事法治的完善》,《当代法学》2013年第3期,第49—58页;赵秉志:《中国反腐败刑事法治的若干重大现实问题研究》,《法学评论》2014年第3期,第1—17页;何家弘:《重刑反腐与刑法理性》,《法学》2014年第12期,第98—107页。
 ② 例如,王梅枝:《论法治反腐的路径选择》,《长江论坛》2015年第2期,第9—12页;江国华、韩玉亭:《法治反腐策略研究》,《理论探索》2014年第6期,第102—106页。

一 完善国家立法与党内法规：夯实"三不腐"机制的法治基础

全面推进依法治国，是新时代推进反腐的重要背景和依托。近年来，习近平总书记多次强调，要用制度反腐，"把权力关进制度的笼子里"，发挥法规制度的激励约束作用，推动形成"不敢腐、不能腐、不想腐"的有效机制。

制度反腐的基本前提，是建立起较为系统、完备的反腐败法律制度。长期以来，我国反腐败立法不甚完备。反腐败领域的专门法律缺失，法律、法规和规范性文件之间缺乏衔接和协调，重复规定、规定相互冲突和矛盾的情况比比皆是；在传统上主要依靠以《刑法》和《刑事诉讼法》等为依据的事后惩处，在预防腐败方面缺乏配套的法律法规；现有规定的针对性和可操作性不强，等等。十八届四中全会提出"加快推进反腐败国家立法，完善惩治和预防腐败体系，坚决遏制和预防腐败现象"①，十九大报告郑重重申"推进反腐败国家立法"。2018年3月20日，《中华人民共和国监察法》通过，这是我国第一部也是目前唯一一部反腐败国家立法。中国反腐败法治站在了新的起点上。

以国际视野来看，反腐败立法有集中立法和分散立法两种模式。②基于我国国情和社会主义法律体系的特点，反腐败法制体系应是自上而下、系统完整的，由多层次、多位阶、多领域的法律、法规和规范等组成的有机整体：既有中央顶层设计和部署，又有地方根据其特点所做的落地和补充；既包括国家立法机关制

---

① 《中共中央关于全面推进依法治国若干重大问题的决定》（2014年10月23日）。
② 李洪雷：《反腐败立法的国际经验》，2018年5月15日（http://www.ccdi.gov.cn/yw/201503/t20150310_53067.html）。

定的法律、法规和规范性文件，也包括党内法规。

目前我国应以《监察法》的出台为契机，进一步完善反腐败法律体系，运用统一的概念和原则等整合目前的分散规定，提升反腐败立法的体系化、理性化水平，避免法律冲突。在贯彻实施《监察法》的同时，应有针对不同主体、发生在不同领域和环节、具有不同情节和危害性的腐败行为的具体法律法规等作为配套。当务之急是及时推进与《监察法》相关的法律法规及相关条款的立改废。例如加紧制定完善检察官制度、留置场所的管理和监督制度，修改《立法法》《国家赔偿法》。在此基础上，逐步建构一套系统、周密、有力的惩防腐败制度，将反腐败全面纳入法治轨道。

十九大报告指出，勇于自我革命，从严管党治党，是我们党最鲜明的品格。党规党纪是从严管党治党的重要法宝。十八大以来，党内法规体系建设明显加速，已初步形成包括 1 部党章、3 部准则、27 部条例，以及一系列规则、规定、办法、细则在内，比较完备的党内法规体系，对督促党员坚定理想信念，加强规范党内生活、加强党内监督等具有重要意义。[①] 十九大报告明确指出，加快形成覆盖党的领导和党的建设各方面的党内法规制度体系。下一阶段，应在中央层面对相关党内法规的制定工作进行科学规划，继续以"关键少数"为抓手，加强对党内"三重一大"事项的规范，加快关于推进党务公开工作的法规制定。定期清理党内法规，增强党内法规与国家立法之间、不同党内法规之间的有机衔接和协调，适时推动对党内法规的合法性、科学性的审查和纠错工作，提升党内法规的数量和质量，为提高党内治理能力

[①] 其中，《中国共产党廉洁自律准则》《关于新形势下党内政治生活的若干准则》《中国共产党巡视工作条例》《中国共产党纪律处分条例》《中国共产党问责条例》《中国共产党党内监督条例》《中国共产党党务公开条例（试行）》等均与反腐败工作具有密切的关联。

和水平提供坚实的制度支撑。① 在党内法规和国家立法的关系上，应保证党内法规与国家立法的有机衔接，在此基础上，党内法规还应严于国家立法；从党内法规的内容上看，应清晰界定党员领导干部的行为准则，明确违纪行为的范围和标准；党内法规的语言表述，应有别于一般的党内政策性文件，使用规范化的语言，具有较强的可操作性和可执行性，为权力运行提供更加明确的指针。

二 "不敢腐"：发挥法治的震慑与惩戒功能，强化刑法反腐

十九大报告强调指出，要"强化不敢腐的震慑"。刑罚以其特别的威慑力和特殊的严厉性，对于建构"不敢腐"的有效机制具有震慑作用，是形成"不敢腐"局势的高压线。可以说，刑事法律的制定和实施是我国反腐败法治建设中极为重要的组成部分。在未来，我国需要结合国家的刑事基本政策和《联合国反腐败公约》的精神，在现有法律框架之内，取得实体法、程序法和刑法的有效实施等方面的重点突破。

（一）完善刑事实体法

我国目前的反腐败立法，在刑事实体法方面与《联合国反腐败公约》及其他国家较为成熟的立法相比，仍存在立法技术粗糙、犯罪形态缺位、司法操作不便等问题，需要进一步完善。以贿赂犯罪这一最为典型的腐败犯罪为例，应适度扩大贿赂犯罪的入罪行为范围；适当前置贿赂犯罪的构成要件；实现贿赂犯罪处

---

① 参见《中央党内法规制定工作五年规划纲要（2013—2017年）》（2013年11月27日）。

罚平衡；建立科学合理的刑罚机制；修正和提高立法技术，引入二元的定罪量刑标准。

（二）完善刑事程序法及配套制度

以刑法手段治理腐败能否取得实效，不仅取决于刑事实体法是否完善，还取决于刑事程序法和配套制度是否完备。其一，建立刑事缺席审判制度。其二，完善没收制度，作为缺席审判制度尚未建立的情况下的一种替代方案。其三，完善证人制度。贪腐犯罪案件的查办，通常需要面对大量言词证据。相对于占据优势地位和拥有大量资源的贪腐犯罪嫌疑人或被告，证人往往处于弱势。因此，应改进做证方式，同时加强对证人的保护，健全证人保护工作机制。[①]

（三）保证反腐败刑事立法的有效实施

国家实施反腐败立法，需要耗费大量的执法资源，而执法资源并不能无限地供给。因此，必须突出重点、创新方式，有效地配置执法资源，提高执法效率。

其一，聚焦腐败犯罪高发的领域和环节。近年来，贪污贿赂等腐败犯罪的集中化现象越来越明显。司法机关应针对腐败犯罪要案多发的领域和环节，确定应重点查处和惩治的行业、部门和部位，逐个分析其特点、规律，研究精确打击和防范的对策，集中有限的司法资源有效地遏制腐败犯罪的滋生和蔓延势头。

其二，高度关注基层和农村腐败。村干部、乡镇干部和基层单位干部的形象直接影响着党和政府的形象。近年来，个别基层政府工作人员高额贪腐案件的不断发生，引起高层关注。2011

---

① 汪海燕：《腐败案件中污点证人制度建构》，《东方早报》2015年8月11日。

年，中共中央办公厅、国务院办公厅印发了《农村基层干部廉洁履行职责若干规定（试行）》，此后江苏、湖南、河南等省相继发布了相应的实施意见。在刑事司法领域，司法机关在严厉、精确打击涉及高职位、高级别官员的大案要案，取胜于"主战场"的同时，也应高度关注腐败的"落势化"倾向，直面农村和基层反腐的严峻形势，查处基层腐败案件。

其三，借助互联网畅通民间举报渠道。充分利用民间力量是构筑反腐败体系的重要一环。十九大报告明确指出，要善于运用互联网技术和信息化手段开展工作。有关部门应充分利用网络，发挥其对于惩治和预防腐败的强大威力，为公众行使监督权和表达权、知情权提供平台。

其四，受贿与行贿统筹查办。十九大报告强调，要坚持受贿行贿一起查，坚决防止党内形成利益集团。司法机关查处腐败案件的实践表明，查处行贿有利于突破受贿案件，反之亦然。应在分析线索、研究制定初查和侦查预案时，确保查受贿与查行贿工作同步走、两推进。

其五，完善国际合作机制。十九大报告指出，不管腐败分子逃到哪里，都要缉拿归案、绳之以法。要实现这一目标，必须完善反腐国际合作机制。当前，跨国性和国际性已成为世界各国贪腐犯罪的一种趋势。推进各国在打击腐败领域的国际合作，可以在事实上有效遏制贪官外逃的现象。

三 "不能腐"：强化法治的规范与保障功能，完善权力运行和监督体系

腐败的实质是公权力的滥用，运用法治思维和法治手段反腐败，要着力限制公权力的范围、优化公共职能的配置、规范公权

力行使的程序、促进公权力行使的公开透明。十九大报告强调，要加强对权力运行的制约和监督，让人民监督权力，让权力在阳光下运行。当前，应贯彻十九大精神，应进一步完善权力结构和运行体系，确保权力行使的规范透明。这是法治的规范与保障功能的重要体现。

（一）优化权力结构与运行体系

第一，应转变政府职能。要切实转变政府职能，理顺政府与市场、与社会的关系，坚持政企分开、政资分开、政事分开、政社分开，简政放权、放管结合、优化服务。深化行政审批制度改革；推行权力清单、责任清单、负面清单制度并实行动态管理；深化公共资源交易市场化改革，推进财税、金融、投资体制和国有企业改革。

第二，要落实职权法定，优化政府机构设置和职权配置。当前，要按照中央部署和要求，优化政府机构设置、职能配置、工作流程，严格规范各项公权行为的主体和权限。推进决策权、执行权、监督权适度分离与制衡。推进分事行权，将重点人物的权力分解给多个成员；推进分岗设权，将重点岗位的权力分解给多个岗位；推进分级授权，将集中于某一层级的权力分解给多个层级。[①]

第三，设置科学程序，限制权力的恣意行使。十九大报告重申，要"把权力关进制度的笼子"。科学合理的正当程序就是限制权力恣意行使的重要笼子。具体来看，在决策方面，应健全依法决策机制，完善重大行政决策程序制度。近年来，各地方、各部门在促进科学决策、民主决策、依法决策方面，探索了很多好

---

① 宁吉喆：《强化对行政权力的制约和监督》，《〈中共中央关于全面推进依法治国若干重大问题的决定〉辅导读本》，人民出版社2014年版，第170—171页。

的做法和经验，行政决策的规范化和法治化水平日益提高。目前，已有17个省级政府和23个较大的市政府出台了规范重大行政决策程序的规章，一些地方的行政程序规定中也专门就行政决策程序做了规定。接下来，应加快《重大行政决策程序暂行条例》的立法步伐，明确重大行政决策的范围，健全重大行政决策的程序。在执法方面，应贯彻实施《行政处罚法》《行政许可法》《行政强制法》，同时完善其他行政单行法，[①]建立健全行政自由裁量基准制度，建立执法公示制度、全过程记录制度，制定执法程序规范，健全执法调查取证、罚没收入管理等制度，严格执行重大行政执法决定法制审核制度。

第四，推进政务公开。通过公开促公正、保廉洁，也是我国近年来法治建设和廉政建设的最大亮点之一。下一步，为推进权力公开透明运行，应深化落实中共中央办公厅、国务院办公厅《关于全面推进政务公开工作的意见》提出的要求，全面提升公开效果。以法治思维和方式推进政府信息公开工作，结合《政府信息公开条例》的修订，提高公开的标准化和规范化程度。未来还应提高政府信息公开规定的立法层级，同时考虑到整体推进政务公开的需要，制定《政务公开法》，以公开为原则来审视决策、管理、执法、服务等权力运行的全过程。创新政务公开方式，打通信息壁垒，加强互联网政务信息数据服务平台和便民服务平台建设。在司法公开方面，以公众为导向、以信息化的跨越式发展为契机，进行制度创新和重构，稳步提升司法公开的范围、深度和效果。

（二）健全党和国家监督体系

十九大报告明确指出，要健全党和国家监督体系。我国目前

[①] 参见姜明安《论法治反腐》，《行政法学研究》2016年第2期，第3—10页。

的公共权力监督机制是一个立体的机制。根据监督主体的不同,可以分为党内监督和党外监督,党外监督又可分为人大监督、政协民主监督、司法监督、利害关系人的监督、公众监督、舆论监督等;根据监督的依据不同,可以分为法律监督、纪律监督和道德监督。目前我国权力监督机制存在的突出问题是,监督权的作用发挥比较有限,对权力的制约和监督一定程度上流于形式。从权力结构和监督机制来看,造成这一突出问题的原因在于:第一,"一把手"权力过大,民主集中制的监督作用难以充分发挥;行政权力有逐步扩大膨胀的趋势,难以有效监督;第二,监督机构过于多元,且它们之间未能形成相互配合的机制,分散而不易形成合力,并且彼此之间没有制约机制;第三,党的纪检监察体制也存在一些弊端。为解决上述问题,应认真贯彻落实十九大的战略部署,在宪法和刚出台的《监察法》确立的中国特色国家监察体制的框架内,完善立体权力监督系统并不断对它加以完善,将它做好、做实。

第一,加强党内监督、法律监督和民主监督。加强党内监督,关键是加强党委对党风廉政建设和反腐败工作的统一领导,落实重要情况通报和报告、述职述廉、谈话和诫勉等监督制度。加强法律监督,支持人大及其常委会依法加强对"一府两院"的监督和对法律实施情况的监督,增强接受询问和质询制度、办理意见和建议制度的实效。认真贯彻实施《各级人民代表大会常务委员会监督法》《预算法》等,增强监督力度和实效,加强预算决算审查监督、国有资产监督和其他对重大事项的监督,加强执法监督,保证法律法规有效实施。推进司法体制改革,保证审判机关依法独立公正开展审判活动,强化司法对行政行为的合法性审查,健全检察机关提起行政公益诉讼的体制机制。加强民主监督,做好民主协商,发挥人民团体的监督作用。

第二，加强行政监督和审计监督。应完善政府内部层级监督，建立健全常态化、长效化监督制度。加强对政府内部权力的制约，防止权力滥用。十九大报告明确指出，要改革审计管理体制。当前，应进一步完善审计制度，健全审计管理体制。

第三，重视和加强社会监督和舆论监督。十九大报告指出，建设覆盖纪检监察系统的检举举报平台。应当充分发动群众举报投诉的积极性，畅通监督举报渠道，完善投诉举报案件督办和监督考核制度。发挥传统媒体的监督作用，加强与互联网等新兴媒体的互动。政府部门门户网站应统一设立受理群众批评建议网页或者邮箱，并对群众来信及时回复，将调查处理结果向全社会公开。

第四，完善国家监察体制。十九大报告明确指出，要制定监察法，依法赋予监察委员会职责权限和调查手段，用留置取代"两规"措施。国家监察体制改革是事关全局的重大政治体制改革，是强化党和国家自我监督的重大决策部署。《监察法》的出台，以法律的形式巩固了国家监察体制改革的成果。各地监察委员会成立后，应着力贯彻实施《监察法》，及时构建完善相应的工作机制。宪法的修改和《监察法》的出台昭示着监察体制改革真正进入深水区，要求我们在党中央坚强领导下，确保监察委员会有力有效履职，把制度优势转化为治理效能，推动国家监察体制改革向纵深发展。

第五，强化问责机制。十九大报告指出，要强化监督执纪问责。应严格决策责任追究，全面落实行政执法责任制，加强问责规范化、制度化建设，增强问责的针对性和时效性，加大问责力度，落实党风廉政建设责任制，坚持有错必纠、有责必问。

四 "不想腐":彰显法治的指引与教化功能,培育法治思维和文化

十九大报告明确指出,要"增强不想腐的自觉"。从法治保障的角度出发,要让领导干部从内心深处不想腐,除了强化理想信念、道德情操和伦理修养教育,营造良好的政治生态以外,一个重要方面是加强对党员领导干部的法治宣传教育,大力培养其法治思维、提高法治素养,切实提高其规则意识、责任意识和平等观念,坚持法治思维、底线思维。树立法治思维和法治意识对于增强不想腐的自觉具有重要意义。

首先,继续加强对领导干部的法治培训。要健全完善党委(党组)中心组学法和日常学法等制度,把宪法法律和党内法规列入党委(党组)中心组学习内容以及党校、行政学院、干部学院等的必修课。把法治教育纳入干部教育培训总体规划,在其他各类培训课程中融入法治教育内容,保证法治培训课时数量和培训质量,切实增强国家工作人员自觉守法、依法办事的意识和能力。

其次,进行法治宣传教育要更加注重培育领导干部的法治理念和意识,绝不允许以言代法、以权压法、逐利违法、徇私枉法。要让党员领导干部明确,法治的精髓在于依法治官而非依法治民。教育引导他们做党章党规党纪和国家法律的尊崇者和捍卫者。

最后,推进中国特色社会主义法治文化建设。中国特色社会主义法治文化,是继承中华民族法律文化优秀基因与借鉴人类社会法治文明成果的有机统一。[①] 应充分发挥法治文化的引领与熏

---

① 张文显:《论中国特色社会主义法治道路》,载姜明安主编《法治国家》,社会科学文献出版社 2015 年版,第 51—70 页。

陶作用，润物无声地形塑领导干部的法治思想，使党员领导干部从内心拥护和真诚信仰法律。要深入挖掘中华优秀传统文化、革命文化、社会主义先进文化中的廉洁因素，把培育廉洁价值观融入对党员领导干部的法治教育培训中，使廉洁成为每一位党员领导干部的自觉追求。[①]

五　结语

十九大提出的夺取反腐败斗争压倒性胜利，是中国特色社会主义进入新时代历史背景下，推进反腐败工作的新目标和新要求。法治是社会文明和政治文明的重要标志，必须善于运用法治思维和法治方式反对腐败。

在全面推进依法治国、加快建设社会主义法治国家的背景下，应不断健全完善预防和惩治腐败的法治体系，充分发挥法治规范、预防、威慑、惩戒、保障、教化、指引的多元功能，建立"三不腐"的长效机制。大体来看，"不敢腐""不能腐""不想腐"三个层面，分别对应了法治的威慑和惩戒、预防和规范、指引和教化功能。当然，这种对应意在突出法治在不同层面的反腐败工作中功能的重点，并不十分周延。事实上，法治的各项功能和作用在"不敢腐""不能腐"和"不想腐"的三个层面均有体现。这也进一步印证了"三不腐"是相互关联、动态发展的有机整体。

（作者为中国社会科学院法学研究所副研究员）

[①] 参见李雪勤《扎实构建不敢腐不能腐不想腐的有效机制》，《求是》2017年第5期，第25—27页。

深化商事制度改革的目标与路径

陈 洁

> 深化商事制度改革，打破行政性垄断，防止市场垄断，加快要素价格市场化改革，放宽服务业准入限制，完善市场监管体制。
>
> ——十九大报告

我国商事法律制度是新中国成立以来，特别是改革开放40年来经济社会发展实践经验制度化、法律化的集中体现，是中国特色社会主义法律制度和法律实施的重要组成部分。它奠定了中国特色社会主义市场经济秩序的制度基础，为中国改革开放和社会主义市场经济建设提供了良好的法制环境，也为深化市场经济体制改革发挥了积极的规范、引导、保障和促进作用。然而，经济全球化进程的加快以及国内利益主体多元化、利益格局复杂化、科技创新日新月异等现实背景，客观上需要商事制度与时俱进的变革以适应我国社会结构矛盾的变化以及市场实践发展的巨大需求。为此，十九大报告明确指出，要"深化商事制度改革"，既要遵循市场经济的客观发展规律，积极稳妥地从广度和深度上推进市场化改革，同时也要保障公平竞争，加强市场监管，维护市场秩序，推动社会主义市场经济的可持续发展。

一　商事制度改革与市场经济法治
　　建设的内在逻辑关系

在当代中国的社会实践与历史进程中，改革与法治是两大时代主题。改革与法治之间存在着本质上的系统关联和实践上的机制互动。[①] 就商事制度改革与市场经济法治建设的内在关系而言，经济体制改革是我国全面深化改革的重点，市场经济法治则是全面推进依法治国的重要组成部分。商事制度改革作为经济体制改革的引领者，与我国社会主义市场经济法治建设存在相辅相成、机制互动的内在逻辑关系。

（一）商事制度改革与我国市场经济法治建设具有内在统一性

商事制度改革与市场经济法治建设之间存在着相辅相成、机制互动的关系，二者互为目的与手段。具体言之，要达至深化商事制度改革的目标，必须通过推进市场经济法治的方式来实现；要达至全面推进市场经济法治的目标，也必须通过深化改革的路径来实现。从这种意义上说，商事制度的改革过程也就是市场经济法治建设不断完善和健全的过程。

社会主义市场经济本质上是法治经济。法治的市场经济的核心要义就在于以法治来保证市场经济的有效运转。作为市场经济的基本制度，商事制度是现代市场经济体制建立和完善的重要基石。一方面，市场经济必须依靠商事制度来解决市场经济活动的秩序问题，通过商事立法、执法和司法调整经济关系，规范经济行为，指导经济运行，促使市场经济在法治的轨道上

[①] 陈甦：《构建法治引领和规范改革的新常态》，《法学研究》2014年第6期。

健康有序地发展；另一方面，现代市场经济要以商事制度为纽带，以市场为中心，把国家（政府）、社会组织（企业）和个人的活动及行为紧密广泛地与市场经济的各个环节联结在一起，以充分求取和实现经济活动的效益，发挥市场经济有效配置资源的功能。就我国改革开放以来市场经济法治的进程来看，我国市场经济法治的每一步推进都得益于商事制度的变革与完善，与此同时，由于我国的商事单行法多脱胎于我国"社会转型+经济转轨"时期，而且我国建设市场经济法制的经验尤为不足，致使已颁行的商事单行法不可避免地存在着滞后性、粗陋性等问题。与时俱进地对现行法律、法规进行必要的修正和适时的完善势必成为我国商事法治发展的显著特征。可以说，对我国商事制度改革与市场经济法治建设之间内在统一性的科学认识与把握是构建我国新时期新形势下用法治引领并规范改革的新常态的认识论基础。

（二）深化商事制度改革是推进市场经济法治建设的引领力量

十八届三中全会《决定》指出，"全面深化改革必须立足于我国长期处于社会主义初级阶段这个最大实际，以经济建设为中心，发挥经济体制改革牵引作用，推动生产关系同生产力、上层建筑同经济基础相适应，推动经济社会持续健康发展"。作为全面深化改革的重点，经济体制改革是我国社会主义市场经济法治建设的重要组成部分。由于当前我国最主要的矛盾是人民对于经济文化迅速发展的需要同当前经济文化不能满足人民需要的状况之间的矛盾，为此，当前我国的主要任务是集中力量发展社会生产力。在此背景下，经济体制改革成为我国社会改革的重点和突破的方向。进一步发挥经济体制改革的引领作用，不仅有利于改革各领域深层次矛盾的解决，而且有利于改革各领域的深化发展。

　　法治对市场经济的引导作用是由市场经济运行的规律决定的。在深化经济体制改革的大前提下，商事领域的基本特性以及商事机制的运行机理使得深化商事制度改革成为推进我国市场经济法治建设的引领力量。在市场机制体制环境下，社会经济生活越来越呈现多样性、复杂性和易变性。市场经济活动中，由利益驱动机制带来的整个商事活动始终居于前沿和领先地位。而作为上层建筑的商事制度必须随社会生活、经济基础的发展变化而快速地调整变化。就我国现阶段而言，商事制度从理论到实践如何创新以适应我国市场经济发展的法治需求对于进一步繁荣社会主义市场经济，加快建设社会主义法治国家，具有深远的现实意义。而基于转型时期我国商事法制的特点，认真思考商事法律与市场经济秩序构建所具有的更为直接的内在关系，适时把握我国市场经济发展进程为商事法制创新提供的前所未有的历史机遇，变革和完善商事法制，为市场各利益主体创造公平完善的竞争环境无疑就成为我国商事法制发展的重大课题，同时也是推动我国商事法律从体系到机制不断创新以适应我国市场经济发展法治需求的重大难题。

（三）市场经济法治建设的提升是深化商事制度改革的法治保障

　　中国的经济体制改革本质上是一个随着市场化程度不断提高而演进的过程。我国社会"转型 + 转轨"的形成过程与特点，不仅带来社会结构、经济体制、分配方式的深刻变化，同时也深刻地影响着商事制度的演化进程与发展路径。有学者指出，"中国商法历经四十年，在徘徊与争议间，完成了借鉴、突破、创新与发展，较多地吸收和改造了传统商法理论、制度与规则，结合中国的现实需求，建立了一套体现当下经济特点的规则体系和制度。中国商法不是简单的历史传承，更多地承载着紧随中国经济改革步伐的制度创新"[①]。可以说，中国的商事制度改革是与我国市场经济法治发展的总体目标以及实践需求相契合的。

我国市场经济法治建设的提升对商事制度改革的保障作用主要体现在两方面。一方面，市场经济法治不仅让商事制度改革要按法律所确认的原则深入发展，而且为商事制度改革的进一步深化扫除障碍和创造条件；另一方面，市场经济法治的提升，可以理顺各种社会关系，从而调动人们参与商事制度改革的积极性。概而言之，市场经济法治具有国家强制性和规范性，可以保障市场行为的稳定和有序，保障各市场主体的合法利益和权利，从而保障商事制度改革的顺利进行。我国市场经济的实践表明，商事制度的改革最需要有序化运转，否则，任何一方面的脱节无序，都会造成交易行为和经济运行的紊乱。而只有法治才是保障改革有序化的最权威手段。依靠强化法治，健全法制体系和完备法律手段，已成为商事制度改革和市场经济发展的内在要求和有机构成。与此同时，通过法治机制，更好地统筹社会力量、平衡社会利益、调节社会关系、规范社会行为，通过法治化建构改革过程，用法治引领和规范改革，将是商事制度改革自身能力建设不断提高的表现与要求。

[①] 范健：《中国商法四十年（1978—2018）回顾与思考》，《学术论坛》2018年第2期。

二 十八大以来我国深化商事制度改革的基本举措

2012年党的十八大以来,在全面深化改革与全面推进依法治国的大背景下,面对经济社会发展的新要求和人民群众的新期待,我国不断完善中国特色社会主义法律体系,全面推进法治社会建设。在商事法治领域,中国重视加强对"市场经济就是法治经济"的再认识,加快形成完备的商事法律规范体系,逐步推进多层次多领域的改革开放,提高市场营商环境法治化水平,开创了中国商事法治建设的崭新局面。过去五年,我国商事制度改革从开始推进到不断深入,重点围绕着三个方面取得了可喜的成绩。

(一) 立法方面:构建法治引领和规范改革的新常态[①]

这个阶段,全国人大常委会立法方面,主要是对《中华人民共和国证券法》《中华人民共和国公司法》《中华人民共和国中外合作经营企业法》《中华人民共和国外资企业法》《中华人民共和国中外合资经营企业法》《中华人民共和国保险法》等进行了修正,取消和下放部分法律设定的有关行政审批事项。

1. 通过立法确保重大改革于法有据

一是通过关于授权国务院在中国(上海)自由贸易试验区暂时调整有关法律规定的行政审批的决定。为加快政府职能转变,创新对外开放模式,进一步探索深化改革开放的经验,2013年8月,全国人大常委会做出决定,授权国务院在上海外高桥保税

[①] 陈甦:《构建法治引领和规范改革的新常态》,《法学研究》2014年第6期。

区、上海外高桥保税物流园区、洋山保税港区和上海浦东机场综合保税区基础上设立的中国（上海）自由贸易试验区内，对国家规定实施准入特别管理措施之外的外商投资，暂时调整《中华人民共和国外资企业法》《中华人民共和国中外合资经营企业法》和《中华人民共和国中外合作经营企业法》规定的有关行政审批。并明确：这些行政审批的调整在三年内试行，对实践证明可行的，应当修改完善有关法律；对实践证明不宜调整的，恢复施行有关法律规定。

二是做出在实施股票发行注册制改革中调整适用证券法有关规定的授权决定。2015年12月27日通过全国人民代表大会常务委员会关于授权国务院在实施股票发行注册制改革中调整适用《中华人民共和国证券法》有关规定的决定。这些授权决定，就是用法治思维和法治方式推进改革，既注重处理好改革先行试点与法律普遍适用的关系，同时又妥善处理好改革实施层面有序之改革与积极之法治之间的关系，确保实现改革方式与法治方式的协调性。

2. 制定和修改了一批行政法规，推进行政执法体制机制改革

与全国人大及其常委会制定各项法律相适应，根据宪法和法律规定的立法权限，国务院、地方人大及其常委会还制定了大量行政法规和地方性法规，为促进中国社会主义民主法制建设，推动中国特色社会主义法律体系形成，发挥了重要作用。制定和修改的行政法规、部门规章主要有：《企业信息公示暂行条例》《存款保险条例》《企业名称登记管理规定》《企业经营范围登记管理规定》《内地与香港股票市场交易互联互通机制若干规定》《证券期货投资者适当性管理办法》《上市公司股权激励管理办法》《证券公司融资融券业务管理办法》等。通过这些行政法规的颁行实施，力推商事行政执法机制改革。

一是改革注册资本登记制度。2013年10月，国务院常务会议审议通过注册资本登记制度改革方案，决定放宽注册资本登记条件，将公司注册资本实缴登记制改为认缴登记制，取消公司注册资本最低限额，放松市场主体的准入管制，以进一步优化营商环境，降低创业成本，激发社会投资活力和创造力。为了使这一改革于法有据，国务院及时向全国人大常委会提出议案，对《公司法》的相关条款进行了修改。主要包括将注册资本实缴登记改为认缴登记，年度检验验照制度改为年度报告公示制度，以及完善信用约束机制等。

二是工商行政管理制度方面。为保障公平竞争，促进企业诚信自律，规范企业信息公示，提高政府监管效能，国务院2014年8月公布了《企业信息公示暂行条例》，规定在工商行政管理部门登记的企业从事生产经营活动过程中形成的信息，以及政府部门在履行职责过程中产生的能够反映企业状况的信息都要纳入企业信用信息公示系统管理。省、自治区、直辖市人民政府领导本行政区域的企业信息公示工作，按照国家社会信用信息平台建设的总体要求，推动本行政区域企业信用信息公示系统的建设。①

三是金融改革方面。修改《证券投资基金法》。《证券投资基金法》自2004年施行以来，对规范证券投资基金运作，保护基金投资者合法权益，促进基金业和证券市场的健康发展，发挥了积极作用。2012年12月，全国人大常委会修改了《证券投资基金法》。这次修改的主要目的在于规范基金行业发展，加强基金业监管，加大对投资者的保护力度，维护资本市场稳定。修改的主要内容为：适应基金业发展变化，将非公开募集基金纳入调整

---

① 参见中国法学会《中国法治建设年度报告（2014）》。

范围；适当降低基金份额持有人大会召开的门槛，促进其发挥作用；完善公开募集基金监管规则，将基金管理人的股东及其实际控制人纳入监管范围，并适当放宽有关基金投资、运作的管制；增加对基金服务机构的规定。

3. 发布司法解释与指导性案例，服务民事商事审判工作

2013年至2017年，最高人民法院制定司法解释119件，发布指导性案例80件。[①] 这些司法解释和指导性案例为法律的正确实施发挥了积极作用。例如，2013年5月，最高人民法院发布《关于适用〈中华人民共和国保险法〉若干问题的解释（二）》，就保险法中关于保险合同一般规定部分有关法律适用问题进行明确，切实维护保险合同当事人的合法权益，为我国保险业的健康发展提供法律指引。2013年9月，最高人民法院发布《关于适用〈中华人民共和国企业破产法〉若干问题的规定（二）》，对涉及债务人财产的相关问题做出了规定，对于准确把握债务人财产范畴，切实保护债权人合法权益具有重要指导意义。最高人民法院公布《关于审理民间借贷案件适用法律若干问题的规定》，对企业间借贷、互联网借贷、借贷利率等做出规定，进一步维护资金融通秩序，保护人民群众的合法利益。2015年11月，最高人民法院公布《关于适用〈中华人民共和国保险法〉若干问题的解释（三）》，对人身保险合同有关法律适用问题做出解释，指导各地法院妥善审理保险案件。此外，截至2017年3月，最高人民法院共发布了16批、87件指导性案例。其中，民事案例55件，占63.22%；行政案例14件，占16.09%；刑事案例15件，占17.24%；国家赔偿案例3件，占3.45%。在已经发布的民事指导性案例中，涉知识产权案例19件，占已发布的指导性案例总

---

① 参见最高人民法院院长周强2018年3月9日在第十三届全国人民代表大会第一次会议上做的《最高人民法院工作报告》。

数的 22.99%；而涉商事指导性案例有 10 件，包括涉公司关系的案例 5 个、破产 1 个、保险赔偿 3 个以及海事纠纷 1 个。① 这些指导性案例对指导各级法院审理案件、统一司法裁判尺度发挥了重要作用。

（二）执法方面：加大执法力度，发挥监管作用

在执法方面，包括证监会、保监会在内的各市场监管主体，切实发挥监管作用，通过严格执法，加大力度查出违法违规行为，切实保障市场主体的合法权益，进而推进深化改革开放、保持经济平稳较快发展，促进社会主义市场经济的进一步繁荣。

以证券市场的发展为例，截至 2017 年 12 月 31 日，2485 家上市公司总市值达 56.7 万亿余元，全国期货市场累计成交量为 3076.13 百万手。其中，大宗商品期货成交量多年居世界前列。2017 年，共计发行企业债、公司债、可转换债等 1668 只，总规模达 15974.88 亿元。此外，全国中小企业股份转让系统（新三板）挂牌公司总数达 11686 家。② 这些数据所显示的我国证券市场的发展，其实与市场监管主体的监管执法密不可分。以证监会的执法为例，证监会全面提升证券执法效能，切实防范市场风险，有效遏制关键领域违法苗头，为证券市场保驾护航，主要体现在以下几个方面：

首先，从执法方式看，证监会力求创新执法方式，形成监管合力，在强调稽查执法机制建设的同时，规范权力运用。第一，证监会突破单一部门执法形式，有效整合形成稽查合力。在证监会机关相关职能部门、交易所、投保基金、中国结算等

---

① 参见邹海林《指导性案例的规范性研究》，《清华法学》2017 年第 6 期。
② 《资本市场 2017 回顾及 2018 展望》（http://www.sohu.com/a/223943757_100012443）。

监管执法单位各司其职、协同作战的基础上，同时不断优化监管资源配置，启动委托沪深交易所承担部分案件调查工作职责的试点。执法过程中，特别是在大案要案的办理中，证监会还强化与公安机关、通信主管部门、人民银行等相关单位的执法协作，解决长期制约执法效率的巨量取证问题，同时合力对股市异常波动期间操纵市场、编造、传播证券市场虚假信息等案件进行快速查处。以2016年为例，证监会就积极加强与人民银行、网信办、国税总局、审计署等单位的协作，优化线索通报、信息共享、执法协作等全方位合作。此外，证监会与公安部还联合部署开展了"老鼠仓"专项执法行动，有力遏制"老鼠仓"案件多发高发态势。第二，进一步强调稽查执法机制建设，包括进一步建立健全线索发现机制，提高调查取证工作的有效性和规范化水平，及时总结经验制定操纵市场认定等细化规则，加大调查取证的设备配置，建立健全案件调查督导机制，加强稽查执法、日常监管、自律监管等部门与会外相关主管部门的协作配合，细化案件信息发布规则等。2016年，证监会系统受理的有效线索603件中，启动调查率达到91%，较上年同期增长18个百分点，创历史新高，线索发现及处理工作质量效率实现双提升。[①] 第三，强化稽查办案工作的全流程监督，切实防范稽查执法权力运行的廉政风险，规范权力的运行。2015年，证监会印发实施了《稽查案件基础文档第三方备案监督工作试点方案》，正式建立稽查案件基础文档第三方备案监督制度，并在证监会系统10家调查单位开展试点。同时，还发布了《中国证监会稽查办案十项禁令》，以负面清单的方式，对稽查办案人员在办案工作全流程中进行规范，公开接受社会监督。第四，

---

① 《2016年度证监会稽查执法情况通报》，2017年2月10日，中国证监会网站。

新时代法治发展的新面向

畅通跨境执法机制，确保新形势下的证券市场运行。随着"沪港通"的深入开展，利用"沪港通"交易机制跨境实施操纵市场的案件出现，中国证监会和香港证监会于 2014 年 10 月 17 日共同签署了《沪港通项目下加强监管执法合作备忘录》，建立了涵盖线索与调查信息通报、协助调查、联合调查、文书送达、协助执行、投资者权益损害赔偿、执法信息发布等各个执法环节的全方位合作关系。2016 年，证监会联合香港证监会，成功查办唐某博跨境操纵市场案，并以此为契机，稳步推进跨境执法协作机制，为两地市场互联互通保驾护航。

其次，从执法强度上看，证监会进一步加大查处力度，扩大查处覆盖面，增强处理新型案件能力。第一，积极做好案件受理工作，加大查处力度。2013 年至 2016 年，证监会分别完成有效线索受理 611 件、678 件、732 件、603 件，分别新增立案 190 件、205 件、345 件、302 件，分别审结案件 153 件、217 件、334 件、233 件。[1] 同时，证监会针对重大案件，依法对当事人采取行政处罚。2013 年至 2016 年分别发布 79 份、104 份、98 份、139 份处罚决定书，而 2001 年至 2010 年的十年间，证监会一共也只做出 405 份行政处罚决定书。[2] 第二，拓展执法覆盖面，依法查处新型案件。在近几年的证监会查处案件中，其中涉及主板、中小板、创业板、新三板等多个板块，涵盖证券案件、期货案件以及跨市场案件。被查处主体包括拟上市公司、已上市公司、非上市公众公司等拟/已发行上市主体，也有证券期货基金经营机构、投资咨询机构、配资平台机构、配资机构以及会计师事务所、律师事务所等证券服务机构。

---

[1] 中国证券业监督业委员会：《2016 年证监会稽查执法情况通报》，2017 年 5 月 18 日（http://www.csrc.gov.cn/pub/newsite/jcj/gzdt/201702/t20170227_312733.html）。

[2] 数据来源于中国证券业监督业委员会网站的证券期货监督管理信息公开目录。

在此基础上的执法力度进一步扩大,执法范围明显拓展。此外,在依法处理传统案件的同时,针对衍生出来的新型案件依法打击。以操纵市场案件为例,出现了信息操纵、跨市场操纵、国债期货合约操纵、跨境操纵等多起首例案件,证监会都依法予以打击、处罚。

(三)司法方面:切实做好审判、检察、公安和司法行政工作

1. 强化商事审判,服务经济建设

首先,加强商事审判,服务商事法治建设。第一,切实发挥商事审判的作用,维护当事人合法权益。商事司法方面,从2013年至2017年的五年间,我国各级法院审结一审商事案件1643.8万件,同比上升53.9%。其中,积极开展破产审判工作,开通全国企业破产重整案件信息网,出台"执行转破产"意见,健全市场主体救治和退出机制,依法稳妥处置"僵尸企业",审结破产案件1.2万件,取得良好社会效果;审结借款、保险、证券等案件503万件,维护金融市场秩序;审结全国首例证券支持诉讼等案件,维护中小投资者合法权益;审结民间借贷案件705.9万件,规范民间融资行为;审结互联网金融案件15.2万件,促进互联网金融健康发展。[①] 第二,注意重点案件、新型案件、复杂案件的审理,切实维护商事环境。2016年6月最高人民法院印发《关于在中级人民法院设立清算与破产审判庭的工作方案》,在4个直辖市、11个省的省会城市和副省级市中级人民法院设立清算与破产审判庭。截至2017年底,全国法院的清算与破产审判庭从2015年初仅5家的基础上迅速增至97家。2017年8月,最高人民法院发布《关于进一步加强金融审判工作的若干意见》,拟

---

① 参见最高人民法院院长周强2018年3月9日在第十三届全国人民代表大会第一次会议上做的《最高人民法院工作报告》。

新时代法治发展的新面向

在金融案件相对集中的地区选择部分法院设立金融审判庭，探索实行金融案件的集中管辖。在其他金融案件较多的中级人民法院，可以根据案件情况设立专业化的金融审判庭或者金融审判合议庭。另外，2018年1月23日中央全面深化改革领导小组办公室审议通过《关于建立"一带一路"争端解决机制和机构的意见》，根据设计方案，最高人民法院拟在北京、西安、深圳设立国际商事法庭，涉外商事审判将开启我国商事审判的新时代。[1] 2013年，各级法院审结企业破产案件1998件，打通市场主体退出环节。2014年，各级法院审结企业兼并、强制清算、股权转让等案件1.2万件，同时，依法严惩破坏社会主义市场经济秩序犯罪，依法审理葛兰素史克（中国）投资有限公司行贿案等一批商业贿赂案件。全年共审结各类经济犯罪案件55858件，判处罪犯72612人，维护社会主义市场经济秩序，保障经济社会健康平稳发展。[2] 2015年，各级法院注重证券、保险案件的审理，审结保险案件10.7万件，审结虚假陈述、内幕交易等案件4238件。此外，各级法院审结涉外商事案件6079件，依法保护海洋权益，审结海事海商案件1.6万件，中国成为海事审判机构最多、海事案件数量最多的国家。[3]

其次，强化商事司法在国家政策与改革中的作用。2014年，随着非公有制经济的不断发展，为了保护非公有制经济的发展，最高人民法院发布了《关于依法平等保护非公有制经济促进非公有制经济健康发展的意见》。2015年，最高人民法院制定人民法院为"一带一路"建设、为京津冀协同发展、为长江经济带发展提供司法服务和保障的意见，妥善审理相关案件，推动区域协调

---

[1] 范健：《中国商法四十年（1978—2018）回顾与思考》，《学术论坛》2018年第2期。
[2] 《2015年最高人民法院工作报告》。
[3] 《2016年最高人民法院工作报告》。

发展。同时，为更好地服务自贸区发展，强化对涉自贸区案件的审理。2016年，为促进国企改革顺利进行，各法院依法审理相关案件，保障国有企业改革顺利推进。2017年，北京基金小镇正式成立中国首家基金业法庭，推进基金类案件办理专业化水平和中国投资、资管领域司法机制建设，为中国基金业的科学健康和可持续发展保驾护航。法院系统的一系列工作，切实加强对经济社会发展新情况新问题的司法应对，认真研究服务实体经济、民间借贷等方面的法律问题，及时提出司法建议，积极防范和化解风险，促进经济社会科学发展。

2. 发挥检察职能，服务大局发展

2013年以来，各级检察院积极做好检察工作，充分发挥自身职能，切实履行对商事犯罪案件的起诉、监督等职能，平等保护企业产权和合法权益，着力防范金融风险，积极服务国家重大战略实施。各级检察院面对商事犯罪多样化的局势，针对职务类犯罪，紧紧围绕公共资源交易、国有企业改制、政府采购等重点领域，深入推进治理商业贿赂工作，依法查办涉嫌商业贿赂犯罪的国家工作人员。在经济犯罪领域，时刻注意把握新形势下资本市场的复杂情况，依法惩治金融诈骗、合同诈骗、内幕交易、非法集资和传销等严重经济犯罪，起诉破坏市场经济秩序的犯罪嫌疑人。以2014年为例，各级检察院起诉非法吸收公众存款、集资诈骗、内幕交易、保险诈骗等金融犯罪22015人，同比上升12.2%。在打击商业贿赂方面，共查办涉嫌商业贿赂的国家工作人员4056人，依法办理包括葛兰素史克（中国）投资有限公司行贿案等在内的一批商业贿赂案件，在一定程度上净化了商业投资环境。[①]

---

① 《2015年最高人民检察院工作报告》。

针对商事犯罪的多样化、新型化趋势，各级检察院始终把关注点放在维护商事环境的健康发展之上。针对严重危害社会稳定、损害人民利益、破坏市场经济秩序的重大案件，予以重点打击。2015年，针对利用互联网金融平台进行非法集资犯罪多发的态势，各级检察院依法起诉非法吸收公众存款、集资诈骗等涉众型经济犯罪12791人，依法办理"e租宝"非法集资案等重大案件。同时，会同有关部门深入开展打击证券期货领域犯罪专项行动，严惩内幕交易、操纵证券期货市场犯罪。最高人民检察院依法对马乐利用未公开信息交易案提出抗诉，最终最高人民法院依法改判实刑并收监执行。① 2016年，突出惩治非法集资等涉众型经济犯罪和互联网金融犯罪，起诉集资诈骗等犯罪16406人，北京、上海等地检察机关依法妥善办理"e租宝""中晋系"等重大案件。此外，各级法院加大对操纵市场、内幕交易、虚假披露、非法经营股指期货等犯罪打击力度，维护投资者合法权益。山东、上海检察机关依法批捕起诉徐翔等人操纵证券市场案、伊世顿公司操纵期货市场案。②

在做好基本检察工作的同时，各级检察院积极顺应国家战略发展，服务商事法治建设。加强与"一带一路"沿线国家和地区司法合作，突出惩治和预防基础设施互联互通、经贸合作产业区建设等领域犯罪。上海、天津、广东、福建检察机关保障自贸区法治先行，依法惩治利用虚假跨境贸易逃汇骗汇、骗取出口退税、信用证诈骗等犯罪。

3. 依法履行职能，切实推进商事改革

针对《国务院办公厅关于加快推进"三证合一"登记制度改革的意见》，公安部发布《关于认真做好"三证合一、一照一

---

① 《2016年最高人民检察院工作报告》。
② 《2017年最高人民检察院工作报告》。

码"登记制度改革相关工作的通知》,要求公安部门准确理解"三证合一、一照一码"登记制度改革的基本内容,认真贯彻落实"三证合一、一照一码"登记制度改革要求,强化配套措施,确保"三证合一、一照一码"登记制度改革落实到位。各级公安机关要围绕"三证合一、一照一码"涉及的技术标准、业务流程等开展业务培训,提高一线窗口执法民警的业务水平。要与有关部门建立信息交换传递和数据共享平台,确保涉及"三证合一、一照一码"登记制度改革的各项业务能够顺利办理,确实采取各项措施,确保这一利国利民的改革举措顺利实施。对以各种理由刁难、拒绝、拖延为企业办理相关业务,造成恶劣社会影响的,要严肃追究有关人员责任。以此,确保商事登记制度改革的落实。

4. 积极做好司法协助,服务商事法治建设

随着经济的不断发展,商事案件的复杂性也随之提高,涉外性质的商事案件大量涌现。在办理此类商事案件的过程中,需要充分发挥司法行政机关的涉外协助作用。从 2013 年至 2016 年底,司法行政机关共办理民商事司法协助案件约 1.2 万件,[①] 在涉外案件、追逃追赃案件的办理过程中发挥了重大作用。

三 进一步深化我国商事制度改革的路径展望

在新时期新形势下,进一步深化商事制度改革,既包括改革任务、改革思路的深化,也包括改革方式和改革机制的深化。从我国经济社会发展的客观实践出发,我国深化商事制度改革要着重理顺市场与政府关系、注重解决本国实际与域外经验的

---

① 《数读全国司法厅局长会议》,2017 年 5 月 19 日(http://www.hbsf.gov..cn/wzlm/xwdt/gdcz/45301.htm)。

关系以及经验主义与理性建构的关系，在改革的观念创新、制度设计、组织实施等各个环节，有机地融入法治思维和法治方式，尽快形成能够更好地发挥法治引领和规范作用的改革新常态。

（一）深化商事制度改革要注重理顺市场与政府的关系

党的十八届三中、四中全会指出，经济体制改革是全面深化改革的重点，核心问题是处理好政府和市场的关系。本质上是要着力解决市场体系不完善、政府干预过多和监管不到位问题，使市场在资源配置中起决定性作用。就商事制度而言，商法是规范市场经济活动的含有鲜明公法因素的私法，是市场与政府关系的最为集中而直接的制度体现。如何在我们的法治建设中更多地体现市场机制的作用，体现经济运行和发展的规律是我们商事法治建设的一个突出问题。多年的实践表明，"使市场在资源配置中起决定性作用和更好发挥政府作用"的理念与体制，实际上为当前商法建设确定了最为根本的制度形成依据。事实上，作为规范市场主体与交易行为的主要法律，商法在其规范内容与体系结构中，大量容纳了市场机制与政府职能据以发挥作用的制度措施。因此，在商法建构中合理设置有关政府职能与市场机制的法律规范，通过商法实施以有效发挥政府与市场的作用，并基于"使市场在资源配置中起决定性作用和更好发挥政府作用"的理念，进一步完善商法的规范内容与体系结构，成为当前商事制度建设的重要任务与主要思路。① 具体来看，在商事制度建构及其实施过程中，既应注重发挥市场的功能，使其在配置资源中能够起到决定作用，因此商法应当充分保护产权、坚持维护契约、实现统一

---

① 陈甦：《商法机制中政府与市场的功能定位》，《中国法学》2014年第5期。

市场、促进平等交换、保障公平竞争；也应注重更好发挥政府作用，实现其对市场活动、市场运行的有效监管。尤其要着重分析在市场决定资源配置的体制下政府如何发挥其作用，以实现政府在商法机制中应实现职能转型。①

（二）商事制度改革要处理好本国实际与域外经验的关系

在全球经济一体化时代，商法的国际化、统一化特征日益彰显，商事制度的移植亦随处可见。学者们全球化的研究视野使我国商法借鉴吸收国际先进理念和制度成为可能，对我国商事制度的完善功不可没。但是，我国特殊的历史文化背景以及转型期特定的社会环境决定了商事制度本土化的重要性。长期的立法实践表明，大凡有生命力的制度，都是根植于本土土壤之上的；而只有抓住本土特质的制度，也才能对本国经济社会发展起到巨大的推动作用。因此，即便在商法高度国际化的背景下，对本土环境的理解和把握仍然是决定商事制度改革成败的关键。立足本土与追求国际视野之间的有机结合是深化商事制度改革的必行之路。

具体而言，在中国特色社会主义商事法治体系的建构过程中，应根据中国的现实国情及社会环境的不断发展，对传统的改革范式进行反思。只有立足我国市场经济建设实践，将从国外引进的各种理论和规则与中国的实践相结合，充分把握我国目前形势下商事制度所赖以存在的社会的、政治的，尤其是经济的复合背景以及这种背景下商事制度的发展空间，放眼世界范围内商事制度的现代发展实践，在全球化视野下，高度重视本土环境的差异，探求我国经济社会环境的内在特征，注意研究借鉴国外立法有益经验，吸收国外法制文明先进成果，但又不简单照搬照抄，

---

① 陈甦：《当前商法研究应把握的几个范畴》，中国法学网。

才能使法律制度既符合中国国情和实际,又顺应当代世界法制文明时代潮流,真正实现商事领域"全球化思考,本土化执行",使本土化和国际化并行不悖,相辅相成,促成中国商事法治走向成熟之路。

(三) 商事制度改革要处理好经验主义与理性建构的关系

我国经济社会的转型已经进入全面加速时期。在一个市场关系更加复杂、价值取向多元、规则频繁变动的加速转型时期,我国的商事制度改革面临严峻的挑战。能否顺利实现制度性跨越,根本上取决于市场实践的丰富与基础理论的成熟程度。然而,我国 20 多年来的商事制度改革是渐进性改革,是围绕具体问题不断探索道路的过程,此种特点在商事立法上所普遍体现的是回应式立法的特点。有鉴于此,进一步商事制度改革要强调理性建构和经验主义相结合。一方面,通过具体制度的建构弥补原有漏洞;另一方面,从体系化的角度对法律规范进行整合,寻求一个体系性的解决方案。[①]

就我国当前深化商事制度改革的角度而言,在中国特色社会主义法律体系形成之后,我国在立法上迎来了从数量型向质量型发展、从粗放型向精细化型转变的重大转折。商事领域作为市场经济发展最活跃最具代表性的前沿阵地,在我国商事法制框架基本确立的情形下,梳理与总结改革进程中法律修改的基本经验,分析立法工作重心逐步向法律修改转移的特点,与时俱进地对商事立法中存在的问题及时修正、拾遗补阙,尤其是科学解决既往应急性立法中暂时搁置的难题、深度构建商事现代法制已经成为当前我国商事法治发展的艰巨任务和时代需求。就现阶段而言,

---

[①] 陈甦:《构建法治引领和规范改革的新常态》,《法学研究》2014 年第 6 期。

如何坚持立改废释并举、统筹考虑立新废旧、法律之间协调衔接等问题亟待解决。从长远来看，坚持从体系化的视角，从商事实践机制与法治运行机制的有机契合上，为商事法律文本规范转化为法治秩序提供有效的方案或路径，无疑有助于准确理解全面推进依法治国进程中立法与市场实践发展的规律，更好地观察和把握我国市场经济的发展轨迹和未来趋势。

（作者为中国社会科学院法学研究所研究员）

国家机构改革与组织法的革新

卢 超

统筹考虑各类机构设置,科学配置党政部门及内设机构权力、明确职责。统筹使用各类编制资源,形成科学合理的管理体制,完善国家机构组织法。

——十九大报告

一 国家机构改革的意义

国家组织的法定体系建设是关系国家治理能力的一个重要维度,[①] 随着经济体制改革的持续深入,简政放权、权力清单建设的不断推进以及经济分权背景下央地关系的革新重塑,对于国家机构组织法的现实需求也不断提升,借此实现改革与法治之间的恰当平衡。面对新时代下改革形势的迫切需求,党的十九大报告中指出要进一步深化机构和行政体制改革,并特别提出"统筹考虑各类机构设置,科学配置党政部门及内设机构权力、明确职责。统筹使用各类编制资源,形成科学合理的管理体制,完善国家机构组织法"。

就现状而言,一方面,我国现有的国家机构组织法体系并不

[①] 王锡锌:《完善国家机构组织法应坚持三原则》,《中国党政干部论坛》2018年第3期。

国家机构改革与组织法的革新

够完备，对于国家机构改革的调整缺乏法定拘束，往往是借助法定位阶较低的"三定方案"模式予以规范，灵活性有余而法定化色彩单薄，对于央地关系也缺乏刚性的法治规范，权宜主义倾向较明显，现有的《国务院组织法》《地方各级人民代表大会和地方各级人民政府组织法》等法律过于宽泛笼统，已然无法满足新时代下国家组织治理体系发展的需要；另一方面，国家机构组织法作为传统的公法学研究对象，相比宪法基本权利、行政救济法、行政行为法领域的丰硕成果，组织法一直被视为宪法学与行政法学较为薄弱的研究领域，[1] 这种研究现状与其重要性之间形成了极为鲜明的反差。

党的十九大报告中明确，"中国特色社会主义发展已经进入新时代，社会主要矛盾已经转变为人民日益增长的美好生活需要和不平衡不充分的发展之间的矛盾"。在国家机构改革范畴，这意味着新时代背景下需要通过国家机构的塑新改革来适应社会主要矛盾的变化发展。2018年2月28日，中国共产党第十九届中央委员会第三次全体会议通过《中共中央关于深化党和国家机构改革的决定》，相比以往历届机构改革模式，2018年推动的党和国家机构改革是在新时代新任务背景下，以推进党和国家机构职能优化协同高效为着力点，进行的一次立体、崭新、全方位改革。

从机构改革的历史发展角度来看，在1982—2013年的历届国务院机构改革中，更多是注重政府机构本身的改革，将政府机构改革的重心放置于市场经济发展领域，缺乏与人大、政协、群团、事业单位和军队等其他机构改革的协调推进，对于社会建设与社会性监管领域的重视程度不够，并且相对忽视了党和政府机

---

[1] 对于宪法学领域内国家机构研究薄弱现象的反思与回顾，可详见张翔《中国国家机构教义学的展开》，《中国法律评论》2018年第1期。

构在职能配置和机构设置上的分工配合,党的领导、政府治理、群团工作、事业单位改革和武装力量建设之间没有能够形成有机联系的统一整体,本轮国家机构改革在总结以往经验和教训的基础上,着力于加强党的领导、调整经济管理职能、完善社会管理和公共服务职能、改进地方政府运行效能,将诸多改革事项系统性地完整统合于一体。[①] 可以说,本轮国家机构改革涉及幅度之广、影响之深,远远超出以往任何一届,可以视为国家治理体系的一次系统性的变革,这无疑给国家机构组织法的研究提供了前所未有的时代契机,当然也给现行发育不足的组织法体系带来诸多挑战,急需相关学术研究予以关切回应。

二 本轮党和国家机构改革的特征与目标

(一)加强党的统一领导,强调机构改革的党政协同模式

习近平总书记在党的十九届三中全会上指出,"深化党和国家机构改革,是坚持和加强党的全面领导、加强党的长期执政能力建设的必然要求",这一论述深刻阐明了党的领导、党的长期执政能力建设同国家机构改革之间的内在逻辑。通过党和国家机构的系统性改革,从而进一步加强党的统一领导,可以视为本次国家机构改革的根本保障和首要任务,正如本次党和国家机构改革方案中所强调的,"深化党中央机构改革,要着眼于健全加强党的全面领导的制度,优化党的组织机构,建立健全党对重大工作的领导体制机制,更好发挥党的职能部门作用,推进职责相近的党政机关合并设立或合署办公,优化部门职责,提高党把握方向、谋大局、定政策、促改革的能力与定力,确保党的领导全覆

[①] 陈鹏:《改革开放四十年来我国机构改革道路的探索和完善》,《浙江社会科学》2018年第4期。

盖，确保党的领导更加坚强有力"。长久以来，机构改革的重点往往着力于政府职能的转变，这种"精兵简政"为特征的机构改革模式更多拘囿于行政领域与经济管理部门，本次机构改革首次明确将党和国家机构的职能体系划分为党的领导体系、政府治理体系、武装力量体系和群团工作体系等重要组成部分，并将党的机构改革与党的统一领导作为系统性抓手，这是对单边政府机构改革历史经验教训的总结，是党中央对政治体系建设的重大战略性调整。[1]

本轮党的机构改革中有诸多全新的机构设置与改革亮点，譬如新组建的国家监察委员会，实现了党内监督和国家机关监督的有机统一，体现出对于公职人员的监察全覆盖模式。再譬如将传统的领导小组升级为委员会模式，本次改革将中央全面深化改革领导小组、中央网络安全和信息化领导小组、中央财经领导小组、中央外事工作领导小组分别提升为中央全面深化改革委员会、中央网络安全和信息化委员会、中央财经委员会、中央外事工作委员会，以更为法定化的委员会装置，来进一步加强党中央的统筹协调与决策能力。尤其值得关注的是，本次党的机构改革中，存在将传统意义上政府职能直接吸纳至党的机构的现象，较为典型的是文化行政领域，本次机构改革为了加强党对新闻舆论工作的集中统一领导，加强对出版活动的管理，将国家新闻出版广电总局的新闻出版管理职责划入中宣部，中宣部对外加挂国家新闻出版署（国家版权局）牌子。与之类似，为更好发挥电影在宣传思想和文化娱乐方面的特殊重要作用，发展和繁荣电影事业，将国家新闻出版广电总局的电影管理职责划入中宣部，中宣部对外加挂国家电影局牌子。这种党的机构吸纳行政职能的全新

---

[1] 朱光磊等：《党和国家机构改革高度整体性的深刻变革》，《天津日报》2018年4月16日第9版。

模式意味着党可以借助自己名义，不需要传统行政机构作为"二传手"，从而更为高效地直接出台具有外部效力的公共监管政策。这种党政协同模式鲜明体现了本轮机构改革的特点，那便是对于"党政分开"传统模式的进一步升华，机构改革已然不再局限于行政机构体系内部，而是更加强调党和国家机构之间的职能优化与协调高效，当然这种党政协同模式也对于传统的组织法理论提出了挑战，需要结合新形势的需求对于传统法学理论予以革新升级。

（二）通过大部制改革，破解监管机构碎片化格局

当代中国监管型国家建构过程中，由于计划经济时代行业主导的历史遗留问题，而带来"九龙治水、多头管理"的监管机构碎片化特征，是一个极为普遍的组织现象。[①] 这种机构碎片化格局在诸多行业监管领域均有明显的体现，譬如在市场监管、安全生产、环保规制、自然资源等诸多规制领域，均涵盖众多分散化的行政监管部门，组织机构极为分散多元，相互之间权责界分不明且存在割裂化的"规制空间"[②]，这种碎片化的组织格局严重影响了行政监管效能的实现。

据此，本轮机构改革的一项重要政策目标便在于打破组织樊篱，在以往大部制改革模式的思路基础上，继续聚焦调整行政组织资源，本着整合行政职能、提升国家治理监管能力的目的，对诸多监管部门的职能重新予以划分布局。譬如在环保领域，生态

---

① Margaret M. Pearson, "Governing the Chinese Economy: Regulatory and Administrative Reform in the Service of the State", *Public Administration Review*, Vol. 67, Issue 4, 2007, p. 722.

② 中国语境下"规制空间"的动态张力，往往更多反映在碎片化的行政监管机构之间，关于"规制空间"的西方理论介绍详见 Colin Scott, "Analysing Regulatory Space: Fragmented Resources and Institutional Design", *Public Law*, 2001, pp. 329 – 350.

系统的规制权限长期以来被众多行政机构的条块化职权所分割，按照本次党和国家机构改革方案的设计，新组建的生态环境部作为国务院组成部门，将之前环境保护部的职责，国家发展和改革委员会的应对气候变化和减排职责，国土资源部的监督防止地下水污染职责，水利部的编制水功能区划、排污口设置管理、流域水环境保护职责，农业部的监督指导农业面源污染治理职责，国家海洋局的海洋环境保护职责，国务院南水北调工程建设委员会办公室的南水北调工程项目区环境保护职责重新予以整合，从而极大改善了之前碎片化的环保监管格局。与之相类似，新组建的国家市场监督管理总局则将国家工商行政管理总局的职责、国家质量监督检验检疫总局的职责、国家食品药品监督管理总局的职责、国家发展和改革委员会的价格监督检查与反垄断执法职责，商务部的经营者集中反垄断执法以及国务院反垄断委员会办公室等职责予以整合，从而有助于建立统一的市场监管体系，实现一体化的精细规制模式，避免长期存在的多头执法、重复执法弊端。再譬如国务院新组建的应急管理部，则将国家安全生产监督管理总局的职责，国务院办公厅的应急管理职责，公安部的消防管理职责，民政部的救灾职责，国土资源部的地质灾害防治、水利部的水旱灾害防治、农业部的草原防火、国家林业局的森林防火相关职责，中国地震局的震灾应急救援职责以及国家防汛抗旱总指挥部、国家减灾委员会、国务院抗震救灾指挥部、国家森林防火指挥部的职能重新予以整合，从而有助于将之前过度分散的行政资源聚焦汇集，形成更为高效统一的应急管理与安全监管体系，改善之前安全生产监管部门行政资源贫瘠，日常监管与动员能力较弱的窘境。

可以说，本轮党和国家机构改革对于诸多行政机构的重组调整，既是之前大部制改革思路的深化延续，同时也反映了国家机构改革的新时代特征。本轮机构改革中对于诸多监管机构的重组调整，并非局限于行政职能划分调配的小修小补，而是直指国家机构组织碎片化、规制空间割裂的深层机理，对于诸多监管机构的系统性调整也将有助于提升国家治理能力，从根本上破解中国监管型国家内部组织空间的破碎张力。当然，也需要进一步警惕的是，重组后的监管机构内部是否会基于旧有机构格局与行政风格的遗留，依然存在系统内部的张力与协调难题，尚待机构改革实践的进一步观察。

（三）进一步推广机构改革地方自主试点模式

本次党和国家机构改革另外一项重要议题是增强地方政府机构改革自主权，通过地方自主试点模式，为进一步的全局性、系统性改革积累政策经验。针对 1982—2013 年之前七次机构改革中地方政府缺乏机构改革自主权的问题，2018 年党和国家机构改革做出了全新的调整部署，"赋予省级及以下机构更多自主权，突出不同层级职责特点，允许地方根据本地区经济社会发展实际，在规定限额内因地制宜设置机构和配置职能。统筹设置党政群机构，在省市县对职能相近的党政机关探索合并设立或合署办公，市县要加大党政机关合并设立或合署办公力度。借鉴经济发达镇行政管理体制改革试点经验，适应街道、乡镇工作特点和便民服务需要，构建简约高效的基层管理体制"。

长久以来，地方政策试验一直作为当代中国公共政策推广的重要机制模式，[①] 同样在行政机构体制改革中，通过在局部地区采取试点的方法进行渐进式改革，一方面的确降低了机构改革的制度风险，减少了改革失误的可能性及其可能引发

---

① 地方政策试验的一个理论分析可参见韩博天《中国异乎常规的政策制定过程：不确定情况下反复实验》，《开放时代》2009 年第 7 期。

的负面后果；但另一方面新旧体制之间往往也会出现较为明显的冲突张力，衍生出不同机构模式之间衔接协调的组织成本。①

行政机构改革的地方试验模式一直延续在历次政府机构改革历程之中，其中尤为引人注目的是2009年广东顺德的机构改革试点模式，2009年9月，广东省佛山市顺德区在经过广东省委、省政府的正式批复后开展了"党政大部制"试点工作，将党政机关根据职能相近原则进行了大规模的合并调整，41个党政机构被调整到16个部门，可以视为全国范围内一次前所未有的"综合大部制"的地方改革探索。2010年11月25日，广东省委办公厅、省政府办公厅印发《关于推广顺德经验在全省部分县（市、区）深化行政管理体制改革的指导意见》，在深圳、珠海、东莞、中山以外的所有地级以上市共25个县（市、区）参照佛山市顺德区经验全面铺开推广地方改革。广东顺德的机构改革地方试点，可以视为党和国家机构地方局部试验的一次有益探索，也为后续改革与全局推广提供了若干宝贵的经验教训，譬如2018年本次推行的党和国家机构改革中的党政合署办公模式，其实早在广东顺德试点过程中便已初具雏形且富有实效。②

但正如顺德模式地方试点所揭示的那般，机构改革的地方试点模式往往存在诸多困境难题，其中一个突出的问题是，在上下对口、职责同构的行政机构体制模式下，③下级政府的机构试点

---

① 黄东娅、陈川慜：《地方大部制改革运行成效跟踪调查》，《公共行政评论》2012年第6期。

② 何文盛、王焱：《合并或合署：绩效驱动的新时代深化机构改革探析》，《兰州大学学报》（社会科学版）2018年第2期。

③ 朱光磊、张志红：《职责同构批判》，《北京大学学报》（哲学社会科学版）2005年第1期。

始终要面对上下级衔接与协调的问题，即便"下级机构体制如何合理设置、运作如何高效顺畅，上面还是要对一大堆部门，无法真正实现行政效率的提高"[1]，可以说"职责同构"的传统行政体制，较大程度上制约了机构改革地方自主权的触及限度，机构改革始终要面对政令统一与地方自主之间的冲突张力，本次机构改革尽管赋予了地方较多的自主权，但基于中央政令畅通的需要，依然要处理地方部门与中央机构如何对应的难题。另外一个问题则是，机构改革的地方试点经验在多大程度上可以予以推广复制，党的十九大提出的"党政机关探索合并设立或合署办公"是由顺德等地的成功试点作为实践支撑的，但问题是经济发达地区的试点经验未必能够成功嫁接至其他欠发达地区，如何充分考虑各地区之间基于财政水平、编制资源等各类因素的差异性，而进一步赋予地区试点改革的自主空间，也是未来改革推广所必须解决的重要议题。

（四）整合重塑基层行政执法体系

除了中央一级的机构革新调整之外，行政执法体系的重组整合，同样是本次机构改革的重要议题，长久以来，由于中央一级诸多行政部门之间的权力交错格局，直接导致了基层执法队伍存在职能边界不清、监管力量分散、协调配合困难以及执法资源匮乏等诸多运行难题。

有鉴于此，按照本次机构改革方案，中央计划部署要"统筹配置行政处罚职能和执法资源，相对集中行政处罚权。根据不同层级政府的事权和职能，按照减少层次、整合队伍、提高效率的原则，大幅减少执法队伍种类，合理配置执法力量。一个部门设

---

[1] 黄东娅、陈川慜：《地方大部制改革运行成效跟踪调查》，《公共行政评论》2012年第6期。

有多支执法队伍的,原则上整合为一支队伍。推动整合同一领域或相近领域执法队伍,实行综合设置。整合组建市场监管综合执法队伍、生态环境保护综合执法队伍、文化市场综合执法队伍、交通运输综合执法队伍、农业综合执法队伍。继续探索实行跨领域跨部门综合执法,建立健全综合执法主管部门、相关行业管理部门、综合执法队伍间协调配合、信息共享机制和跨部门、跨区域执法协作联动机制"。这一改革方案极为有针对性地回应了基层行政执法的真实困境,通过监管执法资源与基层编制的有效整合,将更为有效地打造基层监管执法机构体系,去回应产品质量市场监管、环保监管以及文化市场监管等社会性规制领域的基层治理需求。

值得关注的是,地方层面的基层执法体制改革已然逐步开始启动,其中引人注目的,譬如2018年5月北京市东城区启动的街道大部制改革试点模式,按照《东城区关于党建引领街道管理体制创新,实现"街道吹哨、部门报到"的实施意见》的制度试点设想,北京市东城区将组建街道综合执法队,即以街道城管执法队为主体,从工商、食品药品监管、交通、消防等部门抽调基层执法人员组建而成,将人员、工作机制与办公场地相对固定化,进一步推动执法力量下沉固定到基层,从而实现综合执法模式的实体化、机构化运行,通过执法队伍的整合下沉将监管资源统合固定在基层,改变之前上级层层发包部署任务,下级疲于奔命的被动执法局面,从而极大提升了基层执法的行政效率与能动性。当然,基层执法的统合改革模式仍然处于试点摸索局面,尤其是执法信息共享与跨区域、跨部门执法协作机制在实践中依然面临诸多改革困境,今后尚需时间予以观察。

三 机构改革新模式给传统行政法学
理论带来的挑战

(一) 机构改革对于行政组织法的挑战

我国自1988年的第一轮机构改革以来,一直采用的是"定职能、定机构、定编制"的三定方案模式来推动机构改革。三定方案模式可以视为特定历史时期的制度产物,[①] 在特定时期内,三定方案有助于更为迅捷高效地实现机构改革目的,从而推动机构改革的步骤进程。但从长远看,因为三定方案自身的法律位阶较低,且缺乏严格的法律拘束效力,无力从更高层面解决部门之间的职能交叉议题,因此无法为机构改革提供持续有效的法定保障。由于我国一直缺少一部系统性的《行政组织法》,目前仅有《国务院组织法》和《地方各级人民代表大会和地方各级人民政府组织法》两部法律,对于国家机构组织做出较为原则性的控制,总体而言,组织法领域的法定化水平一直处于较为落后的状态。[②]

本次机构改革尽管提供了诸多制度创新,但由于缺少严格的组织法保障,"三定方案"模式的弊端日益凸显,难以对机构创新改革提供法定有效的维系与支撑,[③] 亟须对现有的组织法体系予以更新修补。为此,有学者建议,在"三定方案"的基础上尽快制定各个部门的行政组织通则,将机构改革后诸多机构的职责权限、组织编制和人员编制等重要内容上升为法律,以增强权威

[①] 应松年:《完善行政组织法制探索》,《中国法学》2013年第2期。
[②] 薛刚凌:《我国行政主体理论之检讨——兼论全面研究行政组织法的必要性》,《政法论坛》1998年第6期。
[③] 芦一峰:《行政组织法视域下的国务院三定规定研究》,《行政与法》2011年第12期。

性。具体而言，应当修改《国务院组织法》《地方各级人民代表大会和地方各级人民政府组织法》，制定统一的《行政组织法》与《行政机构设置和编制法》，各部委也需要根据不同的部门风格需求，各自分别制定相关部门组织通则，如自然资源部组织通则、生态环境部组织通则等。[①] 另外在修法的同时，也应当逐步完善和制定中国共产党机构编制工作条例，为党的系统内部机构设置和编制管理提供党内法规依据，并将权力清单建设与行政组织法的完善相同步。可以说，现有行政组织法的规范体系越来越难以满足机构改革的现实需求，在机构改革的"变"与国家机构组织法的"定"之间需要寻找一个恰当的制度平衡点，[②] 应当通过修法立法的方式，为国家机构改革的效果延续提供法定支撑。

（二）党政协同模式给行政诉讼等救济制度带来的影响

本轮机构改革的一个重要特点是党政合并设立或者合署办公，部分行政机构划归党的机构管理和领导，譬如文化行政领域的部分行政职权就被中宣部所吸纳，但本质而言其行使的权力性质仍然属于行政职权，按照依法行政的传统法治原理其仍然应当接受司法监督与制约。但是，如果并入党的机构系统的行政机关以党的机构名义实施行政行为，或者制定具有普遍拘束力的规范文件时，如何在传统的复议、行政诉讼等司法救济渠道中予以回应，今后则是相对一个棘手的实践难题，亟须中央出台更为详尽的规定予以回应解释。[③] 再譬如行政诉讼中确定被告问题，党的组织机构便难以被吸纳至传统的行政主体框架中从而成为适格被

---

① 马怀德：《运用法治方式推进党和国家机构改革》，《中国党政干部论坛》2018年第5期。
② 任进：《宪法视界下的国家机构改革与组织法完善》，《法学论坛》2012年第6期。
③ 马怀德：《运用法治方式推进党和国家机构改革》，《中国党政干部论坛》2018年第5期。

告,这给依法行政的司法控制与行政主体理论带来全新理论挑战。

除此之外,与之相关的则是党政协同模式下,党政联合发文等类型的规范性文件是否会逃逸法律控制的难题,2014年新修订的《行政诉讼法》中创设了规范性文件附带审查制度,《行政诉讼法》第53条规定:"公民、法人或者其他组织认为行政行为所依据的国务院部门和地方人民政府及其部门制定的规范性文件不合法,在对行政行为提起诉讼时,可以一并请求对该规范性文件进行审查。前款规定的规范性文件不含规章。"第64条进一步规定:"人民法院在审理行政案件中,经审查认为本法第五十三条规定的规范性文件不合法的,不作为认定行政行为合法的依据,并向制定机关提出处理建议。"① 然而在具体的司法实践中,法院对于规范性文件的附带性审查判断实践,对于党政联合发文形式往往表现出模棱两可的审查态度,通常倾向于将其排除出附带审查的范畴之外。② 不难预测,在机构改革所创设的党政协同模式下,各级党委政府的联合发文模式将急剧增多,对于该类规范性文件如何予以附带审查,需要通过司法解释方式予以进一步明确,否则,党政协同的机构改革模式存在将行政诉讼等一系列司法制约装置进一步架空的潜在风险。

结语

新时代背景下的党和国家机构改革实践,为国家机构组织法

---

① 除此之外,2018年新的《行政诉讼法司法解释》中第145—151条对于规范性文件附带审查装置还设置了具体的程序规定,尤其第148条详细规范了"规范性文件不合法"的审查认定标准,第149条则具体设定了法院对于"不合法规范性文件"的司法处理模式。

② 李成:《行政规范性文件附带审查进路的司法建构》,《法学家》2018年第2期;贾圣真:《行政诉讼规范性文件审查的现状与问题——以"中国裁判文书网"案例为素材》,《行政法论丛》2017年第20卷第1期。

的发展提供了前所未有的契机，与此同时，最近一轮国家机构改革中的党政协同、合署办公等诸多创新模式，也给传统的组织法理论提出了挑战与冲击，现有的组织法框架已然无法回应改革发展与治理变革的需求，除了立法层面需要予以回应之外，这也要求学术理论研究在总结本土历史与汲取域外经验的同时，需要勇于探索创新，来阐述与构建具有中国特色的国家机构组织法理论。

（作者为中国社会科学院法学研究所副研究员）

新发展理念篇

新时代中国法治经济建设的逻辑

谢海定

> 经济体制改革必须以完善产权制度和要素市场化配置为重点，实现产权有效激励、要素自由流动、价格反应灵活、竞争公平有序、企业优胜劣汰。
>
> ——十九大报告

一　引言

"法治经济"概念兴起于市场经济被确立为中国经济体制改革目标之际，大约自1993年起，开始以"市场经济就是法治（法制）经济"的方式在中国学术界流行。按照学者的看法，它"是'法治'一词应用于说明'市场经济'在法律层面上的本质特征而产生的"，其实质"是'法治'在'市场经济'中的延伸、扩展乃至存在（表现）形态"。[①] 这个意义上的"法治经济"，其实是一个颇具中国特色的概念，其英译"Rule of Law Economy"在西方很难见到；英语中经常出现的近似词"Rule of Law and Economy"，实际上主要指围绕法治与经济发展之间关系的研究题域。

[①] 程燎原：《从法制到法治》，法律出版社1999年版，第136页。

新时代法治发展的新面向

20世纪七八十年代之交的中国，迎来了社会主义建设道路的调整，改革开放开始成为主旋律。经济领域的改革开放，既为法学研究直接提供了论题，也打开了政治逐步接纳法治的空间。在法学领域，传统上曾在较长时段内将"法治"作为资本主义社会的特有存在而予以批判。"文革"结束后，学术界在七八十年代之交掀起了一场关于法治与人治的大讨论，[1] 形成了"法治论"暂时的优势。但此后近十年时间，"法治论"又重新转入低潮，"法治"一词在正式文件和国家领导人的讲话中几乎消失殆尽，公开发表的学术文献讲"法制"而不提"法治"的居多，"法治论者仍不得不在各种时髦的话题中，不断肯定法治的价值，甚至寻找法治的庇护所"[2]。在此背景下，中共十四大确立社会主义市场经济体制改革目标，十四届三中全会提出社会主义市场经济的基本框架及对相应法律体系的要求，无疑为"法治"在政治上的接纳提供了历史契机，而"市场经济就是法治经济"学术命题则是法治与市场经济之间最为便捷的转介通道。

任何概念的诞生都有其特定功能。如果说"法治经济"一词的出现，最初有寻求法治的政治认同的考虑，那么随着"依法治国"被列入《国民经济和社会发展"九五"计划和2010年远景目标纲要》，进而写入宪法，成为主流意识形态的重要组成部分，"法治经济"概念的原初功能即已实现。

概念的生命力在于不断被赋予与语词含义相关联的新功能。中共十八届四中全会通过的《中共中央关于全面推进依法治国若干重大问题的决定》对"社会主义市场经济本质上是法治经济"的重申，可视为"法治经济"概念寻得新的功能指向，从而进一

---

[1] 参见《法治与人治问题讨论集》编辑组《法治与人治问题讨论集》，社会科学文献出版社2003年版。

[2] 程燎原：《从法制到法治》，法律出版社1999年版，第77页以下。

步理论化的新起点。当前，中国经济已基本是市场经济，[①] 法治建设也已经进展到系统推进的阶段，赋予"法治经济"概念以表达中国经济体制本质的理论话语功能，既在整体上大致符合中国市场经济体制建设现状，明确了未来中国经济体制发展完善的方向，又在理论上开放出法治经济研究的巨大空间。"法治经济"概念，既可以面向历史，归纳中国通过法治建设来推动市场经济发展的经验；也可以面向当下，实证经济实践中存在的具体问题及其与特定法治观念和制度安排之间的关系；还可以面向未来，探讨如何完善法治从而为中国经济的进一步繁荣提供保障。

本文不拟对中国法治经济建设的历史演进给予描述，或者针对法治经济实践的具体问题做实证研究，也不设计中国法治经济建设的未来议程，而是尝试构建一个从法治角度理解中国市场经济发展的理论框架，以此阐述中国在从计划经济转向市场经济的过程中为市场经济所构筑的法治基础，探讨以"法治经济"表达中国市场经济体制本质的可能性。这种基础理论的探讨，只是法治经济概念理论化的初创性工作，但它对于法治经济建设的历史描述、实证研究和未来谋划，或许具有前提性的意义。

市场经济是全球性事物，有一些基于其普遍性规律的共通性问题需要解决；同时，由于各国发展市场经济的历史基础、前提条件或所受到的约束存在差异，每个国家在具体建设市场经济时又会有一些独特性问题需要解决。鉴于这种考虑，本文以下主要

---

① 有学者从五个方面判断中国经济已经基本成为市场经济：（1）中国所有制结构的重大变化与企业市场主体地位的确立；（2）绝大多数商品和服务的价格已经由市场决定；（3）劳动力就业已经完全由市场供求关系决定；（4）要素市场的发育虽然还不完善，但在很大程度上也已经由市场来配置；（5）中国对外经济关系已经与世界市场融为一体（裴长洪：《法治经济：习近平社会主义市场经济理论新亮点》，《经济学动态》2015年第1期，第4—7页）。而从国际上看，截至2014年，全球有80多个国家（地区）已经承认中国的市场经济地位（胡渊：《2016年以后中国市场经济地位问题研究》，《当代经济管理》2016年第12期，第6页）。

以市场经济在法治层面的共通性问题和独特性问题的区分为线索。第二部分讨论"共通性问题"对法治的具体要求。考虑到各国市场经济制度体系的复杂性，这里对"共通性问题"的讨论以维持市场经济运行的必备法治要素为限。第三部分讨论中国在这些必备法治要素及其背后的支撑性观念方面的具体进展情况。第四部分讨论中国建设市场经济过程中最重要的独特性问题及其在法律层面的解决。本文的初步结论是：经过40年的发展，满足市场经济最低需求的基本法治框架和解决中国市场经济建设最独特问题所需的必要法治技术，在中国已大体形成，中国社会主义市场经济建设已开始进入法治经济阶段。

二 市场经济体制的必备法治要素

从法学角度思考，建设社会主义市场经济体制的一个首要问题是，市场经济对法治有哪些基本需求，或者说市场经济体制包含了哪些必备的法治要素。这里的"市场经济"，对于改革开放之初的中国来说，可谓"理想市场"；而就作为全球范围内广泛存在的一种经济形态而言，则可谓"标准市场"。

（一）"标准市场"之必备法治要素的确定

中共十四大提出建立社会主义市场经济体制目标后，中国法学界在围绕"市场经济就是法治经济"命题和"建设市场经济法律体系"的讨论中，对市场经济的法治诉求曾有较多涉及。例如，在1992年11月《法学研究》编辑部召开的"市场经济与法制现代化理论座谈会"上，学者们提出，必须从公法优位主义转向私法优位主义；要处理好政企关系，政府不再是市场参与者，只是市场规则的监督者；要强调对各种市场主体和各种财产权的平等保护；无论资本主义的还是社会主义的市场经济，都包含契约自由、财产自由、经营自由、人身自由、机会均等和法治等原则；法制应从加强民商法立法入手，使企业成为真正独立的市场主体，企业之间平等自由地竞争，从而保证市场的资源配置功能的实现。[1] 在1993年5月《现代法学》编辑部召开的"社会主义市场经济与法制建设问题座谈会"上，学者们提出，市场经济法律制度的基本精神包括自由、平等、效益、公平；市场经济是权利经济、契约经济，而权利经济和契约经济的法律表现形式就是法治经济；市场经济要求建立以私法为主干的法制体系，法律观念方面从公法文化走向私法文化；市场经济法律体系应包括市场主体、市场运行、宏观调控和社会保障方面的具体法律制度。[2] 中国社会科学院法学所课题组关于社会主义市场经济法律体系的研究认为，市场经济对法治的要求主要包括：确认市场主体资格、充分尊重和保护财产权、维护合同自由、国家对市场的适度干预和完善的社会保障。[3]

在现代西方经济学理论中，市场经济对法治的要求通常以私有产权的保障为切入点，根据产权的存在、运用和争议处理的不同环节，以财产权、自由契约和公正有效的司法系统作为市场经济的必备要素。[4] 休谟、斯密等早期思想家关于"对人类进步和文明社会具有根本性"的三项制度——保障产权、通过自愿的契约性协议自由转让产权、信守诺言——的论断，经

---

[1] 参见《市场经济与法制现代化——座谈会发言摘要》，《法学研究》1992年第6期，第1页以下。

[2] 参见《社会主义市场经济的法治思考——社会主义市场经济与法治建设座谈会发言摘要》，《现代法学》1993年第3期，第7页以下。

[3] 参见中国社会科学院法学所课题组《建立社会主义市场经济法律体系的理论思考和对策建议》，《法学研究》1993年第6期，第4页。

[4] ［德］柯武钢、史曼飞：《制度经济学：社会秩序与公共政策》，韩朝华译，商务印书馆2000年版，第211页以下。

常被提及。①

若仅仅着眼于经济层面,市场经济最重要的功能就是提高资源配置效率。这也是中国建设市场经济的主要旨向。从提高资源配置效率的原动力考虑,财产权秩序确实是市场经济在法治方面的基础要素,正如恩格斯所言,"鄙俗的贪欲是文明时代从它存在的第一日起直至今日的起推动作用的灵魂;财富,财富,第三还是财富——不是社会的财富,而是这个微不足道的单个的个人的财富,这就是文明时代唯一的、具有决定意义的目的"②。财产权秩序包括财产权利体系的确立,财产的获取、使用和处分,财产争议的有效解决等与财产相关的法律和制度。以提高资源配置效率为功能指向的市场经济所要求的财产权秩序,则主要是利用个人追逐财富的"贪欲",最大限度地调动每个人的积极性,提高行为可预见性、开放获取财产的途径、保障财产的安全。以这样的财产权秩序为目标,大致可以把"标准市场"所需要的法治必备要素展开为:公私法相区分的法律体系、财产权平等保护、契约自由和公正有效的司法系统。其中,"公私法相区分的法律体系"一方面为市场运行提供行为可预见性的规范基础,另一方面维护市场的独立性;"财产权平等保护"是财产权秩序的核心,解决市场动力问题;

---

① [德] 柯武钢、史曼飞:《制度经济学:社会秩序与公共政策》,韩朝华译,商务印书馆2000年版,第24页。休谟曾指出:"没有人能够怀疑,划定财产、稳定财物占有的协议,是确立人类社会的一切条件中最必要的条件,而且在确定和遵守这个规则的合同成立之后,对于建立一种完善的和谐与协作来说,便没有多少事情要做的了。"([英]大卫·休谟:《人性论》下册,关文运译,商务印书馆1980年版,第532页)

② 恩格斯:《家庭、私有制和国家的起源》,《马克思恩格斯选集》第4卷,人民出版社2012年版,第194页。马克思在论述资产主义生产时也曾这样写道:"他(资本家)狂热地追求价值的增殖,肆无忌惮地迫使人类去为生产而生产,从而去发展社会生产力,去创造生产的物质条件;而只有这样的条件,才能为一个更高级的、以每个人的全面而自由的发展为基本原则的社会形式创造现实基础。"(马克思:《资本论》,《马克思恩格斯全集》第23卷,人民出版社1972年版,第649页)

"契约自由"涉及对市场主体在市场中意志自主地运用财产、追求财产增值的法律确认,自由契约是市场的本质性构成要素;"公正有效的司法系统"则主要是从财产争议处理的角度对市场信用的保障。这四个方面的制度及其观念,属于"标准市场"对法治的最低要求,它们在任何称得上"市场经济"的经济体制中都有体现。以下分而述之。

(二)公、私法划分及私法相对自治

任何市场的形成都需要制度,因为制度可以提供市场交易所需的最基本前提:可预见性。保障可预见性的制度,可分为内部制度和外部制度;前者主要是通过单个交易实践逐步累积而自发形成的制度,包括习惯、惯例和市场自律准则等;后者则是由外部强加给市场的制度,主要是国家颁布的法律。[①] 随着现代市场经济的发展,内部制度逐渐外部化,即很多市场自发形成的制度被吸收进国家法律中,以更为确定的方式保障市场的运行;外部制度也逐渐内部化,即体现市场运行规律的国家法律被内化为市场主体的习惯,以更为柔性的方式被自主执行。这样,外部制度与内部制度的区分,在国家法律层面也演化出两个类似功能类别的分野:干预或矫正市场的公法与反映市场自身运行规律的私法。

公法与私法相区分,旨在形成私法的相对自治。在现代市场经济中,私法充当了早期市场内部制度的角色,是所有市场主体、市场行为的准则,确立了市场秩序得以形成的基础。相比较而言,公法类似于市场经济的"围墙",主要负责划定市场的边界;在边界之内,私法就是"国王"。这种功能上的分

---

① 关于内部制度与外部制度的区分,参见〔德〕柯武钢、史曼飞《制度经济学:社会秩序与公共政策》,韩朝华译,商务印书馆2000年版,第36页。

野，一方面源于法治传统中"不受约束的权力必然腐败"的观念，[①]另一方面在于科学对经济系统与政治系统不同运行逻辑的认识。

现代经济发展建立在经济学理论基础上。经济学研究经济现象的一个最基本假定是"理性经济人"，即人在经济生活中的利己主义和最大化财富的倾向。"利己的、最大化财富"的个人，在被冠以"理性的"修饰词之后，摆脱了政治、道德、宗教等方面的束缚，只要不侵害他人的同等权利，穷其心智去追逐财富都是正当的。"穷其心智"易致"人尽其才"，"人尽其才"易致"物尽其用"。人能尽其才、物能尽其用，则经济必然发展。但是，政治学对政治现象的研究，却常以防范和惩治权力自谋私利为旨向。可以说，自现代经济学确立"理性经济人"概念以来，经济系统就开始了与政治系统相分离的进程，以不同于政治的逻辑相对独立地运行。既然经济系统与政治系统的运行逻辑不同，承载经济发展的市场也必须具有相对于政府的独立性。因此，公法与私法的划分，经济系统从政治系统的分离，以及政府与市场的界分，在理论上其实是一脉相承的。

尽管私法构成市场经济的法律基础，却不意味着公法对市场经济不重要。现代法治范畴下的公法，既为市场和经济系统设置边界和约束，同时也通过明确政府干预市场的条件、权限、程序等，避免政府的不当干预，保护经济系统的相对独立性。[②]私法上的"法不禁止则自由"和公法上的"法无授权不可为"，正源

[①] "权力导致腐败，绝对权力导致绝对腐败。"（［英］阿克顿：《自由与权力》，侯健、范亚峰译，商务印书馆2001年版，第342页）

[②] 当然，市场经济中政府与市场的关系其实是公法和私法都需要处理的重要主题，公私法的区分以及私法自治并不能简单化地理解为"公法规范政府、私法规范市场"。例如，处理好政府与市场在商法机制中的功能定位恰恰是商法机制发挥作用的关键，参见陈甦《商法机制中政府与市场的功能定位》，《中国法学》2014年第5期，第41页以下。

于此。

(三) 权利本位及财产权平等保护

法学作为"权利之学"、法律以权利为本位，是近代民族国家崛起的产物。有学者指出，自14世纪中叶以来，知识的普及和下移、科学的考察、新世界的发现、商业的发展等，日渐改变了欧洲封建社会的权力统治结构；至18世纪，一种新型政治统治秩序，即民族国家，开始逐步形成和建立。民族国家的诞生建立在两种权力策略基础之上：一是对有形暴力的合法垄断；二是对法律权利的明确规定和细致分析。[①] 前者体现了民族国家的本质，后者则为前者提供了正当性，使前者成为可能。自此，古典自然权利经由社会契约论、天赋权利说转变为法律上系统性的权利。就是说，法律上的权利并不是来自国家的赋予，而是国家对自然权利的确认，国家以法律对公民的安全、自由、财产等自然权利的保障，从公民手中换取了统治权力，换取了垄断有形暴力的正当性。[②] 这个时期的"权利本位"学说，一方面强调法律的基础和核心是公民权利，而不是公民义务；另一方面，它的重心其实在公民权利与国家权力的关系上，强调前者才是根本、目的，是后者正当性的源泉。由此，"权利本位"构成了现代法治理论的核心内容之一，凝练表达了"把权力关进制度的笼子里"以保障人权和公民权利的现代法治精神。

"权利本位"作为现代法治理论的一部分，也契合了市场经济兴起后从经济系统与政治系统混同逐渐转向经济系统与政治系

[①] 参见胡水君《全球化背景下的国家与公民》，《法学研究》2003年第3期，第3页。

[②] 参见 [英] 霍布斯《利维坦》，黎思复、黎廷弼译，商务印书馆1996年版。

统分离的趋势。公民让渡出个人主权形成国家的政治统治权力，同时以法律形式保留了属于自己的自由和权利。这些自由和权利主要包括两部分：一是公民对政治的参与、监督权利；二是公民在私领域的权利。经济生活被视为统治权力应该止步且以法律形式予以保障的私领域，追逐财富的权利被视为公民最重要的私权利。[①] 过去支持经济运转的正式与非正式的制度，逐渐纳入国家的私法体系，财富也统一地、明确地以法律上财产权的名义得到保护。

财产权是市场形成和发展的根本动力，财产法则是市场经济最重要的基础，是市场交易的前提。与古典自由主义认为财产权是基本人权从而必须予以保障的角度不同，现代制度经济学理论认为，特定的财产权制度是经济繁荣发展的前提条件之一。在科斯创造"交易成本"概念之后，[②] 财产权的存在及其不同配置对"交易费用"的影响，成为解释经济增长或者停滞的一条重要理论路径。

法律对于作为私权利的财产权，从经济系统相对独立的观念形成之日起，就被认为应该予以平等保护。一方面，经济系统由追逐财富的个人和企业组成，这些主体的政治身份、道德或宗教角色在经济世界中被抹去，只是作为"谋取自身财富最大化的理性人"而存在。另一方面，自洛克提出"劳动创造财富"的观

---

① 强调财产权的防御性是早期财产权理论的一个重要维度。"财产权的防御性不但体现在财产权本身政府不可侵害，还体现在财产的边界划定了个人自由的范围和尺度，也就是所谓'私域'，财产权的边界就是公权力应该止步的地方。"参见龙文懋《西方财产权哲学的演进》，《哲学动态》2004年第7期，第45页。

② 参见［美］R. H. 科斯《社会成本问题》，胡庄君译，载 R. 科斯、A. 阿尔钦、D. 诺斯等《财产权利与制度变迁——产权学派与新制度学派译文集》，上海三联书店1997年版，第3页以下。

点[1]以来,财富被认为并不具有道德和政治上的消极或负面色彩,相反,与勤劳、努力、智慧等积极的道德评价相联系。由此,财富不分主体身份、类别、多寡,只要其来源不违反法律,就应得到法律的同等保护。

(四)契约自由及其对财产权内涵一致性的维护

"契约自由",在法学上又叫"合同自由",它包括缔约自由,选择相对人的自由,拟定合同内容的自由,选择合同形式以及变更、解除、终止合同的自由。[2] 从某种程度上说,市场即契约,契约是市场行为最主要也是最重要的形式,市场正是通过不同主体基于自主判断而形成的契约,发挥其资源配置功能。没有市场主体的自主判断及基于这种判断而自由地决定交易内容,就没有市场经济。

作为法律原则的契约自由,是在近代法中形成的,[3] 其背景是哲学上"意志自由"的确立和经济系统的分离与独立。"意志自由"经古希腊时期的萌芽、中世纪奥古斯丁等人进行神学的阐释,在近代由康德等哲学家实现了在世俗世界的确立。在康德关于"道德如何可能"的思考中,"理性—意志—善"构成了其论述的线索:道德上的善之所以可能,乃在于自由意志,因为自由意志意味着主体责任和道德义务的承担;而意志之所以自由,乃在于人的理性,正是理性引导人按照普遍必然规律而不是受经验、情感、欲望的支配而行动。[4] 如果理性是普遍

---

[1] 参见[英]洛克《政府论——论政府的真正起源、范围和目的》下册,叶启芳、瞿菊农译,商务印书馆1996年版,第19页。
[2] 参见江平、程合红、申卫星《论新合同法中的合同自由原则与诚实信用原则》,《政法论坛》1999年第1期,第4页。
[3] 参见姚新华《契约自由论》,《比较法研究》1997年第1期,第21页。
[4] 参见[德]康德《道德形而上学原理》,苗力田译,上海人民出版社2005年版。

的，那么只要遵循每个人的自由意志，把每个人都视为目的，包括道德、法律在内的一切都便成为可能。若将此原理置入对经济发展的思考，遵循普遍必然规律的"理性"，既意味着"每个人都是自己利益的最佳判断者"，也意味着个人并不会受短期的经验和贪婪的欲望驱使，个人基于理性的经济行动在利己的同时，又会是有益于所有人的。[1]从经济系统的分离和独立来看，当各种政治的、宗教的、社会的"身份"在经济生活中褪去，人们变成仅仅是各自财产的主人之后，相互之间进行的交易和合作就无法再依赖于各自的身份来确定权利义务。在普遍意义上承认人的意志自由、人的自主性之后，通过交易双方的协商、谈判来约定彼此权利义务的契约，也就具有了普遍的意义。由此，"法律制度的核心任务，是创造并保证每个人的自由和自主决定权。他必须能够加入由自己设计的与他人之间的关系……因此也就必然有合同自由；任何人必须在原则上保留由自己决定是否、和谁决定建立交易关系以及和他的对手达成协议决定交易内容的自由"[2]。

在经济生活中，契约可视为财产运用从而实现其价值的一种重要方式。在这个意义上，契约自由本身就是财产权内涵的一个重要层面，对契约自由的任何限制，就是对财产权的又一次界定。比如，一个人拥有一块土地，如果法律规定不能出租、转让

---

[1] 有三种途径能让人们为他人利益而努力：（1）出于爱、团结或其他利他主义情感而努力有益于他人；（2）受到胁迫或强制，为了保护更基础或更重要的利益；（3）按自己的自由意志行动，但出于明智的自利动机，因为他们预期能获得充分的回报。"很显然，只有当人们所获得的报偿能使人们继续为别人服务并且他们不会被强迫与别人分享自己挣得的报酬时，才能激励人们从自我利益出发为他人提供服务。"（[德]柯武钢、史曼飞：《制度经济学：社会秩序与公共政策》，韩朝华译，商务印书馆2000年版，第73页以下）

[2] [德]康拉德·茨威格特、海因·克茨：《合同法中的自由与强制——合同的订立研究》，载孙宪忠译，梁慧星主编《民商法论丛》第9卷，法律出版社1998年版，第351页。

而只能自己耕种,那么他/她对菜地的所有权实质上只是占有、使用权。若承认财产权对于经济运行和经济增长的重要性,那么基于财产权内涵的一致性要求,就必须保障契约自由。

(五)公正有效的司法系统

市场经济是信用经济,制度是人与人之间,尤其是陌生人之间进行交易的信用保障。制度在经济运行中之所以能起到抑制机会主义行为的作用,一个重要前提是它能够得到不偏不倚的执行。市场自发演化而成的内在制度,通常都有其自我执行的方式,如大多数市场都存在自我执行契约或契约的自我执行方式。[①] 外在制度则主要依赖于国家建立的司法系统。司法系统能否公正有效地适用法律,直接关系到法律所保障的信用以及人们对法律本身的信任,因而也就影响到市场的良性运行和经济效率。

与市场经济的需求相适应,在现代法治观念中,司法的公正有效是法治的一个基本构成要素,甚至是最重要的构成要素。尽管具体的法治道路在不同国家、不同文明背景中存在着差异,形成于不同历史条件下的法治理论也可能有不同的理论侧重和实践指向,但无论对法治做何界定,司法都是其中极重要的一环,司法的公正、高效、权威都被视为法治改革和进步的方向。

公正高效权威的司法如何可能?这无疑首要地与司法系统的内部建设,如司法权配置、司法责任制等密切相关,而若从市场经济等司法的外部视角来说,讨论焦点则是法律系统相对于政治系统、经济系统的独立与分离,其中的司法环节则是司法权的独

---

① [德]柯武钢、史曼飞:《制度经济学:社会秩序与公共政策》,韩朝华译,商务印书馆2000年版,第242页以下。

立运行。① 如同经济系统与政治系统各自运行逻辑存在差异，法律系统的运行逻辑也被认为不同于前两者。法教义学理论一直致力于探求一个涵盖所有现行法的逻辑严密的体系，在这个体系中，来自政治的、经济的、社会的压力和刺激，只能通过体系的特殊入口——宪法，对整个法律体系发生影响，而不是直接作用于各个具体的法律规则或法律运行环节。② 日常生活中发生的需要法律处理的问题，不管源自政治领域、经济领域或其他领域，都首先被也只能被作为一个个法律问题来对待，按照法教义学提供的逻辑去处理。因而，司法机关和司法人员只要遵照法律的既有规定来适用法律，就可以保证司法的公正、高效和权威。这是一种基于整个法律系统的体系性思路，它所保证的司法的公正高效权威，来自作为有机整体的法律系统，具体个案所体现的"公正高效权威"也需要从法律系统的角度来理解，而不是案件当事人的个性化理解。这种体系性思路，以整个法律系统为每个案件的处理向社会做信用背书。

需要说明的是，即使在欧美市场经济发达国家，上述观念或制度及其背后的支持性理论也并不是一定不易的。实际上，自斯密以来，欧美主流经济学一直在自由放任与国家管制之间摆荡，虽然经济系统相对独立的观念总体上牢牢占据主流，但是在不同历史时期、不同国家，政治介入经济系统或者政府介入市场的必

---

① 在西方发达国家，"独立的法律制度最初是作为与传统法对立的一种自治法而产生的，其基本品格是法律制度完全摆脱任何外在力量的干涉而独立，国家权力不再对市场进行分割或干预，市场主体获得了自主发展的最大保障。与这种自治法相对应，司法权的独立得到了最充分的体现，司法权不但不受其他权力的任意干涉，实现了组织上的自治和自我管理而且整个司法过程都严格地遵循预先公布的一般法律规范的规定，法院或法官没有自由裁量权"。参见周汉华《论建立独立、开放与能动的司法制度》，《法学研究》1995年第5期，第3页。

② 参见李忠夏《法治国的宪法内涵——迈向功能分化社会的宪法观》，《法学研究》2017年第2期，第3页以下。

要性也经常被提起,[1] 更别说在经济运行实践中频繁存在着政府干预市场的现象。在这些法治要素的支持性理论中,有关理性、竞争、契约、财产权等核心概念的知识也在不断刷新,有限理性、不完全竞争、不完全契约和相对的财产权等概念,[2] 在日益丰富着人们关于经济、政治和法律的运行规律的认识。公法与私法的分野,在历史的演进中呈现出公法的私法化和私法的公法化的融合现象。[3] 随着关于自由竞争与国家干预的反复,法律系统也在封闭与开放之间、在效率与社会正义之间寻找平衡。[4] 但即使如此,这些要素仍然可谓欧美市场经济发展的底梁或基石,它们有时候也像是风筝的引线,现实的市场运行可以飞得很高很远,但若偏得太离谱,引线就会起作用。

三 市场经济必备法治要素在中国的确立

中国从计划经济迈向市场经济,是通过分阶段、有步骤的渐进式改革实现的。从改革开放之初"以计划经济为主,同时充分重视市场调节辅助作用"的经济方针,到中共十二届三中全会提出"实行社会主义有计划商品经济",再到中共十四大提出"建立社会主义市场经济体制"的目标,直至社会主义市

---

[1] 参见〔英〕凯恩斯《就业、利息和货币通论》,高鸿业译,商务印书馆1999年版。
[2] 参见〔美〕张伯伦《垄断竞争理论》,郭家麟译,生活·读书·新知三联书店1958年版;〔英〕小罗伯特·E.卢卡斯《经济周期模型》,姚志勇、鲁刚译,中国人民大学出版社2003年版;〔瑞典〕拉斯·沃因、汉斯·韦坎德编《契约经济学》,李风圣等译,经济科学出版社1999年版;〔美〕奥利弗·哈特《企业、合同与财务结构》,费方域译,上海人民出版社2006年版;〔美〕富兰克·H.奈特《风险、不确定性与利润》,王宇、王文玉译,中国人民大学出版社2005年版;等等。
[3] 参见钟瑞友《对立与合作——公私法关系的历史展开与现代抉择》,《公法研究》第7辑,浙江大学出版社2009年版,第40页以下。
[4] 参见周汉华《论建立独立、开放与能动的司法制度》,《法学研究》1995年第5期,第3页。

场经济体制基本形成，经济改革始终是整个改革开放的"排头兵"。在此过程中，"标准市场"对法治的四项基本需求，都基本得到了解决。

（一）公私法相区分与中国特色社会主义法律体系的建立

"我国建国后，由于受前苏联法学观点和'左'的思想的影响，我国法学界普遍否认在社会主义国家中存在公法与私法的划分，并把这种划分作为资产阶级法学和资本主义法制的特有现象。这种通行的观点为大多数法学教材和辞书所持有。"[1]随着市场化改革和商品经济的深入发展，尤其是中央将市场经济确立为经济体制改革目标之后，公法与私法相区分的观念逐渐形成。

1993年前后，部分学者开始针对上述否认社会主义国家存在公私法划分的观点（以下简称"否定论"）展开驳斥，[2]并结合市场经济建设的客观需要阐述公私法相区分的重要性。例如，王晨光等认为，"否定论"是根据所有制的性质进行推论、从掌握政权的阶级性质进行分析、基于对法律的阶级性和历史类型的认识、否认存在利益的对抗性，其实际结果是否认其他经济成分的存在、否认个人利益和集体利益、片面地把法律与强制相等同、否认市场规律的作用、割裂社会主义法律的历史联系，必然导致僵死的计划经济；私法主要起推动发展的作用，公法主要起保证秩序的作用；重新确立公法、私法的划分，对于建立社会主义市场经济、建立以公有制为主体的多种经济成分并存的经济制度，

---

[1] 王晨光、刘文：《市场经济和公法与私法的划分》，《中国法学》1993年第5期，第30页以下。

[2] 参见程燎原《从法制到法治》，法律出版社1999年版，第147页以下。

具有明显的指导作用。① 1995年1月12日，王家福在中共中央举办的第二次法制讲座"社会主义市场经济法律制度建设问题"中指出，"区分公法私法的必要性，在于市场经济本身的性质。在市场经济条件下存在两类性质不同的法律关系。一类是法律地位平等的市场主体之间的关系，另一类是国家凭借公权力对市场进行干预的关系，由此决定了规范这两类关系的法律法规性质上的差异，并进而决定了两类性质不同的诉讼程序和审判机关"②。时任国家体改委主任的李铁映1997年撰文指出，"民商法所调整的社会关系都是市场经济中的重要经济关系。所有的法人、自然人在市场经济中都要依民商法行事。民商法是市场经济中最重要的法律之一。传统法学主张以民商法为市场经济法律体系的核心"，"民商法和经济法的不同调整对象，一定程度上反映了私法与公法在市场经济法律体系中的不同作用。虽然没有哪个国家明文规定公法和私法，但在法学上认为这种分法是法律秩序的基础，有利于法律制度的建立。私法主要是规范、调整法人和自然人行为的。公法是规范和调整至少有一方为国家或国家授予公权者的行为的"。③

　　1992年，中共十四大做出建立社会主义市场经济体制的重大战略决策，并明确提出社会主义市场经济体制的建立和完善必须有完备的法制来规范和保障。1997年，中共十五大确立了"依法治国，建设社会主义法治国家"的基本方略，明确提出到2010年形成中国特色社会主义法律体系。2011年10月27日，国务院

---

① 王晨光、刘文：《市场经济和公法与私法的划分》，《中国法学》1993年第5期，第30页以下。

② 王家福：《社会主义市场经济法律制度建设问题》，载司法部法制宣传司编《中共中央举办法律知识讲座纪实》，法律出版社1995年版，第90页。

③ 李铁映：《解放思想，转变观念，建立社会主义市场经济法律体系》，《法学研究》1997年第2期，第11页。

新时代法治发展的新面向

新闻办公室发表《中国特色社会主义法律体系》白皮书,正式宣告"涵盖社会关系各个方面的法律部门已经齐全,各个法律部门中基本的、主要的法律已经制定,相应的行政法规和地方性法规比较完备,法律体系内部总体做到科学和谐统一,中国特色社会主义法律体系已经形成"。其中,关于通常被视为市场经济法律体系之核心的民商法,白皮书指出,"民法是调整平等主体的公民之间、法人之间、公民和法人之间的财产关系和人身关系的法律规范,遵循民事主体地位平等、意思自治、公平、诚实信用等基本原则。商法调整商事主体之间的商事关系,遵循民法的基本原则,同时秉承保障商事交易自由、等价有偿、便捷安全等原则";关于国家干预经济的经济法,"经济法是调整国家从社会整体利益出发,对经济活动实行干预、管理或者调控所产生的社会经济关系的法律规范。经济法为国家对市场经济进行适度干预和宏观调控提供法律手段和制度框架,防止市场经济的自发性和盲目性所导致的弊端";关于行政法,"行政法是关于行政权的授予、行政权的行使以及对行政权的监督的法律规范……遵循职权法定、程序法定、公正公开、有效监督等原则,既保障行政机关依法行使职权,又注重保障公民、法人和其他组织的权利","中国十分重视对行政机关行使权力的规范,依法加强对行政权力行使的监督,确保行政机关依法正确行使权力"。在这些有关不同法律部门的界定中,公法与私法相区分的观念已经得到相当明显的体现。①

(二) 对财产权的平等保护

作为私权利的财产权,在中国 1954 年宪法中就得到了明确

---

① 关于中国社会主义市场经济法律体系的形成与发展,参见王利明《我国市场经济法律体系的形成与发展》,《社会科学家》2013 年第 1 期,第 5 页以下;朱景文《中国特色社会主义法律体系:结构、特色和趋势》,《中国社会科学》2011 年第 3 期,第 20 页以下。

新时代中国法治经济建设的逻辑

的规定。该法第7—12条分别规定：国家对合作社的财产，农民的土地所有权和其他生产资料所有权，手工业者和其他非农业的个体劳动者的生产资料所有权，资本家的生产资料所有权和其他资本所有权，公民的合法收入、储蓄、房屋和各种生活资料的所有权，以及公民的私有财产的继承权等予以保护。此后，随着社会主义改造运动的完成和社会主义公有制的确立，1975年宪法和1978年宪法的第8—9条，分别规定"社会主义的公共财产不可侵犯"和"国家保护公民的劳动/合法收入、储蓄、房屋和各种生活资料的所有权"。现行宪法（1982）第12条规定，"社会主义的公共财产神圣不可侵犯。国家保护社会主义的公共财产。禁止任何组织或者个人用任何手段侵占或者破坏国家的和集体的财产"。第13条规定，"国家保护公民的合法的收入、储蓄、房屋和其他合法财产的所有权。国家依照法律规定保护公民的私有财产的继承权"。

受商品经济发展和市场经济建设的推动，20世纪90年代初开始，"有的经济学家、党政干部与私营业主在公开发表的文章中，在理论、政策研讨会上，强烈要求修改我国宪法，把资产阶级法典中关于'私有财产神圣不可侵犯'的法律规定写进我国宪法，以保障和促进我国私营经济的顺利发展和快速发展"。这类观点甚至认为，"私有财产神圣不可侵犯"是市场经济的基本条件，是适应于经济体制改革的上层建筑配套改革，是理性法律的要求，而且，中共十四届三中全会已经提出了公民私有财产不可侵犯的法制思想。[①] 其实，在私有财产神圣不可侵犯与依法保护私有财产之间，横亘着由性质不同的观念筑就

---

① 参见黄如桐《"私有财产神圣不可侵犯"一定要写进我国宪法吗?》，《红旗文稿》1994年第13期，第17页。

的制度鸿沟。就"私有财产权入宪"与市场经济的关系,后来有学者指出,私有财产是市场经济的核心,这种核心内涵表现在:私有财产是市场产生的源泉,没有前者就没有后者;私有财产是市场竞争要素的原动力,没有它就没有市场效率;私有财产是资本跨区域活动的载体,没有它中国经济则很难融入世界经济大潮;因此,"从宪法高度保护私有财产成为社会主义市场经济体制得以最终确立和良好运行的根本前提"①。2004年3月14日,十届全国人大二次会议通过第四个宪法修正案,将宪法第13条修改为:"公民的合法的私有财产不受侵犯。国家依照法律规定保护公民的私有财产权和继承权。国家为了公共利益的需要,可以依照法律规定对公民的私有财产实行征收或者征用并给予补偿。"②

  财产权在具体的民商事法律中有更明确的规定。例如,1986年颁布的民法通则除了在"基本原则"部分规定"公民、法人的合法的民事权益受法律保护,任何组织和个人不得侵犯"(第5条)外,还在"民事权利"部分就"财产所有权和与财产所有权有关的财产权"做了相当详细的规定。2007年颁布的物权法,更被人们誉为"财产保障书";第4条"国家、集体、私人的物权和其他权利人的物权受法律保护,任何单位和个人不得侵犯",则被广泛认为确立了财产权的平等保护原则。2017年10月1日开始施行的民法总则,对财产权的各个类别亦进行了原则性规定;第113条明确了"民事主体的财产

---

  ① 王友明:《"公民的合法的私有财产不可侵犯"入宪的政治基础》,《学术探索》2004年第5期,第44页以下。
  ② 2013年11月,中共十八届三中全会《中共中央关于全面深化改革若干重大问题的决定》强调,要"坚持权利平等、机会平等、规则平等","公有制经济财产权不可侵犯,非公有制经济财产权同样不可侵犯"。

权利受法律平等保护"。①

（三）统一合同法的出台与合同自由原则的确立

改革开放后，中国分别于1981年、1985年和1987年出台了经济合同法、涉外经济合同法和技术合同法。这些合同法的颁布、施行，与整个国民经济从"计划为主、市场为辅"转向"实行有计划的商品经济"是一致的，合同制度的具体安排服务于经济体制的定位，在"计划"尚处于主导地位的情形下，贯穿合同法的合同自由原则还无从谈起。②

1992年，中共十四大将社会主义市场经济作为经济体制改革的目标。1993年，八届全国人大通过宪法修正案，将宪法第15条"国家在社会主义公有制基础上实行计划经济。国家通过经济计划的综合平衡和市场调节的辅助作用，保证国民经济按比例地协调发展。禁止任何组织或者个人扰乱社会经济秩序，破坏国家经济计划"，修改为"国家实行社会主义市场经济。国家加强经济立法，完善宏观调控。国家依法禁止任何组织或者个人扰乱社会经济秩序"。市场经济体制目标在执政党和国家宪法层面的确立，为体现合同自由原则的统一合同法的出台提供了前提。

统一合同法的起草，从1993年由专家学者提出"立法方案"开始，经历了6年时间，于1999年3月通过。在整个合同法的起

---

① 关于财产权保护在民商事法律中的发展，参见孙宪忠《民法通则的回顾与展望》（座谈会综述），《法学研究》1991年第3期，第85页以下；梁慧星《制定中国物权法的若干问题》，《法学研究》2000年第4期，第3页以下；孙宪忠《再论我国物权法中的"一体承认、平等保护"原则》，《法商研究》2014年第2期，第67页以下；赵旭东《公司法人财产权与公司治理》，《北方法学》2008年第1期，第60页以下；等等。

② 改革开放后关于合同自由原则的较早论述，参见梁慧星《论我国合同法律制度的计划原则与合同自由原则》，《法学研究》1982年第4期，第44页以下。

新时代法治发展的新面向

草过程中,合同自由原则和诚实信用原则始终是引人注目的两大议题。[①] 尽管最终通过的合同法并没有明确出现"合同自由"的表达,而且其第 4 条规定的自愿原则也与合同自由原则相去甚远,但在具体的合同制度设计上,则体现了合同自由的精神。例如,新合同法系统规范了要约、承诺制度,确立了当事人之间选择缔约方式和确定合同内容的自由,规定了履约中的自由和变更、终止合同的自由,扩张了合同责任制度中的合同自由等。[②] 可以说,随着统一合同法的出台,合同自由在中国法律制度层面已经实现。

(四) 建设公正高效权威的司法制度

通过司法改革建设公正高效权威的司法制度,是中国自 20 世纪 90 年代以来法治建设的中心工作之一。90 年代初,随着商品经济发展、法律制度日益完善以及人们法律意识提高等因素的推动,诉诸法院的纠纷日渐增多,法院系统从解决"案多人少"问题开始,着手进行审判方式改革,由此拉开迄今为止已有二十余年的司法改革的大幕。其间,由中共中央政法委员会、全国人民代表大会内务司法委员会、中央政法各部门、国务院法制办及中央编制办的负责人组成的中央司法体制改革领导小组,于 2003 年成立;[③] 负责改革总体设计、统筹协调、整体推进、督促落实

[①] 关于合同法的起草,参见张广兴《中华人民共和国合同法的起草》,《法学研究》1995 年第 5 期,第 3 页以下。

[②] 参见江平、程合红、申卫星《论新合同法中的合同自由原则与诚实信用原则》,《政法论坛》1999 年第 1 期,第 5 页。

[③] 有学者评论认为,"该领导小组的设立实际上标志着主导中国司法改革进程的核心机构的出现,以及一种全新的、自上而下的改革策略和模式的最终确立"。参见夏锦文《当代中国的司法改革:成就、问题与出路——以人民法院为中心的分析》,《中国法学》2010 年第 1 期,第 19 页。

的中央全面深化改革领导小组，于2013年成立；① 最高人民法院于1999年、2005年、2009年和2013年发布了四个《人民法院五年改革纲要》；最高人民检察院于2000年发布《检察改革三年实施意见》，2005年发布《关于进一步深化检察改革的三年实施意见》，2013年发布《关于深化检察改革的意见（2013—2017年工作规划）》。

已经进行了二十余年的司法改革，主要围绕建设公正高效权威的司法制度展开，针对各阶段实践中存在的、社会反映强烈的司法地方主义、司法行政化、司法腐败、司法公信力不高等现实问题，沿着司法职业化、司法权独立行使、司法权配置合理化、司法公正的方向，健全完善了司法机关人事管理制度、司法权运行机制、司法公开制度、司法责任制度、与行政区划适当分离的司法管辖制度等。② 中共十八大以来，司法改革明确以建立司法责任制、完善司法人员分类管理、健全司法人员职业保障制度、推进省以下地方法院检察院人财物省级统一为任务，改革举措有很强的针对性，注意尊重司法规律，司法透明度提高，司法廉洁性呈现整体好转。③

司法改革尽管仍在路上，但是毫无疑问，它已经实现了一个

---

① 自中央全面深化改革领导小组2014年1月举行第一次会议以来，司法体制改革一直是议事的重要内容。据统计，仅2015年中央深改组就审议了22份司法改革文件，占全年审议文件的1/3；截至2016年10月，中央深改组总共召开了27次会议，其中21次涉及法治建设议题，18次涉及司法体制改革。参见陈卫东《中国司法体制改革的经验——习近平司法体制改革思想研究》，《法学研究》2017年第5期，第4页。
② 关于司法改革的阶段性回顾与归纳，参见谢海定《中国司法改革的回顾与前瞻——宽沟会议纪要》，《环球法律评论》第1期，第71页以下；左卫民《十字路口的中国司法改革：反思与前瞻》，《现代法学》2008年第6期，第60页以下；夏锦文《当代中国的司法改革：成就、问题与出路——以人民法院为中心的分析》，《中国法学》2010年第1期，第19页；龙宗智《司法改革：回顾、检视与前瞻》，《法学》2017年第7期，第11页以下；等等。
③ 参见龙宗智《司法改革：回顾、检视与前瞻》，《法学》2017年第7期，第11页。

又一个阶段性目标，而且，朝向公正高效权威的司法改革方向不会变。

（五）必备法治要素的支持性观念正在形成

在欧美发达市场经济国家，以上四个必备法治要素的背后均有相关的支持性理论或观念，概括起来主要有两个方面：经济系统的分离和相对独立；法律系统的分离和相对独立，尤其是司法系统的相对独立。当然，这两个"分离"又各自有其支持性理论和观念，而且，所谓"分离""独立"并不是绝对的、一成不变的。

在经济方面，中国自改革开放以来，围绕经济体制改革、行政管理制度改革、政府职能转变等议题，形成了政企分开、政资分开、政事分开、政社分开等一系列改革举措，从强调要优化市场的资源配置，到强调要发挥市场在资源配置中的基础性作用，再到强调发挥市场对资源配置的决定性作用，"市场自主"、经济相对独立的观念正在形成。

以十八大以来的进展为例。中共十八大报告指出，"经济体制改革的核心问题是处理好政府和市场的关系，必须更加尊重市场规律，更好发挥政府作用"，"深入推进政企分开、政资分开、政事分开、政社分开，建设职能科学、结构优化、廉洁高效、人民满意的服务型政府。深化行政审批制度改革，继续简政放权，推动政府职能向创造良好发展环境、提供优质公共服务、维护社会公平正义转变"。十二届全国人大一次会议通过的《国务院机构改革和职能转变方案》指出，"转变国务院机构职能，必须处理好政府与市场、政府与社会、中央与地方的关系，深化行政审批制度改革，减少微观事务管理，该取消的取消、该下放的下放、该整合的整合，以充分发挥市场在资源配置中的基础性作用、更好发挥社会力量在管理社会事务中的作用、充分发挥中央和地方两个积极性,同时该加强的加强,改善和加强宏观管理,注重完善制度机制,加快形成权界清晰、分工合理、权责一致、运转高效、法治保障的国务院机构职能体系,真正做到该管的管住管好,不该管的不管不干预,切实提高政府管理科学化水平"。十八届三中全会《中共中央关于全面深化改革若干重大问题的决定》指出,"经济体制改革是全面深化改革的重点,核心问题是处理好政府和市场的关系,使市场在资源配置中起决定性作用和更好发挥政府作用。市场决定资源配置是市场经济的一般规律,健全社会主义市场经济体制必须遵循这条规律,着力解决市场体系不完善、政府干预过多和监管不到位问题","必须积极稳妥从广度和深度上推进市场化改革,大幅度减少政府对资源的直接配置,推动资源配置依据市场规则、市场价格、市场竞争实现效益最大化和效率最优化。政府的职责和作用主要是保持宏观经济稳定,加强和优化公共服务,保障公平竞争,加强市场监管,维护市场秩序,推动可持续发展,促进共同富裕,弥补市场失灵"。十八届四中全会《中共中央关于全面推进依法治国若干重大问题的决定》指出,"使市场在资源配置中起决定性作用和更好发挥政府作用,必须以保护产权、维护契约、统一市场、平等交换、公平竞争、有效监管为基本导向,完善社会主义市场经济法律制度"。十八届五中全会《中共中央关于制定国民经济和社会发展第十三个五年规划的建议》指出,"必须按照完善和发展中国特色社会主义制度、推进国家治理体系和治理能力现代化的总目标,健全使市场在资源配置中起决定性作用和更好发挥政府作用的制度体系,以经济体制改革为重点,加快完善各方面体制机制,破除一切不利于科学发展的体制机制障碍,为发展提供持续动力"。十九大报告指出,"必须坚定不移贯彻创新、协调、绿色、开放、共享的发展理念。必须坚持和完善我国社会主义基本经济制度和分配制度,毫不动摇巩固和发展公有制经济,毫不动摇鼓励、支持、引导非公有制经济发展,使市场在资源配置中起决定性作用,更好发挥政府作用,推动新型工业化、信息化、城镇化、农业现代化同步发展,主动参与和推动经济全球化进程,发展更高层次的开放型经济,不断壮大我国经济实力和综合国力"。

在法律方面,自中共十一届三中全会起,中央围绕加强和改善党的领导、民主政治建设、依法治国等议题,形成了依法行政、依法执政、司法改革等一系列改革举措,从"有法可依,有法必依,执法必严,违法必究"的社会主义法制,到"依法治国,建设社会主义法治国家"的治国方略,再到"全面推进依法治国"的治国理政新高度,以宪法为统领的法律系统相对独立的观念正在形成。

以中共党代会上形成的司法系统依法独立行使职权的观念为例。中共十一届三中全会公报指出,"检察机关和司法机关要保持应有的独立性;要忠实于法律和制度,忠实于人民利益,忠实于事实真相;要保证人民在自己的法律面前人人平等,不允许任何人有超于法律之上的特权"。十二届七中全会《政治体制改革总体设想》指出,"法院、检察院应依法独立行使职权。要严格履行法定的办案程序,不宜再用党委领导下的公、检、法'联合办案'的形式"。十三大报告指出,"应当加强立法工作,改善执法活动,保障司法机关依法独立行使职权,提高公民的法律意识"。十五大报告指出,"推进司法改革,从制度上保证司法机关依法独立公正地行使审判权和检察权,建立冤案、错案责任追究制度"。十五届五中全会《中共中央关于制定国民经济和社会发展第十个五年计划的建议》指出,"加快推行执法责任制、评议考核制,提高行政执法水平。推进司法改革,完善司法保障,强化司法监督,依法独立行使审判权和检察权,严格执法,公正司法。健全依法行使权力的制约机制,加强对权力运行的监督,使廉政建设法制化"。十八届三中全会《中共中央关于全面深化改革若干重大问题的决定》指出,"确保依法独立公正行使审判权检察权。改革司法管理体制,推动省以下地方法院、检察院人财物统一管理,探索建立与行政区划适当分离的司法管辖制度,保证国家法律统一正确实施"。十八届四中全会《中共中央关于全面推进依法治国若干重大问题的决定》指出,"各级党政机关和领导干部要支持法院、检察院依法独立公正行使职权。建立领导干部干预司法活动、插手具体案件处理的记录、通报和责任追究制度。任何党政机关和领导干部都不得让司法机关做违反法定职责、有碍司法公正的事情,任何司法机关都不得执行党政机关和领导干部违法干预司法活动的要求。对干预司法机关办案的,给予党纪政纪处分;造成冤假错案或者其他严重后果的,依法追究刑事责任"。十九大报告指出,"深化司法体制综合配套改革,全面落实司法责任制,努力让人民群众在每一个司法案件中感受到公平正义。加大全民普法力度,建设社会主义法治文化,树立宪法法律至上、法律面前人人平等的法治理念。各级党组织和全体党员要带头尊法学法守法用法,任何组织和个人都不得有超越宪法法律的特权,绝不允许以言代法、以权压法、逐利违法、徇私枉法"。

之所以说市场经济基础性制度的两个支持性观念都正在形成,而不是已经形成,主要基于两方面的考虑:第一,中国尚处于全面深化改革和全面推进依法治国的进程中,国家治理体系和治理能力涉及的各个方面的进展并不完全居于相同的水平,不同领域、不同维度、不同层次的问题有时候交缠在一起,相互龃龉、彼此对立的观念有时候可能同时存在于需要处理的问题上，这些都需要更长的时间在具体的建设实践中去磨合、协调、达成共识。第二，更重要的是，马克思主义的中国化发展也是一个未竟之业，因经济系统具有政治功能就主张限制甚至反对市场化的观点，将法律系统完全视为政治的一部分的观念，还在相当范围内存在；对于"社会主义"的理解，经几代国家领导人的阐释已经不断深化，但无论政府官员、专家学者还是普通民众，其领会与贯彻的程度仍需实践的深化与时间的积累；改革开放之初公布施行的现行宪法，虽经四次修正，但在关于经济、法律与政治的关系方面，却并未完全反映执政党的最新施政理念。总之，市场经济基础性制度的支持性观念的形成过程并未完成，但它们已在来的路上。

四 公有制基础上实行市场经济的法治技术

如谚语所云，"山山有石，石石不同"，在承认市场经济有其普遍性规律因而存在需要解决的共通性问题之外，也必须看到，各国在发展市场经济过程中，因其现有经济水平及结构、人口规模、资源禀赋以及历史传统、政治制度、思想观念等市场内外部因素的差异，各有其需要解决的独特性问题。独特性问题通常并不只是一个，而是诸多问题相互重叠缠绕在一起，并且，站在不同角度、立场，对独特性问题的认识和归纳也会有较大差异。中国市场经济建设所要解决的独特性问题，亦是如此。

本文特别关注的独特性问题，是如何在公有制基础上实行市场经济,① 其核心是公有财产如何进入市场进行交易。这是中国在建立市场经济体制过程中无法绕过,而在西方资本主义国家却不会遭遇的问题,同时也是部分西方国家不易理解并拒绝承认中国市场经济地位的理由之一。该问题的构成,主要有两个方面:第一,从宪法、国家性质、执政党宗旨等角度来说,公有制是中国经济制度的基础,是关涉中国政治合法性(国家性质)、执政合法性(执政党)的根本性制度,是中国实行市场经济的前提性宪法约束。② 第二,市场经济发展的原动力是财产权,尤其是私人财产权,产权清晰是市场交易的前提,而生产资料公有制至少在原本含义上正是对特定范围内生产资料私人所有权制度的否定和排斥。换言之,在坚持生产资料公有制不变的情况下,实行从私有制基础上发展起来、以私有产权为核心的市场经济,看上去就是一个"悖论"。只有成功跨越了这个"沟壑",中国社会主义市场经济体制才有可能真正建立起来。

但是,从中国实践来看,在坚持公有制主体地位的前提下发展商品经济、市场经济,是20世纪80年代初以来经济改革的最重要特征。迄今为止的改革主要围绕两个向度展开:一是

---

① 按照宪法第6条的规定,生产资料公有制包括全民所有制和劳动群众集体所有制。单纯从市场交易的角度,国有产权和集体产权在对市场交易的影响或其实现方式方面都差异很大。本文的讨论主要针对全民所有制或国有产权形式。

② 公有制首先是现行宪法规定的中国社会主义经济制度的基础。尽管1999年宪法修正案在宪法第6条原有规定基础上,增加了"国家在社会主义初级阶段,坚持公有制为主体、多种所有制经济共同发展的基本经济制度,坚持按劳分配为主体、多种分配方式并存的分配制度"的表达,公有制作为中国经济制度基础的规范地位,却并不受影响。同时,公有制与中国的社会主义国家性质和作为执政党的中国共产党的宗旨,也有相当密切的联系。在马克思科学社会主义理论传统中,社会主义、公有制、消灭剥削制度这三个理论要素具有一定逻辑关系:公有制是消灭剥削的理论方案,消灭剥削是公有制的制度功能,旨在消灭剥削的公有制是社会主义经济制度的基础。这从新中国成立后几部宪法关于生产资料所有制的表达与关于国家性质的表达之间可观察的对应性,以及现行宪法序言和第6条第1款的相关表达中,也可以得到验证。而根据党章,中国共产党是中国特色社会主义事业的领导核心,其最终目标是"实现共产主义"。在执政党及其领导人关于"社会主义"的诸多阐释中,公有制(或其主体地位)都具有极其重要的构成性意义。

在维持公有制主体地位的前提下大力发展非公有制经济，对公有制企业实行经营权与所有权分离、企业法人财产制以及股份公司制等改革举措，建立产权清晰、权责明确、政企分开、管理科学的现代企业制度；二是从生活消费品的市场化到生产要素的市场化，通过直接开放或采取混合所有制等形式，包括交通、卫生、教育、能源、水利、环保、通信、国防等关系国民经济命脉和国家安全的重要行业和关键领域，均逐步纳入市场的范围。第一个向度的改革解决了市场主体问题："公有制"企业在市场中变身为与"非公有制"同等的一个个具体主体，至少在法律形式上摆脱了政治身份，成为单纯的契约当事人。第二个向度的改革解决了市场规模和市场发育的广度和深度问题：市场竞争在广度和深度上逐步加大，公有制从主要以市场主体形式参与竞争，逐步转向主要以资本形式参与竞争。两个向度改革的总趋向是，"公有制仍处于主体地位，但逐步在市场里遁形"，政治与经济、政府与市场之间形成相对清晰的界限，中国成功转型为市场经济国家。

以上改革之顺利开展，在法律层面当然离不开前文所述基本法治框架的逐步建立，但更关键的是使公有生产资料转变为市场主体资产、使公有制企业变身为市场主体的法治技术。

绝对意义上的——或者说理论意义上的——"公有"，是在公有体（国家或者集体）范围内所有人平等地、无差别地享有对公有物的占有、使用、收益和处分权利。[①] 按照这种理解，

[①] 樊纲等在系统论述公有制经济时，首先界定了公有制或公有权包含的生产关系：(1) 一群人共同占有他们拥有的全部生产资料，每个人对占有对象都享有平等的、无差别的权利，任何个人原则上不能声称对这些资产中的某部分有特殊权利；(2) 任何个人之间的收入差别，原则上只能由劳动贡献大小而不能由劳动之外的因素造成；(3) 大家共同占有生产资料进行生产，共享资本收益，共担资本风险和损失；(4) 每个劳动者都法定地拥有与生产资料"相结合"进行生产活动并取得劳动收入的权利。参见樊纲等《公有制宏观经济理论大纲》，上海三联书店1990年版，第20页以下。

公有物既无必要更无可能在公有体范围内形成市场交易。要使之成为可能，需要大力发展非公有制经济，形成初级市场，为公有物进入市场交易提供前提；但更重要的是，需要有支配和处分公有物的机制：要么由所有公有成员形成支配、处分公有物的共同意志，要么推定某个主体来代表共同意志。由于每次的具体交易情况千差万别，由所有公有成员形成处分公有物的共同意志肯定是不经济的，推定一个主体来代表共同意志就成为实际选择。在具体的实践中，推定谁来代表共同意志的主体呢？只有国家。"国家所有，即全民所有"，是中国宪法规范中的明文表达（第9条）。而且，推定国家作为全民意志的代表，进而形成国家所有权概念，在改革开放之初的中国，有着相当便利的条件。一方面，将所有制与所有权理解为经济基础和上层建筑之间的关系，认为"有什么样的所有制就有什么样的所有权"[1]的观点，在改革开放之初甚至今天仍被认为是马克思主义基本原理的一部分，这为公有制和公有权的对应关系提供了根据。另一方面，将私有制下的所有权概念[2]移植到公有生产资料中，从而形成"国家所有权"概念，在社会主义苏联时期就

---

[1] 关于所有制与所有权的对应关系，亦有少数学者持质疑和否定态度。康德琯曾撰文指出：（1）"对应关系论中的所有制概念是按所有权的模式塑造的，这样的所有制观是错误的，再把它作为所有权制度产生的本源，是逻辑上的循环论证"；（2）"对应关系论是以大陆法系的所有权中心论为其逻辑前提的，而财产权利结构体系的历史发展，即使固守大陆法系的传统，也已突破了所有权中心论"；（3）"对应关系论将民法反映所有制关系的功能定位为记录、肯定和维护，其实这应是宪法和所有制法的任务；民法应该主要运用财产权利结构体系的发展所积累的历史遗产，为所有制的具体运作提供具体的法律框架，解决所有制的实现形式问题"。参见康德琯《所有权所有制对应关系剥离论和现代企业制度》，《法学研究》1994年第6期，第44页以下。

[2] 所有权作为财产权的一种，在西方的法律传统中，属性上就是私人所有权，即所有权主体总是特定的、具体的，无论自然人还是法人，其作为所有权主体时都是"私人"。尽管也有资本主义国家在法律中规定了"公产""公物"概念，但是"公产""公物"之上都不成立私人财产意义上的所有权，其在法律上的规范秩序也迥然有别于私人财产。

已经完成,① 这对于同样实行公有制的社会主义中国自然是极其重要的参照。

除宪法外,"国家所有"的表达自1982年起还出现在29部法律和大量行政法规、规章和司法解释中。2007年颁布的物权法,吸收了此前民法通则等法律的相关规定,从功能、主体、客体、内容等方面构建了系统的国家所有权制度。② 国家所有权概念的重要性表现在两个方面:第一,相较于理论上的"公有","国家所有权"并不是所有公民平等的、无差别的所有权份额的累加,在"国家"成为所有权主体之后,原先"既是所有者又是非所有者"的公民(或组织)不再是所有者,③ 而是"他物权

---

① 1950年翻译印行的《苏联土地法教程》对"国家所有权"已有规定:"因土地私有之废除及土地国有化而确立的国家土地所有权乃苏联土地制度之基础","国家对土地之所有权,与国家对森林、矿产及水流之所有权一样,是社会主义国家独享的权利。土地、矿产、森林、水流,这都是国家独享的所有权之标的。它们只能属于国家,不能属于其他——既不能属于别的国民,也不能属于合作社或其他社会团体。合作社和社会团体及一般国民仅能享有土地之使用权。在十月革命之初,苏维埃的立法已经彻底地施行这一项原则"([苏]卡山节夫等:《苏联土地法教程》,杜晦蒙译,大东书局1950年版,第97页)。1954年出版的《苏维埃民法》中译本将所有权理解为"确认并表现了人们之间对于生产资料的分配和对于为生产资料的分配所制约着的消费品的分配","作为人的主观权利的所有权"确认了"个人或集体对于物看成是自己的物的关系","国家的社会主义所有权的内容,是以确定国家经济组织权能的方法来揭露的,国家的统一财产的一定部分则确认由这些国家经济组织管理。国家机关在法定范围以内,占有、使用和处分确认给它的财产。国家虽把部分的国家财产移归国家机关占有、使用以及(按照计划及根据国家机关所担负的职能)在一定范围内处分,但国家仍然是国家所有权的统一和唯一的主体"([苏]C. H. 布拉都西主编:《苏维埃民法》上册,中国人民大学民法教研室编译,中国人民大学出版社1954年版,第187、189、195页)。

② 相关分析参见谢海定《国家所有的法律表达及其解释》,《中国法学》2016年第2期,第95页以下。

③ 樊纲等在论述中国公有制经济时,将"任何个人都既是所有者又是非所有者"表述为"公有权的基本矛盾",即"全体公众共同拥有的公有权,由每个个人拥有的公有权构成"。由于全体人通过集体行动行使公有权在事实上不可能,因而需要产生"唯一而统一地代表和行使公有权并独立于每一个别人的社会机构,为'公有权主体'"。"公有权主体"形成后,所有个人和组织相对于"公有权主体",就不再是所有者而只是劳动者、经营者或消费者,不再履行所有者的职能,"公有权的基本矛盾"又外化为"公有制的基本矛盾",即"处在所有者地位的公有权主体与处在非所有者地位的公众之间的矛盾"。(樊纲等《公有制宏观经济理论大纲》,上海三联书店1990年版,第25页以下)

人"。这为公有物的市场交易提供了理论前提。第二，相较于私人所有权的主体特定、内容特定、客体特定，国家所有权是抽象的。[①] 为了解决这种抽象性给所有权的运行带来的难题，国家所有权行使代表制被合乎逻辑地发展出来，如物权法第55条、土地管理法第2条、水法第3条、草原法第9条、企业国有资产法第3条、海岛保护法第4条、海域使用管理法第3条等，均规定了由国务院或地方政府代表国家行使所有权。有了所有权行使代表制，国家所有权主体抽象性问题得以解决，公有物的市场交易有了现实可能性。

以上只是所有权层面法律技术的准备，但具体的商品生产、流通则要靠市场组织来完成。市场组织层面要解决的关键问题是，如何从作为国家生产部门的企业转变为独立的、平等的市场主体，其本质是企业"非国家化"，其核心是企业法人财产权制度的确立。

中国改革开放以来市场组织层面的法律发展，除了持续大力发展非公有制经济之外，在公有制企业方面有几个重要变化节点：（1）从"国营企业"到"国有企业"的宪法表达转换。在计划经济时代，企业是国家的生产部门，按照计划使用生产资料进行生产活动，被称为国营企业。1979年，国家正式启动

[①] 针对《物权法草案》关于国家所有权的规定，有学者评析说："《物权法（草案）》中规定的国家所有权，在主体上混淆了国际法上主权意义的'国家'和国内法上民事主体意义的'国家'含义，不符合民法关于民事主体必须具体、确定的基本法理，不具唯一性；其权利、利益客观上分属无数的公法法人，没有统一性；其客体范围之规定不应包括不可支配物。国家所有权理论在法律实践上已被证明不符合民法法理，难以自圆其说。"（李康宁、王秀英：《国家所有权法理解析》，《宁夏社会科学》2005年第4期，第13页以下）有学者进一步指出，这种国家所有权制度设计，实际上源于苏联法学上的"统一唯一国家所有权"学说，存在着主体不明确、客体不明确、权利不明确、义务不明确、责任不明确等诸多问题（参见孙宪忠等《国家所有权的行使与保护研究》，中国社会科学出版社2015年版，第231页以下）。

国有企业的经营权与所有权分离改革,[①] 国有企业开始区分为国家直接经营企业和自主经营企业类。[②] 1993年宪法修正案正式将宪法第7条中的"国营经济"改为"国有经济",第16条中的"国营企业"改为"国有企业"。宪法表达的转换是对经营权与所有权分离改革成果的确认。虽然从"国营"到"国有"并未改变企业隶属于国家的性质,但经营权与所有权的分离是确立企业法人财产权制度的一个重要步骤。(2)公司法颁布。1993年,十四届三中全会提出"建立适应市场经济要求,产权清晰、权责明确、政企分开、管理科学的现代企业制度"的改革任务,年底,新中国成立后的首部公司法颁布。公司法的"宗旨在于建立适应市场经济的公司法律制度,俾求通过调整公司的内外关系,保障公司、股东、债权人的合法利益,为国有企业转换经营机制提供法律依据"[③]。按照该法规定,"公司享有由股东投资形成的全部法人财产权"(第4条),"以其全部法人财产,依法自主经营,自负盈亏"(第5条)。尽管在涉及国有企业方面,1993年公司法仍然带有一些计划经济遗留特征,但相较1986年民法通则确立的企业法人制度,整体上明显褪去所有制色彩,确立了适应市场经济要求的市场组织的标准形式。(3)企业法人财产权制度的真正确立。1993年公司法及其1999年修正、2004年修正,在规定"公司享有由股东投资形成的全部法人财产权"之同时,都明确规定"公司中的国有

[①] 按照1979年国务院发布的《关于扩大国营工业企业经营管理自主权的若干规定》,企业有权向中央或地方有关主管部门申请出口自己的产品,并按国家规定取得外汇分成;有权按国家劳动计划指标择优录用职工;在定员、定额内,有权根据精简和提高效率的原则,按照实际需要,决定自己的机构设置,任免中层和中层以下的干部。

[②] 参见周叔莲《企业改革要分类指导——从国营企业和国有企业的差别说起》,《经济学家》1992年第3期,第21页。

[③] 中国社会科学院法学所课题组:《建立社会主义市场经济法律体系的理论思考和对策建议》,《法学研究》1993年第6期,第11页。

资产所有权属于国家"（第4条），但是这一规定在2005年修订时被删除。这一变化消除了公司中特定资产的所有权既属于国家又属于企业的理论困惑，也使"公司享有由股东投资形成的全部法人财产权"实至名归。当然，公司法人财产权制度的确立，主要是确立了企业"非国家化"的制度发展方向和趋势，而并不意味着企业"非国家化"在法律制度层面的全面完成。例如，按照2009年修订的全民所有制工业企业法，全民所有制工业企业仍然实行经营权与所有权分离的制度。

所有权层面的法律技术和市场组织层面的企业法律制度发展，已经为公有生产资料转变为市场主体资产提供了必要的准备。当国家不再直接经营企业，企业在组织形式和对财产的所有权上脱离国家而成为独立、平等的市场主体，通过生产资料的国家所有权代表机构对企业进行投资，实现公有生产资料变身市场主体资产，公有制经济就从以市场主体形式参与市场竞争转向了以资本形式参与市场竞争。2005年公司法修订删除"公司中的国有资产所有权属于国家"后，2007年物权法第55条规定，"国家出资的企业，由国务院、地方人民政府依照法律、行政法规规定分别代表国家履行出资人职责，享有出资人权益"。2008年颁布的企业国有资产法沿用了"国家出资企业"的表达，并将"企业国有资产"界定为"国家对企业各种形式的出资所形成的权益"（第2条）。法律表达上从"企业中的国有资产"到"国家作为出资人的权益"，以及从"国有企业"到"国家出资企业"的变化，表明了国家从"所有者"到"出资人"的角色转变。[1]

---

[1] 关于国企治理的纵向历史变迁，尤其是中共十八大以来的混合所有制改革，参见云翀、魏楚伊《从"国营"到"国有"：国企治理结构改革的反思与前瞻》，《中国经济史研究》2017年第5期，第154页以下。

从人人平等、无差别地享有对公有财产的理论权利，到所有者职能集于抽象国家的制度性国家所有权，再到在所有权行使代表制下通过代表机构的投资转化为类似股权性质的现实权利，公有生产资料在产权层面完成了其进入市场交易的主要步骤。从国家直接从事生产部门的"国营企业"，到所有权属于国家、经营权属于企业的"国有企业"，再到享有完整法人财产权的公司，公有制企业完成了形式上的"非国家化"，从而成为独立、平等的市场主体的主要步骤。国家从"所有者"到"出资人"的角色改变，实现了公有制经济从以市场主体形式参与竞争向以资本形式参与竞争的迈进。公有制基础上实行市场经济所需要的最重要法治技术，至此已大体形成。

五 结语

"法治经济"这一具有中国特色的概念，在实现其寻求法治的政治认同之初始功能后，可用于表达中国市场经济体制建设的方向。以市场经济需要解决的共通性问题和建设市场经济需要解决的最独特问题来看，中国自改革开放以来已经积累了市场经济需要的基本法治基础。在解决基于市场规律的共通性问题方面，公私法相区分的法律体系已经形成，财产权平等保护在制度上逐步得到落实，合同自由原则在统一合同法中已经确立，建设公正高效权威司法制度的司法改革正如火如荼；而且，支撑这些必备法治要素的两个观念，即经济系统相对独立、法律系统相对独立，在国家和执政党的正式文件中亦有明确体现。在解决中国市场经济建设面临的最重要的独特性问题方面，随着公司法、物权法等重要民商法制度的日益完善，公有生产资料进入市场的产权层面、公有企业变身为独立市场主体的市场组织层面、公有经济参与市场经济的具体形式层面的法治技术，均已大体形成。在基本满足市场经济对法治最低要求的意义上，可以认为，中国社会主义市场经济已开始进入法治经济阶段。

本文仅纲要式地考察了上述内容的核心部分，而对中国法治经济建设的全面深入研究，不仅需要在广度上拓展对"标准市场"更多法治要素的关注，以及对中国市场经济建设过程中各类独特性问题的法治解决方案的研究，也需要在深度上加强对本文已触及的法治要素、法治技术和具体法律制度的讨论。同时，本文主要是从制度发展方向上探讨法治经济概念对中国市场经济体制的表达能力，因而在具体论述时有意简化甚至忽略了对法治经济实践中具体问题的揭示，对所描述和归纳的制度发展方向也未做其他向度的评价。诸如不同时期的立法因其具体立法背景、指导性观念和立法技术等方面的差异而造成的相互龃龉现象，公有制经济财产权与非公有制经济财产权、国家财产权与集体和私人财产权在具体制度、具体实践中的平等保护，趋向建立公正高效权威司法制度的司法责任制改革、法院检察院人财物统管制度改革，旨在理顺政府与市场关系的行政审批制度改革和政府权力清单制度，对市场经济进行宏观调控与尊重市场经济发展规律之间的界限和量度，对公有制在市场经济中实现至关重要的混合所有制改革，以及随着市场经济发展出现的贫富分化问题、经济发展的结构不平衡问题、共享发展和社会保障问题、公共物品和服务的供给问题、互联网时代的经济安全问题等，都有必要从法治经济角度进行认真研究。

法治与经济的关系，因侧重的法治价值和所欲解决的经济问题的层次不同，可有不同的判断、评价和阐释。而在实践中，法治与经济的关系也从来不是一揽子解决的，为应对某个经济问题而提出的法治方案，经常也会引发新的经济问题需要解决。因而,"法治经济"概念本身就是一个无限开放的题域。本文仅着眼于市场经济对形式法治最低限度的要求而纲要式地构建"中国法治经济的理论框架",只是为了使这一概念在实现其寻求法治的政治认同功能后重新理论化的一个尝试。

(作者为中国社会科学院法学研究所研究员)

供给侧结构性改革与宏观调控法治化

席月民

> 必须坚持质量第一、效益优先,以供给侧结构性改革为主线,推动经济发展质量变革、效率变革、动力变革,提高全要素生产率,着力加快建设实体经济、科技创新、现代金融、人力资源协同发展的产业体系,着力构建市场机制有效、微观主体有活力、宏观调控有度的经济体制,不断增强我国经济创新力和竞争力。
>
> ——十九大报告

党的十九大报告指出,中国特色社会主义进入新时代,我国社会主要矛盾已经转化为人民日益增长的美好生活需要和不平衡不充分的发展之间的矛盾。这个判断对我国当前的法治发展也传递了一个新信号,即法治作为人们"软需求"的重要组成部分,也要适应我国社会主要矛盾的变化。[1] 我国经济增长进入新常态后,深化供给侧结构性改革,着力解决发展不平衡不充分问题,在发展质量和效益方面下足功夫,已成为不断推进国家治理体系和治理能力现代化的新选择。客观、准确地认识新常态,一方面

---

[1] 朱振:《社会主要矛盾的变化与法治品质的全面发展》,《法制与社会发展》2018年第2期,第2页。

需要科学把握好增量和总量变化的关系、潜在增速和实际增速的关系、历史规律和现实创新的关系,[①] 把提高供给体系质量作为主攻方向,显著增强我国经济质量优势;另一方面也需要正确处理好改革与法治的正向关系,促进法治思维和法治方式与供给侧结构性改革的良性互动,重构宏观调控改革的发生与运作机制。

一 法治思维和法治方式与供给侧结构性改革之间具有内在统一性

(一) 法治与改革的互动统一

2014年,习近平总书记在中央全面深化改革领导小组第二次会议上强调,"凡属重大改革都要于法有据。在整个改革过程中,都要高度重视运用法治思维和法治方式,发挥法治的引领和推动作用,加强对相关立法工作的协调,确保在法治轨道上推进改革"[②]。这一重大要求重新定义了法治与改革之间的关系,即从法治附随改革转换为法治先于改革,无论对全面深化改革还是法治现代化建设都产生了深远影响。全面深化改革与全面推进依法治国是我国当前正在进行的两大系统工程,改革与法治的交相呼应,正在形成法治引领和规范改革的另一个新常态,即法治新常态。在新时期新形势下,要达至全面深化改革的目标,必须通过推进法治的方式来实现;要达至全面推进依法治国的目标,也必须通过深化改革的路径来实现。[③]

---

① 参见余斌、吴振宇《中国经济新常态与宏观调控政策取向》,《改革》2014年第11期,第17页。
② 习近平:《把抓落实作为推进改革工作的重点真抓实干蹄疾步稳务求实效》,《人民日报》2014年3月1日第1版。
③ 陈甦:《构建法治引领与规范改革的新常态》,《法学研究》2014年第6期,第35页。

供给侧结构性改革与宏观调控法治化

  法学界从不同角度进一步阐述了改革与法治之间的互动关系。王乐泉指出,"法治对全面深化改革具有引领、推动和保障作用,全面深化改革对法治中国建设也具有推动作用"[1]。李林则认为,"在法治与改革的关系上,要转为强调法治领先、法治引领、法治促进"[2]。他指出,"那些认为'改革与法治两者是相互对立和排斥的','要改革创新就不能讲法治','改革要上,法律就要让','要发展就要突破法治'等错误观念和认识,都是有违法治思维和法治原则的"[3]。陈金钊则强调,"历史经验中法治与改革的关系决定了必须在改革的顶层设计中确立法治目标"[4],他同时提出了"法治先行,改革附随"[5]的法治改革观。

  总体上看,法治与改革之间的互动关系是辩证统一的。一方面,法治能够引导、推进改革进程,并规范具体的改革措施;另一方面,改革有助于法治理念的根植与法治方式的确立,改革能够促进法治的不断完善。法治既是一种相对稳定的体制性的社会存在,更是一种活化的机制性的社会存在。改革与法治之间存在着相辅相成、机制互动的关系,二者互为目的与手段。历史表明,法治是冲突频繁、竞争激烈的现代社会所做出的一种理性选择。如今,治理已经指向新的治理过程、新的治理规则、治理社会的新方式。[6]法治作为治理社会的理念,一直致力于有效地控

---

[1] 参见王乐泉《论改革与法治的关系》,《中国法学》2014年第6期,第20、22页。
[2] 参见刘振宇《将法治进行到底——"法治与改革"学术研讨会综述》,《环球法律评论》2014年第4期,第187页。
[3] 李林:《全民深化改革与法治的关系》,载刘作翔主编《法治与改革》,方志出版社2014年版,第201页。
[4] 陈金钊:《法治与改革的关系及改革顶层设计》,《法学》2014年第8期,第6—7页。
[5] 陈金钊:《"法治改革观"及其意义——十八大以来法治思维的重大变化》,《法学评论》2014年第6期,第1页。
[6] See David Levi-Faur, From "Big Government" to "Big Governance", in David Levi-Faur (Editor), Oxford Handbook of Governance, Oxford University Press, 2012, p.7.

制权力、限制特权。① 我国既然选择了社会主义市场经济体制,就必须通过法治与改革的同步互动,理顺法治思维和法治方式与供给侧结构性改革的关系,有机整合供给侧调控中的法律体系和法律机制。只有这样,才能确保调控新常态的成功构建,并使法治要素稳定地发挥作用,进而促进调控新常态成为依靠改革与法治良性互动而实现政府职能转变的新常态,成为依靠法律机制实现创新驱动发展的新常态。

(二) 法治思维和法治方式与供给侧结构性改革的互动统一

"十三五"规划明确指出,要健全宏观调控体系,创新宏观调控方式,增强宏观政策协同性,更加注重扩大就业、稳定物价、调整结构、提高效益、防控风险、保护环境,更加注重引导市场行为和社会预期,为供给侧结构性改革营造稳定的宏观经济环境。这一目标的实现,完全依赖于坚持"去产能、去库存、去杠杆、降成本、补短板",优化存量资源配置,扩大优质增量供给,实现供需动态平衡。宏观调控改革与法治之间能否实现良性互动,关键在于是否能把改革的"变"与立法的"定"辩证统一起来,使法治思维和法治方式主动适应改革、服务改革和引领改革,发挥立法的规范、保障、引领和推动作用。只有这样,才能既坚持改革,又坚守法治;既坚持探索精神,又遵守法治原则;既坚持发展,又保持稳定。

法治思维与人治思维相对应。法治思维强调从法治的角度出发去认识、分析和解决问题,其本质是一种思维方式的类型化。可以说,法治思维即人类符合法治的精神、原则、理念、逻辑和要求的思维习惯和程式。② 所谓法治方式,则是指在法治思维的

---

① 高鸿钧等:《法治:理念与制度》,中国政法大学出版社2002年版,第22页。
② 韩春晖:《论法治思维》,《行政法学研究》2013年第3期,第9页。

供给侧结构性改革与宏观调控法治化

指导之下,通过法律制定、法律实施和法律适用等过程具体解决争议的方法,是法治思维的外化形式,与人治方式相对称。法治思维和法治方式的核心是将"法"作为政府管理、协调、调节、干预和参与国民经济活动的总的指导思想和根本准则。

供给侧结构性改革是我国经济"新常态"大环境下提出的经济体制改革方案,针对的是我国经济体制现存的"结构性矛盾"。与以往通过需求侧拉动经济增长不同,供给侧结构性改革不再着眼于"投资""消费""出口"三驾马车,而是转向依靠"劳动力""土地""资本""创新"四大要素,并将"去产能、去库存、去杠杆、降成本和补短板"作为五项任务,以此推动我国经济发展。供给侧结构性改革的概念是自"中国制造到中国智造""世界加工厂到自主创新"等零散提法以来产生的第一个系统化成果,为我国经济结构转型升级规划了清晰的路径。

供给侧结构性改革需要遵循法治与改革的基本逻辑关系,需要在法治思维的引导下,按照法治方式规范地施行具体的改革措施。供给侧结构性改革作为宏观调控改革的重要任务,必须把法治新常态的构建作为突出目标,这对宏观调控新常态提出了更高要求,宏观调控改革不能偏离法治的轨道。

供给侧结构性改革思维需要法治思维的正确引导,才能够确保改革始终在法治的轨道之上运行。正确认识法治思维对供给侧结构性改革思维的引导,要澄清两个认识误区:一是改革思维突破法治思维的误区。这是关于法治与改革关系的陷阱,必须要明确供给侧结构性改革思维是法治思维的下位思维,不能以改革思维为由任意突破法治思维,因为法治思维就是底线思维,任何供给侧结构性改革的具体方案均不得以违反法律为代价。二是法治思维决定改革思维的误区。法治思维对于供给侧结构性改革的思维仅仅起引导作用,而不是决定作用,"绝非搞所谓的新的'计划经济'"①。供给侧结构性改革是经济改革,是由客观经济规律决定的,法治思维是综合考虑经济、政治、文化和社会等多维度的影响,在尊重客观经济规律的前提下来引导改革思维的方向,并纠正罔顾法治所带来的无序问题。

法治方式作为法治思维的具体表现形式,对供给侧结构性改革的具体改革举措起规范和保障作用。这种规范和保障,除了现行法律框架之外还有更深的含义。法治方式不是一成不变的,它根据客观环境的变化展现其动态一面。法治与供给侧结构性改革之间的内在统一性,也是动态的统一。一方面,改革方式应当在既有的法治方式下寻找空间并设计具体方案;另一方面,法治方式也要根据改革方式的状况进行适当调整,为改革创造更好的法治环境。法治方式实现的过程既包括"恶法"的修改与废除,也包括"良法"的制定与解释。另外,法律授权也是维护法治方式与供给侧结构性改革方式相统一的有效措施,有利于在符合法治的要求下,进一步探索改革的新方式。

"新常态"下的结构性减速是经济转型升级的必然结果,这一方面源自在产业转移和产业升级中资源配置效率的下降,以及人口老龄化加剧所引发的劳动力、资本和技术等生产要素供给效率的降低,另一方面,也与面对全球竞争从依赖技术进口转向自主创新后创新能力的不足,以及过去长期粗放式发展所带来的资源环境约束的增强等因素有关。"新常态"使得我国一些深层次的结构性问题"水落石出",从而有利于理顺政府与市场、政府与企业的关系,让市场这只"看不见的手"与政府这只"看得见的手"各归其位,将国家干预以一种克制和谦逊的品格嵌入市场失灵的边界当中,并通过依法调控的理念更新和机制创新,实现

---

① 公丕祥:《经济新常态下供给侧结构性改革的法治逻辑》,《法学》2016年第7期,第21页。

经济可持续发展和社会公平正义。

二 供给侧结构性改革与宏观调控法治化的基础保障

（一）宏观调控法治化对供给侧结构性改革具有重要意义

这些年来，无论是中央调控还是地方调控，宏观调控的合法性问题都备受质疑和诟病。[①] 在全面推进依法治国过程中，依法调控理念对确立法治政府评价指标体系具有重要的基础保障作用。党的十八届四中全会决定强调要保障公民人身权、财产权、基本政治权利等各项权利不受侵犯，保障公民经济、文化、社会等各方面权利得到落实，使市场在资源配置中起决定性作用并更好发挥政府作用，这从合法性方面对宏观调控体制改革提出了具体要求。

供给侧结构性改革是宏观调控改革的有机组成部分，改革措施和调控手段之间具有内生性的相互联结特征。供给侧结构性改革需要通过宏观调控法治化来实现，宏观调控法治化为供给侧结构性改革提供了重要的法治保障。从本质上看，宏观调控是政府对国民经济总量、结构和周期的全方位调控，能从宏观视角弥补市场机制的天然缺陷，更好地发挥政府在资源配置中的"有形之手"的作用。供给侧结构性改革是我国现阶段经济体制改革的重点目标，同样需要依靠"有形之手"干预市场行为，因此深深内嵌于宏观调控改革之中。供给侧结构性改革的五个对象"产能、库存、杠杆、成本和短板"是此轮改革的关注点，其中每一项都与当前宏观调控的阶段目标直接挂钩。宏观调控中的财税、金

---

① 参见陈承堂《宏观调控的合法性研究——以房地产市场宏观调控为视角》，《法商研究》2006年第5期，第50—56页。

融、规划、产业、价格、投资等调控工具等也把这五个方面列为其中调控的重点对象。此外，供给侧结构性改革在改革目标上，并不局限于总供给与总需求之间的总量平衡，它更着眼于经济结构的优化，注重通过调控来增强市场供给的有效性，在供给"量"的均衡基础上更加突出供给"质"的提升。

供给侧结构性改革本质上属于宏观调控体制机制改革，因此依法调控势在必行。纵观我国宏观调控的历史与现状，因应对对外开放而建立的中国市场经济法治，属于政府推动下的典型的外源性法治，政策突破法律的宏观调控措施比比皆是，行政手段的强制运用往往未考虑其对法治造成的不良影响，致使调控法律制度供给明显不足。例如，调控法律体系不完善导致调控措施遭受合法性质疑；调控理念欠科学和机制欠顺畅导致调控效果不尽如人意；调控权限分散导致调控效率损失和调控目标协调性比较差；调控程序缺失导致调控政策出台的主观随意性过强；调控责任缺位导致调控的道德风险无法控制、政府信誉受损；等等。如何科学认识、辩证看待、主动适应经济新常态和调控新常态，需要立足于立法矫正，通过宏观调控体制改革与法治建设的良性互动来实现调控的法治化，进一步增加宏观调控的法律制度供给，依法推动经济稳定增长和经济结构优化，使各种生产要素得到充分利用，有力保护经济发展的新动力。① 宏观调控的有效性与合法性之间的矛盾是调控改革需要解决的主要问题。宏观调控改革的主题是宏观调控法治化，即用法治思维和法治方式指导和实施宏观调控。

供给侧结构性改革之所以呼唤宏观调控的法治化，其原因在于宏观调控政策化所产生的弊端十分严重。在我国社会主义市场

---

① 席月民：《宏观调控新常态中的法治考量》，《上海财经大学学报》2017年第2期，第88—89页。

经济发展完善过程中，宏观调控一直发挥着重要作用，但由于宏观调控并未完全实现法治化，政策主导下的调控手段因而造成了诸多消极影响。第一，行政手段的运用频率远远超过经济手段和法律手段。政府在宏观调控行使的三大手段中，经济手段属于长期的调节性手段，行政手段则是短期的强制性手段，法律手段是政府维护经济运行的底线手段。行政手段的使用频率过高，必然导致政府部门的权力膨胀，权钱交易等违法犯罪率也随之上升。第二，宏观调控政策化忽视了市场对资源配置的决定性作用，不利于社会主义市场经济的良性发展。淡化市场的作用，实质上是对基本经济规律的违背，人为压缩了经营者的发展空间，对消费者的合法权益也造成了侵害，难以处理好经营者、消费者和管理者之间的关系。第三，宏观调控法治化的不健全削弱了其他领域法治化的效果。宏观调控权属于国家，而国家权力来源于人民。人民对于国家权力的行使具有天然的监督权利。倘若宏观调控领域主张"法律虚无主义"的观点，仅仅以政策作为工作准则，将会拖慢社会生活中其他领域的法治化进程，不利于法治思维和法治方式的贯彻，也就不利于实现法治中国的宏伟蓝图。全球正进入一个"改革竞争期"[1]。供给侧结构性改革下宏观调控的法治化已然是箭在弦上，势在必行。

（二）宏观调控法治化的重点任务

我国当前的市场经济法治及其宏观调控必须以科学建构体系化的善法为最终目标，审慎处理转型期的政府与市场、政府与企业、中国特色与世界格局、本土资源与异域制度等多维关系。随着供给侧结构性改革的深入，逐渐暴露出了我国当前宏观调控立

---

[1] 李扬:《中国经济新常态与改革创新》，2018年5月5日，中国人大网（http://www.npc.gov.cn/npc/zgrdzz/2016-02/03/content_1962314.htm）。

法层面的诸多弊端，宏观调控法治化正面临着如下重点任务：

1. 调控立法模式的转变

虽然现行立法确立了一些调控制度，但从立法模式看，宪法对宏观调控的规定只表明了经济立法与宏观调控的重要关系，由单行的经济立法群构造的分散式调控立法模式在不同经济法律之间的协调性方面差强人意，基于不同的调控理念和目标手段，只能简单满足单一调控的需要，难以适应综合调控要求，也难以消除不同法律之间的冲突。[①] 这些问题凸显了目前我国宏观调控立法的非科学性一面，从而成为推动供给侧结构性改革的一种法律机制层面的现实障碍。

解决这一矛盾，首先需要转变宏观调控立法模式，在宪法和各单行法所形成的基础性制度留白空间嵌入一部统领性的《宏观调控基本法》，以"总分结合"的调控立法模式替代"分散式"的调控立法模式，进而弥补现行法在宏观调控体质、原则、工具、程序、责任等方面总括性规定的缺位，充分体现法治思维和法治方式的指导意义。这就需要借鉴德国1967年颁布的《经济稳定与增长促进法》[②]和美国1976年颁布的《充分就业与平衡增长法》[③]的立法经验，通过增量式改革创新，明确界定调控权力

[①] 席月民：《宏观调控新常态中的法治考量》，《上海财经大学学报》2017年第2期，第89页。

[②] 该法于1967年6月8日由当时的联邦德国议会通过，颁行于同年6月14日，是一部为巩固和保障德国社会市场经济体制的有效运作而制定的经济法律。该法最后一次修订时间是2006年10月31日。

[③] 该法旨在建立和实现所有美国成年人所享有的充分就业权，以使其能够、愿意并寻求充分的可以得到合理赔偿的有偿就业的工作机会，把充分就业、生产和购买力目标与对平衡增长、国家重点任务的更多关注联系起来，批准有关必须完成的诸如充分就业、生产和购买力的国家经济政策和项目，抑制通货膨胀，为发展和落实这些经济政策与项目提供具体明确的手段工具，因此属于美国典型的宏观调控立法。See Full Employment And Balanced Growth Act, Find Law: http://codes.lp.findlaw.com/uscode/15/58, April 23, 2015. . Also see the "Full Employment and Balanced Growth Act of 1976", *Challenge*, Vol. 19, No. 2 (MAY/JUNE 1976), pp. 56–68.

供给侧结构性改革与宏观调控法治化

的配置及其行使,有效规范宏观调控的实施程序,重点强化宏观调控行为的审查监督等。从立法必要性方面看,制定《宏观调控基本法》,既是完善国家宏观调控体制的需要,也是增强国家宏观调控协调性的需要,既是应对经济全球化、保障国家经济安全的需要,也是提升我国宏观调控水平的需要。[①] 单纯依靠宪法解释、法律解释及其适用,难以从根本上克服现行分散式调控立法模式的既有缺陷,不利于发挥调控法律的整体识别功能,以及培育调控法律体系的公正能力与自生能力。

除统领性立法外,在具体的宏观调控单行法方面,诸如《国民经济和社会发展规划法》《政府投资法》等与供给侧结构性改革具有较强关联性的重要立法仍未出台,导致国家经济发展规划并无法律依据,政府不理性投资、腐败现象丛生,宏观调控之下政府盲目供给与市场需求对接出现问题,无效供给扩大,与供给侧结构性改革的目标完全背离。因此,供给侧结构性改革呼吁宏观调控领域重要单行立法的出台,从而推动改革的顺利进行。

最后,宏观调控的责任观亟待立法确认。现行宏观调控立法对调控责任的规定不尽完善,在责任主体、形式、追究机制等方面均存在明显的法律漏洞。因此,《宏观调控基本法》中需要针对宏观调控责任做出原则性的规定,使得政府在行使宏观调控权力之时更加谨慎地考虑供给侧结构性改革的效果,同时也满足"有权必有责"的基本权责观念。

2. 调控法治原则的重申

为了实现使市场在资源配置中起决定性作用和更好发挥政府作用,依法限定政府的权力及其行使方式是处理好政府和市场关

---

① 席月民:《需要制定一部〈宏观调控基本法〉》,《经济参考报》2014年5月13日第 A08 版。

系的主要路径。政府与市场关系由"限定市场、余外政府"模式向"限定政府、余外市场"模式的结构翻转,是社会主义市场经济体制的应有结构和运行机制深化变革的结果。[①] 结合供给侧结构性改革的需求,宏观调控的法治化需要重申两大法治原则,即合理分权原则和高效协调原则,[②] 以此推动经济发展质量变革、效率变革、动力变革,提高全要素生产率,使实体经济与科技创新、现代金融和人力资源实现协同发展,着力构建市场机制有效、微观主体有活力、宏观调控有度的经济体制,不断提升我国经济创造力和竞争力。

合理分权原则,是在法治思维和法治方式的引导之下,结合我国国情与供给侧结构性改革的共同要求而提出的。我国宏观调控权的配置必须能够保障我国当前财税、金融、贸易、投资等经济体制改革的既有成果,也要满足接下来供给侧结构性改革中更加具体的任务要求。宏观调控权是典型的宪法性权利,牵涉面广,全局性强且复杂交叉,因此《宏观调控基本法》中必须坚决贯彻合理分权的原则,在宏观调控不同部门之间的横向分权、中央与地方之间的纵向分权以及政府和市场之间的权力配置,都要进行科学的立法考量,不能在制度设计层面就为调控法治化设下羁绊。否则,供给侧结构性改革难免会面临分权管理体制下固有的缺陷,非但不能通过宏观调控推进改革,反而因宏观调控自身的问题阻碍了改革的发展进程。

高效协调原则,是在合理分权原则基础上提出的理性要求。高效协调原则杜绝"越权、弃权、争权、滥权"等情况的发生,强调不同部门之间、中央地方之间的高效协调。因此,通

---

① 陈甦:《商法机制中的政府与市场的功能定位》,《中国法学》2014年第5期,第45页。
② 参见席月民《宏观调控新常态中的法治考量》,《上海财经大学学报》2017年第2期,第91页。

过立法确立我国宏观调控综合协调机制势在必行，同时应当注意降低和控制实践中的协调成本。横向角度看，建立宏观调控综合协调机制，一方面可以调动各宏观调控部门的主观能动性，保障其调控建议权、决策权和监督权；另一方面可以避免分权调控中的各自为政，形成必要的调控合力。纵向角度看，地方政府享有必要的宏观调控权是宏观调控的内在要求，中央调控与地方调控之间的协调更为重要。中央与地方之间的调控协调与不同部门之间的横向调控协调之间仍有差异。首先，无论中央调控还是地方调控，均需以市场对资源配置起决定作用为前提。这是探讨中央调控和地方调控的基调。在市场决定资源配置的基础之上，中央把握调控总体方向，地方提出具有针对性的调控措施，这样能够充分彰显中央总览全局、协调各方的作用，也有助于发挥地方调控的积极性，方便供给侧结构性改革措施的上传下达，增强改革的实际效用。遵循高效协调原则能够削减多余的调控供给，填补以往的调控漏洞，以法治化的方式对接供给侧结构性改革的需求。

这两大法治原则，有助于维护政府调控经济的反应能力、信息能力和专业能力，更好适应"限定政府、余外市场"模式的组织化和结构化要求，限缩并整合调控权力，尤其是大幅削减政府干预市场经济的审批权限，将调控权从监管权中剥离出来，减少利用审批许可权直接调控市场结构、规模、活跃程度和所有制成分，从而使政府调控经济的功能定位真正实现从直接调控向间接调控的治理转型。

3. 调控基本制度的构建

加强重点领域立法，是党的十八届四中全会《关于全面推进依法治国若干重大问题的决定》所提出的完善以宪法为核心的中国特色社会主义法律体系的重要任务。宏观调控的制度化、规范化、程序化，是宏观调控法治化的必然要求。① 调控立法的扎实跟进，需要建立调控目标决策制度、调控权力配置制度、调控工具搭配制度、调控程序法定制度以及调控责任追究制度等基础性制度，用制度构筑调控新常态的调控权力限阀和市场动力机制，在稳定市场预期的基础上充分释放市场活力，在合理限定调控权的同时不断扩张市场对资源配置的决定性作用。②

（1）调控目标决策制度

从世界范围看，各国把宏观调控目标主要锁定在四个方面，即稳定物价、充分就业、经济增长和国际收支平衡。问题是，没有法律加以协调和规制，四大目标便只能是"魔术四角"，实现甚难。③ 将宏观调控的目标与手段纳入法治化轨道，有助于划清合法的调控与非法的行政干预之间的界限。从现行立法看，《中国人民银行法》确立了稳定币值和促进经济增长这两个目标，《就业促进法》则把扩大就业放在经济社会发展的突出位置，并规定实施积极的就业政策，也就是说，充分就业同样是我国宏观调控的重要目标之一。另外，国际收支平衡也是我国宏观调控的目标。在现行《对外贸易法》中，其第 16 条在列举可以限制或者禁止有关货物、技术的进口或者出口的原因时，明确指出"为保障国家国际金融地位和国际收支平衡，需要限制进口"是其中一个重要理由。需要强调的是，保护自然资源与生态环境事实上也已经成为宏观调控的重要目标之一，《循环经济促进法》等就

---

① 席月民：《依法调控经济需要立法先行》，《经济参考报》2014 年 11 月 25 日第 A08 版。

② 参见席月民《宏观调控新常态中的法治考量》，《上海财经大学学报》2017 年第 2 期，第 98 页。

③ 参见张守文《德国的〈经济稳定与增长促进法〉》，《外国法译评》1993 年第 4 期，第 40 页。

是其中的立法典型。将保护自然资源与生态环境纳入立法目标具有重要意义，它有利于充分落实国家在资源利用与生态环境保护方面所提出的各项生态环境标准，真正建立资源节约型和环境友好型社会。

在制定《宏观调控基本法》时，我国应进一步明确宏观调控的目标是多元的，不但包括物价稳定、经济增长、充分就业、国际收支平衡，而且也包括对自然资源与生态环境的主动保护，同时将其作为判断宏观调控行为合法性的重要标准。[1] 为了防止过度调控和调控不足，避免不同目标之间的矛盾和冲突，立法中应当建立调控目标决策制度，把调控目标的选择定位与区间调控、定向调控、分层调控等目标方法相结合，考虑在一定区间、一定范围、一定层次内进行有弹性的平衡目标选择，形成"目标+区间""总量+结构""长期+短期"等调控目标的具体组合形式，通过灵活的调控目标决策制度促进各目标之间的动态均衡和有序递进，相机抉择，统筹协调，趋利避害，从而使短期目标服从长远目标、局部目标服从整体目标，在经济新常态背景下注意防止宏观调控变成为单纯的撞击反射式的适应性调控。[2]

（2）调控权力配置制度

宏观调控权的配置是根据宏观调控的本质属性探寻在相关

---

[1] 也有学者提出新常态下宏观调控目标为"七大目标"，包括经济增长、物价稳定、控制失业、国际收支平衡、财政平衡、居民收入增长和经济发展同步、节能减排。参见胡鞍钢《新常态呼唤宏观调控目标升级版》，《人民日报》2015年6月29日第22版。笔者同意把节能减排作为新的调控目标，但表述上更倾向于自然资源与生态环境保护，不同意把财政平衡、居民收入增长和经济发展同步作为新常态下的宏观调控目标，主要理由在于物价稳定、经济增长、充分就业等目标可以涵盖其内容，无须单列。

[2] 我国自改革开放以来的宏观调控实践即为此提供了反证，由于过分强调了经济稳定与增长这一目标，导致现实生活中各种短视的"政绩工程"随处可见，资源浪费和环境污染问题突出，人民币升值压力巨大，就业难问题尚未得到缓解，并未处理好上述各项基本目标之间的整体平衡关系。

国家层级的组织以及不同层级的政府组织之间分配、安排具体宏观调控权力的规范化、法治化过程。[①] 目前，宏观调控工具是我国横向配置宏观调控权的主要依据，这样做容易廓清不同调控部门之间的权力边界，便于及时把握调控机会。但由此带来的问题是，不同调控权的行使容易形成"自我中心主义"下的各自为政，导致调控效率损失和调控目标冲突。另外，许多人认为，宏观经济管理是中央政府的职能，只有中央政府才享有宏观调控权，才有可能反映总量运行的经济要求，并具备制定克服总量失衡、推动经济结构优化升级的制度及政策的能力。[②] 其实，这种观点有失偏颇。在现行分税制财政体制下，无视地方政府的事权和财权，妄谈只有中央政府才享有宏观调控权在实践中有百害而无一利，在中国这样的大国尤其如此。因此，应当进一步优化宏观调控权力的横向配置和纵向配置，在分权与法治的基础上[③]改革和完善宏观调控体制，把握好一致行动原则。一方面，下级政府都应采取与中央政府协调一致的行动，不得出于本地利益而规避宏观调控措施甚至采取逆向行动；另一方面，各级政府的各个宏观调控部门之间应采取协调一致的行动，不得出于本部门利益而规避宏观调控措施或者采取逆向行动。

（3）调控工具搭配制度

调控工具是实现宏观调控目标的重要手段，不同调控工具的作用机制不同，对供需总量和经济结构的影响也不相同。国

---

① 徐澜波：《我国宏观调控权配置论辨正——兼论宏观调控手段体系的规范化》，《法学》2014年第5期，第44页。

② 参见张守文《宏观调控权的法律解析》，《北京大学学报》2001年第3期，第126页。

③ 史际春、肖竹：《论分权、法治的宏观调控》，《中国法学》2006年第4期，第158页。

供给侧结构性改革与宏观调控法治化

内外经济形势复杂多变,市场预期各不相同,调控工具的选择和搭配无论在直接调控体系中还是在间接调控体系中均举足轻重,会直接关系到调控政策的成败。我国现行有效的宏观调控工具体系包含了财政、金融、外贸、投资、储备、规划、价格、就业服务等在内的诸多工具类型。现行《预算法》《中国人民银行法》《对外贸易法》《价格法》《就业促进法》等在调控工具的合法化方面发挥出了有益的示范作用。建立调控工具搭配制度,就是要对政府的监管权与调控权实行必要的"减、转",即在减少监管的同时完成由监管向调控的转型,以增强市场自身的决定力与判断力,尤其是重点增强政府在调控中的法律判断能力。相比较而言,过于依赖直接调控工具,容易成为政府过度干预微观经济的借口,同时造成地方政府的"政策依赖症",甚至产生政策失误,从而导致经济结构的扭曲,不利于改变发展模式。而对间接调控工具来说,则主要面临着合法化与合理化的双重考量。

(4) 调控程序法定制度

宏观调控法是对调控者和受调控者的权力、权利、职责、义务、责任进行设定的规则体系,它的作用对象只能是政府的调控行为本身,而不是直接针对市场本身。因此,法律本身不能替代具体的宏观调控行为而直接克服市场失灵,也不能直接促成市场的安全、效率与可持续发展。为防止宏观调控中的主观恣意、政府失灵和调控失败,必须通过调控权的科学配置和调控程序的法定化来实现宏观调控立法的根本宗旨和调控的多重目标,这就决定了对政府宏观调控行为的程序设计和保障在宏观调控立法中的至关重要性。我国既有的宏观调控程序性规范零散、混乱,彼此之间缺乏协调,尚未形成有机统一的体系,影响了人们对宏观调控权及其程序的认识,影响了宏观调控的实效。这些分散在不同调控性法律中的宏观调控程序是进行宏观调控程序整合的基础，需要通过《宏观调控基本法》的制定，在程序方面进行综合、概括、抽象、整合、协调，以提高宏观调控程序立法的科学性，提高宏观调控权行使的公正性和正当性，实现从程序工具主义到程序本位主义的升华，建立调控程序本身的公正性标准。当然，宏观调控程序涉及诸多环节，程序设计需要综合控制调控行为的经济成本和道德成本。

（5）调控责任追究制度

随着现代法治的发展，人人问责已经成为法治社会建设的一个基本理念。"问责制"是一种超越"违法责任"的责任机制，目的在于构建一种动态的常规化的督促和回应机制，其代表着现代社会经济条件下"责任"作为一种系统性的制度结构所具有的整合和调节功能。作为责任政府主要实现形式的政府问责制度，其建立是我国法治进程的重要表现，也是民主政治不断发展下的必然要求。在我国，"官本位"和"权力至上"等思想在很多人的心中仍然根深蒂固，所以在政府部门建立并完善问责制意义重大。就宏观调控责任而言，无论创设何种法律责任形式，无非围绕着财产、行为、精神和人身等不同方面展开，这需要打破传统部门法责任体系的窠臼，综合考虑各种新出现的责任形式。建立调控责任追究制度，需要把握好"三对"责任，即调控主体责任与受控主体责任、传统法律责任与新型法律责任以及机构责任与个人责任。[①] 尤其对于决策失误或官僚主义、长官意志造成的调控决策失误，应通过问责制加强对相关调控主体的责任追究，避免以"集体负责"为由淡化个人责任。

---

① 参见席月民《依法调控经济的程序与责任保障》，《中国法律评论》2015年第3期，第212—213页。

三 供给侧结构性改革中宏观调控
法治化的具体路径

供给侧结构性改革的五大任务提出后,国家出台了一系列改革措施,但如何运用法治思维和法治方式推动供给侧结构性改革,仍是目前亟须解决的现实问题。从供给侧结构性改革中宏观调控法治化的具体路径看,必须坚决执行"凡属重大改革都要于法有据"的精神,努力实现立法与改革决策相衔接,统筹调控法律的立改废工作,发挥调控立法的规范、保障、引领和推动作用。具体说来,改革决策需要通过立法才能实施的,抓紧制定新的法律;或者对原有的法律规定进行调整,扩大其适用的外延;现行法律规定与改革决策不一致的,抓紧修改相关法律,以适应改革需要;改革需要先行先试的,依法做出授权决定;对已经不适应改革要求的,则直接废止相关法律。[①]

(一)"去产能"、产业调控与产业法的调整

"去产能"是供给侧结构性改革的五大任务之首。在过去的30多年里,中国经济高速增长,以钢铁、煤炭、水泥等为首的国民经济基础产业,为经济发展、社会稳定做出了巨大贡献。然而,自2012年以来,在经济下行、能源结构转型的大背景下,我国钢铁、水泥、煤炭、电解铝等基础产业的需求大幅下降,供给持续过剩,行业集中度低、产能利用率低、亏损面广的现象越发明显。[②]

---

① 参见阚珂《感受改革要"于法有据"治国理政新理念新实践》,《中国人大》2017年第19期,第14—15页。
② 参见任泽平、张庆昌《供给侧改革去产能的挑战、应对、风险与机遇》,《发展研究》2016年第4期,第7页。

近年来，国家针对"去产能"问题陆续出台了多种政策。[①]概括起来，目前各地所采用的"去产能"政策措施主要有：（1）奖补支持。如国家设立了工业企业结构调整专项奖补资金，按规定统筹对地方化解过剩产能中的人员分流安置给予奖补。（2）金融支持。国家支持社会资本参与企业并购重组，鼓励保险资金等长期资金通过创新产品和投资方式来参与企业并购重组，也支持企业通过发债替代高成本融资，支持以抵押贷款形式增加周转资金。（3）产能置换。这一措施是控制新增产能的一种计划手段，意在通过新建项目淘汰与该建设项目产能数量相等（或更多）的落后或过剩产能。（4）土地盘活。以煤炭行业为例，国家支持退出煤矿用好存量土地，促进矿区更新改造和土地再开发利用。（5）技术改造。还以煤炭行业为例，国家鼓励和支持煤矿企业实施机械化、自动化改造，重点创新煤炭地质保障与高效建井关键技术，煤炭无人和无害化、无煤柱自成巷开采技术，推广保水充填开采、智能开采和特殊煤层开采等绿色智慧矿山关键技术，提升大型煤炭开采先进装备制造水平。

从实践看，各地在"去产能"过程中主要存在以下问题：（1）地方保护。一些地方政府受财政压力的影响，为保证就业、税收等，对本地企业保护力度较大，缺乏主动削减产能的激励，甚至存在对国家去产能政策不管不问，继续投资产能过剩产业、补助"僵尸企业"的情况。（2）过度依赖行政手段。部分地方政府存在不顾及企业实际情况，采用计划和行政性任务摊派手段，特别是采用设备规模标准，对过剩产能采取强行拆除设备的

---

① 如2013年10月6日，国务院出台了《关于化解产能严重过剩矛盾的指导意见》（国发〔2013〕41号），强调对钢铁、水泥、电解铝、平板玻璃和船舶等产能严重过剩行业实行分业施策，提出要坚持尊重市场规律与改善宏观调控相结合、开拓市场需求与产业转型升级相结合、严格控制增量与调整优化存量相结合以及完善政策措施与深化改革创新相结合的基本原则，加快建立和完善以市场为主导的化解产能严重过剩矛盾长效机制。

"一刀切"做法,实际上与市场机制背道而驰。①（3）企业激励不足。诸如钢铁、煤炭等产能过剩产业在"去产能"的过程中会陷入一种困局:一方面,行业整体处于亏损状态,只有大幅度削减过剩产能才能带动产品价格的回升,从而改善企业经济效益;但另一方面,企业更担心"去产能"会使其失去未来市场回暖时的潜在市场份额,进而出现不积极配合的不作为情况。（4）职工安置难。职工安置是"去产能"任务涉及的重点问题之一。有测算显示,如果五年压减粗钢产能1亿—1.5亿吨,以及未来三至五年退出煤炭产能5亿吨左右、减量重组5亿吨左右的目标最终实现,将可能使这两个行业减少就业人员近百万人。②虽然相关部委陆续出台了关于职工安置的政策文件,但职工安置仍然存在资金缺口大、奖补资金标准低、资金适用范围窄、安置渠道有限等问题。（5）引发金融风险。产能过剩行业往往存在赢利能力差、负债率高两大劣势。诸如钢铁、煤炭等产业过剩的行业主要采用间接融资的方式,占用了银行大量的信贷资源。一旦"去产能"导致资金链破裂,就会使银行产生大量坏账,造成系统性风险上升,可能会成为金融危机爆发的一个潜在风险点。

在实施"去产能"政策过程中,国家需要积极推动相关产业法律法规的制定和修订工作,有效发挥政策与法律的互补互动作用。反思产业政策的制度演变,厘清产业政策、市场机制、市场失灵与政府监管的边界,需要通过法律制度体系,建构一个市场自治、法院诉讼、行业自律、政府监管、国有企业的执法分析框架,比较不同机制执法的公正与效率。对于中国经济转型与维护

---

① 参见胡筱沽、戴璐《正确把握去产能过程中的几个关键问题》,《宏观经济管理》2017年第2期,第53页。

② 王元:《如何推进"三去一降一补"》,《中国外汇》2016年第11期,第16页。

市场经济秩序，执法范式转变和监管制度调整已经刻不容缓。①为此，要始终坚持实施总量控制政策，使产能增加与实际消费相匹配，同时强调充分发挥市场功能，从过度依赖行政手段转向注重经济手段、法律手段和行政手段的协同并用，不断理顺资源、要素价格的市场形成机制。在"去产能"过程中，还需要推动相关行业的兼并重组，协调解决企业在跨地区兼并重组中遇到的疑难问题，并倒逼企业增强其创新能力，借以提升以产品质量、标准、技术为核心要素的市场竞争力。在"去产能"方面，我国现有《煤炭法》《电力法》等法律都面临着相应的修改任务，需要在市场准入和市场退出这两头把好监管关，同时《能源法》的制定也应加快推进速度，并注重突出《能源法》的调控功能，彻底告别"去产能"过程中的行业部门主导模式，在政府和企业联动过程中依法明确各自边界，多利用经济手段刺激和鼓励企业技术创新和产品升级，依法规范和引导企业的市场行为。一个比较可行的建议是，通过部门规章形式，建立差别化的市场准入标准，借此抬高过剩产能的准入门槛，倒逼淘汰落后产能；与此同时，重新调整和提高相关产品质量标准，促进绩优企业快速成长。

（二）"去库存"、房地产市场调控与相关立法

自 1998 年以来，我国住房市场化改革获得了快速推进，在房地产开发规模不断增大的同时，房地产价格也轮番上涨。同时，一、二线城市对房地产的限购措施，促使开发企业转向三、四线城市进行大规模房地产开发，不断上涨的房价不断强化和促进房地产的开发、投资和投机行为，进而导致房地产库存持续增加，很多地方供过于求，甚至出现空城"鬼城"，造成了社会资

---

① 席涛：《产业政策、市场机制与法律执行》，《政法论坛》2018 年第 1 期，第 45 页。

源的极大浪费。数量庞大的房地产库存，一方面引发了房地产企业的生存危机，另一方面放大了我国金融业的系统性风险。房地产去库存在供给侧结构改革中的五项重点任务中，处于重要的支配地位。[①]

根据2015年12月的中央经济工作会议精神及相关地方政策文件，[②] 房地产"去库存"的主要措施有：（1）支持进城农业人口置业。通过提高户籍人口城镇化率和深化住房制度改革，允许有能力在城镇稳定就业和生活的农业转移人口举家进城落户，使他们形成在就业地买房或长期租房的预期和需求，成为消化库存、稳定房地产市场的主要力量。（2）支持改善型房屋置换。通过发放住房补贴等形式，支持老旧社区居民置换新房，改善住房条件。（3）棚改安置和住房保障货币化。采取提高货币化安置奖励标准、协助群众购买安置住房等措施，引导棚户区改造居民优先选择货币化安置，进而打通商品房与保障房的通道。（4）建设公租房，发展租赁市场。即以满足新市民住房需求为出发点，建立购租并举的住房制度，把公租房适用对象扩大到非户籍人口。同时，鼓励自然人和各类机构投资者购买库存商品房，成为租赁市场的房源提供者，鼓励发展以住房租赁为主营业务的专业化企业。（5）取消限购等限制措施。如在2015年8月，住建部、商务部等六部委出台的《关于调整房地产市场外资准入和管理有关政策的通知》中规定，不再限定境外个人与机构购房的数量，并且降低了外商投资房地产企业的门槛限制。（6）促进房地产业兼并重组，提高产业集中度，同时鼓励房地产开发企业顺应市场规

[①] 刘志彪：《房地产去库存：供给侧结构改革的重中之重》，《江苏行政学院学报》2016年第4期，第36页。

[②] 如山东省委、省政府出台《关于深入推进供给侧结构性改革的实施意见》（鲁发〔2016〕12号），云南省政府出台《关于推进供给侧结构性改革去库存的实施意见》（云政发〔2016〕43号）等。

律，适当降低商品住房价格。（7）开发商自持物业。通过土地、规划、金融、税收等政策，鼓励和引导开发商自持物业经营，促进房地产开发模式转型升级，由快速开发销售模式向城市综合运营模式转型。（8）其他措施。如采取降准降息、降低首付、税收优惠、优化房地产开发用地供应、发展共有产权、推进公积金制度改革等措施，提升市场购买力。

从实践看，房地产"去库存"中存在的主要问题有：（1）部分政策效果不理想、见效慢。举例而言，通过"新农民工城市化"来消化库存，虽然有一定道理，但一方面，大多数农民工资金有限，缺乏购房能力，即使政府予以税费补贴，对于远超农民工购买能力的房价来说仍然远远不够。另一方面，收入较高的农民往往愿意在一、二线城市就业，而一、二线城市的"去库存"压力较小，而作为政策目标的广大三、四线城市对其吸引力不足。① （2）相关税收政策未对居民住房消费行为与住房投资行为进行有效区分，房地产市场仍存在大量投机行为。（3）中小城市房产租赁市场普遍欠发达，市场需求有限，机构和个人投资发展住房租赁市场的积极性不高。（4）市场对商品房共有产权制度的信心不足。

在我国，"去库存"主要涉及《城市房地产管理法》的修订问题。目前的"去库存"任务已经阶段性完成，下一步在调控思路和手段上要更加精细化。具体而言，一、二线城市库存压力较小，销售弹性高，不宜再过于推进"去库存"政策。其中一线城市应加强管控，通过限购、限贷等手段抑制房价再次快速上涨，对于其中住房供应紧张的城市还要采取扩大新增工地、盘活存量

---

① 正是目前这种购房行为与就业、户籍、公共服务等之间的严重撕裂，成为新生代农民工们在市民化进程中购房的痛点。参见刘志彪《房地产去库存：供给侧结构改革的重中之重》，《江苏行政学院学报》2016年第4期，第38页。

土地等方式扩大供给，防范土地价格快速上涨。实际上，诸如厦门、南京、杭州等二线城市已经开始重启限购政策，如杭州宣布自 2017 年 9 月 19 日起暂停向拥有 1 套及以上住房的非本市户籍居民家庭出售住房。三、四线城市仍然普遍存在库存压力大、周期长的问题，应该继续采取大力发展住房租赁市场、落实房地产税优惠政策、深化住房制度改革等举措，再配合推进户籍改革、落实居住证制度等福利措施，提高公共服务能力，增加其对"新市民"的吸引力，切实促进中小城镇住房需求增加。同时，也要落实"房子是用来住的，不是用来炒的"的基本定位，从税收、金融、土地等政策层面坚决抑制住房投机性需求，支持正常的居住型需求。① 1994 年颁布、1995 年施行的《城市房地产管理法》，在 2007 年修订过一次，当时在总则中增加了拆迁补偿和保障居住的规定。这一规定，对当前进行的棚户区改造安置等方面仍有现实意义。更为重要的是，在近两年的"去库存"过程中，实践中已经新出现了公租房、自持物业、共有产权等新的形式，这些应当在修法时予以确认和保护，从而使房地产交易规则和房地产权属登记规则更为完善。同时，也要在"房地产开发"一章中增加企业兼并重组的内容，保障和促进房地产业的可持续发展。

（三）"去杠杆"、债务风险控制与相关法修订

这些年来，无论是企业层面还是金融层面，高杠杆已成为我国经济发展挥之不去的隐忧。从 2003 年至今，我国主要经历了两次加杠杆的过程，分别是 2003—2007 年和 2008 年金融危机爆发后。第一轮加杠杆的过程中，国有企业和私营企业均处于加杠杆的过程，但 2008 年后，国有企业成为加杠杆的主体。自 2015

---

① 参见国家行政学院经济学教研部《中国经济新方位》，人民出版社 2017 年版，第 184—188 页。

年以来，我国货币派生的途径发生变化，通过银行信贷扩张而带动的传统货币派生占比下降，影子银行体系的货币派生能力增强。有研究指出，金融杠杆本质是金融系统内借债产生的杠杆。[①]宽松的货币环境和低利率为金融加杠杆提供了基础，金融机构通过较低的融资成本从央行获得流动性，并通过质押和期限错配实现套利。

总体来看，依据现有政策，[②]实践中企业"去杠杆"的主要方式有:[③]（1）直接减债。对于产能过剩的企业，可以采取限制其贷款，不断提高其发行债券门槛的方式，达到淘汰落后产能企业的目的，并促进产业升级，去除呆账死账，降低经营风险。（2）债务重组。债务重组和企业兼并重组联系在一起，是企业资产重组的一个重要环节，其主要通过减免部分债务，延长还款期限和变动债权债务关系等方式，重新安排债务。（3）企业资产证券化。按照"真实出售、破产隔离"原则，积极开展以企业应收账款、租赁债权等财产权利和基础设施、商业物业等不动产财产或财产权益为基础资产的资产证券化业务。（4）债转股。债转股就是把银行对企业的债权，通过一些设计和安排，依法转换为对企业股权的一种财务重组方式。（5）股权融资。我国金融体系一直是以商业银行为主导的间接融资主体，家庭、个人的储蓄率呈现出较高水平，随着金融市场的发展和完善，社会融资正在从间接融资向直接融资转变。基于此，应将保险资金、年金、基本养老保险基金等引入股权融资，并

---

① 参见邱冠华、王剑、张宇《银行资本已为金融去杠杆留有空间》，国泰君安研究报告，2017年5月9日。
② 如在2016年10月10日，国务院出台了《关于积极稳妥降低企业杠杆率的意见》（国发〔2016〕54号）。
③ 参见陆岷峰、葛和平《中国企业高杠杆成因及去杠杆方式研究》，《金融监管研究》2016年第12期，第69—70页。

有序引导储蓄转化为股本投资。通过直接融资比例的不断上升和股权融资比重的加大，来实现企业杠杆率的降低。(6)企业破产。企业破产在解决债务矛盾、公平保障各方权利、优化资源配置等方面具有重要作用，利用破产形式，可以让破坏市场信用链条的交易者及时退场。在企业"去杠杆"中，资金密集、产能过剩行业首当其冲。

在金融加杠杆的过程中，资产扩张多元化的背后，资金流向变得越来越难以追踪。伴随着社会资金"脱实向虚"、资产泡沫过度膨胀等突出问题，金融领域的"去杠杆"成为供给侧改革"去杠杆"的主要着力点。当前的金融高杠杆属于宏观的系统杠杆，表现为金融体系资产负债表的快速膨胀，实质上是货币信用机制的再造。金融"去杠杆"的实质，其实是压缩同业链条。有研究指出，同业链条的蔓延导致金融体系杠杆率高企，使得资金在金融体系空转，推高实体经济融资成本。[1] 逐步出台的金融"去杠杆"监管政策，短期内强化了监管，"去杠杆"初见成效。但长期看，未来应该着力于制度化监管长效机制的建设，应持续地改革和完善适应现代金融市场发展的金融监管框架，实现金融监管的统一协调与金融风险的全覆盖。[2]

看待中国的杠杆率，不仅要看国有企业等企业部门债务和银行信贷问题，还应重视地方政府债务问题，而后者与推动城镇化进程有关。目前来看，在"去杠杆"的问题上，绝不应忽视政府债务。在我国，地方政府通过各种融资平台借款形成了较多债务，虽然在统计上多体现为企业部门债务，会导致企业部门债务高估，但如果将这部分统计为政府债务，则企业部门债务即会大

---

[1] 参见李超《金融去杠杆的节奏会怎样？》，华泰证券研究，2017年5月11日。
[2] 崔宇清：《金融高杠杆业务模式、潜在风险与去杠杆路径研究》，《金融监管研究》2017年第7期，第52页。

幅下降，政府债务会相应上升。在城镇化过程中，地方政府存在财政透明度不高、政府间财政关系有待理顺、缺乏明确的财政纪律约束地方政府等问题，因此金融市场对地方政府债的定价存在扭曲，向地方政府融资平台提供贷款的定价也存在扭曲，这导致商业银行和金融部门低估了地方政府财政风险。虽然地方债券已被写入《预算法》，但关于国家债券的法律规则体系仍不健全，加快推进《公债法》的出台，已成为当务之急。在"去杠杆"问题上，关键是财政与金融实现"分家"。供给侧结构性改革既要减少无效和低端供给，也要扩大有效和中高端供给，提高全要素生产率，使要素从旧的、失去竞争力的领域逐步退出，向高新技术产业等新经济领域聚集。关于企业"去杠杆"和金融"去杠杆"，还需要进一步完善相关法律制度。

在企业"去杠杆"的法律规制方面，目前应主要着眼于修改《企业破产法》，完善破产相关法律规则体系。与此同时，还需要完善破产清算司法解释和司法政策。司法权的中立性、被动性、独立性和终局性反映出它在国家治理中的功能具有不可替代性，而其成长过程的历史性、复杂性和变革性决定了司法权的构建必然会经历一个曲折艰辛的过程。鉴于中国司法权功能的局限性及其现实后果，应着眼于社会主义法治国家的建设和国家治理系统结构功能的优化，以权力制约为理念配置司法权，以权利保护为核心运行司法权，以实现良性运转为标准保障司法权，以培育法治文化为根本支撑司法权，在优化国家治理系统自身结构的同时，增强其适应、整合、目标达成和维持功能。[①] 从修订内容看，需要不断健全破产管理人制度，探索建立关联企业合并破产制度，细化破产案件工作流程规则，切实解决破产程序中的违法执

[①] 沈德咏、曹士兵、施新州：《国家治理视野下的中国司法权构建》，《中国社会科学》2015年第3期，第39页。

行问题，依法规范和引导律师事务所、会计师事务所等中介机构依法履职，增强破产清算服务能力。就《企业破产法》本身的完善而言，还需要注意以下方面：一是设立合理的破产界限。对于自愿申请的破产保护，应该放低破产界限的门槛，对于为了逃债等的破产欺诈，应当更多地由破产程序进行处理。二是以债务人自行管理为原则，管理人接管为例外。法律应有必要赋予利害关系人以指定管理人的请求权，从而保证在必要情况下，能替换管理人。保证重整计划的协商在公平的基础上进行，避免债务人利用专属的制定权迫使他人接受不利的条款。三是引入预重整制度。预重整制度与我国的破产和解制度有一定的相似性，但后者只适用于无担保债权。对于预重整的做法，在复合平等协商、信息披露充分的条件时，立法应当予以承认。四是改善重整融资制度。为促进重整融资，我国《企业破产法》可以规定，为重整融资放贷人提供第一顺位的担保物权。就破产保护制度配套机制而言，需要从以下方面着手：[①] 一是改进法官绩效考核方法，推动破产裁判文书上网。二是妥善协调破产保护制度与行政审批权之间的关系。就涉及反垄断审查的破产重整案件，应与商务部协调；涉及上市公司的破产重组，应与证监会协调等。三是调整破产保护程序与普通执行程序的衔接。有必要明确保全措施的解除与执行程序的中止均可以自动生效，并明确规定违反自动冻结应该承担的损害赔偿乃至惩罚性赔偿的责任。四是为破产保护提供必要的税收优惠。有必要明确企业进入破产程序后，属于酌情减免税收的法定情形。总之，地方政府与法院需要依法依规加强企业破产工作的沟通协调，真正解决破产程序启动难问题，做好破产企业职工安置和权益保障、企业互保联保和民间融资风险化

[①] 参见张亚楠《完善我国破产保护制度的若干思考》，《政治与法律》2015年第2期，第16—18页。

解、维护社会稳定等各方面工作。当然，修改《公司法》《证券法》《信托法》等，加快健全和完善多层次股权市场，不断创新和丰富股权融资工具，系统完善债转股、资产证券化等方面的法律规则，也是题中应有之义。

随着整个金融监管系统"去杠杆、防风险、控套利"的政策思路的进一步明朗化，基于流动性的分层结构，在金融体系中需要对不同金融机构采取"分而治之"的"去杠杆"策略，并通过穿透式监管实现"去杠杆"目标。同时，还需要修改《中国人民银行法》和《银行业监督管理法》，进一步完善金融调控和监管的法律规则，适应银行业和保险业监管机构合并现实，拓宽不良资产市场转让渠道，探索扩大银行不良资产受让主体，强化不良资产处置市场竞争，同时强化金融机构授信约束，合理确定投资者参与降杠杆的资格与条件。在金融"去杠杆"过程中，需要不断提高防范风险的预见性、有效性，严密监控降杠杆可能导致的股市、汇市、债市等金融市场风险，防止风险跨市场传染。只有在金融监管改革中不断填补监管空白与漏洞，实现监管全覆盖，完善风险处置预案，才能严守不发生系统性风险的底线。总之，金融杠杆的高低，应与经济增速、资本充足和监管要求相适应。在推进金融"去杠杆"的过程中，既要"埋头走路"，有效驯服金融体系中的杠杆乱象，又要"抬头看天"，须臾不忘金融支持实体经济的本义。[①]

（四）"降成本"、企业竞争力与相关法的修改

近年来，我国企业逐渐增高的生产成本、用工成本、用能成本、融资成本、物流成本、用地成本，加大了企业的经营压力，

[①] 钟正生、张璐：《金融去杠杆向何处去》，《中国金融》2017年第11期，第56页。

使企业的赢利能力逐年下降。高额的成本不但降低了企业扩大再生产的内生动力,甚至还有造成企业破产倒闭的危险。[①] 因此,降低各项成本,减轻企业负担,激发市场活力,也就成为当前供给侧结构性改革的重要任务之一。

降低企业成本,增强企业活力,国民经济才能具备持久的发展动力。目前而言,"降成本"的主要政策措施有:(1)合理降低税费负担。如全面实施营业税改征增值税,降低企业税负,促进经济发展方式转变。(2)有效降低企业的融资成本。通过差别准备金率、再贷款、再贴现等政策引导银行业金融机构加大对小微企业、"三农"等薄弱环节和重点领域的信贷支持力度。降低融资中间环节费用,加大融资担保力度。(3)着力降低制度性交易成本。为企业设立和生产经营创造便利条件,简政放权、放管结合。比如打破地域分割和行业垄断,从源头上防止排除和限制市场竞争的行为,加强公平竞争的市场环境建设;健全竞争政策,完善市场竞争规则,加强反垄断和反不正当竞争执法;优化市场环境,健全经营者自主定价领域的市场规则;推进行政审批制度和监管制度改革,优化行政审批流程;重点围绕生产经营领域取消和下放的行政审批事项,合并具有相同或相似管理对象、管理事项的证照资质,实行联合审批。(4)合理降低企业的人工成本。在工资水平保持合理增长的同时,使企业"五险一金"缴费占工资总额的比例合理降低。(5)降低企业的用能和用地成本。例如,加快推进电力体制改革,合理降低企业用电成本;完善土地供应制度,降低企业用地成本。在工业用地方面,积极实施长期租赁、先租后让、租让结合供应。(6)降低企业物流成本。例如,改善物流业发展环境,大力发展运输新业态;健全现

[①] 参见赵治纲《"降成本"现状、成因与对策建议》,《财政科学》2016年第6期,第47—48页。

代物流标准体系，强化物流标准实施，推动物流业与制造业等产业联动发展；完善城市物流配送体系，优化资源配置，提高物流效率。

从实际经营情况看，多数企业反映制度性交易成本高、融资成本高、税费负担重等问题显著存在。从线上调查数据看，对于降低企业税费负担的政策措施，26.4%的企业认为成效非常好，36.8%的企业认为成效好，34.8%的企业认为成效一般，2.1%的企业认为成效较差；对于降低制度性交易成本的政策措施，认为非常好（26.1%）和好（37.1%）的企业共计占到了63.2%，只有1.3%的企业认为成效差。其他方面的"降成本"措施成效，企业认可度也都很高。[①] 但目前来看，实践中"降成本"仍存在着一些问题。由于降低企业成本牵涉方面众多，容易受到内外部复杂因素的影响和制约，导致当前"降成本"的政策红利被部分抵消或者效力发挥迟滞。与此同时，推进"放管服"行政审批制度改革难度较大，后续改革繁重。

当前各项政策要发挥预期管理功能，必须通过相关修法来增加社会资本投入政策预期的确定性。以融资成本为例，当前各方反映企业融资成本高，根本原因在于金融与实体企业之间的"经络"不通，金融与实体企业没有实现良性循环。一方面，金融与实体经济的脱节，融资环境恶化；另一方面，资金在金融体系内循环，风险剧增。而降低企业的融资成本，应主要从两个方面着手：一是降低融资中间环节的费用；二是大力发展股权融资。这就要求在《公司法》和《证券法》的修改中，深化金融体制改革，增强金融服务实体经济能力，提高直接融资比重，把完善多

---

① 《调研报告显示：企业降成本任务仍然繁重》，2017年10月8日，华夏经纬网（http://www.huaxia.com/xw/zhxw/2017/08/5416931.html）。

供给侧结构性改革与宏观调控法治化

层次资本市场体系落到实处。[①] 当然,"降成本"所涉法律主要有《企业所得税法》《劳动法》《能源法》《电子商务法》《铁路法》《公路法》《民用航空法》《土地管理法》等,这些法律有的需要修改,有的则亟待制定。总体上而言,需要把现有"降成本"的有效政策措施写入法律,用法律巩固改革成果。要重视立法和改革决策相衔接,做到立法主动适应改革发展需要,增强法律法规的及时性、系统性、针对性和有效性。

(五)"补短板"、公共服务与相关法律的体系化

"补短板"来源于短板理论,意为一只木桶能盛多少水,取决于其中最短的一块木板。这里的"短板",就是指影响阻滞经济社会发展进步的那些带有全局性、深层性、关键性、决定性的薄弱环节、制约因素、瓶颈方面和滞后领域,具有瓶颈性、扩散性、黏滞性和潜伏性等特征。[②] 我国的城乡差距、区域差距还比较大,社会主义市场经济制度还需要继续完善,在社会发展、制度设计、发展水平等诸多方面还存在明显的薄弱环节和短板。民生领域,在人口老龄化加快的大背景下,诸如养老、医疗、教育等方面仍然存在制度不完善的问题;资源环境方面,生态环境恶化趋势尚未得到根本扭转;公共服务方面,仍存在着公共服务供给不足的问题。贫困更是全面建成小康社会的最大短板,任务十分艰巨。

针对中国目前存在的短板问题,2016年9月的国务院常务会议提出了"补短板"的五大举措,包括:(1)加快推进"十三

[①] 据《证券日报》记者不完全统计,截至2017年10月20日,沪深交易所上市企业已经达到3409家、新三板已有11617家挂牌企业、区域性股权交易市场挂牌企业已超2万家,三大层次企业数量共计超过3.5万家。
[②] 参见浙江省委政研室课题组(于新东执笔)《"补短板"相关概念辨析》,《政策瞭望》2016年第4期,第28页。

五"规划《纲要》确定的全局性、基础性、战略性重大工程项目，围绕着力"补短板"、缩小城乡区域差距等，抓紧制定实施方案，合理扩大有效投资，尽快形成实物工作量。（2）进一步推进改革，更好调动社会资本积极性，注重运用政府和社会资本合作模式。（3）创新融资方式，统筹盘活沉淀资金。（4）制定进一步扩大开放利用外资的措施。（5）建立"补短板"项目推进奖惩机制等。①

"补短板"所涉领域宽泛，如基础设施方面覆盖了交通、水利、能源、信息、管网、市政等，民生保障涉及养老、住房、生态环保等，公共服务涉及教育、医疗、文化、体育、旅游等，脱贫攻坚涉及农村低收入群体和经济落后地区等。概括起来，实践中存在的问题主要有：（1）补短板项目投入大，财政资金不足。（2）现行政策涉及领域广泛，②但一些政策措施缺乏相应的法律制度支撑。（3）奖罚机制尚未建立。目前"补短板"任务还没有关于奖惩的相关规定，各责任主体可能会出现工作不积极、缺乏压力和动力的情况，使各项制度落实不到位。

从发展趋向看，在民生领域，"补短板"应以解决"看病难""上学难""房价高"等关键问题为目标，进一步推动教育、医疗、住房等领域的公共服务优化。尤其是脱贫方面，要通过产业扶贫、政策扶贫、重点帮扶等方式切实增加农民收入，同时切实落实脱贫责任制，实施严格的评估考核，严肃查处假脱贫、

---

① 此外，这两年来我国各地政府也纷纷出台补短板的地方政策，如江苏省政府《关于供给侧结构性改革补短板的实施意见》（2016年），安徽省政府《关于补短板增强经济社会发展动力的实施意见》（2016年）等。

② 如2017年1月出台的《国务院关于印发"十三五"推进基本公共服务均等化规划的通知》和2017年1月出台的住房城乡建设部办公厅、国家发展改革委办公厅《关于做好城市排水防涝补短板建设的通知》等。

"被脱贫"的现象。① 在基础设施领域,应集中力量加大在信息、网络、数据等领域的基础设施投入,搭建好新技术、新产业、新业态等新兴基础设施平台,同时进一步放开基础设施领域投资限制,在教育、医疗、养老等民生领域对民办与公办机构在市场准入、职称评聘、社保定点等方面同等对待,加强对农业、水利、生态环保等领域的基础设施投入。在创新发展领域,应进一步发展开发区建设,促进体制改革、改善投资环境、引领经济结构优化调整和发展方式转变,同时持续优化制度供给,进一步厘清政府与市场的关系,让市场发挥决定性作用,创造宽松的环境,为创业创新的发展提供助力。

"补短板"需要抓主要矛盾,看主要方面,并且应当精准定标和有效对标。在"治理"这一网络中,其治理主体并不限于政府,不同主体有着不同的立场、知识、信息、资源和能力,有着各自的优势与不足,为此需要不断完善现有财税、教育、医疗、能源、生态、慈善、投资、规划等方面的法律规则,通过不同主体来共享、动员和聚合分散的资源,以更为合作、更强互动性的方式协调利益与行动,进而真正做到依法调控。其一,以《预算法》为核心,积极完善"补短板"各领域的专项法律。通过修订法律,加强对财政资金支出管理等方面责任,积极落实补短板中所涉政府部门的监管、调控和服务职能,并做出补充性规定。其二,加快建立"补短板"的奖惩机制和制度。如果想进一步使各项规定真正落到实处,就应尽快建立"补短板"的奖惩制度,加强督查考核。一方面,对主动作为的地方、部门人员加大奖励力度,充分提高其积极性;另一方面,对不作为、工作不力、进展滞后的地方和部门人员进行问责。其三,抓紧出台《政府与社会

---

① 参见国家行政学院经济学教研部《中国经济新方位》,人民出版社 2017 年版,第 184—188 页。

资本合作法》，支持和保障社会资本参与基础设施建设和优化公共服务。政府与社会资本合作中，PPP项目应由社会资本方（项目公司）独立实施和运营，政府不应干涉其中。但是，当发生PPP项目对公共产品或者服务的提供受阻或者中断的严重情况时，政府应行使监管职责，适时介入和接管PPP项目，以保障公共产品或者服务提供的持续性。[①] 其四，积极制定《国民经济和社会发展规划法》。加大统筹协调力度，加强各部门的联动性，督促"补短板"各重点任务牵头部门结合"十三五"重点专项规划编制，抓紧推进各领域补短板实施工作。

结　　语

面对内外部的复杂形势，依法治国在党和国家工作全局中的地位更加突出、作用更加重大，经济结构调整和转变发展方式的任务更加紧迫。宏观调控既要把握总量平衡，更要着眼结构优化，从战略上对经济增长点进行谋划，通过深化改革解决经济运行中存在的深层次结构性问题，协同推进新型工业化、信息化、城镇化和农业现代化，推动创新发展，进一步激发经济活力和竞争力。[②] 目前来看，由中央政策和地方政策共同构成的供给侧调控政策已经在实践中发挥了积极作用，但在深入推进供给侧结构性改革中，法治并未实现与改革的同步互动，调控效果尚有赖于由政策调控向依法调控的根本性转变。

发展和创新是我国决胜全面建成小康社会、开启全面建设社会主义现代化国家新征程的时代主题。扭曲是对资源配置最优均

[①] 邢钢：《PPP项目中政府介入权法律问题研究》，《比较法研究》2018年第2期，第187页。

[②] 席月民：《依法调控经济需要立法先行》，《经济参考报》2014年11月25日第A08版。

供给侧结构性改革与宏观调控法治化

衡状态的偏离。减少和纠正扭曲很大程度上是探索政府和市场边界的过程,这对所有经济体都是重大挑战;而寻找政府与市场之间的完全组合与微妙平衡,也正是人类在制度建设上孜孜以求的目标。[①] 用改革的办法矫正供需结构错配和要素配置扭曲,减少无效和低端供给,扩大有效和中高端供给,促进要素流动和优化配置,旨在实现供需结构的再平衡。产能过剩、库存过大等都是无效和低端供给的集中表现,推进供给侧结构性改革是实现供需结构再平衡的内在要求。只有通过供给侧结构性改革,才能提高供给的适应性和灵活性,提升有效供给能力,最终实现更高水平的供需平衡。

我们必须承认,认识新常态、适应新常态、引领新常态,是当前和今后一个时期我国经济发展的大逻辑。推动供给侧结构性改革,是适应和引领新常态的战略行动,为新常态下"怎么干"指明了方向。与此同时,它也从核心价值与目标的变化、工具与机制的变化以及机构和主体的变化等方面,给治理本身带来了新的变化,使改革与法治之间的紧张关系在不断完善法律的过程中得以缓和,并形成稳定的问责结构,进而提高国家治理能力与治理效果。为实现依法调控,中央政府和地方政府需要全面贯彻新发展理念,有效构建并夯实现代化的国民经济体系和调控法律体系。从未来立法取向看,把宏观调控权关进法律和制度的"笼子"里,绝不是一句简单而空泛的宣传口号。这需要把以《宏观调控基本法》为统帅的调控法律体系的整体定位与实际运行,与科学的宏观调控和有效的政府治理相挂钩,破除调控体制机制障碍,有效匹配供给和需求的新变化。同时,也需要宽严结合、刚柔并济,以充分保障各类市场主体的经济自由,并使其通过公平

[①] 张晓晶、李成、李育:《扭曲、赶超与可持续增长——对政府与市场关系的重新审视》,《经济研究》2018 年第 1 期,第 4、18 页。

竞争而各得其所，另外还应统分结合，激励相容，以切实保障各类公共物品的供给，实现整个经济和社会的良性运行和协调发展。[①]当然，调控立法的扎实跟进只是实现调控法治化的第一步，践行依法调控理念并非只局限于针对调控行为的合法性判断，更重要的是把调控目标的合理性与调控政策的有效性统一起来，全面展现依法调控理念在调控新常态中的引导性，不断完善宏观调控具体法律制度，在合理限定调控权的同时，不断扩张市场对资源配置的决定性作用。

（作者为中国社会科学院法学研究所副研究员）

[①] 参见张守文《中国经济法治的问题及其改进方向》，《法制与社会发展》2018 年第 2 期，第 20 页。

建设创新型国家与知识产权保护

管育鹰

> 加快建设创新型国家。创新是引领发展的第一动力，是建设现代化经济体系的战略支撑。要瞄准世界科技前沿，强化基础研究，实现前瞻性基础研究、引领性原创成果重大突破。
>
> 倡导创新文化，强化知识产权创造、保护、运用。
>
> ——十九大报告

十八大以来，我国经济进入新常态，党和国家提出了转变经济增长方式、产业结构升级、可持续发展等新发展理念，格外重视创新对国家和社会发展的驱动作用。创新是人类发展的动力、社会进步的灵魂；"当前，世界正处于新一轮产业革命的前夜。这场以信息、能源、材料、生物等新技术和智能环保等关键词来描述的变革，将改变人们的生产、生活方式与社会经济发展模式。实施创新驱动发展战略决定着中华民族前途命运"[1]。2016年5月，中共中央、国务院印发了《国家创新驱动发展战略纲要》，指出科技创新是提高社会生产力和综合国力的战略支撑，必须摆在国家发展全局的核心位置。2017年10月，党的十九大

---

[1] 中共中国科学院党组：《决定中华民族前途命运的重大战略——学习习近平总书记关于创新驱动发展战略的重要论述》，《求是》2014年第3期。

报告再次强调,创新是引领发展的第一动力,是建设现代化经济体系的战略支撑;为贯彻新发展理念、建设现代化经济体系,须加快建设创新型国家。为此,十九大报告除了加强基础研究、应用基础研究、国家创新体系建设、科技体制改革、人才培养等举措外,还明确提出了加快创新型国家建设的法治保障机制,即倡导创新文化,强化知识产权创造、保护、运用。可见,加快建设创新型国家是我国迈向现代化国家的内在要求,是解决我国新时代社会主要矛盾的必然选择;而完善的知识产权制度,则是加快建设创新型国家的基本法治保障。这一论断不仅为新时代相关部门制定和实施知识产权领域的重大政策和法律提供了基本依据,也为新时代我国的知识产权法学研究指明了方向。

一 创新型国家建设之知识产权法治保障机制研究的价值和意义

(一) 创新是新时代引领我国发展的动力

改革开放以来,我国通过吸收外资和引进技术、利用国内自然和劳动力资源大力发展,取得了举世瞩目的经济成效。我国的知识产权制度是与改革开放事业同期开创和推进的,然而,这一制度的引进一开始可以说是被动的,而且迄今为止,我国普通市民看到的知识产权更多地属于技术和品牌领先的跨国公司;因此,对加强知识产权保护是否能真正激励我国企业创新,各界难免持有疑虑。应该说,经过四十年的经济建设,我国逐渐认识到资源耗费型和劳动力密集型的发展模式不可持续,形成了迫切需要加大对科技创新的投入、有效保护知识产权以促进和实现产业的升级换代,建设创新型国家,走可持续发展道路的共识。我国2008年颁布的《国家知识产权战略纲要》和2016年颁布的《国家创新驱动发展战略纲要》，也无不反映了决策层对实施知识产权战略、推动我国走创新发展道路的决心。但即便如此，由于知识产权法律制度是整个市场经济法治环境建设中的一环，其有效实施有赖于整个社会法治意识水平的提高，有赖于大众对创新、产权保护等法治规则形成自发的认同和遵循，这也是十九大报告将倡导创新文化、强化知识产权创造、保护和运用作为加快创新型国家建设举措的根本原因。

倡导创新文化，首先需要深化社会各界对"科学技术是第一生产力"的认识，形成尊重知识、重视人才、崇尚创新的自发意识。创新是社会发展的动力。人们对创新与发展关系的认识和研究最早发生在经济学领域，比如，熊彼特将发展定义为执行对旧组合进行调整而产生的新组合，包括推出新产品、采用新生产方式、开辟新市场、掠取或控制新的供应源、实现新的工业组织。[1]可见，创新是一种适应社会发展新需求的优化解决方案，通常包括产品、技术、流程、组织的创新等，尤指技术创新；但创新这一综合性概念并不简单等同于技术创新或发明。正如前科技部朱丽兰部长曾指出的："创新不是'创造新东西'的简单缩写，而是具有特定的经济内涵……创新与发现和发明的不同之处在于它是一种具有经济和社会目标导向的行为，一般来说，为了使一项发明带来利润就需要创新，但一项创新不一定要基于一项发明。"[2] 随着人们对创新与发展关系研究的深入，"创新"这一概念在哲学、社会学、政治学、法学等领域也得到了多维度解读，例如，哲学和社会学研究者运用马斯洛心理学理论，论证创新和

---

[1] 参见［美］约瑟夫·熊彼特《经济发展理论》，何畏等译，商务印书馆1990年版，第73—76页。

[2] 转引自陈春生、杜成功、路淑芳《创新理论与实践》，河北人民出版社2014年版，第19页。

充分发挥自己的能力属于自我实现的需求。[1]

（二）知识产权制度是创新型国家建设的法治保障

倡导创新文化，还需要进一步提升全社会的法治意识、特别是知识产权保护意识。知识产权首先是个法律概念；法学领域对创新与发展关系的关注点，主要在于如何运用知识产权及相关法律制度激励创新和为创新成果提供法治保障，以充分发挥法律的规范和社会作用，最终引导和促进社会的发展。不过，值得注意的是，知识产权制度作为保障和促进创新的法律制度这一理论推演并非自始就顺理成章的。虽然自知识产权制度建立之初，人们就开始讨论其法律属性并接受了其"私权"之观点，即将洛克、康德等古典哲学家关于有形财产的自然权利学说应用于无形的知识产权领域；[2] 但关于知识产权自然权利理论的反思和争论一直存在。以当今知识产权制度的引领者美国为例，虽然知识产权作为知识经济时代基本的财产权之自然权利学说在法学界占主流地位，但经济、政治学家对知识产权制度到底是促进创新还是造成垄断从而阻碍了创新的议题一直表示质疑。有学者考察了特定时期内没有专利制度的荷兰、瑞士，发现没有专利制度并不影响该两国创新活动的活跃度。[3] 还有一些学者认为知识产权的重要性被夸大了，专利和版权制度并不必然促进创新，过度保护不利于提升社会整体福利。[4] 特别是美国著名的计算机天才少年、黑客

---

[1] ［美］罗伯特·奥尔森：《创新与人生》，徐明译，春秋出版社1989年版，第4页。

[2] Merges, R., *Justifying Intellectual Property*, Harvard University Press, 2011, at 289-311; Justin Hughes, "The Philosophy of Intellectual Property", *Georgetown Law Journal*, Vol. 77, 1988, at 299-330.

[3] Schiff Eric, *Industrialization Without National Patents: The Netherlands, 1869-1912; Switzerland, 1850-1907*, Princeton University Press, 1971.

[4] 此议题在美国的探讨综述，参见 Petra Moser, "Patents and Innovation: Evidence from Economic History", *Journal of Economic Perspectives*, Vol. 27, Number-Winter 2013, pp. 23-44.

建设创新型国家与知识产权保护

专家 Aaron Swartz 因涉嫌版权侵权面临刑责而自杀的事件，促使一些学者公开反对"愚蠢"的版权制度、呼吁公共领域和信息自由。[1] 不过，从美国至今仍坚持推行知识产权强保护政策并致力于在全球范围内达成更严苛的知识产权国际保护法律规则之事实来看，经济学家们去论证创新与知识产权制度到底是什么关系似乎仅限于理论研究的兴趣偏好，在实践中并没有影响国家通过强化知识产权保护创新企业利益从而推动社会化经济发展的走向。事实上，早在20世纪50年代，美国参议院司法委员会的知识产权小组委员会即委托专家对专利制度进行经济分析，研究得出的结论是：如果不知道制度作为整体是好是坏，最无可非议的政策性结论就是"这样持续下去"；换言之，如果没有专利制度，根据有关经济效果的现有认知建议引入该制度是不负责任的，但如果已有该制度，则根据现有知识建议废除是不负责任的。[2] 当然，法律作为调整利益冲突的社会控制手段，其目的须通过对个人、公共、社会各方面利益的平衡来实现，[3] 这一法理学的利益平衡原理常被运用来阐释知识产权制度及规则的合理性。以经济学研究闻名的芝加哥大学在知识产权方面产生了法律经济分析学派，强调知识产权制度不仅旨在激励创新，而且应当寻求专有权保护和部分限制以使公众能够享受这些创新成果的最优平衡，[4] 这一

---

[1] 参见管育鹰《美国 DMCA 后网络版权保护立法尝试》，《中国版权》2014年第1期。

[2] Fritz Machlup: An Economic Review of the Patent System, Study of the Subcommittee on Patents, Trademarks, and Copyrights of the Committee on the Judiciary, U.S. Senate, study No. 15, 1958, at 80.

[3] 《法的利益平衡理论》，载［美］罗斯科·庞德《法理学》第3卷，廖德宇译，法律出版社2007年版。

[4] William Landes & Richard Posner, "An Economic Analysis of Copyright Law", *Journal of Legal Studies*, Vol. 18, No. 2, 1989, at 325.

理论在我国也产生了影响。①

从发达国家走过的路程和我国改革开放以来的发展经验看，知识产权法治保障机制是创新型国家建设的标配是不争的事实。知识产权法律制度的目的，是通过对科技、文化、商业竞争领域体现为无形信息的创新及经营成果设立一定时期的专有权，禁止未经许可的复制、利用或仿冒，以法律保护的方式确保对创新主体的利益回报，从而鼓励创新主体从事新产品和新方法的技术研发、以诚信商业经营创立和维系市场商誉，以及创作更多的满足人们日益增长的精神文化生活的作品，进而推动整个社会经济、科技、文化的可持续发展。换言之，知识产权法律制度的基本功能是通过法的可预期性，促进和提高创新活动及其产出，增加公共福祉；具体包括明晰创新活动成果的产权、激发创新主体的积极性，搭建无形财产交易机制、助力新兴市场资源的优化配置，以及明确行为规则、保障创新者的合法权益。当然，任何权利和自由一样都不可能是无限制的，防止知识产权滥用的规则也是整个法律制度的组成部分。

二 改革开放以来我国知识产权法学研究的进展

为便于观察知识产权制度与创新型国家建设的关系，梳理以此为主题的我国知识产权法学研究的发展概况，本文将我国知识产权法学研究的发展划分为三个阶段做相应概述：

（一）从改革开放到加入世界贸易组织（1978—2002）

改革开放以来，随着市场化和全球化进程的推进，中国知识

---

① 比如，崔毅：《利益平衡论——关于专利制度的理论探讨》，《科技与法律》1996年第3期；冯晓青：《知识产权法利益平衡理论》，中国政法大学出版社2006年版。

产权法律制度的建立和完善成为必要。中国在短短 20 年的时间里制定和完善了与知识产权相关的法律法规体系，为保护发明创造、工业设计、科学和文艺作品、商业标识、植物新品种、地理标志、集成电路布图设计、商业秘密等智力成果以及制止仿冒和不正当竞争建立了基本的法治保障。同时，中国积极参加相关国际组织的活动，加强与世界各国在知识产权国际保护领域的交往与合作，达到了国际经济贸易体系对知识产权保护的要求。与我国的知识产权事业发展进程相应，我国的知识产权法学研究作为一门学科，改革开放以来从无到有，发展迅速。

"近、现代知识产权制度在中国是舶来品，当代中国的知识产权法学研究主要是在改革开放之后从国外引进的。"[1] 这一阶段前期（1978—1990）我国产生了第一批知识产权法学领域的专家学者。这些专家学者在启蒙阶段的主要成果，是介绍和翻译外国及国际组织的已有文件及著述，而这对我国知识产权立法和保护实践的起步具有重要作用。其中，郑成思是这一阶段我国知识产权法学研究的杰出代表，发表了大量知识产权领域的开拓性论著，很多至今仍是本学科的经典之作。最值得一提的是，1985 年郑成思通过《信息、新技术与知识产权》一书系统阐述了知识产权客体的"信息"本质，1988 年其发表的论文首次提出并论述了"信息产权"理论[2]，这一理论对我国整个知识产权学科的发展做出了无可取代的理论贡献，也得到欧、美一些国家的法律、示范法、学术论著的认同。

这一阶段后期（1990—2002），知识产权法不同于传统民商法、经济法、行政法和国际法的特点日益显现，一批专门从事知识产权法研究和教学的学者从前述各学科中分离出来，知识产权

---

[1] 郑成思：《20 世纪知识产权法学研究回顾》，《知识产权》1999 年第 5 期。
[2] 郑成思：《知识产权与信息产权》，《工业产权》1988 年第 3 期。

法学进入了学科发展和成熟时期。在中国当时争取加入WTO的大背景下，伴随着一波又一波国内外因知识产权保护引起的国际贸易争端的产生和解决，"知识产权"一词变成社会关注的热点，学界更是围绕加入WTO这一社会经济生活中的主要事件，对知识产权制度基本理论及其具体规则都进行了较深层次的探讨。比如，关于"知识产权"的概念，代表性的观点包括："知识产权指的是人们可以就其智力创造的成果所依法享有的专有权利"[1]；"知识产权是智力成果的创造人依法享有的权利和生产经营活动中标记所有人依法享有的权利的总称"[2]；"知识产权是人们对于自己的智力活动创造的成果和经营管理活动中的标记、信誉依法享有的权利"[3]；等等。在知识产权基本理论研究方面，值得关注的还有2002年民法典起草过程中关于知识产权法与民法关系的讨论问题。有不少民法学者认为知识产权法不宜放在民法典中，因为现代知识产权法技术性强、变动频繁、国际化趋势显著，其规范内容难以与一般民事法律制度规范相协调；当然，为彰显知识产权作为无形财产的本质，在民法典中应当明确知识产权的地位。[4] 郑成思虽然接受全国人大法工委的委托起草"知识产权编"，但仍赞成"法国式的知识产权法典与民法典的分立"。[5] 但也有观点认为知识产权的所有内容都应放进民法典，且单独成为一编，[6] 或至少在民法典中对知识产权的性质、范围、效力、利

---

[1] 郑成思主编：《知识产权法教程》，法律出版社1993年版。
[2] 刘春田主编：《知识产权法教程》，中国人民大学出版社1995年版。
[3] 吴汉东主编：《知识产权法》，中国政法大学出版社2002年版。
[4] 参见梁慧星《中国民法典草案大纲》，载《民商法论丛》第13卷，法律出版社2000年版；王利明《论中国民法典的制订》，《政法论坛》1998年第5期。
[5] 郑成思：《中国知识产权法学》，载罗豪才、孙琬钟主编《与时俱进的中国法学》，中国法制出版社2001年版，第337—373页。
[6] 徐国栋：《民法典草案的基本结构》，《法学研究》2000年第1期。

用、保护等做出规定。① 在知识产权的具体领域，这一时期我国学界对网络环境下的版权保护问题、商标法与反不正当竞争法关系及驰名商标保护、专利权保护与反垄断等问题，都展开过比较充分深入的讨论，因篇幅所限，本文不再详述。②

（二）加入世界贸易组织后到党的十八大召开（2002—2012）

加入 WTO 后，我国的改革开放各项事业迅速发展，在知识产权方面则着重于落实入世承诺，即将经过一系列修改达到国际保护水平的知识产权法律制度付诸实施。不过，入世后"走出去"的中国企业，纷纷卷入了因知识产权引起的国际贸易纠纷；其中的深刻教训，使得国内各界包括党和政府都认识到，依法有效保护知识产权不仅是中国履行所承诺的国际义务的需要，更是中国促进自身经济转型、走向创新发展道路的内在需要。换言之，要深化改革、为创新提供制度保障，须全面提升我国的知识产权保护水平，从相对机械、被动的规则制定和完善，走向灵活、主动的规则运用，以及在国际知识产权规则谈判中的积极参与。为此，2004 年我国启动了国家知识产权战略纲要制定工作，这是我国知识产权领域具有里程碑意义的重大事件；学界积极参与围绕战略制定各个层面展开的研究并取得了一批重要成果，不过，作为《国家知识产权战略纲要》的基础性材料，这些研究成果没有公开发表。2008 年 6 月 5 日，国务院发布了《国家知识产权战略纲要》，这标志着我国知识产权事业进入了一个崭新的历史发展阶段。此后，随着国家知识产权战略的全面实施，以大力提升知识产权创造、运用、保护和管理能力，服务于创新型国家

---

① 吴汉东：《知识产权立法体例与民法典编纂》，《中国法学》2003 年第 1 期。
② 相关议题讨论的详情参见管育鹰《知识产权法学的新发展》，中国社会科学出版社 2013 年版。

建设，促进经济发展、文化繁荣和社会建设为目标，我国的知识产权立法、司法和行政部门都渐次展开相关工作，各部门、行业、地区也都制定了具体实施规划，积极营造良好的知识产权法治环境、市场环境和文化环境。

相应地，这段时期我国的知识产权法学界的关注点包括WTO规则及其与中国法律关系的阐述、国际国外知识产权制度发展动向的追踪、我国知识产权相关法律的修订及具体规则的评析、知识产权司法保护中的问题、知识产权执法体制的完善、网络环境下的知识产权保护、我国传统资源保护相关的知识产权等问题，等等。当然，基于学科的成熟度提高，除了与前述具体制度密切相关议题的研究外，关于知识产权基本理论的研究也逐渐增多。本文选择这一阶段知识产权各领域引起学界广泛关注的主要议题加以简述：

1. 专利领域的主要议题

2008年的国家知识产权战略纲要颁布之后，同年底我国专利法进行了第三次修改。围绕法律修改，学界对提高专利质量、引入现有技术抗辩、减少外观设计问题专利、增加遗传资源披露要求等议题均有研究，但最关注的是专利诉讼中相关判定标准和原则的适用问题。比如，有人从实务的角度，对专利侵权判定中的等同原则等做了阐释和分析，特别是对专利直接和间接侵权行为、专利侵权判定的方法和原则以及侵犯专利权所应该承担的法律责任等做了全面而详细的探讨；[1] 有人指出对权利要求书进行解释是属于法官职责范围的、实施专利法所必要的法律问题，[2]

---

[1] 参见程永顺主编《专利侵权判定实务》，法律出版社2002年版；程永顺《中国专利诉讼》，知识产权出版社2005年版。

[2] 尹新天：《专利权的保护》，知识产权出版社2005年版，第307—310页。

而法官中的研究者也提出了专利权利要求解释的具体方法;[①] 另外,还有人研究探讨了"禁止反悔"原则及国内外审查和司法实践中对该原则的适用条件。[②]

2. 商标领域的主要议题

我国商标法的第三次修改自 2003 年启动至 2013 年最终通过修改草案,历时十年;不过,这次修改在很大程度上回应了强调诚信原则和建立公平竞争秩序的现实需求、吸收了学界多年来逐渐形成共识的完善我国商标制度的建议,取得了良好的社会效果。在此期间,我国学界在商标领域的研究成果相当丰富,涉及的议题非常广泛,比如对非传统商标的探讨、显著性及获得显著性的研究、商标法与反不正当竞争法对未注册商业标识的保护、驰名商标保护规则、地理标志相关问题等。其中,讨论最深入的是商标的本质、商标注册与使用的关系,以及商标侵权判定标准问题。关于商标的本质,郑成思曾多次强调,商业标识领域的知识产权之客体虽然表面上体现为一定的标识,但其本质却是该标识所代表的商誉,而商誉无疑是经营者创造的智力成果;有研究者将此观点简化为:"商标权保护的客体应当是商标所承载的商誉,而绝非仅仅是商标本身。"[③] 对商标注册与使用的关系,有研究者明确提出了"商标的生命在于使用而不在于注册","没有使用的标志实际上并无显著性,至多属于形式上的商标,而非实

[①] 林广海、邱永清:《在专利侵权诉讼中如何解释权利要求》,《人民司法》2008 年第 6 期。

[②] 参见张晓都《美国与日本专利侵权诉讼中的禁止反悔原则》,《中国发明与专利》2008 年第 4 期;闫文军《专利无效过程中的修改是否都导致禁止反悔——从一起专利纠纷中禁止反悔原则的适用谈起》,《电子知识产权》2011 年第 1 期。

[③] 郑成思:《知识产权论》(修订本),法律出版社 2001 年版,第 72 页;杨叶璇:《商标权的客体应当视商标所承载的商誉——兼谈对未注册驰名商标的保护》,《中国发明与专利》2007 年第 3 期。

质的商标"的观点。① 至于商标侵权判定，在2013年商标法明确混淆可能性标准之前，事实上我国商标审查部门和法院基本上已经认同将"混淆"作为商标近似的判定标准；而且，这一标准同样适用在反不正当竞争领域商业标识仿冒的判断中。正如实务部门的研究者指出的，"商标禁止权落脚于避免混淆和误认。而消费者的混淆和误认是否成立需要结合商品类似和商标近似两个方面进行判定"②。需要指出的是，商标法的第三次修改虽然在一定程度上纠正了广为诟病的驰名商标异化现象，但如何制定和执行相关配套措施，有效遏制恶意抢注、恶意滥用异议和无效撤销程序、恶意转让、恶意缠诉等不正当行为，目前仍是学界和实务界均十分关注的问题。

3. 版权领域的主要议题

与其他知识产权法律制度相比，版权法理论和实践中的问题更繁多而琐碎，特别是互联网等复制和传播新技术的飞速发展带来的产业利益冲突以及一些政治文化因素的介入，使版权领域的一些问题日趋复杂化。入世后我国著作权法的唯一修订是2010年因执行WTO中美知识产权争端案裁决的现实需要而修改的第4条③（各界对该次修订同时增加的第26条出质登记条款并不关注），而2011年启动的著作权法第三次修订至今未能有效推进。这一阶段，学界先后集中讨论过独创性、思想与表达二分法、网络服务提供者的责任、滑稽模仿与合理使用、MTV等作品的性质、字体保护、集体管理、权利体系整合、技术措施等问题，本文仅简介其中三个。其一，关于MTV等作品性质的讨论，首先

---

① 黄晖：《商标法》，法律出版社2004年版，第102页；文学：《商标使用与商标保护研究》，法律出版社2008年版，第23页。
② 孔祥俊：《商标及不正当竞争法原理和判例》，法律出版社2009年版，第252页。
③ 参见耿昊东、徐腾飞《WTO中美知识产权案与我国著作权法的修改》，《南阳理工学院学报》2011年第3卷第3期，第125页。

涉及"视听作品"定义,对于将这一术语取代我国现行著作权法上的"电影作品",学界基本上没有争议;[①] 但对视听作品与录像制品的区别,理论和实务中的困惑体现在入世后一段时期内因卡拉OK收费问题引起的MTV/MV定性争议。对此,有代表性的观点是对卡拉OK厅播放的曲目应区别对待:有独创性的为作品、简单机械录制的为录像制品。[②] 其二,关于网络服务商责任,我国2006年颁布实施的《信息网络传播权保护条例》引入了美国《千年数字版权法》(DMCA)基于技术中立原则的网络服务提供者免责之"避风港"规则;学界针对这一规则适用中的难点,即直接侵权与间接侵权、"明知"或"应知"主观过错责任等重要问题进行了阐释。[③] 其三,关于计算机输入法字库中单个字体是否构成美术作品的问题,在我国学界存在相当大争议,围绕"飘柔"案[④]中"倩体字"是否受保护问题展开了讨论。反对将"倩体字"作为美术作品保护的观点在我国学界占多数,但理由却各不相同;有的从国际国外经验出发提出字体工具论,[⑤] 有的建议从反不正当竞争法角度规制,[⑥] 该案的法官则解释了避免直接回答客体属性、以"默示许可"做裁判依据的理由。[⑦] 而主张依据著作权法保护的观点,主要论证了其具有独创性、属于美术作品

---

① 参见王迁《"电影作品"的重新定义及其著作权归属与行使规则的完善》,《法学》2008年第4期。
② 参见张晓津《MTV作品著作权法律保护问题研究》,《中国版权》2005年第2期。
③ 例如,王迁:《网络服务提供商共同侵权责任研究》,载《华东政法学院学术论文集(2004年)》,浙江人民出版社2005年版;刘家瑞:《论我国网络服务商的避风港规则》,《知识产权》2009年第2期;吴汉东:《论网络服务提供者的著作权侵权责任》,《中国法学》2011年第2期。
④ 参见北京市第一中级人民法院(2011)一中民终字第5969号判决书。
⑤ 张玉瑞:《论计算机字体的版权保护》,《科技与法律》2011年第1期。
⑥ 崔国斌:《字体作品的独创性与保护模式选择》,《法学》2011年第7期。
⑦ 芮松艳:《计算机字库中单字的著作权保护》,《知识产权》2011年第10期。

或实用艺术作品。[1] 版权领域的研究议题非常丰富,很多问题在著作权法第三次修改的讨论中反复探讨,学界也有专门著述,[2] 本文不再赘述。

(三) 从党的十八大召开以来至今 (2013—2018)

党的十八大以来,创新型国家建设提速,深化知识产权领域改革、建设知识产权强国成为党和国家推进实施创新驱动发展战略所明确的路径。面对科技、文化和商业模式等各个领域创新活动的不断发展,如何结合我国国情,理论联系实际地对新问题新挑战做出应对,提出有助于我国知识产权法律制度进一步完善和有效实施的建议,成为我国知识产权理论和实务界关注的课题。同时,鉴于知识产权与国际贸易与生俱来的紧密关系,我国知识产权学界对知识产权国际保护规则谈判与协调及中国的应对问题十分关注,许多研究都是围绕相关议题的国际讨论最新进展进行的。比如,专利领域讨论的包括专利权行使与反垄断法适用的关系、标准必要专利、技术转移、专利质量、专利无效程序优化、专利权的限制与例外、药品专利和临床实验数据保护等问题,商标领域的讨论主要涉及如何防止各种形式的恶意商标注册和使用问题,版权方面则主要涉及版权保护与信息安全、大数据运用与隐私权保护、数字网络环境下广播组织权利的保护、版权限制与例外等问题。另外,长期以来存在的知识产权与传统知识和遗传资源保护问题、商业秘密保护问题、知识产权执法司法保护机制完善问题等,也仍在继

---

[1] 陶鑫良、张平:《具独创性的汉字印刷字体单字是著作权法保护的美术作品》,《法学》2011 年第 7 期;吴伟光:《中文字体的著作权保护问题研究》,《清华法学》2011 年第 5 期。

[2] 参见李明德、管育鹰、唐广良《著作权法专家建议稿说明》,法律出版社 2012 年版。

续讨论中。值得关注的是，除了传统上的主要知识产权国际论坛，如 WIPO 和 WTO 外，近期以来兴起的区域性自由贸易协定谈判，如 TPP、TTIP 及越来越多的双边协议中涉及的知识产权问题，也在学界的研究视野中。

特别需要指出的是，除了结合国际发展态势对我国知识产权制度的完善进行研究外，这一阶段引起最多关注的，一方面是因编纂民法典这个十八届四中全会提出的重大立法任务重启的关于知识产权与民法关系问题的探讨。在两位知识产权界权威专家的推动下，[①] 我国知识产权学界出现了积极寻求"入典"的普遍呼声，即呼吁制定民法典总则和各分编时将知识产权法的整体纳入民法典。当然，这期间也有不同的观点。鉴于民法总则的出台和现行各分编的制定规划均未考虑知识产权编的整体纳入问题，这一讨论和呼吁将持续下去。另一方面，近几年来对知识产权侵权损害赔偿问题学界给予了极大的关注，一系列文章的相继问世也为提高侵权成本、增加侵权赔偿、加强我国知识产权保护出谋划策。

在具体问题的研究方面，由于在此阶段我国知识产权法学研究无论是广度还是深度都有了明显进展，内容和方法角度也呈现多样化和多元化趋势，本文无法全面展现这些研究成果，仅摘取其中与我国知识产权法治建设紧密相关的议题加以介绍。

1. 专利领域的主要议题

十八大以来，我国学界围绕《专利法》第四次修订及其主要问题进行了探讨。[②] 关于具体问题探讨，首先是专利权效力判断

[①] 参见刘春田《知识产权作为第一财产权利是民法学上的一个发现》，《知识产权》2015 年第 10 期；吴汉东《民法法典化运动中的知识产权法》，《中国法学》2016 年第 4 期。
[②] 参见李明德《关于专利法修订草案送审稿的几点思考》，《知识产权》2013 年第 9 期。

的行政与司法程序的衔接问题,多数观点认为我国现行专利确权机制存在问题、程序需要优化简化。[1] 其次关于标准必要专利,主要是围绕停止侵害请求、许可费算定、反垄断法规制等一系列问题展开研究,但这些讨论远未形成共识,尤其是专利权人加入标准化组织时所做的承诺,以及许可费等相关问题谈判中的"公平、合理、无歧视(FRAND)"原则之法律阐释问题;[2] 这一议题目前因正呈现全球同步爆发趋势的相关法律纠纷而显得格外重要,我国学界更深入的研究今后还将继续。

2. 商标领域的主要议题

围绕2013年8月通过的新《商标法》,近几年来我国学界关于如何落实新商标法各项新规定的研究增多,特别是围绕一些社会影响显著的案例(如非诚勿扰案、微信案、乔丹案、定牌加工案等)展开集中讨论,深化了对商标的注册与使用、商标与商誉,未注册商标保护、商标性使用、混淆可能性、网络平台的商标侵权责任、商标抢注的制止等问题的认识。其中,商标性使用、"不良影响"判定的议题是关注焦点;针对法院在判决中对相应条款的适用困惑,学界更想探讨和厘清商标注册与使用中的诚信原则、公共利益保护等

---

[1] 例如,朱理:《专利民事侵权程序与行政无效程序二元分立体制的修正》,《知识产权》2014年第3期;梁志文:《专利质量的司法控制》,《法学家》2014年第3期;管育鹰:《专利无效抗辩的引入与知识产权法院建设》,《法律适用》2016年第6期;张汉国:《专利行政确权制度存在的问题及其解决思路》,《知识产权》2016年第3期;管育鹰:《专利授权确权程序优化问题探讨》,《知识产权》2017年第11期;刘庆辉:《发明和实用新型专利授权确权的法律适用》,知识产权出版社2017年版。

[2] 参见朱理《标准必要专利的法律问题:专利法、合同法、竞争法的交错》,《竞争政策研究》2016年第2期;袁真富《标准涉及的专利默示许可问题研究》,《知识产权》2016年第9期;赵启杉《标准必要专利合理许可费的司法确定问题研究》,《知识产权》2017年第7期;李扬《FRAND劫持及其法律对策》,《武汉大学学报》(哲学社会科学版)2018年第1期。

重要议题。①此外，就反不正当竞争法对知名字号、商品名称、外观等非注册商标的保护而言，其本质属性亦是商誉保护，这一领域不时发生的引起广泛社会关注的旷日持久的老字号相关争议，如"稻香村""冠生园""张小泉""荣华"等，均有其复杂难断的历史原因；对此，最高院对"王老吉和加多宝"红罐争夺战做出的基于已有司法经验和商标共存理论的最终判决，也许能对今后此类争议的解决提供一些思路。②

3. 版权领域的主要议题

近几年来围绕《著作权法》的修订，学界主要讨论了赛事直播相关争议、孤儿作品、集体管理组织的运行和权限、信息网络传播权侵权判定、合理使用和法定许可制度、技术措施规制、网络服务商的责任等问题。其中，讨论最多的当数信息网络传播权侵权判定和赛事直播相关问题。围绕视频聚合、加框链接、深度链接等新型版权运营商业模式引起的版权侵权争议，学界对"服务器标准""公众感知标准"与"实质呈现标准"进行了研究和探讨，引起了一系列争鸣，③也影响了一批采用不同标准造成法律效果不尽相同的司法判决，因此这一议题亟须进一步讨论以尽早形成比较一致的裁判标准。关于以体育、游戏赛事的网上直播

---

① 例如，李琛：《对"非诚勿扰"商标案的几点思考》，《知识产权》2016年第1期；彭学龙、郭威：《论节目名称的标题性与商标性使用——评"非诚勿扰"案》，《知识产权》2016年第1期；邓宏光：《商标授权确权程序中的公告利益与不良影响——以"微信"案为例》，《知识产权》2015年第4期；马一德：《商标注册"不良影响"条款的适用》，《中国法学》2016年第2期。

② 参见李玉香《构建我国商标共存制度的法律思考》，《知识产权》2012年第3期；王太平《商标共存的法理逻辑与制度构造》，《法律科学》2018年第3期。

③ 代表性观点参见王迁《论提供"深层链接"行为的法律定性及其规制》，《法学》2016年第10期；崔国斌《得形忘意的服务器标准》，《知识产权》2016年第8期；刘银良《信息网络传播权的侵权判定——从"用户感知标准"到"提供标准"》，《法学》2017年第10期；王艳芳《论侵害信息网络传播权行为的认定标准》，《中外法学》2017年第2期。

问题，最大的争议是直播的对象是受版权保护的作品还是广播组织权保护对象；认为是视听作品的主要理由是体育赛事直播有拍摄和转播者的独创性劳动，而游戏的连续画面则本身即构成类电作品、直播不属于合理使用或者是否属于合理使用要个案讨论；认为不应以作品保护的观点，则倾向于体育赛事直播应以完善广播组织权的方式保护或以不正当竞争法规制游戏网上直播。[①] 2018年4月，"凤凰网赛事转播案"二审判决[②]否定了一审判决将体育赛事画面视为作品的判决，引起广泛关注，可以肯定这在今后仍是大家讨论的话题。

4. 反不正当竞争法中的相关议题讨论

2017年我国《反不正当竞争法》20多年来再次修订，学界探讨的相关议题主要是《反不正当竞争法》的功能定位、一般条款的适用、互联网环境下的不正当竞争行为规制问题；尽管对反不正当竞争法与知识产权法的关系有不同解读，但慎用一般条款和反对增设互联网条款的观点在学界占多数。[③]

---

① 崔国斌：《认真对待游戏著作权》，《知识产权》2016年第2期；李扬：《网络游戏直播中的著作权问题》，《知识产权》2017年第1期；祝建军：《网络游戏直播的著作权问题研究》，《知识产权》2017年第1期；冯晓青：《网络游戏直播画面的作品属性及其相关著作权问题研究》，《知识产权》2017年第1期；王迁：《论体育赛事现场直播画面的著作权保护——兼评"凤凰网赛事转播案"》，《法律科学》2016年第1期；肖顺武：《网络游戏直播中不正当竞争行为的竞争法规制》，《法商研究》2017年第5期。

② 参见（2015）京知民终字第1818号判决书。

③ 参见李明德《关于〈反不正当竞争法〉修订的几个问题》，《知识产权》2017年第6期；王晓晔《再论反不正当竞争法与其相邻法的关系》，《竞争政策研究》2017年第4期；孔祥俊《论反不正当竞争法修订的若干问题——评〈中华人民共和国反不正当竞争法（修订草案）〉》，《东方法学》2017年第3期；吴峻《反不正当竞争法一般条款的司法适用模式》，《法学研究》2016年第2期；曹丽萍、张璇《网络不正当竞争纠纷相关问题研究——〈反不正当竞争法〉类型化条款与一般条款适用难点探析》，《法律适用》2017年第1期。

三 面向新时代的我国知识产权研究展望

（一）准确认识现状和问题，正确把握知识产权制度发展方向

改革开放以来，我国在知识产权保护方面取得的重要进展，为今后科技、文化和经济的创新发展营造了良好的制度环境。但是，就目前发展阶段而言，我国知识产权领域仍然存在着一些问题，如创新成果质量不高、维权难、执法机制和效果有待完善、创新文化建设和知识产权意识有待加强等；同时，全球化和国际贸易的发展变化趋势以及电子商务的普及，更使得与知识产权相关的国际贸易谈判、跨境纠纷解决、传统知识保护等疑难问题需要我们面对；另外，信息网络、生物技术等高新技术的发展，使得新时代我国经济发展新常态下产业升级换代带来的新商业模式和新产品频现，也需要我们的知识产权及相关法律制度做出应对。在今后相当长的时期内，从全面建成小康社会到基本实现现代化，再到全面建成社会主义现代化强国，都须明确严格和有效的知识产权保护制度是建设创新型国家的法治保障之统一认识，围绕十九大报告提出的"倡导创新文化，强化知识产权创造、保护、运用"之要求，认真深入地研究各项具体的制度措施加以落实。简言之，面向以创新为首的新发展理念和以加快创新型国家建设为主旋律的新时代，我国服务于创新的知识产权法治保障机制之完善面临着一些焦点、热点和难点问题，需要我们基于扎实的法学理论研究和借鉴有益的实践经验建言献策。

（二）加强基础理论研究深化对策性研究

从前面梳理改革开放以来我国知识产权法学研究的历程看，囿于对知识产权国际保护规则动向和我国应对不断出现新问题的现实需要，现有研究成果在分析域外经验和发现、提出我国新问题方面比较丰富，在对如何解决我国实际问题方面则还没有权威的思路或方案，在基础理论方面也没有相对成熟、系统的论证。比如在版权领域，研究者都认识到在信息网络新技术条件下切实保护权利人及公众的利益、调节版权产业各环节中相关当事人之间的权利义务关系是不可回避的现实问题，但对《著作权法》中的相关制度规则应当如何修改完善、配套措施或司法适用标准如何建立等问题还缺乏深化研究；在专利领域，研究者基本上都认识到保护核心技术的专利法在整个知识产权制度中具有举足轻重的地位，也认识到专利法保护的技术创新是当今世界发展的第一推动力，但如何制定适宜我国产业发展需要的专利制度、如何激发创新者的活力、如何加强发明创造的运用等重要议题则缺少有说服力的理论或实证研究；在商标及反不正当竞争领域，研究者认识到在日趋剧烈的市场竞争环境中商标作为企业宝贵无形资产的作用日显突出，也认识到未注册知名商业标识和商业秘密的保护是维系正常市场竞争秩序的重要内容，但对如何制定适宜的法律规则为民族自有品牌和企业商业秘密提供有力的制度保障，也还未产生有影响力的分析和解说。为此，我国的知识产权法学研究需要在创新发展理念和依法治国思维的引领下，坚持马克思主义理论联系实际的基本方法，立足国情，借鉴国外先进经验，认真研究如何落实党的十九大报告中对服务于创新型国家建设的知识产权工作的部署，补齐知识产权创造、保护和运用的"短板"，形成有利于创新文化培育的法治环境和社会氛围。

总的说来，今后我国知识产权领域的研究重点，仍将围绕如何完善专利法、著作权法、商标法及反不正当竞争法等知识产权相关法律制度以促进科技文化经济发展，如何加大对侵权假冒行为的惩罚力度以保护创新成果权利人合法权益，如何完善以司法保护为主导、行政司法相衔接的知识产权执法体制，如何建立适应可持续发展需求的传统资源保护制度等问题展开。具体议题包括目前尚未形成共识、有待进一步研究的以下疑难问题：

知识产权基础理论探讨：如知识产权法律制度的体系化、知识产权司法保护制度的完善、信息社会的知识财产保护、民法典与知识产权、制定知识产权基本法的可行性、知识产权审判程序和证据规则的特殊性，等等。

版权领域议题：包括著作权法修改与版权产业发展、著作权限制与例外规则及适用、民间文学艺术作品保护、信息网络传播权保护、赛事直播相关的著作权问题、网络环境与广播组织权、网络服务提供者与知识产权侵权、人工智能生成物与大数据相关的著作权问题，等等。

专利领域议题：比如高新技术创新成果的保护、专利侵权损害赔偿额判定、商业方法专利的创造性等实质要件判断标准、人工智能技术相关发明的保护、标准必要专利及其相关争议的解决、外观设计保护制度的完善，等等。

商标领域议题：包括对商标恶意注册和使用的规制措施、未注册商标的保护、混淆可能性的判断规则、注册商标连续三年不使用制度的完善、商标注册使用中的公共利益保护等问题。

竞争领域议题：包括对反不正当竞争法一般条款的适用、网络环境下的不正当行为判定、商业秘密保护等问题的进一步研究；另外，市场经济和法治建设发展到一定阶段后，明目张胆侵犯知识产权的行为会演变成巧妙地利用规则漏洞侵占他人合法利益的行为，比如品牌形象仿冒、商业秘密窃取、不正当盗用他人大量信息数据资源、限制竞争的不平等合同条款、专利流氓或权利滥用导致的垄断等，这些不符合法治精神的市场行为需要制定和适用相应的法律规则来应对。

此外，在新时代，我们还需对地理标志、植物新品种、传统知识、民间文艺等我国优势传统资源的利用和保护及相关法律制度进行深化研究；同时对国际、国外知识产权法律制度，特别是与国际贸易相关的规则之动态需要密切跟踪和比较研究。

结　　语

创新是社会发展的第一推动力，知识产权制度是激励和保护创新的法治保障。十九大以来，中国特色社会主义进入了新时代，这是我国各项事业发展新的历史方位；十九大提出的加快创新型国家建设的战略目标，不仅给我国知识产权制度的发展指明了方向，也对我国知识产权法学研究提出了新的要求。知识产权是基本的民事权利，知识产权的客体，如作品、技术发明、外观设计、商标、地理标志、商业秘密等，在很多国家和地区都可以获得保护，我国《民法总则》第123条也明确了对这一无形财产权的保护；同时，与一般的民事权利保护制度不同，在知识经济时代，知识产权保护与国际贸易紧密相关，其制度及规则具有明显的国际趋同色彩，且相关国际条约和多边、双边国际贸易协议在协调各国的保护标准和保护措施方面发挥着巨大的作用。因此，知识产权领域的一些重大理论和实践课题，不仅对某一国或地区的创新发展具有意义，而且对国际协同发展也具有重要意义。从这个意义上说，关于知识产权制度的学术研究具有很强的国际性色彩，许多新技术、新商业模式带来的新问题在全球处于同步爆发态势、需要各国共同面对，知识产权领域的研究者也应当具有广阔的国际视野。知识产权制度与科学技术的发展具有与生俱来的密切联系；例如，专利制度本身就是对技术发明和创新提供保护的法律制度，版权制度的发展进程与作品传播技术的每一次更新和变迁相关，而新技术引发的商业模式创新也促使商标法和反不正当竞争法相关规则的不断完善。据此，我国的知识产权法学研究者必须随时关注科学技术的新发展，研究如何应对技术及其带动的产业利益格局变化给知识产权法律制度带来的新挑战。总之，新时代的我国知识产权研究者，应当将自己的科研理想融入到国家和民族的复兴大业中，坚持马克思主义理论联系实际的优良学风，求真务实，立足国情、放眼世界，以十九大提出的加快创新型国家建设的战略为目标，研究如何运用知识产权制度对各类创新成果提供有效保护，研究与我国著作权法、专利法、商标法和反不正当竞争法等知识产权相关的法律制度和规则的完善，研究推进创新文化建设的举措，以自己的学术研究和相关的实践活动，为加快创新型国家建设做出有益的智力贡献。

（作者为中国社会科学院法学研究所研究员）

私人产权保护的中国路径

谢鸿飞

经济体制改革必须以完善产权制度和要素市场化配置为重点,实现产权有效激励。

加快社会治安防控体系建设,依法打击和惩治黄赌毒黑拐骗等违法犯罪活动,保护人民人身权、财产权、人格权。

——十九大报告

一 问题域的界定

党的十九大报告共有五处提到"产权"概念,非常关注产权保护。如它明确指出"经济体制改革必须以完善产权制度和要素市场化配置为重点,实现产权有效激励"。2016年11月4日,中共中央、国务院发布《关于完善产权保护制度 依法保护产权的意见》(以下简称《意见》)亦吹皱一池春水,或在于它切中了中国产权保护不力的要害。《意见》篇幅短小,信息量却很大,确立了产权的范围以及产权保护的原则、机制和方法,并明确了产权保护的十大任务。它建构了包括国家和社会两个领域、公有和私有两种所有制、制度和文化两个层面的产权保护制度,可谓整全。

事实上,改革开放尤其是20世纪90年代以来,中国产权保护的法律规范已经相对完善:修订后的宪法强化了对民营经济和对个人财产的保护;在公法层面,刑法、行政处罚法等提供了产权保护的诸多制度资源;在私法层面,1986年颁行的《民法通则》就初步建构了产权的私法保护体系,其后陆续颁行的知识产权单行法、公司法、合同法、农村土地承包法、物权法和侵权责任法,"建立健全了债权制度和包括所有权、用益物权、担保物权的物权制度"[①]、知识产权制度和股权制度。和中国现行法相比,《意见》并没有也不可能增设新的法律制度,而只是对现行法的重申。如《意见》在"加大知识产权保护力度"中提到"探索建立对专利权、著作权等知识产权侵权惩罚性赔偿制度",专门用了"探索"一词。其实,2013年修订后的商标法第63条就规定了恶意侵害商标专用权时的惩罚性赔偿制度。甚至《意见》中最重要的政策性、方针性的内容,现行法也多有体现。如《意见》强调的平等保护原则,物权法也已明确规定。可见,《意见》出台的目的应该是纾解"徒法不足以自行"的困境。这多少折射了我国法律实施(尤其是行政执法)的一个尴尬事实:如果没有中央文件推行,法律可能就难以被执行甚至被束之高阁,法律权威在中国的缺失可见一斑。

　　本文的问题即从这个悖论展开:如果现行法有关产权保护的规范能有效执行或适用,《意见》颁行的必要性似乎并不大;但《意见》作为政策,有无可能陷入"执行难"的泥淖?简言之,在中国,何以产权保护的现状与法律规范的要求相去甚远?要满足哪些条件后,产权保护才是可能的?

　　本文的主题需做如下方面的界定:

　　一是本文讨论的产权范围。《意见》既适用于公有制产权,

---

① 参见《中国特色社会主义法律体系》白皮书,2013年4月20日(http://www.gov.cn/jrzg/2011-10/27/content_1979498.htm)。

也适用于私有制产权。但中国最严峻的产权保护问题是私人产权的保护,其问题成因与公有产权有别。在实践中,私人产权无论在产权的确认还是流通上,受到法律保护的程度都弱于公有产权。因此,如果私人产权能得到妥善保护,公有产权的保护将不再成为难题,本文也只讨论私人产权。此外,《意见》中的"产权"一词虽然为各学科广泛使用,但并非严格的法律术语,《意见》中的"产权"接近于中央文件经常使用的"财产性权利"(《意见》也使用了这一措辞),包括法律上的物权、知识产权、股权等绝对权,也包括债权等相对权。本文主要以绝对权为讨论对象,兼及债权。

二是本文讨论的产权保护的内容。《意见》中的产权保护包括两个层面:一是产权权利本身,即保障产权人对权利标的的圆满支配状态,不受任何人的侵害;二是产权权能的完整,主要是产权的流通功能。在中国又体现为私有财产的平等市场准入资格和农村土地权利的流转。实际上,产权上存在两种层次的自由:权利人自由处分物本身,实现人对物的自由;权利人与其他权利人通过契约处分物,实现与其他人自由意志的共存。正是在产权的取得和行使中,黑格尔典型的"黑话"——"财产是自由最初的定在""人唯有在所有权中才是作为理性的存在的"[①] 才变得可以理解。鉴于产权权能保护的重要性,本文亦遵循《意见》,纳入这一问题。

本文的基本思路是:产权保护至少要满足制度建构和产权法治文化两个要件。基于生活经验,中国私人产权面临的最大危险源并不是来自于民事主体,而是来自于国家。从产权保护的两种层面——产权的归属和产权的流通看,立法、行政和司法三种权

[①] [德] 黑格尔:《法哲学原理》,范扬、张企泰译,商务印书馆1998年版,第54、50页。

力均与产权保护有关。本文将国家权力在产权保护方面存在的问题类型化,并提出相应的建议。在产权文化方面,则从国家与社会两个领域择要述之。

二 中国产权保护与国家权力

(一) 中国产权保护与立法权

中国产权保护法律规范可谓粲然大备,但并不意味着不存在完善的空间。如果将立法的范围放大到立法法调整各种规范性文件方面,中国产权保护至少可做如下方面的完善。

1. 增设产权的类型

《意见》确立了产权全面保护原则,"产权不仅包括保护物权、债权、股权,也包括保护知识产权及其他各种无形财产权",囊括了目前全部的产权类型。它从抽象意义上规定了产权类型,并没有涉及具体的物权类型和"其他各种无形财产权"的类型。现行立法恰好在产权类型方面存在瑕疵,如互联网技术带来的网络虚拟财产的定位、新兴合同产生的债权等。产权类型通常由民商法确定,值民法典编纂的良机,立法扩大产权类型的范围,殊有必要。这也是中国在产权确认层面最大的立法任务。

2. 强化产权的流转功能

无法流转的产权往往价值不高,甚至毫无价值。产权流通可以促进市场的繁荣,使财产流向对其赋值最高的人,充分实现市场在资源配置中的基础性地位和作用,而且将使个体为获得财产增值而实践其意志自由,使其人格更为丰满。

中国产权保护的最大问题之一是产权流转功能的弱化。农村土地权利尽管被法律确认为物权,但却无法自由流通,是无法资本化的残缺权利:农村集体对土地享有所有权,但除了法定的少数情形外，即使在符合土地使用规划时，它也无法将土地用于经营性建设，只有由国家征收后才能；农民对自己的宅基地和承包地享有的权利也无法自由流转，甚至连宅基地上的住房也不能自由流转。这些权利都成为凝固的资产和沉睡的权利。《意见》提出在"坚持土地公有制性质不改变、耕地红线不突破、粮食生产能力不减弱、农民利益不受损"四个底线的基础上，"落实承包地、宅基地、集体经营性建设用地的用益物权，赋予农民更多财产权利，增加农民财产收益"。在大多数农村地区，这些政策都还停留在纸面，并未法律化，最重要的原因是担忧农村土地权利自由流转后农民可能彻底失去生存的基本保障。可以说，只要国家还在农村土地领域"与民争利"，农村土地入市就遥遥无期；只要农村土地还承载了社会保障功能，农民土地权利的自由流转就会受到限制，而无论"三权分置"在法律上如何安排，如将经营权作为承包经营权分离出来的新型用益物权，或者用经营权实质取代承包经营权，将承包经营权转化为集体成员权。可见，农村土地权利问题的症结并不在农村，而在于国家让利于民和履行对农民社保义务的决心及其践行。多年来备受诟病的农村土地权利也并非单纯的法律技术问题，而是涉及国家治理伦理和德性的政治决断。

3. 实现产权平等，尽可能废除市场准入限制

权力固有等级，权利天然平等。国家对任何权利的确认都意味着权利是等值的，不同主体的相同权利之间不具有等级秩序。正是在这个意义上，民法中的"民事权利能力"在历史上才具有颠覆特权、建构平等社会的政治解放功能。但在中国产权保护实践中，一度聚讼盈庭的争议是：公共财产和私人财产是否在宪法中受到同等保护？这主要源于宪法上对"公共财产神圣不可侵犯"和"私有财产不受侵犯"的表述。实际上，两者的法律含义

是一致的，公共财产和私人财产上的权利并没有等级秩序。① 然而在实践中，财产权体系确实存在"国家所有权—集体所有权—私人所有权"的等级秩序。《物权法》第3条第3款和第4条虽然明文规定了同等保护原则，但依然区分了三种所有权，并未根本触及既有的所有权等级秩序。十八届三中全会公报指出，"公有制经济财产权不可侵犯，非公有制经济财产权同样不可侵犯"。十八届四中全会公报更强调各种所有制同等受到法律保护。《意见》也坚持权利平等、机会平等、规则平等原则，要求"废除对非公有制经济各种形式的不合理规定，消除各种隐性壁垒"。

包括《意见》在内的中央文件对实践中存在的产权不平等问题可谓洞若观火。在实践中，非公经济产权的使用和收益权能受到广泛而深刻的限制，难以"平等使用生产要素"，这体现在诸多方面，如市场准入限制、融资资质的限制、上市资格的限制等，这些限制构成了所谓的"铁门""玻璃门"和"弹簧门"。直到今天，民营企业依然在为"国民待遇"而斗争。除了规范性文件的明文限制之外，实践中掌握资源的主体尤其是行政机关还设置了各种隐形限制，如企业的上市标准，民营企业上市远高于国有企业；国企获得国家补贴、银行贷款的机会也远比民营企业多。这些隐形限制的消极影响并不比明文的准入限制小。就经济发展而言，产权不平等对民间投资和创新的危害，并不比产权不明晰的危害小。按照奥尔森的观点，产权的不平等保护是一种变相的掠夺，其实质是为特殊的利益集团立法，② 它将其他主体排斥于市场，剥夺其赢利和增值的机会，最终形成垄断。

中国产权平等保护最终可归结于国家应否作为、在哪些领域

---

① 参见梁慧星、谢鸿飞《私有财产神圣不可侵犯与不受侵犯，意义一样——关于宪法修正案私有财产权保护的对话》，2004年5月9日，人民网。
② 参见［美］曼瑟·奥尔森《权力与繁荣》，苏长和、嵇飞译，上海世纪出版集团、上海人民出版社2005年版，第152页。

可以作为生产者或经营者。"国家不应当是生产者，而应当为生产者提供安全保障，这一永恒的原则也必然有利于公共财政的节约和井然有序；惟有根据这一原则，才能实现繁荣，并公平地分担税负。"① 但在行政权力膨胀的今天，国家完全不介入经济已完全不现实，不过，国家依然不应通过参与经济活动获利。国家直接经营应限于市场主体无法有效提供的产品和服务的领域，唯有如此，产权平等理念才能真正得以落实。目前，我国行政审批制度的改革、混合所有制改革和PPP模式等促进民营资本发展的举措蜂拥而出，但未必比国有企业逐步退出竞争性领域更为有效。

4. 制定《征收征用法》

征收的滥用无疑是中国产权保护实践中饱受诟病的问题。尽管《宪法》第10条第3款和第13条第3款分别规定了对土地的征收和对私有财产的征收、《物权法》第42条等也规定了征收制度，但违法征收屡禁不止，已成常态。即使2011年国务院颁布《国有土地上房屋征收与补偿条例》后亦如此。

依据《立法法》第8条，非国有财产的征收事项属于法律保留的内容，应由全国人大制定法律，其性质为宪法性文件。按照宪法保留原则，《征收征用法》必须依宪法设置征收条件，重点应规范公共利益的范围、补偿的标准和征收程序。此外，它还应关注中国产权保护实践的一个关键问题——对财产使用的过度限制，如各地沸沸扬扬的"限行令""禁摩令"等。这些限制的目的虽然都具有一定正当性，如基于"父爱主义"对权利人人身安全的关怀、缓解交通压力等，但是，这类限制并非针对特定事项做出的，而是普遍性的财产权限制规则，不宜由行政机关一纸公文决定。《征收征用法》至少应明确这类行为构成"准征收征

---

① ［法］巴斯夏：《财产·法律与政府》，秋风译，贵州人民出版社2004年版，第145页。

用",同时明确规定限制的法定程序。

(二) 中国私人产权保护与行政权

在实践中,中国私人产权的最大危险来自于行政权力。这首先体现为行政机关对产权的侵害;其次是行政权力的不作为。私人产权保护对行政权力行使的完善要求,可归结如下。

1. 深化中央与地方财权和事权改革,改变政绩考核标准

《意见》充分意识到实践中的征收问题,要求在征收领域"坚决防止公共利益扩大化""遵循及时合理补偿原则"。要实现这些要求,必须先解释违法征收盛行的病理。在中央和地方政府财政分权的模式下,地方政府要完成各项事业和目标,若预算不足,则只能增加预算外收入。此外,地方官员不仅为财政税收竞争,也为政治利益竞争,在以GDP增长为政绩考核的政府竞争的机制下,地方政府往往有强烈的动机谋求经济发展以增加税收,同时通过"经营土地"获取更多的预算外收入,"土地财政"由此形成。[①] 地方政府以较低价格将城市郊区的农村土地转为城市建设用地后,将其规划为商业用地,然后以市场化出让方式高价出让给开发商,获得高额的土地收益。一方面弥补政府为招商引资低价出让工业用地的损失,一方面增加了政府的非财政收入,促进地方经济的发展。[②] 此时,政府本应伸出的"扶持之手"(斯蒂格利茨语),却成了"掠夺之手"。可见,要彻底根除违法征收,必须从源头上斩断违法征收的利益链,改变以GDP为主要政绩考核的模式,许可农村集体土地在符合规划的前提下入市,建立中央与地方财权与事权的良性关系。目前,《国务院关于推

[①] 参见周飞舟《生财有道:土地开发和转让中的政府和农民》,《社会学研究》2007年第1期。

[②] 参见周黎安《中国地方官员的晋升锦标赛模式研究》,《经济研究》2007年第7期。

进中央与地方财政事权和支出责任划分改革的指导意见》已经提供了解决方案，在条件成熟时，可将其上升为法律规范。

2. 建立和践行预算法定原则和践行税收法定原则

国家本身并非经营主体，必须仰赖财政税收才能完成对国家的治理，财税的获取与支出应提升到治国理政的层面规范。这一领域与产权保护密切相关的两个问题是：预算对政府的约束力不足和税收法定原则的缺失。

财政预算对政府软约束造成的隐患是，政府通过违法征收和摊派等方式解决预算不足的困境，事实上将其本应履行的职责转嫁给企业或农民承担；税收法定的缺失造成的"税收焦虑"更是有目共睹。这两大痼疾若不解决，私人产权就可能受到国家权力持续的威胁；若妥善解决，则国家权力必然仰赖个人财产权，真正受制于财产权的排他性，不仅会主动尊重个人财产权，甚至还可能积极保护包括财产权在内的基本权利。正是在这个意义上，私人产权类似于"人质机制"，它使执政者在财政上依赖私人财产所有者，从而"真正限制执政者的机会主义行为"。[①] 可见，产权保护中的两个层面至关重要：一方面，财产权的保护使公民不再仰国家鼻息，使民主政治得以可能；一方面，税收法治使国家依赖公民，国家提供相应的公共服务才能取得税收。

预算法定和税收法定的践行，除了立法明文规定外，还必须强化人大的监督职能。《各级人民代表大会常务委员会监督法》规定了县级以上地方各级人大常委会有权撤销下一级人大及其常委会、本级人民政府发布的不适当的决定和命令，但在实践中，这种审查权尚不足以限制行政权对私人产权的侵害。强化人大在财税领域的监督权，甚至将征收权赋予各级人大，是私人产权保

---

① 参见杨小凯《土地私有制与宪政共和的关系》（http://www.aisixiang.com/data/3505.html）。

护可以考虑的方向。

3. 完善对行政不作为的惩戒机制，推动服务政府建设

17世纪以降的主流政治思想强调，国家的主要任务是个人自由和权利的保障，这一关键转向影响至今。[①]当下，国家权利的正当性的主要来源之一也是国家保护公民的消极福祉。20世纪以来，公民基本权利的一大变化是从强调国家不侵害基本权利，发展到强调改善国民实现自由的客观条件，促进公民的积极福祉（社会权）的实现。据此，私人产权的保护也包括两个部分：一是行政机关消极不作为，尊重私人产权；二是行政机关积极作为，使私人产权免于受侵害。后者更能充分发挥行政权力的事先预防功能，相对于司法权提供的事后救济更有优势。从这个角度说，产权保护的圆满状态也包括两个方面：一是产权不受侵害；二是产权权能充分实现。

在中国产权保护实践中，除了行政权积极侵犯私人产权这种典型产权侵害行为之外，行政机关消极不作为侵害产权的情形亦不鲜见，尤其是在知识产权、非法集资、互联网金融领域。这方面亟须完善的领域事项主要包括：

（1）完善产权登记

中国正在有序开展不动产统一登记工作，但主要针对城市不动产登记。在私人产权领域，亟须登记的是农村土地权利、房屋所有权和商事登记。目前，中国绝大多数地区并没有进行农村土地和房屋权利的登记，最多做了确权颁证工作。如果没有健全的不动产登记制度配合，农村土地权利的流通将很难实现。此外，商业登记也亟须健全或完善，如商事信托业的发展以及未来民事信托的拓展，都仰赖于信托财产登记；融资租赁业的发展也离不

---

① 徐国贤：《德性、干预与个人自由》，载《个人权利的政治理论》，法律出版社2008年版，第45页。

开不动产登记的支持。

(2) 推动复杂市场的形成，建设交易平台

如果私人产权受到充分保护，基于资本逐利的内在冲动，迟早会导致各种市场的出现。奥尔森以是否可自发形成为标准，将市场分为两种：一是自发形成的市场，只要有商品和劳动力交易的需求就会形成；二是社会规划型市场，即必须通过政府规划才能形成的市场。私人产权得到充分保护的社会，往往拥有最复杂和最广泛的交易市场。发展中国家落后的根源并非因为缺乏资源或资本，而是因为无法组织大规模的分工活动，推动复杂市场的形成。[①]《意见》也意识到复杂市场对产权保护的意义，提出"深化金融改革，推动金融创新，鼓励创造更多支持实体经济发展、使民众分享增值收益的金融产品，增加民众投资渠道"的要求。

在中国的产权保护实践中，行政权力至少应推动两个市场的形成：一是农村土地权利交易市场。在农村土地权利确权登记后，各级政府若能建立产权交易中心，可提升交易效率甚至撮合交易的形成。二是多层次的资本市场。首先，证券法不应再将上市作为垄断性资源，以实现公司之间法律平等。其次，确立非公众股份公司股份转让的规则并建立交易平台。《公司法》第139条规定，非公众股份公司的股份转让"按照国务院规定的其他方式进行"。但国务院并未基于这一授权制定相关规则，导致各地交易标准不一，交易平台也良莠不齐。这类公司数量众多，若其股份没有渠道流转，对投资的负面影响可想而知。最后，在强化监管的同时，放开新三板、信托、基金等投资的准入门槛，使私

[①] [美]曼瑟·奥尔森：《权力与繁荣》，苏长和、稽飞译，上海世纪出版集团、上海人民出版社2005年版，第135页以下；诺斯也有类似的观点，参见《制度、制度变迁与经济绩效》，刘守英译，上海三联书店、上海人民出版社1994年版，第173页。

人有更多的投资机会和渠道。

4. 践行行政人员的问责和追责制度

中国私人产权保护领域乱象横生的一个重要原因是，行政人员违法成本过低甚至没有成本，尤其是在征收领域。在行政权力违法侵害私人产权时，国家赔偿法的启动和对违法行政人员的问责和追责同样重要。

(三) 中国产权保护与司法权

司法权作为产权保护的最后一道防线，对产权被侵害后提供权利救济。目前，除了司法公正外，司法权保护产权的两个重要问题是：

1. 对民企"原罪"和经济犯罪的谦抑处理

中国产权保护实践一个令人担忧的问题是，民营企业家因经济违法活动被错误定罪，财产或被没收，或被违法处置。《意见》针对这种频发现象，重申了法律适用原则，如准确把握经济违法行为入刑标准、防范刑事执法介入经济纠纷、严格遵循罪刑法定、疑罪从无、严禁有罪推定的原则等，还明确指出涉及犯罪的民营企业投资人在服刑期间也可以行使财产权利等民事权利。此外，它还要求对涉案财产的处置严格依据法律程序。鉴于现行刑法依然是以严格的经济管制为背景的，司法最重要的任务无疑是尽可能对这类犯罪的认定秉持谦抑精神，在形式合法性与实质合法性之间取得平衡。

2. 支持交易创新，促进复杂交易的发展

在中国，司法权除了确认产权和救济产权之外，还有一个重要的功能是确认商人之间交易创新的效力，推动复杂市场的发展，营造有利于创新的权力氛围。当下，金融主义席卷全球，投融资领域令人眼花缭乱的投机、风险甚至赌博都可能被评价为

"创新"。但中国这些市场刚刚起步,司法权应慎重认定"有毒"资产和交易,不宜简单认定为无效。

最高院在"对赌第一案"中认定股东和公司之间的对赌条款无效,因为它损害了公司及其债权人的利益;[①] 上海一中院在"外滩地王案"中,确认间接并购因侵害其他股东的优先购买权而无效。[②] 这两个判决对股权投资和企业并购造成了相当大的冲击,甚至改变了交易实践,利弊得失不难判明。所幸《关于人民法院为企业兼并重组提供司法保障的指导意见》明确要求,"坚持促进交易进行,维护交易安全的商事审判理念,审慎认定企业估值调整协议、股份转换协议等新类型合同的效力",为新型交易的合法性认定提供了一般性原则。

产权保护涉及行政管制目的与私法自治两种价值的冲突,最高人民法院的态度更倾向于私法自治,将无效合同的效力做有效化处理。《关于审理融资租赁合同纠纷案件适用法律问题的解释》第4条甚至许可融资租赁合同当事人约定合同无效时租赁物的归属,完全可能架空行政管制目的,似乎过于倾向了私人产权保护,毕竟,私人财产的行使不能背离正当的行政管制目的。

三 中国产权法治文化的培育

中国私人产权保护的核心病因并不在于法律缺失,而在于法律的执行和适用,这种局面形成的体制原因前文已做了初步分析。《意见》敏锐指出了另一个重要病因——产权法治文化的缺失。《意见》提出的产权平等保护、全面保护、依法保护、勤劳致富、弘扬企业家精神等观念,无疑都是产权法治文化的重要内

[①] "甘肃世恒与海富投资合同案",最高人民法院〔2012〕民提字第11号判决书。
[②] "复星诉上海证大及绿城等",〔2012〕沪一中民四(商)初字第23号判决书。

容。从历史与现实两个层面看,中国产权法治文化的重点是培育如下三种观念。

(一) 产权 (财产权) 是基本人权的观念

在古典政治理论中,无论是以洛克为代表的自然权利论,还是以密尔为代表的个性发展论,财产权都是最基本的自然权利,也是一切政治权利、经济权利和其他权利的权源。自然权利观念在历史上表现了"想象的力量和社会诗意化的激情",它以未来的旗号反对现在,多次取得了胜利,但在实证主义、国家对个体的治理技术高度精巧发达的今天,自然权利的乌托邦色彩已经暗淡,甚至有人惊呼它已经"终结"。[①] 在中国,财产权虽然是宪法规定的基本权利,但在观念上,其重要性远远不如人格权,这种对财产权与人身权的等级化处理,或是中国产权保护不力的重要观念障碍。《意见》充分认识到,保护产权可以"增强人民群众财产财富安全感,增强社会信心,形成良好预期,增强各类经济主体创业创新动力,维护社会公平正义,保持经济社会持续健康发展和国家长治久安",足见产权与人格权在重要性上并无轩轾。

产权是基本人权,必然要求国家权力尊重和保护产权。国家权力机关在产权确认和权能行使方面,就不再是以往的单纯的管理者,而也应该同时成为私人产权的服务者。无论以经济建设为中心还是以民生为中心,产权保护都应构成政府工作的重要任务。一旦如此,"管理型"政府就必然走向"服务型政府"。如果没有这种转型,政府完全奉行"经济人"原则,则很难想象政府会推动农村产权登记制度和建设农村土地权利交易平台。

---

① 参见 [美] 科斯塔斯·杜兹纳《人权的终结》,郭春发译,江苏人民出版社2002年版,第408页。

(二) 为产权而斗争的观念

产权作为基本人权和民事权利，除了国家主动保护之外，权利人"为权利而斗争"（耶林语）的观念也是促成和完善国家产权保护的重要途径。从历史上看，产权保护机制的完善都不只是国家单方面努力的结果，也与公民/自然人争取产权保护的奋争密不可分。

在国家权力侵害产权时，处于既定社会结构、场域和情境中的权利人，运用官方的、正统的话语和价值，挖掘并动员道德资源，生产或激活反支配的权力，触探权力关系网络，抵制、反抗滥用权力者的行为，往往可以迫使其撤销或纠正违法行为。[1] 这种权利性质上属于抵抗权，但未见于中国法。在行政机关违法侵害产权时，产权人的消极抵抗不仅可以纠正行政机关的违法行为，维护行政权力的公信力，而且可以降低违法成本，降低违法行为造成的损失。抵抗权观念和民主新理论的结合，可以有效消解民主与法治之间的紧张关系。[2] 当然，在现代法治国家中，行政相对人的抵抗权只能是防御性的，是一种非公开的、非暴力的"弱者的武器"（斯科特语），行为人只能采取温和和非暴力的方式，如无视行政行为、怠于执行、申辩、逃避、质疑等不服从、不配合、不履行的消极不作为方式。

(三) 契约观念

在现代社会中，产权取得与流通的最普遍方式是契约，在社会"从身份到契约"后尤其如此。在人和人的主要社会关系通过契约的利益纽带连接后，"每一个人都靠交换来生活，在某种程

---

[1] 参见彭斌《社会公正何以可能》，《南京社会科学》2016年第3期。
[2] 参见朱孔武《论"抵抗权"的三个维度》，《环球法律评论》2007年第1期。

度上变成了一个商人，而社会本身也逐渐成为一个完完全全的商业社会"①。此时，契约自由和契约严守的观念就相当重要，它不再只是自然法的三个原则之一，还必须成为交易必须遵循的实践理性。从伦理角度看，契约观念意味着尊重自己和别人的意志，把自己和相对人都当成同样独立的意志主体；从产权保护角度看，它意味着交易双方运用产权的规划和预期得以实现。因此，私人的契约观念是产权保护的题中之义。

在现代社会，国家逐渐成为最大的商品和服务的购买方，成为市场经济中的最大的财源。经济迅猛发展期间的中国政府也如此，而且政府还通过出让土地成为重要的卖方。《意见》充分注意到实践中政府基于其强势地位任意违约，给对方造成重大损失的现象，强调要"大力推进法治政府和政务诚信建设"，而且要"将政务履约和守诺服务纳入政府绩效评价体系，建立政务失信记录，建立健全政府失信责任追究制度及责任倒查机制，加大对政务失信行为惩戒力度"。政府的契约精神不仅关乎治理伦理，更关乎政府的公信力，"有什么样的政府，就有什么样的人民"，在产权保护方面，政府当然应起到垂范作用。

四 结束语：从诺斯悖论走向"权力与繁荣"共存

产权对政治文明、经济发展、社会稳定和个人人格具有基础性意义，已是无须论证的公理。中国的产权保护一直没有达到理想状态，其弊端亦无须赘言。中国多年来流行诺斯悖论，即只有垄断了暴力的国家才有能力保护产权，但国家同样也拥有毁灭产

---

① ［英］坎南：《亚当·斯密关于法律、警察、岁入及军备的演讲》，陈福生等译，商务印书馆1997年版，第19页。

权的能力，至少是使产权差序对待的能力。但是，按照奥尔森的思路，政治的核心要素—权力与经济的核心目标—繁荣完全可以兼得，而且只需要两个看似简单的前提：产权得到充分保障和不存在任何形式的掠夺。但这两个前提经常在实践中并不容易得到满足，大多数发展中国家的产权保护现状就是显例。

中国产权保护的两大症结是：如何防免国家权力对产权的积极侵害？如何实现产权的平等保护？这些问题亟须解决，虽然不可能一蹴而就。产权保护无疑是一个系统工程，不可能单靠某个国家机关可以解决，也不可能单靠个人努力就可成功。无论是制度建设还是文化建设都任重道远，甚至道阻且长。但是，至少有一点是明确的：中国产权保护追求的目标应是权力与繁荣并存。原因在于，完善的产权保护状态会使国家与个人实现双赢：国家最真切地保护产权促进经济繁荣，国家将财力殷实，成为强大而且伟大的国家；私人产权得到最充分的保护后，公民对财富的欲望将促进经济繁荣，而且公民也将更加忠诚于国家。

（作者为中国社会科学院法学研究所研究员）

自贸区的制度创新和法治保障

夏小雄

> 赋予自由贸易试验区更大改革自主权，探索建设自由贸易港。
>
> ——十九大报告

党的十八大召开以来，为了进一步促进市场经济的深化发展，加快社会主义市场经济体制的继续完善，党和政府提出了建设自由贸易试验区（以下简称"自贸区"）的国家战略。根据党和政府的全面部署，从2013年以来自贸区的试点建设工作得以稳步推进，自贸区的创新实验已经取得了一定的成就，在此基础上党的十九大报告明确提出"推动形成全面开放的新格局"，其中在谈到自贸区问题时更是特别提出了"要赋予自由贸易试验区更大改革自主权探索，建设自由贸易港"。十九大报告为我国加快自贸区建设并推动改革开放的新格局指明了方向、奠定了基础。

一 自贸区的战略定位和法治价值

自贸区的推出具有重大的战略意义。特别值得强调的是，自贸区的改革并不意味着只是在贸易投资层面的改革，而是一场全

新时代法治发展的新面向

方位、多层次的深度改革，具有重大的战略创新价值，对于推进我国的市场经济法治建设具有重要的战略意义。在理解自贸区的功能价值和制度意义的时候，必须着眼于我国市场经济深化发展的大背景，定位于改革开放深入推进的新格局，聚焦于全面推进依法治国的总目标。

具体来说，必须在以下几个方面认识自贸区的战略价值和法治意义，充分理解我国自贸区改革探索的"自主性"功能定位：

一是探索政府市场关系新结构。政府和市场的结构关系是我国社会主义市场经济改革的重点。在计划经济时期，政府和市场的关系在一定程度上被扭曲，政府主导了经济资源的分配，市场机制只是作为辅助性的调节机制，整个社会资源的分配并没有达到最优的状态。在从计划经济向市场经济逐步转型之后，市场机制在社会资源分配的过程当中逐渐占据主导地位，政府对于市场的调控处于辅助地位，社会资源的分配和市场经济的运行才逐渐达到一种比较市场化的状态，也变得更有效率、更为公正。但需要注意的是，政府与市场的关系并没有达到最优的配置。在我国市场经济运行过程当中，由于多种因素的影响，市场机制在资源配置过程中的决定性作用并没有得到充分的发挥，政府对于市场的不当干预依然不时存在，这在一定程度上扭曲了市场机制的基本功能。当下社会主义市场经济的发展、市场体制的完善需要着力去解决这些难题，使得政府与市场的关系能够得到进一步的优化。[①] 自贸区的推出，是党和国家试图优化政府和市场关系的一个尝试，通过在特定区域推行全面的制度创新改革，进一步优化市场运行机制、约束政府权力行使、改善政府调控制度，从而重新调校政府与市场的结构关系，消除市场经济体制运行过程当中

---

① 参见陈甦《商法机制中政府与市场的功能定位》，《中国法学》2014年第5期。

所面临的"制度性难题",从而推动市场经济的发展能够跨过"改革深水区"。应当说,这是理解自贸区改革的基础理论支点,我们不能将自贸区改革视为某个方面或单向维度的改革,而应当将其视为对政府和市场关系的整体性的、全方位的、深层次的重新调校,试图通过这些特定区域的创新试验为全国层面去优化政府与市场关系积累经验、创造条件。自贸区试验的这种理论定位决定了它对于我国社会主义市场经济法治的完善所具有的战略意义。自贸区的改革将会检验我国既有的市场经济法治体系所存在的制度性缺陷和体系性难题,并在此基础上为相应体系的调整和制度的完善积累具体的实践经验,寻找可行的制度方案。

二是探索新时代法治变革新机制。在中国特色社会主义法律体系形成之后,法律制度体系基本得以确立,法律运行机制初步得以建构,在这种条件下要对既有的法律体系进行变革或者加以创新都会遇到较多的难题,因为任何法律的重大修订、任何制度的根本调整都会产生复杂的体系效应。可以说,在法律体系形成之后,"小修小改"的制度完善路径可能比较容易,但是大局性的、根本性的制度调整通常都会面临较为严重的困难。在此条件下,要想解决市场经济发展所面临的"深水区难题",必须创新法治变革机制,推动社会主义市场经济法治的结构性完善。需要承认,当下市场经济体制的完善需要克服一些"制度性难题"和"体制性障碍",必须通过建构法治创新机制推动社会主义市场经济法治的继续完善。自贸区的推出,就是党和国家设计建构的一种法治创新机制。根据党和国家的战略部署,在自贸区范围之内可以对既有的法律、法规做出"调整性适用"或者"变通性适用",在不修改基本民商事法律的条件下可以改变既有民商事法律的基本规则,根据市场经济深化发展的需要做出"回应性调整"。这种"变通性适用"具有一定的"实验"性质,当这些调整在自贸区内取得了很好的试验效果时，便可以向全国其他地区进行推广，进而为根本性调整市场经济法治构成奠定基础；当这些试验没有取得预期效果时，可以暂时中止或废止"变通适用"的机制，继续使用传统的法治调整机制。这种在特定局域"变通适用"既有法律的做法已经是一种重大的制度创新，也就是说对于基本法律的调整可以不通过修法的方式进行，通过特别授权适用机制既可以为基本法律的修改或者调整积累经验，也可以为特定地域的市场机制创新提供合法性基础。实践经验也已证明，自贸区的这种法治创新机制具有重要的战略价值，为我国市场经济法治的发展创造了新的路径模式。①

三是探索新时代对外开放新模式。从改革开放政策推出以来，我国的对外开放始终是在艰难的探索中前进，总是根据我国对外开放的实际需要和全球经济发展的最新趋势采取合理的开放政策和制度举措。当下，全球化的进程已经进一步加速，信息化、科技化使得全球经济的联系更加紧密；与此同时，全球贸易的不平衡也进一步凸显，由于全球经济发展不平衡带来的贸易争议和政策争端也越来越多，在此条件下我国也必须创新对外开放的结构模式，调整对外开放的制度构成，才能从根本上适应全球贸易发展和市场经济改革的新需要。② 自贸区政策的推出，是党和政府在新形势下根据全球经济贸易发展的根本需要和市场经济深化发展的内在需求做出的重大的战略部署和宏观决策，旨在从根本上优化对外开放的法律环境和制度构成，实现从"边境开放"到"境内制度开放"的有效过渡，为我国更好地参与全球竞争、促进经济转型、提升市场经济竞争力奠定基础。其中，很多

---

① 参见沈国明《法治创新：建设上海自贸区的基础要求》，《东方法学》2013年第6期。
② 参见黄海洲、周诚君《中国对外开放在新形势下的战略布局》，《国际经济评论》2013年第4期。

自贸区的制度创新和法治保障

新机制、新举措相对于此前我国对外开放过程中推出的政策措施，具有重大的创新价值，所体现的新理念、新精神也都与当下对外开放的新形势密切相关。[①]

四是促进"一带一路"倡议实施，为发展中国家树立改革创新典范。自贸区的推出也和我国近年来推动实施"一带一路"国际经济合作发展倡议有密切的关系，也可以为其他发展中国家发展经济积累经验、探索道路。近年来，党和政府为了推动我国更好地履行国际义务、发挥国际职责，提出了"一带一路"的合作发展倡议，拟充分依靠中国与有关国家既有的双多边机制，借助既有的、行之有效的区域合作平台，积极发展与沿线国家的经济合作伙伴关系，共同打造政治互信、经济融合、文化包容的利益共同体、命运共同体和责任共同体。自贸区的建设与"一带一路"倡议的实施是相辅相成的，一方面可以让全球其他国家和地区更为便利地在中国进行投资贸易，另一方面也可以为中国同"一带一路"沿线国家和地区的经济发展建立更为密切的往来，提供更为有效的帮助。两者将共同为区域化合作的有效实现，区域经济的高效发展奠定基础。[②] 同时，中国自贸区的建设将会为其他国家特别是发展中国家和地区发展外向型经济并建设高水平、高效率的市场经济法治体系探索经验、提供范例。中国自贸区创新试验的成功将为其他国家和地区树立典范，它们同样也可以复制移植中国自贸区所积累的成功经验，建构自身经济的外向型特性和全球化品格。

---

① 参见张幼文《自贸区试验与开放型经济体制建设》，《学术月刊》2014 年第 1 期。
② 参见李猛《中国自贸区服务与"一带一路"的内在关系及战略对接》，《经济学家》2017 年第 5 期。

二 自贸区的发展历程和制度成就

对于自贸区的改革创新及其制度功能,不能孤立地加以理解,而一定要将自贸区与中国改革开放四十年来在对外开放方面的探索努力联系到一起,放在特定的历史脉络之下去理解自贸区的战略意义和法治价值,特别是自贸区改革"自主性"定位的历史基础和体系面向。

在改革开放之初,由于我国依然处于计划经济体制之下,在对外开放方面也没有历史经验可供参照,党和国家顺应历史发展的趋势,在对外开放方面进行了大胆的创新尝试。为了吸引外国投资者到中国进行投资,我国引入了中外合作经营企业、中外合资经营企业、外商独资企业等企业形态,为外国投资者开展相应的投资活动提供了合适的商事组织形式,同时在税收优惠、外汇管制、行业准入、贷款支持等各个方面提供优惠政策,根据对外开放的实际需要在一定程度上创设了具有市场精神的行政管理体制,在计划经济的土壤上引入了符合市场经济发展要求的商事法治制度和政府管理模式,为后续对外开放的深化发展奠定了基础。在20世纪80年代,大批的外国投资者到中国进行投资,带来了先进的技术、成熟的管理以及众多的资本,推动了我国对外开放格局的基本形成以及市场经济制度的初步建构。为了巩固早期对外开放所积累的宝贵经验,我国在改革开放之初分别制定了《中外合作经营企业法》《中外合资经营企业法》《外商独资企业法》,为外商投资企业的设立提供了合法性依据,为外国投资者正当性权益的保护以及外资企业的法治化经营提供了规范基础;同时,我国也根据商事实践需要制定了民法通则、经济合同法、技术合同法、涉外经济合同法等民商事基本法律,为产权的保护、合同的履行、权利的救济提供了基本的保障,也为我国最终确立市场经济体制、建构市场经济法制奠定了重要的基础。虽然这一时期的对外开放依然处于摸索阶段,但已经积累的实践经验和制度成果为后续改革开放的推进创造了有利条件。[1]

在1992年党的十四大正式确立了社会主义市场经济体制之后,我国对外开放进入了一个新的历史阶段。得益于前一时期的经验摸索,大量外国投资者对于中国的法律环境、市场体制和政府管理已经较为熟悉,他们也意识到了中国市场的巨大潜力以及中国经济在全球经济竞争格局当中所发挥的重要作用,这些外国投资者纷纷加大了对中国的投资力度。为了更好地吸引外国投资者,深化发展市场经济,我国也进一步完善了保护外国投资者、促进市场经济开放的法律制度和法治环境。除了进一步修订完善三资企业法之外,我国也相继制定了《公司法》《票据法》《保险法》《证券法》《信托法》《反不正当竞争法》等基本民商事法律,进一步完善了市场经济法治的体系构成,这有助于保护外国投资者的合法权益,也有助于中国企业的发展成长,对于我国企业深度参与对外开放以及外国投资者助力中国市场经济发展都提供了有利的制度环境。同时,政府也按照市场经济的原则和精神,不断更新调整自身的管理体制。政府的管制在一定程度上得到减少和限缩,市场机制在资源配置过程中逐渐发挥着更大的作用,在这一背景下市场经济对外开放的新格局已经形成,中国经济同世界经济的联系进一步紧密。但需要注意的是,由于计划经济残余思维的影响以及市场机制发育的不够完善,在市场经济运行过程当中,在对外开放开展过程之中,依然有很多制度性难题和体制性障碍没有得到妥善解决,尤其是政府对于市场运行的干

---

[1] 参见余敏友、王追林《改革开放30年来我国对外贸易法制的建设与发展》,《国际贸易》2008年第11期。

新时代法治发展的新面向

预、对于对外开放的管控依然处于比较严格的阶段,对于外国投资者而言尤其在主体待遇、市场准入、关税税制、汇率管制、融资政策等领域仍然有较多的限制。这些因素的存在不利于中国市场经济发展对外开放的全面深化。

在 2001 年中国加入世界贸易组织之后,中国市场经济的对外开放面临新的历史机遇,也需要迎接新的现实挑战。在这一阶段,党和政府按照世界贸易组织法治的基本要求,对于国内市场经济的法律体系构成、政府管理模式、经济制度结构进行了调整,为外国投资者进入中国以及中国企业走出去创造了更为开放化和便利化的制度环境,一大批不符合对外开放新要求的法律法规被废止或被修订,政府的经济管理模式也在逐步调整优化,市场经济开放的新机制得以形成。得益于这些制度性因素,中国市场经济的发展全面地纳入了全球化经济发展的新版图,中国市场经济的运行也变得更为国际化和开放化,中国企业在全球经济发展进程当中的影响也越来越大,国际性贸易、开放型经济的重要性越来越得到凸显。当然,这并不意味着中国市场经济的对外开放就不存在问题。尽管已经按照世界贸易组织的标准和要求进行了市场机制的调整和管理模式的创新,但是依然有很多制度性障碍影响着中国经济对外开放的深度和广度。例如,在投资准入领域依然存在较多的限制且采取较为复杂的审批准入制度,外国投资者进入中国进行投资和中国投资者到境外进行投资在很多领域还存在着较为复杂的管制,在汇率、利率、融资等领域也存在很多不合理的制度构成,在此背景下必须通过制度创新和体系重构来推动对外开放新格局的形成。[①] 在这种背景下,党和政府审时度势,根据经济发展的内在需要和对外开放的最新形势,推出了

---

① 参见莫兰琼《改革开放以来中国对外贸易战略的演进》,《当代中国史研究》2016 年第 4 期。

自贸区的发展战略。

经过几年的创新试验，中国自贸区的改革尝试已经取得了很大的成就，也引起了全世界的广泛关注。可以说，自贸区的开放改革是全方位的，涉及经济社会各个层面，而且具有很强的"自主性"，与其他国家和地区的自贸区制度构成有很大的不同。当然就具体制度和改革措施而言，主要是包括以下几个方面：

一是投资领域进一步开放，改革既有的外商审批投资制度。在投资领域开放方面，自贸区采取了"负面清单制"管理，对于负面清单之外的外商投资不再实施核准制，从而给予外商投资机构以"准国民待遇"；对于负面清单之类的外商投资，则实行核准制，强化国家安全审查。通过这一改革，使得外商投资领域得以进一步开放。[①] 同时，进一步扩大服务业开放的范围，特别是在金融服务、航运服务、商贸服务、专业服务、文化服务、社会服务等领域扩大开放，减少了资质要求、股比限制、经营范围等限制措施，对于自贸区区域内的境外投资项目实行备案制，提高了外商投资的便利化程度。

二是推动贸易的转型升级，促进贸易发展方式的变化。在自贸区内通过引进新政策、培育新业态，强化外贸竞争的新优势，比如鼓励跨国公司在自贸区内设立总部；推动国际贸易结算中心的发展，支持自贸区内的企业发展离岸业务，设立大宗交易平台和资源配置平台等；提升交通服务，在海运、航运、陆运等方面推动现代化运输服务行业的发展，加快跨境电子商务的发展，并且逐步试点建立与之相适应的海关监管、检验检疫、退税免税、跨境支付、物流体系等系统的建设。

三是在金融领域推动制度创新，促进金融市场改革的深化。

[①] 参见王利明《负面清单管理模式与私法自治》，《中国法学》2014年第5期。

我国在推动自贸区改革之时,一直强调在风险可控前提之下,逐步地推进人民币资本项目可兑换、金融市场利率市场化、人民币跨境使用等方面的改革,推动金融服务业向民营资本和外资资本全面开放,特别强调为自贸区内的企业利用境内外两种资源、两个市场积极创造便利条件,为实现跨境融资自由化而努力。①

四是政府职能的转变,推动政府管理模式的变革。我国要求在自贸区内探索建立与国际高标准投资与贸易规则相适应的行政管理体系,推动政府监管从原来的注重事先审批转变为注重事中事后的监管。着力解决市场体系不完善、政府干预过多和监管不到位等问题,构建市场主体自律、业界自治、社会监督、政府监管互为支撑的监管格局。②

从近年来自贸区的实践来看,我国在自贸区建设方面已经取得了显著的成就。围绕未来的自贸区建设,党和政府已经有了更为明确的路径和方向。特别是党的十九大报告更是明确提出了"要赋予自由贸易试验区更大的改革自主权,探索建设自由贸易港"。在这一精神的指导下,党中央和国务院决定在海南全岛建设自由贸易试验区和有中国特色的自由贸易港,这是党中央和国务院着眼于国际国内发展大局,深入研究、统筹考虑、科学谋划之后做出的一个重大决策,也意味着中国自贸区试验改革进入了新阶段,标志着中国对外开放进入了一个新时代。

三 自贸区建设的法治挑战和法治保障

当下中国自贸区的建设,虽然已经取得了很大的成就,但是

---

① 参见张新《深化自贸区金融改革》,《中国金融》2015年第9期。
② 参见艾德洲《中国自贸区行政管理体制改革探索》,《中国行政管理》2017年第1期。

由于自贸区建设本身的特殊属性，决定了其在推进过程当中依然会面临很多根本性的制度难题。其中，以下几对矛盾的处理值得理论界和实务界高度关注：

一是改革与法治的关系。自贸区试验本身是一场全方位、深层次的改革，必然要对既存的法律制度、当下的市场体系、现有的市场机制进行根本性的调整与变革。这种变革会对已经形成的市场经济法制体系造成严重挑战。如果不对既有的法律体系进行及时的修订或调整，相关的改革就会缺乏正当的法律依据，就不存在改革意义上的合法性基础。但是，法律的修订总会经历比较复杂的过程，需要经过慎重的理论研讨和制度准备，自贸区的改革又必须在短时间内快速推进，在这种背景下就有可能造成改革与法治的基本矛盾，也就是说，自贸区推出的改革措施有可能会存在背离法治化基本要求的弊端，很难完全纳入法治化的改革路径。这是推出任何自贸区改革措施首先必须处理好的根本性问题。[①]

二是整体与局部的关系。自贸区改革强调在特定区域进行特定改革的"先行先试"，但从改革的内容而言，很多改革所涉及的制度又是全国性的、统一性的，不能简单地做任意性分割或调整，特别是在自贸区金融改革领域，很难脱离整体的金融市场和资本市场去进行某一制度或某一环节的改革，因为金融市场本身具有统一性，只有着眼于金融市场整体的创新改革，才能实现金融市场发展的效率性和公平性。金融市场的统一性是金融市场最为重要的环境构成和评价指标，自贸区如果想在金融制度和金融监管方面推行改革，就会在一定程度上影响国家金融监管体制和国家金融制度建构的统一性；如果要"僵硬"地服从或者配合国

---

① 参见刘沛佩《对自贸区法治创新的立法反思——以在自贸区内"暂时调整法律规定"为视角》，《浙江工商大学学报》2015年第2期。

家金融监管体制和国家金融制度建设的统一性，自贸区的金融监管体制改革和金融制度创新又难以跨越既有的框架。因此，在自贸区制度改革的过程当中，必须处理好整体性和局部性的关系，既要维护全国市场经济体制的统一性，又要实现自贸区在相关制度改革方面的灵活性和创新性。

三是科层化权限分配与市场经济体制整体运行、自主运行之间的矛盾。市场经济的运行有自身的规律，市场经济体制本身能够超越地域性和时间性的限制。通常来说，政府机构不能对既有的市场经济运行进行任意性的体系分割、市场分割、地域分割，不能通过行政手段对于市场机制施加不当的条框限制，特别是不能按照行政科层化的设计来干预市场的正常运行。但是，自贸区的改革本身带有一定的行政科层性。自贸区内大多数改革措施都是由自贸区所在地的政府机关通过各种方式加以强制推进的，自贸区改革的方案设计、组织机构、运行机制在一定程度上都呈现出了一定的行政科层化色彩，行政力量在一定程度上也介入了自贸区制度的整体运行架构。实际上，从有利于推进自贸区改革的目的出发，自贸区内的改革创新措施应当由科层制顶端的中央政府进行设计建构可能更能顺应市场经济的整体要求和基本趋势，也可能更有利于各项改革举措取得满意试验效果。从这个角度而言，自贸区改革过程中市场经济的统一性要求和政府权力的科层性分配之间存在矛盾，如果不能有效处理这一关系，将会对自贸区改革的推进造成不利的影响。

为了克服上述根本性矛盾，在自贸区改革的推进过程当中，特别要强化自贸区改革的"自主性定位"和地方自贸区试验的"自主权探索"，必须在以下几个方面注重改革措施的推进：

一是强化自贸区基本立法。我国自贸区创新实践已有几年，在这个过程当中已经积累了大量的经验，形成了比较成熟的制

自贸区的制度创新和法治保障

度，在此基础上，有必要总结各地区自贸区"自主性"实践的经验，并为自贸区的进一步开展制定全国性的统一立法。该统一立法需要对自贸区的基本地位、法律结构、制度构成、创新机制等内容规定基本的制度规范，从国家立法层面解决好自贸区的法律地位问题和制度构成问题，协调好法治与变革、局部改革与整体变革、科层制管理和市场化机制之间的内在矛盾，从根本上保障自贸区改革试验能够纳入法治化的轨道，确保自贸区改革的合法性和正当性。[1]

二是赋予地方自贸区立法的自主性。在我国各个地方设立的自贸区，都必须结合当地经济发展的实践情况确定相应的改革方向和创新制度。落实这一战略目标，就必须通过地方性自贸区立法去加以实现。因此，各个地方在推进自贸区改革时，必须合理地利用地方性立法为地方性自贸区的制度创新确立合法性基础，特别是结合当地的实际情况确立具有灵活性的创新制度体系。地方性立法必须和全国性统一立法相结合，将全国统一自贸区法所确立的基本原则、基本制度加以具体化和实质化，同时又使得本地自贸区的创新实践具有一定的灵活性和开放性，这是推动中国自贸区地方性实践走向成功的重要法治化机制。[2]

三是给予地方自贸区充分的自主试验权限，使其能够大胆充分地进行制度创新。这种自主创新是全方位的，包括立法层面的改革创新，特别是通过特定的授权机制允许地方自贸区结合本地的实践需要对全国性的基本法律、基本制度进行适当的调整变更；也包括行政管理层面的改革试验，中央政府必须对地方充分授权，使得地方自贸区能在行政管理层面灵活采纳市场化的管理

---

[1] 参见夏小雄《加快制定统一的"自贸区法"》，《中国社会科学报》2015年12月16日第5版。
[2] 参见赵玄《自贸区法治保障的地方立法比较与思考》，《南都论坛》2018年第1期。

机制，促使自贸区管理机构行政监管权力的运用更具效率、更为公正；当然，也包括司法机制层面的创新。应当鼓励各地方自贸区在司法方面进行制度创新，特别是结合自贸区的实践需要在金融、贸易、投资等各个方面从事司法裁判制度创新。可以说，自贸区的改革能否成功，取决于各个地方的"自主性"创新改革，而这种创新改革的"自主权"需要得到中央层面的大力支持，只有通过合理的授权机制，赋予地方充分的自主试验权限，地方自贸区才能充分发挥灵活性，有效地进行制度创新。

四是推动金融制度改革的深化。今日的自贸区不只是对外贸易投资的制度试验田。从当下商事交易日益金融化和资本化的发展趋势来看，自贸区的改革能否从根本上成功，与金融制度的改革深化有密切的关系。在过去几年自贸区的改革试验过程当中，虽然在金融改革方面有所推进，但是改革的深度与广度并不是十分充分。如果要想充分发挥自贸区制度的优势，全面推进自贸区改革的深化，就必须在金融领域继续推动各项改革，比如在利率的市场化、汇率的市场化、人民币的国际化、外汇管理体制、在岸金融市场和离岸金融市场的发展等方面有深入的推进，优化自贸区金融立法机制，推动金融制度体系创新，完善自贸区金融宏观审慎监管体制，健全自贸区金融消费者权益保护机制，如此才能最终推动自贸区经济活动的充分市场化和金融化，才能最终推动自贸区改革创新"自主性"试验的成功。[①]

五是建立与自贸区改革实践相适应的争议解决机制。随着自贸区改革的推进，自贸区内各类新型经济业态日益发展和各类创新市场主体不断增多，新型的商事争议纠纷也会越来越多。[②] 在

[①] 参见沈伟《自贸区金融创新：实践、障碍及前景》，《厦门大学学报》2017年第5期。

[②] 参见天津滨海新区人民法院课题组《涉自贸区案件专题分析报告》，《法律适用》2018年第6期。

此背景下，必须根据自贸区改革试验的客观需要，推动自贸区内争议解决机制的"自主性"创新，使得自贸区内不同商事主体之间的争议能够得到高效公正的解决。比如，引入专业化的调解仲裁机制，使得各个专业领域的争议冲突能够得到及时的化解；在自贸区之内建立专业化的商事审判制度，设立专业的金融法庭、投资法庭、贸易法庭、交通法庭等专业化的司法审判机制，保障自贸区内商事争议的公正高效解决。[①]

（作者为中国社会科学院法学研究所副研究员）

[①] 参见许凯《中国（上海）自贸区司法保障的远景透析》，《江西社会科学》2015年第1期。

进一步加强我国财税法治建设的若干思考

肖 京

> 加快建立现代财政制度，建立权责清晰、财力协调、区域均衡的中央和地方财政关系。建立全面规范透明、标准科学、约束有力的预算制度，全面实施绩效管理。深化税收制度改革，健全地方税体系。
>
> ——十九大报告

近些年来尤其是党的十八大以来，随着财税法治建设的重要性日益凸显，中央对财税法治建设也十分重视，在中央的一系列重要文件中，财税法治建设是其重要内容。党的十八大报告指出，"加快改革财税体制，健全中央和地方财力与事权相匹配的体制，完善促进基本公共服务均等化和主体功能区建设的公共财政体系，构建地方税体系，形成有利于结构优化、社会公平的税收制度"，从财税体制改革和法律制度建设的角度对财税法治建设提出了新要求。党的十八届三中全会通过的《中共中央关于全面深化改革若干重大问题的决定》指出，"财政是国家治理的基础和重要支柱，科学的财税体制是优化资源配置、维护市场统一、促进社会公平、实现国家长治久安的制度保障"，"必须完善立法、明确事权、改革税制、稳定税负、透明预算、提高效率，建立现代财政制度，发挥中央和地方两个积极性"，突出强调了财政的重要功能和地位，从国家治理的高度对财税法治建设进行了准确定位，并分别从改进预算管理制度、完善税收制度、建立事权和支出责任相适应的制度这些具体领域对进一步深化财税体制改革和加强财税法治建设做了更加明确具体的要求。党的十八届四中全会通过的《中共中央关于全面推进依法治国若干重大问题的决定》指出，"加强市场法律制度建设，编纂民法典，制定和完善发展规划、投资管理、土地管理、能源和矿产资源、农业、财政税收、金融等方面法律法规"，从财税法律法规完善的角度对今后的财税法治建设提出了要求。

随着中国特色社会主义新时代的到来，我国财税法治建设也必将进入一个崭新的历史阶段。党的十九大报告明确指出，"中国特色社会主义进入了新时代，这是我国发展新的历史方位"。新时代呼唤适应新时代要求的财税法制度体系。为此，党的十九大报告还进一步明确提出，"创新和完善宏观调控，发挥国家发展规划的战略导向作用，健全财政、货币、产业、区域等经济政策协调机制"，"加快建立现代财政制度，建立权责清晰、财力协调、区域均衡的中央和地方财政关系"，"建立全面规范透明、标准科学、约束有力的预算制度，全面实施绩效管理"，"深化税收制度改革，健全地方税体系"，不仅从宏观调控的角度强调了财政的基本功能，还进一步分别从财政制度、预算制度和税收制度建设的角度对我国财税法治建设提出了新的更高要求。当前，进一步加强我国财税法治建设已经成为新时代我国法治建设的重要内容。为此，本文拟从新时代进一步加强我国财税法治建设的重大意义出发，分析我国财税法治建设的基本情况、主要成就与存在的问题，并在此基础上，对新时代进一步加强我国财税法治建设的基本路径、主要措施和重点提出相应的对策。

一　在新时代进一步加强财税法治建设意义重大

在新时代进一步加强我国财税法治建设，不仅是全面推进依法治国的必然要求，同时还是实现国家治理现代化的基本前提以及维护我国公民合法财产权利的重要保障，具有十分重大的意义。加强财税法治建设应当从全面推进依法治国和实现国家治理现代化以及维护公民基本财产权利的角度进行理解和认识。

（一）进一步加强财税法治建设是全面推进依法治国的必然要求

依法治国是我国的基本治国方略，是经过实践检验的重大理论成果。二十年来，依法治国不仅在党和国家的多个重要文件中得到体现，同时还在宪法中予以明确规定。党的十五大报告明确提出了"依法治国"的概念，1999年九届全国人大二次会议通过的宪法修正案规定，"中华人民共和国实行依法治国，建设社会主义法治国家"，"依法治国"正式入宪。2014年党的十八届四中全会通过的《中共中央关于全面推进依法治国若干重大问题的决议》中明确指出，"依法治国，是坚持和发展中国特色社会主义的本质要求和重要保障，是实现国家治理体系和治理能力现代化的必然要求，事关我们党执政兴国，事关人民幸福安康，事关党和国家长治久安"，特别强调了依法治国的重要作用，同时对全面推进依法治国中的相关重大问题进行了全方位的统筹规划。经过二十多年来的理论和实践探索，依法治国理念已经深入人心并在实践中发挥着重要的作用。

依法治国作为我国的基本治国方略，具有深厚的理论基础和多重的内涵和意蕴，加强财税法治建设是全面推进依法治国的必然要求。全面推进依法治国离不开财税法治建设,[①] 必然要求进一步加强财税法治建设。这是因为,财税法治建设不仅关系到法治政府建设的真正实现,同时也是市场法治建设的重要内容。从法治政府建设的角度来看,财政收入、支出和管理的法治化是现代法治政府的重要前提和基础;从市场法治建设的角度来看,财税法治建设是市场法治建设的重要组成部分。正因为如此,党的十八届四中全会通过的《中共中央关于全面推进依法治国若干重大问题的决定》明确指出,"重点推进财政预算、公共资源配置、重大建设项目批准和实施、社会公益事业建设等领域的政府信息公开","对财政资金分配使用、国有资产监管、政府投资、政府采购、公共资源转让、公共工程建设等权力集中的部门和岗位实行分事行权、分岗设权、分级授权,定期轮岗,强化内部流程控制,防止权力滥用",分别从预算信息公开和行政权力制约与监督的角度指明了财税法治建设对实现法治政府的重要作用和意义。该《决定》还指出,"加强市场法律制度建设,编纂民法典,制定和完善发展规划、投资管理、土地管理、能源和矿产资源、农业、财政税收、金融等方面法律法规",从法律制度建设的角度突出了财税法治建设对市场法治建设的重要作用。由此可见,新时代进一步加强我国财税法治建设是全面推进依法治国的必然要求。

(二)进一步加强财税法治建设是实现国家治理现代化的基本前提

党的十八届三中全会做出了全面深化改革的重大决策,并对全面深化改革进行了部署。全面深化改革的内容之一就是要实现

---

① 俞光远:《加快财税法治建设与全面推进依法治国》,《地方财政研究》2015年第1期。

新时代法治发展的新面向

国家治理的现代化。党的十九大报告再次强调,"必须坚持和完善中国特色社会主义制度,不断推进国家治理体系和治理能力现代化"。国家治理就其基本内容来看,主要包括国家治理体系和国家治理能力。而"所谓的国家治理体系,是党领导人民管理国家的制度体系,包括经济、政治、文化、社会、生态文明和党的建设等各领域的体制、机制和法律法规安排,也就是一整套紧密相连、相互协调的国家制度"[1]。所以,在整个国家治理体系中,法律制度是其基本内容,其适用范围涵盖多个领域。就国家治理能力而言,所谓的国家治理能力,是指"运用国家制度管理社会各方面事务的能力,包括改革发展稳定、内政外交国防、治党治国治军等各个方面的能力"[2],其中法治水平的高低亦是决定国家治理能力的关键。

财税治理是国家治理的重要内容,加强财税法治建设对于实现我国国家治理的现代化具有十分重要的意义。法治财税在国家治理中发挥基础性作用,[3] 财税法治是全面深化改革的突破口和国家治理现代化的基石,[4] 唯有实现财税法治现代化,才能真正实现国家治理的现代化。党的十八届三中全会通过的《中共中央关于全面深化改革若干重大问题的决定》明确指出,"财政是国家治理的基础和重要支柱,科学的财税体制是优化资源配置、维护市场统一、促进社会公平、实现国家长治久安的制度保障","必须完善立法、明确事权、改革税制、稳定税负、透明预算、提高效率,建立现代财政制度,发挥中央和地方两个积极性",不仅从国家治理的高度对财税和财税法治建设进行了定位,还分

---

[1] 江必新:《推进国家治理体系和治理能力现代化》,《光明日报》2013年11月15日第1版。
[2] 同上。
[3] 熊伟:《法治财税:从理想图景到现实诉求》,《清华法学》2014年第5期。
[4] 刘剑文:《论国家治理的财税法基石》,《中国高校社会科学》2014年第3期。

别从改进预算管理制度、完善税收制度、建立事权和支出责任相适应的制度对深化财税体制改革提出了明确的具体要求。由此可见，新时代进一步加强财税法治建设是实现国家治理现代化的基本前提。正如有学者指出，在"四个全面"的新阶段，应当从国家治理现代化的高度来完整认识财税法的功能。①

（三）进一步加强财税法治建设是维护我国公民合法财产权利的重要保障

改革开放以来，随着我国经济的不断发展，我国公民的私有财产也不断增多，维护我国公民的合法财产权利是我国法治建设的重要任务。维护我国公民的合法财产权利，贯穿我国整个法律体系的各个部门和领域。从宪法的层面来看，维护我国公民合法财产权利是我国宪法的重要内容，我国宪法第13条第一款明确规定，"公民的合法的私有财产不受侵犯"。此外，行政法、民法、商法、经济法、社会法、诉讼法等法律部门也从具体的制度构建方面对我国公民合法财产权利的维护起到了重要的保障作用。

财税法对我国公民财产权利的保障具有特殊的意义。从公共财政的视角来看，财税法治建设就是要维护公共财政资金的收、支、管等各个环节都被严格纳入到法治的轨道，保障公民的基本财产权利不受非法侵害，因而也就具备了维护公民基本权利的特质。从公民私有财产权利保护的角度来看，财政税收是征收机关依法对公民私有财产的无偿的强制征收，为了保障公民的合法财产权利不受非法侵害，更是迫切需要相应的法律制度予以保障。从财税法调控功能的历史演进来看，财税法的功能应当从绝对服

---

① 刘剑文：《财税法功能的定位及其当代变迁》，《中国法学》2015年第4期。

务于财政转向对财政权力的控制以保护纳税人的合法权益。① 由此可见，财税法治建设不仅对我国的经济发展具有十分重要的意义，还对我国的民主政治建设和公民基本权利的保障具有十分重要的保障作用。

二 我国财税法治建设的基本情况、主要成就与存在的问题

(一) 我国财税法治建设的基本情况

进一步加强我国财税法治建设，离不开对我国财税法治建设历史的回顾和分析。新中国成立以来，我国财税法治建设经历了曲折的发展历程。新中国成立初期，是我国财税法律制度的初创时期，新中国成立初期的财税法治建设为我国改革开放之后的财税法治建设奠定了基础。随后，我国的财税法治建设进入相对停滞期。十年"文革"期间，财税法治建设和其他领域的法治建设一样，受到了严重的破坏。改革开放四十年以来，我国财税法治建设迎来了新的历史发展机遇，取得了重大成果。改革开放之后我国财税法治建设大致可以分为三个阶段。②

第一阶段是从1977年到1993年，这是财税法治建设恢复与快速发展时期。改革开放之后的经济发展迫切要求建立与经济改革发展相适应的财税法律制度体系，财税法治建设因而也迎来了重要的发展机遇。这一时期，国家出台了一大批财税领域的法律法规，构建了较为完善的财税法律制度体系，对我国经济体制的

---

① 陈少英：《财税法的法律属性——以财税法调控功能的演进为视角》，《法学》2016年第7期。
② 也有学者把我国财税法法治建设分为四个阶段，参见李晶《改革开放40年中国财税法学的回顾与前瞻——刘剑文教授访谈》，《上海政法学院学报》2018年第3期。

改革和扩大对外开放起到了重要的促进作用。总体来看，这一阶段的财税法治建设主要是围绕经济体制改革和对外开放展开。

第二阶段是从1994年到2012年，这是建立和完善与社会主义市场经济体制相适应的财税法治建设时期。在1992年党的十四大会议上，正式确立了社会主义市场经济体制。社会主义市场经济体制与以往的计划经济体制有着本质的区别，社会主义市场经济体制的确立迫切要求财税体制进行重大革新。随着我国社会主义市场经济体制的发展，构建适应社会主要市场经济体制要求的财税法律体系成为我国财税法治建设的重中之重。1993年，国家决定进行财税体制改革，实行"分税制"。与此相适应，我国财税法治建设进程明显加快。在此阶段，初步形成了与社会主义市场经济体制相适应的财税法律制度体系。

第三阶段是从2013年至今，这是开创和完善新时代中国特色社会主义阶段财税法治建设的关键阶段。2012年党的十八大以来，我国经济与社会发展进入到了一个新的阶段。与此相适应，我国的财税法治建设也进入了一个新的时期。在这一阶段，我国的财税法治建设法治化进程明显加快，按照财税法定的原则，一系列财政税收法律制度正在进行逐步完善。2017年党的十九大报告明确指出我国进入了新时代，按照党和国家在新时代对于财政税收法治建设的新要求，我国财税法治建设必将开创一个新局面。

（二）我国财税法治建设的主要成就

回顾四十年来我国财税法治建设的历程可以看出，我国财税法法治建设与我国的政治、经济体制改革以及改革开放等重大历史转折事件紧密相连。四十年来，我国财税法治建设的最为显著的成就就是初步构建了较为完善的适合中国特色社会主义市场经济建设的财税法治理论和制度,并在实践中不断深入推进财税法治。具体而言,主要体现在以下三个方面。

一是初步构建了适合中国特色社会主义市场经济要求的财税法治理论。四十年来,我国财税法治理论经历了一个探索与发展的艰难历程。在改革开放初期,为适应经济体制改革和扩大对外开放,学者们对财税法治基础理论进行了较为深入的研究,初步奠定了财税法治理论的基石。在社会主义市场经济体制确立之后,学者们更是结合社会主义市场经济理论和我国财税体制改革的实践进行深入研究,发表了一系列财税法治理论研究成果,形成了较为完善的适合中国特色社会主义市场经济体制的财税法治理论。

二是财税法律制度建设取得了重要进展。四十年来,我国财税法律制度建设成效显著。从财政法律制度建设的角度来看,《预算法》《政府采购法》等一系列法律法规的出台、修订和完善,初步形成了系统的财税法律制度体系。从税收法律制度建设的角度来看,《个人所得税法》《企业所得税法》《车船税法》《烟叶税法》《船舶吨税法》《税收征收管理法》《增值税暂行条例》《消费税暂行条例》《进出口关税条例》《资源税暂行条例》《契税暂行条例》《印花税暂行条例》等一系列法律法规的出台修订和完善,构建了较为完善的税收法律体系。应当说,改革开放四十年来,财税法律制度建设成效突出、效果显著。

三是财税法治实践深入推进。四十年来,我国财税法治实践深入推进。随着社会主义市场经济体制的确立、完善与发展,我国的财税法治实践也在逐步深入推进。一方面,财税法律服务专业化,出现了一批专门从事财税法律服务的税务律师,进一步推动了我国财税法治实践;另一方面,财税法律制度在整个法治实践中发挥着重要作用,尤其是在我国国家治理法治化和企业治理法治化的实践中作用更加突出。

（三）我国财税法治建设存在的问题

一是回应新时代财税法治要求的理论研究仍有待于进一步深入。理论既是时代的先导，又是时代的回音，任何理论都离不开相应的时代背景。财税法理论研究也不例外，改革开放四十年来，我国财税法治理论研究虽然形成了诸多重大理论研究成果。总体来看，以往的财税法治理论研究主要围绕改革开放、经济体制改革和社会主义市场经济体制建设为主线展开。随着新时代的到来，为了适应新时代财税法治的新要求，很有必要结合相应的现实问题对当前的财税法治理论进行进一步的创新。

二是财税法律制度建设水平仍有待于进一步提高。四十年来，我国初步形成了较为完善的符合社会主义市场经济体制要求的财税法律制度体系。但从全面推进依法治国的总体要求来看，财税法治建设的任务依然是任重而道远。当前我国财税法律制度领域的许多规范性文件仍处于效力层级较低的行政法规和部门规章层面。按照新时代财税法治建设的基本要求，财税法定原则的要求，仍有待于上升到法律的层面。

三是财税法治建设实践仍有待于进一步推进。进入新时代之后，我国的财税体制正处于一个重大的转轨时期，财税的重要性日益凸显。与此相适应，不仅财税法理论和法律制度建设需要进一步提升，财税法治建设的实践活动也应当更加深入地推进。进一步加强财税法治建设实践，一方面要进一步解放思想，在对财税法治实践进行规范和管理的同时注重创新；另一方面要重视司法制度的改革和完善，通过财税法治实践活动促进财税法治建设整体的推进。

三 在新时代进一步加强我国财税法治建设的基本路径、主要措施和重点

新时代进一步加强我国财税法治建设是一个庞大的系统工程，为了更好、更快地建设成适合新时代要求的财税法治体系，还需要进一步明确加强财税法治建设的基本路径、主要措施和重点。探寻进一步加强财税法治建设的基本路径是为了确保财税法治建设沿着正确的方向前进，探讨进一步加强财税法治建设的主要措施是为了确保推进财税法治建设有正确的工作抓手，明确进一步加强财税法治建设的重点是为了找准推进财税法治建设的突破口。三者之间环环相扣，密不可分。

（一）进一步加强财税法治建设的基本路径

通往新时代财税法治体系的道路上，没有捷径可走。要想真正建设成符合新时代要求的财税法治体系，需要沿着以下几个基本路径全面推进财税法治建设。

一是要进一步增强财税法治意识，贯通财税法治意识之路。财税法治意识不仅对财税法治理论的完善具有重要的指导意义，同时对财税法治建设的立法和实践也具有十分重要的促进作用。因此，加强财税法治建设，应当进一步增强全社会的财税法治意识。增强财税法治意识，首先要从政府机关及其工作人员做起，以此带动整个社会对于财税法治意识的共同提高。增强财税法治意识，还需要进一步提高公民的参与意识和依法纳税意识，不仅要有依法履行财税法规定的相关义务意识，还要树立和增强纳税人权利意识。

二是要进一步加强财税立法，走向财税法治体系完善之路。

财税法治建设大厦的构建，需要完善的财税法律体系予以支撑。没有完善的财税法律体系，就谈不上财税法治的真正实现。从我国当前财税法律制度建设的现状来看，虽然我国财税法律制度体系基本形成，但仍存在规范层次不高、法律制度不健全、法律制度陈旧等诸多问题和不足。针对这些问题和不足，很有必要依照新时代财税法治建设的新要求，通过废、立、改等手段对现有财税法律进行整理和完善。

三是要进一步严格财税法执法力度，通向财税执法必严之路。法律的生命在于实践。完善的财税法律制度体系对于财税法治建设而言固然十分重要，但相关财税法律制度能否真正起到应有的效果，需要通过严格执法力度予以保障。这就需要进一步完善财税法执法体系建设，提高财税执法人员的能力和素质，严格财税执法的监察力度，确保财税法律制度在实践中得到真正实施。

四是要进一步推动财税司法建设，迈向财税司法专业之路。财税司法建设不仅是我国当前司法改革应当考虑的重要内容，同时也是我国当前财税法治建设的重要组成部分。财税司法建设水平的高低直接影响到财税法治建设的真正实现。考虑到财税案件的审判具有较强的专业性，因而财税司法的专业化和相对独立化是未来财税司法建设的发展方向。进一步加强财税法治建设，就财税司法制度建设而言，需要适时建立专门的财税法院，专门审理与财税相关的案件。

（二）进一步加强财税法治建设的主要措施

新时代进一步加强我国财税法治建设，需要通过具体的措施予以保障。总体来看，应当着重从以下几个方面入手。

一是要进一步提高财税法治建设的法律层级，从宪法的层面对财税法治建设进行规范。财税法具有经济法和宪法的双重属性，财税法治建设不仅应当从经济法的角度进行展开，同时需要宪法层面的指导和支撑。进一步加强财税法治建设应当从宪法的层面进行定位。当前，财税在国家治理层面的重要性已经在党的多个重要文件中得到体现，依法治国的理念也早已在宪法中予以明确。今后加强财税法治建设的重要措施之一就是要争取财税法治建设的基本理念和原则在宪法中予以明确。

二是要进一步突出和强化财税法治建设的法治内涵，严格落实财政法定和税收法定原则。加强财税法治建设需要严格落实财政法定和税收法定原则。要把财政的收、支、管等各种行为都真正严格纳入到法治的轨道之中，要把税收的各个环节都放在法律的规范之中。近些年来我国财税法定和税收法定实践虽然取得了一定的进展，但和新时代国家财税法治建设的总体目标和任务相比，还存在不小的差距。严格落实财政法定和税收法定是今后进一步加强财税法治建设的重要抓手。

三是要进一步深化财税法治建设的理论内涵，形成内容深刻、体系完善的财税法治理论。新时代的到来，对财税法理论体系提出了新的挑战和更高的要求。新时代是一个全新的时代，所面临的问题前所未有。新的时代需要新的财税法理论体系予以有效回应和科学阐释。在新时代习近平中国特色社会主义思想体系形成之后，如何对财税法理论体系和内容进行有效回应，更是今后财税法治理论体系建设的重要内容。

（三）进一步加强财税法治建设的重点领域

财税法治建设是一个庞大的系统体系，涉及的领域广泛，内容复杂。就我国当前新时代政治、经济、文化、社会和生态等多个领域对财税法治的主要需求来看，进一步加强财税法治建设需要在以下重点领域予以突破。

一是加强中央与地方财政关系的法治建设，尽快制定《中央与地方财政关系法》以规范中央与地方的财政关系。中央与地方财政关系不仅是我国国家治理的重要内容，同时也是我国法治建设的重要领域。长期以来，我国中央与地方财政关系主要靠政治制度和财政制度予以规范，相关的法律制度缺位问题较为严重。近些年来，我国地方财政出现的各种问题固然有其复杂的背景和原因，但其根本问题在于中央与地方财政关系没有实现真正的法治化，缺少相应的法律制度来予以规范。进一步加强财税法治建设，就要在中央与地方财政关系的法治化方面有所建树。

二是加强规范各级政府财政行为的法治建设，尽快修改完善《预算法》等法律以规范各级政府的预算行为。改革开放以来，我国的经济发展十分迅速，各级财政收入大幅度提高。如何有效规范各级政府的财政行为，不仅是实现廉洁高效政府所必需，同时也是财税法治建设的重要内容。就我国当前的财税法律制度来看，规范政府预算、国债、政府采购、转移支付等财政行为的相关法律制度仍存在不同程度的缺位、陈旧等突出问题，亟须进一步更新、完善和健全。

三是尽快制定《税收基本法》以统领我国当前的税收法律制度。税收法律制度不仅关系到国家财政收入的充裕与否，同时直接关系到公民合法财产权利保护的问题。近些年来，我国税收法律制度建设取得了明显的进展，税收法治化水平不断提高。考虑到各个税种之间在税收要素等方面存在较大差异，单独立法是完全有必要的。但是，考虑到各个税收法律制度之间的关联以及税收共性的内容，很有必要制定一部《税收基本法》或《税法通则》的规范性文件，以统领现有的各项税收法律制度。

四是要加强调节收入分配领域的财税法律制度建设。改革开放四十年来，我国经济发展迅速的同时，收入分配失衡的现象也越来越突出。当前，公平分配问题已经不仅仅是一个重大的经济问题，同时也是一个重大的政治问题和社会问题。正如有学者指出，收入分配不公成为影响中国长治久安的不合理因素必须通过改革予以解决。[①] 财税法对于维护分配秩序和实现分配正义尤为重要，[②] 应当在促进公平分配方面有所作为。党的十八大报告指出，"加快健全以税收、社会保障、转移支付为主要手段的再分配调节机制"，党的十八届三中全会再次提出，"完善以税收、社会保障、转移支付为主要手段的再分配调节机制，加大税收调节力度"。当前，尽快完善《个人所得税法》等调节收入分配的法律制度是我国财税法治建设迫切需要解决的问题。

（作者为中国社会科学院法学研究所助理研究员）

[①] 参见刘剑文《收入分配改革与财税法制创新》，《中国法学》2011年第5期。
[②] 张守文：《分配结构的财税法调整》，《中国法学》2011年第5期。

深化金融体制法治建设

吴 峻

> 深化金融体制改革，增强金融服务实体经济能力，提高直接融资比重，促进多层次资本市场健康发展。健全货币政策和宏观审慎政策双支柱调控框架，深化利率和汇率市场化改革。健全金融监管体系，守住不发生系统性金融风险的底线。
>
> ——十九大报告

在中国共产党十九大报告中，习近平总书记将深化金融体制改革作为加快完善社会主义市场经济的重要组成部分，并提出"深化金融体制改革，增强金融服务实体经济能力，提高直接融资比重，促进多层次资本市场健康发展。健全货币政策和宏观审慎政策双支柱调控框架，深化利率和汇率市场化改革。健全金融监管体系，守住不发生系统性金融风险的底线"。这意味着我国金融体制法治建设的进一步深化。同时，随着十九大以来国务院行政机构改革的展开和推进，新的金融监管体制呼之欲出。为了有效落实十九大确立的金融体制改革目标，有必要对我国改革开放四十年的金融体制法制建设及其与实体经济改革发展的互动进行总结，并在此基础上对未来我国金融法治的走向进行一定的展望。

一 改革开放进程中的金融体制法制建设

(一) 分业监管格局的形成

1978年,根据五届全国人大一次会议的决定,中国人民银行总行从财政部分离出来独立运行,中国现代金融体制法治建设就此起步。信贷资金管理开始遵从"统一计划,分级管理,存贷挂钩,差额包干"的原则,试图打破之前高度集中的金融体制,调动各级银行的资金运用和管理的积极性。[1] 中国银行、中国建设银行等金融机构得以创立,为金融体制改革进行了必要的组织准备。这也反映着我国国企改革初期的现实需要。

随着改革开放的进行,中国人民银行开始回归中央银行的角色。1983年9月,国务院决定由中国人民银行专门行使中央银行职能,并将其全部工商信贷业务及城镇储蓄业务剥离,设立中国工商银行。[2] 同时,各种金融机构及交易所纷纷设立,企业内部财务公司开始出现,中国投资基金市场开始诞生,国债交易开始起步,证券市场也开始迅速发展,形成了不同层次的金融市场雏形。

1985年"拨改贷"制度开始实施,信贷资金管理体制由"差额包干"过渡到"统一计划,划分资金,实贷实存,相互融通"。这样,信贷计划与信贷资金分开,各专业银行开始自主经营,独立核算,成为企业化经营的主体。[3]

至20世纪90年代初期,虽然不同层次的金融市场开始孕育,但实体经济的主要资金来源还是银行贷款。中国人民银行在

---

[1] 高新生、杨玉明:《关于改善信贷差额包干管理制度的意见》,《金融研究》1983年第2期。
[2] 国发〔1983〕146号《国务院关于中国人民银行专门行使中央银行职能的决定》。
[3] 段引玲:《中国银行信贷资金管理体制改革回顾》,《中国金融》2008年第3期。

确立其中央银行地位的同时,还是通过其下属部门对整个金融业实行集中监管。金融业改革的过程与国有企业改革的步调几乎同步,所采取的制度也具有相当大的相似性。

随着国企改革的进一步推进,金融市场中企业直接融资市场的重要性日益凸显,股票市场发展喜人,却也出现了许多令人担忧的现象。为对之进行有效监管,1992年10月,国务院证券委员会(以下简称"证券委")和中国证券监督管理委员会(以下简称"证监会")宣告成立。此时,传统的金融集中监管体制已不能满足金融市场的进一步发展。国务院于1993年12月发布《关于金融体制改革的决定》,确定了进一步的金融改革任务,并明确了保险、证券、银行分业经营的原则。基于此,《商业银行法》《保险法》《中国人民银行法》《证券法》相继获得通过。

就银行业而言,围绕中国人民银行建立"强有力"的中央银行宏观调控体系,使其独立制定和实施货币政策,并对金融业实施更严格的监管。基于这种基调,银行也对实体经济的支持逐渐向市场化、法治化迈进。从1994年开始,中国人民银行开始对商业性银行实施资产负债比例管理和资产风险管理。同时,成立三大政策性银行,将政策性银行与商业性银行相分离,把国家各专业银行办成真正的国有商业银行,并积极稳妥发展合作银行体系,逐渐引进外资金融机构,并改革外汇管理体制。[①] 适合当时金融业发展的市场监管体制初步建立,为国企改革和中国市场体系的形成和完善提供了必要的条件。

我国金融体制确立的是分业监管原则。无论是《商业银行法》还是商业银行从事贷款业务所遵循的《贷款通则》,都规定商业银行的贷款不得用于股权投资。并且,《保险法》将金融业

[①] 段引玲:《中国银行信贷资金管理体制改革回顾》,《中国金融》2008年第3期。

的分业经营、分业监管直接写入了法律的总则部分。并基于此确立了人民银行、证监会和保监会的分业监管格局。严格的分业监管有助于我国在探索性经济改革的过程中有效管控风险，但可能对于市场中日益发展的融资需求无法即时予以满足。1999年开始，为了对改革开放不断发展的融资需求予以回应，顺应全球金融自由化趋势，我国逐渐放开了分业经营的限制，利用《商业银行法》及《保险法》中分业经营条款的但书条款，我国金融市场开始容忍混业经营模式的产生和发展。2003年4月，中国银监会正式成立，将银行监管与央行的货币政策制定和执行功能相分离。同年底，修改后的《商业银行法》得以通过，从而正式形成了"一行三会"的金融监管格局。

(二) 国企改革对金融体制安全的贡献

不可忽视的是，金融市场的发展离不开实体经济的支撑。国有企业改革的过程也是一个经济波动如影相随的过程，随之带来的不良资产处置也成为我国商业银行——尤其是国有商业银行——一项重大课题。1999年末，我国商业银行不良资产率达到39%，[1] 对银行体系的安全性构成严峻挑战。为此，在国务院的部署下，我国于1999年成立了四大资产管理公司，对银行不良资产进行处理，解决不良资产的存量问题，并加快大中型国有企业转型，促进企业转换经营机制，建立现代企业制度，解决不良资产的流量问题。[2] 1999年7月，原国家经贸委提出通过债转股

---

[1] 2000年之前，国有商业银行不良贷款率被视为机密，未公开披露。该数据是施华强根据官方各种渠道公开披露的数据为基础，重新估算的不良贷款率。施华强：《国有商业银行账面不良贷款、调整因素和严重程度：1994—2004》，《金融研究》2005年第12期。
[2] 丁邦石、韩嫄：《我国资产管理公司与债转股的困境分析》，《中国金融》2001年第9期。

解决银行不良资产的具体方案。① 国有四大行将 14000 亿元不良资产剥离给四大资产管理公司，其中对 4050 亿元进行了债转股。② 账面而言，债转股使得银行及相关企业都摆脱了不良资产的困扰，十五届三中全会更是将之作为解决企业高负债的一种手段。实行债转股，不但缓解了国有企业高负债、负利润的局面，也使得银行通过将不良贷款打包转让予资产管理公司的方式显著降低了不良资产比例。实际上，对于海外资本市场追捧的国有企业予以债转股，极大地改善了这些企业的资产负债率，相当程度上也推动了这些企业海外发行上市，间接推动了国有企业的改革进程。

随着国有企业改革的进一步推进，证券市场的监管体系遇到了诸多挑战。我国证券监管体系建立先于我国公司法的出台，因此在相当程度上具有强烈的实验性色彩。在国有企业上市的进程中，对于如何处理国有股权这种棘手问题，监管部门予以搁置，使得国有企业上市后形成了非流通的国有股与流通的社会公众股的分别，并形成实质上的"同股不同权"和"同股不同利"的局面。这种局面使得股票市场无法发挥有效配置资源的引导作用，不利于股票市场的稳定发展。无论从国有企业改革还是金融市场健康发展的角度，这个问题必须得到妥善解决。

1999 年 9 月 22 日，十五届四中全会通过《关于国有企业改革和发展若干问题的决定》，提出"在不影响国家控股的前提下，适当减持部分国有股"。1999 年 12 月，中国嘉陵和黔轮胎以国家股配售的方式进行国有股减持，股价激跌，表明了市场对国有股减持的拒绝。2001 年 6 月，国务院下发《减持国有股筹集社会保

---

① 原国家经贸委、中国人民银行于 1999 年 7 月 30 日发布《关于实施债权转股权若干问题的意见》。

② 丁少敏：《国有企业债转股问题研究》，《中国工业经济》2003 年第 8 期。

障资金管理暂行办法》，规定在首次发行或增发股票时，按照发行价减持国有股10%，其所得收缴进入社会资金。该办法直接促成了股票市场的急剧下跌。同年10月，暂停在国内股票市场进行国有股减持。但是，对于海外发行股票的公司，国有股减持依然进行。海内外对国有股减持的这种不同反应，充分说明了当时股票市场的局限性：社会公众股占比过高，投机性过强，使得现有股票市场投资者对其市场地位十分看重；而事实上国有股与社会公众股的分别又使得这种现象固化且加剧。强行解决这种问题，带来的阵痛似乎超出了监管制度推出之初的预期。因此，国有股权不解决，股票市场的发展就具有很大的风险。国有股减持中，国有股和社会公众股还是被视为是统一性质、种类的股份，只是流通与否的问题，因此减持并不需要征求公众股东的同意。这种逻辑在理论层面的确正确，但其对事实"不同权"并未给予法律承认，而是希望在"同股同权"的基础上予以纠正，难以被市场接受。

2004年1月，国务院印发国发〔2004〕3号《关于推进资本市场改革开放和稳定发展》，提出要"积极稳妥解决股权分置问题"。但是"在解决这一问题时要尊重市场规律，有利于市场的稳定和发展，切实保护投资者特别是公众投资者的合法权益"。2005年9月4日，中国证监会下发《上市公司股权分置改革管理办法》，实际上将国有股与社会公众股视为不同类别的股份，一方面，股权分置改革动议"可以由单独或者合并持有公司三分之二以上非流通股份的股东提出"；另一方面，"相关股东会议投票表决改革方案，须经参加表决的股东所持表决权的三分之二以上通过，并经参加表决的流通股股东所持表决权的三分之二以上通过"。对于推行股权分置改革之后的股票发行及上市，直接取消了国有股与社会公众股的分别，即所谓"新老划断"的处理方案。这样，对于已上市公司，监管机构将解决股权分置解决方案的具体实施交给了股票市场加以解决，并在法律层面承认了股票市场发展过程中社会公众股的独特地位。因此股权分置改革取得了较好的效果。根据国务院办公厅的统计，截至2006年底，沪深两市已完成或者进入改革程序的上市公司共1301家，占应改革上市公司的97%，对应市值占比98%，未进入改革程序的上市公司仅40家。股权分置改革任务基本完成。[①]

（三）金融市场对新兴经济的发展准备不足

一方面，金融市场还需要为实体经济的发展提供充足的保障。实际上，中国经济的发展一直对融资保持着高度的需求。国有企业上市通过现代投资机制的融入，以公司内部治理的方式实现了国有企业的初步改革，并建立了现代公司制度。中国证券市场上外币债券的发行、红筹公司的公开发行股票及其融资及中国公司海外发行上市，离不开我国相关金融管理制度（包括外汇管理制度）的适度开放与支持，这也是中国企业乃至相关公司法律制度逐渐被海外投资者接受的过程。另一方面，对于国外资本对国内产业的投资，我国通过资本项目的金融监管制度及相关产业准入制度予以控制。金融改革的过程也就是满足我国实体经济发展融资需要的过程，为此建立起来的金融体制也为此发挥了很大的作用。但是，与市场多变的需求相比，一个依据市场需求而建立起来的金融体制不可避免地带有一定程度的滞后性。

中国互联网产业成长之初，国内银行对于该产业并无经验，所以无法对之提供实质性支持，而国内当时并无能满足其融资需求的其他实质融资渠道，此时，专注于该领域的海外投资就成为

---

① 国务院办公厅：《股权分置改革基本完成》，2018年6月15日（http://www.gov.cn/ztzl/gclszfgzbg/content_ 554986. htm）。

成长型互联网公司的实质性选择。但是，囿于产业分类，互联网服务——尤其是互联网内容服务——被定性为电信产业对外开放的限制或禁止领域，海外投资的进入存在着相当的法律障碍。这种情形下，就出现了 VIE 融资模式。在 VIE 模式下，外国投资者与中方合资者成立中外合资经营企业，通过向享有牌照的中方企业提供技术支持和咨询服务的方式，利用中方牌照提供实质的服务并获取收益，从而达到实际运营存在法律障碍业务的目的。但是，在这当中，外国投资通常是进行所谓的财务投资，并不寻求对企业具体经营的控制权，而是基于国内创业者的资金需求而达成的一种股权投资安排，并在一定时候寻求退出。中国目前的百度、阿里巴巴和腾讯都是经过这样的融资模式成长起来的，并成为中国互联网产业的主力。

但是，由于 VIE 融资结构使得外商投资企业实质使用着只有中资企业才可以获得的互联网经营牌照，所以这种融资结构存在着相当程度的不稳定性。尤其在相关领域的投资并非需要海外资本时，这种融资方式面临的法律风险尤其突出。中国联合通信股份有限公司（以下简称"中国联通"）就曾经以"中中外"这种类似 VIE 的方式在 20 世纪 90 年代引入外资建设移动通信网络。与互联网行业不同，联通所引入的大多数海外投资者都控制着网络的建设、经营，从而引起监管部门的警惕。在上市之前，中国联通不得不付出很大的代价对"中中外"问题加以解决。[①] 而在同时，互联网公司利用国外资本的发展过程中，其 VIE 结构并没有受到太多监管部门的质疑，因为在绝大多数 VIE 结构中，中国本土创业者还是保有了对中外合资企业的控制和对企业的实际运营。这样，VIE 结构实际上创设了一种监管灰色区域，监管机构

[①] 2002 年 9 月 6 日签署的《中国联合通信股份有限公司首次公开发行股票招股说明书》，第 47 页。

根据实际情形决定是否允许这种情形存续。在这种灵活处理的方式下，中国的互联网产业得以飞速发展，VIE 虽然使得中国互联网公司取得了其急需的起步投资，但其代价就是削弱了相关法律制度的公信力。这充分说明，中国既有的融资体系可能并不能完全适应新兴产业的发展。

二 我国反垄断法体系完善的必要性

反垄断法规范体系能够有效应对市场竞争机制的变化和垄断行为的多样性，其必要性则显得至关重要，而现实中承载反垄断法规范体系的文本却是静止的，因而如何确保反垄断法与时俱进是解决问题的关键。

（一）经济变迁的规范诉求

市场经济是主要通过市场来配置资源的经济。[①] 市场经济的魅力正在于市场机制所产生的效率，因而我国自确立市场经济体制以来一直强调"市场"在资源配置中的作用。[②] 竞争是市场经济体制的核心机制，是实现市场决定性作用的关键工具，亦是市

[①] 左大培、裴小革：《世界市场经济概论》，中国社会科学出版社 2009 年版，第 8 页。

[②] 市场在国民经济发展中的作用变化反映了我国自经济体制改革以来协调和处理政府市场关系的态度，同时也意味着对市场机制认识的深化与提高：由最初讳言"市场"一词，至十二大提出"市场调节为辅"之说；十四大明确提出建立社会主义市场经济体制的目标，"使市场在社会主义国家宏观调控下对资源配置起基础性作用"；十四届三中全会去掉了"社会主义"四个字；2003 年十六届三中全会提出"更大程度地发挥市场在资源配置中的基础性作用"，删除"在国家宏观调控下"的前提；2012 年十八大提出，"经济体制改革的核心问题是处理好政府和市场的关系，必须更加尊重市场规律，更好发挥政府作用"；2013 年十八届三中全会进一步指出，"使市场在资源配置中起决定性作用和更好地发挥政府作用"，"市场决定资源配置是市场经济的一般规律"。从形式上看，这反映了国家经济政策的表述变化，实质上是国家在经济建设中日渐凸显市场的功能、减少政府干预之影响，从而解决"市场体系不完善、政府干预过多和监管不到位问题"。

场经济正常运行的动力源泉。但竞争在其运行中并不能有效地维持自身恒久运行，会因竞争过程的"相互角逐"和竞争结果的"优胜劣汰"而形成马太效应，最终可能导致竞争的消亡。因此，但凡实行市场经济体制的国家都千方百计地通过创制和实施反垄断法，来维护和促进市场的竞争性结构和动态过程，以最大限度地释放竞争红利。我国《反垄断法》同样承载着此等功能，不仅要矫治市场中的垄断行为、维持市场竞争，更要通过反垄断法实施来不断完善市场经济体制。当然，这需要反垄断法的制度设计与经济规律相匹配，否则将面对经济运行中不断涌现的垄断行为而显得手足无措。

  由于我国缺乏市场经济传统和反垄断实践，因而相应的立法工作必然是在借鉴、吸收域外反垄断法制度和经验的基础上展开的，不仅将成熟市场经济体反垄断法所规制的经济性垄断行为作为调整对象，更是将我国体制转型中特有的行政性垄断行为纳入规制范畴。但市场不是静止的，其中的垄断行为更不是照章生成的，而是在特定经济形势下经营者基于自身利益考虑而实施的，因而具有随机性和不确定性。我国《反垄断法》出台后，因国内外政经风云多变，经济形势、国家政策等客观条件发生变化，既有文本规范在应对或回应市场运行中出现的垄断行为时常显得心有余而力不足，出现了规范供给不足甚至法律空白（legalgap）现象。由于法律文本自身的相对稳定性和适用环境的复杂多变性，反垄断法具体实施中难免会出现规范与现实相偏离的情形，无论中外皆然。这从客观上滋生出完善我国反垄断法规范体系的要求，以适应新经济发展的需要。当然，健全的反垄断法体系有助于维护市场体制健康运行，从而促进经济发展，这也是国家完善反垄断法体系的动力之所在。

(二) 弥补文本规范结构性缺陷的需要

市场经济经过漫长的社会演化逐渐成为现代国家发展国民经济的首选模式，因为市场这一"看不见的手"对经济活动的调节是客观的、自发的，它就像一架灵巧的机器，对资源进行着高效率的配置。① 奠定市场经济制度的基石有两个，即个人的能动性和竞争。② 但竞争在其运行中通常会埋下毁灭自身的种子，即形成所谓竞争悖论，从而影响甚至扼制了市场机制尤其是竞争机制的效率。因此，为克服竞争悖论，市场经济国家以反垄断法作为维护市场竞争的基本工具，反垄断法也因此成为现代国家维持市场竞争的基础性法律规范。我国确立市场经济体制已是20世纪末期的事，国家对市场可谓百般呵护，试图寻求和实现市场经济的效率神话。但事与愿违的是，市场并不总是朝着政府所设想的方向前进，竞争总在市场或政府之中遭到自然或人为的阻却、伤害，因而竞争保护成为我国经济生活的关注点。这为国家对市场经济予以规制提供了正当性，但应控制在合理边界范围内，即在现代宪法精神之下依法展开规制活动，以免陷入规制悖论之中。

当前，我国经济体制正处于转型之中，对市场运行中的垄断行为形态与危害认识不足或缺乏认识，《反垄断法》文本虽将常见的垄断行为类型化地纳入其规制范畴，但因规范表达过于原则或抽象而致法律实践中难以有效规制垄断行为或回应垄断规制需求。究其原因，大抵有两方面：一是主观思维的局限性，即反垄断立法囿于"宜粗则粗"的传统立法思维而追求规范的全而广，并依此赋予执法机构通过逻辑推演的方式解释适用反垄断法的权

---

① 参见顾钰民《健全现代市场体系》，重庆出版社2009年版，第5页。
② [德]曼弗里德·诺依曼：《竞争政策——历史、理论及实践》，谷爱俊译，北京大学出版社2003年版，"中译本序言"。

力，以应对多变的垄断行为；另一则是受制于立法认识能力和政治接受能力，立法机关对反垄断法可能引发的社会经济效果不能完全确定而选择了简约型立法模式，形式上虽解决了垄断规制无法可依的状态但实质上存有文本规范不明确或者不完善的问题，给随后反垄断执法工作带来不确定性。如作为我国《反垄断法》之特色的"滥用行政权力排除限制竞争"行为的规制立法，虽在总则第8条和第五章从一般要求和具体行为列举两个维度对"行政机关和法律、法规授权的具有管理公共事务职能的组织"在市场经济活动中行政权力行使做出了较为详细的禁止性规定，但可惜的是并未设置相应的"罚则"，从而致使该类行为的规制成为"没有牙的老虎"。《反垄断法》文本中诸如此类的不足或缺陷不一而足，由此形成的文本缺陷是结构性的，无法通过执法机构的解释予以弥补；否则，有违反现代法治精神之嫌疑，不仅不能弥补文本规范供给不足之缺陷，更有可能诱发执法机构集立法权和执法权于一身导致执法低效甚至无效等情形，因而需由立法机关基于现状重新梳理和评估文本与市场间的关系、问题与逻辑，以考虑修法完善。

（三）反垄断解释的限度

文本规范通常依赖于逻辑推衍来应对瞬息万变的主体行为，但难免出现规范供给不足的尴尬境地。作为规制垄断行为的基础性法律，反垄断法在回应市场垄断、规制具体行为时亦时常出现此类情形。尽管我国立法机关试图通过原则性立法尽可能增强反垄断法文本的生命力，但尚处于转型中的中国市场经济因经济形势、科技发展等因素的变化而时常遭遇既有规范难以规制的垄断行为，由此便产生了规范如何有效适用的问题。为此，反垄断执法机构通过场景假借、问题预设等方式对《反垄断法》做出规范

深化金融体制法治建设

性解释,以明确《反垄断法》文本中不甚明确的规范内涵或法律意义。① 反垄断实践中,解释虽能够一定程度上实现上述功能、缓解规范供给不足的情况,但亦会随之产生新的问题②,解释质量不高、无法消解规范的结构性缺陷,其结果是不仅增加了反垄断执法成本,而且有悖法治精神、有损法治权威,因而解释在反垄断实践中的限度亦不断暴露。

我国立法机关试图通过原则性立法与解释并用的方式来增强文本规范的张力和可适用性,但在实际操作中理论瓶颈和制度障碍难以逾越:一方面,执法机构基于自身执法需要而做规范性解释的范式有违现代宪治理念与法治精神,破坏了立法权、解释权与执法权之间的分工与制衡;另一方面,文本规范因制定时的主客观因素限制而留有的缺陷,致使执法机构无法通过解释将现实行为涵摄于其中,否则便是越权或变相"立法"。因此,立法时的主观局限性和实施中客观形势变化所致的反垄断法文本结构性缺陷,难以靠解释来消解规范与市场之间的紧张状态。"解释是一种文本与解释者之间的沟通性言说",但"解释者总是面临两难选择:一方面规则是解释的依据,法律人必须依据法律进行思维;另一方面法律词语的模糊性和不确定性等,又使得法律文本

---

① 笔者曾撰文指出,《反垄断法》颁布后,文本的制度供给与垄断规制的法治需求之间的紧张关系需要通过解释予以缓解和消弭,解释是反垄断法实施的逻辑前提(参见《反垄断法实施的逻辑前提:解释及其反思》,《法学评论》2013年第5期)。

② 笔者曾以国家发改委所颁布的《反价格垄断规定》为例,对执法机构所做解释可能产生的问题进行了分析,并指出诸如此类的规范性解释事实上存有效率低下甚至无效、同一条文的解释不统一、解释规范本身依然不确定以及其规范效力不明确等问题(参见《反垄断行政解释的反思与完善》,《法律科学》2014年第1期)。因为就目前解释实践来看,这些解释规范囿于传统的立法式"规范—规范"之解释思维,而并没有达到厘清法律文本内涵、明确法律意义的目的。具体适用中,执法机构仍基于这些解释规范做"二次解释"方能将相关垄断行为涵摄于文本规范之中,当然逻辑是否严谨、解释操作是否合法则是另一有待讨论的问题。

成为解释的对象"。① 尽管《反垄断法》文本规范既是解释对象也是解释依据，但当垄断行为溢出文本规制范畴或制度框架时，则无法通过解释机制获取有效的规制依据而需从制度源头寻求依据和解决方案，从而为《反垄断法》修订提供了窗口。

由此可见，《反垄断法》实施中所暴露的规范供给不足问题，虽可通过规范性解释得以缓解，但在上位法依据缺失的情形下过分解释将会诱发正当性与合法性问题；若强行为之，则可能是假解释之名、行立法之实的越权行为。因此，对于我国反垄断法实施中规范供给不足问题，应区别对待：对于《反垄断法》文本规范中过于原则或模糊的问题，可以通过解释的方式予以消除或化解；而对于文本中制度规范缺位、实施机制缺失和执法机构设置不合理等问题，即文本规范中的结构性缺陷，不宜也无法通过解释的方式予以消解，应诉诸国家立法机关通过修法予以解决而非任由执法机关依据自身解决问题的逻辑需要而进行创设性的解释。

三 我国反垄断法体系的完善建议

"竞争是获致繁荣和保证繁荣的最有效的手段。"② 但"从天性来说，每个人都想获得一种不受竞争影响的优势"③。因此，重视并积极应用反垄断法是保障竞争自由、抑制垄断的有效途径。同样，正视《反垄断法》实施中存在的问题、积极借鉴域外经

---

① 陈金钊：《法律解释学——权利（权力）的张扬与方法的制约》，中国政法大学出版社2011年版，第97、95页。

② [德] 路德维希·艾哈德：《来自竞争的繁荣》，祝世康、穆家骥译，商务印书馆1983年版，第11页。

③ [德] 曼弗里德·诺依曼：《竞争政策：历史、理论及实践》，谷爱俊译，北京大学出版社2003年版，第8页。

验、完善我国《反垄断法》实施,有利于维护市场公平自由竞争、增加消费者福利。

(一) 明确我国反垄断法目标追求

反垄断法是保护市场竞争,维护市场竞争秩序,充分发挥市场资源配置基础性作用的重要法律制度。[1] 反垄断法也被称为自由竞争法,其价值理念是反对垄断、反对限制竞争、保护企业自由参与市场竞争的权利。[2] 但这些良好的目标理念和任务使命,需要通过具体制度与规范来承载和具体化,从而使其获得生命并通过具体执法来确保市场运行的动力与活力。因此,反垄断法体系完善应注重理念与规范的结合、价值与规则的融通,从而真正能够发挥反垄断法在市场运行中的作用。

一方面,预防与威慑。市场运行中,垄断的形成往往对竞争和经济效率的损害非常严重,且难以恢复或者恢复成本较高,因而现代国家通常基于反垄断法的威慑力而强调对市场运行中的垄断行为的预防,反垄断法也因此被誉为市场经济生活中的"尚方宝剑"。但反垄断法效应功能的实现依赖于其制度规范的设计与完善,我国《反垄断法》在借鉴和吸纳域外经验的基础上颁布实施,随着法的适用而暴露了其文本规范的结构性空缺,无法通过既有的解释机制抑或法内部规范机制予以消解,需要诉诸国家立法机关进行修正,这是市场经济生活中垄断规制的现实需要同时也是反垄断法对市场运行中的垄断行为的有力回应。因此,在客观评估文本规范的基础上,借由修法完善实体规范、健全程序机制,从而提高经营者市场行为的可预判性、丰富执法机构规制工

---

[1] 安建主编:《中华人民共和国反垄断法释义》,法律出版社2007年版,第136页。
[2] 王晓晔:《并非权宜之计——完善我国竞争法及竞争机制的思考》,《国际贸易》2003年第10期,第39页。

作的制度依据，将反垄断法的预防功能和威慑力通过文本规范传导给经营者，以增强市场竞争行为的规范性。

另一方面，矫正与规制。市场的魅力在于竞争，竞争之美在于其效率，但竞争悖论却是存在客观的，因而需要国家以法治思维和法治方式打击垄断、保护竞争。这一使命自然落到反垄断法的肩上，即对市场中已经生成的垄断行为要依法予以打击，矫治垄断行为，维护市场竞争性结构、保护竞争性市场体制。这离不开文本规范的保障，不仅为垄断规制提供规范依据，更从程序方面为垄断规制保驾护航。反垄断法通过消极禁止性规定来实现对市场中垄断行为的矫正与规制，但其前提是有法可依，否则"法无明文规定"即为允许。因此，反垄断法"矫正与规制"功能的发挥有赖于文本规范的明示，这从客观上要求反垄断法规范不仅力争克服其不确定性的固有属性，更要在规范健全、明确的基础上增强其文本适用张力，以适应垄断规制的现实需要。

因此，基于我国市场经济生活的现实要求，在准确把握反垄断法立法宗旨的基础上，对《反垄断法》进行制度性评估并依此进行体系完善，是市场经济法治生活中又一值得关注和研究的课题。

（二）继续完善我国反垄断法体系

竞争是市场经济的核心机制，有利于在促进企业生产效率最大化的同时促进现代社会的分配效率，因而现代国家竞相以法治思维和法治方式保护竞争。显然，反垄断法是保护竞争的重要手段，但不是唯一手段。竞争的有效保护是项系统的法治工程，尤其是对尚处于转型期的中国来说更是如此。因此，在《反垄断法》实践基础上，需对《反垄断法》文本规范进行修订完善，同时也需要对与《反垄断法》实施密切相关的制度予以完善、机制予以改善。就我国目前市场经济现实和法治现状来说，应着力完善以下几点：

1. 认清市场经济本质，深入竞争法治观念

市场经济运行过程中，良性有序的竞争格局和竞争环境的维护离不开科学合理的法治保障，尤其是反垄断法的保护。[①] 从我国经济体制演变的历程不难看出，我们从以"意志"为核心的"计划"法制年代逐渐步入了以尊重规律为主旨的经济法治时代。若有效发挥竞争规律的作用，就必须认识到践行市场经济体制的重要性。市场经济是现代社会经济发展的必然结果，其是一种以发挥市场机制为主要模式的经济运行体制，但更是一种以尊重市场规律为基础的经济运行要求。竞争机制是市场经济得以正常运行的核心机制，在现代市场经济发展中，其发挥着功不可没的作用。但其前提条件是要有适合其运行的社会经济环境，这种环境的提供和保障在现代法治社会中只能由法治来保障，这也正是"市场经济是法治经济"之命题的应有之义。当然，法治能够保障市场经济尤其是竞争机制发挥作用的前提是法治本身应符合、尊重市场经济固有规律，特别是竞争规律；否则，收效甚微，甚至会扼杀市场经济应有的活力，这已被计划经济的运行体制所证实。因此，在建立健全市场经济、营造和维护良性有序的竞争格局和竞争环境时，应充分发挥反垄断法的保驾护航作用，但其前提条件是必须把握市场机制、尊重市场规律。

2. 推动竞争文化建设，完善竞争法治

任何法律制度都不可能脱离其特定的历史文化传统。作为内生于社会民众的，通过长期潜移默化的方式占领、感化基层社会

---

① 参见吴宏伟《法益目标：我国〈反垄断法〉实施之灵魂》，《江西社会科学》2008年第7期。

民众的生活意识、精神领域的竞争文化，对于反垄断法的立法、执法和守法亦将具有重要意义。但由于我国社会民众和企业对反垄断法的了解不是很多、理解不是很深入、把握得也不是很准确，自由、公平的竞争意识较为淡薄，地方市场保护和封锁现象层出不穷，竞争理论和竞争政策对于我国政府、企业和公众来说仍属于新生事物。因此，我国应进一步推动竞争文化建设：（1）通过吸收公众参与《反垄断法》配套立法，广泛征求社会意见，并积极宣传相关反垄断法规精神和内容；（2）反垄断执法机构通过讨论和宣传反垄断典型案例，提高民众的反垄断法常识和反垄断法的思维意识，同时通过召开研讨会、公众媒体等方式把反垄断法权威专家的观点和知识"传导"给企业和民众，培育和增强我国竞争文化水平；（3）进一步细化反垄断规则、增强反垄断私人诉讼可行性，形成高效统一、客观公正的反垄断执法局面，有利于推动我国竞争文化的传播和推广，从而自觉规范自身竞争行为。因此，发展市场经济不仅要有健全的反垄断立法和强有力的反垄断执法，而且必须有良好的竞争文化。

3. 提高反垄断执法能力，促进执法机构之间协调

我国《反垄断法》实施以来虽已取得一定效果但仍有不尽如人意之处，应结合我国垄断问题着力提高我国反垄断执法能力并加强竞争倡导。因此，应考虑做到：（1）增加执法资源，主要包括两方面，一方面是增加反垄断执法的有形资源，即国家应在人力、物力、财力等方面增加投入，保证适当的反垄断执法人员和资金；另一方面是要提高反垄断执法的无形资源，即执法人员的素质和专业水平，确保执法人员科学合理地执行《反垄断法》、维护市场竞争。（2）提高反垄断执法机构的独立性、权威性，这是强调反垄断执法过程中反垄断执法机构能够独立执行反垄断法和竞争政策而不受其他政府部门的干扰。由于反垄断执法通常涉

及限制市场竞争的垄断协议、滥用市场支配地位、经营者集中等行为,其影响比较大甚至涉及整个市场或行业,因此,反垄断执法机构若没有独立性和权威,那么执法工作将会受其他部门影响而难以维持市场竞争。(3)进一步完善《反垄断法》,健全反垄断法责任体系、细化反垄断法责任承担形式,尤其是罚款额度等;此外,明确私人诉讼与公共执行之间关系,增强法院在反垄断执法中的地位和分量。当然,反垄断法实施是项艰巨而复杂的系统工程,只有通过不断实践和完善,才能有效地实施反垄断法、维护市场公平自由竞争。

(三)转变我国反垄断法理论研究思维

《反垄断法》文本规范的确立,从客观上就需要对研究进路做相应的调整,即应由文本前的立法主导型研究转向文本后的规范适用型研究,以为规范适用与反垄断实践架起理论桥梁,为垄断行为的规制提供充分的制度依据和合理的规范诠释。这就要求,我国反垄断法研究应更多地站在规范适用者的立场上分析和解决相关问题;同时,需要展开更多的能动性研究,而不是简单地为相关政策做注脚、为执法(司法)做背书。因此,应选择合理的逻辑机制并运用恰当的研究工具,积极推进我国反垄断法研究进路的转型:

1. 赋予法教义学在反垄断法研究中应有的地位

反垄断法自身的不确定性和我国反垄断法文本的原则性,易致反垄断实践中出现两种倾向:一是执法机构通过出台解释规范以弥补法律文本之不足,实则形成"以解释代立法"之恶果;另一是偏好于援引欧美等域外制度或经验作为衡量中国反垄断执法妥恰与否的标准,实际形成"二次裁判"之怪现象。反垄断法文本在实践中犹如被架空,出现了离开实施细则无法裁判、离开域外制度与理论无法探究中国反垄断得失之陋习，其根源在于《反垄断法》文本未被信仰或者说未被信服。法治精神的阙如、契约意识的淡薄、对竞争的质疑或担心等主观或客观因素否定或抑制了法治之内心束缚，从而使得普通民众难以信服反垄断法，甚至反垄断法研究者亦产生了"月亮还是国外圆"之心态而否定或者解构反垄断法，动辄以自身观念中的认识重构反垄断法。这在文献研究中并不鲜见，即抛开现行反垄断法规范而自说自话，但凡针对问题出谋划策时必然要主张立法或修改法律。因此，笔者主张，在反垄断法研究中导入法教义学的认识思维和研究进路。

法教义学的核心在于，将现行实在法秩序作为其坚定信奉而不加怀疑的前提，并以此为出发点开展解释、建构与体系化工作。[1] 当然，信奉并不是说就要墨守成规，不能进行批判性研究或解构性研究；相反，更需要自反性现代化反思，实现自我更新和完善。法教义学是"由成熟的、解决法律问题的样本的经验组成的'宝库'"，依据"法律制度所立足的世界观的基本价值"而"对法律适用具有重要作用"。"要取得学术认识上的进步，离开信条学（即法教义学）是不可能的，即使这种进步可能必须违背（现有的）信条。"[2] 这就意味着，反垄断法法教义学的导入并不是条文规范的搬运工，同样是学术创造的过程，可以通过对既有规范进行审视和解释从而消解制度障碍和理论隔阂。当然，反垄断法研究进路的转型不应满足于或承袭于过往的比较研究，沉浸在域外理论与制度的导入，而应确立中国问题之学术导向，立足中国场景发现和分析问题，并检讨和反思既有的反垄断法规范。当然，还应值得注意的是，强调法教义学在反垄断法研

---

[1] 参见白斌《宪法教义学》，北京大学出版社2014年版，第20页。
[2] 参见［德］伯恩·魏德士《法理学》，丁小春、吴越译，法律出版社2003年版，第148、146页。

究中的作用,并不是要否定反垄断法研究无须关注经济学、社会学等其他学科知识在规范适用中的运用和分析,而是要在既有的制度框架和理论范畴内更有针对性地展开规范研究和实证分析。

2. 增强论题选择的中国意识

法的功能在于通过法律规范实现其所承载的目的与价值。目光在事实与法律规范间"来回穿梭"是法律适用的普遍特征。[①]这实际是法律在具体案件中实现裁判功能的简略图,但并不是在每一个案件中目光都能够顺利穿梭,尤其是当法律规范缺失或不健全时目光容易在法律这块面板上消失,此刻就需要循着目光消失的地方去寻找问题。之于反垄断法来说风险同样存在,反垄断法本身的不确定性与市场垄断行为的多样性和多变性时常使得反垄断法文本捉襟见肘,往返于垄断行为与文本规范的目光亦会黯然失色。但因法系、法治完备程度、市场体制发展水平等因素的不同,各国反垄断法实践中所遭遇的问题亦会有所差异。因此,在论题选择上,应立足本国市场运行中反垄断问题的法治研究。

当然,任何一个国家反垄断法实施所遭遇的问题,通常会呈现出两种情况:一是与国情无关的具有普遍性的问题,另一则是特定或个别国家市场中方会遭遇的问题。对于前者,即便是普遍性问题,域外制度与经验虽能够提供良好的知识供给和对策启发,但亦应注意,"纸张上的法律或许可以是外国的法律,但法的实践注定只能是中国的实践"[②],因而为其提供智力支撑的研究亦必然要立足中国的问题。对于后者,处于转型中的中国在市场经济运行中遭遇到的而又亟待研究的问题,不应回避,研究中更不应大而化之地一带而过。譬如,国有企业垄断问题,无论是在

---

① [德]伯恩·魏德士:《法理学》,丁小春、吴越译,法律出版社2003年版,第296页。

② 江伟:《民事诉讼法学的发展》,《法学家》2009年第5期。

中央政策文件中还是黎民百姓生活中都引起了关注,然而,通过文献检索却发现相关研究甚少,①但这绝不意味着这个问题不重要。与此同时,研究在于发现真问题,探寻事物中的"真",与实事求是之"是"具有相同之处。若仅仅依循"国外有—中国没有"的比较逻辑而机械地将相关制度或经验不加区分地导入中国,可能导致研究低效、实践无效的尴尬境地。因此,在强调研究论题选择要具有中国意识的同时,更要强调选择和研究"真问题"。

3. 以问题为导向多维并举、综合研究

研究的目的在于为实践提供知识供给和智力支持,以解决竞争治理中所遭遇的各式问题。但法学研究中,探究问题解决方案或者理论证立时通常陷入某一特定部门法思维之中,难觅更开阔的问题解决视野。对反垄断法来说,问题研究的维度和方法主要从两个方面展开,即:一是比较分析思维和方法。恰如前文所述,几乎可以将所有的研究进路和路径,在某种程度上都归化为比较分析的范畴。2007年(更准确地说,是2008年)前,由于制度和实践的双重缺失,研究的现实动力源自于制度构建的期许,然而现实土壤无法有效地提供足够养分孕育或创制制度规范及其实施机制,比较分析的思维和方法占据主流或成为主要研究方法便有其正当性和合理性。然而,《反垄断法》实施后,这种研究状态和思维在文献中并未没有得到根本性的扭转和改变,依旧迷恋于欧美制度思维并以其规范标准来判断中国反垄断执法之是非对错,继而做相应的规范检讨。因此,从这个角度来说,反垄断法研究应摆脱仅有比较分析思维和方法之定式,而导入诸如(法)社会学、(法)史学等研究思维和方法,充实问题研究的

---

① 事实上,既有文献表明,我国反垄断法研究中经常出现"蝴蝶效应"。

基础和厚度。另一就是经济学分析思维和方法。这是源于所谓反垄断法的经济属性，反垄断法研究具有很强的交叉学科特质，因而在诸多问题研究中导入所谓经济学分析方法。但对于中国当下反垄断法学者来说，经济学的研究与运用实际仅限于概念厘清这一层面，难以通过技术性符号或数理分析模型来解释或解决相关问题，因而其结果亦难免显得十分蹩脚。

结　　论

法律的生命在于它的实行。[①] 反垄断法的实施是实现反垄断法法益、维持市场秩序的关键和必由之路。我国《反垄断法》实施虽取得了一定成绩但仍与社会公众期望相差甚远。反垄断法具有通过保护竞争来实现合理配置资源、提高经济效率、保护消费者和社会公共利益乃至实现经济民主等多方面的经济和社会目标。这从客观上要求，不仅要具备健全合理的反垄断规则，同时要使这些制度规则能够得到有效实施，前者是反垄断法实施的法治前提，后者则是反垄断法实施的核心和关键问题。因此，反垄断执法机构应结合我国市场中的垄断现象和垄断问题，借鉴域外先进反垄断经验和制度，依据《反垄断法》和《立法法》从实体和程序两方面进一步完善反垄断规则体系。同时，反垄断执法机构应严格实施反垄断规则，合理规制市场运行中的垄断行为，从而创制和维护良性有序的竞争格局和竞争环境，实现反垄断法所孜孜以求的法益、确保我国市场竞争的有序进行。因此，不断完善反垄断法体系，有助于确保反垄断法实施与时俱进、有效应对市场运行中有关垄断规制的需求，有助于将反垄断法的目标诉

---

① ［美］罗斯科·庞德：《法理学》（第1卷），邓正来译，中国政法大学出版社2004年版，第353页。

新时代法治发展的新面向

求和价值功能通过健全的规范体系及时地表达出来并能在具体实施中积极回应现实的垄断规制需要,从而实现现代反垄断法在市场经济生活中的功能和地位。

(作者为中国社会科学院法学研究所副研究员)

社会建设篇

全面建成小康社会须完善
社会保障法治

谢增毅

加强社会保障体系建设。按照兜底线、织密网、建机制的要求，全面建成覆盖全民、城乡统筹、权责清晰、保障适度、可持续的多层次社会保障体系。

——十九大报告

一 完善社会保障法治的重要意义

党的十九大报告提出对民生和社会保障提出了一系列新思想、新战略、新举措，对社会保障法治建设提出了新要求。党的十九大报告指出，中国特色社会主义进入新时代，我国社会主要矛盾已经转化为人民日益增长的美好生活需要和不平衡不充分的发展之间的矛盾。报告还指出，民生领域还有不少短板，脱贫攻坚任务艰巨，城乡区域发展和收入分配差距依然较大，群众在就业、教育、医疗、居住、养老等方面面临不少难题。为了更好满足人民日益增长的美好生活需要，解决民生领域的短板，必须健全社会保障措施，完善社会保障法治。

党的十九大报告指出，坚持在发展中保障和改善民生。增进民生福祉是发展的根本目的。必须多谋民生之利、多解民生之忧，在发展中补齐民生短板、促进社会公平正义，在幼有所育、学有所教、劳有所得、病有所医、老有所养、住有所居、弱有所扶上不断取得新进展，深入开展脱贫攻坚，保证全体人民在共建共享发展中有更多获得感，不断促进人的全面发展、全体人民共同富裕。保障和改善民生，社会保障法治必不可少。

党的十九大报告还提出，从现在到2020年，是全面建成小康社会决胜期。要坚决打好防范化解重大风险、精准脱贫、污染防治的攻坚战，使全面建成小康社会得到人民认可、经得起历史检验。要打好精准脱贫攻坚战，必须发挥社会保障的兜底作用，建立扶贫脱贫的长效机制。党的十九大明确提出，加强社会保障体系建设。按照控底线、织密网、建机制的要求，全面建成覆盖全民、城乡统筹、权责清晰、保障适度、可持续的多层次社会保障体系。十九大报告对社会保障法治指明了方向，也提出了更高的要求。

二　我国社会保障法治的现状

2011年以来，尤其是党的十八大以来，我国社会保障制度更加定型，进入了一个新的发展时期。党的十八大报告指出，社会保障是保障人民生活、调节社会分配的一项基本制度。要坚持全覆盖、保基本、多层次、可持续方针，以增强公平性、适应流动性、保证可持续性为重点，全面建成覆盖城乡居民的社会保障体系。改革和完善企业和机关事业单位社会保险制度，整合城乡居民基本养老保险和基本医疗保险制度，逐步做实养老保险个人账户，实现基础养老金全国统筹，建立兼顾各类人员的社会保障待遇确定机制和正常调整机制。扩大社会保障基金筹资渠道，建立社会保险基金投资运营制度，确保基金安全和保值增值。完善社会救助体系,健全社会福利制度,支持发展慈善事业,做好优抚安置工作。

2011年以来,尤其是党的十八大以来,我国社会保障事业取得了重大进展,具有以下几个突出特点。第一,制度更加定型,法律法规建设取得显著成效。2010年出台、2011年实施的《社会保险法》以及2014年出台的《社会救助暂行办法》,标志着我国社会保障领域最重要的两大支柱——社会保险和社会救助的制度框架已经建立,社会保障的法律体系建设迈出重要一步。第二,努力整合相关制度,注重制度公平性。这个时期更加注重社会保障的公平性,努力克服制度碎片化的弊端,注重制度整合,尤其是城乡社会保障体系的整合,例如养老保险和医疗保险实现城乡制度的统一、生育保险和医疗保险的合并实施、城市和农村低保制度的整合。通过制度整合,进一步提高了社会保障的公平性。第三,改革创新实现新突破。例如,改革机关事业单位养老保险制度,把改革退休制度纳入工作议程等。这一阶段的主要立法和政策如下。

(一) 社会保障政策和立法不断完善

1. 社会保险

这一阶段国家出台和修订了若干重要的法律法规。2010年颁布、2011年7月1日起施行的《社会保险法》,对社会保险制度的覆盖范围、基本模式、资金来源、待遇构成、享受条件、调整机制和监管责任等做了全面规范,社会保险制度建设进入了一个新阶段。2011年全国人大常委会修改了《职业病防治法》,进一步加强了相关部门的监管职责,强化了用人单位的义务,完善了职业病诊断鉴定制度。2010年12月,国务院公布了《关于修改〈工伤保险条例〉的决定》,自2011年1月1日起施行。工伤保险制度通过《社会保险法》的制定以及《工伤保险条例》的修订，不断进步和完善。

这一阶段，国家在社会保险领域出台了若干重要文件，促进社会保险制度的完善。2011年，国务院发布《关于开展城镇居民社会养老保险试点的指导意见》，决定从2011年起开展城镇居民社会养老保险试点。实行政府主导和居民自愿相结合，引导城镇居民普遍参保。建立个人缴费、政府补贴相结合的城镇居民养老保险制度，实行社会统筹和个人账户相结合。年满16周岁（不含在校学生）、不符合职工基本养老保险参保条件的城镇非从业居民，可以在户籍地自愿参加城镇居民养老保险。城镇居民养老保险基金主要由个人缴费和政府补贴构成。

2014年，国务院颁布《关于建立统一的城乡居民基本养老保险制度的意见》，决定将新农保和城居保两项制度合并实施，在全国范围内建立统一的城乡居民基本养老保险制度。坚持和完善社会统筹与个人账户相结合的制度模式，巩固和拓宽个人缴费、集体补助、政府补贴相结合的资金筹集渠道，完善基础养老金和个人账户养老金相结合的待遇支付政策，强化长缴多得、多缴多得等制度的激励机制，建立基础养老金正常调整机制，健全服务网络，提高管理水平，为参保居民提供方便快捷的服务。年满16周岁（不含在校学生），非国家机关和事业单位工作人员及不属于职工基本养老保险制度覆盖范围的城乡居民，可以在户籍地参加城乡居民养老保险。城乡居民养老保险基金由个人缴费、集体补助、政府补贴构成。城乡居民养老保险待遇由基础养老金和个人账户养老金构成，终身支付。

2015年，国务院发布《关于机关事业单位工作人员养老保险制度改革的决定》，决定改革现行机关事业单位工作人员退休保障制度，逐步建立独立于机关事业单位之外、资金来源多渠道、保障方式多层次、管理服务社会化的养老保险体系。机关事业单位工作人员要按照国家规定切实履行缴费义务，享受相应的养老保险待遇，形成责任共担、统筹互济的养老保险筹资和分配机制。该决定适用于按照公务员法管理的单位、参照公务员法管理的机关（单位）、事业单位及其编制内的工作人员。实行社会统筹与个人账户相结合的基本养老保险制度。基本养老保险费由单位和个人共同负担。机关事业单位在参加基本养老保险的基础上，应当为其工作人员建立职业年金。

2016年，国务院发布《关于整合城乡居民基本医疗保险制度的意见》，决定整合城镇居民基本医疗保险和新型农村合作医疗两项制度，建立统一的城乡居民基本医疗保险制度。该意见对于推进医药卫生体制改革、实现城乡居民公平享有基本医疗保险权益、促进社会公平正义、增进人民福祉的重大举措，对促进城乡经济社会协调发展、全面建成小康社会具有重要意义。意见指出，整合基本制度政策要坚持"六统一"：统一覆盖范围、统一筹资政策、统一保障待遇、统一医疗目录、统一定点管理、统一基金管理。

2017年，国务院办公厅发布《关于印发生育保险和职工基本医疗保险合并实施试点方案的通知》。通知指出，根据《全国人民代表大会常务委员会关于授权国务院在河北省邯郸市等12个试点城市行政区域暂时调整适用〈中华人民共和国社会保险法〉有关规定的决定》，做好生育保险和职工基本医疗保险（以下统称两项保险）合并实施试点工作。遵循保留险种、保障待遇、统一管理、降低成本的总体思路，推进两项保险合并实施，通过整合两项保险基金及管理资源，强化基金共济能力，提升管理综合效能，降低管理运行成本。试点内容包括：统一参保登记、统一基金征缴和管理、统一医疗服务管理、统一经办和信息服务、职工生育期间的生育保险待遇不变。

2017年,社会保险体系进一步完善。积极推进机关事业单位养老保险制度改革,出台实施机关事业单位基本养老保险关系和职业年金转移接续办法、统一个人账户记账利率等政策。修订实施企业年金办法。城乡居民基本医疗保险制度整合取得积极进展。出台实施深化基本医疗保险支付方式改革的指导意见。深入开展生育保险与医疗保险合并实施试点、长期护理保险制度试点工作,落实和完善大病保险精准扶贫措施。实行工伤保险基金省级统筹,出台实施工伤预防费使用管理暂行办法。降低养老、失业、工伤、生育保险费率,进一步降低企业成本。

2. 社会救助

2014年国务院发布《社会救助暂行办法》,这是我国第一部关于社会救助的综合性法规,为健全社会救助体系、完善社会救助制度发挥了重要作用。《办法》总结新经验、确认新成果,把成熟的改革经验上升为法规制度,用法规形式巩固改革成果,使各项社会救助有法可依,实现了社会救助权利法定、责任法定、程序法定,为履行救助职责、规范救助行为提供了法制遵循。《办法》是社会救助领域统领性、支架性法规,具有基础性和全局性作用,为提升社会救助工作法治化水平、释放社会救助制度改革红利奠定了坚实基础。《办法》对社会救助进行全面规范,将事关困难群众基本生活的各项托底制度,统一到一部行政法规之中,使之既各有侧重,又相互衔接,兼顾群众困难的各个方面,覆盖群众关切的各个领域,构建了完整严密的安全网。《办法》涵盖内容十分丰富。为保障困难群众基本生活权益,《办法》在现行规定基础上,按照与经济社会发展水平相适应、与其他社会保障制度相衔接的原则,进一步规范了各项社会救助的内容,包括:最低生活保障、特困人员供养、受灾人员救助、医疗救助、教育救助、住房救助、就业救助、临时救助以及社会力量参与。

2016年国务院发布《关于进一步健全特困人员救助供养制度的意见》，以解决城乡特困人员突出困难、满足城乡特困人员基本需求为目标，坚持政府主导，发挥社会力量作用，在全国建立起城乡统筹、政策衔接、运行规范、与经济社会发展水平相适应的特困人员救助供养制度，将符合条件的特困人员全部纳入救助供养范围，切实维护他们的基本生活权益。救助对象范围包括：同时具备"无劳动能力、无生活来源、无法定赡养抚养扶养义务人或者其法定义务人无履行义务能力"条件的城乡老年人、残疾人以及未满16周岁的未成年人。

（二）社会保障制度的实施效果

2011年以来，社会保障建设的效果和成就更加显著，覆盖全社会的保障体系基本建成。中国在全国范围内建立了统一的城乡居民基本养老保险制度，制定了劳动者特别是进城务工人员参加城镇职工和城乡居民基本养老保险的制度衔接政策，2015年全国参加基本养老保险人数为8.58亿人，城乡居民实际领取养老待遇人数为1.48亿人。中国建立了覆盖全体国民的医疗保障体系，截至2015年底，包括城镇职工基本医疗保险、新型农村合作医疗保险和城镇居民基本医疗保险在内的基本医疗保险参保人数达13.36亿人，参保率保持在95%以上，职工基本医疗保险、城镇居民基本医疗保险、新型农村合作医疗政策范围内住院医疗费用报销比例分别达80%以上、70%以上和75%左右，基金最高支付限额分别提高到当地职工年平均工资和当地居民年人均可支配收入的6倍。1994年至2015年，失业保险参保人数从7967.8万人增长到17609.2万人，2015年保险基金收入达1364.63亿元，基金支出736.45亿元，每人每月平均领取失业保险金增加到968.4元；工伤预防、补偿、康复"三位一体"的工伤保险制度初步形成，参保人数从1822万人增长到21432万人；生育保险参保人数从916万人增加到17771万人。①

截至2017年末，全国参加基本养老保险人数为91548万人，比上年末增加2771万人。全年基本养老保险基金收入46614亿元，比上年增长22.7%。全年基本养老保险基金支出40424亿元，比上年增长18.9%。年末基本养老保险基金累计结存50202亿元。年末全国参加城镇职工基本养老保险人数为40293万人。年末城乡居民基本养老保险参保人数51255万人。年末全国有8.04万户企业建立了企业年金，比上年增长5.4%。参加职工人数为2331万人，比上年增长0.3%。年末企业年金基金累计结存12880亿元。年末全国参加基本医疗保险人数为117681万人，比上年末增加43290万人，其中，参加职工基本医疗保险人数30323万人，比上年末增加791万人；参加城乡居民基本医疗保险人数为87359万人，比上年末增加42499万人。全年基本医疗保险基金总收入17932亿元，支出14422亿元，分别比上年增长37%和33.9%。年末全国参加失业保险人数为18784万人，比上年末增加695万人。年末全国参加工伤保险人数为22724万人，比上年末增加834万人。年末全国参加生育保险人数为19300万人，比上年末增加849万人。②

社会救助力度不断加大。城市居民最低生活保障人数从1996年的84.9万人增长到2015年的1701.1万人，农村居民最低生活保障人数从1999年的265.8万人增长到2015年的4903.6万人。

---

① 国务院新闻办公室：《发展权：中国的理念、实践与贡献》白皮书，2016年12月。
② 人力资源和社会保障部：《2017年度人力资源和社会保障事业发展统计公报》，2018年5月22日。

全面建成小康社会须完善社会保障法治

中国不断提高最低生活保障标准，2011年正式建立城乡低保标准动态调整机制，2015年城市低保平均标准为每人每月451元，月人均补助水平317元；农村低保平均标准为每人每月265元，月人均补助水平147元。中国先后制定了一系列的防灾减灾救灾规划和法规，灾害救助工作水平不断提高。2009年至2015年，累计下拨中央自然灾害生活救助资金694.6亿元，年均99亿元。2015年全国实施医疗救助9523.8万人次，支出医疗救助资金298.5亿元。为遭遇突发性、紧迫性、临时性生活困难，而其他社会救助制度暂时无法覆盖或救助之后基本生活暂时仍有严重困难的群众提供临时救助，2015年共有667.1万户次家庭获得临时救助。[1]

社会救助事业不断发展。（1）最低生活保障。截至2016年底，全国有城市低保对象855.3万户、1480.2万人。全年各级财政共支出城市低保资金687.9亿元。2016年全国城市低保平均标准494.6元/人·月，比上年增长9.6%。全国有农村低保对象2635.3万户、4586.5万人。全年各级财政共支出农村低保资金1014.5亿元。2016年全国农村低保平均标准3744.0元/人·年，比上年增长17.8%。（2）特困人员救助供养。截至2016年底，全国农村特困人员救助供养496.9万人，比上年减少3.9%。全年各级财政共支出农村特困人员救助供养资金228.9亿元，比上年增长9.0%。（3）临时救助。2016年临时救助累计850.7万人次，支出救助资金87.7亿元，平均救助水平1031.3元/人次，其中：救助非本地户籍对象24.4万人次。（4）医疗救助。2016年资助参加基本医疗保险5560.4万人，支出资助参加基本医疗保险资金63.4亿元，资助参加基本医疗保险人均补助水平113.9

---

[1] 国务院新闻办公室：《发展权：中国的理念、实践与贡献》白皮书，2016年12月。

元。2016年实施住院和门诊医疗救助2696.1万人次，支出资金232.7亿元，住院和门诊人次均救助水平分别为1709.1元和190.0元。2016年全年累计资助优抚对象409.2万人次，优抚医疗补助资金36.2亿元，人均补助水平885.5元。[①]

2016年11月，国际社会保障协会在巴拿马召开的第32届全球大会上授予中国"社会保障杰出成就奖"，对中国在社会保障领域取得的巨大成就给予高度评价，指出在过去的十年里中国凭借强有力的政治承诺和诸多重大的管理创新，在社会保障扩面方面取得了举世无双的成就，社会保障水平显著提升，已取得的成就得以持续，并使社会保障计划适应不断演变的需求和重点工作。这反映了中国在社会保障改革与发展方面所取得的辉煌成就得到国际社会的充分肯定。

三 社会保障法治的未来展望

虽然我国社会保障制度及其实施取得了巨大成就，但与全面建成小康社会和全面依法治国的目标和任务相比，我国社会保障法治依然任重道远。十九大报告同时指出，加强社会保障体系建设。按照兜底线、织密网、建机制的要求，全面建成覆盖全民、城乡统筹、权责清晰、保障适度、可持续的多层次社会保障体系。全面实施全民参保计划。完善城镇职工基本养老保险和城乡居民基本养老保险制度，尽快实现养老保险全国统筹。完善统一的城乡居民基本医疗保险制度和大病保险制度。完善失业、工伤保险制度。建立全国统一的社会保险公共服务平台。统筹城乡社会救助体系，完善最低生活保障制度。坚持男女平等基本国策，

---

① 民政部：《2016年社会服务发展统计公报》，2017年8月。

保障妇女儿童合法权益。完善社会救助、社会福利、慈善事业、优抚安置等制度，健全农村留守儿童和妇女、老年人关爱服务体系。这为我国社会保障法治建设指明了具体的任务。

第一，加强社会保障立法。

虽然我国社会保障立法取得举世瞩目的成就，《社会保险法》和《社会救助暂行办法》已经出台，但我国社会保障立法总体水平不高。一是综合性的立法还比较粗疏，可操作性不强。《社会保险法》和《社会救助暂行办法》内容还比较原则，具体操作性不强。在社会保险领域，目前我国仅有《失业保险条例》和《工伤保险条例》，养老保险、医疗保险和生育保险，主要依靠政策调整，制度还不完善。护理保险已经开展了试点工作，待试点成熟，有必要制定《长期护理保险条例》。社会救助领域，还缺乏一部综合性法律；在具体社会救助项目上，还主要依靠政策调整，最低生活保障、医疗救助、临时救助等主要社会救助项目还未制定条例，制度的权威性和稳定性有待提高。未来，应制定一部综合性的社会救助法，并且就社会保险的主要险种和社会救助的主要项目制定出条例，加强企业年金立法，进一步提升社会保障制度的权威性、稳定性和可操作性。此外，在立法中，应更好平衡和分配企业责任和国家责任，促进社会保障的可持续。

未来几年应该将社会救助法作为立法的重点。从国际经验看，制定一部综合、权威的社会救助法是许多国家的通行做法。社会救助作为一项重要的社会保障政策，因其涉及国家责任和公民权利，许多国家都很重视法治建设，通过制定并不断完善法律法规，明确政府职责以及救助对象、救助事项、救助标准、救助方式等基本内容。例如，美国1935年《社会保障法》确立了社会救助制度在美国整个社会福利体系中的地位和作用。日本于1946年制定颁布了《生活保护法》，1950年又对该法进行修订。

联邦德国于1961年制定了《联邦社会救助法》,确立了社会救助的制度框架。英国1948年通过了《国民救助法》,建立了现代社会救助制度,1976年通过了《补充补贴法》,1986年通过了《社会保障法》。[①] 我国社会救助工作已有长期实践,积累了丰富经验,救助对象数量庞大,支出规模不断扩大。社会救助关涉政府职责,事关老百姓切身利益,必须提高制度刚性,把《社会救助暂行办法》上升为法律。

第二,提高社会保障公平性。

近年来,我国在社会保障政策和立法中更加注重社会保障制度的公平性,尤其是整合城乡居民养老保险制度、医疗保险制度,城乡最低生活保障制度,使城乡之间的制度差异得到了较大程度的解决。机关事业单位养老保险的改革,也打破了身份之间的差别,使养老保险制度更加公平。虽然近年来,社会保障制度在克服城乡差异方面取得了明显进展,但目前,由于全国性立法的缺失或操作性不强,加上社会保险的统筹层次不高,各地财力不同,导致了各地的制度及其实施存在巨大差异,不同地域之间制度的公平性有待提高。未来应加强全国性立法,努力提高社会保险统筹层次,缩小不同地域制度和待遇的差异,提高不同地区制度和待遇的公平性,加强法制统一性。

第三,以法治破解社会保障难题。

近年来,我国社会保障事业不断改革创新,出台了许多重大改革措施。但社会保障的一些重要问题还有待破解。例如,退休年龄的调整以及相关政策法规的完善,养老金全国统筹的实现,人口老龄化的政策和法律应对,医疗保险各方主体权利义务的完善,看病贵、看病难的制度解决方案,等等这些都需要通过政策

---

① 谢增毅:《中国社会救助制度:问题、趋势与立法完善》,《社会科学》2014年第12期,第97页。

和法律的完善加以解决,更需要发挥法治的引领和保障作用,破解社会保障改革发展中的难题。

第四,完善社会保障执法和司法。

尽管我国社会保障的法治水平在不断提高,但社会保障的执法和司法仍需要不断完善。例如,虽然目前我国社会保险基本实现了全覆盖,但制度实施情况仍不容乐观,特别是一些特殊群体社会保险的覆盖面仍然较小。例如,农民工社会保险问题突出。以2014年国家统计局抽样调查数据为例,2014年全国农民工总量为27395万人,但农民工"五险"的参保率分别为:工伤保险26.2%、医疗保险17.6%、养老保险16.7%、失业保险10.5%、生育保险7.8%。[1] 因此,社会保障的执法水平需要进一步提高。此外,社会保障的司法制度需要完善,特别是社会保险的纠纷解决机制,目前各地做法各不相同,需要通过深入论证,建立科学、统一的社会保险纠纷及社会救助纠纷解决机制,以维护公民的合法权益。

(作者为中国社会科学院法学研究所研究员)

---

[1] 国家统计局:《2014年全国农民工监测调查报告》,2015年4月29日。

制定《社会法典》 促进改善民生

冉 昊

> 增进民生福祉是发展的根本目的。必须多谋民生之利、多解民生之忧,在发展中补齐民生短板、促进社会公平正义,在幼有所育、学有所教、劳有所得、病有所医、老有所养、住有所居、弱有所扶上不断取得新进展,深入开展脱贫攻坚,保证全体人民在共建共享发展中有更多获得感,不断促进人的全面发展、全体人民共同富裕。
>
> ——十九大报告

十九大报告指出,增进民生福祉是发展的根本目的。必须多谋民生之利、多解民生之忧,在发展中补齐民生短板、促进社会公平正义,在幼有所育、学有所教、劳有所得、病有所医、老有所依、住有所居、弱有所扶上不断取得新进展。

事实上,对于任何一个社会来说,生产与分配,均是社会生活运行的基本主题,前者主要是一个效率取向的命题,而民生的改善则事关社会资源、财富与机会的分配,具有重大的伦理、经济与政治哲学、法学意涵。古往今来,正义法律之所在,便是黎民福祉之所在,所有良好运行的法治社会的目标在终极追求上,均离不开人民大众生活的发展与改善。因此,改善民生,既体现了近现代社会以来尊重个体的人本主义思想,也是巩固与加强中国特色社会主义事业的重要举措。

因此，从本体论角度来说，是否应该改善民生，大概是一个无须过多讨论的问题；但从方法论上来说，对如何改善民生的讨论，却又无论怎么展开也不够！因为虽然在理论上，将蛋糕做大与将蛋糕分好，二者之间能构成相辅相成、相生相促的关系，但在实践中我们必须正视：扩大生产增加国民总收入，绝不意味着最大范围的民生自然改善，相反，很可能在财富总量大幅增长后人类"不患寡而患不均"的固有心理下，带来社会制度稳定的危机。事实上，西方学者在总结其资本主义发展经验后早已指出，良好的现代化，必须是市场机制和社会保护两种制度建设交替推进、相互促进的双向运动，帮助大众防范与应对风险，才能更有利于财富的创造和社会的可持续发展。同样在我国，只有通过持续不断的社会建设，逐渐培育出良好的社会分配制度——包括以成文法形式明确确立的分配规则和以习惯法等不成文软文化形式存在的督促改进自生机制，才能将社会发展的成果合理、可持续性地动态惠及全体人民，促进社会整体的公平和效率。换言之，改善民生，既需要执政党指导国家机关自上而下做出具有一定超前量的顶层设计，也需要充分体现出人民群众自身主观能动性的自下而上的意见表达和改进。

具体来说，改善民生的范围非常宽泛，但从法学角度观察之，在我国当代逐渐形成的以执政党领导为核心的中国特色法治国家建设思维下，将十九大报告中对于改善民生的要求自觉纳入到当代法学研究的内涵与外延中，就意味着法学推进中不应再固守于传统教义法学的一亩三分地，而漠视社会现实的规范需要，而应加速社会治理创新，在生、老、病、养等领域加强以（区别于私人权利建构的）社会给付为实质的社会性立法，自上而下推动尽快形成"社会法典"，助力"民法典"共同维护社会的发展均衡。

　　事实上，随着2014年十八届四中全会《关于全面推进依法治国若干重大问题的决定》公报中明确了"编纂民法典"任务后，我国法学界即深受鼓舞，从民法到商法、知识产权、婚姻法乃至劳动社会法、环境法等各个法律学科的专家学者，都迅速投入到草案的编制工作中，推动"民法总则"在2017年火速出台，再迅速进入到下一步"物权"等五个分则的制定中。这其中显示的自然是法治昌明的盛世，但在这一形式繁荣的背后，也存在众多实质的问题需要我们进一步的反思，特别是要注意把握马克思主义活的灵魂——实事求是，来考察中国依照自身历史轨迹发展至今形成的当代时代阶段特征，从而根据这一现实国情——近代、现代与后现代"三期叠加"的独特社会阶段需要，在当前补课推动"民法典"制定的同时，也注重同步推进"社会法典"，发挥出社会法的固有功能——矫正贫富差距、维护阶层流动，避免人们内心产生巨大的不安定感，以维持社会的稳定和发展。

　　在"社会法典"中，我们应参照各国的社会保险法等立法经验和我国其他如社会保障学科等已做出的研究成就，按照国家给付与社会给付的两条主线，一方面明确国家政府征收税赋后应承担的固定比例社会保障义务，另一方面将已有的生育抚养、养老护理、医疗健康等社会保障规范明确分编列出，让人们依托这一具有高效力位阶的制定法，心有所定。与此同时也要注意不能邯郸学步，"社会法典"主要是行为规范，不能复制"民法典"作为裁判规范立法的模式，避免教义法学通过人为创制系统性反而带来的法典结构和规范的过度僵化，要注意保持"社会法典"的开放性，允许在中国特色国家治理模式的探索中，人民大众自下而上的诉求表达和改进空间。从而让分别体现自由市场倾向与社会平等倾向的"民法典"与"社会法典"一起，以两翼支撑的

制定《社会法典》 促进改善民生

均衡之势,推动中国特色社会主义法治国家的形成。

一 市场经济发展离不开的"民法典"

从法典产生的历史时机来看,大陆法系欧陆各国走上统一法典道路兼有偶然性和必然性。其一与其鼻祖法、德的历史经验有关,具有地域和民族上的偶然性:欧洲中世纪为日耳曼人占领后,一直采用了蛮族部落延续下来的层层分封地块给下属交换其忠心和服务的(现通常概括为封建 feudalism)制度来管控国家,经过几百年的固化,就在各个分封地块上形成了严重的封建割据,法度不一,"旅行法国者改遵法律次数之多,犹如换马匹一样"(伏尔泰)。这一状态在当时,无论对经济发展还是国家强大,都构成了巨大的阻碍,于是,在法、德等近代民族国家的形成发展过程中,编纂一部法典来统一适用改变这一状况,就成为那一时代人们的普遍要求。

其二则与工商业市场经济下的生产结构有关,具有经济上的必然性:农业生产转向工商业生产后,带来了生产与消费的分离,因此一方面,必须有充分的自由劳动力来支撑生产,另一面,则还需要有诸多的主体来实现充分的消费。而这种消费需要,只有借助平等协商的办法来不断自愿交换构筑统一市场,才有可能在整个社会内形成有效的配置。

故而,缘起于这一历史阶段的"民法典"固有的基本功能就是,革除旧时代的身份烙印,推动统一市场,以封建专制政府的公权力为假想敌,通过构建一套精密技术规则体系来保证每个人自己的私权利自治空间,借以排除国家和他人的干涉,从而培育出多元的平等主体,并促进其交易。为此,民法典赋予所有自然人与法人以同一的独立"人格",统称为民事主体,并相应设计出主体抽象平等、财产权绝对保护、自由缔结履行契约、侵权人仅就自己过错承担补偿责任以及物/债二分等经典民法规则。

可以看出,"民法典"这一被誉为"公民权利圣经"的法律工具,正是人类发展市场经济模式来实现社会生产和分配须臾不可离开的工具,而其最普遍适用的社会阶段,则是各个国家启动/推动市场经济发展时比较初平的社会发展阶段,其中没有悬殊的贫富差距或者不可逾越的阶层差异,人们的基本需求具有同质性,故而可以忽略个体的相对差异而普遍赋以"人格"面具,以形式上的平等,促进每个人能够依自己意愿进行交易。然后再通过保护交易安全,就间接实现了社会资源的整体最优配置。

二 中国当代社会发展还需社会法典平衡支撑

对照"民法典"的上述基本功能——构造平等主体,服务初平市场经济的运行,显然,它符合我国改革开放初期社会主义市场经济的探索:经历了前三十年的公有制改造,所有的利益集团和阶层几乎都被夷平,社会整体呈现出初平的状态;从农业生产向工商业社会的转型,则迫切需要从一元国家主体制定计划分配资源的模式,转向多元主体分别自愿交换依效率流转的模式。为此最需要培育的,自然就是在国家之外的多元平等、独立民事主体,而民法典躬逢其盛,正是落实这一任务的恰切制度支撑。从这个意义上来说,我们现在抓紧制定"民法典",正是补课早期工业阶段规范建设,支撑社会主义市场经济发展的有效措施。

但与此同时,我国已经历改革开放四十年的狂飙增长和无序积累,比较于改革开放初期,社会整体呈现出的初平状态已然消失,社会中的人群存在结构悄然发生了改变:(包括企业在内的)各种组织体持续出现和做大,将社会交往的基本主体形态,从原来的抽象平等"人",分化为一组组具体的人群,典型如雇员 vs 雇主、消费者 vs 经营者、农民 vs 城乡资本、个人 vs 垄断集团等,其彼此间强弱对峙,诉求不再趋同或平行,而正相反,经常趋向于对立。特别是近十年来,我国 GDP 总量极速冲到了世界第二,人均排名却还徘徊在第七十以后,基尼系数连续越过国际公认的警戒线,成为"收入差距悬殊国家"。这些变化的现象和数字背后,意味着我们的当前时代阶段已经不再是一个单一阶段,而在其中叠加出现了多时代的问题①——不仅有前现代身份问题带来的生而不平等,更有后现代累积巨大的资本对劳动的加速倾轧:新兴利益集团走向垄断,与财产身份相联系的阶层分化趋于固化。整个社会,由早期的(除却极顶端后的近乎)初平状态走向了结构性的不平等状态,在横向上阻碍了社会资源的自由流转,在纵向上则阻滞着社会阶层的上下流动,意味着一个社会自我更新能力的消失,难以再可持续地发展。

为此,当代社会的上层建筑制度设计,就不能再将假想敌单一局限于(早期资本主义经典在警示的)政府公权力而一经强化私权设计,还必须考虑(后期资本主义反复考量的)积累做大发生异化的资本。因为经济学家已经证实,资本经过自由积累后,

---

① 发达国家基本都走过了一个农业化→机械工业化→智能信息化的发展路程,在生产力基础的转变下逐渐转换人和人之间的生产关系,而我国则是从农业社会直接跳过了机械工业化的大部分环节,机械化还非常不彻底,就被全球化裹挟着进入了信息化直至智能化,用四十年的时间走了西方几百年的路。时间被极大压缩了,但不同生产阶段下要做的事却免不了,相应的社会问题也都会产生,因而不同的时代问题叠加到了一起,从多方面同时呈现。

会以加速度做大，逐渐超过社会平均生产率的增长速度，[①]此时如若再一味给予其抽象的平等私权保护，岂不就等于是在纵容资本（以越来越高于他人的速率）去加速收益而实际上剥夺了他人份额的可能？换言之，进入到这一时代阶段后，"民法典"中传统财产权等形式平等的私权普遍规范，作为同一硬币的另一面，反而有可能在另一种应用场景下固化资本为王的现实，加速社会财富流向少数人，加剧社会结构的不平等。

这一分析提醒我们，在把握本国发展方法时应打破历史发展中的宏大叙事，而将问题认识的眼光集中到本国、本时代中来实事求是地认识问题成因、寻找对策。事实上，现代各国从各自不同的历史起点中走来，虽处在同一地理空间下，但其实并不完全在同一时代中，我国就有自身完全不同于西方的"自上而下"特殊工业化起点，并走到当前，进入了近代、现代和后现代"三期叠加"的独特发展阶段，而出现了从早期工业社会阶段转向后福特工业社会阶段过程中由原子型个别财富走向全社会福利最大化的普遍需要。因此，为了获得这一时代阶段中（构成社会金字塔中下部的）人口多数人群的内心认可，我们上层建筑设计的重点，就须（在已经系统实施形式平等规范建立私法自治氛围的基础上）设置以实质自由为标准的倾斜规范，对超过社会平均增长率的资本有所作为而不是任其做大，借以全面矫正那些主体际关系上已经失去均等性的社会关系，突破利益固化的藩篱。

以此来看，当前制度设计的假想敌，就应同时包含欠缺有效

[①] 资本经过自由积累后，会以加速度逐渐做大。而一旦资本增长的速度超过了社会平均生产率的增长速度，即资本回报率大于经济平均增长率后，就在事实上意味着有产者对无产者的剥夺。此时，如仍然一味给予抽象平等的私权保护，就会如马克思所说，"所有权"异化为对生产资料的占有，再进一步转化为对无产者剩余价值的剥夺，必然导致社会财富向少数富人聚集的趋势。Voir Thomas Piketty, *Le Capital au XXIe Siècle*, Paris: Editions du Seuil, 2013. 中文版参见［法］托马斯·皮凯蒂《21 世纪资本论》，巴曙松译，中信出版社 2014 年版。

制约的公权力与做大后发生异化的资本。对于前者的抵御，如上所述，是寄希望于建构"民法典"来清晰区分公法与私法，以系统的私人自治对抗国家公权力的不当介入。对于后者，则必须尽快确立一部以实质自由倾斜规范来实现社会保护的"社会法典"，给作为社会金字塔下部基石的广大（中下收入）群体提供机会来分享经济增长成果，打破阶层的固化，也让所有处在社会快速变化和行业加速迭代下的人们的心灵获得一定的安定性，摆脱对未来不确定性的焦虑，重新实现社会的自由流动和自我更新。

三　建构"社会法典"改善民生

事实上，早在1993年，中国社会科学院法学所就向中央提交研究报告《建立社会主义市场经济法律体系的理论思考和对策建议》指出，中国特色社会主义法律体系应包括民商法、社会法等几大固有部分，从而能够相互支撑、相互制约，同步推进社会的全面均衡进步，而不能走资本主义国家片面追求经济发展，再事后治理危机的老路。但在实际推进上，比较于十八届四中全会后轰轰烈烈的"民法典"编纂，比较于十九大报告中明确提出的"改善民生"要求，我国的"社会法典"立法意向和准备却都长期不见踪影，这与时代发展的自身进程有关，更与社会法学科的研究不足有关。事实上，劳动与社会法独立学科建立初期，仍然遵循了教义法学的研究规范，将大部分研究精力放在了社会法概念、特征、调整对象和外延范围等抽象理论问题的探讨上，反而忽视了"社会法"作为社会建设支撑（而不单纯限于弱者保护）的应有之义。

现在，随着十九大报告任务的分解和落实，自上而下地，全国人大法工委开始积极推动社会立法的研究，委托中国政法大学人权研究院等机构分别展开相关研究，国家社科基金重大项目研究也将此纳入立项范围，力求科学界定社会法的内涵外延以及社会领域立法的任务和要求，以社会保护为轴，集中人力做好"社会法典"的汇编立法工作，将养老保险、生育福利、医疗卫生、职业培训等陆续纳入，实现社会保护、社会扶助、社会补偿与社会促进的基本功能。

第一，确定国家给付比例，强化预算约束。

在传统法教义学体系下，通常认为"社会法"就是保护弱者的法，是一般形式平等保护规范的补充。但随着社会发展的深入，我们发现这并不准确，毋宁说，社会法是基于社会结构的变迁，对单纯市场与资本作用的反制和社会可持续发展的固有需要。它意味着，私人个体应被理解为彼此联系的社会成员，各种私的关系处理除了个体自我调整外还需纳入社会整体联系下来理解，予以社会正义的均衡。

为此，不同于"民法典"对纯粹私人意思自治的维护，"社会法典"中应充分运用"引致规范"来有序扩展公权力的进入，并为其设定基本责任比例，保证能够以给付行政提供充分的基础福利。对此，我们应同时考察比较法上德国等社会保险法正面立法经验以及其他过度福利国家的负面经验，依照我国社会保障学科精算确定的比例需求等，在"社会法典"中明确，国家政府税赋征收后每年应固定用于社会保障的比例以及其稳定的增长机制，以此确保预算的强约束性，国家给付对改善民生的最低保障性。

第二，明确社会给付内容，建立安定预期。

社会法与传统民法等私法规范调整社会关系办法的核心差别，就在于其"社会给付"性，即依托保险原理来由全社会共同分散承担风险，其中最重要的，就是要在出生起点、教育过程、基本居住、大病救治、老年照护等每个个体几乎都必然经历却又无能为力的基准方面，保证通过风险分担机制人们能获得基本均衡的机会。为此，"社会法典"应将已有的生育抚养、养老护理、医疗健康等社会保障政策规范分编明确列出，编纂增减现行五险一金制度，增设生育福利以及老年养护制度，纳入现有保障房政策规定，扩展教育均衡，加强职业培训等。借以破解由于出生、教育等原因带来的阶层固化，由于疾病、致残、衰老等原因带来的个体失能，让人们普遍依托这一具有高效力位阶的制定法典，获得对未来安定的稳定预期，心有所安，不过度储蓄或投资，正常消费。

在这里需注意的是，与中国当代时代阶段的现实国情相适应，与我国社会法研究薄弱的理论基础相适应，"社会法典"的制定不应陷入传统教义法学的陷阱，追求过度的系统性和逻辑编纂，更不能盲目比照外国照搬不切实际的理论方案，误导政策和法律制定者，造成福利过滥而社会活力不足。而应依照社会法学科特征采用汇编方式先尽快制定，回应现实的迫切需要，在颁行后再开放倾听大众意见，自下而上推动修改，根据现实演进不断调整改进，与国家经济增长和税赋能力相适应，纳入尽可能多的福利保障措施，同时对冲突重叠部分编纂调整。

第三，认清中国国情，贯穿适用比例原则。

在"社会法典"的建构推进中，我们还应根据中国自身国情，额外注意保持对建构理性的警惕。因为比较来看，西方现代社会大都经历了从蒙昧时代走入工业革命后的原子化阶段（彼时依托于"民法典"的治理），再从个体性到整体性扬弃转变而催生了普遍的社会化思潮（从而依托于"社会法典"的治理）。反映在其国家法律制度上，就是一度以个人主义为中心，立足于财产（资本）的绝对保护；然后经历财产（资本）的自身积累，导致社会走向"贫者愈贫,富者愈富"的极端现象;而引起了18世纪以来马克思等人的普遍反思和大型经济危机社会斗争等。以此推动西方国家普遍采取社会整体的方法来改造个体主义,以俄国大革命为极端,欧美日诸国实则也都改变态度倾向于社会主义,依据社会政策进行立法,调和劳资阶级之斗争……反映在法律制度上,遂认为无论对于何人,国家皆有保障其生活之义务,即为社会法之内涵。

而我国法律的社会化思潮,与社会主义国家的建设同步而生,基本没有经历一个个人主义化再去个人主义的完整背景过程,由此决定了,中国的社会法不可能是西方社会法的翻版,建构重点也就应相应有所区别,仍注重对个人权利的扶持和对国家权力的警惕,着重彰显"法治国"和"法律保留"这两大原则,在将《劳动法》《消费者保护法》等过去定性为特殊民法的私法转为社会法定性而列入的过程中,始终强调"比例原则"的贯穿。即"社会法典"的指导思想是针对贫富悬殊和阶层差异,设置倾斜性规则来扶弱抑强、矫正分化,而其具体调整社会交往关系的办法,则应考虑已阶层化的交往当事人之间具体社会地位的差别带来的信息、谈判等能力的强弱,剥去抽象化的平等"人格"面具,按照双方的实际差异比例去设置非对等的权利义务,来抬高弱势阶层、矫正到与强势阶层同一基准即可放手,任其自由博弈。而不是一刀切地偏向弱势阶层,从而窒息了对应阶层的活力。如对现有《劳动合同法》中认定劳动者为弱势、企业为强势而一刀切保护劳动者的条款,就应予以削减调整,区分不同岗位劳动者和大、中、小企业的实际议价能力,分别予以不同的底线保护。否则,我们人为建构出的"社会法典"就会沦为国家政权统治经济的工具,或者过度压制相应阶层,反而窒息了社会应有的活力。

制定《社会法典》 促进改善民生

总之，十九大报告指出，经历几十年的努力拼搏奋斗，我国已进入了发展的新时代，"时间的丛集"与"时代的错位"使现代中国集前现代、现代与后现代阶段之问题于一身，正处于社会转型的关键历史时期。要想实现中华民族的伟大复兴，在制度的建设上必须解决好三个问题：第一，制度的设计后果必须最有利于调动国人的创造力，通过竞争实现效率；第二，制度创制的空间必须要有可持续的发展性，在长时间段内维护竞争环境的公平，这包括对劳动者的维护、对弱势主体的扶持、对社会大众都可能经历的失能的风险分担等；第三，制度背后的主导思想要有利于建立中国同世界各国的和谐关系，在地球村的大舞台上，全球化的资本流动、市场流通和环境影响，导致谁也不能再独善其身，而必须美美与共，相互扶持，共同发展。在这一过程中，英国脱欧、特朗普普选上台等现象清醒地警示我们，现代社会的发展，必须要让中下收入群体有充分的机会分享经济增长的成果；经济极速增长带来的速成型中产精英，心灵和身体也有着内在的分裂。对于这一切，即使理论上尚不能充分展开，也必须尽快找到现实办法来回应，帮助人们获得心灵的安定感和对未来的稳定预期，帮助当前社会打破阶层固化，恢复自我更新能力，实现社会主义的"共富"基本追求。而通过建构"社会法典"为社会公众提供明确的法律依据，这无疑是直接改善民生、消除人们心理隐忧的直接有效手段。在当前的法治框架内，创造性地建构"社会法典"列出上述实践问题的规范对策，确保幼有所育、学有所教、劳有所得、病有所医、老有所依、住有所居、弱有所扶，将会为各行各业的人们建立普遍稳定的心理预期，推动其向高效便捷、民生改善的方向大踏步迈进！

（作者为中国社会科学院法学研究所研究员）

新时代国民健康的立法保障

董文勇

> 实施健康中国战略。人民健康是民族昌盛和国家富强的重要标志。要完善国民健康政策,为人民群众提供全方位全周期健康服务。
>
> ——十九大报告

健康问题直接关系每一位公民切身利益,还关系国家的国民健康战略利益。目前我国已进入决胜全面建设小康社会的关键阶段,国民健康问题更加重要。在健康中国战略形成过程中,习近平总书记多次强调,"人民身体健康是全面建成小康社会的重要内涵,是每一个人成长和实现幸福生活的重要基础"[1]、"没有全民健康就没有全面小康"[2],应当"把人民健康放在优先发展战略地位"[3]。然而,健康问题错综复杂,在价值取向多元化的现代社会,有关健康之法律面临经济的、社会的、观念的、技术的等多种因素的挑战,个人或群体的健康利益容易淹没其中,因而,"看病难""看病贵"、医患纠纷、食品安全等健康领域的问题成为突出民生问题。党的十九大报告将"实施健康中国战略"

---

[1] 《习近平:人民身体健康是全面建成小康社会的重要内涵》(2013年8月31日),2018年5月17日(http://news.xinhuanet.com/politics/2013-08/31/c_117171570.htm)。
[2] 《没有全民健康就没有全面小康》,《健康报》2014年12月15日第1版。
[3] 《把人民健康放在优先发展战略地位》,《健康报》2016年8月22日第1版。

作为"保障和改善民生"的重要内容,并从战略高度指出"人民健康是民族昌盛和国家富强的重要标志",要不断完善国民健康政策,使人民群众能够享受到全方位全周期的健康服务。在法治国家,健全且强大的法律制度是国民健康的有力保障。尽管我国已经建立起数量极为庞大的卫生法律集群,但是由于国民健康治理的模式和法治体系存在缺陷,因而这一集群保障国民健康的边际效益不断递减。在不断变化的社会条件下,国民健康治理面临从法治模式到法律体系再到法律原则等方面的全面转型,我国健康法治建设已经迈入了一个新的历史时期。新时期的健康立法应当立足于保障和促进国民健康,通过科学立法构建能够充分满足公民健康权益保障需要的法律制度体系。

一 国民健康的法治矛盾变化及面临的挑战

长期以来,我国逐渐形成了以实施具体的医药卫生技术为导向的碎片化单行卫生立法体制,这一体制虽然具有针对性强、操作性强的优势,但同时也流弊丛生,这些弊端既体现在宏观方面,也体现在微观立法技术方面。在医药卫生体制改革深入推进的时代,这一体制的弊端进一步放大,已不能适应全面实施健康中国战略的需要。

(一)传统卫生立法之弊

新中国成立以来,我国卫生立法在数量上空前繁荣,各类各级有权机关颁布了大量的规范性文件,共制定和修改了约15部卫生法律、约50余部卫生法规以及约250件卫生行政规章,其他规范性文件则数以千计。法律文件在数量上的增长部分地满足了医药卫生领域对法治的需求,大多数领域的卫生治理初步实现了有法可依，卫生事业法治化水平有了明显的提升。

然而，随着实践的发展，这种分散型的单行立法体制的弊端逐渐暴露出来，各单行法自身以及彼此之间存在的缺陷越来越难以克服，具体体现在如下几个方面：

第一，各单行法之间因立法缺乏系统性和协调性而产生法律冲突。例如，《医疗事故处理条例》与人民法院有关人身损害赔偿问题的司法解释在责任认定范围和赔偿范围上均有冲突——前者体现医疗服务的公益性，实行有限责任；而后者取向于医疗服务的商业性，主张等价有偿、损害填补。又如，《传染病防治法》第62条规定"对患有特定传染病的困难人群实行医疗救助"，然而根据《关于进一步完善城乡医疗救助制度的意见》等有关医疗救助的规范性文件，社会医疗救助制度的主要功能在于作为医疗保险的补充，以及为未参保困难群体解决医疗费用负担问题，满足困难群体的"基本医疗服务"需求，因而并未将特种传染病救治费用列入医疗救助费用担负范围。

第二，卫生立法工作较为被动，总体上缺乏必要的规划，从而导致前瞻性不足，不少重要立法呈现应急性、临时性特征。特别是在缺乏总体立法规划的指引的情况下，立法缺失问题更加突出。例如，我国制定了有关食品"卫生"的法律，但是食品"安全"问题长期被忽视；目前《食品安全法》虽然已经制定并实施，但是食品"营养"问题还有待通过立法加以解决。与之类似的，还包括区域卫生规划、急救、人类基因安全、药物警戒等方面的立法缺失。

第三，立法碎片化，同一项事务基于不同的立法角度被人为地割裂开来，同一主题的单行立法或叠床架屋、或零散杂乱。例如，从1952年至1989年，国家至少颁布了36项关于公费医疗的规范性文件；又如，在有关控烟的立法方面，《关于限制在公共场所设置烟草广告的通告通知》与《关于坚决制止利用广播、电视、报纸、期刊刊播烟草广告的通知》完全可以合并制定；再如，医疗服务作为一项最主要、最核心的卫生服务行为，应当有一部完整的法律加以全面规定，然而相关条款主要散落在《医疗机构管理条例》《执业医师法》和《侵权责任法》这几部法律、法规中，这使得法律之适用欠缺最基本的便利性；医疗服务立法缺失之严重，以至于《侵权责任法》越俎代庖，在这部全部为保护性条款的法律中，立法者例外地通过设置专章制定了大量的调整性条款。

第四，立法角度存在明显的单方性，卫生立法无论是在名称上还是在理念上、内容上，均大量植入了有关"管理"的"基因"、体现出单方管控的特征。例如，《医疗机构管理条例》《药品管理法》等法律文件即是如此；《执业医师法》因其在实质上强烈的"管理"特征而为广大医师所诟病。受立法视角的制约，相关立法的完整性不足，以《医疗机构管理条例》为例，有关公立医疗机构的治理结构、医疗机构的运营权、政府相关部门与各类医疗机构的关系、政府对公立医疗机构承担的责任等方面的规定均告阙如。

第五，立法次序较为混乱，立法的价值取向、立法的紧迫性和必要性等因素没有得到充分体现。例如，医疗保障的价值在于利用有限的公共财物资源最大可能地分散医疗费用风险，故健康风险愈大的群体则愈需要加以重点保障，然而自20世纪90年代以来，我国医疗保障立法的目标群体选择首先是从最具有自我保障能力的城镇职工开始，然后是占有一定生产资料或具有一定独立收入的农村居民，最后才是既不占有生产资料又没有独立收入的学生、家务劳动者等城镇居民。又如，在医疗保险和医疗救助两者之间，以抗风险为目的的医疗保险优先立法，而以保基本、保底线为宗旨、最具成本效益比的医疗救助立法却迟迟不能出台。

(二) 卫生法治系统的实践挑战

我国卫生立法体制存在的问题在宏观层面上主要表现为基础性立法缺失,能发挥基础性作用的规范性文件主要是数量极为有限的部门规章、其他规范性文件,更多情况下表现为政策性文件。[1] 基于我国的特殊国情,政策一定程度上发挥着法律的作用。[2] 受经济和社会形势的影响,政策的易变性、弱规范性、模糊性等诸多弊端被放大,有关卫生法治建设的一些重大基础性问题显现出来,主要体现为以下几点:

第一,立法的价值选择问题,即在公平和效率之间做何取舍,或以何者为先。这是卫生立法的根本性问题之一。自20世纪80年代以来,我国的卫生立法突出了效率优先的特征,导致国家和社会的责任体现不足,医疗卫生事业的公益性水平下降,造成了诸多公平性问题。例如,国家在公共卫生方面的投入和保障不足,在缺乏经费和人力资源支持的情况下,一些本已消灭的地方病重又抬头,肺结核等一些传染性疾病的治疗费用由个人担负;国家的卫生支出结构出现重城轻乡、重大医院轻基层医疗机构的问题,致使人口数量占多数的农村地区的缺医少药问题仍未彻底解决,基层医疗机构特别是农村、偏远地区的基层医疗机构

---

[1] 对整个卫生法律制度建设发挥根本性作用的,如《中共中央、国务院关于卫生改革与发展的决定》(中发〔1997〕3号)、《中共中央、国务院关于深化医药卫生体制改革的意见》(中发〔2009〕6号);在专门领域发挥基础性作用的,如《国务院关于建立城镇职工基本医疗保险制度的决定》(国发〔1998〕44号)等。

[2] 参见刘作翔《规范体系:一个可以弥补法律体系局限性的新结构体系》,《人民法院报》2012年7月20日第5版。

大面积解体。① 又如，建立公益性医药卫生制度不应局限于考量卫生经济指标，还应考量虽不符合效率价值要求但具有道德价值和社会效益的方面。然而，我国医药法律制度建设尚不能像社会权利保障法制发达国家那样有效保证罕用药物的供应保障，② 急救服务发展也较为滞后、问题多多。③ 再如，医疗保障立法基本上按照先社会强势群体再社会弱势群体扩展的顺序加以推进，④ 换言之，卫生公共资源优先保障了社会中的最有自我保障能力的群体。如果说获得卫生服务的机会公平、卫生资源的分配公平、健康领域的正当差别待遇是衡量卫生实质公平的三个基本方面的话，⑤ 那么现行卫生法普遍存在着公平性缺陷。

第二，医疗卫生事业的性质问题，即医疗卫生机构的法律性质是企业还是事业单位、事业单位是否允许进入市场营利等问题。在这个方面，相关法律和政策的立场出现重大偏差。例如，国家一度将医疗卫生"事业"做"产业"性规划；⑥ 出台规范性文件鼓励公立医疗机构从事营利性工副业经营；⑦ 在法律上将医疗服务关系视为民事法律关系，并规定通过违约或侵权之诉解决

---

① 参见卫生部《中国卫生统计年鉴2011》，中国协和医科大学出版社2011年版，第17页。
② 参见程岩《罕见病法律制度的困境与出路》，《河北法学》2011年第5期。
③ 急救服务是典型的被经济因素"绑架"的医疗服务。例如，湖南湘乡市人民医院120急救中心因患儿家属不能及时支付800元车费而拒绝配送急救车，致使病童因被耽误1个多小时而死亡。参见刘晓波《800元车费"卡"住1岁幼儿急救车》，《三湘都市报》2014年1月6日第A06版。
④ 如《国务院关于建立城镇职工基本医疗保险制度的决定》（国发〔1998〕44号）、《关于建立新型农村合作医疗制度的意见》（国办发〔2003〕3号）、《国务院关于开展城镇居民基本医疗保险试点的指导意见》（国发〔2007〕20号）等保障的对象依次是：作为经济优势群体的城镇职工和机关事业单位职工、有生产资料保障和生存保障的农村居民、既不占有生产资料又无独立经济收入的城镇居民。
⑤ 参见杜仕林《健康公平的法律本质解读》，《河北法学》2009年第8期。
⑥ 参见《中共中央、国务院关于加快发展第三产业的决定》（中发〔1992〕5号）。
⑦ 参见《卫生部、财政部关于加强农村卫生工作若干意见的通知》（卫计发〔1992〕141号）。

医患纠纷；法律允许患者自由选择医院、医生，①形成有规划、有组织、有特定目标的卫生公共服务体系与自由就诊的市场机制之间的矛盾，从而在客观上助推了转诊制度乃至整个卫生公共服务体系的低效运行甚至部分瓦解，造成了基层医疗机构资源的闲置性浪费和高端资源的利用性浪费。②

第三，健康责任分配问题，即保障和促进公民健康的责任在国家、社会和个人之间如何分配，以及责任大小问题。在这个方面，国家对国民健康承担的责任一度持续减少，社会和个人承担越来越主要的责任。③例如，国家在举国体育体制下将体育经费过度投入竞技体育项目，而对群众体育、全民健身项目支持不足；国家卫生事业费用占政府支出的比例长时间持续下降，④医疗机构的政策性亏损、正常运转经费主要靠药品价格加成的方式来解决，使得公立医疗机构部分地偏离了救死扶伤的法定公益性职责；婴幼儿以及中、小学生的免疫、营养费用主要由家庭和个人担负等。

第四，健康保障基本路线和模式问题，即中国特色医药卫生体制是否应当体现在法律制度上、法律是否应当保护民族医药卫生事业和产业、预防为主原则如何在法律上得以体现等问题。我

---

① 参见《城镇职工基本医疗保险定点医疗机构管理暂行办法》第9条、《关于实行病人选择医生促进医疗机构内部改革的意见》。

② 参见董文勇《医疗费用控制法律与政策》，中国方正出版社2011年版，第138—140页。

③ 从1990年到2006年，政府卫生支出占卫生总费用的比例从25.06%下降到18.07%，占GDP的比例从1%下降到0.82%；相应地，社会和个人卫生支出所占比例持续上升。参见中华人民共和国卫生部编《2011中国卫生统计年鉴》，中国协和医科大学出版社2011年版，第87、89页。

④ 从1990年到2006年，卫生事业费占财政支出的比例从2.79%总体持续性下降到1.96%。从2007年开始虽然比例上升，但是仍未恢复到1982年2.96%的比重。参见中华人民共和国卫生部编《2011中国卫生统计年鉴》，中国协和医科大学出版社2011年版，第90页。

国在计划经济年代首创了被世界卫生组织和世界银行誉为"解决发展中国家医药卫生问题的唯一典范"的低成本、高效益的国民健康服务体制，改革开放之后，由于对这一体制的制度性保障不足，以及由于对"高投入、高消耗、高消费"的"三高"西医医疗服务模式缺乏必要的干预，"慢性病高发难治、药害严重、医疗费用居高不下"这三大西方医疗体制弊端在我国逐渐显现。虽然世界银行早在1984年发布的《中国卫生部门报告》中就已经对中国步西方后尘的问题做出了提醒，[①] 我国历次医药卫生体制改革的相关文件也均强调预防为主、发展中医药事业，但是并没有在法律上得到充分体现和落实，因而国家的卫生发展战略流于口号和形式。此外，西方医学和中国民族医学在医学标准和评价体系等方面存在巨大差异，在两种医学和医疗服务体系的竞争过程中，我国民族医学技术及医学知识传播方式、民族医疗服务模式面临在技术上被边缘化、在管理上被"地下"化的严峻挑战，这与医学教育权、学术评价权、信息传播权、行政管理权的配置体制直接相关。国民健康路线的选择不仅仅是技术问题，同时也是法律问题，如果法律建设的重点和标准与西方接轨，那么民族医学和医疗服务模式则必然衰亡。

（三）国民健康法治保障困境之解读

碎片化单行立法体制存在的种种弊端表明，尽管专门立法和相应的政策趋于完备，但是由于存在价值选择和方向性问题，专门立法的效益差之毫厘失之千里，甚至南辕北辙。如果价值问题和方向性问题得不到解决，那么专门立法也难以独善其身。此外，一些深层次性的问题还有待解决，例如政府的卫生支出项目

---

① 参见郭清《城市初级卫生保健管理》，中山大学出版社1996年版，第9页。

和其他支出项目的竞争问题、卫生人力资源配置的结构性缺陷问题、解决"看病贵"的制度性协调问题、医药卫生发展模式问题、国民健康服务体系的中国化问题等,然而任何单行专门立法都不可能有效解决这些问题。健康领域的问题错综复杂,任何一个问题点都有可能牵涉到一个问题面,如"药价虚高"问题,制度的调整或构建需要协同进行,否则,难免"收之桑榆失之东隅"。还有,一些问题的解决还存在立法体制、执法体制障碍,仅针对某一问题的局部性立法还不足以解决问题,而是需要通过基本立法加以解决。[①]

上述问题多具有深层次性,甚至会触及政府职能及其运行方式、行政手段和市场机制的关系等基本层面,这决定了,任何单行专门(卫生)立法都不可能有效解决这些问题。鉴于单行立法体制弊端重重、重大卫生基本问题有待解决,我国有必要在整体性立法、综合性立法和基础性立法上"补课",尽快制定具有基础性地位的卫生法,使其能够在整个卫生法律体系中发挥基础性作用、对次位阶卫生立法发挥协调统领作用。为应对立法空白和法律冲突问题,我国还有必要对整个卫生法律体系进行系统规划、有机整合,从而保证以整个卫生法律体系的整体功能保障国民健康事业的优化治理。既有的卫生法律集群效力不足,更重要的原因在于法律精神和法律原则在不同程度上偏离了人文关怀目标。党的十九大报告指出,应坚持以人民为中心的发展思想,治国理政活动仍需强调群众路线,"把人民对美好生活的向往作为奋斗目标",因此,以医药技术、医药卫生业务为本位的立法注定不能有效发挥出应有的作用。

---

① 该问题典型者,如 2013 年春季以来出现的人感染 H7N9 禽流感患者的治疗费担负问题。在医疗、医保在立法和管理上相互分割的体制下,患者的医疗费用究竟由医保部门解决还是由卫生部门解决,出现了较大的分歧和不确定性。

二 新时代健康立法的战略转型

在缺乏必要的体系化整合的情况下，单行卫生立法的边际效益不断下降，外延型立法面临着向内涵型立法转变的情势。从历史角度看，我国医药卫生领域出现的种种问题，均与医药卫生制度的方向性问题、基础性问题相关，虽然技术性、局部性专门立法汗牛充栋，但是常常事倍功半，甚或劳而无功。[1] 为解决现实问题，我国经历了几次大规模的医药卫生体制改革，每次改革所制定的纲领性医改政策都收到了纲举目张的效果，深刻地影响了全局，发挥出了巨大效用。[2] 我国健康治理的历史揭示出一条重要规律，即框架性和方向性改革一直是国民健康治理的主要矛盾，卫生法治建设须在宏观层面与国民的整体利益和国家的国民健康政策相适应。

目前我国碎片化单行卫生立法的边际效益不断下降，以卫生政策为基础和主要工具的治理模式遭遇瓶颈，客观上，我国需要对卫生领域在治理模式和治理路径方面进行整体性的转换升级，通过对整个卫生法律体系的顶层设计，实现从治理模式到治理机制的全面优化，以确保和扩大法治要素在国民健康治

---

[1] 在药品价格体制方面，国家实行政府指导价和市场定价并举的制度，并为此制定了诸多精巧的各种规定和技术标准。然而，物价部门数十次限制药品价格，其直接结果不但没有起到实质性降价的作用，反而在客观上为不合理的虚高定价做了合法性背书，同时浮现的药品"降价死"问题也损害了药品的可及性。类似的问题还包括强令高端医疗人才沉降到基层的制度、有关废止"以药养医"的规定、有关禁止医务人员收受"红包"的规定等。

[2] 例如，医药新政深刻地改变了医药产业环境和市场竞争格局，药品价格趋于降低、医院对药品收入的依赖性降低等。参见侯勇、干荣富《简析新政引领下的医药工业现状与发展趋势》，《中国医药工业杂志》2014年第4期。医改还明显地促进了基本公共卫生服务逐步均等化、健全了基层医疗卫生服务体系。参见李玲、陈秋霖《理性评估医改三年成效》，《卫生经济研究》2012年第5期。

理中的应有作用,并进一步提升卫生法律体系在整体上的功能有效性。

(一) 从医药卫生立法到健康立法

健康问题错综复杂,决定个人和群体健康的因素不仅仅是医药和医疗技术、医疗服务水平、医疗保险能力等与疾病治疗相关的因素,还有公共卫生、病残康复等疾病预防、保健、护理等因素,以及饮食、居住、体育、伦理观念等社会性因素。健康因子和健康内容的多元性是近代以来人类社会努力探索健康之路的重要研究成果,也是20世纪六七十年代以来国际社会对传统的以城市为中心、以医疗为导向、医学精英主义色彩浓厚的健康维护体系进行反思的结果。基于健康因素的综合性和广泛性,现代国家的国民健康维护体系既包括保健、预防、医疗、康复等服务层面的体系,又包括医药研发、生产、供应等技术和物质层面的体系,还包括为医药消费提供经济支持的医疗保障体系;除此以外,国家还通过对经济、社会和文化等领域的干预,保障疾病抗御核心体系的有效运行、改善国民健康的环境和条件。

法律是一套利益分配规则,健康利益也必然是法律关注的对象。鉴于健康问题的系统性,有关健康的立法也必然错综复杂。与传统立法不同的是,有关健康的立法不仅是个意愿取舍和价值选择问题,而更应体现社会规律、遵循医学和药学自然科学规律,在法律上满足这些规律对人的行为的影响,据此重新调整人的行为、重构权利义务关系体系,以保证立法的科学性和有效性。这决定了,健康科学发展规律应当在立法方面得以体现,因而,有关保障和促进个人和群体健康的法律就绝不可能仅仅是医药法、医疗法和公共卫生法,但凡健康利益之所在,皆为立法之范围。

健康科学的发展对立法的影响不仅仅局限在有关健康之法的法律体系方面,还包括对相关法律之理念和精神的影响。在以生物医学为内容、以技术主义为路线和以治疗为核心的传统医学模式下,人是生物体,患者是病体,医学父权主义思想统治医患关系,患者也只能是医疗行为的客体、医生的支配对象,患者地位卑微而渺小。[①] 在法律上,人的因素会更多让位于技术和物质的因素,国家会制定大量的医药法、疾病防治法、医院管理法等以医药卫生业务为内容、以单向度管理和控制为特征、以行政权力和技术权力为本位的法律,而公民的健康权益、患者的医疗康复权益、医生和医院的权益难以彰显。随着生物医学向社会医学迈进,患者作为病体的技术价值和作为人的社会价值被挖掘出来,医学技术的发展客观上需要将医患双方视为伙伴关系,希波克拉底誓言也由医生的医学职业伦理教条成为贯彻仁爱平等精神的服务理念。伴随着20世纪六七十年代西方的患者权利运动和其他社会权利运动,在法律上,患者在医疗服务关系中获得权利主体的地位,[②] 一般公民在与其国家和社会的关系中也具有了健康权利主体的地位。

比较而言,现代健康科学和法学观念发生了质的飞跃,人的健康利益真正成为健康科学和法律所共同追求的目标。前者为公众和患者的健康做技术准备;而后者则调整技术利用关系,以保证健康相关主体借助经济的、社会的、文化的等措施,使健康科学发展的成果服务于全体国民和患者群体。

突出人的主体地位、目的地位,实现立法视角的转换,符

---

① 参见李霁、张怀承《医学模式的演进与患医关系的变更》,《中国医学伦理学》2004年第2期。

② 参见刘兰秋《域外患者权利的立法化简介》,《中国卫生法制》2007年第4期。

合我国社会主义现代化建设的阶段性特征和健康中国战略规划。党的十九大报告提出了新时代中国特色社会主义思想,要求新时代必须坚持以人民为中心的发展思想,而根据这一思想,为国民健康提供保障的立法必然要服务于人和人的健康需要,而不应服务于医药卫生经济和医药卫生技术。同时,受生物医学和医学精英主义的影响,我国过去几十年的卫生立法主要是围绕医疗和医药展开的,在该种立法模式下,不仅人的地位趋于工具化,而且形成治不胜治,防不胜防,医保基金压力不断增加,国民医疗负担加重的情势。在医药卫生体制改革逐渐深化的改革发展关键时期,习近平总书记深刻地指出,健康治理应当"以治病为中心转变为以人民健康为中心"①,这是基于对过去几十年国民健康治理历史教训反思而提出的战略性指引,完全符合国民健康领域主要矛盾的变化规律。随着人的地位、人的价值、人的健康利益在健康科学和法律科学中得到全面提升,深受健康学科规律支配的相关法律亦会从医药卫生立法向健康立法转变。

(二) 从"跛脚立法"到全面立法

健康问题对个人而言是人命关天的重要民生问题,对国家而言则是关系国民健康素质和社会问题的重大战略性问题。中国进入近代历史时期,即伴随着与国民健康直接相关的鸦片贸易问题;中华人民共和国成立之初,即掀起了"人类有史以来从未有过的"爱国卫生运动,禁毒、禁娼、消灭血吸虫和地方病,大规模的除病灭害运动和发展体育运动改善了国民健康素质,改变了国民既贫且弱、缺医少药的局面,为巩固政权和增强社会主义的

---

① 《把人民健康放在优先发展战略地位》,《健康报》2016年8月22日第1版。

优越性提供了支持,健康事业的发展成就也为中国在国际社会赢得极大荣誉。历史表明,中国作为世界第一人口大国,国民健康问题是个极具战略性的重要问题。

国家对于国民健康的保障方略直接关系公民健康权益的享有水平和国民健康整体水平。1978年以来,国家的治理模式开始转型,从依靠运动、依靠开会以及依靠政策和红头文件的国家治理模式向依靠法制模式转变;尤其是"依法治国"方略提出以来,法律日益成为国家保障公民权益、推进社会发展的最主要、最重要的途径。尽管中国特色社会主义法律体系基本建成,中国法治建设的重心正在由立法向执法、司法和法律监督方向转移,但是与民事、经济、诉讼等领域不断由核心立法向边缘立法、由基本立法向细部立法的良好局面相比,健康立法一直是中国法治建设的短板,甚至即便是健康基本立法这一健康法治建设的最基本任务也尚未完成。在我国整体立法体系当中,健康立法的不足反映出立法体制存在"跛脚立法"问题,因而在立法体制上还需要解决立法价值评估、立法次序选择等问题。

此外,我国还需要解决健康事业发展的推进模式问题。健康问题的复杂性、综合性决定了,健康法律体系必然无比庞大;健康问题的重要性决定了,保障公民健康权益和国家国民健康战略利益需要依靠法治这一国之重器。目前我国有关医药卫生的法律及与健康紧密相关的法律仅有10余部,法律、卫生行政法规、部门规章的数量规模依次急剧扩大,法律数量严重不足,健康法律体系结构性失调。与此相比,更待改进者为政策治理路径这一法治"先天性缺陷"问题,因为健康领域的很多重要事项仍依靠政策治理,例如在医疗责任保险、医事争议处理、医疗救助、基本卫生保健等领域,政策仍发挥着最主要的作用,这些领域尚待纳入到法治框架中。

立法是相关利益主体利益博弈和利益平衡的过程，这一过程能够保障法律对共同意志的体现和法律实施效果。健康问题涉及公民（患者）、国家、医疗卫生机构、卫生人员、医疗保险机构、医药企业以及其他企事业单位和社会团体的利益，健康立法涉及面越广则越需要谨慎立法、开门立法。健康立法固然有其技术性，然而该因素仅仅是其中一个方面。在民主和法治社会，在开放社会管理的时代背景下，无论在立法层面还是在社会层面，相关政府部门、卫生社会团体都不能是健康立法的主导者。健康立法的广泛利益关联性决定了，部门立法体制有待向立法机关直接立法、社会参与立法体制演进。

三 新时代国民健康法律体系建构

从"政""法"共治到依法治理，从医药卫生立法转型为健康立法，其意义不仅在于宣示法治的价值，而且还在于为健全和完善立法提供方向性指引，使健康相关立法无论在法治精神之贯彻还是在法律体系之建设方面，均能保证神形"健康"：一方面，围绕公民个人和全体国民的健康而立法，使碎片化、形式化的医药卫生法律具有了价值协调、功能协作的"灵魂"，凡不利于促成此种目的之法律，皆需要清理、修订；另一方面，促使与健康有关之法律形成体系，凡有空白者，皆须弥补，或经济、民事、行政等法律规范有碍健全权益保障之实现者，皆应调整甚至让步。这就需要建立一套与国民健康治理模式转型相匹配的法律保障体系。

（一）全面系统的应然法律体系

医药卫生事业和相关产业的根本价值在于通过医事药事手段

保障人体健康,然而,影响健康的因素较多,如生活方式、[1] 受教育水平、[2] 洁净的环境等,[3] 保障人体健康的手段也多种多样。实现健康不仅有人的要素,还有物和技术的要素;物的要素不仅有药品和医疗器械的要素,还有资金的要素;人的要素不仅包括卫生人力资源要素,还包括服务要素。除对公民健康有影响的各项要素是个复杂的体系外,健康服务体系本身也是个内部有机整合的综合体。按照健康需求的层次,健康服务体系至少包括健康促进服务体系、伤病风险预防服务体系、公共卫生服务管理体系、医疗服务体系、康复服务体系、安宁疗护服务体系、健康补偿服务管理体系、健康保障服务管理体系、健康资源配置管理体系等,如果着眼于健康服务的全面性、全周期性、连续性和系统性,那么这些服务体系均应当是完整的国民健康服务体系不可或缺的组成部分。

健康实现体系是个具有多层次、多面向的自然和社会体系,而全面、系统服务于国民健康的法律体系的基础是健康实现体系,后者的体系在很大程度上决定前者的体系,这决定了,健康法律体系也必然是多向度的、多层次的、围绕人的健康需要而组织起来的法律系统。健康相关领域体系庞大,不可能凭借一部或几部法律即可善治,因此有必要事先制定立法规划,根据健康法益的价值确定立法次序,然后依照规划分门别类地进行专门立法,通过"统分结合"式的系统性立法实现立法目的。卫生实践的系统性和相互关联性也决定了,构建保障国民健康的法律体系

---

[1] 参见[美]维克托·R. 福克斯《谁将生存:健康、经济学和社会选择》,上海人民出版社2000年版,第31页。

[2] See Grossman Michael, "The Demand for Health: A Theoretical and Empirical Investigation", New York: Columbia Press, 1972. Also see: Grossman Michael, "On the Concept of Health Capital and the Demand for Health", *Journal of Political Economy*, No. 80, 1972.

[3] See James Fries, "Aging, Natural Death, and the Compression of Morbidity", *New England Journal of Medicine*, 1980.

应避免走行政法体系建构的路子,而应建立在卫生基本法统筹、协调、指导下的多层次的健康法律体系。

党的十九大报告提出,实施健康中国战略,就是要"为人民群众提供全方位全周期健康服务";在2016年召开的全国卫生与健康大会上,习近平总书记指出:"在推进健康中国建设的过程中,……让广大人民群众享有公平可及、系统连续的预防、治疗、康复、健康促进等健康服务。"[①] 根据健康中国战略关于全方位、全周期为人民提供连续系统健康服务的宗旨,从我国健康立法的现状和趋势来看,我国拟建设的健康法律体系应当是以专门医药卫生法律为主体、以其他相关法律中的卫生条款为补充的,以众多专项健康法律为基础、以少量综合性卫生法律为统领的,以各专门领域基本法为支柱、以卫生母法为核心的,层次分明、功能整合、系统有机的卫生法律体系。根据以上不同类型法律在卫生法律体系中的功能,这一多向度、多层次的法律体系可分为三个层次:第一个层次的体系为"健康母法"体系,具体由"国民健康法"及其附属的起基础性作用的其他法律组成,发挥协调健康相关领域关系、框定健康基本关系、指导各专门分支法律的制定和实施之职能。第二层次的体系为健康基本法体系,即医药卫生各个专门领域的基本法,目前这一层次的法律全部呈空白状态。这一层次的基础性法律可包括"公共卫生基本法""医疗基本法""医疗保障基本法""医药基本法"等。[②] 卫生母法体系和卫生基本法体系共同构成基础性卫生法律体系。在健康母法和健康基本法体系的基础上,构建第三层次的健康法体系——单行专门医药卫生法体系,用以规范具体的服务和管理行为,例如在健

---

① 《把人民健康放在优先发展战略地位》,《健康报》2016年8月22日第1版。
② 法律文件的具体名称可分别确定为《公共卫生法》《医疗法》《医疗保障法》《医药法》。

康母法和公共卫生基本法的提挈下,再行制定"《基本公共卫生法》"等单行专门法;在卫生母法和医疗基本法基础之上,可再行制定"《基本医疗服务法》"等单行专门法。①

通过在现有法律加以有机整合的基础上构建系统完备的健康法律体系,在技术上可有助于实现三个主要目标:一是根据我国的宪法精神、宪法原则及《宪法》中有关医药卫生的条款,结合国家的国民健康政策,设置相对具体的基础性卫生条款,以纠正偏离宪法的改革行为、保证卫生法律体系与宪法保持一致。二是解决"跛脚立法"和健康法律体系割裂问题,根据人的健康需要填补立法空白、修正立法价值取向存在的偏误,贯彻落实健康中国战略所倡导的"大卫生""大健康"理念,实现体系内各法律分支的系统和协调,整合其法律功能。三是通过将卫生科学规律、社会科学规律、最新的法治精神以及国家意志充分纳入立法来保证立法的科学有效性,以解决立法"治标不治本"问题,实现对卫生领域的根本性治理。而要实现上述三个立法目标,则需要系统建立内容完整、符合国民健康政策和健康中国战略的健康法律体系,特别急需制定至今仍属空白的国民健康领域的基本法。

(二) 健康法律体系之基本法立法

长期以来,我国国民健康领域基本法缺位,前述单项医药卫

---

① 制定基础性法律,有必要区分"基本医疗卫生法"和"医疗卫生基本法"这两个概念。这是因为,"基本医疗卫生"已经是个含义相对确定的概念,"基本医疗卫生法"只能是有关"基本"层次的医疗卫生"服务和管理"的法,该法与是不是医疗卫生领域的"基本法"没有必然关系,当然,医疗卫生基本法和基本医疗卫生法也可以合二为一。而如果要制定"作为确保居民享受基本医疗卫生的法",其内容宜更为具体一些、更具有可操作性和规范性。鉴于医疗卫生法律体系复杂、庞大,故宜采取"医疗卫生基本法"和"基本医疗卫生法"分别立法的策略,在基本法之外再行制定"基本医疗卫生服务法"或"基本医疗服务法"+"基本公共卫生法"。

生专项立法边际效益下降问题与基本法缺失密切相关。在作为对内部统合卫生、医疗、医药、医保、保健诸专门卫生分支法律部门,对外部协调经济与社会关系的卫生母法体系之中,其核心法律文件的名称可以叫作"《中华人民共和国国民健康法》"。该名称既标明该法的地位,同时也蕴含着其价值追求。具体而言,该名称优势有三:

第一,我国卫生立法既缺乏在卫生政策中惯用的"国民健康"这个概念,也无作为国家基本制度层次上的具有战略性的国民健康立法。实际上,"国民健康"领域与"国民经济"和"国民教育"这两个领域一样,在国家生活中具有全局性、基础性、战略性意义,且关涉民族整体利益和全民的根本利益。以往的卫生法律和卫生政策体系过于强调技术性、微观性、管理性,而对于法律的目的性、意义和价值的体现,无论是在理念上还是在内容设置上,均未能充分体现出来。因此,卫生法在国家法律体系当中的地位低下,立法次序靠后。如果说目前中国特色社会主义法律体系基本建成,总体上解决了有法可依的问题,"在这种情况下,有法必依、执法必严、违法必究的问题就显得更为突出、更加紧迫"[1],那么,卫生领域的法治建设是唯一的例外,因为卫生立法整体滞后、立法层级普遍较低。当前我国正在大规模地进行社会建设和法治中国建设,而健康问题是一个重要的民生问题、社会建设问题,健康立法应在社会法治建设中居于首要地位。此外,国民健康和国民教育是关系国民素质、劳动者队伍整体素质的两个基本方面,有无国民健康战略、国民健康战略是否清晰、国家健康安全是否得到了保障等一系列问题关系到国家的前途和命运,国民健康是国祚之基石。有鉴于此,国家有必要通

---

[1] 参见《吴邦国在十一届全国人大四次会议上作的常委会工作报告(摘登)》,《人民日报》2011年3月11日第A02版。

过制定一部《国民健康法》，借以提升卫生立法的战略层次，解决困扰国民健康、影响公民健康权益的一系列深层次问题，提高全民族的健康水平。

第二，"健康"是一切医药卫生活动的最根本的目的，"国民健康"是整个医药卫生事业的灵魂，因而只有以保障、保护、促进国民健康为宗旨的立法才具有母法的地位。概念外延的广度决定了立法的层次，"健康"概念外延之广，非"卫生""医药卫生"等概念所能企及。相对于"健康"概念，卫生、医疗、医药、医保本身具有工具性价值，而不具有目的性价值，调整"卫生""医疗""医药""医保"关系的立法不可能成为健康领域的母法。概念内涵的统摄能力决定了立法的高度。人的需要、人的利益是一切社会活动的根本目的。"健康"这一概念能够体现卫生立法的终极目的、体现法律的人本理念，因此，《中共中央、国务院关于深化医药卫生体制改革的意见》的首条基本原则就是"坚持以人为本，把维护人民健康权益放在第一位"。一切医药卫生活动、卫生相关行政部门的一切权力行使行为均统一于国民健康，否则，医疗、医药和卫生技术及卫生行政权力就有可能蜕变为一种对人的压制力量，异化成为异端、邪术。"国民健康"这一概念明白无误地确定了医疗卫生立法的根本宗旨，不仅能够把卫生、医疗、医药、医保四项基本业务联系起来、统合起来，而且还能够把医疗卫生不能直接触及的领域（如食品安全、水源保护、全民健身等）联系起来。只有明确"健康"这个概念，才能在理念上、出发点上、落脚点上找到方向，防止国民健康事业因业务领域不同而被人为割裂，或因过于强调法律的工具性、技术性而陷入立法工具主义、技术主义的迷途。

第三，健康立法采用"国民"而不用"公民"的概念，不是单纯的修辞问题，而是关系到中国医疗卫生事业的基本方向、基本地位的政治和法律问题。作为卫生领域的母法,应当有责任反映卫生法的最根本的立场。在社会关系、社会结构简单的传统社会,整个社会呈国家和公民(臣民)二元对立结构,在法律上反映为公法、私法二元法律体系结构——国家只有通过宪法才面对整体意义上的公民,通过大量的具体的法律而面对个体意义上的公民。在具体的法律文件中,每一个人都是抽象化、符号化、原子化的,个人即便具有公民身份,也仍然体现不出作为个体的公民对于国家和社会的意义;特别是在私法视野中,涉及公共层面的利益较少出现。这是一种典型的"只见树木不见森林"的立法体制。即便是进入了现代社会,"公民"概念也仍旧只能反映人的法律身份,而反映不出国家和个人之间双向的利益对立统一关系。受传统立法体制惯性的影响,传统的卫生立法主要采取的是微观的和个体化的视角,一方面,国家注重对公民的单向度管控,并且因为看不到公民对国家的意义而少有给予,例如早期之卫生立法即是以单纯管控为目的的环境卫生管理;另一方面,公民对自己的健康负有责任,自行到市场上购买医疗服务,即便是为了治疗所罹患之传染病也不例外。在此情况下,医疗卫生关系主要体现为私法关系、民事法律关系。但是,基础性卫生法特别是卫生母法的重要任务是框定健康相关基本关系、基本秩序,"国民"概念对于实现这一立法目的具有难以被替代的意义。"国民"乃是相对于"国家"而言的,是个群体概念、总括性的概念,不仅有法律意义,还有政治意义,该概念强调国家所保障的是全体国民的概括性利益、共同利益和根本利益。在量的意义上,其内涵远高于无数个体利益简单相加之和;在质的意义上,"国民"概念无法以任何形式的"公民"概念所取代。也有学者指出"公民"概念存在着内涵方面的固有局限性,"公民"概念无法弥合"在法律话语与政治话语之间、官方话语与民间及学术话语之间的语义断裂",这一概念所承载的价值理念已经达到超负荷的程度,"国民"概念有重启之必要。① 有鉴于此,一方面,国民健康对于国家具有基础性意义、全局意义和长远意义,其价值不在于其经济价值,而在于其政治价值、社会价值和民族利益价值,因此,国家之前途维系于国民之健康;另一方面,国民健康问题需要纳入国家发展战略、在整个国家层面上加以解决,公民个体化解决机制无益于实现整体健康利益,因此,国民之健康依赖于国家之保障。以"国民"的健康为立法基调,必然能够体现立法的基础性意义,也必然要求整套国家机器在健康领域发挥主导性作用,只要国家职能不缺位、错位、越位,医药卫生服务领域就会草随风动、不走歧路。

总之,《国民健康法》望文生义即是框定宏观制度架构和体现方向性的具有基础性地位的健康基本法。

(三) 健康法律体系补白立法

鉴于健康利益具有综合性,健康法也应当是一个完整的法律体系,既不能存有空白,也不能彼此割裂,既要防止"跛脚立法"又要改进"残缺立法"。我国的健康法律体系目前尚缺一些为实施健康中国战略所需要的法律,例如基本医疗服务法、基本公共卫生法、国家基本药物法、基本医疗保险法等。一些关键重要领域,例如医疗救助、院前急救、中医药等领域,需要及时立法以填补空白;或者在政策性文件的基础上整合其他规范性文件,制定相关法律,如卫生资源配置法、医事争议处理法等。此外,还有必要升级一些法规、规章和其他规范性文件的立法规格,例如,可以在《医疗机构管理条例》的基础上,整合有关医

---

① 参见郭台辉《"国民"与"公民"之间:citizen 在中国》,《中国社会科学报》2013 年 5 月 29 日第 A06 版。

疗机构分类管理、分级管理、医疗机构规划等方面的规范性文件，根据医药卫生体制改革有关公立医疗机构治理的要求，制定一部综合性的《医疗机构法》。

健康权益价值之巨，丝毫不亚于政治权利和经济权利。健康立法有必要秉持法律保留原则，尽量减少授权立法，并在尽可能的情况下，将低位阶规范性文件转化为法律文件。此外，基本立法只做出原则性规定的，需要及时制定具体的实施细则。

四 新时代健康立法的价值追求

保障和促进民生已成为我国社会主义法治建设的重要任务，以人为本的理念贯通整个法治建设。医药卫生法向健康法的嬗变解决了为何、为谁而立法的问题，全面立法解决了为全体国民提供全方位、全周期的健康服务需求问题，人的健康及人的健康权益成为健康法治最为核心的概念，因而，与保障和促进国民健康有关的法律必然产生从医方技术本位、政府业务本位向公民权利本位演进，根据保障和促进公民健康权益、改善国民健康的需要而完善立法的需求。健康中国健康战略的实施从根本上改变了健康治理模式问题，作为与健康中国战略相配套的法律系统，也应当将法治精神与健康治理结合起来，全面体现新时代致力于保障国民健康的法律所应当蕴含的一系列新的价值理念。

（一）健康权益本位

法治社会，以民为本，权利优位，国家的一切权力皆服务于个体的或整体的公民权利。权利是利益的法律表现形式，国民的健康利益在法律上表现为健康权利。然而，健康之保障、保护与促进以公共资源为基础，健康标准可高可低，但是健康保障资源却难以无限投入。由于支撑健康服务体系的物质资源具有稀缺性,世界上多数国家并不承认可将健康利益或健康人权上升为法定健康权利,即便像英国这样经济发达且具有悠久法治传统的国家也是如此,国家可以建立健康服务体系和健康法律制度,但是并不赋予公民以健康权利。在这些国家,国民健康服务制度是一项社会福利制度,国家可以根据资源条件的具备水平来决定对哪些群体提供健康服务、健康服务的类别、健康服务的形式和健康服务的水平,从而防止公民在因医疗资源匮乏而影响其健康利益之时起诉国家。作为卫生资源稀缺的发展中国家和法治国家,我国有必要承认并逐步扩大公民的健康权利。为此,卫生立法需要在确认一些核心的健康权利的基础上,[1] 国家视经济和社会发展水平、公共资源充足程度,尽量满足公民的其他健康利益诉求。因此,法律应当且只能以公民的健康权益为立法本位,并以此统摄整个健康法体系。

为切实保障公民健康权益,贯彻权利本位法治理念,健康立法需要明确公民享有健康权益。我国宪法和有关公民健康的主要法律文件没有明确承认公民享有"健康权益"或"健康权利",而将立法目的规定为保障"公民健康"。实际上,"健康权益"和"健康"是两个不同的概念,前者是实现后者的技术性法律手段,在法治社会,倘若健康权益缺失,则健康法就有可能蜕变为政府医药卫生"管理法",健康利益可能得不到保障,立法目的就有可能落空。因而,将实现公民健康权益作为立法、执法和司法的目标是健康立法不能回避的问题。明确公民健康权益问题的另一面,是准确识别不同性质的健康权益,并根据权益的不同性质制定有利于权益实现的法律。我国的健康相关立法对作为私权

---

[1] Gostin, L. O. and Lazzarini, Z., *Human Rights and Public Health in the AIDS Pandemic*, Oxford: Oxford University Press, 1997, p.29.

利的健康权提供了较为充分的保护,例如民法就保护身体权、刑法在惩治医疗犯罪等方面的立法较为完善,而对作为公共权利的健康权的保护和促进还有待加强,例如,有关公共卫生、卫生资源配置等方面还需要立法。

(二) 国家最终责任

鉴于健康因子错综复杂,对保障、保护和促进国民健康权益负有义务的主体是与健康事务相关的国家机关、社会组织、权益主体本人和他人。国家是主权所有者和社会支配者,一切可能影响健康的各种社会活动和社会条件均产出于国家所设定的体制框架,这些社会活动和条件包括卫生服务提供和管理体制、生活条件、环境质量等要素,而这些要素奠定或决定了全体国民健康的总体水平,是公民个人难以凭个体力量加以改变的,所以国家对国民健康负有最终的责任。

国家对国民健康负有责任并不意味着国家责成其政权组成机关事事负责,而是意味着:第一,当其他主体借助一定的机制提供健康服务更为有效、对公民个人或公共健康福利更为有利时,国家应予尊重并提供必要的辅助。第二,当其他主体失于保障公民健康权益之时,国家有关机关应担负起相应的干预或保障责任。第三,当社会和个人在其能力范围之内不能实现法律所设定的健康保护和健康促进目的之时,国家应最大可能地保障卫生资源的有效提供。第四,国家以不直接提供医疗服务为原则,但是可以通过调整管理服务体制、推进医药卫生改革、组建服务体系、配置资源、实施监督、维护基本服务秩序、消除国际障碍或促成国际合作等形式为医疗性国民健康服务创造条件;对于社会不能提供的医疗性国民健康服务,国家应委托提供或代为购买医疗服务;对于医疗性服务以外的其他国民健康服务,应以国家直

新时代国民健康的立法保障

接提供或委托提供为原则。第五，国家对国民健康的不利结果承担不可推卸的责任，当全社会整体健康水平下降时，无论直接原因如何，国家具有可责难性。

就国家和国民的整体关系而言，"国家"既是国民健康的受益者，又国民健康利益的代表者，还是国民健康责任的承担者。各位阶的卫生立法，均有必要在相应的立法范围内，明确"国家"在国民健康事业中不可替代的责任主体地位，以为解决各种方向性问题、体制机制问题、问责问题提供最根本的法律依据。

（三）公平效率平衡

"公平"和"效率"是我国国民健康事业最核心的一对对立统一的价值，这对价值影响国民健康事业的各个方面。如何在法律上正确体现公平和效率，一直是我国医药卫生体制建设和改革的根本任务之一。国民健康事业之所以奉行公平原则，是因为健康事务具有强烈的道德性、政治性和社会性，国民健康本身即为目的，但是不能作为实现某种目的（如经济发展目的）的工具，也不具有可置换性或可交易性，更不可被舍弃。事实反复证明，单纯以效率为导向的商业性医疗服务机制不能完全保证公平，因为收入差距会直接造成医疗服务购买力的差距、健康水平的差距。[1] 然而，任何公民个体之间的以及不同群体之间的健康对于国家都具有同等重要的价值。国民健康事业之所以奉行效率原则，是因为健康资源、国家管理资源都具有稀缺性，理应加以有效利用。公平和效率相平衡，意味着国民健康资源配置和目标选择既不能在地域上、业务领域上、保障对象选择上厚此薄彼、嫌贫爱富，或忽视长期才能见效的服务、外部性强的服务，也不能

---

[1] 参见洪秋妹、常向阳《我国农村居民疾病与贫困的相互作用分析》，《农业经济问题》2010年第4期。

不计成本、不加区分。公平和效率相平衡是指总体而言，但并不排除在个别专门立法、局部性法律制度中以其中之一作为主要、优先的价值选择。为此，需要在整个健康法律体系内保证总体上的价值平衡、结果上的正确。

（四）健康与经济社会协调

国民健康事业的基础是经济和社会条件，国民健康的组织服务体制、保障水平、保障内容等均受经济和社会发展条件的影响，世界各国均根据经济和社会发展水平、以其可动员的医疗卫生资源和其他社会资源来尽可能保障国民健康。健康事业与国民经济社会发展协调原则意味着两点：第一，根据经济和社会条件确定国民健康保障水平：一方面保证国民的健康水平与经济和社会发展水平同步提高，使全民在健康领域凭其国民身份分享经济和社会发展的成果；另一方面，经由国家提供的国民健康服务的内容和水平不应超出经济和社会条件的承受能力，以防不适当挤压经济发展的空间、损害社会活力以及放纵自害行为习惯。① 第二，根据变化了的经济和社会条件进行立法，以保证法律的有效性。例如，改革开放前，交通、户籍和公民个人收入水平等因素对转诊秩序形成发挥了一定的作用，但是改革开放之后，这些条件发生了巨大变化，以往转诊制度的运行条件不复存在，转诊制度在事实上已经解体，但是国家没有及时针对变化了的条件进行立法调整，诊疗秩序陷入混乱无序的状态。合作医疗制度、生殖健康服务制度同样不同程度地存在滞后于经济和社会发展的情形。

---

① 自害行为通常包括酗酒、吸烟、吸毒、飙车、自伤自杀等可能和能够造成自我伤害的高健康危险行为，公共健康服务资源不应当背负个别人有意的健康成本转嫁。

五 结语

卫生立法的关键不在于其数量,而在于其有效性。实践表明,立法如医病,单纯走技术主义路线、专门化路线不一定最为有效,在更高的层次上,需要解决的恰恰是方法、方案乃至思维方式上的选择问题。在过去几十年当中,卫生法治化发展不充分,以医疗和医药为主要内容的卫生立法存在方向和模式的问题,医药卫生事业在某种程度上偏离了改革的目标。随着健康中国战略的提出和实施,目前我国正处于国民健康治理模式转型的路口,新时代的国民健康治理必然走法治道路,而厉行法治的前提在于立法。健康问题错综复杂,有关健康之立法必难以简略。健康立法之难,不仅在于需要重新调整立法目的,而且还需要改进健康立法体制、建设全方位满足公民健康权益和国家国民健康战略利益需求的完整法律体系,这是一个从理念到方法、从技术到制度的艰巨的系统工程。尽管如此,目前全面进行社会建设、保障和改善民生、深入推进医药卫生体制改革和实施健康中国战略为健康法治建设提供了良好的契机,近年来国家立法规划中的健康立法规划项目不断增多,这一趋势与时代潮流高度契合,健康立法必将成为社会立法、民生立法的主要增长点。

(作者为中国社会科学院法学研究所副研究员)

农村留守群体关爱服务体系构建

邓 丽

> 完善社会救助、社会福利、慈善事业、优抚安置等制度，健全农村留守儿童和妇女、老年人关爱服务体系。
> ——十九大报告

在我国经济、社会高速发展的跑道末端，数以亿计的儿童、妇女和老人踯躅在相对落后、相对寂寥的乡村社会。留守的背后是个体贫穷、家庭分散和社会疏离，是现代化背景下家国关系的乡村映象。极速前进的跑道另一端——工业化、都市化、现代化的一端——绝不应忘却，这些贫弱的妇孺老幼留守的不仅是自己的家园和村落，还是国家的田野和疆土。建构农村留守群体关爱服务体系，必须直面家国关系重构的重大时代命题，集聚现代社会资源，通过完善社会保障、支持家庭建设、引介公益资源等全面助力农村人口、农村留守群体对抗工业社会给个人和家庭带来的巨大风险，共同建设和发展有动力、有活力、有前景的新时代农村家园。

一 家国关系的乡村映象

（一）家国一体下的乡村家庭秩序

在中华五千年历史上，乡村是传统文化的发源地和主阵地，代表以宗族土地制度为基础的农耕文明、乡土文化和治理模式。由战争和祭祀两大社会学成因推动形成的家国一体、家国同构、家国合一治理模式是千百年来皇族政权的精髓所在,[①] 其具体内涵主要包括:家与国呈二元结构,二者组织模式和政治功能相通,注重家族团体利益,推崇伦理道德治国。[②] 春秋之前的夏商周三代和秦汉以后的帝制朝代在治理结构和意识形态上莫不推崇国与家遵循同样的模式和准则,通过家的维系凝聚国的统治。[③] 在文化上,以儒家为代表的礼制强调"君君,臣臣,父父,子子"(《论语·颜渊》),国家治理中的君臣角色堪与家族关系中的父子身份相提并论;强调个人修为、家庭管理、国家治理、建功天下之间的顺承关系,所谓"物格而后知至,知至而后意诚,意诚而后心正,心正而后身修,身修而后家齐,家齐而后国治,国治而后天下平"(《礼记·大学》)。家与国始终保持在同一个逻辑链条上、同一个话语情境中。数千年封建法制较为一致地呈现诸法合体、民刑不分、以刑为主的特点,也从实证法层面验证了家国之间由礼入法、径相接驳的治理模式。历史社会学——历史与社会学的相遇[④]——观点指出,直到1949年以前,中国约五分之四的人口居住在农村,依附于自己所侍弄的土地和庄稼,剩下的地主、学者、商人、官员等少数阶层在城镇流动,农民在艰苦的生存条件下却有着高水准的行为范式,其家庭体系既衍生出力量又滋养着惰性,这个体系是微观宇宙,也是迷你国家,家庭

---

① 刘毅:《家国传统与治理转型》,《中共中央党校学报》2017年第21卷第1期。
② 盛泽宇:《"家国同构"问题与中国的法治国家建构》,《中国政法大学学报》2015年第6期。
③ 刘毅:《家国传统与治理转型》,《中共中央党校学报》2017年第21卷第1期。
④ [英]丹尼斯·史密斯:《历史社会学的兴起》,周辉荣、井建斌等译,上海人民出版社2000年版,第4页。

而非个人才是社会单位和政治生活的责任单元。①

（二）家国分离中的乡村家庭危机

近代以来，中国历经苦痛、彷徨、抗争之后，终于向工业化文明迈进，最终以迅猛之势步入现代化轨道。工业化生产模式大大颠覆了农耕文明的经济基础，个体从土地和家庭中游离出来，呈原子态向城镇流动，成为流水线上的劳动力。原来附着于土地从而具有静态性、稳定性的乡村家庭被迫打开缺口，维系礼制的行为范式无以为继，家庭对于国家统治的效用逐渐减弱，在公社运动、"文化大革命"等"斗私批修"的浪潮中家庭甚至被刻意地削弱和冲击。②同时，随着西学东渐思潮日甚，关于家国关系的理论认识走向对立面，西方理论传统认为，血缘关系和亲族纽带可能对国家构成和运行构成妨碍，因此从国家治理立场出发对家庭充满了防备和质疑。如柏拉图在《理想国》中视家庭与城邦如水火，极端地主张消灭私的家庭生活而统归于公的城邦治理。③在理论和现实的双重冲击、世界与民族的时代角力下，家与国之间逐渐疏离，罅隙渐生。

历史法学——显然是历史与法学的相遇——认为，"我们当下思考家和国需要倍加小心，要在家和国中间加一个'连接/中断'的符号，即'家—国'。二者的关系不再顺畅，而是被不停地打断，新型的家—国关系需要在这些缝隙的基础上重新思考和

---

① John King Fairbank, *The United States and China* (Fourth Edition, Enlarged), Harvard University Press, 1983, pp. 20 – 21.
② 孟宪范：《家庭：百年来的三次冲击及我们的选择》，《清华大学学报》2008年第3期。
③ 肖瑛：《家国之间：柏拉图与亚里士多德的家邦关系论述及其启示》，《中国社会科学》2017年第10期。

构建"[1]。家与国之间旧有的连接不停地被打断，喻示着家与国的需求和利益不尽一致，尤其是传统的家庭形态和现代的发展道路，一静一动，一私一公，一个植根于过去，一个狂奔向未来。在治理结构上，除了固有的家庭、国家之外，个体和社会作为新的价值维度被"发现"。西方法哲学以政治国家与市民社会的分离为逻辑起点，强调通过市民社会的"权利"制衡政治国家的"权力"，视之为民主社会独有的治国战略。[2] 权利终究是归属于个体的，在权利张扬的时代，个体与家庭的关系也发生了质的嬗变：以个体为中心设计、选择生活的逻辑变得极为重要，家庭则面对容纳个体的兴趣、利益、经验等挑战，由此产生结构性的矛盾和冲突。[3] 这种矛盾和冲突在城市表现为离婚率不断上升，赡养纠纷、房产纠纷不断增多，在农村则表现为维系家庭的组织与人力纤维被完全隔断，传统家庭礼法体系被解构，[4] 呈现出家庭经济职能收缩、情感纽带脆弱、社会功能不足的危险态势。农村留守群体与其远离家乡的家庭成员一道成为农村家庭危机的亲历者和承受者。如果不能在国家保障与社会支持下重新构建新的富有建设性的家庭关系和家庭秩序，它们最终会成为这场浩大规模家庭危机的受害者。

---

[1] 张新刚：《有待安顿的新家国关系》，载许章润、翟志勇主编《历史法学·第十一卷·敌人》，法律出版社2016年版，第68页。
[2] 侯健：《三种权力制约机制及其比较》，《复旦大学学报》（社会科学版）2001年第3期。
[3] 石金群：《独立还是延续：当代都市家庭代际关系中的矛盾心境》，《广西民族大学学报》（哲学社会科学版）2014年第36卷第4期。
[4] 彭卫民：《"家"的法哲学建构何以可能？》，《天府新论》2017年第2期。

二 农村留守群体的现实困境与政策照护

(一) 农村留守群体的现实困境

农村留守群体的形成始于20世纪90年代初期兴起的农民进城务工大潮。根据国家统计局发布的历年《国民经济和社会发展统计公报》，自2013—2017年，我国城镇人口逐年上升，乡村人口逐年下降，农民工尤其是外出农民工数量连年增长，迄今已达1.7亿规模。(见表1)

表1　2013—2017年我国人口分布及农民工流动数据[①]

年份	城镇人口及占比	乡村人口及占比	流动人口/农民工数量	
2013	73111万人，占53.73%	62961万人，占46.27%	流动人口2.45亿人	
2014	74916万人，占54.77%	61866万人，占45.23%	流动人口2.53亿人	
2015	77116万人，占56.10%	60346万人，占43.90%	农民工总量27747万人，增长1.3%	
			外出农民工	16884万人，增长0.4%
			本地农民工	10863万人，增长2.7%
2016	79298万人，占57.35%	58973万人，占42.65%	农民工总量28171万人，比上年增长1.5%	
			外出农民工	16934万人，增长0.3%
			本地农民工	11237万人，增长3.4%
2017	81347万人，占58.52%	57661万人，占41.48%	农民工总量28652万人，比上年增长1.7%	
			外出农民工	17185万人，增长1.5%
			本地农民工	11467万人，增长2.0%

注：2014年以前，《国民经济和社会发展统计公报》中仅有"流动人口"数据而无农民工数据，该指标是指人户分离人口中扣除市辖区内人户分离的人口所得。2015年以后公报在"流动人口"之外单独统计"农民工"数据，农民工总量是指年内在本乡镇以外从业6个月及以上的外出农民工和在本乡镇内从事非农产业6个月及以上的本地农民工两部分的相加值。

[①] 根据国家统计局政府网站公布的历年《国民经济和社会发展统计公报》整理，2018年7月22日 (http：//www.stats.gov.cn/tjsj/tjgb/ndtjgb/)。

近2亿的农民工离乡去家,被留在身后的是规模相当的农村留守群体(英文称 left-behind),这一概念是农村留守儿童、老人和妇女的统称,他们同时也有"386199"大队的别称,①分别以我国三八妇女节、六一儿童节、九九重阳节代指相应的群体。这些在传统文化、社会政策中备受优待的群体由于身处落后、割裂、凋敝的农村而成为社会现实中最贫最弱最苦的人群。据民政部2015年统计数据,当年我国农村留守儿童超过6000万,留守妇女约有4700多万,留守老人约有5000万,总人数逾1.5亿。② 作为参照数据,国家统计局公布当年乡村人口总数为60346万人,占全国人口的43.9%,外出农民工16884万人,增长0.4%。③ 关于留守群体的统计数据一直处于变动之中,除统计口径、统计方法的差异外,④ 也受到农民工数量、随迁子女人数(流动儿童)等相关因素的影响。2016年,民政部、教育部、公安部联合开展农村留守儿童摸底排查工作,采纳《国务院关于加强农村留守儿童关爱保护工作的意见》的概念界定,将"父母双方外出务工或一方外出务工另一方无监护能力,无法与父母正常共同生活的不满十六周岁农村户籍未成

---

① 李海涛:《三大留守人群的守望与期待》,《中国社会工作》2014年第6期。
② 王洹星:《民政部称 中国农村"空心化"日趋显著 留守人员总数超1.5亿》,2015年6月2日,国际在线(http://politics.people.com.cn/n/2015/0602/c7 0731-27093835.html)。
③ 参见国家统计局于2016年2月发布的《2015年国民经济和社会发展统计公报》,2018年7月21日,国家统计局门户网站(http://www.stats.gov.cn/tjsj/zxfb/201602/t20160229_1323991.html)。
④ 统计口径的差异主要表现在对留守儿童的界定,如"留守"是指父母双方外出还是父母一方外出,对父母外出时长有没有要求;"儿童"是指14岁以下还是16岁、18岁以下等。统计方法的差异主要是指人口普查和人口抽样调查的区分。根据2010年第六次全国人口普查数据估算,农村留守儿童规模为6100万,占农村儿童的40%,占全国儿童的22%。参见国务院人口普查办公室、国家统计局人口和就业统计司编《中国2010年人口普查资料》,中国统计出版社2012年版。

年人"认定为农村留守儿童,摸底排查出此群体为902万人。①此后民政部负责人回应农村留守儿童统计数据何以锐减时解释称,一方面是新型城镇化建设、扶贫攻坚、户籍制度改革、随迁子女就地入学、返乡创业等系列政策和工作的有效实施为减少农村留守儿童数量创造了有利条件,另一方面是因为对留守儿童的界定发生改变,之前对留守儿童的定义是"父母一方外出务工、不满十八周岁"②。

农村留守群体内部存在性别、代际、贫富差异。儿童、老人和妇女各自面临的困境有所不同。留守儿童的处境最早受到瞩目也最多受到关注。③自 2000 年左右"三农"问题引发社会大讨论,④对农村义务教育的观察与反思揭示出留守儿童群体的困境,此后关于留守儿童的媒体报道、课题研究越来越多、越来越深入,既有"问题"视角也有"比较"视角,涉及这一群体的温饱安全、教育监护、心理行为等诸多方面。⑤

留守儿童所处困境主要表现在:(1)家庭照料与监护不足或缺失。据 2016 年民政部、教育部、公安部联合开展的农村留守

---

① 高晓兵:《关于农村留守儿童摸底排查工作基本情况的通报和"合力监护、相伴成长"关爱保护专项行动的说明》(2016 年 11 月 9 日),2018 年 7 月 19 日,民政部门户网站 (http://mzzt.mca.gov.cn/article/nxlsrtbjlxhy/zhbd/201611/20161100887430.shtml)。

② 《民政部有关负责人就农村留守儿童摸底排查情况答记者问》(2016 年 11 月 9 日),2018 年 7 月 19 日,民政部门户网站 (http://mzzt.mca.gov.cn/article/nxlsrtbjlxhy/zhbd/201611/20161100887454.shtml)。

③ 相较于留守老人和留守妇女,留守儿童受到的关注更多更显著:在中国知网上用关键词"留守"进行搜索,首页 50 条信息全部是关于"留守儿童"的研究论文,改用"留守儿童"搜索到 9992 个条目信息,用"留守老人"为关键词获得 792 个条目,用"留守妇女"为关键词获得 1013 个条目。

④ 2000 年,时任湖北监利县棋盘乡党委书记的李昌明给国务院领导写信坦陈:"农民真苦、农村真穷、农业真危险!"国务院领导对此两度批示,引发一场"痛苦而又尖锐的改革",自此三农问题成为政府决策层和社会各界人士众所瞩目和关切的重大议题。参见黄广明、李思德《乡党委书记含泪上书 国务院领导动情批复》,《南方周末》2000 年 8 月 24 日。

⑤ 谭深:《中国农村留守儿童研究述评》,《中国社会科学》2011 年第 1 期。

儿童摸底排查数据显示，902万农村留守儿童中由（外）祖父母监护的805万人，占比89.2%，由亲戚朋友监护的30万人，占比3.3%，无人监护的36万人，占比4.0%，一方外出务工另一方无监护能力的31万人，占比3.4%。① 监护不足或缺失导致农村留守儿童在营养摄入、安全防护等方面都处于不利形势。中国青少年研究中心与中国青年政治学院及全国省级团委、团校和相关研究机构于2013—2014年联合开展"全国六类重点青少年群体研究"，发现全国农村留守儿童意外伤害凸显，过去一年中有49.2%的留守儿童遭遇过意外伤害，比非留守儿童高7.9个百分点。②（2）教育资源匮乏，教育条件不便，教育质量有待提高。农村留守儿童大多身处偏远乡村，一方面学校硬件设施简陋、师资力量薄弱且不稳定、教育理念滞后于时代发展，素质教育无法展开，另一方面儿童为了入学受教需要克服很多困难和不便，如上学路途遥远且不安全，兼顾农活家务学习时间无保障，拓展学习培养兴趣无资源等。由此导致农村留守儿童缺乏学习兴趣和学习动力，在教育竞争中处于弱势，以致儿童及其父母、家庭对于通过入学受教改变自身命运轨迹的期待不高，更加影响到教育投入。③（3）社会支持较弱，社会化过程受阻，心理健康及心理调适水平有待提高。前述"全国六类重点青少年群体研究"发现，当前农村留守儿童心理健康问题比较突出：留守女童负面情绪相对明显，经常感到烦躁、孤独的女童比例高于男童，留守男童出

---

① 高晓兵：《关于农村留守儿童摸底排查工作基本情况的通报和"合力监护、相伴成长"关爱保护专项行动的说明》（2016年11月9日），2018年7月19日，民政部门户网站（http://mzzt.mca.gov.cn/article/nxlsrtbjlxhy/zhbd/201611/20161100887430.shtml）。

② 赵婀娜：《青少年群体报告：去年49.2%留守儿童遭遇过意外伤害》（2014年11月30日），2018年7月20日，人民网（http://politics.people.com.cn/n/2014/1130/c1001-26120076.html）。

③ 陈静、王名：《教育扶贫与留守儿童关爱体系建设》，《西北农林科技大学学报》（社会科学版）2018年第18卷第2期。

现问题行为的比例较高；父母外出对小学中年级儿童的影响更大，四年级留守儿童因父母外出性格比原来内向胆小的比例更高；青春期叠加留守使得"初二现象"更为显著，初二留守学生与父母关系较差；寄宿留守儿童对生活满意度相对较低；母亲外出的留守儿童整体状况欠佳，表现在生活不良习惯、网络不良行为等各个方面。①

我国目前尚无政策文本对留守老人进行界定，学界对这一概念有多种探讨但未形成共识。判断是否留守老人通常从如下几个要素进行辨析：达到一定年龄（60岁或65岁以上）的农村户籍老人，（全部或与老人共同生活的）子女外出（学习、工作或定居）达一定期间（半年或一年以上）。② 最典型的留守老人群体是因子女外出务工而在劳务负担、生活照料、身心健康等方面受到影响的农村老人。农村留守老人所处困境主要表现在：（1）劳务负担沉重。由于子女外出务工，留守老人虽已年迈仍勉力而为承担超出自身体力精力的农活，农忙之余还有些老人从事非农生产以贴补家用，更多老人会帮助子女料理农活或者抚养同样留守的孙辈。前文所引统计数据表明，父母同时出外务工的留守儿童近90%是由祖父母或外祖父母抚养照顾的，照护幼小需要花费很多时间和心力保障衣食供给并防范意外风险，从老人的反馈和儿童的境况来看，这的确是在农事之外大大超出留守老人能力范围的劳务负担。（2）生活与疾病照料不足。留守老人的生活照料状况在很大程度上受到家庭结构、居住安排和两代人之间空间距离

---

① 《中国青少年研究中心——农村留守儿童成长存在九类突出问题》，《领导决策信息》2014年第47期。

② 参见张艳斌、李文静《农村"留守老人"问题研究》，《中共郑州市委党校学报》2007年第6期；黄强《农村留守老人生存状况剖析——基于对四川省宣汉县毛坝镇的调查研究》，《经济与社会发展》2009年第6期。

等因素的影响。① 在日常生活方面，留守老人通常自己料理或与配偶互相照顾，由子女补充照料，但出现疾病状况后儿子、儿媳、女儿、女婿照料比例会提高。当子女尤其是共同生活的子女持续出外务工，留守老人的生活与疾病照料供给都会大大压缩，留守老人生病后大多选择硬扛，只有约三成会主动去医疗机构诊治。②（3）心理精神问题突出。子女外出务工拉长了家庭空间距离，影响到老人与子女之间的交流频度和深度。随着年龄增加、健康状况下降、劳动能力下降，加上农村精神文化生活单调乏味，休闲活动以串门聊天和看电视为主，老人的心理精神问题有增多的趋势。③

农村留守妇女是指由于丈夫外出务工而独力维系家庭运作的农村成年女性。留守妇女所维系的家庭，可能包括留守儿童和留守老人，质言之，一个成年已婚男性农民单独出外务工会同时造成一个留守妇女、若干留守儿童和留守老人的生活境遇发生变化。由于留守妇女所担负的不仅是其个体的生存与发展，更是家庭老幼的生活挑战，所以其面临的困境不仅是个体性的，更折射出农民工大潮对农村家庭的深刻影响：（1）生产生活危机。传统农业生产主要由男性劳动力承担主要责任，一旦丈夫外出务工，农村留守妇女会在料理农事方面遭遇诸多困难，人手不足劳力不够、农业技术薄弱或缺乏、农事工具陈旧、农产品销售价格低等。除了操持农事之外，留守妇女往往还就近入厂从事电子装配、食品加工、水泥生产等非农生产以贴补家用，由于乡镇企业

---

① 贺聪志、叶敬忠：《农村劳动力外出务工对留守老人生活照料的影响研究》，《农业经济问题》2010年第3期。

② 卢海阳、钱文荣：《农村留守老人生活调查与影响因素分析》，《调研世界》2014年第3期。

③ 方菲：《劳动力迁移过程中农村留守老人的精神慰藉问题探讨》，《农村经济》2009年第3期。

大多没有实力或认知加强生产过程中的安全卫生保障，留守妇女极易患上各种职业性疾病，身边乏人照顾经济困窘又导致贻误病情。[①]（2）婚姻家庭危机。由于夫妻长期两地分居，很多婚姻功能无法实现，留守妇女与丈夫的婚姻关系和婚姻质量面临严峻考验，任何一方有婚外情都会影响到婚姻的稳定。[②] 在家庭层面，留守妇女要照顾老幼家人，家务劳动繁重，在这之外很难再有足够的精力和能力辅导子女学习、管教孩子行为、调适孩子心理；在代际相处方面，留守妇女与公公婆婆必然在经济和日常生活中有较多接触，中间缺乏丈夫予以缓冲，较易产生矛盾和冲突，但又有相互帮助相互照应的需求，两方都不得不反复妥协和折中，无形中对彼此的精神健康都不利。（3）精神健康与发展危机。随着农村的空心化，社区精神文明建设也陷于滞缓状态，传统文化活动如民间戏剧等几成绝迹，留守妇女的大众娱乐活动仅限于串门聊天、收看电视、麻将扑克等，精神世界易流于空虚抑郁。虽然留守妇女对于学习农业技术、提高育儿水平、了解法律权益有很现实也很强烈的需求，但大众媒体愈益都市化，脱离农村生活现实，基层政府在减税减负精简力量的背景下疲于应对政事，很难有动力有财力有人力主动作为，同时社会力量又主要集中在城市，留守妇女的精神健康遭到现代媒体的忽视，发展需求也得不到呼应和支持，由此产生精神健康方面的危机。据调查，69.8%的留守妇女经常感到烦躁，50.6%经常感到焦虑，39%经常感到压抑。[③]

[①] 董建博、张敏：《农村留守妇女现状的调查研究——以山东某村为例》，《山东农业工程学院学报》2018年第35卷第1期。

[②] 叶敬忠：《留守女性的发展贡献与新时代成果共享》，《妇女研究论丛》2018年第1期。

[③] 程莉莉：《代表委员"把脉"留守群体》，《工人日报》2018年3月16日。

(二) 针对农村留守群体的政策照护

在政策层面，留守儿童关爱工作最先展开，在政府工作中的位阶也不断上升，呈现出部门工作重点—联合部门工作重点—政府全局工作重点的轨迹：2004年教育部基础教育司召开"中国农村留守儿童问题研究"研讨会，标志着政府工作开始将留守儿童群体作为专门的对象和重点，其后教育部密切关注并启动农村义务教育学生营养改善计划惠及众多留守儿童；[①] 2008年公安部发出《关于做好留守儿童有关工作的通知》，从打击侵害留守儿童人身安全违法犯罪活动、推进户籍管理制度改革方面加强对留守儿童的保护和关爱；2013年教育部、全国妇联、中央综治办、共青团中央和中国关工委联合下发《关于加强义务教育阶段农村留守儿童关爱和教育工作的意见》，推动科学规划建设农村寄宿制学校，在教育体系中衔接和嵌入留守儿童的照料、监护等；2016年2月，国务院发布《关于加强农村留守儿童关爱保护工作的意见》（国发〔2016〕13号，以下简称《意见》），对农村留守儿童关爱保护做出了专门制度性安排，次月批准建立由民政部牵头的农村留守儿童关爱保护工作部际联席会议制度，联席会议成员单位之一国家卫生计生委于5月印发《关于做好农村留守儿童健康关爱工作的通知》，着重推进留守儿童保健服务、疾病防治和健康促进工作；2018年5月国务院办公厅印发《关于全面加强乡村小规模学校和乡镇寄宿制学校建设的指导意见》，继续深化解决乡村儿童尤其是留守儿童在入学受教方面的现实困难。

---

① 教育系统惠及留守儿童的改革主要包括：重点改善贫困地区义务教育薄弱学校基本办学条件，建成覆盖各级各类教育的家庭经济困难学生资助体系，2016年受助学生超过9000万人次，农村义务教育学生营养改善计划覆盖3600万贫困地区学生等。参见陈宝生《优先发展教育事业》，《人民日报》2018年1月8日。

对农村留守老人的政策帮扶主要体现为社会保障和养老事业的发展。21世纪初，我国逐步推广建立的新型农村合作医疗（简称"新农合"）和新型农村社会养老保险（简称"新农保"）制度，形成了一定规模的正式社会支持，对提高农村老人尤其是留守老人的生活质量和生活水平具有积极作用。[1] 新农合自2003年开始试点，2005年已在全国范围内推进，新农保实施时间相对较短，但推进速度较快，两类保险的参合人数、参合率逐年提高，尤其是人均筹资、补偿力度与补偿受益人数等明显提高，为保障农民健康与生活做出了重要贡献。2015年起新型农村养老保险和城镇居民养老保险正式合并为城乡居民基本养老保险，2016年迎来城乡医保并轨，新农合和城镇居民基本医疗保险整合为统一的城乡居民基本医疗保险。合并之后的新政策缩小了城乡差距，有助于实现基本公共服务均等化，使参保农村居民得到更多实惠，对于补贴农村留守老人日常生活所需、保障农村留守老人医疗所费具有重要意义。至2017年，参加城乡居民基本养老保险人数已增至51255万人，参加城乡居民基本医疗保险人数增至87343万人，年末全国共有4047万人享受农村居民最低生活保障，467万人享受农村特困人员救助供养。[2] 农村留守老人作为经济能力最为有限的群体能够从中获得很大的保障和裨益。在作为主要支持的家庭养老之外，城乡居民基本养老保险、新型农村合作医疗保险、土地权益保障等措施合力为农村老年人的基本生活提供了保障。2017年底，民政部、公安部、司法部、财政部、人力资源和社会保

---

[1] 曹文献、文先明：《集体补助视角下新型农村社会养老保险的财力支撑研究》，《金融与经济》2009年第8期。
[2] 国家统计局：《中华人民共和国2017年国民经济和社会发展统计公报》，2018年7月21日，国家统计局政府网站（http://www.stats.gov.cn/tjsj/zxfb/201802/t20180228_1585631.html）。

障部、文化部、卫生计生委、国务院扶贫办、全国老龄办联合发布《关于加强农村留守老年人关爱服务工作的意见》，主要从养老扶贫、重点人群关爱、防范安全风险等角度督促各方履行关爱职责，加强对农村留守老人的生活照料、精神慰藉、安全监护、权益维护等基本服务。

到目前为止，国家政策层面对农村留守妇女的关爱服务基本内化于对三农问题、三留守问题的总体布局与推动之中。2015年5月，中共中央办公厅、国务院办公厅印发《关于深入推进农村社区建设试点工作的指导意见》，强调创新农村基层社会治理，提升农村公共服务水平，促进城乡一体化建设，要求"健全农村'三留守'人员关爱服务体系，重点发展学前教育和养老服务，培育青年志愿组织和妇女互助组织，建立农村社区'三留守'人员动态信息库，扩大呼叫终端、远程监控等信息技术应用，切实提高对农村留守儿童、留守妇女、留守老人的服务能力和服务水平"。在地方层面尤其是农民工输出大省，农村留守妇女困境已经被政府关注和重视，如2015年底贵州省人民政府印发《关于进一步做好农村留守妇女关爱服务工作的实施意见》，从摸排留守妇女情况、提升就业技能、支持就业创业、优化医疗卫生健康服务、开展精神慰藉服务、维护妇女合法权益等方面全面推进农村留守妇女关爱服务体系。贵州省的上述举措具有一定的代表性，陕西省千阳县也着力提升留守妇女劳动增收致富能力、增进留守妇女卫生保健水平、组织留守妇女交流学习，以解决留守妇女困境。[①] 2018年以来，有多位全国人大代表注意到对农村留守老人和留守妇女关爱服务力度不够，呼吁针对这两个群体出台国

---

① 郑睿、桑妮、王育哲：《唱响破解农村留守困局"三部曲"——来自千阳农村的报告》，《新西部》2018年第10期。

家层面的关爱服务政策。①

三 在家国关系框架下构建农村留守群体关爱服务体系

（一）关爱服务农村留守群体是重构家国关系的着力点与突破点

农村留守群体成为广受关注的特殊群体，是"个体贫穷"+"家庭离散"+"乡村凋敝"的综合作用，政策层面的解决之策必然涉及精准扶贫、振兴农村等宏观战略，但在整体战略实施中针对这一群体提供关爱服务则应有中观层面的社会保障供给、家庭支持体系和更加具体而微的慈善公益服务。其中，化解留守家庭危机、支持留守家庭建设在制度实施中起着关键性的支撑作用，也是治国方略在家国关系重塑方面的重要着力点和突破点。

应对家庭危机是现代社会面临的共同挑战。从柏拉图、亚里士多德的家邦关系思想到启蒙运动以来西方的家国关系理论和实践，现代社会逐渐在新的价值维度中安顿下家庭坐标，其要在于：在家庭和国家之间确立清楚的边界，一方面确保家庭以自然情感为纽带的共同体本质，另一方面则防止亲疏远近的血缘逻辑侵入国家领域。② 在法律制度上，确立边界表现在将调整家庭关系的法律部门划入与公法处区分和对应关系的私法域，提供保障则表现在通过社会保障机制和家庭发展政策对家

---

① 顾磊、赵莹莹：《蔡黄玲玲委员：健全农村留守妇女关爱服务体系》，《人民政协报》2018年3月27日；周松：《将农村留守老人和妇女也纳入国家政策关爱范围》，《重庆日报》2018年3月20日。

② 肖瑛：《家国之间：柏拉图与亚里士多德的家邦关系论述及其启示》，《中国社会科学》2017年第10期。

庭中的个体予以支持，从而帮助稳定家庭关系和家庭秩序。

我国建设社会主义现代化强国战略通过强调人民共同利益与社会整体制度建设将家庭中的个体、乡村家庭群体纳入治理视野，力图在建设与发展中重塑新时代家庭关系、化解家庭系统性危机。党的十九大报告坚定重申"以人民为中心""坚持人民主体地位"，统一认识将"人民日益增长的美好生活需要和不平衡不充分的发展之间的矛盾"作为社会主要矛盾确立国家治理目标，着力推动脱贫、教育、医疗、卫生、社会保障等重要议题以改善和保障民生，同时特别针对乡村留守群体提出"完善社会救助、社会福利、慈善事业、优抚安置等制度，健全农村留守儿童和妇女、老年人关爱服务体系"方略，总书记习近平在多个场合倡导重视家庭建设、家庭教育和家庭幸福，[①] 体现出在个人、家庭、社会、国家四维度的现代认知理念下推动家庭发展、重构家国关系的努力。在这一框架下建构农村留守群体关爱服务体系，须在摸清该群体现状、探明其真实需求的前提下，以完善社会保障为基石、支持家庭建设为主线、引介公益资源为助力，将农民、农家、农村全面纳入现代发展轨道，促进社会公平，提升全体人民的获得感和幸福感。

---

① 2014年5月4日，习近平在与北京大学师生交流时指出，"中国古代历来讲格物致知、诚意正心、修身齐家、治国平天下。从某种角度看，格物致知、诚意正心、修身是个人层面的要求，齐家是社会层面的要求，治国平天下是国家层面的要求"。2015年2月17日，在春节团拜会的讲话中，习近平指出"中华民族自古以来就重视家庭、重视亲情，家庭是社会的基本细胞，是人生的第一所学校，不论时代发生多大变化，我们都要重视家庭建设，……使千千万万个家庭成为国家发展、民族进步、社会和谐的重要基点"。2016年12月12日，习近平在会见第一届全国文明家庭代表时指出，"家庭和睦则社会安定，家庭幸福则社会祥和，家庭文明则社会文明"。家教，家风，在习近平看来，"无论时代如何变化，无论经济社会如何发展，对一个社会来说，家庭的生活依托都不可替代，家庭的社会功能都不可替代，家庭的文明作用都不可替代"。

（二）我国农村留守群体关爱服务体系的制度走向、战略部署和资源保障

建构我国农村留守群体关爱服务体系，不仅要区分不同的群体、不同的诉求采取有针对性的举措，更要把握全局战略和发展方向，明确向何处去、未来前景如何，以此来考量决策、统筹资源、评估效果。

1. 农村家庭前景与关爱服务制度走向

农村留守群体关爱服务体系的制度走向取决于农村家庭的发展方向。无论是儿童、老人还是妇女，留守群体的困境都源于家庭离散。家庭成员的分离直接导致家庭角色的缺位和家庭功能的缺失。相较于高度社会化、公共化的城市，乡村环境中的家庭承担着更为丰富更为集中的社会功能，包括经济供养、养育后代、赡养老人等，这些传统家庭的功能很难通过有限的公共服务转出。正因如此，一旦留守儿童的父母、留守老人的儿女、留守妇女的丈夫外出务工，家庭关系和家庭功能势必受损严重，导致儿童照料不足、老人赡养不足、妇女支持不足，从而造成留守农业人口的群体性困境。

虽然有种种不利，但仍然要客观地肯认农村剩余劳动力进城务工是经济建设发展的必然，是工业化、都市化、现代化进程中的必然，同时也是农民工及其家庭在设定条件下的理性选择。很多研究表明，农民工外出务工对家庭和家庭成员的影响并非全是负面，其中最为有利的方面是改善了家庭经济状况，增强了家庭抗逆能力，[①] 提高了家庭生活水平。家庭经济状况良好的留守儿

[①] "抗逆力"最早应用在心理学领域，后来扩展到社会工作领域，可在个人、家庭、社区各个层面展开观察与研究，相关理论强调主体面对逆境时能够理性地选择正向的、建设性的应对方法和策略，在逆境中保持正常的心理建设能力和行为能力。参见李卓、郭占锋《抗逆力视角下留守老人社会疏离的社会工作干预模式》，《华中农业大学学报》（社会科学版）2016年第6期。

童在身体、心理发展方面甚至会优于家庭经济状况很差的留守或非留守儿童。[1] 农民工输送回乡村家庭的经济资源对于奉养老人、改善配偶生活境况也是很重要的支持和保障。[2]

在此基础上建构农村留守群体关爱服务体系，须明确未来农村留守家庭可能出现两个方向的流动和演变：一为务工人员从城市返回农村，留守家庭得以在本地乡土环境下恢复完整；一为留守群体从农村进入城市，留守家庭得以在异地城镇环境中臻于完整。无论哪一路径，"留守群体困境"都将渐渐减少，最终归于消灭，剩下的只是不影响家庭功能实现的自主分离和国民、市民、村民正常而顺畅的迁移流动。

2. 战略部署与资源保障

明确未来农村家庭发展趋势之后，对农村留守群体的关爱服务体系理应从长远着眼，重在促进城乡一体化、基本公共服务均等化发展：一方面改革户籍制度管理、加大住房保障力度、创造多元就业机会，积极吸纳农民工家庭整体搬迁成为新市民；另一方面实施农村振兴方略，优化农村基层政权管理，改善农村社区环境和文化氛围，支持农民创业参工致富，建设农民能够安居乐业的美好农村新家园。

从近期来看，我国都市化、城镇化进程仍在深入推进，城镇人口从1998年的3.79亿人增加至2017年的8.13亿人，人口占比由30.4%上升至58.52%，乡村人口则相应由8.69亿人减少到5.77亿人，人口占比由69.6%下降至41.48%。[3] 在这一宏观背

---

[1] 谭深：《中国农村留守儿童研究述评》，《中国社会科学》2011年第1期。
[2] 舒玢玢、同钰莹：《成年子女外出务工对农村老年人健康的影响——再论"父母在，不远游"》，《人口研究》2017年第2期；宋月萍：《精神赡养还是经济支持：外出务工子女养老行为对农村留守老人健康影响探析》，《人口与发展》2014年第4期。
[3] 参见国家统计局政府网站发布的1998年和2017年《国民经济和社会发展统计公报》，2018年7月22日（http://www.stats.gov.cn/tjsj/tjgb/ndtjgb/）。

景下，农村务工人员进城仍将在相当长一段期间内保持上升态势，实际上近五年来外出农民工数量连年递增，从未下落，一直攀升至 2017 年的 1.72 亿人（参见表 1 数据）。因此当前农村留守群体关爱服务体系须应对留守群体持续存在甚至缓慢增长的局面，深化社会保障制度改革，支持家庭发展建设，引介慈善公益资源：

（1）针对农村人口群体的社会保障是基石。我国广大农村地区普遍出现劳力输出大潮，进而引发集体性的留守困境，从大局来看是现代化生产所需，从小处体察则是个体贫困、农村贫弱使然。关爱服务农村留守群体，政府的最大责任应是加强社会保障制度建设，不断增加覆盖范围，持续提升保障水平，使农民工在务工地、农民工的家庭成员在留守地都能够免于饥饿冻馁疾病困苦，使农村居民真正得享社会主义现代化建设成果。

（2）支持留守家庭的发展建设是主线。社会保障的制度功能仅止于为社会成员提供基本物资生活条件。城乡经济发展不平衡背景下农民牺牲家庭团聚利益选择出外务工以开源、在家留守以节流，蕴含着创造更加富裕的家庭条件和环境、共享更加美好的家庭生活和未来的期待与愿望。在中国历来并且仍会继续倚重家庭养育、家庭养老、家庭扶持的制度环境下，农村留守群体关爱服务体系建构应坚持以支持家庭发展建设为主线，通过乡村教育扶持、农村社区建设、农业技能培训、互助养老机制等解决留守群体所面临的具体问题，把留守群体造就为全面小康社会的建设者、参与者和见证者。支持留守家庭发展建设，包括创新司法实践，将《中华人民共和国婚姻法》《中华人民共和国未成年人保护法》《中华人民共和国妇女权益保障法》《中华人民共和国老年人权益保障法》《中华人民共和国反家庭暴力法》等有关法律规定灵活运用到个案中，推动当事人积极履行家庭责任。如在留守儿童保护方面，2012年福建省莆田市发出第一张保护留守儿童的人身保护令，[①] 2014年江苏省盱眙县法院向长期不尽义务的父母发出具有法律效力的《督促令》要求其回乡履行抚养教育义务，[②] 都是积极有效的创新司法作为。

（3）引介扎根乡村社区的公益服务是助力。对农村留守群体的关爱服务不同于一般的政府职能，其建构、实施和检验都不可能仅依托政府权力和政策文件，更多需要切实的投入和具体的付出。随着2016年《中华人民共和国慈善法》出台，发展慈善公益事业，通过社会资源解决社会问题已成为我国现代化建设和治理的共识。对于留守儿童的关爱服务已建构起成熟的慈善公益模式，如中国社会福利基金会通过免费午餐项目致力于解决乡村儿童饥饿问题、智行基金会以教育为重点救助和照顾受艾滋病影响儿童等都卓有成效。更有民政部与联合国儿基会合作开展、众多公益组织参与其中的中国儿童福利示范区项目以设立儿童福利主任的形式将包括国家监护在内的困境儿童保护机制覆盖到全国，并直接推动中央政府出台《关于加强困境儿童保障工作的意见》。未来我们应当发掘和扶持更多针对留守老人和留守妇女的慈善公益资源，借力社会组织和志愿服务为留守群体提供更加丰富更加有效的深度支持。

四　结　语

农村的留守儿童、妇女和老人，是弱势群体中的弱势群体。他们在生存与发展层面存在诸多困难，面临诸多障碍。城乡差

[①] 张慧娟：《全国首份留守儿童人身保护令》，《婚姻与家庭》2012年第3期。
[②] 费尤祥、米格：《江苏发出全国首份关注留守儿童督促令》（2014年5月23日），2018年7月17日，中国江苏网（http://news2.jschina.com.cn/system/2014/05/23/021029403.shtml）。

异、性别差异、代际差异在他们身上呈现叠加态势，更加深了他们的苦难，恶化了他们的处境。从更加宽广的视野来看，农村留守群体的困境是传统农业社会家国一体结构转向现代工业社会家国分裂态势的乡村映象。建构农村留守群体的关爱服务体系，是我国建设社会主义现代化强国治国方略的重要组成部分，并已体现在有关部委、联合部委和中央政府多层面发布的政策指导文件中。省或直辖市、市、县、乡各级政府也纷纷出台具体的落实文件，通过多方举措支持和保障留守儿童生活教育、留守老人养老医疗、留守妇女创收护家，取得一定积极成效。

未来，随着我国现代化进程的继续深入，农民工数量预期仍将在一定期间内保持上升态势，农村留守群体的前景将会出现两个走向：或者随农民工迁移进城成为新市民，或者留守乡村建设新农村成为新村民。要使两种流动都导向美好愿景，必须进一步推动基本社会公共服务均等化，反之，如果城乡差异仍然存在甚至继续扩大，则农民工必将继续大规模涌入，而城市囿于资源有限也不可能适用更加开放、宽松的户籍政策和住房保障政策等，农村留守群体的处境也很难有实质性改善。所幸，在顶层设计层面已有国务院于2017年印发的《"十三五"推进基本公共服务均等化规划》，该《规划》已关注到进城务工人员随迁子女在流入地公办学校就读问题、社会保障体系和社会服务体系的城乡覆盖问题、城镇保障性安居工程和农村危房改造问题、农村公共文化服务问题等，坚持以人为本，围绕从出生到死亡各个阶段和不同领域，以涵盖教育、劳动就业创业、社会保险、医疗卫生、社会服务、住房保障、文化体育等领域的基本公共服务清单为核心，促进城乡、区域、人群基本公共服务均等化。以该《规划》为指引，农村留守群体关爱服务体系的构建应在长远目标上"消灭"留守群体，短期目标上"扶持"留守群体，在战略部署上以针对农村人口的社会保障为基石、以支持农村家庭的发展建设为主线、以引介公益慈善资源为助力,提升农村留守群体的获得感、公平感、安全感和幸福感。

(作者为中国社会科学院法学研究所副研究员)

新时代基层社会治理与平安建设的挑战与因应

——基于珠海市基层平安社会建设调研的实证分析

田纯才　刘雁鹏

> 建设平安中国，加强和创新社会治理，维护社会和谐稳定，确保国家长治久安、人民安居乐业。
>
> ——十九大报告

习近平总书记强调，"继续加强和创新社会治理，完善中国特色社会主义社会治理体系，努力建设更高水平的平安中国，进一步增强人民群众安全感"①。改革开放以来，随着社会财富的迅速积累和人民生活水平的提升，新旧社会矛盾日益积累并有急剧爆发的趋势，经济社会发展和变迁给社会治理带来新的问题和挑战，我国开始步入社会风险高发阶段，面临加强和创新社会治理的艰巨任务。②平安建设是当前我国社会治理中的一项基础性工作。建设平安中国，加强和创新社会治理，是保障维护社会和谐

---

① 习近平:《完善中国特色社会主义社会治理体系　努力建设更高水平的平安中国》，《人民日报》2016年10月13日第1版。
② 参见薛澜《国家治理框架下的社会治理——问题、挑战与机遇》，《社会治理》2015年第2期。

稳定、确保国家长治久安、人民安居乐业的重要工程，是实现国家治理体系和治理能力现代化、不断提升人民群众获得感和满意度的必然要求。

党的十九大开启了中国特色社会主义新时代，人民日益增长的美好生活需要对加强和创新社会治理、建设平安中国提出了新的任务。党的十九大报告对中国社会主义现代化建设进行了全面部署，强调"建设平安中国，加强和创新社会治理，维护社会和谐稳定，确保国家长治久安、人民安居乐业"[1]，坚持在继承中创新，秉持兼容并蓄的理念，立足中国国情和发展阶段特征，提出打造共建共治共享的社会治理格局，并进行了重点安排，以期形成有效的社会治理、良好的社会秩序。[2] 推进基层社会治理和平安建设，应当在总结地方实践经验的基础上，着力打造共建共治共享的社会治理格局，积极推进基层社会治理创新，坚持专项治理与系统治理、综合治理、依法治理、源头治理相结合，全面提升平安建设的社会化、法治化、智能化、专业化水平。

一 新时代社会治理与平安中国建设的目标及挑战

（一）社会治理与平安中国建设目标的提出

进入21世纪以来，党中央对社会领域建设做出了一系列部署。2004年9月，党的十六届四中全会提出，要"加强社会建设和管理，推进社会管理体制创新"；2006年10月，党的十六届六中全会强调，"加完善社会管理，保持社会安定有序"，并对加强社会管理做出了具体要求和安排——这在我国社会建设历史上具

---

[1] 习近平：《决胜全面建成小康社会，夺取新时代中国特色社会主义伟大胜利——在中国共产党第十九次全国代表大会上的报告》，《人民日报》2017年10月28日第1版。
[2] 龚维斌：《新时代中国社会治理新趋势》，《中国特色社会主义研究》2018年第2期，第5页。

新时代法治发展的新面向

有重要意义。

党的十八大以来,中央根据经济社会发展的新形势、新要求,提出加强和创新社会治理的目标和任务,并在实践中不断予以深化。2013年11月,十八届三中全会做出"创新社会治理体制"的重大部署,提出"全面推进平安中国建设"的目标。2015年10月,十八届五中全会明确了"加强和创新社会治理"的任务,提出完善党委领导、政府主导、社会协同、公众参与、法治保障的社会治理体制,推进社会治理精细化,构建全民共建共享的社会治理格局。2017年10月,党的十九大围绕"打造共建共治共享的社会治理格局"的目标,进一步深化了社会治理部署,提出"提高社会治理社会化、法治化、智能化、专业化水平"的要求。从单一的"社会管理"到综合的"社会治理",反映了中国共产党执政理念的新提升,昭示着我国治理模式正在发生深刻变化。①

平安建设是当前我国社会治理中的一项基础性工作。加强和创新社会治理,是建设平安中国的基本途径。党的十八大以来,中央有关部门提出"在更高起点上全面推进平安中国建设"的新目标、新任务,并召开深化平安中国建设会议,予以推进。2013年5月,习近平总书记就建设平安中国做出重要指示,强调把人民群众对平安中国建设的要求作为努力方向,坚持源头治理、系统治理、综合治理、依法治理,努力解决深层次问题,着力建设平安中国,确保人民安居乐业、社会安定有序、国家长治久安。②2016年10月,习近平总书记就加强和创新社会治理做出重要指示,强调要继续加强和创新社会治理,完善中国特色社会主义社

---

① 参见邵光学、刘娟《从"社会管理"到"社会治理"——浅谈中国共产党执政理念的新变化》,《学术论坛》2014年第2期。
② 习近平:《把人民群众对平安中国建设的要求作为努力方向 确保人民安居乐业社会安定有序国家长治久安》,《人民日报》2013年6月1日第1版。

会治理体系,努力建设更高水平的平安中国,进一步增强人民群众的安全感。[①] 社会治理和平安建设日益融为一个密不可分的整体。全面深化平安建设,必须将其放在加强和创新社会治理全局中去谋划和实施。

(二)社会治理与平安中国建设面临的挑战

党的十八大以来,中央统筹推进"五位一体"总体布局、协调推进"四个全面"战略布局,不断加强和创新社会治理,推进社会建设,平安建设取得了突出成效。当前,我国发展处于可以大有作为的重要战略机遇期,也面临诸多矛盾叠加、风险隐患增多的严峻挑战,平安建设任重而道远。[②]

一是社会治理和平安建设体制机制仍显落后,难以适应新时代社会发展的内在要求。一方面,社会治理和平安建设法律体系不健全。在过去的一个时期,我国立法偏重经济领域,社会领域立法相对不足。[③] 当前平安建设创新尚处于探索阶段,最突出的问题是缺乏社会治理和平安建设的有效法律保障,一些涉及保障改善民生、推动社会建设、解决社会矛盾纠纷和完善社会风险防范的法律缺位,[④] 制度供给严重不足。另一方面,社会治理和平安建设观念相对滞后。当今我国经济社会发展和法治的进步,要求政府职能逐步实现以社会管理控制为主到社会管理与服务并重

[①] 习近平:《完善中国特色社会主义社会治理体系 努力建设更高水平的平安中国》,《人民日报》2016年10月13日第1版。

[②] 参见谭志林《社会治理创新的成效、挑战与推进路径》,《社会治理》2016年第4期。

[③] 参见中国社会科学院法学研究所课题组《法治在改革中前行——2007年法治回眸与2008年法治展望》,载李林主编《中国法治发展报告No.6(2008)》,社会科学文献出版社2008年版,第6页。

[④] 刘洪岩:《社会管理创新的法制化途径》,载中国社会科学院法学研究所等编《法治与社会管理创新》,中国社会科学出版社2012年版,第4页。

并以公共服务为主的转变,然而一些地方和部门在推进社会治理和平安建设中,重权力轻权利、重管理轻服务、重效率轻公平的现象仍然存在,反映了治理理念的滞后。同时,社会治理和平安建设方式仍比较单一。在计划经济时代,政府管理经济社会事务的手段以行政命令为主,形式比较单一,随着社会主义市场经济体制的确立,社会治理手段也应走向多样化,并开始以经济手段、法律手段为主,但从社会治理和平安建设的实践来看,行政手段仍然是一些地区采取的主要手段,难以适应新形势下社会治理和平安建设的现实需要。

二是经济发展新常态既对加强和创新社会治理提出了迫切要求,也给平安建设带来新的挑战。近年来,我国经济发展进入新常态,一方面,经济增速放缓,一些地区经济面临较大的下行压力,市场主体生产经营困难,地方财政收入受限,政府提供公共服务和民生保障的能力被削弱,劳动、社保、环保等领域矛盾数量激增,一些群众缺乏收入来源生活困难,社会风险点增多,如果处理不当,有可能造成个人极端事件或者群体性事件。另一方面,政府着力深化改革,调整优化经济结构,处置"僵尸企业",化解过剩产能,难免会带来改革的"阵痛",深刻改变既有的权利结构和社会利益格局,容易催生一些新的社会矛盾和问题。经济新常态不是孤立现象,它必然会影响社会领域,带来社会治理的"新常态"[1],这就对社会治理和平安建设提出了新的更高的要求。

三是人民群众日益增长的美好生活需要,给加强和创新社会治理、促进平安建设带来更大压力。中国特色社会主义进入新时代,我国社会主要矛盾已转化为人民日益增长的美好生活需要和

---

[1] 郁建兴:《走向社会治理的新常态》,《探索与争鸣》2015年第12期,第5页。

不平衡不充分的发展之间的矛盾。当然,我国仍处于社会转型期,历史上长期积累起来的深层次问题凸显的同时,一些新的社会问题和不确定因素也随之出现,社会结构、利益结构不断调整,社会阶层重新分化,利益诉求多样化,社会矛盾和社会风险累积,社会问题更加复杂,社会治理和平安建设的难度越来越大。同时,随着全面依法治国的深入推进,人民群众的法治意识不断增强,权利意识被唤醒,越来越多的群众选择拿起法律武器维护自身权益,一些群众甚至选择非常规手段维权,给社会治理和平安建设带来新的压力,[1] 一些地方面临"维稳"和"维权"的两难选择。

四是城市化和信息化的深入推进使社会问题更加凸显,社会治理和平安建设的难度不断增加。现阶段,城市化和信息化的深入推进是近年来我国发展的突出特色和亮点,在给经济社会发展和人民生产生活带来便利的同时,也给社会治理和平安建设带来新的问题。事实证明,处于城市化加速期的国家,法治发展都面临着众多社会矛盾,法治状况也往往处于非理想状态。[2] 城市是人类问题的聚集区,也是社会问题的聚集区,城市化带来了社会问题严重性的集中,而信息化则凭借其便捷性有可能带来社会问题影响力的扩大,城市化、信息化带来的社会问题"集中"和"扩大"使得社会问题的复杂性、风险性和危害性都更加凸显。受国际形势的影响,中国各类传统安全问题和新型安全问题交织,面临的恐怖袭击等风险上升;同时,网络安全、环境安全等新型安全问题不断涌现,且有扩大、蔓延的态势。如何创新城市安全治理、网络安全治理,确保城市公共安全和网络安全,是加

---

[1] 参见马怀德《法治政府建设:挑战与任务》,《国家行政学院学报》2014年第5期,第23页。
[2] 蒋立山:《中国法治"两步走战略":一个与大国成长进程相结合的远景构想》,《法制与社会发展》2015年第6期,第9页。

新时代法治发展的新面向

强和创新社会治理、推进平安建设必须完成的艰巨任务。

二 珠海市基层平安社会建设实践调研

(一) 珠海市推动基层平安建设的背景

习近平总书记多次强调,"郡县治,天下安"[①]。社会治理和平安建设的重点和难点在基层,活力和动力也在基层,加强和创新社会治理,深化平安中国建设既有赖于中央的顶层设计和统筹协调,也离不开地方的探索实践。在推进基层治理实践中,我国一些地区开展了具有本地特色的基层平安建设探索,取得了不少新的成绩和经验。

广东省地处我国改革开放最前沿,起步较早的经济体制改革为这片土地的经济释放了活力,积累起丰富的物质财富,开放的市场机制则为这片土地上生活的人们带来思想意识上的革新。珠海市位于广东省南部,珠江入海口西岸,背靠大陆,面向南海,是我国最早的四个经济特区城市之一,与澳门特别行政区毗邻,与香港特别行政区隔海相望。地缘因素为珠海创新社会治理、推动平安社会建设和完善法治实践,营造了良好氛围。

珠海市地处我国经济最为发达的地区之一,经济发展和城市建设具有东部沿海发达城市的一般特征,同时又呈现鲜明的地方特色,其中最突出的就是经济社会的协调发展。改革开放以来特别是党的十八大以来,珠海市站在协调推进"五位一体"总体布局的高度,将社会建设摆在经济社会发展大局中更加突出的位置,坚持在充分发挥经济体制改革"试验田"作用的同时,在社会建设领域也积极先行先试,不断完善体制机制,着力保障改善

[①] 习近平:《在会见全国优秀县委书记时的讲话》,《人民日报》2015年9月1日第2版。

民生，大力培育发展和规范管理社会组织，探索建立与社会主义市场经济相适应的社会治理模式，社会大局和谐稳定，社会建设初见成效，"宜居""幸福"逐渐成为珠海的城市名片。

同时，珠海市作为改革开放前沿和全省社会管理体制改革先行先试地区，先期遇到了经济社会主体多元、利益诉求多样、社会矛盾增多、管理难度加大等种种挑战和压力，遇到了社会建设滞后于市场经济发展、社会治理短板制约市场经济转型升级等普遍性问题。随着我国经济发展进入新常态，珠海市面临转型升级的历史任务。"一带一路"倡议和粤港澳大湾区建设，对珠海市建设法治化国际化营商环境提出了新的更高要求，地处国际交流和港澳合作前线则为珠海市社会治理和平安建设带来新的特殊问题。2013年1月，珠海市委、市政府印发《关于全面创建平安珠海的意见》，对加强和创新社会治理、深化平安建设做出战略部署。2014年，珠海市委、市政府做出"创建社会建设示范市"的部署，把创建社会建设示范市作为建设"生态文明新特区、科学发展示范市"的重要内容加以谋划，强调"着力完善社会管理机制，建设平安珠海"。2016年12月，珠海市第八次党代会贯彻创新、协调、绿色、开放、共享的新发展理念，提出"在转变政府职能、完善市场体系、优化营商环境、创新社会治理等方面率先探索、走在前列"的目标，吹响了新时期珠海市创新社会治理、深化平安社会建设的号角。

（二）珠海市推动基层平安社会建设的实践

近年来，珠海市按照党中央、国务院和中央有关部门关于加强和创新社会治理、建设平安中国的部署和要求，着力完善平安建设体制机制，推动平安建设精细化管理，扩大平安建设社会参与，筑牢平安建设基层基础工作，加强立体化社会治安防控体系建设，在做好社会治理和平安建设常规工作的同时，积极进行了具有珠海特色的探索和创新。

1. 以平安指数为突破口，推动精细化管理

为建立直观反映、衡量各地区平安建设成果的指标体系，推动平安建设精细化管理，2014年11月，珠海市在全国率先以镇街为单位每天发布平安指数综合平安状况量化指标，并印发《珠海市"平安指数"工作机制》，深化平安指数实际应用。2014年11月以来，珠海市每天通过《珠海特区报》《珠江晚报》和微信公众号等媒体向社会公布包含万人违法犯罪警情数、万人消防警情数、万人交通安全警情数等与群众关系最密切、对群众影响最直接的三项指标综合得分，并根据得分按照"蓝、黄、橙、红"分级进行四色预警，对红色预警地区及时进行相关平安提示，为公众提供安全防范指导，并监督下级党委、政府落实平安建设。

为强化平安指数的应用效果，珠海市在全市范围内建立了以各区、各镇（街道）为主体，各职能部门积极参与，集动员、研判、预警、督办、问责、宣传"六位一体"的平安指数工作机制。通过平安指数机制，珠海市公安机关尤其是各辖区分局和派出所，可以分析影响当地平安的原因，向所在地党委、政府争取有力支持，通过党委、政府统筹协调、整体推动，实现平安建设齐抓共管，从根本上改变过去依靠公安机关"单打独斗"的工作局面。珠海市将平安创建落实到小区、企业、学校等基层单位，通过"解剖麻雀式"建立镇（街）、村（居）"平安指数"工作体系和长效机制，对"平安指数"工作机制落实情况及治安重点地区整治工作开展专项督导。

平安指数机制运行以来，取得了显著成效。一方面，平安指数提供了平安建设的量化指标，提升了平安建设工作绩效。平安指数机制运行三年来，珠海市整体实现了"警情下降，指数上

升"的目标，全市治安状况持续好转，2015年、2016年和2017年，全市违法犯罪警情连续大幅度下降，同比降幅分别达到11.41%、29.74%和4.14%。另一方面，平安指数凝聚了社会共识，提升了人民群众在平安建设中的获得感。平安指数的发布，保障了人民群众对全市平安状况的知情权和参与权，不仅使各镇街平安状况一目了然，也提醒了市民日常工作生活的注意事项，群众可以根据平安指数变化及时监督、参与地方平安建设工作。

2. 以志愿警察为抓手，建设专业队伍

珠海市在总结综合治理、治安联防等工作经验的基础上，积极创新，平安建设队伍不断加强。一方面，强化治安巡控力量投入，通过合理调整警力配置，深入推动机关警力下基层、基层警力下社区工作，目前珠海市派出所警力占分局警力的55.15%，社区警力占派出所警力的40.5%，民警与辅警比例达到1:1，基层警力得到有力保障。另一方面，推进基层群防群治队伍建设，进一步规范群防群治相关制度规范，整合各类群防群治队伍，促进综治队员、巡防队员、禁毒社工、交通协管员、户管员、保安员等专职群防群治队伍建设，落实经费保障，广泛动员党团员、民兵、青年志愿者、离退休人员等参与治保、调解、帮教、禁毒、防范邪教、普法等平安建设工作。2016年，珠海市组织群防群治队伍16800人次参加治安巡逻，现场协助调解纠纷550起。

为探索新形势、新常态下的社会治安治理新模式，珠海市公安局香洲分局在充分吸收和借鉴国外先进经验的基础上，于2015年4月组建起国内第一支"志愿警察大队"，通过强化制度建设、完善组织架构、优化运作模式、健全组织保障、改善内部管理，遴选和招募公职人员、退役官兵、高级工程师、公司高管、教师、律师、记者、企业主等社会各界精英，统一着装，志愿协助公安机关开展接出警、安保巡逻、纠纷调处、防范宣传和服务群众等基层基础性警务工作。截至 2017 年 8 月，香洲区志愿警察大队共有队员 215 名，累计参与纠纷调处、安保巡逻、服务群众等各类勤务 9492 人次，工作 56085.6 小时。有效弥补了警力不足，形成基层警务工作的有力补充，同时提供了群众展示舞台，实现了个人理想和社会价值双赢，搭建了沟通互动平台，促进了警民关系和谐发展。

3. 以立体防控为重点，夯实工作基础

珠海市全面贯彻全国社会治安防控体系建设工作会议精神，结合珠海市"十三五"规划，研究制定了《关于加强社会治安防控体系建设工作的实施方案（2016—2022）》，着力抓好"五张网"[①] 建设，并将立体化社会治安防控体系建设难点和问题项目化、具体化，将建设项目纳入年度综治考核，达到"以项目化促综治工作，带动平安珠海建设"的目的。

建设立体化社会治安防控体系，必须把人防、物防、技防手段充分结合起来。珠海市推动开展"技防村居"建设，努力实现城市"住宅单元智能门禁 + 视频"全覆盖。同时，建立"数字"网格化综合服务管理新模式，珠海高新技术产业开发区成立"数字高新"指挥中心，组建网格化社会治理队伍，建立基础数据信息库，形成以综治中心为依托、以综治信息为支撑、以综治网格为基本单元、以综治力量为主导的"中心 + 网格化 + 信息化"管理架构，不断夯实平安建设的人防、物防和技防基础。

围绕立体防控体系建设，珠海市积极开展了探索和创新。一是加强对大数据应用的统筹规划。珠海市推进数据信息整合共享，探索搭建全市综治大数据应用平台，打通上下信息数据

---

① 即社会面治安防控网、重点行业和重点人员防控网、企事业单位内部防控网、社区防控网和网络防控网。

通道。加快推进各级政法综治维稳部门数据流、业务流、管理流的有机融合,把数据信息联通到基层一线,真正发挥科技信息的实战效用。二是扎实推进综治信息化建设。珠海市明确公共安全视频建设的技术指标、系统平台建设的行业标准和各单位建设的数量要求及时间进度等,全面深入开展珠海市公共安全视频监控系统建设与应用,并于2017年11月提前一年实现综治视联网系统全市覆盖。三是大力推进"雪亮工程"[①]建设。珠海市积极统筹推进全市"雪亮工程"建设,截至2017年11月底,全市共完成2411个一类点建设联网工作,完成率105.7%,提前超额完成任务。珠海市积极推动综治信息系统、综治视联网和"雪亮工程"融合,组织研发综治一体机,率先实现三个系统在同一平台使用,有效解决了基层综治部门信息技术力量薄弱的问题。

4. 以平安细胞为基础,带动全面提升

2013年初,珠海市委、市政府《关于全面创建平安珠海的意见》明确提出"全面开展'平安细胞'工程建设,夯实创建平安珠海的基层基础""加快实现基层平安创建活动全覆盖"的目标。五年来,珠海市全面推进平安区域、平安场所、平安单位和平安家庭等五大类17项基层平安创建活动,与本地区经济社会发展同规划、同部署、同推进,拓宽创建范围,充实创建内容,提升创建层次和水平。到2015年,全市各行政区和90%以上的镇(街道)、村(社区)、单位、企业、校园、医院、家庭达到平安创建标准。

[①] "雪亮工程"是以县、乡、村三级综治中心为指挥平台、以综治信息化为支撑、以网格化管理为基础、以公共安全视频监控联网应用为重点的"群众性治安防控工程"。它通过三级综治中心建设把治安防范措施延伸到群众身边,发动社会力量和广大群众共同监看视频监控,共同参与治安防范,从而真正实现治安防控"全覆盖、无死角"。取"群众的眼睛是雪亮的"之义,称之为"雪亮工程"。

新时代法治发展的新面向

2017年，珠海市提前制定印发了《珠海市2017年"平安细胞"创建工作方案》和《珠海市"平安细胞"创建考核验收工作方案》，充分发挥各综治成员单位职能作用，结合市综治委成员单位联系点工作，强力推进全市平安细胞建设，重点开展平安校园、平安医院、平安交通、平安家庭、平安企业创建工作，实现平安细胞建设全覆盖。其中，香洲区年内"平安校园"建设投入450万元，效果显著；"平安家庭"建设深入民心，开展"德行香洲"等活动共计逾600场次，华发社区荣获省"平安家庭"创建示范社区；"平安文化娱乐市场"建设进一步净化了未成年人成长环境。金湾区着力打造"平安细胞"公共安全视联网建设，一期建设投入经费793.82万元，建立覆盖全区两镇21个村居、12所学校、2家医院共771个视频摄像头，以及公安专网468个摄像头、600多户智能门禁系统视频的综治视联网平台。斗门区狠抓"平安交通"建设，针对无牌无证、异地号牌摩托车、电动车存在的严重交通安全隐患问题，精心组织，周密部署，多措并举，不断加大"双禁"[1]整治力度，效果显著。

三 我国基层平安社会建设的经验与问题

（一）我国基层平安社会建设取得的经验

1. 守住法治底线是基层平安社会建设的前提

法治化是实现国家治理体系和治理能力现代化的必由之路。[2] 习近平总书记强调，"法治是平安建设的重要保障"，"深入推进平安中国建设，发挥法治的引领和保障作用，坚持运用法治思维

---

[1] 即禁摩托车、禁电动自行车。
[2] 张文显：《法治与国家治理现代化》，《中国法学》2014年第4期，第16页。

和法治方式解决矛盾和问题","提高平安建设现代化水平"。①基层平安建设中必须注重把平安社会建设全面纳入法治轨道,以法治思维和法治手段解决平安社会建设中的问题。调研发现,珠海市充分运用经济特区立法权和较大的市(设区的市)立法权,为社会治理和平安建设提供法制保障。近年来,珠海市先后制定了《珠海经济特区道路交通安全管理条例》(2005年5月)、《珠海市消防条例》(2006年4月)、《珠海经济特区志愿服务条例》(2012年11月)、《珠海经济特区见义勇为人员奖励和保障条例》(2014年7月)、《珠海经济特区安全生产条例》(2016年9月)和《珠海经济特区公共安全技术防范条例》(2016年9月)等地方性法规。其中,2013年10月,珠海市八届人大常委会第十四次会议审议通过《珠海经济特区社会建设条例》,是全国出台较早的同类地方性法规之一,为此后珠海市推进社会治理和社会建设提供了重要法律依据。另一方面,珠海市努力培育办事依法、遇事找法、解决问题用法、化解矛盾靠法的良好法治环境。珠海市持续推进"法律顾问进村居"和"公共法律服务体系建设"工作,实现公共法律服务中心全覆盖,努力满足基层群众的法律需求。同时,珠海市利用走访、现场宣传、法制课等多种形式,深入开展禁毒、防诈骗、防范邪教、法律援助、安全生产等方面的宣传工作,进一步提高重点地区群众的法律意识和安全防范意识,引导群众通过法律渠道有效化解社会矛盾,维护自身合法权益。

2. 推动体制创新是基层平安社会建设的关键

全国社会治安综合治理创新工作会议指出,创新是一个民

---

① 习近平:《发挥法治的引领和保障作用 提高平安建设现代化水平》,《人民日报》2014年11月4日第1版。

新时代法治发展的新面向

族进步的灵魂，也是推进社会治理现代化的不竭动力。[①] 必须坚持向改革要活力、向创新要动力，积极推动理念、制度、机制、方法创新，建立健全符合我国国情、具有时代特征的社会治理体系，提高社会治理现代化水平。[②] 完善的工作体制机制是推动平安建设的基础，平安建设是一项系统工程，牵涉面广，工作内容复杂，必须通过不断推进机制创新及时防范和应对层出不穷的新矛盾、新问题，打破政府包办一切、政法综治部门"单打独斗"的模式，推进协同治理，综合运用行政、法律、经济等手段，推进平安建设体制机制的现代化。[③] 调研发现，2014年初珠海市即将社会管理综合治理委员会与创建平安珠海工作领导小组合二为一，推行"大平安"的理念，奠定了平安社会建设工作的体制机制基础。在实际工作中，珠海市创新完善新形势下预防和化解矛盾纠纷，推进人民调解与行政调解、司法调解的协调联动，深化诉前联调工作，促进调解、仲裁、行政裁决、行政复议、诉讼等有机衔接，切实抓好各单位落实矛盾纠纷多元化解的工作职责，深化重点领域社会矛盾专项治理，推动了社会矛盾纠纷化解和平安珠海建设。同时，珠海市从本地实际出发，发挥独特区位优势，以《粤港澳大湾区城市群发展规划》出台和港珠澳大桥通车为契机，加强珠港澳在社会治理创新方面的合作交流，探索研究珠港澳社会治理合作新模式，以维护社会稳定和改善社会民生为重点，促进社会、经济、文化等领域的良好发展，推进社会协同治理，打造珠港澳"平安

[①] 孟建柱：《坚持创新引领　提高预防各类风险能力　进一步增强人民群众安全感》，《法制日报》2016年10月14日第1版。

[②] 参见周庆智《社会治理体制创新与现代化建设》，《南京大学学报》（哲学·人文科学·社会科学）2014年第4期，第148页。

[③] 参见徐汉明《推进国家与社会治理法治化现代化》，《法制与社会发展》2014年第5期，第37页。

共同体",共建大湾区优质生活圈,保障粤港澳大湾区的长期繁荣稳定。

3. 激发基层活力是基层平安社会建设的基础

社会治理和平安建设的重点和难点在基层,活力和动力也在基层。加强和创新社会治理,推动平安社会建设,必须激发基层内在活力,推动基层自治,实现基层共治共享。[①]调研发现,珠海市通过建立平安指数动员、研判、预警、督导、责任、考核"六位一体"工作机制,通过平安指数机制,将平安创建落实到小区、企业、学校等基层单位,通过"解剖麻雀式"建立镇(街)、村(居)"平安指数"工作体系和长效机制,并对全市"平安指数"工作机制落实情况及治安重点地区整治工作开展专项督导,成效明显。近年来,珠海市吸收和创新综治网格化管理手段,对香洲区梅华街道和斗门区斗门镇两个试点的综治网格员进行了岗前培训,大大提高了综治网格员的实际操作能力。2016年8月以来,金湾区委托专业机构对全区近300名综治网格员进行了轮训,并为保障第十一届航展顺利召开做出了贡献。珠海市落实定人、定格、定责,初步形成以综治中心为依托,以综治信息为支撑,以综治网格为基本单元,以综治力量为主导的"中心+网格化+信息化"管理架构,完善了基层平安建设机制。同时,珠海市大力推进基层群防群治队伍建设。按照"社会治理网格化"要求,进一步厘清并界定各类群防群治队伍的地位性质、权利义务、保障奖励等,进一步整合各类群防群治队伍,推进制度化、规范化建设。不断加大综治队员、巡防队员、禁毒社工、交通协管员、户管员、保安员等专职群防群治队伍建设,落实经费保障,广泛动员党团员、民兵、青年志愿者、离退休人员等参

[①] 参见周庆智《基层社会自治与社会治理现代转型》,《政治学研究》2016年第4期,第70页。

与治保、调解、帮教、禁毒、防范邪教、普法等平安建设工作,充实了基层平安建设的辅助力量。

(二) 我国基层平安社会建设面临的问题

近年来,我国一些地方在加强和创新社会治理、推动平安建设方面取得了明显成效,但也存在一些问题和薄弱环节。一是社会治理和平安建设创新举措仍处于探索阶段,缺乏必要的法律支撑,平安建设的不少经验呈现碎片化,缺乏必要的提炼和升华。以珠海市为例,目前该市关于志愿警察工作依据的立法目前仍是空白,法律主体地位边界模糊,虽然广东省公安厅出台了《关于规范全省警务辅助人员管理使用的指导意见》,为志愿警察工作开展提供了一定的依据,但该指导意见仅是政策性文件,未能形成志愿警察的制度支撑,志愿警察在经费、培训等方面面临不少尚待解决的问题。二是社会治理和平安建设领导责任制落实力度不够,社会治理和平安建设工作尚未实现常态化,平安建设长效机制亟待建立。随着平安建设工作进入第五年,珠海市个别地区和单位开始出现懈怠情绪,对综合治理和平安建设的重视程度有所下降,人财物保障弱化,平安建设措施落实不力,基层基础工作相对薄弱,综合治理和平安建设政策工具的使用还失之于"软",需综合采用法律手段和政策工具进一步促进综合治理和平安建设。三是社会治理和平安建设新问题不断涌现,但综合治理和平安建设工作机制难以及时调整完善,在一些发案集中、群众反响较大的社会问题应对上力量相对不足,亟须加强。近年来,以珠海市为代表的我国东部沿海城市逐渐迈入"流动社会",流动人口的大量涌入给当地综合治理与平安建设带来巨大压力,由于编制管理等限制,有限的公安等综治力量面对庞大的管理服务群体显得捉襟见肘、力不从心。加之综合治理和平安建设信息化运用中的问题，人口基础信息采集率不高，人口统计数据失真失准，缺乏有力统筹管理机构，社会公共安全存在隐患，严重影响了综合治理和平安建设效果的进一步发挥。

四 新时代推进社会治理与平安建设的建议

调研发现，虽然我国不少地方在社会治理和平安建设方面进行了不少探索和创新，但囿于各方面的限制，很多创新显得零散而庞杂，可复制的模式较少，可推广的经验不多。[1] 应该看到，加强和创新基层社会治理，推进基层平安建设，有赖中央的统筹顶层设计和整体制度安排，应当按照党的十九大要求，不断完善党委领导、政府主导、社会协同、公众参与、法治保障的社会治理体制，全面提升平安建设的社会化、法治化、智能化、专业化水平，打造共建共治共享的社会治理格局。

一是坚持依法治理，完善平安建设法律支撑。习近平总书记强调，"一个现代化国家必然是法治国家"[2]。平安中国建设要坚持运用法治思维和法治方式解决问题，最关键的是要完善平安建设的法律支撑。根据十九大的最新部署，大力加强社会规范体系建设，开辟法治、德治、自治有机融合的社会治理新局面。[3] 在协调推进"四个全面"战略布局的背景下，应该补齐社会领域立法短板，整合社会治理领域立法，以法律的形式统一各地在社会

---

[1] 参见钟哲《地方政府社会治理创新可持续性提升的路径选择》，《东北师范大学学报》（哲学社会科学版）2015年第2期，第13页。
[2] 习近平：《提高国防和军队建设法治化水平》，载《习近平关于协调推进"四个全面"战略布局论述摘编》，中央文献出版社2015年版，第109页。
[3] 张文显：《新思想引领法治新征程——习近平新时代中国特色社会主义思想对依法治国和法治建设的指导意义》，《法学研究》2017年第6期，第14页。

新时代法治发展的新面向

治理与平安建设方面的创新和经验,明确平安建设的基本原则、主要内容和有关部门的义务和责任,为社会治理和平安建设创新提供制度保障。[1]另外,要进一步完善平安建设行政执法与刑事司法衔接工作机制,依法打击违法犯罪行为,实现社会治理和平安建设领域的严格执法和公正司法,让人民群众在社会治理和平安建设的执法、司法过程中感受公平正义,切实保障人民群众合法权益,推进依法治理落到实处。[2]同时,要推进社会矛盾纠纷多元化解,加强矛盾纠纷多元化解机制地方性法规政策制度建设,推进人民调解与行政调解、司法调解的协调联动,深化诉前联调工作,促进调解、仲裁、行政裁决、行政复议、诉讼等有机衔接,切实抓好各单位落实矛盾纠纷多元化解的工作职责,创新完善新形势下预防和化解矛盾纠纷的方法,深化重点领域社会矛盾专项治理。

二是坚持协同治理,扩大平安建设公众参与。社会治理和平安建设中要转变政府包办一切的传统思维,正确处理政府和社会的关系,发挥政府机制(法治)和社会机制(自治)的双重作用,实现社会行为多主体的"协同治理"[3]。在发挥好社会治理和平安建设主导作用、履行好社会治理和平安建设兜底责任的前提下,充分发挥社会组织和社会力量的积极作用,有序扩大公众参与。一方面,要持续做好平安建设宣传工作,进一步加大社会动员体系建设力度,深入推进平安宣传"五进"[4]工作,切实提高人民群众对平安创建工作的知晓率、支持率、

---

[1] 徐汉明:《习近平社会治理法治思想研究》,《法学杂志》2017年第10期,第12页。
[2] 参见江必新、王红霞《社会治理的法治依赖及法治的回应》,《法制与社会发展》2014年第4期,第36页。
[3] 参见燕继荣《社会变迁与社会治理——社会治理的理论解释》,《北京大学学报》(哲学社会科学版)2017年第5期,第69页。
[4] 即进家庭、进学校、进社区、进场所、进企业。

参与度。各有关部门要结合工作职能和特点，利用自身资源优势，坚持面上宣传和线上宣传有机结合，充分发挥传统媒体和新兴媒体的积极作用，广泛深入开展平安创建宣传活动，保障人民群众的知情权和参与权，提升人民群众在平安建设中的获得感。另一方面，要充分发挥社会组织和专业机构作用，创新和探索社会组织参与社会治理的领域、手段、方式方法。[①] 积极发挥志愿服务协会、见义勇为协会等社会组织作用，不断扩大平安志愿者队伍，引导、激励更多群众参与社会治安工作，营造"全民创安、共建共享"的社会氛围。同时加强对社会组织规范管理的政策研究，推进社会组织明确权责、依法自治，充分发挥其在参与社会事务、维护公共利益、救助困难群众、化解矛盾纠纷等社会治理中的重要作用，实现从国家主导到多元治理的治理模式。[②]

三是坚持创新治理，增强平安建设基层活力。基层是平安中国建设的第一线，也是社会治理的活力之源。建立健全富有活力和效率的新型基层治理体系，是平安建设的基础。增强平安建设基层活力，要发挥好乡镇（街道）和村（社区）在社会治理中的基础性作用，完善权力清单、责任清单，推动其把工作重心转移到公共服务、公共管理、公共安全等社会治理工作上来，通过改善考核、激励方式提高基层干部参与平安建设的积极性。一方面，推动行政体制和管理方式创新，实现扁平化管理，适当减少管理层级，把更多的力量充实到平安建设一线，总结各地网格化管理经验，充实基层治理力量，实现资源下沉、服务下沉、管理

---

① 鲍绍坤：《社会组织及其法制化研究》，《中国法学》2017年第1期，第11页。
② 马金芳：《社会组织多元社会治理中的自治与法治》，《法学》2014年第11期，第87页。

下沉，不断提升基层治理能力。① 另一方面，要重视基层社会自治，发挥群众参与的基础作用，② 以社会企业、居民自治良性互动，构建良善的城乡社区自治体系。③ 发挥村规民约作用，促进群众在城乡社区治理、基层公共事务和公益事业中依法自我管理、自我服务、自我教育、自我监督，通过村（居）民自治完善民意收集、协商互动机制，把各行各业中的从业人员和社会组织发动起来，让其成为社会治安基本要素掌控的"千里眼"和"顺风耳"，弥补专业力量和专业手段的不足。

四是坚持智慧治理，强化平安建设技术保障。社会治理和平安建设要把握国家大数据战略和"互联网+"战略发展机遇，顺应社会治理和平安建设对象多元化、环境复杂化、内容多样化的趋势，应用信息化和大数据提升社会治理和平安建设的精准性、预见性、高效性。当前，我国各地区、各部门在智慧政务建设方面取得了积极成效，但在深度运用信息化和大数据处理相关问题方面还存在明显不足。未来，要加快建设立体化、信息化社会治安防控体系，着力抓好科技信息化运用，打造"信息资源一体化、打防管控一体化、网上网下一体化"的立体化、信息化社会治安防控体系。④ 同时，进一步加强大数据应用统筹规划，健全各类基础技术规范标准，推进数据信息整合共享，按照"大整合、高共享、深应用"的要求，着力打通政法综治部门之间以及同一部门内部不同业务模块之间的信息数据通道，探索搭建全域平安建设大数据应用平台，打通上下信息数据通道，加快推进各

---

① 梁平：《正式资源下沉基层的网格化治理——以河北"一乡一庭"建设为例》，《法学杂志》2017年第5期，第101页。

② 魏礼群：《积极推进社会治理体制创新》，《光明日报》2014年6月20日第1版。

③ 龚廷泰：《构建新时代社会治理格局的五大体系》，《中国社会科学报》2018年4月10日第7版。

④ 参见刘佳《大数据时代的社会治理困境与创新发展路径》，《学术探索》2015年第4期，第83页。

级政法综治部门数据流、业务流、管理流的有机融合,在确保信息安全前提下加强与其他部门的信息互联互通和综合利用,把数据信息联通到基层一线,真正发挥科技信息的实战效用,拓展社会治理和平安建设成效的广度和深度。

(作者为中国社会科学院法学研究所研究人员)

文化建设篇

中华民族共同体的法理阐释[①]

贺海仁

> 铸牢中华民族共同体意识，加强各民族交往交流交融，促进各民族像石榴籽一样紧紧抱在一起，共同团结奋斗、共同繁荣发展。
>
> ——十九大报告

一 问题的提出

宪法序言规定："中华人民共和国是全国各族人民共同缔造的统一的多民族国家。平等、团结、互助的社会主义民族关系已经确立，并将继续加强。在维护民族团结的斗争中，要反对大民族主义，主要是大汉族主义，也要反对地方民族主义。国家尽一切努力，促进全国各民族的共同繁荣。"新中国成立至今，法律和民族政策持之以恒地倡导和坚守民族团结和民族平等。作为少数民族成员的个体表达不同于作为集体的少数民族表达，后者作为一个具有民族性的实体是整体、全部的存在。就民族性而言，作为集体的少数民族与作为个体的少数民族成员之间共享同一的价值观和文化理念，但只有立基于少数民族身份这一规定性存在

[①] 本文是贺海仁主持的中国社会科学院创新项目"中国特色社会主义法治理论与法治社会建设若干问题研究"阶段性成果。

时，那种只在特定的价值共同体内才有的意见形成和意志形成机制才能生成。

马克思主义认为，人不是抽象的人，而是社会关系的总和。作为阐释社会关系的实践性概念，场域概念深化了在特定关系束下行动者的角色及其行为规则。①民族场域是具有私域性质且较为封闭的场域，以民族身份作为唯一的交往工具标示了特定的人的存在及其关系，要维持民族场域内的人际和谐，就需要不断显现和强化同一个民族身份。除非不同民族成员之间老死不相往来，闭关自守，就需要创设一个让所有民族成员都能够自由进入并平等对待的普遍场域。不同民族身份的人之间形成的场域是超民族关系场域，在这个场域中，民族身份没有消失，但已不是支配不同民族成员之间的唯一身份。在流动的现代性的视域之下，人都具有身份上的多样性，一旦具体的少数民族成员不是单纯地以民族身份从事多维度的交往实践，民族身份就不再成为支配行动的纲领性旗帜，从而以更加开放和多元的思维维系民族关系之间的和谐状态。

事实上，对人的多重身份在不同实践场域的误置、错用或压制，消解了不同场域的规则。在民族国家范畴内讨论民族问题，预先设置了单一民族的独特性和有效性，除非解构民族国家概念，民族问题将长久地成为非单一民族国家心中挥之不去的顽疾。维特根斯坦说："一旦新的思维方式被建立起来，许多旧的问题就会消失。确实，这些问题会变得难以理解。因为，这些问题与我们表达我们自己的方式一同发展。如果我们自己选择了一

---

① 布迪厄等指出："一个场域由附着于某种权力（或资本）形式的各种位置间的一系列客观历史关系所构成，而惯习则由'积淀'于个人身体内的一系列历史的关系所构成，其形式是知觉、评判和行动的各种身心图式。"（[法]皮埃尔·布迪厄、[美]华康德：《实践与反思》，李猛等译，中央编译出版社1998年版，第17页。）

种新的表达方式，这些旧的问题就会与旧外衣一同被遗弃。"[1] 解决民族问题要超越民族问题，超越民族问题要确立新的思维方式。作为一种新的思维方式的成就，民主法治国在公共领域确立了自身的合法性存在。只有在政治性的公共领域中，由不同民族身份的社会成员共同认可的公民身份才能体现出其单一性和纯粹性，以落实人人平等的现代理念。

二 内与外：民族与中华民族

人类社会学确立了民族描述、民族识别和民族分类的科学话语体系。一旦这种知识学进入到政治领域，民族在建构自身时也被建构。在东方主义视野中，人类社会学成为以西方白人为中心的学术谱系和认知系统，形成了西方社会对待民族问题乃至人类问题的独特思维方式，野蛮人和文明人叙事为民族对立和冲突提供了最早的意识形态框架。[2] 通过民族视角审视民族问题就是用一个民族的特殊标准衡量其他民族，楔入到政治领域的民族身份成为衡量民族关系正当性的唯一法则，开启了身份认同的政治学难题。用民族身份认识和建构人际关系遮蔽人的身份及其交往的多样性，设置不存在乃至虚假的实践场域。

从民族到民族主义，从民族主义到极端民族主义，形成了一条关于民族关系正常与非正常的直线。民族是民族主义的出发点，民族主义是极端民族主义的出发点，但这两个出发点产生的结果却迥然不同。极端民族主义要求纯粹、单一的身份存在，不加区别地将其他民族视为阻碍其存在和发展的障碍。"整体而言，

---

[1] ［英］维特根斯坦：《文化和价值》，黄正东等译，译林出版社2014年版，第67页。

[2] 参见贺海仁《法人民说》，中国社会科学出版社2013年版。

种族主义和反犹主义并未跨越民族界限，而是在民族界限之内现身的。"① 不加反思的民族主义离极端民族主义只有一步之遥，一旦有合适的气候和土壤，源于民族主义的极端民族主义就会爆发。在民族主义与极端民族主义之间划出明确清晰的界限异常困难，那种认为克制的民族主义是正当的，而极端民族主义则是非正当的选择性认识，往往受制于立场、意识形态和主观偏好等外部性因素的有力支配。

民族、民族主义与主权国家的结合及其相互阐释是民族国家理论的一个显性主题。"'民族'的建立跟当代基于特定领土而创生的主权国家（modernterritorialstate）是息息相关的，若我们不将领土主权跟'民族'或'民族性'放在一起讨论，所谓的'民族国家'（nationstate）将会变得毫无意义。"② 民族国家作为复合词，其重点在于国家而非民族，与此相反，单一民族国家理论将重点放在民族而非国家上，显示这种民族国家理论才具有的内外分际的认知逻辑：（1）有意识地标示出我者的独特存在，寻求只有本民族才有的历史意识；（2）提炼出"非我族类"的他者存在形象，"非我族类"不必是天敌，但无疑是"其心必异"的非我概念。从历史进步的法则看，阶级斗争、反殖民运动和反霸权主义是第二次世界大战前后弱小国家争取民族独立和民族解放的有效旗帜，发挥了历史发展的正能量。一旦民族解放的历史使命完成后，对主权国家内部治理面临着民族理论内在的双刃剑效应难题，民族意识的长久积淀在这里和这时显露出自伤其身的一

---

① ［美］本尼迪克特·安德森：《想象的共同体：民族主义的起源与散布》，吴叡人译，上海人民出版社2003年版，第177页。
② ［英］霍布斯鲍姆：《民族与民族主义》，李金梅译，上海人民出版社2006年版，第8页。

面。① 族群民族化、民族国家化对于单一民族国家而言预示着进化论意义上的发展与进步，但对那些在历史上统一的多民族国家就有方枘圆凿的困惑。

民族认同，正如其他身份认同，在逻辑上都面临着自我认同和他人认同一致性的效力问题。费孝通在《中华民族的多元一体格局》中指出："民族名称的一般规律是从'他称'转为'自称'，……秦人或汉人自认为秦人或汉人都是出于别人对他们称作秦人或汉人。"② "他称"和"自称"的辩证法阐明了他者和我者关于民族实体内外统一性的正当性问题。对"他称"的接受或不接受是特定族群自我认可的自由行为，拒绝蔑称或侮辱性的称呼乃是这一自由行为的重要表征。然而，在由"自称"到"他称"的转化过程中，"自称"的有效性受制于他人的承认。他人的认可虽不能取消自称的自在行为，却有可能减弱自称的效果。

费孝通把"中华民族"的性质与范围等同于"中国国家"的认识："国家和民族是两个不同的又有联系的概念。我这样划定是出于方便和避免牵涉到现实的政治争论。同时从宏观上看，这两个范围基本上或大体上可以说是一致的。"③ 中华民族作为一个整体概念与其说是一个国族概念，不如是对作为政治国家的共和国统一体的表达名称。对于中华民族的倡导者而言，与其将其称为中国的民族主义者，不如称其为中国共和主义者更为妥当。中华民族"一元多流说"和"多元一体论"的争论显示了中华民族概念形成和定型过程中的复杂性，但作为一个现代政治统一体概念，"在逻辑上或事实上，'多元一体'论却已经显示出了

---

① 有关民族主义双刃剑效应讨论，参见罗新《走出民族主义史学》，《文化纵横》2015年8月号。
② 费孝通：《中华民族的多元一体格局》，中央民族学院出版社1989年版。
③ 同上。

相对更强的历史解释力度和现实说服力"。①

国家承认和民族承认是两个有关联却性质不同的概念。国家承认基于一个国家实体以主权宣示其存在的合法性，无论该国家之内的民族是单一民族还是多民族。换言之，国家承认不必同时以承认社会学意义上的民族为前提。从纯粹法学的观点看，"除了国家的法学概念以外，没有什么国家的社会学概念，这样一种国家的双重概念，在逻辑上是不可能的，即使不讲其他理由，同一对象也不能有一个以上的概念"②。20世纪以来，对中华民国和中华人民共和国的承认都是基于现代国际法原理的国家承认，而不是基于民族人类学的民族承认。当中华民族共同体与中国共和国共同体同时出现时，除非中华民族与共和国国家指向同一内容，作为"自称"的中华民族要获得其他国家和民族的"他称"，就没有像国家承认那样直接、便利和规范。

以中华民族作为统一的动员符号抵御外患，同时收到了团结境内各民族的效果，一旦外患的因素消失或不再作为主要的环境因素，用民族关系作为处理国内关系的统一性的符号就显得捉襟见肘，民族国家理论的双刃剑效应就会显现出来。"'一民族一国家'的国族主义民族国家理论，带有一种引起民族间矛盾甚至战争的危险性。"③ 究其缘由，民族国家理论产生了"内与外"的分际逻辑，这种分际是设定性的产物，而不可能是自然而然形成的"人以群分"的社会状态。决定民族身份的是独特的血缘、语言、习俗及其文化等综合因素，寻求这些民族独特性的冲动反过

---

① 黄兴涛：《民族自觉与符号认同："中华民族"观念萌生与确立的历史考察》，《中国社会科学评论》（香港）2002年创刊号。
② [奥]凯尔森：《法与国家的一般理论》，沈宗灵译，中国大百科全书出版社1996年版，第212页。
③ 王铭铭：《民族与国家：从吴文藻的早期论述出发（1926）》，王铭铭主编：《民族、文明与新世界：20世纪前期的中国叙述》，世界图书出版公司2010年版，第54页。

来又强化了这些因素,丢失了不同民族之间已有的或应有的共性。就近代中国而言,不论是狭隘的汉民族主义还是包容性的中华民族主义,其成长皆同步伴随非汉人群体民族主义的成长。①越是强调民族的独特性,就越可能使不同民族从已有的熟悉状态步入陌生状态乃至敌对状态,自然不排除政治上的民族建国运动。

"内与外"的思维方式替代了"远与近"的人际关系属性,以民族方式思考民族就是用一个潜在的具象化的民族看待其他民族。一个事物有价值并非一定要建立在其他事物无价值或非价值的基础上。排除政治和意识形态的立场,在传统的知识社会学领域,局内人主义不仅把某一群体视为是独特的和有价值的,而且提示了该群体的道德优越性。从典型的局内人信条的角度看,每个群体都助长了它自己的自尊心和虚荣心,都夸口说自己的优势,都吹捧自己的神,而且都轻视局外人。②美化内群体的倾向并非一定导致种族中心主义或对陌生人的恐惧,但的确使人们注意到内外之间的某种对立或区隔,其显示的基本思维逻辑是,群体内的团结和一致是对陌生人的"排外"的结果。群体认同和种族识别不是揭示了该群体的某些一致性和本质性特点,而是运用了怎样将某些社会成员(尤其是陌生人)疏离和排斥的排外法则。排外法则以某些社会成员不拥有先赋地位和先赋身份为依据(例如不拥有某些方面的知识或信仰,或不是某类人等),从而导致某种身份的单一性和纯粹性。社会结构的关键事实是个人所拥有的并不是单一的某个地位而是一个地位集,这是一组不同的相互关联的地位,它们相互作用影响着个人的行为和他们的视角,

---

① 参见吴启讷《中华民族宗族论与中华民国的边疆自治实践》,《领导者》2014 年第 4 期。

② [美] R. K. 默顿《科学社会学》上册,鲁旭东等译,商务印书馆 2003 年版,第 147 页。

从而他们通常是同时作为局内人和局外人彼此对应。①

三 远与近：无民族与中华民族

在近代之前，无论民族国家还是民族概念对中国社会而言既是陌生的，也是不可理解的。② 一部中国传统文化史就是一部中国家庭史，中国传统文化用来解释人际关系的思维方式建立在家天下的隐喻之下。家的思维方式将人与人之间的关系视为有差别的人与人之间的关系。传统的主流文化不忌讳人与人之间的差异，认为只有人与人之间存在某种差别才能形成一个和谐的社会。费孝通提出的"差序格局"是对中国传统主流文化的精确定位，这个差异格局被认为造就了一个超稳定的社会结构。"远人"与"近人"都是人，只因与己的距离而形成差异。从自然禀赋的角度看，人与人之间的差异既不是一种需要弥补的缺陷，也不是一种需要纠正的错误。作为家庭成员被视为是自然禀赋的一个显现，更为重要的是，"远人"可以转化为"近人"，为此成就了作为家庭单位既封闭又开放的包容性格局。

传统中国社会对待正当性"群分"的方式是家而不是民族或主要不是民族。人因家而群，也因家而分。任何人都是具体的人，这个具体的人主要是指作为家庭成员的人。从家庭可以推导出家族，从家族中可以推导出氏族乃至国家。在家国一体化的隐喻下，一国之人是更大家庭的成员。家庭及其家庭成员身份是超

---

① [美] R. K. 默顿：《科学社会学》上册，鲁旭东等译，商务印书馆2003年版，第156—157页。

② 把"汉人"与"汉族"区别对待不仅显示了对待现代民族理论的不同态度，也为甄别历史上中国人际关系性质提供了新的视角，有关认识和讨论参见李大龙《古代汉人不是汉族？》（2015年8月28日），2015年8月31日，腾讯网（http://cul.qq.com/a/201508 28/254684.htm）。

越其他身份的元概念,任何一个具体的人归属于特定的家庭和家族。文化上的家天下观念表达的是天下一家的理想类型。作为一种世界观,家的思维方式的主要功用不在于是否有效地接纳了陌生人,而是不再把他者视为陌生人。赵汀阳说:"在天下一家的理想影响下,在中国的意识里不存在'异端意识',于是,中国所设定的与'他者'(theothers)的关系在本质上不是敌对关系,其他民族和宗教共同体都不是需要征服的对象。"① 如果说中国社会也存在内外分际的意识,那么内外表达的是远近、亲疏关系及其程度,正如玛格利特用"厚关系"和"薄关系"表达人际关系一样。② 以"己"为中心的"同心圆波"固然可以越推越远、越推越薄,但因此不会使"远水"或"薄水"蜕变为"非水"。

中华民族的历史起源和汉族的历史起源是两个不同的命题,前者是一个复合的多民族中国概念,后者是以单一视角显现的"汉族中国"。用民族概念回溯式(一种被称为"后设观察"的方法)地审视中国传统社会,看到的是一个个民族,而非一个个家庭,把这种"一切历史都是当代史"的功利主义历史观用来处理中国民族问题不仅是错误的,也是有害的。作为民族类型学意义上的中华民族是不存在的,不存在所有中国人都能归属的单一民族身份。中华民族是一个民族概念,更是一个家庭概念。"回族同胞""藏族同胞""蒙族兄弟""五十六个民族是一家"等约定俗成的日常表达,都显现了中华民族作为大家庭的思想质地。家的思维方式超越了民族概念,同其他自称或被称的民族实体一样,中华民族是被设想为一种深刻的平等的兄弟之情和同志之爱的伦理共同体。

---

① 赵汀阳:《天下体系:世界制度哲学导论》,江苏人民出版社2005年版,第77页。
② 关于人际关系"厚"和"薄"的分类及其所指,参见[以色列]玛格利特《记忆的伦理》,贺海仁译,清华大学出版社2015年版。

宪法指认的大民族主义主要是指大汉族主义。一种片面的中华民族观有可能消解多民族并存的局面，尤其应当警惕用汉文化同化其他民族文化的学术策略。"归化"和"同化"都将导致一种认同或遵循非我文化的效果。归化是一种自觉行为，同化则可能包含了强迫的因素。历史上蒙古族和满族作为非汉族统治中国的实践表明，传统儒家文化受到了统治者的认可或接受，但把这个历史事实作为儒家文化是中国传统文化单一形式的结论是不成立的。外族统治者选择汉语和儒家文化究竟是一种自觉继承还是出于方便或策略上的考量，对此仍有较大的讨论空间。从其强硬的一面看，儒家国家化的倡导者忽视了中国民族文化多样性的基本事实，试图用单一的儒家文化规制或同化少数民族文化，以确立汉民族尊奉的儒家文化。内在超越性（此岸的修身）都无法统摄和规定外在超越性（彼岸的想象），少数民族成员可以尊重儒家文化，但并非一定要以儒家文化的规范指导其生活实践。不同文化或宗教在某些行为规范上的相通或相同不能全然导致行为人混同使用文化或宗教的效果，尊重其他文化和宗教的举动不以放弃自我文化和宗教的指引为前提。

借用索绪尔所指和能指的概念，中华民族所指的是多元一体的国族共同体，其能指的则是作为主权国家的公民共同体。一旦中华民族能指显示其功用，它就脱离了民族人类学方法论而进入到具有个体意义的公民和人权话语系统当中。在方法论与思维方式的关系之间，不是方法论带来了思维方式的转化，而是思维方式决定了方法论的转化，在这个意义上，"重叠视角"或"视域融合"无不是思维方式转化的成就。现代民族人类学没有去政治化，在现代公民和人权话语思维方式下面临着重新政治化的过程。对民族的抽象关怀让位于对个体人的具体关怀，对中华民族单一论和多元论的讨论转入公民权和人权之间既对立又统一的语境，无民族概念作为论证的前提预先置于当代中国的民族政治话语体系之中。

作为家庭隐喻的中华民族、作为共和国指代的中华民族与作为民族人类学意义上的中华民族形成了三种话语表达。对这三种意义上的中华民族的不同解说展现了传统文化、共和国机理和民族理论之间的关联和内在紧张关系。拟制的家庭关系是扩展的熟人关系，它遵从的是由"远"至"近"的逻辑。"内外分际"民族关系在极端情况下就会呈现出马丁·布伯所谓的"我与它"的关系，"它"是客体，是可以由"我"按照自己意愿塑造和改变的标的对象。[①]"我们"与"他们"的分际否定了人们之间的熟人关系，为熟人关系陌生化以及陌生关系敌对化提供了可能性。与作为具有温情色彩的大家庭概念相比，民族概念（在最富有想象力的情况下）也无法提出像"天下一家""四海之内皆兄弟"等抱负性能指。民族概念有限性，正如本尼迪克特·安德森所指出的那样，"没有任何一个民族会把自己想象为等同于全人类。……即使最富于救世主精神的民族主义者也不会像这些基督徒一样地梦想有朝一日，全人类都会成为他们民族中的一员"[②]。

四　合法性平等：公民权视域下的中华民族共同体

民族成员之间的平等既包括形式平等，也包括实质平等。恩格斯指出，在资产阶级革命过程中，"一切人，或至少是一个国家的一切公民，或一个社会的一切成员，都应当有平等的政治地

[①] 参见［德］马丁·布伯《我与你》，陈维刚译，生活·读书·新知三联书店2002年版。

[②] ［美］本尼迪克特·安德森：《想象的共同体：民族主义的起源与散布》，吴叡人译，上海人民出版社2003年版，第6—7页。

位……这种要求就很自然地获得了普遍的、超出个别国家范围的性质,而自由和平等也很自然地被宣布为人权"①。现代国家通过宪法法律体系预设了人的公民身份,作为公民的人在法律范围内享有平等的参与公共生活的权利,营造了超越民族概念更高形式的无民族概念,设定了基于公民身份的人际关系的场域,进入该场域的任何人以公民身份再现和再生产具有规定性的人与人之间的关系。公民关系是一种建立在法律强制力基础上的法律关系,有别于关于忠诚的伦理关系、关于互利的经济关系以及关于善的道德关系,但也宣示了不同实践场域的自治秩序。

工业化、市场化和全球化的发展没有消解以家庭成员身份作为处理人际关系的信念,在全球意义上重塑人与家庭成员身份代表了一种新的人类思维方式,它抵制的是冷冰冰的陌生人关系,抗拒的是以消灭为指向的敌我关系。人权意识是关于人类平等的人类意识,在把这种普遍的人类意识转化为制度设计时,人权概念不仅未抛弃家庭成员意识,而且重塑了新的熟人关系。《世界人权宣言》第1条规定:"人人生而自由,在尊严和权利上一律平等。他们赋有理性和良心,并应以兄弟关系的精神相对待。""兄弟关系精神"是一个家的理念,是一个以全球为背景的人类家庭结构图景。在人权的话语体系之下,家庭观念重新成为衡量人与人关系和谐状态的法则。现代人权观超越了民族、宗族、性别、政治、语言、文化等限制而成为一个超文化、超国家的新的意识形态,正如霍布斯鲍姆指认的那样:"在未来的历史中,我们将看到民族国家和族群语言团体,如何在新兴的超民族主义重建全球的过程中,被淘汰或整合到跨国的世界体系中。"② "兄弟

---

① 《马克思恩格斯选集》第3卷,人民出版社1972年版,第142—145页。
② [英]霍布斯鲍姆:《民族与民族主义》,李金梅译,上海人民出版社2006年版,第183页。

关系精神"奠定了人权的社会基础，人权是规范化的新熟人关系。把伦理和道德的人权概念转化为可操作性的实践概念是公民权，这既是中国国家现代化意识的发展结果，也是战后国际新秩序及其规则在中国的具体呈现。

（一）公民与民族成员身份

具有同一民族身份的人并非一定是同一国家的公民，有公民身份的人也并非属于同一民族。在宪法视野中，没有民族成员身份，只有公民身份。公民身份使具有国籍的人获得了进入公共领域的资格，为了能够获得这项资格，标示人的特殊存在的民族、种族、性别、职业、家庭出身、宗教信仰、教育程度、财产状况等都需要被遮蔽。遮蔽不是取消，而是在公共领域中不再呈现。从另外一方面看，民族身份识别的自主权始终是存在的，人们有权借助于保持中立的民族人类学及其科学方法，以体现特定人或特定民族成员的自我存在方式，实现人的公民身份和人的民族身份在客观权利和主观权利上的统一。

科学与政治或法律分设了对待民族身份功用的不同视角。1953年中共中央在讨论《关于过去几年内党在少数民族中进行工作的主要经验总结》时，毛泽东指明要区别对待民族识别的方法论后果："科学的分析是可以的，但政治上不要去区分哪个是民族，哪个是部落或部族。"我国的民族识别工作一直以来都是在科学分析基础上进行的，迄今为止获得了较大的成就，这种把具有科学性质的民族识别工程作为在政治上或法律上区分不同人的民族身份标准，则为民族身份政治化法律化提供了基础。以国家的视角将人群分类、编码和管理，体现了国家权力在运行法则上的统一性和权威性要求。对于民族识别而言，将汉族以外的人总体上视为"少数民族"，进而在少数民族之间做出技术上的区分，并没有逃脱这种权力运行的一般规律。

不过，现代国家的权力运行法是以平等的公民权利为指向，它拒绝在种族、肤色、性别、语言、宗教、政治或其他见解、国籍或社会出身、财产、出生或其他身份等层面（《世界人权宣言》第2条）做出实质性区分。例如对少数民族的帮扶和优惠政策是基于法律规定并由国家承担的义务，它指向的是少数民族落后的经济状况，更准确地说，它指向的是作为"穷人穷地"的少数民族成员和地区，以实现全国各族人民的共同发展和共同繁荣。[①]构建小康社会乃是作为执政党改革开放的国家工程，从普惠的法则和角度面向所有需要脱贫致富的中国公民。让少数民族脱困不必以识别被帮扶对象是不是少数民族为前提，作为"穷人"的汉族个体成员同样享有被国家帮扶的同等权利。社会保障制度确立了统一的"帮扶"权利和义务关系，在国家与所有公民之间建立了实质平等的法律框架。

（二）人民代表和爱国宗教人士

谁是特定民族的代表？谁能代表特定民族？进一步的追问是，谁是汉民族的代表？谁是不同的少数民族的代表？如果把代表看成是具体的个体或少数人群体，这一问题就变得异常棘手。除了抽象的文化或宗教代表人，如儒家之孔子、佛教之释迦牟尼、伊斯兰教之穆罕默德、基督教之耶稣等，究竟由谁来代表和统摄特定民族的整体利益和价值观？在公民权的意义上，人民代

[①] 《宪法》序言规定："国家尽一切努力，促进全国各民族的共同繁荣。"《宪法》第4条规定："国家根据各少数民族的特点和需要，帮助各少数民族地区加速经济和文化的发展。"《宪法》第45条规定："中华人民共和国公民在年老、疾病或者丧失劳动能力的情况下，有从国家和社会获得物质帮助的权利。国家发展为公民享受这些权利所需要的社会保险、社会救济和医疗卫生事业。"《中华人民共和国社会保障法》第2条规定："国家建立基本养老保险、基本医疗保险、工伤保险、失业保险、生育保险等社会保险制度，保障公民在年老、患病、工伤、失业、生育等情况下依法从国家和社会获得物质帮助的权利。"

表是特定的具体的人,是享有平等的选举权和被选举权的公民,他们经过民主程序而成为不同区域的代表人或代言人。具有民族身份的人民代表代表的是选区内所有的选民,而不仅仅是选区内特定的同一民族公民。在代表的功能方面,不是只有男人才能代表男人,不是只有农民才能代表农民,也不是只有少数民族才能代表少数民族。

按照韦伯的表达,卡里斯玛权威的衰退是与现代国家理性主义兴起同时产生的。"卡里斯玛支配者的权力基础在于被支配者对其个人使命之纯粹事实上的'承认'。此种承认,不管是较为积极的或较为被动的,乃是源自于信仰的皈依,皈依于那不寻常的、前所未闻的、异于一切规则与传统的——因此也就被视为神圣的——换言之,那产生于危机与狂热的。"[①] 在现代社会,卡里斯玛权威没有因公共权威的建构而完全消失,形式各异的卡里斯玛权威在私人领域中仍具有不可小觑的影响力,尤其是卡里斯玛权威与封建的家父长制结合在一起时,它就似乎具有了天然的正当性。通过把宗教机构、神职人员和宗教教义吸引到"正确的方向"的做法令人称赞,也要防止增强某些神职人员在非宗教事务领域的发言权,避免他们在世俗领域享有超越法律的权威性,不恰当地使其成为某一特定民族的潜在代表人。在检讨西方国家处理所谓的"伊斯兰教恐怖主义"方案时,阿玛蒂亚·森指出以宗教为中心而形成的制度性政策的弊端,例如"政府将与穆斯林领导人在下一阶段举行会谈,计划巩固联合阵线"等做法。宗教的单一分类给予各宗教内部上层人员以强势的话语权,降低人们在其适当领域内(包括同一国家的公民身份)所拥有的非宗教价值

---

① [德]韦伯:《支配社会学》,康乐等译,广西师范大学出版社2004年版,第269页。

的重要性。①

随着以人权和公民权为标示的政治公共领域的重建，宗教退回到了界限分明的私人领域，还原了其固有的在彼岸世界的合理性而不再染指政治公共领域。换言之，在现代性的政治话语之下，政教合一失去了其合理性，也缺乏合法性。我国宪法规定公民有信教的自由，也有不信教的自由，从根本大法的角度赋予公民选择、加入和退出特定宗教的自由和权利。现代国家没有因政治公共领域的重建而有意消灭宗教，也没有把"宗教是鸦片"作为普遍的批评意识而加以推广。信教作为纯粹的个人事务受到国家法律和他人的尊重，只要消极地对待信教人员，而不是干预信教人员信教行为，就体现了法律之下的自由宗教观。国法既反对不同信教人员之间、非信教人员与信教人员之间相互干预，也反对信教人员及其领袖将其信仰政治化或再次介入公共领域。具有民族身份的社会成员首先是"国家的人"，受到了国法的平等保护。遵循国家现代化的治理规则，国家与作为个体的公民之间建立了"直通车"式的权利与义务关系，横亘于国家与公民之间的中介组织（包括历史上不断出现的掮客阶层）成为从属的力量，在这种制度安排之下，民族自决的政治要求转化为作为公民个体的民族选择，避免了因集体自决的裹挟性而妨碍公民个体行使公民自决权。②

（三）民族政策与法律规范

民族政策主要包括以下几方面的内容：（1）坚持民族平等团结；（2）民族区域自治；（3）发展少数民族地区经济文化事业；

---

① 参见［印］阿玛蒂亚·森《身份与暴力：命运的幻象》，李风华等译，中国人民大学出版社 2009 年版，第 67 页。

② 参见许章润《公民模式的后民族主义国家政治命题》，《中国法律评论》2015 年第 2 期。

(4) 培养少数民族干部;(5) 发展少数民族科技文化卫生等事业;(6) 使用和发展少数民族语言文字;(7) 尊重少数民族风俗习惯;(8) 尊重少数民族宗教信仰自由。经过新中国成立以来六十多年的国家民族政策实践,以上内容体现在由宪法、民族区域自治法、少数民族区域自治法规等组成的法律体系之中。具有中国特色的民族区域自治法律体系形成,对少数民族地区的治理进入有法可依的历史阶段,使用民族政策或宗教政策虽无不当,但宪法和民族区域自治法应是体现民族政策的法律和规范用语。

少数民族成员的身份具有多样性,既有作为民族的成员身份,也有法律上的公民身份和社会上的职业身份等。多样化身份使少数民族成员与其他成员一样产生了多重的权利义务关系,而由民族身份产生的权利义务关系只是社会关系的一个方面。将少数民族成员的多重身份简单化为民族身份,是单一的民族政策的一个重要特征。单一的民族关系和宗教身份体现了不同民族的合法性存在,也容易产生狭隘的民族主义观念,为各种分裂主义者提供借口。在中华人民共和国领土范围内,所有的土地都属于包括少数民族在内的全体人民,不能把少数民族自治的地区简称为"藏区""蒙区"等,也不能把汉族人占多数的地方称为"汉区"。民族团结强调的是不同民族在整体上的和谐相处,但民族是由一个个具体公民构成的,民族之间的交往不妨碍民族下的公民作为个体形式的多样化交往。民族团结只有建立在不同民族之间公民团结基础上才能成立,也才能体现民族平等的精神。对作为民族的整体尊重不能确保对每一个具体的民族成员的尊重,但对每一个具体的民族成员的尊重则会成就对民族的整体尊重。

构建法治中国的一个重要目的就是要树立宪法和法律权威,使宪法和法律成为国家范围内普遍遵循的最高权威。如同在其他公共领域，宪法和法律在民族区域内是高于宗教权威、文化权威的高级权威。党的民族政策和宗教政策经过立法程序成为具有法律约束力的规范体系，是衡量我国治理能力及其现代化水平的重要标志。法律相对于政策而言更具有普遍性、规范性和稳定性，民族政策和宗教政策只有作为对少数民族事务法律的载体或实施方案时才具有自洽性。在民族区域自治法律体系形成的历史背景下，指导少数民族区域自治的工作座谈会或政策性文件应成为保障宪法和法律实施的重要方法，而不在宪法法律体系之外形成一套治理少数民族地区的规范体系。在法律未依照程序修改的情况下，任何民族政策和宗教政策都不能突破法律或违反法律，不在"法律之上"或"法律之外"推行片面或单一的民族政策。

五　结语

在民族国家理论的视野下，无论单一民族论还是多民族论都是民族国家理论下的分立学说，形异实同，共同指向实质意义上的民族主义。中华民族共同体的概念和精神内涵要获得适合中国国情的解释力，就需要超越任何意义上的实质民族主义学说及其变种。

经过百余年的阐释、发展和传播，中华民族概念已成为影响深远的思想观念和政治用语。现行宪法没有关于中华民族共同体的规定性表述，但不妨碍这一概念作为一个表达每一个中国人国家认同的政治实体的有效性，无民族的国度、有民族的国度和超民族的国度形成了认识现代民族问题的多元化工具，其中改变民族关系的思维方式至关重要。重申人的身份多样性与尊重人的民族身份并不矛盾，强调人的公民身份的统一性与表达人身份多样性同样不存在矛盾。新时代的精神要求在人权和公民权的伦理和规范的双重标准下处理"和而不同"的尊严政治,对内铸造中华民族共同体,对外成就人类命运共同体。

(作者为中国社会科学院法学研究所研究员)

用法律来推动核心价值观建设

李 忠

> 社会主义核心价值观是当代中国精神的集中体现，凝结着全体人民共同的价值追求。要以培养担当民族复兴大任的时代新人为着眼点，强化教育引导、实践养成、制度保障，发挥社会主义核心价值观对国民教育、精神文明创建、精神文化产品创作生产传播的引领作用，把社会主义核心价值观融入社会发展各方面，转化为人们的情感认同和行为习惯。
>
> ——十九大报告

社会主义核心价值观是兴国之魂，决定着中国特色社会主义发展的方向。改革开放以来，我国经济建设取得了举世瞩目的成就，同时也带来信仰缺失、道德滑坡、价值扭曲、行为失范等一系列问题。培育和践行社会主义核心价值观，扭转道德下行趋势，重塑社会核心价值，已成为全国上下的高度共识。

党的十九大提出，培育和践行社会主义核心价值观，强化教育引导、实践养成、制度保障，把社会主义核心价值观融入社会发展各方面。习近平总书记指出，要用法律来推动核心价值观建设。[1] 十三届全国人大一次会议对我国现行宪法进行了第五次修

---

[1]《习近平在中共中央政治局第十三次集体学习时强调：把培育和弘扬社会主义核心价值观作为凝魂聚气强基固本的基础工程》，2014年2月25日，新华社（http://www.gov.cn/ldhd/2014-02/25/content_2621669.htm）。

改，提出"国家倡导社会主义核心价值观"，为用法律来推动核心价值观建设提供了宪法依据。

这里重点探讨4个问题：一是为什么要用法律来推动核心价值观建设；二是用法律来推动核心价值观建设方面存在的主要问题；三是用法律推动核心价值观建设的基本途径；四是如何结合立法工作更好推动核心价值观建设。

一 用法律来推动核心价值观建设的重要意义

一是适应经济社会快速发展的需要。改革开放以来，我国发生了三大变化，经济社会面貌为之一新，道德领域也面临严峻挑战。其一是市场化。市场经济推动了经济社会发展，同时带来拜金主义、一切向钱看的有害思想，诚信缺失、造假欺诈已成为当前社会的一大问题。其二是全球化。全球化促进了世界经济社会一体化进程，同时带来各种文化相互激荡、不同价值观争取人心特别是争夺年轻人的局面。其三是信息化。我们现在同处一个地球村，信息化冲破了地理、时间限制，拓展了人们思考的广度和深度，同时带来令人眼花缭乱的外部世界。上述三大变化使人们的思想意识日趋多元、多样、多变，价值取向各不相同。从负面效应看，道德蜕变的许多方面突破了社会底线，属于不可调和的矛盾，道德只能望洋兴叹；对于家风重塑、诚信体系构建等，道德也力不从心。而法律通过确立明确的制定目的、基本原则和制度规定，旗帜鲜明地表达支持什么、鼓励什么、反对什么、禁止什么，为全体社会成员提供价值认同上的最大公约数，在具体利益矛盾、各种思想差异上最广泛地形成价值共识，有效引领和整合纷繁复杂的社会思想观念，更好地发挥社会主义核心价值观凝魂聚气、强基固本的作用。

　　二是提升国家治理能力的需要。核心价值观是国家治理的重要基石。历史经验表明：思想观念混乱，人心混乱，一定是天下大乱。我国是一个有着14亿人口、56个民族的大国，确立反映全国各族人民共同认同的价值观，使全体人民同心同德、团结奋进，关乎国家前途命运，关乎人民幸福安康。用法律确认核心价值观的价值内容和精神要求，构建充分反映中国特色、民族特性、时代特征的价值体系，有助于提高整合社会思想文化和价值观念的能力，掌握价值观念领域的主动权、主导权、话语权，引导人们坚定不移地走中国道路；有助于推进社会治理创新，促进社会公平正义，培育良好社会心态，建设充满活力又和谐有序的现代社会。

　　三是弘扬社会主义道德的需要。道德是维系一个社会最基本的规范体系，没有道德规范，整个社会就会分崩离析。社会主义道德是我国社会主义法治的"水源"，守护好这个水源，必须拿起法律武器。相比于道德的模糊性、自律性、脆弱性，法律具有确定性、强制性、稳定性等独特优势。一部良法，胜过千言万语的说教。借助于法治手段，可以将一些最基本的道德义务转化为法律义务，将"软性要求"转化为"刚性规范"，增强人民群众践行社会主义核心价值观的自觉性和约束力，这既有利于社会主义核心价值观建设的规范化、制度化、常态化，也有利于社会主义道德的尊崇和维护。

　　四是完善中国特色社会主义法律体系的需要。法律是成文的道德，道德是内心的法律。法律是否有效，取决于它与社会的核心价值是否一致，取决于核心价值对法律的支持和认可程度。用法律来推动核心价值观建设，强化了核心价值观，同时也使法律法规更好地体现国家的价值目标、社会的价值取向、公民的价值准则，更符合人民群众的实际需要，更利于提升人民群众对法律法规的认同感和接受度。

五是体现古今中外的一条基本经验。主流价值观念入法，古今中外概莫能外。在我国封建社会，儒家伦理"仁义礼智信"备受推崇，高悬于家族宗庙，更融入历朝法典，用以规范人们行为和社会秩序。世界上第一部成文宪法——1787年美国宪法，在序言部分以"我们合众国人民"的名义，突出强调了正义、安全、公共福利、自由、幸福等核心价值。法国宪法第2条鲜明提出共和国的口号是"自由、平等、博爱"，共和国的原则是"民有、民治、民享的政府"。英国是一个多文化、多宗教、多种族、多信仰的国家，为消弭文化、宗教、种族、信仰方面的分歧，增进人们的联系，注重在《人权法案》（1998年）、《教育法案》（2002年）、《平等法案》（2010年）、《移民法案》（2015年）等一系列法律中推进以民主、自由、法治、包容为主要内容的基本价值观。新加坡倡导"家庭为根"的价值观，立法规定子女与年迈父母同住的，可享受一定免税额度；有意和父母就近居住的，政府拨专款资助买房；子女探望父母的，可免除部分小区停车费。这些立法将抽象的价值观具体化、生活化，体现和维护了社会主流价值和核心道德。

二 用法律来推动核心价值观方面存在的主要问题

新中国成立以来，我国重视在立法中体现与社会主义社会相适应的道德观念和价值取向。特别是党的十八大提出社会主义核心价值观以来,在以习近平同志为核心的党中央坚强领导下,立法机关注重发挥法律的引领和推动作用,坚持法治和改革协同推进,坚持法治和德治协同发力,推动以富强、民主、文明、和谐,自由、平等、公正、法治,爱国、敬业、诚信、友善为主要内容的社会主义核心价值观融入法治建设,为改革发展稳定提供了坚实制度保障。比如,2018年修订的宪法确立了社会主义核心价值观的地位;2017年颁布的民法总则首条就将"弘扬社会主义核心价值观"规定为本法的制定目的之一,确立了平等、自愿、公平、诚信、公序良俗等原则,建立了未成年人、老年人监护制度,鼓励见义勇为,保护英烈名誉,在世界上首次规定"有利于节约资源、保护生态环境"的绿色原则;2018年4月颁布的《英雄烈士保护法》严厉打击丑化、诋毁英雄烈士的行为;《刑法》修正案九将代考、醉驾列为刑法的制裁对象;《婚姻法》弘扬孝亲敬老的价值观,子女常回家看看写入新修订的老年人权益保障法;《公务员法》《法官法》《检察官法》《警察法》《教师法》等对公职人员的职业道德提出明确要求;等等。一些地方也制定了见义勇为、诚实守信、文明行为促进等体现核心价值观的立法。

虽然我国法律制度总体上反映了核心价值观的内容和要求,但也要看到,同全面依法治国、推进国家治理体系和治理能力现代化的要求相比,用法律来推动核心价值观建设方面还存在一些问题。主要表现在以下几方面:

一是价值导向不够鲜明。此前媒体报道,一些地方发生交通事故后,肇事者反复碾压伤者致其死亡,主要原因就是撞伤没有百八十万元下不来,还可能终身难脱干系,而刑法第133条规定,违反交通法规致人死亡处3年以下有期徒刑或者拘役,对撞死的惩罚远小于撞伤，诱发"撞伤不如撞死"怪象。① 又如，一些地方性法规规定，见义勇为一定要"事迹突出"，但什么是事迹突出却不清楚，许多见义勇为行为得不到应有的肯定和褒奖，导致见死不救和见义不敢为、见义不想为的现象时有发生。再如，法律法规对吐痰、闯红灯、制假售假、食品不安全、旅游不文明等行为的规定，普遍存在违法成本低、制裁力不足问题。以2011年颁布的道路交通安全法为例，该法第89条规定，行人横穿马路，处警告或者五元以上五十元以下罚款。在东部经济发达地区，这样的处罚力度远不足以形成震慑力。据媒体报道，2017年7月28日，江苏徐州一大妈因闯红灯和横穿马路被交警拦下，面对交警执法，大妈态度嚣张，爆出雷语，"不差钱，明天继续闯"②。

二是立法质量有待提高。一些立法"年久失修"，老办法管不了新问题。比如，《婚姻法》第46条规定，因重婚、有配偶者与他人同居、实施家庭暴力、虐待和遗弃家庭成员4种情形导致离婚的，无过错方可以请求过错方损害赔偿，但没有将非同居的出轨行为和干扰婚姻关系的第三者纳入规制范围，阻塞了无过错方的救济通道。一些立法过于原则，操作性不强。比如，《未成年人保护法》第71条规定，胁迫、诱骗、利用未成年人乞讨或者组织未成年人进行有害其身心健康的表演等活动的，由公安机

---

① 参见木须虫《是什么导致了"撞伤不如撞死"》，2014年2月27日，大河网—河南商报（郑州）。作者认为，撞伤不如撞死长期被称为"制度杀人"，主要原因有三个：一是交通事故致人死亡的赔偿金一般是几十万元，致人重伤的赔偿金可能超过百万元，而且还有剪不断理还乱的长久纠纷；二是交通肇事刑事附带民事诉讼程序设计有缺陷，司法实践中，交通肇事致人死亡的，被害人近亲属无法提起刑事附带民事诉讼请求精神损害赔偿；三是交通事故处理中存在认定漏洞和执法不严，有时肇事致死与故意杀人之间的界限不好把握，同时交通事故处理部门对一些本该追究刑事责任的肇事人代之以行政、经济处罚。
② 《一大妈因闯红灯被交警拦下后，恶狠狠地摔给民警50块：就不差钱，明天继续闯!》，2017年8月6日，搜狐新闻（http://www.sohu.com/a/162623604_443845）。

关依法给予行政处罚。但这项规定未明确此类活动在什么程度、什么范围由执法机关依法给予什么样的惩处，实践中难以落到实处。一些立法存在合法性争议。比如，国务院2013年发布的《铁路安全管理条例》规定，在高铁车厢内或其他列车的禁烟区域吸烟，将面临最高2000元人民币的罚款。① 而《治安管理处罚法》第23条规定，扰乱公共交通工具上的秩序的行为，最高罚款200元。又如，深圳市为鼓励机动车文明驾驶，2010年颁布《深圳经济特区道路交通安全违法行为处罚条例》，在全国首创"首违免罚"制度，即违法行为发生之日前两年内，机动车在本市无道路交通安全违法行为记录的，可申请免除处罚。而《道路交通安全法》第90条规定，机动车驾驶人违反道路交通安全法律、法规关于道路通行规定的，处警告或者20元以上200元以下罚款。深圳市有关规定可能与上位法存在冲突。

三是一些领域还存在立法空白，惩恶扬善于法无据。比如，诚信缺失是当前道德领域的最大问题，但全国性的社会信用立法至今仍未制定出来。又如，近年来因个人信息泄露而频频爆出电信诈骗问题，由于起草单位变更、立法资源紧张等原因，个人信息保护法迟迟不能出台。再如，环境保护领域虽然法律数量可观，但尚未形成系统完备的环保法律制度体系，一些很重要的法律，如核设施、有毒化学品的安全管理法，生态环境、高原湖泊、国际河流、生物多样性、特色矿产资源等的保护法，以及环境规划、总量控制、排污许可、限期治理、生态补偿等环境资源保护配套法律法规，都还没有制定。

四是一些法律法规不配套，削弱了核心价值效力。其中有下

---

① 烟雾是近年来造成动车晚点的主要原因之一。动车组列车车厢连接处和厕所装有烟感传感器，一旦发现烟雾，系统就会报警，列车就会自动停车。这是《条例》对吸烟行为施以重罚的主要原因。

位法和上位法不配套的问题。比如环境保护，近期国家环保立法出台或者大幅修改后很长时间，需配套的地方立法悄无声息。也有上位法缺位问题。比如见义勇为，31个省区市都出台了奖励和保护见义勇为人员的地方性法规和地方政府规章，但国家层面的立法迟迟不出台，造成各地做法千差万别，难以一体有效保障见义勇为人员的合法权益。还有法律之间不衔接问题。比如，2013年修订的老年人权益保障法第18条规定，与老年人分开居住的家庭成员，应当经常看望或者问候老年人，但由于没有出台实施细则，一些企业规定法定节假日才放假，"常回家看看"遭遇执行尴尬。①

以上情况表明，用法律来推动核心价值观建设还存在不少问题，加强核心价值观立法任重道远。

三　用法律来推动核心价值观建设的基本途径

法律是治国之重器，良法是善治之前提。核心价值观就是衡量良法的重要尺度。必须以社会主义核心价值观为统领，进一步加大立法力度，制定符合我国基本国情、反映广大人民群众意愿、弘扬社会主义核心价值观、诠释道德文明风尚、传播社会正能量的有关道德建设的法律法规，把基本的道德规范上升为法律，充分发挥法律的规范、引导、保障、促进作用，形成有利于培育和践行社会主义核心价值观的良好法治环境。

---

① 据《法制日报》报道，在异地工作的唐山小伙子李新，已经两年多没能回家看望父母了。因为他供职的外企有条不近人情的规定，按照该公司来源国的法定节假日来放假，以致李新工作两年都无法请假回家探望父母。为了能回家看一眼，他不惜主动要求父母把自己告上法庭，成为被告，最终拿着法院的判决才请了假、回了家、看了爹妈。（朱宁宁：《"常回家看看"有多难？唐山小伙让父母起诉自己拿判决书请假》，《法制日报》2017年1月17日。）

用法律来推动核心价值观建设，要注意防范两种错误倾向：一是法律消极论。有人认为，宪法法律已确认核心价值观的主要内容，其基本精神与核心价值观一致，讨论用法律来推动核心价值观建设问题没有意义。还有人认为把核心价值观这几个字或者24个字写入宪法法律就算体现了核心价值观，而不从立法的目的、宗旨、原则、条款等多方面综合考虑，导致核心价值观在部分法律中体现不够充分。二是法律万能论。这种观点认为可以把核心价值观的全部内容法律化。核心价值观不是单单针对法律提出来的，道德不仅调整人们的外部行为，还调整人们的动机和内心活动。核心价值观起作用的一些领域，法律是不能进入的。不加区别地一味主张道德入法，如果不能落实，不但不能达到预期目的，还可能削弱法律的权威和尊严。比如，"不准说脏话粗话"，只能依靠道德教化、"中药调理"逐步培养，而不能采用法律禁止、"外科手术"式的方法。用法律来推动核心价值观建设，其主要目的是在法律中形成价值导向和利益机制，引导人们自觉践行社会主义核心价值观。

当前，要按照宪法和中央有关要求，积极推进相关立法工作。

（1）进一步完善立法工作机制。立法机关是推动核心价值观入法入规的关键环节。要始终以社会主义核心价值观引领和指导立法工作，深入分析社会主义核心价值观的立法需求，完善立法项目征集和论证制度，制订好立法规划计划，加快重点领域立法修法步伐。建立核心价值立法审查机制，法律法规草案报请审议前，要由有关部门对其是否符合社会主义核心价值观进行审查。健全备案、清理、立法后评估机制，将社会主义核心价值观作为备案、清理、立法后评估的重要标准，对与社会主义核心价值观要求不相适应的，依照法定程序及时进行修改和废止。

（2）贯彻落实宪法规定。宪法是我国法律体系的核心和基础。在宪法中写入国家倡导社会主义核心价值观，为中国特色社会主义法律体系注入了灵魂。要建立合宪性审查工作制度，明确全国人大新成立的宪法和法律委员会受理的合宪性审查事项的范围、程序、方式、效力等问题，把核心价值观作为合宪性审查的一项重要标准，及时纠正不符合宪法的法律法规，使核心价值观成为每一项立法的基本遵循。

（3）适时修订立法法。立法法确定立法的原则、主体、程序，是立法工作的总规矩总遵循。建议适时对立法法进行修改完善，把社会主义核心价值观确立为立法的基本原则，这将有助于促使立法机关全面贯彻核心价值观的要求和精神。

（4）完善各领域基本法。基本法是各领域法律制度体系的基础，在其指导思想、制定目的、基本原则、主要制度、具体条文中体现核心价值观，有助于核心价值观全面融入该领域法律制度体系。建议在经济建设领域，加快推进民法典各分编编纂工作，形成有利于弘扬社会主义核心价值观的制度安排、利益机制和法治环境；在文化建设领域，研究制定文化产业促进法，增强文化产业传播主流价值的社会责任，推动文化产业全面繁荣；在社会建设领域，制定基本医疗卫生法、社会援助法，研究制定社会救助法，保障和改善民生，维护社会和谐稳定；在生态文明建设领域，制定土壤污染防治法，用严格的法律制度保护生态环境，促进生态文明建设。

（5）及时制定修订一批法律法规。针对一些法律价值导向不鲜明、针对性操作性不强、法律法规不协调不配套等问题，及时启动相关法律法规的制定修订工作。建议在经济建设领域，修订《土地管理法》《农村土地承包法》《专利法》《著作权法》《个人所得税法》，健全以公平为核心原则的产权保护制度。在文化建设领域，完善互联网信息领域立法和节假日立法，健全中华传统文化传承发展法律制度，填补立法空白，切实解决法律法规不协调不配套问题。在社会建设领域，修订《妇女权益保障法》《未成年人保护法》《残疾人保障法》和《医疗事故处理条例》《食品安全法实施条例》等法律法规，规定对失德失范行为的惩戒措施，加大惩戒力度，切实解决法律法规同核心价值观要求不合拍、保障不够有力问题；健全慈善法配套法规，完善尊老扶弱、赈灾救难等相关法律法规，有效降低善行义举的制度成本；坚持教育公平、均衡发展，大力推动社会主义核心价值观进教材、进课堂、进头脑，进一步完善教育领域法律制度；积极预防校园安全事故、欺凌和暴力，研究制定校园安全相关法律法规，维护安全健康的校园环境。在生态建设领域，按照最严生态法治观的要求，研究制定国家公园、生态补偿、垃圾分类等方面法律法规，推动生态环境可持续发展。

（6）抓紧制定完善一批专项立法。适时修订国旗法和国徽法，进一步弘扬爱国主义精神。以文明行为、社会诚信、见义勇为、尊崇英雄、志愿服务等为重点，探索制定公民文明行为促进、社会诚信、见义勇为等方面法律法规，把文明的软性要求变为硬性规则，塑造正确价值导向。以见义勇为立法为例。近年来，跌倒老人无人扶、不给钱不救溺水者等消息不时见诸报端，人们纷纷哀叹世风日下、道德滑坡。但与此同时，见义勇为人员流血又流泪的事例也屡见不鲜。这反映了我国法律保障机制还存在不健全问题。目前我国规范见义勇为行为的地方性法规和地方政府规章共44部，国务院办公厅转发的七部门文件只是一份规范性文件，这些法规规章和文件权威性不高，保障力度不足。一些地方仅把同违法犯罪分子做斗争确认为见义勇为行为，而把抢险救灾和救助他人的行为排除在外，极大挫伤了群众见义勇为的积极性；一些地方见义勇为行为确认程序烦琐、确认效率低下，致使有的见义勇为人员跑断腿也拿不到应得的奖金和补偿；一些地方仅将见义勇为人员本人列为保障对象，不顾及牺牲或丧失劳动能力的见义勇为人员家属的生计。制定见义勇为法，全面保障见义勇为人员合法权益，免除见义勇为人员后顾之忧，十分必要而紧迫。

四 做好七个结合，更好地用法律来推动核心价值观建设

用法律来推动核心价值观建设，是一项系统性、综合性工程，必须在国家发展总的目标下与各方面工作紧密结合起来、协调推进。

第一，坚持法律推动与贯彻落实中央重大方针政策和决策部署相结合。法律对培育和践行核心价值观有着重要的导向作用。要结合全面深化改革、推进国家治理体系和治理能力现代化的实践，做好有关法律的制定修订工作，把核心价值观的要求体现到各项法律法规之中，用有效的制度机制来规范人们的行为，使符合核心价值观的行为受到鼓励、违背核心价值观的行为受到制约，形成有利于弘扬社会主义核心价值观的政策导向、利益机制和法治环境。

第二，坚持法律推动与立法规划计划相结合。用法律来推动核心价值观建设，是一项宏大工程，需要有序推进。2018年3月，中共中央印发《社会主义核心价值观融入法治建设立法修法规划》（以下简称《规划》），对今后5年有关立法进行安排部署，是今后一段时期用法律来推动核心价值观建设的行动指南。要切实做好《规划》同全国人大常委会正在制定的立法规划、国

务院年度立法工作计划的衔接，确保有关立法如期出台。

第三，坚持突出重点与整体推进相结合。用法律推动核心价值观建设，头绪多、任务重，不可能面面俱到，要点面结合、有步骤有重点地推进。按照急用先立原则，抓住核心、关键、亟须制定的立法项目，以重点突破带动整体推进。一是突出重点对象。比如领导干部，领导干部在弘扬先进思想道德上做出表率、见诸行动，是重要的导向和最有说服力的教育。建议适时修改公务员法、人民警察法、人民武装警察法、全国人民代表大会和地方各级人民代表大会代表法等法律，增加有关培育和践行社会主义核心价值观的内容。又如青少年，青少年的价值取向决定了未来整个社会的价值取向，而青少年处于价值观形成和确立时期，抓好这一时期的价值观养成十分重要，就像穿衣服扣扣子一样，如果第一粒扣子扣错了，剩余的扣子都会扣错。建议修订未成年人保护法，坚持育人为本、德育为先，把青少年价值观教育摆在突出位置，融入国民教育全过程，贯穿到学校教育、家庭教育、社会教育各环节各方面。二是突出重点立法项目。比如诚信立法，抓紧建立覆盖全社会的征信系统，健全公民和组织守法信用记录，完善守法诚信褒奖机制和违法失信行为惩戒机制，使尊法守法成为全体人民共同追求和自觉行动。又如互联网立法，适应互联网快速发展形势，运用网络传播规律，把核心价值观体现到网络宣传、网络文化、网络服务中，用正面声音和先进文化占领网络阵地。

第四，坚持立改废释并重。当前，我们正在推进全面深化改革，涉及大量法律制度的立改废工作。这些法律法规的制定修改都要充分考虑道德因素和道德风险，对有违道德要求的法律法规要及时废止和修订。此外，核心价值观是党的十八大以后才提出的，此前颁布的法律主要以公德、道德、公共利益、公共秩序、国家利益等表述相关内容。建议必要时通过立法解释的方式，以核心价值观作为尺度，对公德、道德、公共利益、公共秩序、国家利益等术语做出解释。

第五，坚持立法与执法、司法、普法相结合。在培育核心价值观过程中，确保执法文明、司法公正、全民守法具有非同寻常的意义。执法机关要依法严厉打击与人民群众生活息息相关的电信诈骗、食品药品、环境卫生等违法犯罪活动，打击整治"盗抢骗""黑拐枪""黄赌毒"等违法犯罪，保障人民群众的切身利益。司法机关要发挥司法审判惩恶扬善的功能，运用法治手段解决道德领域突出问题，弘扬真善美、打击假恶丑，推动核心价值观转化为人们的实际行动。要把核心价值观融入普法教育中，针对人民群众关心的重大利益问题、社会存在的焦点难点问题、需要法治解决的现实问题，从情理、道理、法理等多维度、多层次做出回应，在有效培育人民群众法治信仰的同时，潜移默化地塑造他们的核心价值观。

第六，坚持法律推动与其他社会规范的应用相结合。法律具有局限性，不能涵盖一切社会关系，与调整对象之间存在或多或少、或大或小的脱节滞后现象。任何一个国家都不能也不可能仅仅以法律规则来规范和约束人们的一切活动。要坚持依法治国和以德治国相结合。在用法律来推动核心价值观建设的同时，还要按照核心价值观的要求，完善党内法规，推动核心价值观融入党内法规制度；完善市民公约、村规民约、学生守则、行业规范，使社会主义核心价值观成为人们日常生活的基本遵循。

第七，坚持法律推动与宣传教育相结合。核心价值观的培育贵在知行统一，而知是前提、是基础。培育和践行核心价值观，在法律推动的同时，要在增强认知认同上下功夫，使其家喻户晓、深入人心。现在的突出问题是，在一些人和一些领域当中，价值判断没有了界限、丧失了底线，甚至以丑为美、以耻为荣。一定要正视问题，把正面教育与舆论监督结合起来，把热点问题引导与群众道德评议结合起来，旗帜鲜明地弘扬真善美、贬斥假恶丑，树立正确导向、澄清模糊认识、匡正失范行为，形成激浊扬清、抑恶扬善的思想道德舆论场，引导人们自觉做良好道德风尚的建设者和社会文明进步的推动者。与此同时，宣传工作必须适应形势发展变化，契合群众的心理特点和接受习惯，努力创新方式方法，有针对性地设计载体、搭建平台，不断提高工作的吸引力和实效性。要充分运用微博、微信、微视频、微电影等方式，扩大核心价值观网上宣传的覆盖面、针对性和影响力。要充分发挥文化以文化人的教育功能，推出电影、小品等更多更好的优秀文艺作品，运用各种形式生动形象地传播核心价值观。

（作者为中国社会科学院法学研究所副研究员）

建设新时代社会主义法治文化

莫纪宏

> 加大全民普法力度，建设社会主义法治文化，树立宪法法律至上、法律面前人人平等的法治理念。
> ——十九大报告

根据党的十八届四中全会《关于全面推进依法治国若干重大问题的决定》和党的十九大报告的精神，从文化形态的角度来看法治文化的定义，法治文化是以社会主义核心价值观为引领，以社会主义道德为支撑，以培育法治精神、法治观念和法治思维为重点，以守法光荣、违法可耻为理念，增强规则意识、权利意识、义务意识、责任意识、程序义务和诚信意识，形成自觉维护法律权威的社会文化氛围和文化形态。

一　法治文化的概念界定

法治文化是一个从文化学与法学相结合的角度产生的法学术语。对法治文化概念追根溯源，可以在托克维尔的《论美国的民主》中提到的"民情"中发现，所谓"民情"实际上相当于当今法学界所讨论的法治文化。西方最早涉及法治文化内涵的阐释，当数美国法学家劳伦斯·弗里德曼在《法律文化与社会发展》一文中首次提出严格意义上的法律文化概念，该文中的法律文化是"与法律体系密切关联的价值与态度，这种价值与态度决定法律体系在整个社会文化中的地位"。英国法学家科特雷尔在《法律文化与社会发展》一文中，最先认为"法律文化"仅适用于观察法律与文化一体化的初民社会和小型社区以及特定职业人群的法律观念，与"法律意识形态"等同。自此之后，国内外的学者、专家及其政府机关人员对法治文化含义的认识并不统一。

从我国近几年的研究成果来看，我国当前研究法律文化，主要集中在：（1）与法制史结合来研究中国传统法律文化包括礼法、无讼、自然法、律等，这部分研究占绝大部分；（2）与比较法结合来研究法律文化；（3）进行地方性研究，来研究少数民族如藏族、彝族、瑶族等的法律文化。把法律文化上升到法治文化，受到了近些年对法制与法治的价值区分的影响，特别是在党的十八届四中全会中通过《关于全面推进依法治国若干重大问题的决定》，明确提出全面推进依法治国的总目标是建设中国特色社会主义法治体系、建设社会主义法治国家之后，法治文化的概念才应运而生，并在学术研究中风靡起来。

刘作翔在《法治文化的几个理论问题》[①]一文中，对法治文化与法律文化之间的细微差别进行了详细区分，他指出：法治文化是指包含民主、人权、平等、自由、正义、公平等价值在内的人类优秀法律文化类型；法治文化由表层结构和深层结构组成，前者包括法律规范、法律制度、法律组织机构、法律设施等，后者包括法律心理、法律意识、法律思想体系。法治文化就是法律的意识形态和与其相适应的社会制度和组织机构。一般来说，观念支配行为，思想决定行动，而良好的制度和规范又影响和塑造

---

① 刘作翔：《法治文化的几个理论问题》，《法学论坛》2012 年第 1 期。

着人们的思想观念体系。法治文化建设就是制度性文化建设与观念性文化建设的结合和互动。法治文化建设既应该高度重视法律制度的建设,也要高度重视对公民观念的塑造和提高。李林在《"法治文化"与"文化法制"》一文中,对与法治文化密切相关的"文化法制"两者内涵做了精确区分,认为:法治文化是由法治的精神文明成果、制度文明成果和社会行为方式共同构成的一种文化现象和法治状态;而文化法制则是一个国家有关文化产业、文化事业、文化体制、文化权利、文化活动、文化教育等的法律和制度的总称。在现代法治社会中,文化法制是法治文化的表现形式和组成部分;在传统专制社会中,文化法制往往成为人治文化、专制文化、神权文化的重要组成部分。①

二 法治文化在实践中的产生及特征

关于法治文化,实践往往走在理论研究的前列。目前我国法学界所倡导的法治文化包括其实质内涵,最初是由普法工作的实践来推动的。2011年3月23日,中共中央宣传部、司法部联合下发的《关于在公民中开展法制宣传教育的第六个五年规划(2011—2015年)》明确提出:积极推进社会主义法治文化建设。通过法制宣传教育,弘扬社会主义法治精神,在全社会形成崇尚法律、遵守法律、维护法律权威的氛围。开展丰富多彩的法治文化活动,使法制宣传教育与群众文化生活相结合,丰富法治文化活动载体和形式。第六个五年普法规划是关于法治文化建设的首个全国性文件。2012年2月2日司法部下发的《2012年全国普法依法治理工作要点》也强调,要在"深入调查研究的基础上,

---

① 李林:《"法制文化"与"文化法制"》,《北京日报》2012年7月23日。

制定并下发推进社会主义法治文化建设的指导意见,明确社会主义法治文化建设的工作思路和目标要求"。党的十八届四中全会在强调"法治社会"建设重要性的同时,明确提出了"法治文化"建设的重要性,指出"建设社会主义法治文化",强调"强化道德对法治文化的支撑作用",并要求"把法治教育纳入精神文明创建内容,开展群众性法治文化活动,健全媒体公益普法制度,加强新媒体新技术在普法中的运用,提高普法实效"。上述各项文件都为法治文化的建立提供了有效的政策指引。

围绕着六五普法规划提出的"法治文化建设"的要求,一些地方省市都采取了相应的措施来积极有效地推进本行政区域的法治文化建设。其中江苏省、浙江等地的法治文化建设工作起步较早、运作较好、成效较大,走在了全国的前列,积累了宝贵的经验,值得在全国移植推广。2011年3月,江苏省司法厅提请省委办公厅、省政府办公厅下发了《关于加强社会主义法治文化建设的意见》,明确了社会主义法治文化建设的指导思想、主要目标、基本原则、建设途径和组织保障。为了全面贯彻党的十七届六中全会精神,全面落实《中共中央关于深化文化体制改革,推动社会主义文化大发展大繁荣若干重大问题的决定》和江苏省有关会议及文件精神,2012年1月,江苏省司法厅联合省委宣传部、省依法治省领导小组办公室、法制宣传教育协调指导办公室、文化厅、广播电影电视局、新闻出版局出台了《关于大力推进社会主义法治文化建设的实施意见》,明确了到2015年实现全省法治文化凝聚引领能力、法治文化惠民服务能力、法治文化创作生产能力显著提升的目标要求,提出了以实施组织保障体系完善、建设能力提升、作品创作繁荣、传播体系优化、法治文化惠民"五大行动",大力推进社会主义法治文化建设。为了推进法治文化建设工作,2015年1月,浙江省司法厅、浙江省普法办开展了全省首批省级"法治文化建设示范点"评选活动。全省十一个地级市33个"法治文化建设示范点"申报了此次评选活动。经过书面审查、实地抽查、浙江普法微信平台公众投票等环节的考核评审，杭州市江干区钱江新城法治汇、杭州市拱墅区运河法治文化茶馆、奉化市法治文化中心、宁波市江北区宁波市青少年绿色学校法治文化园、温州市龙湾区法治文化公园、湖州市沈家本纪念馆、嘉兴市南湖区南湖红廉馆、绍兴市上虞区青少年法治文化基地等21家单位被评为首批省级"法治文化建设示范点"。这些被命名单位既高度重视法治文化建设，积极培育、打造各具特色的法治文化宣传平台和阵地，又注重发挥阵地平台作用，经常性组织开展群众性法治文化活动，工作成效显著。

2016年12月25日，中共中央办公厅、国务院办公厅印发了《关于进一步把社会主义核心价值观融入法治建设的指导意见》，《意见》又对法治文化建设提出了进一步要求，强调"要坚持法治宣传教育与法治实践相结合，建设社会主义法治文化，推动全社会树立法治意识、增强法治观念，形成守法光荣、违法可耻的社会氛围，使全体人民都成为社会主义法治的忠实崇尚者、社会主义核心价值观的自觉践行者"，号召"广泛开展群众性法治文化活动"，并要"大力弘扬中华优秀传统文化，深入挖掘和阐发中华民族讲仁爱、重民本、守诚信、崇正义、尚和合、求大同的时代价值，汲取中华法律文化精华，使之成为涵养社会主义法治文化的重要源泉"。

党的十九大报告进一步明确："加大全民普法力度，建设社会主义法治文化，树立宪法法律至上、法律面前人人平等的法治理念。"由此可见，要全面推进依法治国，实现建设中国特色社会主义法治体系、建设社会主义法治国家的依法治国目标，除了要从制度上来加强法治各项工作之外，从文化形态的角度来关注

新时代法治发展的新面向

法治被人们接受和信仰的过程也是非常重要的,建设社会主义法治文化有助于全面推进依法治国各项工作的顺利推进,提升法治实施的质量和效率。

三 法治文化建设的制度要求

法治文化的形成虽然依赖于人们在实践中逐渐养成遵从法律的行为习惯,形成人人依法办事的社会风气,但制度化的建设仍然是很重要的。

从政策和法律层面来看,法治文化是与普法工作密切相关的。始于1986年的全国第一个五年普法规划的实施,旨在通过普法方式让领导干部和社会公众能够掌握最基础性的宪法法律知识,形成对法律的正确认知,培养良好的遵守法律、崇尚法律的法律意识。党的十九大报告明确提出要"提高全民族法治素养",相对于法律意识而言,"法治素养"的培育难度更大。通过普法可以提升全民的法律知识和法律技能,但并不能保证掌握了法律知识和技能的社会公众会真正做到"知行合一"[①]。一些法律专业出身的人士也可能因为本身缺少对法律真正的信仰而走上违法犯罪的道路,例如,曾任最高人民法院副院长的黄松有[②]、奚晓明[③]都因为不能做到"知行合一",逐渐地走上了违法犯罪的道路。所以,党的十九大报告提出了"法治素养"的要求,为树立

---

① "知行合一",系王阳明学说的核心思想,影响深远,波及日本。"知行合一"就是将知与行合到一处,有良知之驱使的行为才是良行,能践行的认知才算是真知。

② 黄松有曾任最高人民法院副院长。2010年1月19日,河北省廊坊市中级人民法院对最高人民法院原副院长黄松有做出一审判决,认定黄松有犯受贿罪,判处无期徒刑,剥夺政治权利终身,没收个人全部财产。黄松有是1949年以来中国因涉嫌贪腐被调查的级别最高的司法官员。

③ 奚晓明曾任最高人民法院副院长。2017年2月16日,奚晓明因犯受贿罪被判处无期徒刑。

宪法法律权威提供了更加有效的政策标准。

"法治素养"是一种思维方式和行为习惯，也就是说，在思维方式上能够自觉地按照宪法法律的要求来作为判断自己行为对错的标准和依据，在行为习惯上体现在日常生活中的点点滴滴之处都能习惯性地按照宪法和法律的要求去行为。

培养法治思维一方面依赖个体对法律知识的学习，同时也取决于政府有效地组织法治宣传教育活动，为社会公众提供了解法律知识的平台，其中推动普法工作中的"全民阅读"可以使法治宣传教育和普法学习工作常态化、制度化。

2013年全国两会期间，邬书林、聂震宁和白岩松等115位政协委员联名签署了《关于制定〈实施国家全民阅读战略的提案〉》，[①] 建议政府保障阅读，设立专门的机构推动阅读，引起媒体和社会各界广泛关注。历经三年多编制的《"十三五"时期全民阅读发展规划》也于2016年12月底正式发布，这是我国开展全民阅读活动以来的首个规划，具有创新意义，全民阅读在全国范围内广泛开展。2017年政府工作报告明确提出"大力推动全民阅读"，为全民阅读工作提出了明确的要求。全民阅读，是指公民获取信息、增长知识、开阔视野、陶冶性情、培养和提升思维能力的读书形式。全民阅读以社会主义核心价值观为引领，这里面就包含自由、平等、法治，法治是阅读的重要内容，也是全民阅读的重要特色。可以看到，全民阅读已经成为一项全民的事业，是一项社会系统工程。全民阅读领域很广，从全面推进依法治国的角度来看，全民阅读完全可以与全民守法的要求结合起来，通过全民阅读来加强法治宣传教育与普法工作的效率。从法治宣传教育角度来看，全民阅读有助于培养社会公众的法治思维

[①] 《关于制定〈实施国家全民阅读战略的提案〉》，《中国新闻出版报》2013年3月8日。

和提升社会公众运用法治方式解决问题的实际能力，使得阅读成为辅助个人提高社会交往能力的重要手段，同时，全民阅读有助于创造一种法治文化的氛围，有利于构建全民守法的群众基础。法治是治国理政的重要方式，要培养法治文化不能仅仅停留在知识的传播上，关键是技能的掌握，所以通过全民阅读来推进法治文化建设，必须要从阅读的实效上下功夫，具体来说，可以从以下方面来考虑。

第一，要把阅读和思考结合起来，《论语·为政》说："子曰，学而不思则罔，思而不学则殆。"法律知识是一种公众知识，不是仅仅靠个人的知识和经验就可以简单掌握的，学习法律知识必然要结合社会现实学习领会法律知识的背景、要求和作用，所以把法治宣传教育与全民阅读结合起来，必然要求全民阅读是一种思考性的阅读，有效率的阅读。

第二，抓住全民阅读的重点，才能起到事半功倍的效果。法律知识有自身的逻辑体系，在现代法治社会，法律知识是按照系统化的知识构建的，具体地说，法律知识是与一个国家的法律体系特征相一致的，其中宪法知识是基础性的，其他的法律知识是从宪法知识中合理地衍生出来的，如果只知道民法、刑法、行政法而不知道宪法，其他的法律知识体系也是不完整的。如果以不完整的法律知识来判断法律问题的是非对错或者来约束自己的行为，在行使中可能会有错误，所以全民法治阅读的重点应该是全民宪法的阅读，笔者在这里首次提出来，全民法治阅读的重点是全民宪法阅读，这个概念可能在文章、报纸上都没有提，笔者今天正式提出来。

第三，全民阅读要把学习与实践有机地结合起来，知识通常是对社会事实的经验总结，知识的核心在于概念、命题和认知体系。知识不一定能够完全与社会现实相对应，所以知识要有价值，必须要与实践相结合，全民法治阅读不能满足于坐而论道，要做到"知行合一"，政府在推进全民法治阅读的过程中，也需要结合全面推进依法治国的实际，把学习和实践结合起来，通过政府依法行政的实践来引导社会公众对法律的正确认识。

第四，全民阅读要抓重点少数，特别是领导干部，相对于其他性质的阅读来说，全民法治阅读工作，它的重点人群是各级领导干部，只有领导干部带头阅读法律知识，才能够保证全民法治阅读的整体效果。通过全民法治阅读首先要解决的是领导干部的法治思维和法治意识问题。总之，全民阅读是一项造福于国家和人民久久为功的事业，通过立法来推动全民阅读，首先要解决社会公众对法律知识的阅读和对法律技能的掌握，只有把法治阅读置于全民阅读的核心环境，才能通过全民阅读工作来创建有利于全面推进依法治国的法治文化氛围和群众基础。

四 法治文化要以文化自信为基础

培养尊崇宪法法律权威的心理结构以及养成自觉守法的行为习惯，除了通过法治宣传教育了解和掌握必要的宪法法律知识，掌握基本的技能之外，更重要的是要在社会公众中形成遵从法治的文化氛围，特别是要把法治价值与文化形态有机地结合起来，形成"法治文化"，为个体提供一个尊法守法的良好的社会大环境。

法治文化建设是"文化自信"的重点工程。"坚定文化自信"底气从何而来？"文化自信"的制度抓手是什么？相对于"全面从严治党"来说，"坚定文化自信"首先要关注的是与"文化自信"相关的重大理论问题。"文化自信"中的"文化"要有可操作和可接受的判断标准，才能保证"文化自信"建立在真实有效的文化形态上。

当前,要树立社会公众的"法治文化自信",必须要结合对执政党执政文化的自信来加以培育和强化。从保证党的执政安全角度来看"文化自信"问题,关键是要解决普通民众对执政党、对民族以及对国家的感情问题。这是解决如何保证在一党长期执政的前提下形成的法律制度被人们自觉加以遵守,并形成良好的法治文化形态的重要措施。陈毅元帅有一句名言:"淮海战役的胜利,是人民群众用小车推出来的。"这句话具有非常深厚的文化底蕴,说明了中国共产党取得全国政权依靠的是人民群众对党以及党所领导的人民军队的深厚感情。这种感情不是一朝一夕就有的,而是依靠中国共产党人在革命根据地与根据地人民之间建立的血肉联系逐渐累积起来的。今天,我们党作为执政党要领导中国人民实现"两个一百年"的奋斗目标和中华民族伟大复兴的"中国梦",更是离不开人民群众对党的拥护和真情实感。建设新型的党群关系,在党和人民群众之间建立起牢固的感情纽带,并形成健康向上、充满活力的党群文化,体现中国特色,就能确保党的执政基础和执政安全。作为执政党,我们党是通过制定政策影响国家法律,从而实现对国家和社会的有效治理。人民群众只有信任党,才能增强对在党的领导下产生的国家宪法法律的信任。在新时期下,要巩固良好的党群关系,还需要在普通民众与国家和民族之间建立起紧密的制度纽带,这种纽带不仅要靠历史文化传统来维系,更重要的是应当依靠宪法所确立的现代法治原则,通过在个人与国家、国家机关之间建立起科学合理的权利义务关系,强化个人与国家和民族之间的相互依存性,才能加深个人对国家和民族的感情。国家尊重和保障人权、法律面前人人平等以及权利义务相一致等法治原则,可以有效地强化和巩固个人与国家和民族之间的感情联系,特别是增强个人对国家和民族的责任感、使命感和自信心。所以，建设以权利义务关系为基础的法治文化，有利于增进普通民众对执政党、对民族以及对国家的感情，有利于"坚定文化自信"。

总之，加强基层法治文化建设是保证党的执政安全的社会基础，是今后一段时间贯彻落实全面从严治党各项要求必须加以重点关注的议题。除了要认真地按照党的十八届六中全会和党的十九大的要求，加强对党的主要领导干部自身行为的监督之外，还要从执政根基抓起，抓基层党员，抓基层群众，特别是通过"学党章讲党章"让每一个基层党员都清晰地了解我们党的历史和重要使命，通过"学宪法讲宪法"使得基层群众透彻了解自身的社会责任和对国家、民族应尽的法律义务。在"两学一做"活动基础上进一步深入开展"两学两讲两建"活动，可以为"全面从严治党，坚定文化自信"创造新的理论和新闻宣传点，进一步引导社会舆论朝着健康方向发展。要利用"文化自信"这个平台努力打造"法治文化"建设的思想基础和理论基础，不能满足于用文化形式，特别是简单的文艺形态表达法治的要求这种浅层次的法治文化形态上，要通过制度建设来弘扬法治的功能和作用，使得法治原则深入人心。此外，加强合宪性审查工作可以为推动法治文化建设提供最有效的制度平台。

党的十九大明确提出要"加强宪法实施和监督，推进合宪性审查工作，维护宪法权威"。"合宪性审查"的制度目标就是要通过对法律法规规章是否与宪法相一致、国家机关行使公权力的行为是否与宪法相抵触进行审查，来维护社会主义法制的统一性。合宪性审查机制的启动可以为社会公众提供一个直观的认识法治原则的制度平台，通过全国人大及其常委会所从事的合宪性审查工作，逐渐形成一个维护宪法法律权威的"信心"场域，既可以教育公权力机关谨慎地行使自己手中的权力，又可以为社会

新时代法治发展的新面向

公众准确地理解和把握法治原则的精髓和实质提供明确的制度指引。所以，随着全国人大宪法和法律委员会[①]在推进合宪性审查工作方面发挥越来越重要的作用，可以预见，由合宪性审查工作所形成的"法治文化"氛围就会极大地提高法治文化建设的质量和效率，从而真正形成全民尊法守法护法爱法的"法治文化"氛围，全面提升全民族的法治素养。

（作者为中国社会科学院法学研究所研究员）

[①] 2018年6月22日第十三届全国人民代表大会常务委员会第三次会议通过的《全国人民代表大会常务委员会关于全国人民代表大会宪法和法律委员会职责问题的决定》规定：宪法和法律委员会在继续承担统一审议法律草案等工作的基础上，增加推动宪法实施、开展宪法解释、推进合宪性审查、加强宪法监督、配合宪法宣传等工作职责。

推动社会主义文化繁荣兴盛的法治保障

莫纪宏

> 文化是一个国家、一个民族的灵魂。文化兴国运兴，文化强民族强。没有高度的文化自信，没有文化的繁荣兴盛，就没有中华民族伟大复兴。要坚持中国特色社会主义文化发展道路，激发全民族文化创新创造活力，建设社会主义文化强国。
>
> ——十九大报告

一 通过法律促进文化事业发展的由来及沿革

（一）新中国成立前革命根据地法律对文化事业的保护

通过立法或法律制度形式来保证文化事业的繁荣兴盛，在新中国成立前革命根据地政权中就已现端倪。中国共产党在领导中国人民开展与帝国主义、封建主义和官僚资本主义三座大山武装斗争的同时，也高度重视培养为无产阶级解放事业而服务的文化队伍，并注重将无产阶级的文化事业立足于为人民服务、为广大的基层群众服务的基础上。

1931年11月7日中华苏维埃第一次全国代表大会通过的《中华苏维埃共和国宪法大纲》规定：中华苏维埃政权"在青年

劳动群众中施行并保障青年劳动群众的一切权利，积极地引导他们参加政治和文化的革命生活，以发展新的社会力量"；"使妇女能够从事实上逐渐得到脱离家务束缚的物质基础，而参加全社会经济的政治的文化的生活"。

1941年11月17日陕甘宁边区第二届参议会第一次会议通过的《陕甘宁边区施政纲领》比较详细地规定了在抗日战争期间，陕甘宁边区政府在文化上的基本政策。该纲领规定，"继续推行消灭文盲政策，推广新文字教育，健全正规学制，普及国民教育，改善小学教员生活，实施成年补习教育，加强干部教育，推广通俗书报，奖励自由研究，尊重知识分子，提倡科学知识与文艺运动，欢迎科学艺术人材，保证流亡学生与失业青年，允许在学学生以民主自治权利，实行公务员的两小时学习制"。《陕甘宁边区施政纲领》关于边区文化事业的规定已经比较系统化，该纲领的规定为团结边区的各界人士抵御各种不健康的文化思潮的渗透，积极地投身于大众文化生活提供了充分的条件。

抗日战争胜利后，中国人民迫切需要国内和平、建立民主共和国，因此，人民政府有必要全面系统地阐述未来民主共和国的各项基本政策，其中，文化政策是重要的一个组成部分。在此种背景下产生的《陕甘宁边区宪法原则》（1946年4月23日陕甘宁边区第三届参议会第一次会议通过）将"文化"作为专门的部分加以规定，该部分规定共分两条，即"普及并提高一般人民文化水准，从速消灭文盲，减少疾病与死亡现象"，"保障学术自由，致力科学发展"。

（二）五四宪法诞生之前以《共同纲领》为核心施行的文化政策和法律

新中国成立前夕的《中国人民政治协商会议共同纲领》（简

称《共同纲领》),于1949年9月29日中国人民政治协商会议第一届全体会议上通过。它是中国宪法史上第一个比较完备的新民主主义性质的宪法文件,它的制定对确立新中国成立初期的大政方针,巩固新生的人民民主专政政权起到了非常重要的法律保障作用,是新中国宪制史的基石和出发点。

《共同纲领》第5章对新民主主义中国的文化教育政策做了较为具体的规定,这一系列政策为新民主主义中国的文化教育事业的建立和发展提供了有力的法律依据。

关于文化教育政策,共同纲领首先明确了新中国文化教育的性质,即新民主主义的,也就是说,民族的、科学的、大众的文化教育。人民政府的文化教育工作,应以提高人民的文化教育水平,培养国家建设人才,肃清封建的、买办的、法西斯主义的思想,发展为人民服务的思想为主要任务。共同纲领在规定文化教育政策时一个最显著的特点就是保障公民的各项文化教育权利,同时反对一切封建的和腐朽的没落的文化思想和意识形态。《共同纲领》第49条规定:保护报道真实新闻的自由。但是,禁止利用新闻以进行诽谤,破坏国家人民的利益和煽动世界战争。发展人民广播事业。发展人民出版事业,并注重出版有益于人民的通俗书报。《共同纲领》崇尚科学精神,鼓励发展科学事业,如第43条规定:努力发展自然科学,以服务于工业农业和国防的建设。奖励科学发现和发明,普及科学知识。第44条又规定:提倡用科学的历史观点,研究和解释历史、经济、政治、文化及国际事务,奖励优秀的社会科学著作。关于教育事业,共同纲领要求新中国的教育方法应当理论联系实际。人民政府应有计划有步骤地改革旧的教育制度、教育内容和教学法。共同纲领规定,应当有计划有步骤地实行普及教育,加强中等教育和高等教育,注重技术教育,加强劳动者的业余教育和在职干部教育,给青年知识分子和旧知识分子以革命的政治教育,以应革命工作和国家建设工作的广泛需要。关于文学艺术事业,共同纲领提倡文学艺术为人民服务,启发人民的政治觉悟,鼓励人民的劳动热情,奖励优秀的文学艺术作品。发展人民的戏剧电影事业。共同纲领还提倡国民体育。推广卫生医药事业,并注意保护母亲、婴儿和儿童的健康。此外,共同纲领对中华人民共和国的公德做出了基本要求,即爱祖国、爱人民、爱劳动、爱科学和爱护公共财物等。

新中国成立以后,我国的文化事业在党的文化方针、政策的指引下,根据《共同纲领》,先后出台了一系列发展社会主义文化事业的法律、法规,建立了具有社会主义性质的文化事业体制,弘扬了社会主义的文化内涵,活跃了人民群众的文化生活,直到"文化大革命"前,我国的社会主义文化事业粗具规模,以社会主义文化事业为基础的社会主义精神文明建设获得了巨大的成就。

(三) 五四宪法对文化政策的规定

新中国成立以后,从1949年到1953年,我们按照《共同纲领》的规定先后完成了祖国大陆的统一,完成了土地改革,进行了镇压反革命和各种民主改革,恢复了国民经济。从1953年起,我国就开始了有计划地进行社会主义建设和社会主义改造。随着政治、经济、文化各方面工作的顺利进行以及阶级力量对比关系发生变化,就有必要在共同纲领的基础之上制定一个比较完备的宪法,将新中国成立以来所取得的胜利成果和主要经验肯定下来。

1954年9月20日第一届全国人民代表大会第一次会议出席代表以无记名投票方式一致通过了《中华人民共和国宪法》(简称五四宪法),并由大会主席团公布,中华人民共和国第一部宪法就正式诞生了。1954年宪法除序言部分之外，计有总纲、国家机构、公民的基本权利和义务、国旗国徽首都四章，106条。它确立了新中国的根本政治制度，首次规定"中华人民共和国的一切权力属于人民"。它是社会主义类型的宪法。1954年宪法颁布以后，积极地推动了社会主义改造和社会主义建设事业的前进，使得我国民主和法制建设进入了一个崭新的阶段。

1954年宪法明确地将文化作为与政治、经济并列的一项重要的社会事业来对待。确定了公民的一系列文化权利，并规定了相应的文化事业管理体制。

1. 公民依法享有文化权利

1954年宪法第三章"公民的基本权利和义务"规定了公民享有以下几个方面的文化权利：

（1）言论、出版自由

五四宪法第87条规定："中华人民共和国公民有言论、出版、集会、结社、游行、示威的自由。国家供给必需的物质上的便利，以保证公民享受这些自由。"

（2）宗教信仰自由

五四宪法第88条规定："中华人民共和国公民有宗教信仰的自由。"

（3）从事文艺创作与文化活动的自由

五四宪法第95条规定："中华人民共和国保障公民进行科学研究、文学艺术创作和其他文化活动的自由。国家对于从事科学、教育、文学、艺术和其他文化事业的公民的创造性工作，给以鼓励和帮助。"

（4）接受文化教育的权利

五四宪法第94条规定："中华人民共和国公民有受教育的权利。国家设立并且逐步扩大各种学校和其他文化教育机关，以保证公民享受这种权利。"

(5) 文化平等权

五四宪法第 85 条规定："中华人民共和国公民在法律上一律平等。"第 96 条又规定："中华人民共和国妇女在政治的、经济的、文化的、社会的和家庭的生活各方面享有同男子平等的权利。"

此外，五四宪法还规定了少数民族居民有权接受语言文字帮助的权利。如第 77 条规定："各民族公民都有用本民族语言文字进行诉讼的权利。人民法院对于不通晓当地通用的语言文字的当事人，应当为他们翻译。在少数民族聚居或者多民族杂居的地区，人民法院应当用当地通用的语言进行审讯，用当地通用的文字发布判决书、布告和其他文件。"

2. 政府在文化事业管理中发挥重要作用

1954 年宪法与《共同纲领》一样，非常重视政府管理在发展新中国文化事业方面的重要作用。在中央政府与地方政府的职权中都规定了发展文化事业方面的内容。如第 49 条第 9 项规定：国务院"管理文化、教育和卫生工作"。第 58 条又规定："地方各级人民代表大会在本行政区域内，保证法律、法令的遵守和执行，规划地方的经济建设、文化建设和公共事业，审查和批准地方的预算和决算，保护公共财产，维护公共秩序，保障公民权利，保障少数民族的平等权利。"

1954 年宪法还对少数民族地区的文化事业的发展规定了相应的政策，主要涉及民族区域自治地方可以根据本地方的文化发展的特点，制定相应的文化法律规范以及采取相关的措施。如第 70 条第 4 项规定："自治区、自治州、自治县的自治机关可以依照当地民族的政治、经济和文化的特点，制定自治条例和单行条例，报请全国人民代表大会常务委员会批准。"第 71 条规定：

"自治区、自治州、自治县的自治机关在执行职务的时候,使用当地民族通用的一种或者几种语言文字。"第72条又规定:"各上级国家机关应当充分保障各自治区、自治州、自治县的自治机关行使自治权,并且帮助各少数民族发展政治、经济和文化的建设事业。"

另外,1954年宪法还对作为文化事业建设主力军的知识分子问题也做了较为详细的规定。刘少奇同志在《关于中华人民共和国宪法草案的报告》(1954年9月15日在中华人民共和国第一届全国人民代表大会第一次会议上的报告)中明确地提到了知识分子的性质、地位和作用,即"我国的知识分子,在过去的革命运动中起了很重要的作用,在今后建设社会主义的事业中将起更加重要的作用。知识分子从各种不同的社会阶级出身,他们本身不能单独构成一个独立的社会阶级。他们可以同劳动人民结合而成为劳动人民的知识分子,也可以同资产阶级结合而成为资产阶级的知识分子,还有极少数的知识分子同被推翻了的封建买办阶级结合而成为反动的知识分子。除开极少数坚持反动立场并进行反对中华人民共和国活动的知识分子以外,我们的国家必须注意团结一切知识分子,帮助他们进行思想改造,发挥他们的能力,使他们为社会主义的建设事业服务"。根据1954年宪法关于知识分子的规定精神,广大的知识分子在党的文化政策的指引下,为开创新中国的文化事业做出了巨大的贡献。

(四) 五四宪法产生后至"文革"前我国文化法制建设状况

从1954年宪法诞生到1966年"文化大革命"爆发,其间经过了12年时间。在这12年中,我国的文化事业的发展经历过曲折,但总的来说是不断地向前发展的。相对于新中国成立初期来说,文化法的调整领域进一步拓宽,文化的法律形式也日趋多样化，先后制定了一批文化方面的法律、行政法规、规章、地方性法规以及司法决定或指示等。

这一时期主要的文化法律规定有：全国人民代表大会常务委员会1955年11月8日制定的"关于处理违法的图书杂志的决定"（1955年11月8日全国人民代表大会常务委员会第二十三次会议通过，并于同日施行）。属于国务院制定的文化行政法规有：国务院《关于今后在行文中和书报杂志里一律不用"满清"的称谓的通知》，国务院《关于在出口商品的装潢和商标上使用文字的通知》，国务院《关于公布第一批全国重点文物保护单位名单的通知》，国务院《关于同意中国文字改革委员会简化字问题的请示的通知》、《古遗址古墓葬调查发掘暂行管理办法》，等等。属于专门的文化行政管理机构或者国务院其他职能部门制定的文化行政管理规章有：内务部关于《编绘各级行政区域地图的通知》，文化部《关于在废纸回收中注意抢救有价值的图书资料的通知》，文化部《关于加强戏曲、曲艺传统剧目、曲目的挖掘工作的通知》，文化部《关于博物馆、图书馆可以根据本身业务需要直接收购文物、图书的通知》，文化部、内务部《复关于全民所有制剧团艺人工龄计算等问题》。属于最高人民法院做出的有关文化方面的司法决定主要有：最高人民法院《关于引用法律、法令等所列条、款、项、目顺序的通知》、最高人民法院《关于公证文件上不得写香港"殖民地"字样的函》等。属于联合性的有关文化方面的行政和司法规定包括：最高人民法院、国家档案局《关于销毁和处理敌伪司法档案问题的批复》。

（五）"文革"十年文化事业的曲折发展历程

"文化大革命"爆发之后，我国社会主义法制建设遭到了严重的破坏，立法机关、司法机关的正常的立法、司法活动都受到了冲击，国家的法制建设处于无序的状态。另一方面来看，这一时期主要是以政策代替法律，即便是国务院及其部委就文化事业方面的问题颁发的决定，也不具有严格的法律形式。所以说，在整个"文化大革命"期间，我国文化法制建设是举步不前的。

但是也应该看到，在"文化大革命"十年中，除了处于"文攻武斗"的年代，政府也采取了一些必要的措施来尽可能维护文化事业的发展，活跃人民群众的文化生活。这一时期，包括国务院在内的各个国家机关制定的文化方面的规定主要有：《全国图书统一编号方案》《北京市劳动工资工作组办公室关于国营、民营剧团的学员工龄计算问题的意见》《关于图书版本记录的规定》《国务院批转外贸部、轻工业部关于发展工艺美术生产问题的报告的通知》《国家文物局关于进一步加强考古发掘工作的管理的通知》《国家文物局关于进一步加强保护古窑址的通知》《国务院批转外贸部、商业部、文物局关于加强文物商业管理和贯彻执行文物保护政策的意见的通知》《关于建立〈海洋站业务工作档案〉的通知》《国家文物局、外交部关于外国人在文物保护单位和博物馆照相问题的通知》，等等。

二 改革开放以来我国文化事业的法制化

党的十一届三中全会以后，党和政府确立拨乱反正的思想路线，在这种大背景下，我国的文化事业也得到了恢复和迅猛的发展。党的十一届三中全会之后，我国文化法制建设出现了前所未有的繁荣局面，其最主要的特征表现在以下几个方面：

（一）八二年宪法全面地规定了我国文化法制建设的基本政策

1982年宪法继承了五四宪法的光荣传统，以建设社会主义精神文明为核心，比较全面地确立了我国社会主义文化制度的框架和文化政策的基本原则。1982年宪法序言一开始就开诚布公地宣布："中国是世界上历史最悠久的国家之一。中国各族人民共同创造了光辉灿烂的文化，具有光荣的革命传统。"也就是说，1982年宪法肯定了"文化"在中华民族历史上的创造力和凝聚力，"中华文化"上溯五千年，源远流长，亘古不变，成为中华民族的宝贵的精神财富。

对于新中国成立以来我国在文化事业建设方面的成就，1982年宪法序言做了基本肯定，认为"教育、科学、文化等事业有了很大的发展，社会主义思想教育取得了明显的成效。广大人民的生活有了较大的改善"。为了进一步建设和发展文化事业，1982年宪法序言规定，国家在今后的根本任务是：中国各族人民将继续在中国共产党领导下，在马克思列宁主义、毛泽东思想、邓小平理论、"三个代表"重要思想、科学发展观、习近平新时代中国特色社会主义思想指引下，坚持人民民主专政，坚持社会主义道路，坚持改革开放，不断完善社会主义的各项制度，发展社会主义市场经济，发展社会主义民主，健全社会主义法治，自力更生，艰苦奋斗，逐步实现工业、农业、国防和科学技术的现代化，把我国建设成为富强、民主、文明、和谐、美丽的社会主义现代化强国。

1982年宪法从多个方面系统地对我国文化事业的基本制度、政策，文化管理，文化权利及其保障做了详细规定，为我国社会主义文化事业的健康发展提供了基本依据。

1. 将文化作为与经济、政治相并行的事业

1982年宪法将文化作为与经济、政治等同等重要的事业看待。1982年宪法第22条规定："国家发展为人民服务、为社会主义服务的文学艺术事业、新闻广播电视事业、出版发行事业、图

书馆博物馆文化馆和其他文化事业,开展群众性的文化活动。""国家保护名胜古迹、珍贵文物和其他重要历史文化遗产。"该条规定,实际上是通过宪法规范的形式确立了我国文化事业的基本内涵,即我国的文化事业主要涉及"文学艺术""新闻广播电视""出版发行""图书馆博物馆文化馆""文物保护"以及"群众性文化活动"等方面。当然,1982年宪法在这里所确定的"文化事业"的范围只是涉及我国社会主义文化事业的主要方面和重要方面,事实上,文化事业还与教育、科技、卫生、体育等社会主义精神文明建设的其他领域密切相关,有时是互相渗透的。对于建设文化事业的重要性,1982年宪法基本上将其与政治、经济等相并列,这不仅表现在1982年宪法对文化事业的重要性的强调上,还表现在对文化权利的保护上。前者如第19条第3款规定的"国家发展各种教育设施,扫除文盲,对工人、农民、国家工作人员和其他劳动者进行政治、文化、科学、技术、业务的教育,鼓励自学成才"。后者如第48条规定的"中华人民共和国妇女在政治的、经济的、文化的、社会的和家庭的生活等各方面享有同男子平等的权利"。

2. 发展文化事业、促进精神文明建设、倡导社会主义核心价值观

文化事业是社会主义建设的一项重要事业,它是为了满足人民群众的精神生活的,与社会主义物质文明建设相适应。所以,在建设社会主义物质文明的同时,必须大力加强社会主义精神文明建设。1982年宪法对将文化事业作为社会主义精神文明建设的重要部分予以高度重视的意义做了充分肯定,主要涉及以下几个方面:

(1)宪法第14条第3款规定:国家合理安排积累和消费,兼顾国家、集体和个人的利益,在发展生产的基础上,逐步改善

人民的物质生活和文化生活。

（2）宪法第24条规定：国家通过普及理想教育、道德教育、文化教育、纪律和法制教育，通过在城乡不同范围的群众中制定和执行各种守则、公约，加强社会主义精神文明的建设。国家提倡爱祖国、爱人民、爱劳动、爱科学、爱社会主义的公德，在人民中进行爱国主义、集体主义和国际主义、共产主义的教育，进行辩证唯物主义和历史唯物主义的教育，反对资本主义的、封建主义的和其他的腐朽思想。

（3）2018年3月11日十三届全国人大一次会议审议通过的《中华人民共和国宪法修正案》第39条明确在宪法第24条第2款增加一句"国家倡导社会主义核心价值观"，突出了社会主义核心价值观在建设社会主义精神文明中的重要指导作用。

3. 国家保障和促进文化事业的发展

1982年宪法对于国家保障和促进文化事业的发展的基本国策，做出了明确要求。如宪法第4条第2款规定：国家根据各少数民族的特点和需要，帮助各少数民族地区加速经济和文化的发展。第4款又规定：各民族都有使用和发展自己的语言文字的自由，都有保持或者改革自己的风俗习惯的自由。宪法第19条也规定：国家发展社会主义的教育事业，提高全国人民的科学文化水平。国家推广全国通用的普通话。第119条又规定：民族自治地方的自治机关自主地管理本地方的教育、科学、文化、卫生、体育事业，保护和整理民族的文化遗产，发展和繁荣民族文化。为了发展文化事业，建设稳定的文化事业人才队伍。宪法第23条还规定：国家培养为社会主义服务的各种专业人才，扩大知识分子的队伍，创造条件，充分发挥他们在社会主义现代化建设中的作用。

4. 加强对文化事业的管理

要发展文化事业，加强对文化事业的管理是繁荣文化事业的重要途径。1982 年宪法对文化事业的管理体制也做了明确的规定。其中最重要的原则就是人民参与文化事业管理。宪法第 2 条规定：中华人民共和国的一切权力属于人民。人民依照法律规定，通过各种途径和形式，管理国家事务，管理经济和文化事业，管理社会事务。为了建立健全的文化事业管理体制，1982 年宪法第 70 条规定：全国人民代表大会设立民族委员会、宪法和法律委员会、财政经济委员会、教育科学文化卫生委员会、外事委员会、华侨委员会和其他需要设立的专门委员会。在全国人民代表大会闭会期间，各专门委员会受全国人民代表大会常务委员会的领导。各专门委员会在全国人民代表大会和全国人民代表大会常务委员会领导下，研究、审议和拟定有关议案。该条规定通过建立教育科学文化卫生委员会保证了我国文化事业的立法活动可以得到健康的发展。根据 1982 年宪法的规定，国务院以及地方各级人民政府都具有管理文化事业的职权与职责。如第 89 条第 7 项规定：国务院领导和管理教育、科学、文化、卫生、体育和计划生育工作。第 99 条规定：地方各级人民代表大会在本行政区域内，保证宪法、法律、行政法规的遵守和执行；依照法律规定的权限，通过和发布决议，审查和决定地方的经济建设、文化建设和公共事业建设的计划。第 107 条也规定：县级以上地方各级人民政府依照法律规定的权限，管理本行政区域内的经济、教育、科学、文化、卫生、体育事业、城乡建设事业和财政、民政、公安、民族事务、司法行政、计划生育等行政工作，发布决定和命令，任免、培训、考核和奖惩行政工作人员。

5. 保障公民的文化权利

文化权利是 1982 年宪法所保障的一项重要权利，其内容涉及文化平等权、言论自由、出版自由、通信自由和通信秘密受保护、语言文字方面的权利、文化活动的自由等。如第 33 条规定：中华人民共和国公民在法律面前一律平等。第 35 条规定：中华人民共和国公民有言论、出版、集会、结社、游行、示威的自由。第 40 条规定：中华人民共和国公民的通信自由和通信秘密受法律的保护。除因国家安全或者追查刑事犯罪的需要，由公安机关或者检察机关依照法律规定的程序对通信进行检查外，任何组织或者个人不得以任何理由侵犯公民的通信自由和通信秘密。第 47 条规定：中华人民共和国公民有进行科学研究、文学艺术创作和其他文化活动的自由。国家对于从事教育、科学、技术、文学、艺术和其他文化事业的公民的有益于人民的创造性工作，给以鼓励和帮助。关于语言文字权利，1982 年宪法主要是从语言文字帮助权利来考虑的，涉及的条款包括第 121 条、第 139 条（2018 年最新文本）。如第 121 条规定：民族自治地方的自治机关在执行职务的时候，依照本民族自治地方自治条例的规定，使用当地通用的一种或者几种语言文字。第 139 条规定：各民族公民都有用本民族语言文字进行诉讼的权利。人民法院和人民检察院对于不通晓当地通用的语言文字的诉讼参与人，应当为他们翻译。在少数民族聚居或者多民族共同居住的地区，应当用当地通用的语言进行审理；起诉书、判决书、布告和其他文书应当根据实际需要使用当地通用的一种或者几种文字等。

（二）规范文化关系的法律规范形式不断完善

与改革开放之前相比，我国文化法的法律形式得到了发展，除了宪法、全国人大及其常委会制定的法律、国务院制定的行政法规以及国务院各部委颁布的部委规章之外，地方性法规、地方政府规章、自治条例和单行条例等法律形式都广泛地涉及文化法的内容。特别是进入20世纪90年代后，有关文化方面的法规、规章大量出现，很好地弥补了文化方面立法的不足。以宪法关于文化事业和文化权利的规定为依据，形成了一整套的调整社会主义文化关系的文化法律形式体系。这个法律形式体系的结构是较为完整、严密的，构成了我国社会主义文化法的基本法律框架。

1. 宪法

1982年宪法比较全面地对我国文化事业做了原则性的规定，并与社会主义精神文明建设、社会主义核心价值观结合在一起，很好地体现了我国社会主义文化事业在社会主义建设中的重要性。虽然文化建设的条文中没有写"百花齐放、百家争鸣"方针，但是，这并不等于宪法就不重视这一方针。根据彭真同志所做的关于修改宪法草案的报告，这是考虑到：第一，作为公民的权利，宪法修改草案已经写了言论、出版自由，写了进行科学研究、文学艺术创作和其他文化活动的自由，就是说，已经用法律的语言，并且从更广的角度，表达了这个方针的内容。第二，科学和文化工作中，除了这项方针以外，还有其他一些基本方针，不必要也不可能一一写入宪法。当然，"百花齐放、百家争鸣"是我们国家指导科学和文化工作的基本方针之一，必须坚定不移地贯彻执行，以促进社会主义的科学文化事业的繁荣，这是没有疑问的。[①] 1982年宪法非常强调文化建设中的思想建设方面。共产主义思想是社会主义精神文明的核心。1982年宪法在规定文化方针时，注重了制度建设与思想建设两个方面的高度统一，为发展和繁荣我国社会主义文化事业奠定了基本的法律基础。

---

① 莫纪宏编：《政府与公民宪法必读》，中国人民公安大学出版社1999年版，第456页。

2. 法律

自改革开放以来，全国人大及其常委会加强了文化事业领域的立法工作，先后制定了《著作权法》《文物保护法》《档案法》《国家通用语言文字法》《非物质文化遗产法》《公共文化服务保障法》等专门性的文化法律，同时在其他法律中也大量地涉及文化事业的规定。如《民族区域自治法》《香港特别行政区基本法》《澳门特别行政区基本法》等，都对有关公民的文化权利做了较为详尽的规定。这一系列文化法律的制定，既确立了国家在文化事业方面的基本管理体制，同时也对公民所享有的文化权利做了明确的肯定，最大限度地促进了我国社会主义文化事业的健康发展。

3. 行政法规

1982年宪法颁布以后，国务院根据宪法的规定，先后就文化事业的管理问题制定了一系列行政法规，内容涵盖了文化领域的各个方面。如《外国记者和外国常驻新闻机构管理条例》《出版管理条例》《地图编制出版管理条例》《法规汇编编辑出版管理规定》《国务院关于严厉打击非法出版活动的通知》《印刷业管理条例》《有线电视管理暂行办法》《广播电视设施保护条例》《广播电视管理条例》《卫星电视广播地面接收设施管理规定》《电影管理条例》《国务院批转文化部关于加快和深化艺术表演团体体制改革意见的通知》《关于严禁进口、复制、销售、播放反动黄色下流录音录像制品的规定》《音像制品管理条例》《计算机信息系统安全保护条例》《计算机信息网络国际联网管理暂行规定》，等等。

4. 部委规章

部委规章是四十年来我国文化领域中的主要的法律规定。其基本的特点是关于文化领域的部委规章主要集中在文化行政管理部门、广播电视电影行政管理部门、新闻出版行政管理部门等颁布的行政规章上。这些规章往往与这些行政管理部门的管理职能相关。但是，由于上述行政管理部门在管理对象上的交叉重叠，就导致了在立法过程中相互之间职权的冲突。从另一方面来看，在历次的机构改革中，由于主管文化领域的国务院职能部门处于经常的变动状态，致使关于文化领域的部委规章的效力也随着出现变化，不过，这种变化是否符合依法行政的要求，却缺少应当的制度来加以研究和予以规范。所以，尽管关于文化领域的部委规章在调整文化领域中的社会关系方面发挥了重要的作用，但从总体上来看，这些部委规章还不是非常严格的法律规范，相互矛盾之处很多，甚至许多地方已经超越了自身的法律权限。这一方面反映了我国文化行政管理体制还没有真正在制度上建立有效的管理规范，另一方面过于繁杂的部委规章说明在我国文化领域，政府工作还缺少整体的思路，往往是出现了哪方面的问题就突击抓一些。因此，要从制度上来整顿我国文化行政立法工作，特别是要认真地处理文化行政法规与文化行政规章之间的关系，尽量防止不符合文化行政法规要求的文化行政规章的草率出台。从建立文化行政规章的规范性来说，目前还有相当多的部委规章是与党政部门联合颁布的，这些部委规章在实践中起到了一定的作用，但是也给确定部委规章的法律效力带来一些问题。尤其是一些与党的宣传机构共同颁布的部委规章，一般在实际中所起的作用是调整相关文化领域的基本法律的作用，但是，法律形式却显得很不规范。这种只要是有权机关发布的规范性文件就相当于在相关领域最权威的政策和法律依据的立法思路在文化领域表现得最明显。上述种种问题都说明，我国文化行政规章不论从法律形式还是从内容来看，都有许多地方值得加以改进。特别是在《行政复议法》出台以后，应当对调整文化领域的行政规章进行全面的清理，以便当公民就部委规章提起相关的行政复议时可以找到比较好的解决办法，否则，尽管文化行政规章数量很多，但却无法依据这些缺少统一的法律原则制定出来的规章来建立一个有效的文化领域的管理秩序。

综观我国调整文化领域的部委规章，其数量有逐年增加的趋势。另外，由于现代信息技术的发展，文化领域也日益受到各种新的文化设施的影响。如关于电视、电子出版物、因特网等领域的法律规定都是20世纪90年代发展起来的，而20世纪80年代，音像、出版方面的文化行政立法占据了调整文化领域的部委规章的主要部分。这反映了调整文化领域的部委规章始终与文化领域的新情况、新问题紧密地联系在一起。

改革开放以来，尤其是1982年宪法颁布以后，以现行宪法所确立的文化政策，国务院各行政管理职能部门依据宪法关于文化政策的基本精神和相关的文化法律、行政法规，制定了一系列部委规章，这些规章既有涉及传统文化领域的文物、出版、演出、戏剧等，又有适应新情况、新形势的要求不断扩展文化领域的电视、新闻、电子出版物等，调整文化领域的部委规章不仅形式全面，而且内容也全面，先后出台了下列比较重要的部委规章：《关于加强报刊出版发行管理工作的通知》《影片录像带发行管理暂行办法》《革命纪念馆工作试行条例》《录音录像出版物版权保护暂行条例》《关于依法严惩非法出版犯罪活动的通知》《有线电视管理暂行办法》《国务院批转文化部关于文化事业若干经济政策意见报告的通知》《文化部关于加强美术市场管理工作的通知》《影视制作经营机构管理暂行规定》《广播电影电视行政处罚程序暂行规定》《文化部关于加强组台演出管理的通知》《电影审查规定》《文化部关于深入开展音像市场集中治理工作的通知》《国务院办公厅转发文化部等部门关于开展电子游戏经营场所专项治理意见的通知》《文化部关于音像制品网上经营活动有关问题的通知》,等等。

5. 地方性立法

自 1982 年宪法确立地方立法体制以后,关于文化事业的地方性立法得到了迅猛的发展。地方性立法既包括由地方人大制定的调整文化关系的地方性法规,也包括由省、自治区和直辖市以及设区的市地方人民政府制定的地方政府规章,同时,还有一些民族自治地方的立法机关制定的文化性单行条例。

这些有关文化建设的地方性立法的最大特点:一是调整的对象范围比较广泛,涉及新闻、出版、广播电视、演出、文物保护、语言文字等。二是关于文化的地方性立法往往具有自己独特的特点,许多在全国范围内尚未制定法律、法规和规章的,在特定的行政区域内,都进行了有益的立法尝试,如关于文化市场的法律调整,许多省市地方人大都制定了相应的文化市场法规、规章,这些法规、规章基本上是立足于地方文化市场发展的特点而制定的,起到了一定的规范文化市场秩序的作用。三是制定地方性文化法规、规章的主要是东南沿海地区的省市以及北京、天津等大城市,因为这些地区的文化事业相对比较发达,调整文化方面的法律规定也就相应地显得更为迫切。四是关于文化方面的地方性立法,随着文化活动的不断拓展而数量日益增加,20 世纪 90 年代的文化地方立法总量要远远大于 80 年代的立法总量,这些关于文化的地方性立法比较好地适应了各地方发展文化事业的要求,弥补了全国性立法的不足,成为我国文化法律体系中不可分割的组成部分。自 1982 年宪法颁布后,比较有代表性的关于文化建设的地方性立法例如:《吉林省广播电视大学管理体制的暂行规定》《青岛市人民政府关于查禁淫秽物品、取缔播放淫秽录像活动的通告》《黑龙江省农村广播电视管理规定》《山西省有线电视管理规定（修正）》《长春市公共娱乐场所治安管理办法》《山东省专业艺术表演团体管理办法（修正）》《黑龙江省汉语言文字应用管理条例》《浙江省历史文化名城保护条例》《福建省地图编制出版管理办法》，等等。

（三）文化法所调整的对象不断扩大

文化法作为调整文化领域的社会关系的法律规范，它的调整对象既有主观的一面，也有客观的一面。从主观方面来看，文化法的调整对象以文化法自身的法律特性为出发点，通过确立文化法作为一个独立的法律部门的分类方法，将符合文化法调整对象要求的社会关系纳入文化法的范畴。从客观方面来看，文化法所调整的社会关系是文化领域的社会关系或者简称为文化关系，而文化关系又是随着社会关系的不断变化而发生相应的变化。随着人们在改造物质世界的过程中主观能动性的不断解放，人们对自己精神上的需求也日益关注，科学技术的进步也使得满足人们文化生活的物质形式日益丰富。所以，作为规范文化领域社会关系的文化法的调整对象的内涵也就会不断地扩大。文化法正是基于主客观两个方面因素的影响，其调整对象的范围也就相应地不断发生变化。

我国文化法调整对象范围的不断扩大在党的十一届三中全会以后表现得特别明显。

与文化领域的不断开拓和文化社会关系的不断发展相适应，党的十一届三中全会以来我国文化法的领域也从传统的出版、文物保护、语言文字、图书馆、电影放映、戏剧表演、工艺美术品展览和销售等很有限的领域，逐渐扩展到大量新兴的文化领域，如文化娱乐、有线电视、电子出版物、因特网、基层群众性文化站等。可以说，不论是关于文化的行政法规，还是部委规章，抑或是地方性法规，文化立法的重心都是逐渐地从传统的调整领域向现代文化生活领域渗透。以国务院制定的文化行政法规为例，仅在1997年，就先后出台了一些重要的文化行政法规，而这些文化行政法规在传统计划体制下由于不存在相对应的文化生活领域，因而是不可能立法的。如《出版管理条例》《印刷业管理条例》《广播电视管理条例》《营业性演出管理条例》等。所以，文化法作为一个独立的法律部门其法律意义也是随着文化领域的不断扩展以及文化社会关系的发展而逐渐增加的。在传统计划体制下，由于文化活动的形式单调，文化领域的范围也相对较窄，因此，即使是制定一些法律、法规来调整相关的文化关系，但这样的立法由于其适用领域较窄而很难引起社会的广泛关注。改革开放以来我国文化事业的发展也给我国文化法的发展创造了良好的社会环境，可以说，今天，文化法能作为一个比较有影响的文化部门受到社会和政府的关注，与文化事业的不断繁荣发展是密不可分的。

（四）文化执法工作开始走上正规化

文化领域的法制建设除了依靠相应的文化立法作为基础之外，文化执法工作的好坏直接关系到在文化领域能否真正地引入法律机制。文化执法主要是文化执法主体依据法律、法规以及规章的规定，通过使用行政处罚、行政强制和行政监督等措施来规范文化领域的基本法律秩序，防止各种违法犯罪行为的产生，为繁荣和发展文化事业创造一个良好的法律环境。

改革开放以后，我国文化执法工作逐渐从无到有，文化执法队伍也逐渐建立起来，文化执法的一些最基本的制度也得到了完善。这主要表现在以下几个方面：

1. 文化执法活动必须清正廉洁、严格执法

文化执法活动能否起到实效，能否以良好的执法作风出现在文化执法领域这是关系文化执法队伍形象的大事。为了强化文化执法活动的纪律，国务院文化行政主管部门、地方人民政府文化行政主管部门等都先后颁布了文化执法活动应当遵循的基本纪律，防止执法活动产生执法犯法的现象，杜绝执法中的不正之风。如为贯彻落实中央纪委反腐倡廉的精神，加强文化部机关的勤政廉政建设，维护文化部机关的声誉和良好的社会形象，根据中央提出的不准接受可能对公正执行公务有影响的宴请的要求，结合本部的实际情况，文化部印发《〈文化部关于不准接受可能影响公正执行公务的宴请的规定（试行）〉的通知》，该《通知》对文化部机关的工作人员制定了九条纪律规范，包括：（1）在进行公务活动中，不准接受工作对象（包括单位和个人）的宴请。（2）有审批权的单位的工作人员，不准接受报批单位和个人的宴请。（3）对经营单位有管理权的单位的工作人员，不准接受经营单位和个人的宴请。（4）有监督、检查、考核、考察、鉴定等职能的单位的工作人员，不准接受工作对象（包括单位和个人）的宴请。（5）参与评奖、评比、评选等工作和活动的单位和人员，不准接受被评单位和个人的宴请。（6）不准接受与本单位有直接业务关系的单位和个人的宴请。（7）部机关工作人员不准接受部直属单位、来部联系工作的地方文化部门及个人的宴请。（8）部机关工作人员到部直属单位、地方文化部门检查工作、调查研究时，不准接受非接待单位的宴请。（9）对在京部外单位邀请参加的交际性宴请，一般应婉拒。需要参加的，须经领导批准：司局级干部经分管部领导批准；处级以下干部经本司局领导批准。部领导参加时，应在办公厅登记。该《通知》还规定，对违犯以上规定

的，初犯者责令本人做出检查，并予以批评教育；重犯者除本人做出书面检查外，在适当范围内通报批评；再犯者给予纪律处分，并调离工作岗位。对因接受宴请或因对方没有宴请而不公正执行公务的，要从严处理。由领导决定的，追究主要决定人的责任。

2. 文化执法活动必须规范化

文化执法活动涉及公民的文化权利以及参与文化市场的主体的各项法律权利。文化执法机构在与公民以及文化市场主体发生关系时必须具有合法性，也就是说应当按照法律、法规规定的执法权限和执法方式来执法，执法人员也必须严格地依法办事。

1999年12月29日由上海市人民政府颁布的《上海市文化领域行政执法权综合行使暂行规定》对上海市文化稽查总队的执法责任也做了明确要求：该规定第2条规定，上海市文化稽查总队受市有关行政管理部门委托，在本市演出、美术品、娱乐（包括文化娱乐和体育娱乐活动）、广播、电影、电视、音像制品、图书报刊、电子出版物和文物等文化领域行使综合执法的职责。第3条规定上海市稽查总队受市有关行政管理部门委托，依照法律、法规和规章，履行下列具体职责：

（1）负责对文化领域经营及其相关活动中的违法行为实施行政处罚；

（2）负责对文化领域经营及其相关活动中的违法行为采取行政强制措施；

（3）负责在文化领域经营及其相关活动中，行使与行政处罚权、行政强制权相关的监督检查权。

三　完善我国文化法制建设的重要举措

尽管我国文化法制建设取得了令人瞩目的成绩，但是，离发展和繁荣社会主义文化事业的要求还很远，特别是与"依法治国、建设社会主义法治国家"的治国方略还不能完全相适应。为此，就必须在总结以往文化法制建设的经验基础之上，不断推出完善社会主义文化法制建设的新举措。党的十九大明确指出了进入新时代我国社会的主要矛盾发生了结构性变化，已经由党的十一届六中全会确认的"人民群众日益增长的物质文化需求与落后的社会生产之间的矛盾"转变为"人民群众日益增长的美好生活需求与不平衡不充分的发展之间的矛盾"。面对新时代主要矛盾的变迁，党的十九大报告也明确指出：必须认识到，我国社会主要矛盾的变化是关系全局的历史性变化，对党和国家工作提出了许多新要求。我们要在继续推动发展的基础上，着力解决好发展不平衡不充分问题，大力提升发展质量和效益，更好地满足人民在经济、政治、文化、社会、生态等方面日益增长的需要，更好地推动人的全面发展、社会全面进步。很显然，人民群众对"文化生活"的美好需求成为新时代建设小康社会的重要任务。

党的十九大为此对各级党政机关提出了保障人民群众文化需求、促进社会主义文化繁荣发展的更高、更严的要求。十九大明确指出：文化是一个国家、一个民族的灵魂。文化兴国运兴，文化强民族强。没有高度的文化自信，没有文化的繁荣兴盛，就没有中华民族的伟大复兴。要坚持中国特色社会主义文化发展道路，激发全民族文化创新创造活力，建设社会主义文化强国。中国特色社会主义文化，源自于中华民族五千多年文明历史所孕育的中华优秀传统文化，熔铸于党领导人民在革命、建设、改革中创造的革命文化和社会主义先进文化，植根于中国特色社会主义伟大实践。发展中国特色社会主义文化，就是以马克思主义为指导，坚守中华文化立场，立足当代中国现实，结合当今时代条

推动社会主义文化繁荣兴盛的法治保障

件,发展面向现代化、面向世界、面向未来的,民族的科学的大众的社会主义文化,推动社会主义精神文明和物质文明协调发展。要坚持为人民服务、为社会主义服务,坚持"百花齐放、百家争鸣",坚持创造性转化、创新性发展,不断铸就中华文化新辉煌。因此,要深化文化体制改革,完善文化管理体制,加快构建把社会效益放在首位、社会效益和经济效益相统一的体制机制。完善公共文化服务体系,深入实施文化惠民工程,丰富群众性文化活动。加强文物保护利用和文化遗产保护传承。健全现代文化产业体系和市场体系,创新生产经营机制,完善文化经济政策,培育新型文化业态。为了促进社会主义文化事业的不断发展,十九大报告提出强调了在发展社会主义文化事业中责任意识的重要性,也就是说要"推进诚信建设和志愿服务制度化,强化社会责任意识、规则意识、奉献意识",而"强化规则意识"必然就要求进一步加强文化领域的法治建设,为社会主义文化繁荣发展提供强有力的法治保障。

总结我国文化领域法治建设的经验和教训,特别是党的十一届三中全会决定实行改革开放以来我国文化建设领域法治保障的实践,结合党的十九大对繁荣和发展社会主义文化事业提出的各项要求,拟在未来依法促进文化事业发展的过程中,主要应当抓好以下四个方面的工作。

(一)依法保障公民的文化权利

公民的文化权利在法律中的最早体现是1919年德国魏玛宪法。第二次世界大战以后,公民的文化权利作为一项基本人权得到了联合国成员国的承认。1966年12月16日,第21届联合国大会以105票一致通过了《经济、社会和文化权利国际公约》,自此,《经济、社会和文化权利国际公约》成为继《世界人权宣言》后国际人权宪章体系中的"A公约"①。按照《经济、社会和文化权利国际公约》，凡缔约国人人享有下列文化权利：

（1）参加文化活动；

（2）享受科学进步及其应用所产生的利益；

（3）对其本人的任何科学、文学或艺术作品所产生的精神上和物质上的利益，享受被保护之利。

公民的文化权利在我国现行宪法中也得到了充分的体现。我国现行宪法从两个方面规定了公民所享有的文化权利，一是直接规定公民享有某项文化权利，如现行宪法第47条规定，中华人民共和国公民有进行科学研究、文学艺术创作和其他文化活动的自由。二是规定了国家为保护公民文化权利的实现而必须采取的措施，如现行宪法第22条规定，国家发展为人民服务、为社会主义服务的文学艺术事业、新闻广播电视事业、出版发行事业、图书馆博物馆文化馆和其他文化事业，开展群众性的文化活动。因此，保障公民依法享有文化权利是我国社会主义法律的基本任务。

1. 公民文化权利的概念、内容

公民的文化权利与公民所享有的政治、经济和社会权利一样，都是公民作为国家和社会主人翁所必须享有的法律利益。现代宪法理论认为，现代法治国家存在的根本目标就是要建立一个有效的全心全意为人民服务的高效率的政府机构。该政府机构的基本职能就是保障公民最大限度地行使权利，实现各种合法权益。公民的文化权利也是政府必须予以保障的基本人权。由于公民的文化权利涉及公民个人的精神利益，因此，保障公民享有文化权利有利于促进全社会的精神文明建设。

---

① 在联合国人权宪章体系中，《经济、社会和文化权利国际公约》一般俗称"人权A公约"，《公民权利和政治权利国际公约》俗称"人权B公约"。

公民所享有的文化权利内容极其广泛,[①] 但是,这些权利有一个共同的特点就是,公民文化权利都是为了满足公民个人的精神需求的,是一种精神性的权利。它通常包括公民个人的表现自由、创作自由、发表意见的自由、追求美感和精神愉悦的自由、从事科学研究的自由、充分发挥个人精神人格力量的自由、宗教信仰自由、语言文字自由、文化娱乐的自由等。这些自由权利有利于发展公民个人健全的人格和健康的心理结构,有利于逐步改造和克服人性中的弱点,增进个人的文明素质和精神修养。

保障公民享有文化权利是社会主义物质文明和精神文明共建的要求,也是社会主义文化事业的核心所在。我国现行宪法序言规定,要把我国建设成为富强、民主、文明、和谐、美丽的社会主义现代化强国。这里的战略目标也包括通过保障公民享有文化权利,使全社会的公民都成为适应现代法治社会要求的共产主义文明新人。

2. 保障公民文化权利的意义

我国是社会主义国家,保护公民权利是社会主义事业一贯的宗旨。发展人、完善人是社会主义国家对每一个公民的期望。通过在法律中设定公民所享有的文化权利是社会主义尊重人权的重要举措,也是人民主权国家的主要特征。

早在新中国成立初期制定的1954年宪法,就对公民应享有的文化权利做了比较详细的规定。主要涉及公民的言论自由,出版自由,宗教信仰自由,进行科学研究、文艺创作和其他文化活动的自由。1978年宪法强调了各项文化事业必须为社会主义服务,国家通过"百花齐放、百家争鸣"的方针,促进艺术发展和

[①] 一般学术观点认为,公民文化权利包括:享受文化成果的权利;参与文化活动的权利;开展文化创造的权利;对个人进行文化艺术创造所产生的精神上和物质上的利益享受保护权利。

科学进步，促进社会主义文化繁荣。现行宪法在总纲里强调人民依照法律规定，通过各种途径和形式，管理文化事业。并且在条文中从多种角度对公民所享有的文化权利进行依法保护。可以说，我国公民所享有的文化权利一直是受到我国宪法和法律保护的。

改革开放以来，特别是进入了新时代，随着人民群众物质生活的显著提高，如何使不断发展的社会主义文化事业满足人民群众日益增长的文化生活需要是社会主义建设面临的全新课题，也是我国迈入文明、富裕的小康社会所必须解决的带有宏观性的战略问题。如果不从制度上和物质保障上帮助公民实现各种文化生活的需要，那么，整个社会的精神文明建设就会受到阻挠。所以，保障公民的文化权利不是什么权宜之计，而是人民群众日益增长的对文化生活现实的需要。而在今天，仅仅依靠政府在传统体制下对文化事业大包大揽的做法是无法满足人民群众对文化生活的需要的。文化活动的多样性和选择性是现今人民群众文化生活的显著特点。传统体制所勾画的公民个人文化活动的领域必须拓展，公民个人所享有的文化活动的自由权也必须增加。并且由于整个社会主义文化事业的发展，政府对文化事业领域也必须加大管理力度，通过各种保障手段来帮助公民有效地实现文化权利。

3. 保障公民文化权利的举措

公民文化权利的实现必须具有可能性和现实性两个因素。从可能性角度来看，要实现公民的文化权利，首先要保证法律赋予公民的文化权利是确定性的，有相对明确的范围，并且也是为公民从事文化活动所需要的；从现实性角度来看，公民能否有效地行使法律所规定的文化权利，一要看公民在行使文化权利时能否得到政府和社会的帮助，二要看公民行使文化权利的行为成本的多少，是否会受到不必要的法律上的限制或者是因为法律制度本身的矛盾使得公民的文化权利无法准确地得到行使。从我国公民行使文化权利的法律环境来看，要在制度上有效地保障公民行使文化权利，必须从以下几个方面着手：

（1）确定公民文化权利的范围

公民的文化权利实质上就是法律赋予公民所享有的从事文化活动的资格。从公民所从事的文化活动的特征来看，由于文化活动是为了满足公民的精神需求的，公民能否通过文化活动获得精神上的满足常常具有个体性。个人自由的概念更容易符合个体对文化生活的需要。因此，从保障公民享有文化自由的角度来看，公民的个人自治是一种比较好的实现方式。权利制度的设置无疑会使国家权力过多地进入个人自治的领域，权利在某种程度上会限制个人的自由。但是，在整个社会文化资源需要集中管理、公民个人的文化素质有待提高的社会环境下，用权利制度来帮助公民个人更好地满足自身对文化生活的需要是最现实的选择。这也是社会主义国家强调集体人权高于个体人权的意义所在。以新闻自由而言，社会主义的新闻自由并不是个人想怎么说就怎么说，通过新闻媒介来表达自己意见的方式也不是可以完全个体化的。社会主义的民主集中制更需要政府在保障人民享有通过新闻媒介表达自己意见方面发挥自己的作用。总之，我国公民所享有的文化权利其特点是必须在人民政府的帮助下创造各种条件来从事各种文化活动。

在我国，公民所享有的文化权利的种类也是非常丰富的。主要包括创作和表达自由权利、文化娱乐权利、文化商品和文化服务的经营权、受文化教育的权利以及文化交往方面的权利等。一般来说，公民所享有的创作和表达自由、文化娱乐权利、受文化教育的权利以及文化交往方面的权利都是比较受重视的，文化商品和文化服务的经营权则会受到法律上的限制，或者说有些具体的权利至今仍未得到社会和政府的承认。如利用传媒为社会公众提供文化商品和文化服务方面的信息，这方面的工作目前主要是由政府的传媒机构在做的，个人和社会团体在这方面的作用还没有得到政府和社会的承认。政府承办的传媒机构除了履行自己的政治功能之外，要不要用经济的手段来调整传媒运作活动，承认不承认传媒产业的存在以及相应的传媒服务经营权等，这些问题在实践中已经成为一个带有普遍性的社会事实，但是，在法律上还没有明确的说法，结果造成了这些领域出现了许多难以解决的法律矛盾和纠纷，社会实践非常需要对传媒产业的存在和发展给予法律上的定位。所以，为满足人民群众日益增长的对文化生活的需要，有必要对公民的文化权利在法律上做较为开放式的规定，突出一个在"法律规定的范围内"从事实现各种应该具有的文化权利的活动，进一步加大法律上对实现公民文化权利的保障力度。

（2）对政府文化行政执法权依法加以控制

公民实现文化权利离不开政府的支持和帮助，但是，政府在文化事业领域的管理职权过大，就很难避免对公民从事文化活动的形式、手段和领域管得过宽、过细，从而影响了公民从事文化活动的主动性和积极性，所以，在政府帮助和公民自主地享有文化自由权利之间应该有一个平衡点。这种平衡点仅仅依靠公民主动地去行使文化权利是远远不够的，必须对政府的管理职权做出法律上的限制。

在我国，政府文化行政主管部门通过行使文化执法权，打击和制裁各种侵犯公民文化权利的行为，为公民行使文化权利创造一个良好的法律环境。当然，政府文化行政主管部门在行使文化执法权时如何掌握好法律上的度，即罪与非罪、违法与合法的界限是至关重要的。如目前文化行政主管部门所开展的"扫黄打非"活动,这一活动的立意是为了净化社会主义文化事业领域的秩序。不过,政府文化行政主管部门要能够依法行使职权,首先要弄清"黄"和"非"的界限以及法律上的判定标准。像"三陪"是否具有违法性不能想当然地定性,而应该区分正常文化服务与色情服务的界限,本着从既有利于净化公民从事文化活动的法律环境,又有利于丰富公民从事文化活动的形式的角度出发,将管理、限制与繁荣、搞活结合起来。

当前,最需要在法律上解决的问题就是文化市场的执法权。解决文化市场的执法权一是有利于文化执法部门在管理文化市场时依法行政,二是可以防止文化市场执法违法现象的产生。在法律中规定文化市场执法权不能仅仅从限制公民文化权利的角度来认识法律规定的意义,而应该从国家权力为人民服务的立场出发,鼓励公民积极地配合和支持文化执法部门的依法行政活动。

(3) 给公民实现文化权利以各种保障

权利的设置如果离开了法律上的保障就是形同虚设。因此,法律在保障公民享有各种文化权利的同时,重要的任务就是要为公民实现文化权利创造各种条件。其中最重要的是确立国家总体的文化发展战略、建设各项为满足人民群众文化生活需要的文化设施和设备、对公民进行基本文化素质的培训、培养从事文化服务的各种专门人才、开展与国外的文化交流以及在全社会造就一个崇尚社会主义精神文明的大环境,等等。

公民需要文化权利的动因来自于公民对文化生活的需要,公民通过自己的活动来满足自身对文化生活的需求,一般来说,其程度、方式和范围都是有限的。更多的是需要从社会中获得自身需求的满足。对于社会自身所提供的文化产品和文化服务,由于这些社会供给不同于一般的物质产品的供给,一方面存在着社会供给，尤其是高质量、高品位的文化产品和文化服务绝对数不足的问题；另一方面又由于文化产品和文化服务与精神活动密切相关，所以，在社会上自发供给的可能会良莠不齐。公民作为消费者有时很容易受到不良文化产品和文化服务的毒害。因此，政府对于全社会的文化产品和文化服务一是要进行总量控制，通过发展各种必需的文化设施和设备，增加对社会的有效供给；二是要注意培养职业化的专门从事文化产品和文化服务的人才，通过人才来带动文化事业的繁荣；三是为公民提供提高自身文化素质的机会，增加社会对文化产品和文化服务的有效需求；四是对有害于人民身体和精神健康的不良文化产品和文化服务通过法律手段坚决予以取缔。

在给公民实现文化权利提供各种现实的保障的过程中，政府的作用是主要的，但是，也不应该否定人民群众自发地进行各种文化活动的积极意义。如城市居民委员会组织的秧歌队、街道办事处组织的文化站、个人举办的文化展览会等文化活动形式都有利于满足人民群众对文化生活的需求，都值得提倡，而且应该在法律中予以有效保护。

（二）加强对文化事业的行政管理

文化事业是我国社会主义事业的重要组成部分。建设社会主义文化事业的根本目的就是通过建立和健全各种为人民群众实施文化活动所必需的文化设施、设备和各项规章制度，保障公民的各项文化权利。

建设社会主义文化事业是一项复杂的社会系统工程，它需要社会各方面力量的参与和配合，其中，政府在发展社会主义文化事业中又起着决定性的作用。我国现行宪法第 22 条明文规定，"国家发展为人民服务、为社会主义服务的文学艺术事业、新闻广播电视事业、出版发行事业、图书馆博物馆文化馆和其他文化事业，开展群众性的文化活动"。如何确定政府在发展社会主义文化事业方面的作用，尤其是如何通过行政管理的手段来保障社会主义文化事业领域的秩序，为公民实现文化权利创造各种有利的条件，既是政府依法行政的一项重要课题，也是社会主义文化法制建设的核心所在。

在传统计划体制下，政府对文化事业采取大包大揽的方式，人民群众的文化生活基本上是单一化的。政府允许公民享有什么文化权利和从事什么文化活动，公民才能享有什么权利和从事什么文化活动，公民个人的选择权很小。文化事业管理体制高度集中，各种文化设施、设备不配套、不健全，文化产品和文化服务的形式简单化，人民群众的文化生活比较单调。改革开放以来，大量的文化产品和文化服务进入市场领域，公民可以通过文化市场所提供的文化产品和文化服务来满足自己对文化生活的需要。个人在实现文化自由权利方面的选择余地较大。在非市场的文化事业领域，公民个人的文化权利也得到了法律的尊重。公民的文化权利与公民的政治权利、经济权利和社会权利一样成为受到我国现行宪法所保障的公民的基本权利。如何在新的形势下，尤其是在社会主义市场经济条件下，用法律来保障公民享有各项文化权利，同时充分发挥政府在文化事业领域中的作用，应该在发展社会主义文化事业的过程中认真加以研究，并从文化战略的角度制定各种切实可行的措施。

1. 对文化事业应该集中统一管理

虽然说在传统计划体制下，政府对文化事业领域基本上是采取包揽的政策，在某种程度上影响了公民对文化生活多样性和丰富性的需求，但是，由于文化事业涉及一个国家的意识形态，因此，政府在引进市场手段和权利手段来发展社会主义文化事业的过程中，始终不应该放弃从保障集体人权的角度来对社会主义文化事业的发展做出统筹部署和安排。政府对文化事业的态度应该是既保障繁荣，又要保持有序。在发展社会主义文化事业的过程中，现行宪法所确立的宪法基本原则和关于社会主义精神文明建设的总的指导思想和方针必须作为建设社会主义文化事业和公民行使文化权利的前提。具体到文化活动的形式，哪些是正当的文化活动，哪些是不正当的文化活动，其中最基本的法律界限，政府必须向社会公众明确。政府在对文化事业加强管理方面的作用还表现在对各种妨碍公民行使文化权利的非法行为予以查处和取缔，对于内容不健康或者是反动黄色的东西应该予以禁止等。

总之，在政府转变职能的过程中，不能走两个极端。搞活文化事业并不意味着政府可以完全不管、不问，政府对文化事业领域的管理作用应该是"统放结合"，该管的坚决管住，该放的应该大胆地放开。

2. 依法管理文化事业

改革开放以来，我国社会主义法制建设得到了突飞猛进的发展。"依法治国"原则也逐渐得到了政府和全社会的认同。在社会主义法治原则下，政府对文化事业的管理就不能像在传统体制下仅仅靠发号施令、简单地依政策办事或依文件办事，政府应当依法行政。

依法行政对于政府在管理文化事业领域方面的要求是政府应该尊重宪法、法律的权威，尤其是要对宪法和法律中所规定的公民所享有的文化权利表示尊重，不应该在行政法规、行政规章或者是其他行政文件中违反宪法和法律的规定对公民的文化权利随意做出限制。在执法的过程中，要尊重相对人的文化权利，对违法的行为进行处罚要罚之有据，要注意倾听相对人的申辩意见，不仅执法的内容要合法，执法的程序也要合法。要注重各种关于文化方面规定的法律规范之间的协调性，对于法律规定矛盾的或者是缺少明确法律依据的，要从有利于保护公民文化权利的角度执法。进行行政自律，防止滥用权力、越权现象的发生，尤其是要防止执法犯法，搞"钱权交易"。做出任何处理决定既要有事实根据，又要有法律依据，为社会公众树立一个良好的依法行政的形象。

3. 加强对文化市场的宏观调控

文化市场是改革开放以来为了丰富人民群众文化生活在文化事业领域引进市场手段而发育起来的。目前文化市场涉及面很广，包括文化娱乐市场、文物市场、电影市场、音像市场、演出市场、书报刊市场、文化艺术培训市场、对外文化交流市场等。文化市场作为社会主义市场经济体系的重要组成部分，首先要服从市场经济的一般规律。但是，由于文化产品和文化服务具有满足人们精神消费的特性，所以，单纯地由市场规律自发地来配置文化产品和文化服务资源，很容易滋生一些内容不健康的东西。在文化市场领域，不仅要反对不正当竞争和反垄断，而且还要保持文化市场领域的纯洁性。要保障社会主义文化市场在促进社会主义精神文明建设中发挥重要作用。

当前，对文化市场应当加强宏观调控。应该采取一些切实可行的措施，制定统一协调的发展文化市场的政策、健全调整文化市场领域的法律规范、建立管理文化市场的执法队伍等。从文化政策的角度来说，目前文化市场只是粗具规模，还很不成熟，远远地不能适应群众对文化生活的要求，因此，繁荣是第一位的，管理是第二位的。如演出市场，在对演出中介实行资格管理的同时，还要提倡和鼓励公民积极地从事演出中介服务，使更多更好的文艺节目能够"送戏下乡"，让更多的公众能够欣赏到高品位的文艺演出。如果在演出市场一味地整顿，打击"走穴"现象，演出市场秩序可能会得到好转,但是,演出市场可能会因之而丧失活力。因此,文化市场政策的确定不是一成不变的,而是要从国家整体利益、公民的文化权利等多种因素中综合决定。

4. 健全和完善文化执法权

政府对文化事业的管理最有约束力的手段就是政府掌握着文化执法权。如果政府只停留于对文化事业发展中的问题发发文件、开开会议,是很容易流于形式主义的。文化执法权是一个抽象的概念,它是由政府管理文化事业领域中各项行政管理权力构成的。但是,不管文化执法权的权能内容如何丰富,文化执法权行使的目的以及主体、程序、效力都存在共通之处。执法主体过多很容易导致多头执法、各管一段的执法矛盾的出现。

就文化市场领域的执法权来说,由于文化市场涉及市场主体的资格、生产和经营行为、交换行为以及消费活动等问题,所以,工商、税务、公安等行政主管部门对文化市场都享有管理的职权。但是,由于管理对象比较集中单一,因此,常常会出现几个执法机关对同一生产和经营行为重复行使执法权的问题。加上文化行政主管部门又设立了专门管理文化市场的执法机构,在部门利益的驱动下,往往会产生有利可图的齐抓共管,无利可图的或者容易惹麻烦的互相推诿。甚至还会出现执法部门与生产和经营者相互勾结阻挠执法现象。要从根本上解决这些问题,首先要从执法体制上下功夫,可以建立一个专职的文化市场执法队伍,该执法队伍由各有关行政主管部门抽调人员组成,共同对同级人民政府负责;其次是制定有关的法律,统一协调分管文化市场执法领域的几个行政主管部门之间的职权交叉的问题;再次是组成专门的文化执法监督检查机构,由人民政府牵头搞,邀请各方面的人士参加,其中应该包括文化市场生产和经营主体的代表,将政府监督与社会监督结合起来,提高文化政府工作的透明度。

在法律中设置文化执法权应本着谁主管谁负责的原则,如文物市场的执法应由文化行政主管部门负责,而文化娱乐市场的"扫黄打非"应该以公安部门为主,对于音像市场涉及多家执法部门的执法权限的,可以搞联合执法,由人民政府牵头,并由人民政府对联合执法行为承担相应的法律责任。

5. 加强政府对文化事业的投入

社会主义的文化事业要得到发展,除了依靠社会的力量之外,加大政府对文化事业的投入力度是重要的环节。政府支持文化事业的发展,其投入方式既可以是政策,也可以从财政和税收上给予支持,还可以通过培养专门的人才以及增加对文化教育的投入来实现。在各项投入中,政策投入最为重要。许多文化事业领域,尤其是文化市场领域,由于自身具有较强的市场生存力,因此,并不需要政府在财政上给予多少政策的帮助,只要给予一些特殊的扶持政策,就可以搞活市场。如书报刊市场,要消除目前新华书店发售图书渠道不畅的弊病,应该在政策上允许多渠道发行,同业开展竞争。同时,定期组织大型的图书展览会和图书订货会,允许传播媒介对高品位的书籍进行商品化宣传,如此,书报刊市场是非常容易繁荣的。在政策投入项目中,给予那些对于继承和发扬本民族文化传统、能够给社会提供较高艺术水准的文艺团体或者是文化社团以税收政策上的优惠,也很容易增加这些团体和组织在市场中的竞争力和生存力。对于国家扶持的重点文艺团体,要加大财政投入的力度。当然,为了集中力量办大事,应该对受财政帮助的文艺团体的受助条件实行严格的审查批准制度。适当引入受助的竞争机制,将财政帮助与对社会的贡献大小结合起来。政府还可以建立文化事业发展基金,将政府扶持和社会帮助有机地结合起来,帮助文化事业基础设施建设和培养人才。为了提高公民自身的文化素质，增加社会公众对文化产品和文化服务的有效需求，应当在中小学开设艺术教育课程，并在适当的时机将艺术素质考试并入成人高等教育入学考试的范围。总之，政府应该在人财物诸方面加大对文化事业的投入，以此来促进我国社会主义文化事业蓬勃发展。

6. 加强政府对文化事业的服务功能

在现代法治社会中，政府对社会的管理职能性质发生了根本的变化。从传统的专司统治职能逐渐发展到为社会公众服务的功能。因此，"管理就是服务"是现代行政的基本原则。政府对某一领域的社会现象能不能管好直接取决于政府在该领域中能否为社会公众服务到位。

在社会主义文化事业领域，政府的角度也不仅仅是个"管"字，利用各种有利条件为公民实现宪法和法律所规定的文化权利服务是衡量政府在文化行政管理领域中作用大小的一个基本尺度。政府的服务功能能否到位主要体现在政策宣传、资金扶持、人才培训、公民艺术教育规划、特殊艺术能力的培养手段、文化信息的传播、文化服务反映社会公众的要求等方面。服务的目的在于引导社会公众产生正确的文化消费心理，选择适宜的文化产品和文化服务，最大限度地满足自身对文化生活的需求。

在社会主义市场经济体制下，强调政府对文化事业的服务功能不仅是要对政府依法行政行为加以约束，更重要的是重新改变政府与社会公众之间的关系。政府对文化事业的管理行为不是被动的，行政也不是一种"恶"，行政的目的是为人民服务，政府的管理行为是能动的行政。政府的管理行为要收到事半功倍的效果有赖于政府对人民的高度负责和社会公众的积极参与。政府要学会用合同的手段，以平等的法律主体的身份来帮助公民有效地行使自己的文化权利。只有消除了政府在文化事业领域单纯的管理者形象，使政府的管理行为更贴近人民群众，才能从根本上调动人民群众从事文化活动的主动性、积极性和自觉性，从而推动整个社会主义文化事业健康地向前发展。

（三）加强文化立法工作

加强文化立法的理论研究，是完善和健全社会主义文化法制的核心。目前，应当重点研究维护立法中存在的主要问题，并从新时代繁荣社会主义文化的中国的国情出发，制定出从形式到内容都符合社会主义文化法制建设要求的文化法律规范。

1. 我国目前文化立法的现状及问题

目前，在我国文化法制建设领域，虽然制定了不少法律规范，但是，从社会主义文化法制建设对文化立法的要求来看是远远不够的。主要表现是调整文化关系的法律比较少，而大量的文化法律规范是通过行政法规和行政规章的形式出现的。

迄今为止，在文化法制建设领域，只有为数很少的几部法律。如《著作权法》《文物保护法》《档案法》《国家通用语言文字法》《非物质文化遗产保护法》《公共文化服务保障法》等。一些重要的文化领域，如出版、广播电视、演出等，只有国务院制定的行政法规。而新闻、现代文化财产保护、宗教等领域尚未有比较成熟的法律规范出台。因此，文化事业领域的法律规范管理的色彩很浓，对公民文化权利给予法律上的有效保护仍然是文化法制建设的一项重要任务。

2. 文化法律的内容应该如何确定的问题

文化立法的内容是与文化法的调整对象相适应的，但是文化法的调整对象通过什么样的立法语言表达出来最为科学，这是一个立法技术问题。学术界有人认为，应该制定一部《文化权益保障法》[1]，从保护公民文化权益的角度来概括文化法所调整的各个领域。不过，倾向性意见还是按照文化事业的领域分类来立法，如文化基本法律应该有新闻法、出版法、著作权法、广播电视法、电影法、演出法、图书馆法、博物馆法、文物保护法以及档案法、语言文字法、宗教法等。

关于是否有制定"文化法"或者是"文化市场法"的必要，实践部门和理论研究部门的意见并不一致。从实践部门来看，由于文化事业归口管理，并且该领域的法律规范内容相近，如果把各种应该规范的内容都放在一个法典中加以规定，一是便于从总体上把握文化事业的发展脉搏和方向；二是有利于文化行政主管部门归口管理。但是，有的专家和学者认为，文化法的内容是不确定的，而且许多内容与其他法律规范存在着交叉关系。所以，制定一部大一统的文化法，一是在立法技术上难免以偏概全；二是由于文化行政管理体制存在上下错位、职能交叉的特点，因此，在法律中很难理顺文化行政管理关系。从法理上来看，搞一个大一统的"文化法"就如同搞一个统一的"行政法典"或者是"经济法法典"一样困难。

关于"文化市场法"的制定问题，在实践中，尤其是地方文化执法部门的立法呼声很高，其中一个重要原因就是目前各省、自治区和直辖市都制定了适应本行政区域要求的《文化市场管理条例》，但是，由于地方性法规在立法权限上的限制，特别是地方性法规对文化行政执法权的确认力度不够，因此，有必要通过

---

[1] 2016年12月25日第十二届全国人民代表大会常务委员会第二十五次会议通过了《中华人民共和国公共文化服务保障法》，该法的性质属于文化权益保障法，但适用的领域还只限于公共文化服务。该法第2条规定：本法所称公共文化服务，是指由政府主导、社会力量参与，以满足公民基本文化需求为主要目的而提供的公共文化设施、文化产品、文化活动以及其他相关服务。

推动社会主义文化繁荣兴盛的法治保障

制定《文化市场法》①来进一步加强文化执法的力度。不过，这样的立法建议是否可行也是值得仔细研究的。因为我国现行的文化行政管理体制在中央一级是三个主管部门，而在省一级大都成为一个行政主管部门。在目前条块分割的行政管理体制格局下，怎样理顺文化行政主管部门在管理文化事业领域中的行政职权之间的关系并不是一件非常容易的事。另外，我国现行的调整市场领域的法律、法规已经很多，有没有必要再就文化市场单独立法，这样的立法的效益有多大是值得考虑的。当前，在文化市场领域，主要不是无法可依，而是执法不严或者说是存在多头执法的问题。

就实践中目前最需要制定的法律，主要包括广播电视法、电影法②、演出法、现代文化财产保护法等。（1）广播电视法要着重解决广播电视作为传媒产业的自主经营权与广播电视作为宣传工具所应当履行的政治功能之间的关系；（2）演出法要解决演出许可制度、演出资格认证制度、演出中介制度、演出收入的征税控制等；（3）现代文化财产保护法着重强调对现代文化财产的法律保护意识，建立权威的艺术鉴赏和评定机构，负责处理现代文化财产的法律保护工作；（4）语言文字法③要突出保护公民享有语言文字的自由权利，同时对全国通用语言文字以及少数民族通用语言文字的创制、使用和保护规定具体可行的法律制度，对法

---

① 《文化市场综合行政执法管理办法》已经于2011年12月6日文化部部务会议审议通过，自2012年2月1日起施行。该办法只是中央层面的部委规章，涉及文化市场领域也有很大的局限性。

② 2016年11月7日第十二届全国人民代表大会常务委员会第二十四次会议通过了《中华人民共和国电影产业促进法》，该法第2条规定：在中华人民共和国境内从事电影创作、摄制、发行、放映等活动，适用本法。

③ 《中华人民共和国国家通用语言文字法》已由中华人民共和国第九届全国人民代表大会常务委员会第十八次会议于2000年10月31日通过，自2001年1月1日起施行。但该法第2条所讲的通用语言文字只是指普通话和规范汉字，并没有涉及官方语言文字的问题，没有能够真正完成语言文字法的规范和社会功能，需要加以修改。

律语言文字的表达形式予以规范化等。

就最重要的文化法律的制定来说,新闻法、出版法是应该重点加以研究的。虽然上述两个法律都曾被列入过立法规划,但是,由于这两个法律涉及非常复杂的社会关系,所以,在社会对新闻自由和出版自由的内涵认识分歧较大的情况下,应该侧重于维护社会主义新闻和出版秩序。先行制定新闻管理条例和出版管理条例,待条件和时机成熟后再制定新闻法和出版法。

3. 文化立法的形式应注意的问题

文化立法的形式是立法本身的科学性问题,它涉及先立什么法、后立什么法,什么样的内容用什么样的法律形式表达出来规范性最强以及立法出台时机成熟等问题。当前,由于文化事业,尤其是文化市场领域,重点是繁荣发展的问题,因此,立法中不宜过早地把各种法律关系一一予以明确,而是先搞一些行政法规和行政规章,保障文化领域内的基本秩序,待时机成熟后再制定法律。

从立法实践来看,各种不同的文化法律出台顺序的先后并不影响各自的出台,如在新闻法、出版法未出台前,广播电视法、现代文化财产法等都是可以出台的。制定文化法切忌大而全。另外,要注意法律和行政法规在规范文化事业领域中各种社会现象时所具有的不同的调控功能。法律是由国家最高权力机关制定的,它是民意的体现,因此,从法理上来说,法律具有一定的社会契约的作用。法律可以对公民的权利和自由做出一定的限制,同时规定国家权力在管理文化事业领域中各种社会事务方面的作用。行政法规是由国家最高行政机关制定的,它应该立足于如何实现法律所规定的国家权力的作用。主要的立法内容是确立执行国家权力的机构、人员、程序等。行政法规不能对公民的文化权利做出限制，因为，作为国家最高行政机关，国务院是全国人民代表大会的执行机构，不是民意机构，不具有产生社会契约的功能，所以，由国务院制定的行政法规不能对公民所享有的文化权利做出限制。

地方性法规在规定文化事业领域中的各种社会现象时其立法权的范围也是受到法律的限制的。一方面，涉及公民文化权利的内容，地方性法规原则上不应该加以规定；另一方面，凡是法律、行政法规未授权的国家权力，地方性法规一般不宜起确权作用。例如，在法律尚未对文化市场执法权做出规定之前，地方性法规不宜对文化市场执法权的权限规定得太具体，尤其是不应该创设新的文化市场执法权内容。只应将现有法律、行政法规中关于文化市场执法权规定的内容系统化和具体化。否则，很容易在行政诉讼中因为法律依据不足而处于被动局面。

（四）适应入世要求，努力促进对外文化交流

发展对外文化交流是一个国家文化政策的重要组成部分，也是对外开放的重要举措。新中国诞生以后，一直重视文化的对外交流。从1951年开始，我国开始与外国签订文化合作协定，派遣文化代表团出国访问，向世界各国介绍中国悠久的历史文化传统。党的十一届三中全会以后，在对外改革开放政策的指引下，我国加强和发展了对外文化交流。我国对外文化交流的步伐进一步加快。据统计，仅从1978年至1988年十年间，我国同外国签订的文化合作协定就达到了80多个。目前，我国已经与世界上130多个国家和地区有各种各样的文化交流。我国还先后举行了多种大型的国际性文化艺术节，如"中国莎士比亚戏剧节""国际摄影艺术展览""上海国际艺术节""上海国际友好城市电视节""上海电视节""上海艺术节"等，其中许多文化艺术节产

新时代法治发展的新面向

生了广泛的国际影响。[①]

习近平总书记于2014年10月15日上午在京主持召开文艺工作座谈会并发表重要讲话，指出：我们强调弘扬社会主义核心价值观，继承和发扬中华民族优秀传统文化，坚持和弘扬中国精神，并不排斥学习借鉴世界优秀文化成果。我们社会主义文艺要繁荣发展起来，必须认真学习借鉴世界各国人民创造的优秀文艺。只有坚持洋为中用、开拓创新，做到中西合璧、融会贯通，我国文艺才能更好地发展繁荣起来。其实，现代以来，我国文艺和世界文艺的交流互鉴就一直在进行着。白话文、芭蕾舞、管弦乐、油画、电影、话剧、现代小说、现代诗歌等都是借鉴国外又进行民族创造的成果。鲁迅等进步作家当年就大量翻译介绍国外进步文学作品。新中国成立后，我们学习借鉴苏联文艺，如普列汉诺夫的艺术理论、斯坦尼斯拉夫斯基表演体系，苏联的芭蕾舞、电影等，苏联著名舞蹈家乌兰诺娃以及一些苏联著名演员、导演当年都来访过中国。当今世界是开放的世界，艺术也要在国际市场上竞争，没有竞争就没有生命力。比如电影领域，经过市场竞争，国外影片并没有把我们的国产影片打垮，反而刺激国产影片提高了质量和水平，在市场竞争中发展起来了，具有了更强的竞争力。

因此，面向新时代，加强文化对外交流，并通过法治方式为文化输出和引进提供制度保障是进一步繁荣社会主义文化事业的重要任务，必须作为文化法治建设的重要课题。

（作者为中国社会科学院法学研究所研究员）

[①] 方家良主编：《文化市场管理学》，上海交通大学出版社1991年版，第247—249页。

网络强国建设的法治保障

支振锋　叶子豪

　　加强应用基础研究，拓展实施国家重大科技项目，突出关键共性技术、前沿引领技术、现代工程技术、颠覆性技术创新，为建设科技强国、质量强国、航天强国、网络强国、交通强国、数字中国、智慧社会提供有力支撑。

——十九大报告

　　以互联网为代表的新一代信息技术是全球研发投入最集中、创新最活跃、应用最广泛、辐射带动作用最大的科技创新领域，已经成为全球技术创新的竞争高地。人类正从高污染、高能耗、不可持续的碳基文明，转向绿色、低耗、可持续的硅基文明。如何抓住信息革命这一中华民族千载难逢的机遇，加快推进网络强国建设，不仅决定着我国现代化建设的成败，而且事关中华民族的复兴与光明未来。而作为治国理政的基本方略，法治应为网络强国建设提供坚强的制度支撑。

一　网络强国建设的法治匮乏

　　我国自接入国际互联网四分之一世纪以来取得了辉煌成就，已经成为一个网络大国。截至 2017 年 12 月，我国网民数量已经达到了 7.72 亿人；同时，我国网络基础设施建设加快，固定宽带家庭普及率达到 72%，4G 用户规模达 9.97 亿；数字经济活跃，规模已达 27.2 万亿元，同比增长 20.3%，占 GDP 的比重达 32.9%。[1] 这些数据表明我国在网络强国的建设上取得了长足进步，已成为在国际社会中具有举足轻重地位的网络大国。信息革命是继工业革命后生产力的又一次质的飞跃，互联网为国家社会经济发展、人民生活水平带来深刻变化、提供无限活力。我国曾错过工业革命带来生产力解放的重要时机，导致中华民族陷入积贫积弱、任人宰割的境地，面对信息革命的机遇，我们必须紧跟时代步伐，建设网络强国。

建设网络强国给我们带来机遇，但是现实却困难重重。在互联网技术创新、社会应用及产业发展高歌猛进的同时，国际互联网发展不平衡、规则不健全、秩序不合理的基本态势没有变；个人信息泄露、侵害个人隐私、侵犯知识产权、网络犯罪猖獗等威胁仍然严峻的基本现状没有变；网络监听、网络攻击、网络恐怖主义等全球公害依然有待解决的基本格局没有变。[2] 网络强国建设的现实促使我们思考如何使网络强国建设在健康有序的轨道中运行。这除了需要从国家层面上为网络强国提供宏观和全面的政策支撑外，也需要在细微处为网络强国提供保障。

法治是现代社会对公共事务进行规则之治的理想模式。网络空间作为公共空间为法律的介入提供了治理基础，法治作为现代社会的基本治理模式，在网络空间中却存在明显的供给不足的问题，比如网络治理规则缺失、网络治理能力薄弱、国际网络治理不公平等都是互联网治理中的法治供给不足的表现。互联网法治

---

[1] 参见国家互联网信息办公室《数字中国建设发展报告（2017 年）》，2018 年 7 月 28 日（http://www.cac.gov.cn/2018-05/09/c_1122794507.htm）。

[2] 参见支振锋《网络空间命运共同体的全球愿景与中国担当》，《光明日报》2016 年 11 月 27 日第 6 版。

是建设网络的重要一环，因为互联网治理需要在法治的轨道上才可能健康有序地发展，放任互联网不管或者依靠行政官员个人意志粗暴管理都不是适当的互联网治理方案。因此，探讨法治在互联网治理中的不足与助益是网络强国建设的题中应有之义。本文从网络内容治理、网络安全、网络空间国际治理三个方面分别探讨法治在其中的不足与作用，试图构建出网络强国建设中法治的地位，为网络强国建设提供助益。

二 内容治理的法治之道

（一）网络空间不是法外之地

网络空间是亿万民众共同的精神家园。网络空间汇聚丰富多彩但又纷繁复杂的社会信息，亿万网民从互联网中获取信息，同时也受这些信息影响形成不同观念。网络空间难免掺杂不良信息对信息接收者产生不良影响，因此保障网络空间清朗既需要凝心聚力形成共识，同时也需要在法治轨道上规范网络空间内容。价值多元是"诸神之争"下现代社会的特点，网络为不同观点的发表提供了便利工具和空间，但是在社会没有基本价值共识的条件下，多元意见会引致社会撕裂。我国目前有明确的政治目标，例如中国共产党提出的实现"两个一百年"奋斗目标、实现中华民族伟大复兴，这些目标的实现需要全社会凝聚共识，在网络信息时代，需要汇聚网络意见，在社会中广泛形成共同理想、共同目标和共同价值观。因此，习近平总书记在网络安全和信息工作座谈会上的讲话中强调要构建网上网下同心圆，更好凝聚社会共识。[1]

---

[1] 习近平：《在网络安全和信息化工作座谈会上的讲话》，新华社，2016年4月25日。

与此同时,保障网络空间清朗也是互联网内容法治的题中应有之义。互联网空间汇聚多元信息,难免充斥着许多不良信息,例如污染网络环境的"网络垃圾""网络毒品"、商业化导致的粗制滥造的内容、缺乏深刻思想厚重感的文化。[1] 但网络空间不是法外之地,法律法规必须介入对网络空间进行治理,实现网络空间内容治理的法治化是治理的目标,具体而言,网络内容治理的法治化包括两个层面的内容:第一,网络空间是法律的领土。网络空间虽然无国界、无边界,但在网络空间治理上却是一国主权管辖范围,国家法在其中发挥规范性作用,所以在互联网上发言、上传内容不是毫无限制的。因为网络空间属于公共空间,法律作为公共空间的行为标准必然要介入网络空间,而法律所具备的规范性特征意味着在法律之下行为人的行为不是随意的而是具有一定程度的义务性,[2] 因此网民在互联网中的言行必须在法律之下进行,而非如一些网络自由主义者所主张的网络空间是不受主权管制的独立空间,[3] 继而不受国家法律管制。

第二,关于网络内容治理与言论自由的关系。言论自由是我国宪法规定的公民权利,进行网络内容治理要厘清言论自由与网络治理的关系。进行互联网新闻信息监管和内容治理时需要保障人民群众畅快表达言论、发挥舆论监督作用的权利,因为互联网的存在为公民信息交流、意见表达和言论权利提供了高效、便利的工具,互联网内容治理不是为了限制人民群众的言论自由权、监督权等宪法赋予的权利,而是要使公民仍然能够畅所欲言,充分享受言论自由。但另一方面,公民在网络发言需要遵守法规的

---

[1] 张晓明、王克明:《我国互联网内容生态圈的足与不足》,《人民论坛》2016 年第 19 期,第 12—15 页。

[2] H. L. A. Hart, *The Concept of Law*, Oxford: Clarendon Press 2nd, 1994, p. 6.

[3] 刘晗:《域名系统、网络主权与互联网治理——历史反思及其当代启示》,《中外法学》2016 年第 2 期,第 518 页。

要求。言论自由由法律赋予，在立法过程中必须衡量和考虑不同社会价值，言论自由是诸多社会价值中的一种，法律保护言论自由的同时，也需要保护其他同等重要的价值，例如公共安全、社会秩序、个人隐私等。因此国家鼓励人民群众畅所欲言，为国家发展出谋划策、监督国家干部，同时个人在发言时也要遵守法律规定。

（二）网络内容治理的法治化

1. 我国新闻信息安全监管法律框架

在互联网信息内容治理方面，我国已经形成一套相对完善的规范体系，涵盖了法律、行政法规和规章。在法律方面，我国在2017年6月1日正式实施的《网络安全法》为网络信息内容治理提供了基础性、专门性的法律框架，为网络内容治理指明了方向。其中《网络安全法》第12条规定："国家保护公民、法人和其他组织依法使用网络的权利，促进网络接入普及，提升网络服务水平，为社会提供安全、便利的网络服务，保障网络信息依法有序自由流动。""任何个人和组织使用网络应当遵守宪法法律，遵守公共秩序，尊重社会公德，不得危害网络安全，不得利用网络从事危害国家安全、荣誉和利益，煽动颠覆国家政权、推翻社会主义制度，煽动分裂国家、破坏国家统一，宣扬恐怖主义、极端主义，宣扬民族仇恨、民族歧视，传播暴力、淫秽色情信息，编造、传播虚假信息扰乱经济秩序和社会秩序，以及侵害他人名誉、隐私、知识产权和其他合法权益等活动。"第13条对互联网信息对未成年人成长的影响做出相应规定："国家支持研究开发有利于未成年人健康成长的网络产品和服务，依法惩治利用网络从事危害未成年人身心健康的活动，为未成年人提供安全、健康的网络环境。"此外，第

50条规定了相关部门对网络内容治理的相关职责:"国家网信部门和有关部门依法履行网络信息安全监督管理职责,发现法律、行政法规禁止发布或者传输的信息的,应当要求网络运营者停止传输,采取消除等处置措施,保存有关记录;对来源于中华人民共和国境外的上述信息,应当通知有关机构采取技术措施和其他必要措施阻断传播。"

在《网络安全法》颁布之前,国家对网络内容进行治理主要是以2015年7月1日通过施行的《国家安全法》为法律依据。《国家安全法》第23条对"国家坚持社会主义先进文化前进方向,继承和弘扬中华民族优秀传统文化……防范和抵制不良文化的影响……增强文化整体实力和竞争力"进行了规定,第25条规定:"加强网络管理,防范、制止和依法惩治网络攻击、网络入侵、网络窃密、散布违法有害信息等网络违法犯罪行为,维护国家网络空间主权、安全和发展利益。"

除了上述两部法律,我国仍有其他规范性文件为网络内容治理提供了更为细致的制度支持。在互联网新闻信息服务提供者和用户的义务方面,2017年6月1日国家网信办公布实施的《互联网新闻信息服务管理办法》中,第16条明确规定:"互联网新闻信息服务提供者和用户不得制作、复制、发布、传播法律、行政法规禁止的信息内容。"这与《网络安全法》第12条的规定在精神上一脉相承,在内容上也是一致的。《计算机信息网络国际联网安全保护管理办法》第5条也做了类似规定。[①]

此外,在网络内容监管方面的许可方面,《互联网新闻信息管理规定》第5条规定:"通过互联网站、应用程序、论坛、博客、微博客、公众账号、即时通信工具、网络直播等形式向社会

[①] 支振锋:《网络安全风险与互联网内容治理的法治化》,《改革》2018年第1期,第45页。

公众提供互联网新闻信息服务，应当取得互联网新闻信息服务许可，禁止未经许可或超越许可范围开展互联网新闻信息服务活动。"

《互联网信息内容管理行政执法程序规定》则对行政执法程序做了更细致的规定。除此之外，国家互联网信息办公室还就网络直播、论坛社区服务、跟帖评论服务、群组信息服务、用户公众账号信息服务、互联网新闻信息单位内容管理相关从业人员管理等，出台了一系列规范性文件。文化部出台了《互联网文化管理暂行规定》，原国家广电总局出台了《互联网视听节目服务管理规定》，从而使得国家互联网新闻信息和内容治理方面形成了较为完善的制度网络。[①]

另外，《关于办理利用信息网络实施诽谤等刑事案件的司法解释》《最高人民法院关于审理侵害信息网络传播权民事纠纷案件适用法律若干问题的规定》《最高人民法院、最高人民检察院关于办理利用互联网、移动通讯终端、声讯台制作、复制、出版、贩卖、传播淫秽电子信息刑事案件具体应用法律若干问题的解释》《最高人民法院、最高人民检察院关于办理利用互联网、移动通讯终端、声讯台制作、复制、出版、贩卖、传播淫秽电子信息刑事案件具体应用法律若干问题的解释（二）》等规范，从法律统一实施的角度，也对互联网信息内容治理做了细致的规定。[②]

总体而言，我国基本上形成了以《网络安全法》为基础，不同法律相协调，法规、规章、司法解释等规范性文件具体规定的网络信息内容治理的规范法体系。为我国进一步落实网络强国战

---

① 支振锋：《网络安全风险与互联网内容治理的法治化》，《改革》2018年第1期，第45页。

② 同上。

略提供了制度支撑。

2. 网络内容治理的问题与法治保障

在《网络安全法》出台前,有学者建议未来国家网络安全立法如果要有时代性和体系性的进步,在立法思维上应该要有整体转变:(1)从"信息"网络安全思维跃升到网络"空间"安全思维;(2)从网络用户安全思维跃升到国家安全、公共安全思维。[1]《网络安全法》将网络空间安全和国家、公共安全都纳入其中,形成一套以《网络安全法》为基础的网络内容治理规则,在理念和内容方面,《网络安全法》能符合现今网络空间治理的要求,但是这套规则体系还比较粗糙。国家监管互联网信息内容是为了国家利益和社会利益,但在社交媒体与互动性较强的网络直播、互动社区等在互联网新闻信息领域日益活跃甚至占主导地位的情况下,如何进行监管的同时协调网络信息平台的自主经营权与赋予平台类似公共管理的权利是一个值得深思的问题,[2] 网络内容治理的主体及其责任义务尚不明确,仍存在现有规则没有填补的空隙。同时,治理对象的内涵外延也要明晰,这与协调网络内容监管与公共信息权利和言论自由权利息息相关,因为网络监管与公民言论自由存在事实上的不协调,例如部分网络信息平台对用户的言论进行粗暴管理,有损害公民言论自由之嫌。如何清晰界定治理对象并且规范互联网信息行政部门、网络信息平台的具体管理行为,使其与宪法和其他法律规定的公民权利不相冲突,是未来互联网内容治理需要解决的问题。

法治对网络内容治理的保障应当不断细化网络内容治理立法体系,立法重点的变化随着对互联网的认识不断深入而有不同侧

---

[1] 郭旨龙:《网络安全的内容体系与法律资源的投放方向》,《法学论坛》2014年第6期,第35—44页。

[2] 支振锋:《网络安全风险与互联网内容治理的法治化》,《改革》2018年第1期,第44—46页。

重。我国如今已有《网络安全法》这样一部关于互联网信息安全的专门性法律，当务之急是根据网络内容治理实践中遇到的不同难题将《网络安全法》的规定"向下"伸展，不断细化网络内容治理的具体规定，逐步解决网络信息内容监管的突出问题。

三　网络安全的法治保障

（一）没有网络安全就没有国家安全

我国互联网事业虽然发展迅速，但是在对核心技术的掌握上仍然与互联网发达国家存在巨大差距，关键信息基础设施发展较晚是网络安全的薄弱环节，网络攻击网络犯罪也是不可避免的网络安全痼疾，这些方面是我国的网络安全的重大隐患，没有网络安全就没有国家安全，如何清醒面对这些问题并给出解决方案是互联网强国建设的重大课题。

"互联网核心技术是我们最大的'命门'，核心技术受制于人是我们最大的隐患。"[1] 我国已经清醒地意识到互联网核心技术是网络安全的软肋，网络核心技术受制于人，具体而言，2017年中国进口集成电路金额高达17592亿元，是排在第二名的原油进口金额11003亿元一倍多。[2] 因此要持续通过技术创新和发展核心技术来维护国家安全，通过使用自主可控的技术和产品，维护国家安全，保障人民利益。

在互联网时代中，保护关键信息基础设施的安全也是落实总体国家安全观的重要方面。《网络安全法》将公共通信和信息服务、能源、交通、水利、金融、公共服务、电子政务等重要行业

---

[1] 习近平：《在网络安全和信息化工作座谈会上的讲话》，新华社，2016年4月25日。

[2] 国家统计局：《中华人民共和国2017年国民经济和社会发展统计公报》，2018年7月28日（http://www.stats.gov.cn/tjsj/zxfb/201802/t20180228_1585631.html）。

和领域列为关键信息基础设施,关键信息基础设施是网络安全的重中之重,一旦遭到破坏、丧失功能或者数据泄露,可能严重危害国家安全、国计民生、公共利益。互联网的脆弱性和关键信息基础设施稳定运作的要求存在矛盾,一旦互联网遭受恶意攻击,可能造成大面积基础设施受损或瘫痪,由此引发相应的服务中断,危害国家和社会的安全与稳定。中国的网络关键基础设施信息系统发展较晚,抵抗外部恶意攻击能力较弱。网络社会中,在大量难以预测的安全风险和隐患面前,我国网络关键信息基础设施面临极其严峻的安全形势。这一形势要求我们加快构建关键信息基础设施安全保障体系,制定关键信息基础设施安全保护条例等规范,防控重大网络安全风险,确保国家网络空间长治久安。

网络为人类经济社会带来繁荣和进步的同时,也带来了非常严重的网络犯罪问题。网络犯罪的发展先后经历了三个基本类型:网络作为"犯罪对象"的网络犯罪、网络作为"犯罪工具"的网络犯罪、网络作为"犯罪空间"的网络犯罪。[①] 网络犯罪表现为宣传极端宗教、煽动恐怖活动、散布谣言、网络洗钱等活动危害国家安全和破坏社会稳定;网络暴力犯罪、网络欺凌、侵犯知识产权严重损害公民的合法权益。在信息化时代,网络犯罪行为方式的具体表现、危害后果等方面发生了巨大的变化,[②] 网络犯罪正在全面冲击传统法律规则体系和法律理论,立法者从新型网络犯罪发生到立法机关的反应和回应存在一个规则缺位的空白期,这时法治对网络犯罪无能为力,难以迅速高效应对网络犯罪、对网络犯罪产生实质性的制裁作用。

---

① 于志刚:《网络犯罪的代际演变与刑事立法、理论之回应》,《青海社会科学》2014年第2期,第1页。
② 同上。

（二）以法治保障网络安全

通过法治保障网络安全，首先要处理好安全和发展的关系。习近平强调，网络安全和信息化是相辅相成的，安全是发展的前提，发展是安全的保障，安全和发展要同步推进。[①] 互联网空间属于公共空间，应当将其纳入法治的轨道上来，通过法治建立一套完备的治理体系。互联网核心技术是国之重器，关键信息基础设施是网络安全的重中之重，网络犯罪也不可忽略，因此维护网络安全除了需要互联网技术从业人员进行核心技术创新和发展，法治在其中也应当扮演重要角色，具体而言是要在国家层面上为网络安全提供基本制度供给，在法治的轨道中健康运行。

对于核心技术安全可控的理解，安全既有传统意义上的安全，比如对现实生活中的主体生命、财产的保障；又有网络环境意义上的安全，比如技术的研发、使用、标准、利用技术生产出来的产品等。同时，在网络环境下，安全又意味着能够抵御网络攻击，保证核心技术信息安全不泄露。可控主要体现在网络核心技术在知识产权上完全自主，掌握核心技术的命门。因此，核心技术安全可控是从技术的研发到应用全过程应该是安全无害的，在人为可控的范围内。此外，从核心技术所涉及的主体来看，对网络核心技术政府主体（国家）、非政府主体（企业）、用户个体而言是安全可信的。因此，就立法而言，主要是要对核心技术的安全性和可控性进行规制，比如关于技术标准的设定、制定核心技术安全性评估的标准等。

关键信息基础设施的重要地位决定了需要为其设立法治屏障。我国《网络安全法》专门以一节规定了关键信息基础设施的

[①] 习近平：《在网络安全和信息化工作座谈会上的讲话》，新华社，2016年4月25日。

运行安全。《网络安全法》对关键信息基础设施保护提出了具体措施和要求,包括建设、采购、评估、预警、事件响应等多个环节流程的安全要求,划定关键信息保护的主体责任义务并对公民个人数据跨境和网络安全审查做出明确规定,这在我国尚属首次。[1] 总体而言,《网络安全法》为关键信息基础设施的安全保护提供了制度支持,也为关键信息基础设施保护提供了明确的方向和清晰的范围。但是,关键信息基础设施保护涉及方方面面,内容丰富而细致,需要进行一系列制度规范体系建设,在规章制度上对关键信息基础设施进行具体规定。

面对立法与网络犯罪的规则空缺,除了在现有法体系内严格执法落实法律对已有网络犯罪的规定,严厉打击网络犯罪外,法学理论尤其是刑法理论应该更加积极进取,不断挖掘网络犯罪现象背后关于行为方式、危害后果的一般性、类型化部分,从立法上涵括网络犯罪的入罪行为。网络犯罪与网络信息对传统法律规则和法律框架的挑战是全方位的,法学理论工作者不能因为知识背景、学科分工的不同而忽视网络信息对法律理论的挑战。

四 网络空间国际治理

(一)主权是网络空间安全的战略支撑点

自网络诞生之日起,关于国家和网络的地位有两种截然对立的主张:一种认为互联网是不受主权管治的独立空间,另一种认为互联网治理仍从属于主权。[2] 网络空间可规制性成为主权介入网络空间的前提,但网络侵权、网络病毒、黑客攻击等各种不法

---

[1] 尹丽波:《网络安全法将促进国家关键信息基础设施保护新局面》,《中国信息安全》2015年第8期,第110—112页。

[2] 刘晗:《域名系统、网络主权与互联网治理——历史反思及其当代启示》,《中外法学》2016年第2期,第518页。

行为以及对社会、政治、经济的安全威胁不断涌现,网民之间的简单合意或自由联合再也不能应对纷繁芜杂的冲突纷争,网络空间的自我规制无法持续,这种真实的网络空间是国家主权介入的背景。[①] 因此在网络空间中必然会有主权国家在场,以网络空间主权为进行网络空间国际治理的基本模式。

当代全球互联网治理体系存在的弊端是强调和维护网络空间主权和基于主权进行网络空间治理的重大理由。网络为人类生活方式带来全面而具有颠覆性的变革,人类生活对网络工具的依赖逐渐加深,伴随着两者重合范围不断扩大,我们的生活越来越无法离开网络。但是,与网络相关的几乎全部关键领域的软硬件信息产品的核心技术都垄断在西方国家手中。现实世界的政治霸权在网络空间中体现为网络霸权。以美国为代表的网络中心国家通过技术上的互联网管理权、网络规则的制定权和话语权以及军事上的制网权,获取了左右网络空间的强大力量。[②] 这种客观存在的信息技术力量的不对称,使得落后国家难以平等地参与国际竞争,更遑论在网络信息时代有效地维护国家安全了。近年来北非、中东国家多次发生由发达国家操纵、通过社交媒体策划发动颜色革命就是明证。

中国坚决主张网络主权,2016年末中国公布的《国家网络空间安全战略》就将主权列为网络空间国际交流与合作的基本原则。[③] 网络主权是一个国家自主进行互联网内部治理与独立开展互联网国际合作的资格和能力。网络空间主权成为信息技术不发

[①] 张新宝、许可:《网络空间主权的治理模式及其制度构建》,《中国社会科学》2016年第8期,第142—143页。

[②] 刘建伟、余冬平:《试论网络空间的世界政治化》,《国际关系研究》2013年第6期,第119—131页。

[③] 外交部、国家互联网信息办公室:《网络空间国际合作战略》,2018年7月28日(http://www.cac.gov.cn/2017-03/01/c_1120552617.htm)。

达的国家保护盾,是要求任何国家不搞网络霸权、不利用网络干涉别国内政的正当性依据。各国有依据宪法和法律管理本国主权范围内的网络活动和维护网络空间安全的合法性。所以说,主权是网络空间安全的战略支撑点。[①]

(二) 网络空间国际治理法治化的目标

网络主权为现有网络空间国际治理提供了匡谬正俗的工具,网络空间中各国主权独立和主权平等为网络空间国际治理的法治化提供了基础。网络空间主权的独立性意味着各国政府和人民在国家主权范围内有权对本国的网络事务进行独立治理;平等性意味着各国是在平等条件下共同治理网络空间,为国际通行的国际治理规则共同提供智慧。网络空间主权的独立性和平等性促进国际治理法治化的实现,具体而言,网络空间国际治理法治化有如下三个方面。

首先,网络空间国际治理法治化要求维护主权与国家安全,网络成为经济社会繁荣、生活便利的工具的同时也成为一些国家干涉别国内政、危害他国国家安全的工具。网络空间国际治理法治化首先要求各国主权独立,维护主权与国家安全是一国维持基本秩序的基础,国内社会失去基本秩序则难以进行其他活动,发展网络信息技术、利用网络信息技术造福人民就更无可能。所以网络空间治理法治化的首要要求是本国主动维护主权与国家安全,其他国也需要尊重他国的主权,不干涉内政。

其次,网络空间国家治理法治化要求构建国际规则体系,网络空间作为新兴疆域,其运行空间不受地域限制,所以需要一套各国普遍接受的网络空间国际规则和国家行为规范,将互联网空

---

① 支振锋:《主权是网络空间安全的战略支撑点》,《中国信息安全》2017年第1期,第46—47页。

间国际治理纳入到这一规则体系中，一方面促进各国在国际互联网治理的问题上加强合作，另一方面促进网络空间国际治理的法治化。第一，网络空间产生的具体问题，比如跨国洗钱活动、跨国网络犯罪等往往是跨地域的，需要各国通力合作，如果各国政府各行其是，则难以实现惩罚网络犯罪、保护公民权益的效果。第二，制定网络空间的国际规则和国际行为规范在各国平等的前提下进行，国际民主立法有助于网络信息技术落后的国家获得与发达国家同等的发言权，避免发达国家将意志强加到欠发达国家头上，从而保护欠发达国家发展网络技术的空间。

最后，网络空间国家治理法治化要促进互联网公平治理。当前网络空间治理秩序呈现出网络信息技术发展不平衡、网络空间治理规则不健全、网络空间国际治理秩序不合理等问题。因此，互联网国际社会治理需要各国平等参与和共同决策，构建多边、民主、透明的全球互联网治理体系。同时，基于主权的平等性，各国应享有平等参与互联网治理的权利，公平分配互联网基础资源，共同管理互联网根域名服务器等关键信息基础设施，推动网络空间的公平治理。

五　结语

我国是网络大国，但不是网络强国。在网络强国的建设过程中存在网络内容治理规则匮乏、网络安全保障薄弱、网络空间国际治理不公平等问题，网络空间作为公共空间，主权国家及国家法必然会介入网络空间的治理，因此，法治作为一种现代社会的理想治理模式便是必然选择。通过法治保障网络强国建设，维护国家主权和网络空间安全、实现网络空间治理平等有序是中国建设网络强国的主张也是目标。

新时代法治发展的新面向

  网络强国战略是中国特色社会主义治网之道的科学总结和理论升华，为网络安全和信息化工作提供了基本遵循，为全球互联网治理提出了中国方案、分享了中国经验、贡献了中国智慧，体现了大国领袖的责任和担当。在网络强国建设的过程中，机遇回报与问题困境并存，法治保障是建设网络强国的重要一环。网络安全和信息化的法律制度架构基本确立，网络空间日渐清朗，国家网络安全法治屏障进一步巩固，中国为全球互联网发展治理的"四项原则""五点主张"赢得国际社会广泛认同，我国网络空间国际话语权和影响力明显提升，强化统筹、协调联动的网信工作格局基本形成，我国正阔步从网络大国向网络强国迈进。

（作者分别为中国社会科学院法学研究所研究员，
中国社会科学院研究生院硕士研究生）

生态文明建设篇

生态文明新时代的法治保障

刘洪岩 林潇潇

> 建设生态文明是中华民族永续发展的千年大计。必须树立和践行绿水青山就是金山银山的理念，坚持节约资源和保护环境的基本国策，像对待生命一样对待生态环境，统筹山水林田湖草系统治理，实行最严格的生态环境保护制度，形成绿色发展方式和生活方式，坚定走生产发展、生活富裕、生态良好的文明发展道路，建设美丽中国，为人民创造良好生产生活环境，为全球生态安全作出贡献。
>
> ——十九大报告

"生态文明"是人类在反思工业文明不可持续的经济发展模式基础上，提出的新型发展样态，旨在实现人类社会与自然生态的共同发展和共同繁荣。十八大以来，中国共产党把生态文明建设作为国家未来建构和经济社会发展建设的重大战略决策不断推进。到了十九大，生态文明的制度和法治建设得到进一步深化，不仅有政策层面的支持，同时中国政府正进一步完善生态立法，以制度和法制保障生态文明的落地生根。

生态文明建设是中国共产党从我国基本国情和经济社会发展现状出发做出的重大战略决策，是中国共产党为我国新时期经济社会发展确定的发展目标。生态文明建设的根本是正确认识和协调经济发展与生态保护二者的关系,同时以科学发展观作为发展策略,制定与之相适应的制度机制和提供相应的法治保障,为国家生态文明建设的健康发展和实效性发挥提供活力和动力之源。生态文明建设需要长期、扎实推进,如果希望取得预期成果,如十九大报告指出的,必须做好顶层规划,构建与之配套的制度设计,必须构建完备的法律保障体系,为生态文明建设提供完善、全面的法治保障,这不仅是党和国家,也是全社会共同努力的方向。

一 生态文明的基本意涵

"生态文明"是人类在反思工业文明不可持续的经济发展模式基础上,提出的新型发展样态,既要求促进生产力发展和分配机制优化,以满足人类社会的多样化需求,同时要求实现自然生态的繁荣稳定,以保障人类社会发展的永续推进。

人类文明迄今的发展大致经历了三个阶段:首先是原始文明阶段。在这一时期,人类缺乏改造和适应自然的能力,只能通过狩猎、采集被动地接受自然界的"赐予"[1],完全作为自然生态中的一部分进行族群的繁衍。在新的劳动工具、生产方式出现以后,人类文明进入了农耕文明阶段。通过农耕、畜牧等方式,人类有意识地改造、利用自然,借助对关生态系统运行规律的模糊认识,本能地利用自然资源、有限度地开发生态系统自然要素,形成各种形式的农产品,满足人类生存和社会发展的需要。人类社会自此不再完全依附于自然生态。工业革命的发生推动了科学技术的飞速发展,人类征服、控制、改造自然的能力获得了空前

---

[1] 参见杨通进主编《现代文明的生态转向》,重庆出版社2007年版,第2页。

的解放，人类文明自此进入了工业文明阶段。由于社会生产力的空前发展，人类社会从自然界中掠夺的资源、向自然界中排放的废物废能也达到了前所未有的规模，人类社会与自然生态自此产生了高度异化，二者呈现出相当程度的对立。在这一特定的历史阶段，未加改造的自然在一定程度上成为了"野蛮"的意向，而大规模环境问题的产生，也可以视为自然对人类的抗争与报复。人类意识到了无视生态规律和自然承载能力的发展将最终导致灾难性的后果，开始有意识地思考如何改变发展模式，弥合人类社会和自然生态之间已经形成的巨大"裂痕"。

生态文明的要义即在于协调生态保护与经济发展两者的关系。习近平总书记提出的"两山论"，是对生态文明两项主要矛盾的精练总结，同时对二者关系进行了形象生动富有层次且鞭辟入里的说明。"既要绿水青山，也要金山银山"是第一层次的内容，要求生态与经济协调发展，实现二者的共同繁荣；"宁要绿水青山，不要金山银山"是第二层次的内容，当生态和经济之间出现了局部性、暂时性且不可调和的矛盾时，必须坚持生态优先原则，宁愿牺牲经济发展，也要保障自然生态的质量；"绿水青山就是金山银山"是第三层次的内容，这一理念揭示了经济发展与生态保护两者间本质层面的统一关系——其一，经济发展依存于生态保护，只有将自然生态质量维持在较高水平，保证生态系统恢复能力和自然环境承载能力，才能保证经济发展的规模或速度；其二，生态保护可以满足人们的养生、审美需求，本身也是一种创造价值的活动，对人类社会具有不可替代的意义；其三，生态保护产业化可以将生态保护作为新的经济增长点，在这一意义上，保护生态即是发展经济。可以说，"两山论"不但对"生态文明"的意涵进行了揭示，同时也为生态文明发展建设提供了一张清晰的路线图。

"生态兴则文明兴"[①] 是党中央对生态之意义的英明判断，"保护生态环境应该而且必须成为发展的题中应有之义"[②]。党的十八大提出"建设美丽中国"的要求以后，以习近平总书记为核心的党中央高度重视"绿色"发展在全面建设小康社会中的重要作用。2015年5月，习总书记指出，"协调发展、绿色发展既是理念又是举措，务必政策到位、落实到位"[③]。生态保护和文明发展，在其本质要求上是协调统一的。但并不能因此认为"生态的，就是文明的"。生态文明是尊重生态又高于生态的文明形式，换句话说，生态文明并非单纯地要求维持生态原始面貌，而是包含着更丰富的内容。

从语源角度来看，"生态"或"生态系统"表述的是价值中立的存在形式，这些概念只与"生命"具有逻辑上的必然联系，而不与"人类""人类社会"概念必然关联。从生命的演化历史来看，自生命出现开始至人类进化产生之间的数十亿年间，生态系统就是客观的存在。因此，生态先于人类文明产生，可以独立于人类文明而发展。此外，"生态"的本意表征的是不以人类意志为转移的自然状态，一些诸如害兽异虫、疾病灾害也是生态系统中的特定存在形态，而这些存在本身将对人类文明构成不良影响。因此，"生态文明"所要达成的，是远超生态原始状态的、追求文明与生态完美协调的人类文明形式。生态文明要求人类"遵循经济、社会发展规律，又尊重自然规律，既不断利用客观物质世界以满足自己日益增长的物质、文化需要，又努力采取措

[①] 习近平：《生态兴则文明兴——推进生态建设打造绿色浙江》，《求是》2003年第13期。

[②] 习近平：《保护生态环境应该而且必须成为发展的题中应有之义》，载《习近平谈治国理政》（第二卷），外文出版社2014年版，第392页。

[③] 参见2018年6月25日（http：//www.360doc.com/content/15/1117/14/29276925_513816869.shtml）。

施克服或避免自身活动对自然界造成的不良影响,保护生态环境,保障可更新自然资源之再生条件"①,是人类为达成前述目的所取得的各种成果的总和。

二 生态文明新时代的经济发展模式

如前所述,生态文明所讨论与解决的最本质问题,是生态保护与经济社会发展的关系问题。通过探索经济社会发展与生态保护协调发展的可行性路径,再通过法治手段将政策成果固定下来,是保障生态文明建设事业持续稳步推进的必要举措。从我国生态政策发展的历史来看,基本遵循如何实现经济社会发展与生态保护相协调的思路,制度建构方向上体现了从"可持续发展"到"绿色经济"的发展趋势。而这一发展趋势,也与习近平总书记提出的"两山论"的意义层级体系互为印证。

所谓"可持续发展",其经典权威定义源于1987年《我们共同的未来》,其要求发展既能满足当代人的需要,又不对后代人满足其需要的能力构成危害。代际公平是"可持续发展"所要实现的主要目的。而其路径,主要是通过"限制"一途达成。②也就是说,其要旨在于通过有目的地限制经济发展,将为经济活动需要获取的资源量控制在生态系统能够自我恢复的程度之内,同时把由于经济活动所产生、排放的污染物质或能量限制在自然环境所能自我消解的程度之内,以使自然环境和生态系统处于良性的动态平衡状态,保证生态和环境质量的非减乃至提升,保证生态可持续、经济可持续、社会可持续。而这一目的,即是生态保

---

① 王树义:《论生态文明建设与环境司法改革》,《中国法学》2014年第3期,第55页。

② 参见周珂、徐岭《我国绿色经济面临的挑战与发展契机》,《人民论坛·学术前沿》2011年第3期,第110页。

护。这一阶段的发展思路与习总书记"两山论"中的第二层逻辑意涵相合。在这一思路下,经济的"发展"和生态的"限制"往往被理解为相互矛盾和制约的关系。①

"可持续发展"的"限制"性思路,具有其积极意义,尤其在经济活动无度侵害环境与生态、对人类社会与生态环境的割裂已无法轻易弥合的时期,一定程度乃至相当力度的限制是必需的。但是,将经济发展与生态保护相对立,在一定程度上形成了该项策略在推广实施过程中的阻力。关于碳减排的国际合作遭遇到的重重困难,正是这一现象的一种表现。② 为改善这种情况,2008年联合国环境署发起了在全球开展"绿色经济"和"绿色新政"的倡议。其基本意涵在于通过绿色经济和绿色新政复苏世界经济、增进就业。其所强调的是,经济的"绿色化"不是增长的负担,而是经济增长的新动力。③ 绿色经济的基本内容为:在强调可持续性,充分考虑生态环境容量和自然资源的承载能力的基础上,促进经济活动的全面"绿色化"、生态化,加强绿色投资,使绿色产业成为新的经济增长点。这一内容,恰恰是习总书记"两山论"中的第三层意涵所要求的。可以将"绿色经济"理解为"可持续发展"的改良与完善,它要求在实现"可持续发展"要求的基础上,达成经济发展与生态保护的内在统一。

三 基于生态保护的法制约束

生态文明建设离不开法治保障。党中央将生态文明建设的重

---

① 参见周珂、徐岭《我国绿色经济面临的挑战与发展契机》,《人民论坛·学术前沿》2011年第3期,第110页。

② 同上书,第111页。

③ 参见俞海、周国梅《绿色经济:环境优化经济增长的新道路》,《环境经济》2010年第Z1期,第58—61页。

要性提高到"讲政治"的高度，特别重视依靠法治手段为生态文明建设保驾护航。① 习总书记指出，"经济上去了，老百姓的幸福感大打折扣，甚至强烈的不满情绪上来了，那是什么形势？所以，我们不能把加强生态文明建设、加强生态环境保护、提倡绿色低碳生活方式等仅仅是作为经济问题。这里面有很大的政治"②。并要求"只有实现最严格的制度、最严密的法治，才能为生态文明建设提供可靠保障"③。党的十八届三中全会审议通过的《中共中央关于全面深化改革若干重大问题的决定》对生态立法、执法问题高度重视，强调"建立和完善严格监管所有污染物排放的环境保护管理制度，独立进行环境监管和行政执法"。无论是"可持续发展"或是"绿色经济"，通过法制措施对不良环境影响进行预测、预防和治理，都是其中必不可少的内容。现阶段我国已形成了以1979年制定后数次修改的《环境保护法》这部综合性环保立法为中心，各方面环保立法所形成的相对完整的生态保护法律体系。

该体系现阶段表现出下述特点：首先，污染防治立法的规制范围日益扩展。当前，我国对大气、水、海洋、噪声、放射性、固体废物的相关污染制定了法律法规，对化学品安全、农药使用、电磁辐射等的控制管理制定了行政法规、部门规章和相关环境标准，同时积极推进土壤污染防治立法。其次，资源保护立法全面发展。目前我国已对森林、草原、渔业、矿产、土地、海域、水等自然资源进行了立法。这些立法在20世纪90年代末经

---

① 参见莫纪宏《论习近平生态法治思想的特征》，载《第五届全国新时期法治宣传教育暨"谁执法谁普法"专题研讨会论文集》，2017年8月，第151页。
② 参见《〈习近平复兴中国〉：生态问题是很大的政治》，2018年6月25日（http://www.guancha.cn/politics/2016_10_27_378527.shtml）。
③ 习近平：《努力走向社会主义生态文明新时代》，载《习近平谈治国理政》，外文出版社2014年版，第212页。

历了集中修订，基本实现了资源保护与开发利用并重。再次，生态保护立法日趋健全。狭义的生态保护法主要针对生物多样性及自然地域保护。现阶段我国已对野生生物以及自然保护区、风景名胜区、国家森林公园、河流湖泊、自然文化遗迹、景观等自然区域基本实现规范保护。复次，通过制定《环境影响评价法》《建设项目环境保护管理条例》《可再生能源法》等立法，确立一系列具有综合性的特别制度，实现对生态保护特别方面的保障。最后，实现其他法律的"绿化"。在民事、刑事立法中规定生态保护的内容，如《刑法》中关于"破坏环境资源保护罪"的规定，《侵权责任法》中关于"环境污染侵权责任"的规定等。[①]

上述立法形成的法律体系奠定了生态保护的基本法治保障框架，确定了我国生态文明法制体系的基本样态。有赖于其所提供的保护，"在我国30多年的高速经济发展、GDP增长70多倍的情况下，生态环境没有毁灭性的崩溃、以人均期望寿命为主要标志的国民健康指标仍不断提高"[②]。为了顺应全面开展生态文明建设提出的高要求，生态保护法制体系可以在下述几个方面进行进一步的完善：

首先，加强《环境保护法》对生态保护法律体系总体的统合作用。《环境保护法》虽历经多次修改完善，但现阶段仍偏重污染防治，就资源保护进行的规定多为宣示性的，相对缺乏具体的制度和措施，难以成其为生态保护整体领域的"基本法"。有必要平衡《环境保护法》中关于污染防治和资源保护的内容，实现该法对生态保护法律体系总体的统领作用。

---

① 参见王灿发《论生态文明建设法律保障体系的构建》，《中国法学》2014年第3期，第39—40页。

② 同上书，第40页。

其次，统合针对相关环境要素和资源的污染防治及资源保护立法。传统上，我国针对环境要素污染防治与资源保护进行了分别立法，举例而言，对于水体的污染防治和对水资源的保护这两项密切相关的事务不仅归不同的法律规范调整，而且其职权分属不同部门。也就是说，在物理表现形式上呈现一体统一的环境要素，在法律关系上被人为地"割裂"了。这种情况一方面会影响各项措施的实施效果，另一方面可能产生不同部门推卸责任的风险。有必要对此类情况加以改善，对相关立法和管理部门职权进行一定程度的协调与统一。

最后，以综合生态系统管理战略，将生态系统作为一个整体进行考虑与管理。现阶段的立法，不仅存在"环境"（要素）与"资源"的"割裂"，同时存在"要素"与"要素"之间的"割裂"。而生态系统的各个组分通过物质、能量和信息的交换紧密联系在一起，单纯针对不同要素进行规制不但难以达到预期效果，同时可能使对某个要素的治理产生对其相关要素的不良影响。因此，有必要综合对待生态系统的各个组成部分，综合考虑社会、经济、自然的需要和价值，解决资源利用、生态保护和生态系统退化的问题。[①]

四　可持续发展——生态保护限制下的发展及其法治保障

如前所述，"可持续发展"从某种意义上理解，表现为一种"取之有度、用之有节"的发展模式。其在我国的体现机制，又可以概括为完善对地方政府的监督以及确立相应的经济发展方式

[①] 参见蔡守秋《环境法调整对象研究》，载周珂主编《环境法学研究》，中国人民大学出版社2008年版，第36页。

等方面。

由于我国幅员辽阔，地方差异巨大，各地经济发展的水平各不相同。同时，特定历史时期形成的官员考核机制促使地方政府偏重追求经济发展，造成了许多地方不可持续的发展进路。长期以来形成的惯性，为党和国家在中央层面已明确的"经济发展应当与生态保护相协调"的发展思路的贯彻落实形成了一定程度的阻碍。"可持续发展"的推行离不开地方政府的积极推动，只有让地方在精神和行动上与中央相统一，其目标方能实现。现阶段我国采取的对地方政府的相应监督措施主要包括：其一，落实地方环境保护职责。2013年，中组部印发《关于改进地方党政领导班子和领导干部政绩考核工作的通知》，要求加大资源消耗、环境保护等指标的权重。《环境保护法》2014年的修订新增关于地方政府环保职责的规定，要求"地方各级人民政府应当对本行政区域的环境质量负责"[①]。在立法确定地方政府相应职责的同时，以党内规范的形式明确对地方党政部门的"党政同责、一岗双责"要求，在很大程度上引起地方对于环保事业的足够重视。2015年出台的《党政领导干部生态环境损害责任追究办法（试行）》强调显性责任及时惩戒，隐性责任终身追究。其二，开展中央环保督察。为了克服地方对于环境执法监督的干扰，原国家环保总局在2002年开始尝试设立跨区域的环境督查机构，接受中央环保主观部门委托对环境政策法规在地方的落实情况进行监督。2014年环保部印发《综合督查工作暂行办法》，在原先重在"督企"的基础上，加强对政府所负环境质量主体责任的监督，同时通过环保约谈制度的扩大适用，对环保工作不力、环境质量恶化的地方政府进行公开约谈。2015年，中央深改组第十四次会

[①] 参见周珂《新〈环保法〉治理模式创新》，《人民法治》2015年第5期，第9页。

议审议通过了《环境保护督察方案（试行）》，将"环保督查"发展为"环保督察"，与"党政同责、一岗双责"的要求相适配，以党中央、国务院的名义将地方党委与政府的环保职责作为重点的监督对象，实现了"督政"转型后的又一次制度性变革，使该制度成为了新时期我国生态保护管理转型和制度建设的一个重要核心内容。[①] 其三，实行环保机构监测监察执法垂直管理。落实对地方环保的日常监管，有必要在一定程度上确立驻地方环保机构的超然地位，使其跳出地方利益的掣肘，以相对客观的姿态对待辖区内的各类环境违法行为。为此，中共中央办公厅、国务院办公厅印发《关于省以下环保机构监测监察执法垂直管理制度改革试点工作的指导意见》。该文件的主要内容包括将市县环境监察职能以及生态环境质量监测、调查评价和考核职能统一收归省级环保部门行使，县级环保局由市级环保局直接管理，市级环保局实行以省级环保部门为主、省级环保部门与市级政府双重管理的管理体制。这一体制机制安排，使地方环保机构从编制、财物保障上一定程度上超然于本级政府，能够在一定程度上跳出"地方保护主义"的局限，对环境违法行为、地方环保责任进行更为客观的评价与监督。

同时，我国还通过法治手段保障与可持续发展理念相适应的经济发展模式的推行。这些经济模式包括循环经济、清洁生产和低碳经济等。所谓循环经济，指的是通过践行"减量化、再利用、再回收"的"3R"原则，实现"资源能源开发—产品生产—废物再生资源"的资源闭合流动，[②] 减少生产消费过程中物质和能量的消耗，减轻支持人类社会发展给生态环境造成

[①] 参见陈海嵩《环保督察制度法治化：定位、困境及其出路》，《法学评论》2017年第3期，第176—177页。

[②] 参见杨志、张洪国《气候变化与低碳经济、绿色经济、循环经济之辨析》，《广东社会科学》2009年第6期，第41页。

的压力，实现二者的和谐。其中，"减量化"指的是在保障产品、服务效用的情况下尽可能减少资源能源的投入；"再利用"指的是延长产品的使用寿命，或通过修理维护的方式尽可能增加其报废前的使用次数；"再回收"指的是将报废的产品通过回收处理产生能够再次供生产所利用的新的资源。2009年，《循环经济促进法》在我国施行，标志着我国以法治手段为该经济模式的推行予以保障。2002年，我国制定了《清洁生产促进法》，用法律手段推行清洁生产模式。所谓清洁生产，指的是在生产中提高资源利用效率，减少生产、服务和产品使用过程中污染物的产生和排放，减轻或消除对人类健康和环境的危害的生产方式。此外，我国也在低碳经济的实践方面进行了一定程度的努力。低碳经济是为应对气候变化提出的经济发展模式，其要旨是减少生产、消费过程中产生的温室气体排放，或通过碳捕获、碳封存的方式，减少大气中温室气体的总量、浓度。现阶段，我国已有7家主要的碳排放交易所，碳排放交易机制在我国得到一定程度的发展。

五 绿色经济——生态保护推动下的发展及其法治保障

如前所述，绿色经济要求将生态保护作为新的经济增长点，通过保护生态环境实现经济增长。在该方面的实践主要表现为下述几个方面。

生态修复治理产业化。在联合国环境署提出的绿色发展优先领域中，"生态系统或环境基础设施"建设是重要内容。该项内容又可进一步细分为自然生态营造和生态环境损害治理，前者是生态价值的额外创造，其使地域环境质量在原有基础上获得提升；后者所针对的对象是受到污染或破坏的环境或生态，通过治理将其恢复到未受损害所应达成的状态，这种状态也被称为"基线状态"（baseline）。在一定意义上，后者的普遍开展是前者的基础。《2016中国环境状况公报》显示，2016年全国338个地级及以上城市中，仍有254个城市环境空气质量超标；全国1940个地表水考评点位中，Ⅲ类、Ⅳ类、Ⅴ类和劣Ⅴ类分别占到27.9%、16.8%、6.9%和8.6%；地下水水质监测点的监测结果显示，水质为较差级、极差级的监测点分别占45.4%和14.7%；[1]在2591个县域中，生态环境质量为"较差"和"差"的县域共占32.9%。[2]总体看来，我国的生态环境状况虽相对往年有所改善，但情况仍然严峻。在这种情况下，强调生态环境治理修复，有其必然意义。生态环境治理修复的发展对于绿色经济的意义需要从两方面加以体现：其一是推行第三方治理，实现生态环境治理修复的产业化；其二是落实生态环境损害治理法律责任，从而为第三方治理市场的培育奠定坚实的基础。现阶段，我国初步确立了关于生态环境损害治理的法律责任。在总结试点经验的基础上，中共中央办公厅、国务院办公厅在2017年底印发《生态环境损害赔偿制度改革方案》（下文简称《方案》），标志着生态环境损害赔偿制度建设工作在全国范围内的全面开展。《方案》内容主要包括：（1）要求造成生态环境损害的主体承担损害赔偿责任；（2）地方政府作为赔偿权利人，索赔工作交由地方政府下属的国土资源、环境保护、住房城乡建设、水利、农业、林业等相关行政机关具体开展；（3）确立了权利人与责任人就生态环境损害赔偿事项先行磋商达成赔偿协议、协商不成提起

---

[1] 参见中国环境保护部《2016中国环境状况公报》，2017年6月5日，第5页。
[2] 中国环境保护部：《2016中国环境状况公报》，2017年6月5日，第37页。

"生态环境损害赔偿民事诉讼"的双层次架构。[1] 此外，现行《民事诉讼法》第 55 条、现行《环境保护法》第 58 条所奠基的环境（民事）公益诉讼制度，也是现阶段我国生态环境损害治理制度的一种表现。前述两个法律条文是社会主体寻求生态环境损害司法救济所依据的法律渊源，其赋予法定的机关和社会组织就污染环境损害"社会公共利益"之情况提起诉讼的权利，亦确定了司法机关就治理责任主体的治理责任进行判断并强制的职权。在现阶段的司法实践中，司法机关往往类推适用《侵权责任法》的相关规定，对环境（民事）公益诉讼进行审理。

实现 GDP 绿化。传统的 GDP 概念单纯强调人类社会生产的最终产品和服务的价值量，其中并不反映消耗的资源和付出的环境代价，[2] 在很大程度上造成了经济发展和生态保护的对立。实现 GDP 的"绿化"，就是要在其评价过程中充分考虑生态环境要素，充分反映受评价地区的生态环境价值，全面反映经济活动所付出的资源消耗或环境污染等环境代价，形成"绿色 GDP"。"绿色 GDP"应当成为"绿色经济"中的一项核心指标，通过其实现生态环境价值与传统经济价值两项价值体系的并立和比较，使经济活动所造成的环境成本真正成为客观可见的"不经济"，使生态环境质量的提升真正表现为客观可见的"经济"。如何实现 GDP 的绿化，是一个较为复杂的技术问题。是否应将生态环境价值完全转化、表达为传统经济价值或货币价值，也引起了各方面的讨论。笔者认为，对于特定的条件成熟、具备可靠的评价方法的情况，可以采用货币单位对生态环境价值进行评价。如果该

---

[1] 参见新华社《中共中央办公厅　国务院办公厅印发〈生态环境损害赔偿制度改革方案〉》，2018 年 4 月 19 日（http://www.gov.cn/zhengce/2017-12/17/content_5247952.htm）。

[2] 参见廖明球《国民经济核算中绿色 GDP 测算探讨》，《统计研究》2000 年第 6 期，第 17 页。

条件并不具备,则可以考虑对传统经济价值和生态环境价值进行分别评估,通过"生态系统服务"或自然资源种类、数量等项目将生态环境价值进行实物指标评价,再通过特定的系数处理,将前述二者综合起来。2006年,原国家环保总局和国家统计局联合发布了《中国绿色国民经济核算研究报告(2004)》,这是我国第一份经环境污染调整的GDP核算研究报告。不无遗憾的是,在当年该报告公布后,不少省份要求退出核算试点,绿色GDP的推广暂时搁置。在建设生态文明的时代背景之下,实现"绿色GDP"评估考核的常态化、科学化不仅具有其重大意义,而且为社会主义现代化事业所必需。2016年12月,我国先后确定并印发了《绿色发展指标体系》与《生态文明建设考核目标体系》,并在随后公布了《生态文明建设目标评价考核办法》,我国的评价体系"绿化"事业取得了阶段性的进展。值得一提的是,《绿色发展指标体系》与《生态文明建设考核目标体系》所体现的评估体系中,生态环境价值体系最终独立形成了一项"分值",与传统经济价值体系呈现相对独立的状态,两者间的互动不尽充分。随着今后评价技术的发展和考评办法的进一步完善,有望在该方面取得突破。

积极开展生态保护补偿。我国生态保护补偿制度的发展经历了一段相对曲折的过程。1997年,当时的国家环保总局发布了《关于加强生态保护工作的意见》,首次在规范性文件中提到"生态补偿",指出"涉及湿地开发的项目必须落实对被破坏湿地的生态补偿措施","按照'谁开发谁保护,谁破坏谁恢复,谁受益谁补偿'的方针,积极探索生态环境补偿机制"。由文件中的表述可见,此时的"生态补偿",针对的是"被破坏"的包括湿地在内的特定生态要素。这一基调在此后颁布的多项政策中均被沿用。2005年5月,国务院颁布的《国务院实施〈中华人民共和国民族区域自治法〉若干规定》中，第 8 条第 3 款规定"国家加快建立生态补偿机制，根据开发者付费、受益者补偿、破坏者赔偿的原则，通过财政转移支付、项目支持等措施，对在野生动植物保护和自然保护区建设等生态环境保护方面作出贡献的民族自治地方，给予合理补偿"。该法规扩展了"生态补偿"的内涵，补偿客体不再局限于"被破坏"的环境要素，而扩展到需要受到"保护"的野生动植物及自然保护区。但需要注意的是，"破坏者赔偿"仍被视为"生态补偿"的原则之一。至此，可以认为立法者确立了"生态补偿"的两个观念面向，即破坏恢复面向以及保护补偿面向。

随着社会对生态补偿关系认识的深入，规范制定者逐步认识到生态补偿与环境损害恢复之间的区别，并在相关规范文件当中体现了对二者的界分。2005 年 10 月中共十六届五中全会通过了《关于制定国民经济和社会发展第十一个五年规划的建议》，将"谁开发谁保护，谁受益谁补偿"确立为生态补偿的原则，"破坏恢复""破坏赔偿"的要求，不作为生态补偿的内容。然而在之后的一段时期内，国家机关对"生态补偿"内容的理解不尽稳定。如 2007 年原国家环保总局颁布的《关于开展生态补偿试点的指导意见》中，再次将"谁破坏谁恢复""谁污染谁付费"作为生态补偿的原则。然而，这一广义概念的局限性日渐明显，其表述的宽泛导致内涵的泛化也逐步被认识，在这种情况下，一些法律和规范性文件所采用的概念——"生态保护补偿"进入了人们的视野。2014 年 4 月，全国人大常委会在修订《环境保护法》的过程中，在第 31 条明确采用了"生态保护补偿"的表述。自此，"生态保护补偿"的表述方式及其内涵得到了环保综合性权威规范的确认，这一定义获得了后续规范性文件的肯定和遵照。生态保护补偿能够使保护生态的主体基于其所创造的额外的生态环境质量提升获得相应的经济补偿,使生态保护成果转化为经济惠益。现阶段我国的生态保护补偿制度表现出偏重专项补偿、一般性补偿相对不足的特点,这一相对失衡的情况有待通过贯彻生态文明建设精神予以调整。

六 结语

生态文明建设是关系中华民族永续发展的千年大计,是一项复杂的系统工程。其长期稳步推进,离不开完备法治的保障。现阶段我国已在这一方面取得了举世瞩目的成果,实现了对生态文明建设的多制度的、覆盖较为全面的保障。理论的进一步发展和实践中反映出的问题,也为我国在生态文明建设法治保障方面的进一步完善指明了方向。今后,通过总结实践成功经验,积极借鉴并改良域外有效措施,我国必将取得实现生态文明的伟大胜利。

(作者分别为中国社会科学院法学研究所研究员,助理研究员。)

新时代环境治理体系的构建与完善

刘洪岩　张忠利

> 构建政府为主导、企业为主体、社会组织和公众共同参与的环境治理体系。积极参与全球环境治理，落实减排承诺。
>
> ——十九大报告

党的十九大报告明确指出，"全面深化改革总目标是完善和发展中国特色社会主义制度、推进国家治理体系和治理能力现代化"，要"构建政府为主导、企业为主体、社会组织和公众共同参与的环境治理体系"。虽然我国当前"生态环境治理明显加强，环境状况得到改善"，但是，构建多元共治的环境治理体系仍然是在我国当前社会矛盾发生转变前提下的重要努力方向，也是应对当前面临的环境保护形势的重要举措。

一　多元共治的环境治理体系的价值和意义

"环境治理"即政府机构、社会组织和公众通过正式或非正式机制管理和保护自然资源、控制污染及解决环境纠纷的过程。[1]

---

[1] 参见 Li, Wanxin, "Environmental Governance: Issues and Challenges", *Environmental Law Reporter*, No. 36, 2006, pp. 10505 – 10525.

构建政府为主导、企业为主体、社会组织和公众共同参与的环境治理体系，既源自于当前我国面临的环境问题的复杂性，又源自传统环境治理模式的弊端。[①] 20 世纪五六十年代开始出现环境问题主要是环境中的单个自然要素出现的问题，所以最初仅是以政府为主导的单一化管理型环境治理模式。而当今随着多种新型环境问题与环境风险频频爆发，区域性、流域性乃至全球性环境问题日益增多，单靠传统的单一部门或单个地区的行政管理已经无法解决。取而代之的是需要不同区域的政府机构及不同部门之间的合作，且随着公民权利意识的逐渐兴起和网络信息技术的发达，公众参与的意识不断加强，成为环境治理中不可或缺的力量。因此以政府为主导、企业为主体、社会组织和公众共同参与的环境治理体系日益成为当代应对环境问题和风险的主流治理模式，也常被称为多元共治的环境治理模式。这种多方主体共同参与的环境治理体系充分发挥了政府、企业、公众以及各类社会组织等环境治理主体的优势，综合运用了行政以及其他社会主体的多种力量，以有效开展环境保护活动。

二 强化政府在环境治理中的主导作用和监管职能

环境与自然资源的公共物品属性决定了政府在环境治理中应发挥其主导作用。对生态环境监管体制的法治化改革须秉持"机构职责权限明晰、行政程序依规合法、监管执法追责有序"的基本原则。要在现代环境治理法治体系框架下，将一系列制度措施用科学立法加以夯实，用正当执法加以推进，用公平司法加以保

---

① 参见谭斌、王丛霞《多元共治的环境治理体系探析》，《宁夏社会科学》2017 年第 6 期（总第 206 期）。

障，最终实现生态环境治理体系的不断完善、环境执法效能的持续提高、环境行政违法司法追责不断改善，为打好污染防治攻坚战，实现生态环境根本好转奠定法治基础。

2017年至2019年是我国生态环境监管体制法治化改革目标推进的攻坚阶段。具体而言，要根据党和国家法治政府建设和依法行政的社会治理目标要求，逐步构建和完善以监管机构职能法定为主体，监管规则公正透明、监管程序正当独立、社会监管多元并举的"一体三位"的生态环境监管的法律保障体系。

首先，要实现监管机构职能法定的法治化。着力解决监管机构的法律地位不明和职责范围不清的问题，通过职能法定提升生态环境监管机构的法律权威。以2015年颁布的新《环保法》为基础，逐步完善生态环境监管的组织立法，适时推出《生态环境监管组织条例》，依法合规地确立各监管主体的职责权限，明确中央和地方生态环境监管事权和监管职能。

其次，实现监管规则公开透明的法治化。通过公开透明解决生态环境监管无法可依的积弊。近年来，我国不断修订污染防治、资源保护和生态保护的各类单行立法，并以中央名义发布一系列政策建议，及时推进环境立法的立、改、废工作，以适应监管机关有法可依和依法行政的法治化要求。

最后，实现监管程序的法治化。重点解决监管机构法律地位不独立，监管执法能力差，人、财、物等诸多方面过度受制于地方政府，问责机制不健全，信息公开程度不够，环境目标责任与考核制度不健全等问题。为此，我国近年来不断完善资源管理的"党政同责"，以及"领导干部自然资源资产离任审计"等相关立法，以适应监管正当独立的法治化需要。[①]

[①] 刘洪岩：《生态环境监管体制改革的法治化路径》，《紫光阁》2018年第2期。

三 发挥企业在环境治理中的主体功能

我国大部分环境污染都是在企业生产经营过程中产生的，对企业的环保执法一直是我国环境执法的重点和难点。曾几何时，环保部门开展执法检查时经常被一些企业以各种借口拒之门外；很多企业往往"上有政策、下有对策"，安装的污染防治设施几乎成为摆设，应对环保检查成为临时性的应付工作，正因为此，我国很多地区的环境污染形势十分严峻，多年来治理效果一直不佳。如何改变企业的观念，变以往被动执法为主动配合环保执法、接受公众监督，无论对于节省环保执法部门的人力、物力，还是改善执法效果，以及满足公众知情权、监督权都有重大意义。该项工作如能在其他类型企业中推广开来，则影响深远，我国实现绿水青山指日可待。

早在2007年原国家环保总局颁布的《环境保护信息公开办法（试行）》中就对企业污染严重企业的信息公开义务以及其他企业自愿公开信息的范围做了明确规定。2014年新修订的《环境保护法》又进一步强调了环境监测制度、企业的环境公开义务等内容。如第17条明确规定，"国家建立、健全环境监测制度"；第53条规定，"公民、法人和其他组织依法享有获取环境信息、参与和监督环境保护的权利"；第55条规定，"重点排污单位应当如实向社会公开其主要污染物的名称、排放方式、排放浓度和总量、超标排放情况，以及防治污染设施的建设和运行情况，接受社会监督"。《环境保护信息公开办法（试行）》和2014年12月环保部颁布的《企业事业单位环境信息公开办法》对重点排污单位名录及其信息公开的内容及方式做了明确的列举，其中还规定了"重点排污单位还应当公开其环境自行监测方案"。

但徒法不足以自行，推动企业自觉守法，发挥其在环境治理中的主体性作用还有诸多工作要做。首先，企业积极守法是我国环境法治建设中的重要一环，但是政府部门尤其是环保执法部门还要依法履行其对环境保护的监管责任。从经济人的角度来考量，企业仍然是以盈利作为其生存和发展的主要目标，监督企业履行绿色责任，这为环保部门执法创造了较好的条件，但环保部门仍然要加强环境监测，履行监管职责，对企业监测设备开展定期检查，以保证监测数据真实有效。

其次，政府要发挥引导、促进作用，对于积极安装监测设备、及时公开信息，并将监测数据与各级环保部门联网的企业，要及时进行激励引导。激励可以是财政税收方面的经济激励，也可以是信用等级方面的信誉性激励，也可使之与企业申请金融信贷时提供便利条件相挂钩，从而调动企业积极守法的积极性。

最后，加强技术创新和进步，为企业积极守法提供良好的技术支撑。政府要鼓励和推动企业进行监测及联网方面的技术创新和进步，这需要相关行业一起努力，推动监测及互联网技术的进步，以为环保执法所用。

四 调动社会组织和公众参与环境治理的积极性

（一）社会组织和公众参与环境治理的法律及政策依据

我国自 21 世纪初开始意识到社会组织和公众在环境治理中的重要性。国务院 2005 年颁布了《关于落实科学发展观加强环境保护的决定》，2014 年又颁布了《关于推进环境保护公众参与的指导意见》，进一步对公众参与在环境保护中的实施进行了总体指导。在法治社会进程中，社会组织和公众参与环境治理，离不开法律和政策的支持、引导。作为国家基本大法的《宪法》在

第 2 条第 3 款中规定,"人民依照法律规定,通过各种途径和形式,管理国家事务,管理经济和文化事业,管理社会事务"。这一条为社会组织和公众参与环境治理奠定了宪法基础。我国现行与环境治理相关的法律主要集中在《环境保护法》以及以环境要素为分类标准而制定的各单项环境保护法中。如《环境保护法》(2014 年修订)、《大气污染防治法》(2015 年修订)、《清洁生产促进法》(2002 年颁布)、《草原法》(2013 年修订)、《森林法》(1998 年修订)、《野生动物保护法》(2016 年修订)、《水土保持法》(2010 年修订)、《防沙治沙法》(2002 年颁布)、《固体废物污染环境防治法》(2016 年修订)、《水法》(2016 年修订)、《水污染防治法》(2017 年修订)、《环境影响评价法》(2016 年修订)、《海洋环境保护法》(2016 年修订)等法律;以及《环境保护公众参与办法》(2015 年颁布)、《环境信访办法》(2006 年颁布)、《企业事业单位环境信息公开办法》(2014 年颁布)、《环境影响评价公众参与暂行办法》(2006 年颁布)、《环境信息公开办法(试行)》(2007 年颁布)、《环境保护公共事业单位信息公开实施办法(试行)》(2010 年颁布)等行政法规和部门规章。

由上可见,我国有关环境保护的法律和政策性文件中很多都有关于公众参与的规定。但除《环境保护法》设立专章规定信息公开和公众参与外,其他立法基本只有寥寥一两条涉及社会组织和公众参与。环境保护部 2015 年颁布的《环境保护公众参与办法》一定程度上弥补了法律规定的不足,但是其总计 20 条,主要对公众参与环境保护的具体领域、基本程序以及政府的职责进行了大致规定,在立法效力、内容的可操作性等方面都还有待提升。

(二) 我国社会组织和公众参与环境治理的主要路径

公众参与环境治理过程中,既是"立法和政策参与者",更是"实践者"。有学者将公众参与分为程序化的参与和非程序化的参与两种。[①] 前者如参加政府部门召开的咨询会、听证会、座谈会;参与政府部门组织的相关研究,在政府有关管理、决策和执行机构中担任相关的职务等。后者一般由参与主体自主选择,如公众或社会组织开展相关的宣传教育活动、公益活动、信息咨询活动和调研活动等。笔者认为社会组织和公众参与环境治理主要通过以下路径:

1. 参与环境保护立法及政策制定

传统意义上的"公众参与",大都包含公众参与立法和政策的制定、修订及司法活动等。环境保护相关立法和政策,关系到所有人的环境权益,更应该吸纳公众参与到立法和政策制定过程中。但立法及政策出台具有一定的专业性和程序的复杂性,目前公众在环境保护相关立法及政策制定方面的参与程度还比较低。实践中,我国主要还是由具备专业知识的专家和学者来参与立法及政策的制定工作,参与方式主要有专家座谈会、论证会、技术咨询等。在立法或行政决策过程中,专家依据专业知识进行独立的专业判断,出具专家建议,对于推动我国的环境保护发挥了重要作用,但是"专家"不等于"公众"。"专家",按照百度百科中的定义,指在学术、技艺等方面有专门技能或专业知识全面的人,与一般的社会公众有所区别。《环境影响评价法》(第11条、第21条)等立法中也明确将专家和公众分别规定,因此,公众参与环境保护相关的立法和政策制定是指普通公民和社会组织的

---

① 黄杰华:《我国低碳经济发展中的公众参与研究》,《江西社会科学》2014年第12期,第78—79页。

参与，而非以专家的身份参与。

当前我国一些环境保护过程中存在信息公开不及时、不全面等问题，致使公众参与立法和政策制定的范围和程度都受到很大限制，有些立法等出台后才被公众得知；即使公众参与一些立法，往往也只是公众一方的建言，极少见立法及政府部门的积极回应。之所以会出现这种状况，原因大概有以下几个方面：一是，我国立法及政府部门重视立法结果而忽视群众意见的传统思维仍然存在，且认为公众参与的过程往往耗时费力而影响立法或政策进度。二是，各级政府及立法部门的信息公开工作还有待进一步完善。目前很多环保立法征求意见往往仅限于在国家级的政府机构网站上公开，在基层政府网站或者其他渠道中鲜有披露，公开的范围和程度都受到很大限制。三是，公民参与立法、政策制定的素质和知识储备也有待提升，参与的积极性还有待提高。这都影响了公众参与环境保护立法和政策制定的效率和结果。

2. 参与具体行政决策

行政决策及具体规划的制定不同于立法及政策制定，它一般是就单一行政事项的决策或对某一事项的具体规定，属于广义上的行政执法范畴。与环境保护相关的行政决策涉及的范围比较广泛且关乎很多公众的切身利益，因此公众参与有较高的积极性，如2012年发生的四川什邡钼铜项目事件[1]、2014年的浙江余杭中泰垃圾焚烧厂事件[2]、2016年的浙江海盐垃圾焚烧项目事件[3]都

---

[1] 《7·2四川什邡宏达钼铜项目群体性事件》，2017年9月10日（https://baike.so.com/doc/7299456-7529006.html）。

[2] 《余杭中泰垃圾焚烧厂事件》，2017年9月10日（https://baike.baidu.com/item/%E4%BD%99%E6%9D%AD%E4%B8%AD%E6%B3%B0%E5%9E%83%E5%9C%BE%E7%84%9A%E7%83%A7%E5%8E%82%E4%BA%8B%E4%BB%B6/13867257?fr=aladdin）。

[3] 《海盐垃圾焚烧项目引聚众扰乱治安事件，官方敦促犯罪人员自首》，2017年9月10日（http://www.thepaper.cn/newsDetail_forward_1460012）。

是在公众的参与下改变了政府的决策。但是从中可以发现诸多问题，如公众参与往往是事后参与，事前参与及事中监督不够；公众参与的程序不规范，往往以游行示威的形式引起政府重视，以致暴力冲突事件时有发生。

之所以造成这种局面，笔者认为有以下原因，一是，我国相关立法及具体规章制度不健全、不完善，欠缺对公众参与的内容及具体程序的规定，一定程度上造成了执法的随意性；二是，政府信息公开工作还存在较大提升空间，导致公众不能及时获得相关信息。此外，我国长期以来"重实体、轻程序"的行政执法观念的影响仍然存在，从而导致具体决策过程中忽视公众参与的现象时有发生。

3. 监督破坏环境、浪费资源的行为

行使监督权是公众参与环境保护的重要途径。目前环保部及各地环保部门开设网上举报平台，还设立了举报电话和微信举报平台，方便社会公众对监督破坏环境、浪费资源的行为进行监督，这些为环保执法提供了重要的线索。但是实践过程中，当有污染或浪费资源行为的时候，受各种因素制约，公众往往缺乏举报的积极性；虚假举报的情况时有发生；此外被举报案件有时得不到及时有效的处理。[①]

导致这些情况的原因，一方面归因于行政执法人力、财力的限制，此外，也与对真实举报人的激励不够以及对虚假举报人的惩戒不足有关。

4. 参与相关公益诉讼

2017年新修订的《民事诉讼法》规定，对污染环境、侵害众多消费者合法权益等损害社会公共利益的行为，法律规定的机

---

① 岳家琛：《环保部热线12369：或许打了没用，但不打电话一定没用》，《南方周末》2015年3月13日。

关和有关组织可以向人民法院提起诉讼,并对检察机关提起公益诉讼及支持起诉的条件做了明确规定。2014年修订的《环境保护法》第58条对环境公益诉讼的条件做了具体规定,通过环境公益诉讼,建立了公众参与环境保护的司法途径。近些年我国有不少环境公益诉讼的成功案例,如2014年至2016年"江苏省泰州市环保联合会诉泰兴锦汇化工有限公司等水污染民事公益诉讼案"[①];2015年福建南平生态破坏案[②]经过二审也取得胜诉,这也是新《环境保护法》实施后首例环保公益诉讼案。但是按照《民事诉讼法》及《环境保护法》的规定,我国环境公益诉讼的提起主体限于社会组织和有关国家机关,公民个人无法提起环境公益诉讼。这不利于调动公众通过司法途径打击环境污染和资源破坏行为的积极性。而国外,将公民个人作为公益诉讼的主体是非常普遍的。如公益诉讼最为发达的美国,将我们所称的公益诉讼制度称为"公民诉讼",可见在起诉主体上显然将公民作为主要的主体来对待。美国在20世纪70年代相继制定的《清洁空气法》《海洋倾废法》《噪声控制法》《濒危物种法》《有毒物质控制法》等一系列有关环境资源保护的立法,都通过"公民诉讼"的条款规定了普通公民的诉讼资格。[③] 此外,《环境保护法》也未明确有关国家机关的诉讼资格。而在我国的一些单行环境法律中对有关国家机关的提起诉讼资格已做了明确规定,如《海洋环境保护法》第90条规定海洋监督管理部门可以代表国家对责任者提起损害赔偿诉讼。

---

① 《最高人民法院发布环境公益诉讼十大典型案例》,2017年9月15日,人民法院网(http://jlfy.chinacourt.org/article/detail/2017/03/id/2574740)。

② 刘帆:《南平生态破坏案:新环保法生效后首例环境公益诉讼》,2017年9月12日(http://www.jcrb.com/xztpd/dkf/96k/2015LPS/GYSSP/GYTM/201601/t20160128_1587178.html)。

③ 李艳芳、李斌:《论我国环境民事公益诉讼制度的构建与创新》,《法学家》2006年第5期,第101—109页。

5. 公众个体的环境保护实践

公众个体的环境保护实践是公众参与的重要组成部分，这也是公众参与环境治理明显区别于参与其他领域的不同之处。公民个体的环境保护实践主要包括绿色生产、生活和消费等活动。其中公众日常生活和消费活动中所排放的碳是造成环境污染的重要来源之一。公众在日常生活和消费中应尽量减少资源消耗和废弃物排放，如选择对环境友好的产品和节能产品和低碳的交通出行方式，注重节水、节电、节油、节气等，减少不必要的资源消耗和环境污染。据统计，我国城镇居民因为电器关机不拔插头而导致每年全国待机电量浪费高达180亿度，相当于3个大亚湾核电站年发电量。[①] 可见，公民践行绿色生活对于推动环境治理具有重大意义。在交通出行方面，当前共享单车在国内尤其大中城市逐渐流行起来，成为居民短途出行的主要交通工具选择，这也是践行绿色理念的重要体现。

五　新时代环境治理体系的完善路径

在当前我国构建政府、企业、社会组织与公众多元参与环境治理是一个系统性工程，需要进行长期的努力，主要通过以下途径来进行：

（一）完善环境保护相关立法

首先，完善现行环境保护立法中的相关规定，如完善政府的行政管理职责、执法听证程序以及相关行政人员的法律责任，这也能为公众参与奠定法律基础。

---

① 乔海曙：《中国低碳经济发展与低碳金融机制研究》，经济管理出版社2013年版，第59页。

其次，完善公益诉讼案件主体范围的规定。在将来修改《民事诉讼法》和《环境保护法》时，建议将公民纳入环境公益诉讼的起诉主体范围，可按照案件的规模及社会影响，进行分类规定；此外，建议《环境保护法》对环境保护公益诉讼主体中的"法律规定的机关"和"有关机关"进行明确规定。

（二）加强和完善信息公开

信息公开是对政府行政的必要要求和手段，也是实现公众参与的前提和重要保障。如果没有信息公开，公众无法对政府和企业的环境保护工作进行监督，参与很可能就是一种走过场。以往我国很多环境维权事件，往往是政府的决策信息没能得到及时公开，导致无法及时听取相关公众的意见，等到公众知情时迫于公众压力而不得不改变具体行政决策。因此，今后在开展环境保护相关的立法、行政决策和执法过程中都要进一步加强和完善信息公开工作。立法方面，通过报纸、电视、网络、微信等多种渠道将相关的立法和政策征求意见稿及时公之于众，以扩大立法及政策性文件的征求意见范围。随着网络信息技术的发展以及公民参与能力的不断提高，公众参与环境保护立法及政策在参与比例及参与深度上应该会有长足的进步。在行政决策和执法方面，相关部门和责任主体应以《环境保护法》《企业事业单位环境信息公开办法》《环境信息公开办法（试行）》等法律及部门规章为指导，及时公开相关信息，从而推动公众进行事前参与，以最终提高行政决策效率，推动环境治理过程中政府、企业及公众之间的良性互动机制的建立。

（三）加强宣传教育

我国全面推动多元共治的环境治理体系，需要进一步加强宣传教育，提高公众的认识水平和参与意识，鼓励公众在生产、生活及消费中积极践行绿色理念，形成崇尚绿色环保、节约光荣、浪费可耻的良好社会风尚，为实现环境治理奠定坚实的群众基础。开展环境保护宣传教育，首先要重视宣传教育长效机制的建立。当前我国开展的"全国节能宣传周活动"（每年6月11日至17日）、"世界环境日"（每年6月5日）等活动，对于宣扬环境保护起了积极的引导作用，但仅靠几天的宣传是远远不够的，相关主管部门还应以《全国环境宣传教育工作纲要（2016—2020年）》等规范性文件为指导，探索灵活多样的形式，加大宣传教育力度，探索形成长效的宣传教育机制。其次，因地制宜、因人而异开展有针对性的宣传教育。各地区只有因地制宜，立足于本地区的资源环境特点开展宣传教育，这样才能取得更好效果。不同年龄段的人群，其生活规律、关注重点以及接受能力有所不同，因此还要因人而异，如对在校学生的宣传教育可以从学校教育入手，增加相关课程；对中青年要广泛利用当下的互联网、多媒体等多种形式，重视在职期间的教育；对老年人要侧重通过社区宣传的形式。最后，重视对环境保护宣传教育的立法工作。这一点可以借鉴国外的经验，如美国早在1970年就公布了《环境教育法》，1990年又重新出台了《国家环境教育法》。除美国外，巴西、日本和菲律宾等多个国家也出台了对环境教育的专门立法。俄罗斯在其《自然保护法》的第18条规定："自然保护基础课的教学应列入普通学校的教学大纲，其内容应编入《自然》《地理》和《化学》等教科书中，在高等院校和中等专业学校中也要设置自然保护和自然资源增殖的必修课程。"从法律上保证环境教育的推动和发展。[①]

---

① 任凤珍、张红保、焦跃辉：《环境教育与环境权论》，地质出版社2010年版，第77—80页。

（四）加大财政支持力度

鼓励企业积极践行绿色生产，以及公民个人积极践行绿色生活和消费，都离不开前期政府的奖励或优惠政策。针对企业的如税收优惠、金融贷款优惠等，针对公民个人的奖励或政府表彰等，如通过有奖举报的方式，对举报污染和破坏环境、资源的行为进行奖励。落实这一规定，需要政府切实采取行动，而不只是口号，这就必然要求政府加大财政支持力度，以推动环境治理体系稳步向前发展。

（作者分别为中国社会科学院法学研究所研究员，助理研究员。）

进一步推进生态环境监管体制改革

刘洪岩　岳小花

  改革生态环境监管体制。加强对生态文明建设的总体设计和组织领导，设立国有自然资源资产管理和自然生态监管机构，完善生态环境管理制度，统一行使全民所有自然资源资产所有者职责，统一行使所有国土空间用途管制和生态保护修复职责，统一行使监管城乡各类污染排放和行政执法职责。构建国土空间开发保护制度，完善主体功能区配套政策，建立以国家公园为主体的自然保护地体系。坚决制止和惩处破坏生态环境行为。

——十九大报告

  生态环境监管体制是生态治理体系的核心和基础，实现生态治理现代化必然要以推动生态环境监管体制改革为前提。生态环境监管体制改革能够促进全面建成小康社会、推动人类命运共同体建设、推动实现经济社会高质量增长。为确保生态环境监管体制改革的实现，应当健全生态法治、实行监管机构职能法定、建立部门间协调机制、增强基层环境执法能力。生态环境监管体制改革应以生态环境质量改善和环境守法状况为重要评价标准，强化裁量基准和正当程序对生态环境执法的规制，更多运用柔性执法方式，建立激励相容的生态环境执法机制，强化公众参与并构

进一步推进生态环境监管体制改革

建"自下而上"的环境执法监督机制。

党的十九大报告提出,中国特色社会主义已进入新时代,我国社会主要矛盾转化为人民日益增长的美好生活需要和不平衡不充分的发展之间的矛盾。为提供更多优质生态产品,以满足人民日益增长的优美生态环境需求,实现人与自然和谐共生,必须要实现国家生态治理能力和治理体系现代化。生态环境监管体制是实现生态环境治理的"牛鼻子",是生态环境治理体系的核心内容。推动生态环境监管体制改革,是实现国家生态治理能力和治理体系现代化,打赢污染防治攻坚战、全面建成小康社会、建设美丽中国的重要保障。[①]

习近平总书记在对《中共中央关于全面深化改革若干重大问题的决定》做说明时指出,"我国生态环境保护中存在的一些突出问题,一定程度上与体制不健全有关"[②]。正是基于此,党的十八届三中全会以来,生态环境监管体制改革就始终是党和国家在推动生态文明建设方面的重要内容。党的十八届四中全会提出,"用严格的法律制度保护生态环境"。党的十八届五中全会提出"要实行省级环境监测监察执法的垂直改革"。党的十九大报告不仅明确提出"改革生态环境监管体制",还对改革任务进行了明确阐述。党的十九届三中全会审议通过了《深化党和国家机构改革方案》,对中央层面的生态环境监管体制改革进行了明确部署。第十三届全国人大一次会议审议并批准了国务院机构改革方案,实现了中央政府层面生态环境监管体制改革。为此,应全面准确地把握新时代生态环境监管体制改革的重要意义,在跟踪生态环境监管体制改革研究进展基础上,对实现生态环境监管体制改革

---

① 刘建伟、漆思:《推动国家生态治理能力现代化》,《中国环境报》2014年6月16日第2版。
② 莫纪宏:《论习近平新时代中国特色社会主义生态法治思想的特征》,《新疆师范大学学报》(哲学社会科学版)2018年第3期,第26页。

的保障机制提出相关建议。

一　生态环境监管体制改革的重要意义

第一，推动实现国家生态治理体系现代化。第十三届全国人大一次会议审议通过了《中华人民共和国宪法修正案》，是新时代将党和人民在实践中取得的重大理论创新、实践创新和制度创新成果通过国家根本法确认下来的重大举措。[①] 本次修宪将"生态文明""美丽"等字样写入宪法序言，充分表明了党和国家用法治来保障生态文明建设的坚定决心。[②] 2018年全国生态环境保护大会上，习近平总书记提出要确保到2035年，生态环境质量实现根本好转，基本实现美丽中国目标；并提出要用最严格的制度、最严密的法治保护生态环境。用法治方式实现生态文明、建设美丽中国，必然意味着生态治理的现代化，而这又有赖于生态环境监管体制改革的推动和实现。同时，将"生态文明""美丽"等内容写入宪法，也为生态环境监管体制改革提供了宪法保障。

第二，更好地满足人民的优质生态环境需求。生态环境质量改善问题，不仅是关系党的使命宗旨的重大政治问题，也是关系民生的重大社会问题。党的十八大报告提出，到2020年要全面建成小康社会。没有作为最普惠的民生福祉的良好生态环境，实现全面建成小康社会的目标将无法实现。虽然目前我国生态环境质量正在持续改善，但是生态环境质量改善稳中向好的基础仍然不够牢固。以雾霾治理为例，尽管2017年冬季发生雾霾天数明

[①] 李林、翟国强：《新时代首次修宪意义深远》，《经济日报》2018年3月9日第6版。

[②] 于文轩：《生态文明入宪，美丽中国出彩》，《人民日报》2018年4月17日第5版。

显减少，但是2018年上半年雾霾发生次数相对而言却有抬头趋势。另外，我国农村生态环境问题较多，进行乡村生态环境治理，推动乡村生态环境质量改善的任务非常繁重。实行生态环境监管体制改革，能够整合现有分散的生态环境监管力量，更好地促进生态环境监管法治化[1]，把增进民生福祉作为全面推进生态文明建设的价值目标，以切实改善生产环境、生态环境、生活环境为出发点，自觉把经济社会发展同生态文明建设统筹起来，迈向全面建成小康社会的目标。

第三，推动实现经济社会发展的绿色转型。党的十九大报告提出，我国的经济发展已经从高速度增长阶段转变为高质量增长阶段。高质量增长应该从六个方面进行把握，即经济发展要持续健康，社会民生要有持续明显改善，生态文明建设要提供更多优质生态产品以满足人民日益增长的生态环境需要，宏观调控政策要有连续性、稳定性和协同性，供给侧结构性改革要不断拓展与深化，防范化解重大金融风险要重点突出。高质量增长是贯彻新发展理念的重要表现，而绿色发展是新发展理念的重要内容之一。因此，促进绿色发展，不仅是实现从高速增长向高质量增长转变的必然路径，更是实现"中国梦"的重要保障。[2] 推动生态环境监管体制改革，能够更好地保障绿色发展和低碳发展的实现，从而保障经济社会迈向高质量发展阶段。

第四，推动和引领人类命运共同体的构建。在应对气候变化方面，从2008年开始中国超过美国成为世界上第一大温室气体排放国。在国际上，要求中国承担更大温室气体减排责任的呼声始终不绝于耳。作为发展中国家，我国坚持"共同但有区

---

[1] 刘洪岩：《生态环境监管体制改革的法治化路径》，《紫光阁》2018年第2期。
[2] 解振华：《绿色发展：实现"中国梦"的重要保障》，《光明日报》2013年4月15日第5版。

别的责任原则"要求发达国家率先承担温室气体减排责任。但是，中国在国际气候谈判中承担的压力不断加大。在这种情况下，习近平总书记提出"应对气候变化，不是别人让我们做，而是我们自己要做"，更加积极主动地应对气候变化，并最终促成了《巴黎协定》的最终达成。2018年党的十九大报告提出要"推动构建人类命运共同体"，第十三届全国人民代表大会第一次会议通过的宪法修正案将"推动构建人类命运共同体"写入宪法序言，充分表明了党和国家通过法治推动人类命运共同体建设的决心。环境污染问题与气候变化问题同根同源，推动生态环境监管体制改革，能够整合生态环境监管的职能和生态环境执法的力量，不仅有助于国内生态环境质量的改善，而且有助于在国际社会推动环境领域人类命运共同体建设，树立中国负责任大国形象。[①]

二 生态环境监管体制改革进程

第一，在生态环境监管体制改革法治化方面。长期以来我国生态环境监管领域存在下列问题：一是，生态环境监管存在"多龙治水"和"分散化"治理体制的问题，导致生态环境监管"碎片化"、监管分工冲突和"执法内耗"现象；二是，各地生态环境监管部门的人、财、物受制于地方政府，导致上级环保政令难通、地方生态环境监管执法严重弱化；三是，生态环境监管能力建设不足，主要表现在执法人员素质参差、装备不足、手段落后、信息化水平有限等。[②] 建议未来我国生态环境监管体制法治化改革必须选择"活力+效率"的模式，须秉持"机构职责权

---

① 刘洪岩：《全球气候谈判：困境与出路》，《中国经济报告》2017年第12期。
② 刘洪岩：《生态环境监管体制改革的法治化路径》，《紫光阁》2018年第2期。

限明晰、行政程序依规合法、监管执法追责有序"的基本原则，并逐步构建和完善以监管机构职能法定为主体，监管规则公正透明、监管程序正当独立、社会监管多元并举的"一体三位"的生态环境监管的法律保障体系。①

第二，在生态环境监管体制改革路径方面。解振华认为，我国现行生态环境管理体系主要存在下列问题：生态环境监管部门之间职能交叉重叠、中央地方事权和支出责任不匹配，运行效率有待提高；社会组织与公众参与生态环境保护能力、支付意愿、制度保障不足；企业环境守法意识不强、逃避环境监管现象仍然较为普遍；缺乏从生态系统完整性保护角度进行生态环境监管的体制安排。建议中央实行生态环境监管大部制改革，抓紧制定发改、财政、住建、工信等各部门环境保护责任清单，组建跨行政区域、流域管理机构，继续加强对地方党委和政府及有关部门开展环保督察巡视，对排污许可制度、环评制度等进行调整等。②徐祥民也提出，生态环境监管应当适应环境的自然空间规定性。③

第三，在生态文明体制改革对相关法律的突破方面。陈海嵩研究发现，目前的生态环境监管体制改革已突破《环境保护法》对环境管理体制的规定，在实践中造成一定冲突，矛盾集中表现在县级政府层面。④具体来说，根据环保垂直管理改革，县级环保部门全部由上级环保部门进行垂直管理，根据"环保大部制改革"精神，改革后环保部门势必吸收相关部门（包括国土资源部

---

① 刘洪岩：《生态环境监管体制改革的法治化路径》，《紫光阁》2018年第2期。
② 解振华：《构建中国特色社会主义的生态文明治理体系》，《中国机构改革与管理》2017年第10期。
③ 徐祥民、苑佳欣：《环境的自然空间规定性对环境立法的挑战》，《华东政法大学学报》2017年第4期。
④ 陈海嵩：《生态文明体制改革的环境法思考》，《中国地质大学学报》（社会科学版）2018年第2期。

门、水利部门、林业部门等）在生态环境保护上的职权。如果进行垂直管理，就意味着在事实上将无须垂直管理的其他部门职权也收归上级管理，造成县（区）政府在该领域缺乏部门支撑的情况，无法履行相应政府责任。

三 生态环境监管体制改革的保障机制

（一）完善生态文明法治体系

一是，良法是善治之前提，尽快补齐生态文明建设法律制度体系中的短板。在法律层面，应尽快推动制定《土壤污染防治法》《应对气候变化法》《自然保护地法》《生态损害赔偿法》《有毒有害化学物质控制法》等，修改《土地管理法》《矿产资源法》《循环经济促进法》《固体废物污染防治法》等已经严重滞后于社会发展的法律，完善国土空间规划法制。在行政立法层面，应当尽快出台《生态保护补偿条例》《排污许可管理条例》《环境监测管理条例》《碳排放交易管理条例》等重要行政法规。

二是，建立健全生态文明法律制度体系，在制定生态环境政策或者进行生态环境立法时坚持体系化思维，[①] 更加注重生态环境法律制度体系的协调性。比如，在《环境保护税法》实施之后，应当理顺环境保护税、排污权交易、重点污染物总量控制之间的关系。[②] 在启动全国碳排放交易市场后，应注意协调碳排放

---

① 王毅、程多威：《加快统筹立法和立法创新，促进生态文明建设进程》，《中国人大》2017年第9期，第19—20页。
② 参见王慧《环境税的"双重红利"真的可能吗》，《当代财经》2011年第4期，第50页。

交易制度与节能目标责任、能源消费总量控制与用能权交易制度,① 以及与环境保护税的关系。② 在制定和实施生态损害赔偿制度的过程中,应注意对生态损害赔偿制度与环境民事公益诉讼的衔接和协调。③ 另外,还应注意排污许可制度与环评制度之间的协调。④

三是,应重视生态环境政策的合宪性合法性问题。为切实贯彻依宪治国、依法执政、依法行政的理念,应依照法定程序将中央的环境政策转化为法律法规,避免发生以政策代替法律的情形。否则,将面临民主正当性不足问题,因为合法性是实现民主正当性的途径。⑤ 比如,《全国主体功能区规划》(2017 年) 在规划中明确提出该规划是"国土空间开发的战略性、基础性和约束性规划",《全国国土规划纲要(2016—2030 年)》(2017 年) 也在该规划纲要中载明"对涉及国土空间开发、保护、整治的各类活动具有指导和管控作用"。但是,主体功能区规划和国土规划的制定和实施均缺乏法律依据。再如,2015 年中办、国办联合出台《党政领导干部生态环境损害责任追究办法(试行)》,并适用于全国各级党委、政府及其工作部门的领导干部,体现"党政同责""一岗双责"的精神。但是从全面推进依法治国角度看,

---

① 刘明明:《论我构架中国用能权交易体系的制度衔接之维》,《中国人口·资源与环境》2017 年第 10 期。

② 按照《环境保护税法》的规定,部分温室气体同时也属于大气污染物,因此其排放将被征收环境保护税。(何鹰:《我国碳排放交易立法规制思考》,《华南师范大学学报》(社会科学版) 2018 年第 2 期。)

③ 程多威、王灿发:《论生态环境损害赔偿制度与环境公益诉讼的衔接》,《环境保护》2016 年第 2 期。

④ 王灿发:《加强排污许可证与环评制度的衔接势在必行》,《环境影响评价》2016 年第 2 期,第 6—8 页。

⑤ 林依仁:《民主正当性成分与其程度》,《政大法学评论》2012 年第 129 期,第 7—8 页。

党内法规不能直接适用于非党员领导干部。①

四是，更加规范生态环境行政立法，从授权立法技术和立法监督程序等方面约束和规范行政立法，破解生态环境行政法规制定中的难题，防止生态环境领域的部门规章、规范性文件急速膨胀式增长。以《环境保护法》（2014 年修订）为例，该法中规定了大量的授权立法条款，②但是该种授权立法对被授权机关、完成授权立法的期限等均缺乏明确规定，全国人大常委会也没有相应地建立及时有效的监督机制。近年来，环境监测管理条例、排污许可管理条例、生态补偿条例等行政法规多次被列入国务院年度立法计划却迟迟不能出台，导致相关部委通过制定行政规章或者发布规范性文件来代替行政法规，致使具有明显部门化色彩的部门规章和规范性文件大量产生。这些部门规章或者规范性文件在实施过程中很容易与其他部委制定的规范性文件发生矛盾，导致制度性交易成本。从制定规章或规范性文件的部门看，所制定的制度往往都是"好制度"，但是如果从社会整体看，该制度就带有明显的部门色彩，成为"坏制度"，③降低了公众对生态环境立法的信任度。

（二）实现生态环境监管机构法定化

首先，应实现生态环境监管机构的职能法定。从行政组织法角度看，设立行政组织应遵守民主合法性原则和实质正当性原则。民主合法性是指行政机关之组成具有民主合法性、行政机关

---

① 陈海嵩：《生态文明体制改革的环境法思考》，《中国地质大学学报》（社会科学版）2018 年第 2 期，第 71 页。

② 比如《环境保护法》（2014 年修正案）在其第 17 条、31 条、44 条、45 条分别规定"国家建立、健全环境监测制度"，"国家建立、健全生态保护补偿制度"，"国家实行重点污染物排放总量控制制度"，"国家依照法律规定实行排污许可管理制度"。

③ 卢现祥：《转变制度共计方式，降低制度性交易成本》，《学术界》2017 年第 10 期，第 39 页。

设置符合法律保留原则、行政机关执行职务应当受到民主监督；实质正当性是指任何机关的存在都必须承担国家任务，各行政机关之间应当相互协助，行政机关职能的行使应当使人民的基本权利获得最大实现。[①]为配合2018年生态环境监管体制改革，应尽快对现行《环境保护法》《水污染防治法》《海洋环境保护法》《土地管理法》《城乡规划法》《森林法》《草原法》《测绘法》等法律法规中有关自然资源资产和生态环境管理机构的职能、权限、法律责任等方面的相应条款进行修改，以实现国家政府机构改革法定化。

在横向上，必须按照党的十九届三中全会《中共中央关于深化党和国家机构改革的决定》与《深化党和国家机构改革方案》的要求，实现自然资源部、生态环境部内设机构、部门职能、审批权限和程序、法律责任等方面的法定化。在原国土资源部、环境保护部基础上，优化生态环境部、自然资源部内设机构及其职能配置，避免出现诸如原环境保护部内部针对统一环境数据存在多个重复采集且统计口径不一等问题。[②]

在纵向上，在实行省以下环境监测监管执法垂直管理之后，需妥善处理"垂直管理"与《环境保护法》第6条规定即"环境质量地方政府负责制"之间的关系。垂直改革的主要目的是为了增强生态环境监管的独立性、有效性和真实性，为此必须提供相应保障机制。一是，确保环境监测监察执法所需要的能力建设及时到位；二是，环境监测监察执法各部门之间，环境执法部门与刑事司法部门之间必须建立良好的配合机制。

再者，还应考虑"大部制改革"与"垂直改革"相关改革

[①] 李惠宗：《行政法要义》，台北：元照出版公司2012年版，第169—174页。
[②] 孙佑海：《当前生态文明立法领域存在的几个问题》，《中国生态文明》2016年第3期，第45页。

内容的有效契合问题。①在气候变化职能划入生态环境部承担之后，应考虑有关温室气体排放统计、监测和报告是否应与污染物排放监测报告制度进行合并以实现垂直管理。可以在中办、国办《关于省以下环保机构监测监察执法垂直管理制度改革试点工作的指导意见》基础上，结合本次国家机构改革所做的相关职能整合发布补充文件，将温室气体排放的统计、监测和报告制度纳入整个环境统计、监测和报告制度。

（三）增强部门间协调机制的有效性

在实行"大部制"之外，还必须建立和强化同一部门内部不同机构之间以及不同部门相互之间的沟通和协调机制，实现沟通和协调机制的法定化和制度化。"大部制"有其功能边界，它不可能将某一领域所有相关职能整合到统一部门。②不管政府机构及其职能如何整合，总可能会出现监管领域重叠的可能，美国学者称之为"共享监管空间"（sharedregulatoryspace）。在这种情况下，可以选择通过部门间磋商、签订部门间协议、联合制定政策等方式进行合作治理。③

建立环境风险控制与生态损害赔偿之间的沟通与协调机制。④环境污染事件所致侵害往往具有二元性，在引发环境污染风险的同时，也会对生态环境本身造成损害。⑤按照《深化党和国家机

---

① 陈海嵩：《生态文明体制改革的环境法思考》，《中国地质大学学报》（社会科学版）2018年第2期，第68—69页。

② 陈健鹏、高世楫、李佐军：《"十三五"中国环境监管体制改革的形势、目标与任务》，《中国人口·资源与环境》2016年第11期，第5页。

③ Jody Freeman and Jim Rossi, Agency Coordination in Shared Regulatory Space, 125 Harv. L. Rev. 1131, 2011 - 2012.

④ Tim Donnellon, George Rusk, "Natural Resource Damage Risk Management Implications Associated with Natural Resrouce Damge Claims", *Environmental Claims Journal*, Vol. 17, No. 3 - 4, 2005, pp. 250 - 251.

⑤ 吕忠梅：《论环境侵害的二元性》，《人民法院报》2014年10月29日第8版。

构改革方案》，应对生态环境污染风险由生态环境部门负责，自然资源损害赔偿和生态修复则由自然资源部门负责。但是，采取环境污染风险控制措施，必然会对自然资源损害赔偿和生态修复产生影响。

建立控制温室气体排放与控制能源消费之间的协调与沟通机制。在2018年实行国务院政府机构改革之后，控制温室气体排放、减缓气候变化成为生态环境部的职能。这使得生态环境部门能够协同控制大气污染物排放和温室气体排放。问题在于，控制能源消费总量必然意味着控制温室气体排放。因此，在减缓气候变化问题上，生态环境部门和发展改革部门应当建立沟通和协调机制。[1]

建立生态环境执法部门与自然资源执法部门的协调与沟通机制。《深化党和国家机构改革方案》要求整合相关污染防治和生态保护执法方面的职责与队伍，统一实行生态环境保护执法；同时还规定对自然资源开发利用和保护进行监管属于自然资源部的法定职责之一。由于自然资源是生态系统的组成部分，污染或者破坏自然资源必然导致生态系统受损，从而同时触发生态环境方面和自然资源开发和保护方面的法律责任。

（四）切实增强基层生态环境监管能力

基层环境执法是环境保护法律实施的"最后一公里"。近年来国家不断强化基层环境执法工作，但基层环保执法仍然面临着执法队伍人员不足、素质不高、手段落后、执法人员与执法相对人可能存在各种社会关系等困境，在执法方面也存在着取证难、

---

[1] 张忠利：《气候变化背景下〈节约能源法〉的挑战及其应对》，《河南财政政法大学学报》2018年第1期，第137页。

执法难、处罚难、执法配合难等问题。① 相对于较为繁重的生态环境监管任务，基层生态环境执法存在着明显的"小马拉大车"现象。②

2015年7月，中央深化组第十四次会议审议通过《环境保护督察方案（试行）》，建立了中央环保督察制度，强调环境保护的"党政同责""一岗双责"。2017年全国人大常委会对《行政诉讼法》（2014年修正）进行修改，增加了有关行政公益诉讼的规定，为检察机关督促环保机关依法履行职务提供了法律依据。但是，环境行政公益诉讼、中央环保督察制度设计的理论假设均在于，地方环保机关有能力进行环境执法却不严格执法或者滥用执法权的问题。那么，要保证这两个制度真正发挥实效，就必须强化地方生态环境监管机关的执法能力和专业水平。

四 生态环境监管体制改革的建构方向

（一）以生态环境质量和环境守法为检验改革成效的重要标准

生态环境应重视生态环境监管的有效性，应以改善生态环境质量和生态环境守法状况为评价标准，③ 而生态环境守法状况又是改善生态环境质量的前提和基础。应将促进环境守法融入环境立法（包括行政立法）、执法和司法。④ 长期以来，"守法成本

---

① 童彬：《基层政府环境保护执法：现状、问题和对策》，《行政法论丛》2017年第20卷第1期，第203—211页；宋华琳：《基层行政执法裁量权研究》，《清华法学》2009年第3期，第113—114页。

② 王金南：《生态文明建设需建跨部门协调机构》，《人民日报》2013年11月23日第10版。

③ 何香柏：《我国威慑型环境执法困境的破解》，《法学评论》2016年第4期。

④ 李林：《建设法治社会应推进全民守法》，《法学杂志》2017年第8期，第3—5页。

高，违法成本低"被视为是生态环境监管失灵的重要原因。① 为此，全国人大常委会在 2014 年修订《环境保护法》时，将"按日计罚"、停产限产、行政拘留等新型执法措施写入该法，以达到威慑生态违法企业的目的。从实施效果看，环境违法行为似乎并没有因为环保法长出"钢牙铁齿"而有所减少。可见，促进全民环境守法，不仅要考虑提高环境守法成本，更要靠"组合拳"。

促进全面环境守法，还要降低守法成本和守法难度。② 应以促进环境守法为导向，结合不同类型生态环境污染的特点，制定环境执法和促进守法战略。为此，应简化环境法律制度体系，尤其是环境行政立法。由于全国人大常委会制定的环境法律比较笼统，一方面使得执法人员裁量权过于宽泛，另一方面也使得相关部委制定了大量部门规章和规范性文件来细化相关环境法律规定。这些规章和规范性文件往往具有强烈的部门化色彩，各部门的规章和规范性文件极容易发生冲突，而且又缺乏应有的稳定性。这既增加了环境守法难度，还可能因为滥用执法权增加制度性交易成本，严重影响法律的权威性。③

促进全面环境守法，更要保证任何环境违法行为都不会逍遥法外，即凡违法必被问责。环境违法成本再高，如果环境违法行为不被发现，也同样不会产生威慑效果。从纵向角度看，在生态环境监管体制中，基层环境执法部门承担着最为繁重的环境执法任务；但是，从能力建设和资源投入角度看，基层环境执法力量

---

① 齐晔、董红卫：《守法的困境：企业为什么选择环境违法？》，《清华法治论衡》2010 年第 1 期。
② 朱磊：《加大违法成本与降低守法成本并重》，《法制日报》2014 年 12 月 8 日第 3 版；尹卫国：《环保领域守法成本高 违法成本低亟待破解》，《中国建设报》2016 年 7 月 18 日第 6 版。
③ 白天亮等：《制度性交易成本调查：种类繁多 暗藏"灰色地带"》，《中国经济周刊》2016 年第 19 期。

最为薄弱,能力建设和资金投入等方面都缺乏保障。[1] 尽管中央在各种场合多次强调要强化基层生态环境执法力量,但是相对于其承担的执法任务而言,基层环境执法能力建设还远远没有到位。这使得地方生态环境执法机关在很大程度上必须依靠"运动式执法"来解决生态环境违法问题。

促进环境守法,还应关注环境规制对企业经营成本造成的影响,并据此对企业环境违法行为的机理进行研究。从企业角度看,环境规制意味着企业必须提高技术标准、增加环保基础设施投入、增加企业运行成本,对企业产品或者服务的价格、产品的市场份额、企业的利润等产生直接影响。为了促进企业环境守法,生态环境监管部门应采取相应措施降低环境规制对企业造成的短期影响,使企业真正认识到只有环境守法企业才能成为市场赢家,从而自觉进行环境守法。

(二) 强化裁量基准和正当程序对生态环境监管体制的规制

有学者认为,环境行政决策权滥用和环境公众参与权保障缺失是造成环境法治困境的症结所在,为此应发挥正当行政程序对权力控制和权利保障的功能。[2] 所谓正当行政程序是指行政权力的运行必须符合最低限度的程序公正标准,主要包括程序公正、说明理由并听取其申辩、程序公开与程序参与等内容,[3] 目的是通过正当程序合理限制行政权行使,弥补司法机关对行政权控制乏力的缺陷。

在生态环境执法过程中,应通过制定行政执法的裁量基准和

---

[1] 冉冉:《中国地方环境政治:政策与执行之间的距离》,中央编译出版社 2015 年版,第 76—84 页。

[2] 谢海波:《论我国环境法治实现之路径选择——以正当行政程序为重心》,《法学论坛》2014 年第 4 期。

[3] 周佑勇:《行政法的正当程序原则》,《中国社会科学》2004 年第 4 期,第 117 页。

正当程序控制生态环境行政机关滥用行政权力,并且保护行政相对人与利害关系人的利益。生态环境监管应坚持正当行政程序,保障公众参与环境行政决策的主体性和有效性,保障专家咨询在环境行政中的中立性、科学性,通过环境信息公开、风险评估和事后评估完善环境行政决策决定程序,注重环境行政决策的合法性审查。[1] 同时,应注意正当程序和司法审查在规制环境行政方面的配合作用,对司法审查强度较弱的环境行政行为如环境行政计划,应当构筑更加严格的正当程序规定,以控制环保行政机关滥用权力并保护公众权利。

(三) 强化柔性环境执法建立激励相容的生态环境监管体制

在全球行政法改革浪潮中,传统的命令控制式规制受到广泛批评,激励性监管得到重视,人们发现规制如果能够与被管理者激励相容,会极大降低执法成本,提高合规动力。政策或者立法的设计是否激励相容,将是其能否得到有效执行的关键。[2] 从执法角度看,激励相容就是进行"柔性监管"即"治理"。[3] 它既是一种理念,又是一种监管方式。作为理念,"柔性监管"之实质就是"善治",其基本要素为合法性、透明性、责任性、法治、回应、有效;作为监管形式,"柔性监管"与传统的命令控制型监管相对应,注重体现治理的权力中心多元、重协调与互动、重过程等基本特点。[4]

生态环境监管过程中的政策或者法律的制定与设施,应注重

---

[1] 刘萍:《论环境行政决策的正当程序控制》,《理论导刊》2013年第8期。
[2] 周汉华:《探索激励相容的个人数据治理之道》,《法学研究》2018年第2期,第4—5页。
[3] 代海军:《安全生产柔性监管论纲——以治理理论为视角》,《河南财政政法大学学报》2016年第3期,第21—22页。
[4] 蒋建湘、李沫:《治理理念下的柔性监管论》,《法学》2013年第10期,第31—32页;谭冰霖:《环境规制的反身法路向》,《中外法学》2016年第6期,第1520—1534页。

遵循激励相容原则。在生态环境监管过程中，进行柔性监管、实行激励相容就是要坚决避免生态环境执法"一刀切"现象，不搞"运动式"执法，不搞"层层加码"加重基层生态环境监管负担。在中央进行环境督察过程中，围绕环保执法"一刀切"曾产生过较大争议。[①] 争议的本质是，地方生态环境过程中出现的为实现环境达标，简单粗暴地一律停产停业、断水断电等措施是否合理。对此，原环境保护部、生态环境部均态度坚决地表示反对，因为这显然是与法治的理念相背离的。也就是说，生态环境行政应当更多注重提供社会导引，促使企业进行自我规制。[②]

（四）强化公众参与构建"自下而上"的环保执法监督机制

从压力来源角度分析，可发现中央环保督察是自上而下的外部压力机制，环境行政公益诉讼是来自横向的外部压力机制，两者均非激发地方环保机关的内生动力机制。这些外部压力机制的实施，虽然能够收到较好的个案效果和短期效果，但是无法担保治理效果的可持续性和制度运作的持久性。[③] 因此，要建立治理效果更为持久的环境执法机制，必须建立激发基层环境执法内生动力的促进机制，通过强化公众参与进而构建"自下而上"的环境执法监督机制。

通过强化公众参与构建"自下而上"的环境执法监督机制，首先应对公众参与进行进一步区分，即按照公众对其所参与的事务是否有直接的利益关系区分为纯粹的公众参与和利害关系人参

[①] 郄建荣：《环保治理大气污染现杂音干扰》，《法制日报》2017年6月19日第6版。
[②] 廖义铭：《从理性到反思——行政学与行政法基本理论于后现代时代之整合与转型》，《人文及社会科学集刊》2004年第4期，第618—620页。
[③] 陈海嵩：《环保督查制度法治化：定位、困境及其出路》，《法学评论》2017年第3期，第176—178页。

与。[①] 区分的意义在于，在前者公众参与是为纯粹公益，而后者则是为私益；相对而言，如果监督的成本高难度大，在前者情况下公众会选择放弃监督，而在后者情况下公众则有进行监督的持有动力。以环境举报为例，相对于为后者而言，公众（NGO组织除外）为纯粹公益参与环境保护时，其参与之动机较为单纯，参与之动力和决心也较为薄弱，一旦遇到困难或者不便则较容易放弃举报和监督。相应地，在进行制度设计时应注意更加注重便利原则，以保护公众出于纯粹公益目的而参与环境保护的积极性。

通过强化公众参与构建"自下而上"的环境执法监督机制，应当更加注重通过私益保护达到实现保护环境公益的目的。基于人类的内在本性与生存需要，公益的保护离不开私益的重要推动。[②] 作为整体的环境利益，同时具有公益性和私益性的双重属性。由于人们对自身私益的保护会有着更为持久的、源源不断的动力，因此可以借助环境私益之保护来达到保护环境公益的附随效果或者反射性效果。对于环境行政诉讼而言，可以借鉴美国、日本行政诉讼方面的做法，通过放宽原告的资格限制实现主观诉讼客观化。美国行政诉讼中有关原告资格的法律变化迅速，其趋势是扩大那些反对行政行为的"受害的人"的阶层，以满足保护公共利益的需求。[③] 2004年日本通过修改其行政诉讼法，降低了撤销之诉中原告提起诉讼的资格，从而扩大了原告的适格范围，在很大程度上达到了通过主管诉讼保护公益的目的。[④]

[①] 赵燕菁：《公众参与：概念·悖论·出路》，《北京市规划建设》2015年第5期，第152页。

[②] 马金芳：《通过私益的公益保护》，《政法论坛》2016年第3期，第60—64页。

[③] 王明远：《论环境权诉讼——通过私人诉讼维护环境公益》，《比较法研究》2008年第3期，第52—64页。

[④] 林素凤：《日本民众诉讼与我国公益诉讼》，载曾华松大法官古稀祝寿文集编辑委员会编《论权利保护之理论与实践》，台北：元照出版公司2006年版，第612页。

新时代法治发展的新面向

通过强化公众参与构建"自下而上"的环境执法监督机制，还应当注重发挥供应链或者产业链在生态环境治理中的作用。为降低环境执法压力，可考虑在该产业链上游通过经过经济手段进行规制，但应避免对被监管主体的重叠规制从而增加其守法成本。可通过政府与社会资本合作（PPP）方式与绿色供应链管理方式，在整个产业链中同具有影响力的企业（如沃尔玛连锁超市）签订守法激励协议，带动该产业链上下游也能够环境守法，从而促进全社会守法。[①]

（作者分别为中国社会科学院法学研究所研究员，助理研究员。）

[①] Michael P. Vandenbergy, The New Wal-mart Effect: The Role of Private Contracting in Global Governance, 54 UCLA L. Rev. 913, 2006-2007.

国际法治篇

人类命运共同体与国际法治

蒋小红

坚持推动构建人类命运共同体。中国人民的梦想同各国人民的梦想息息相通，实现中国梦离不开和平的国际环境和稳定的国际秩序。必须统筹国内国际两个大局，始终不渝走和平发展道路、奉行互利共赢的开放战略，坚持正确义利观，树立共同、综合、合作、可持续的新安全观，谋求开放创新、包容互惠的发展前景，促进和而不同、兼收并蓄的文明交流，构筑尊崇自然、绿色发展的生态体系，始终做世界和平的建设者、全球发展的贡献者、国际秩序的维护者。

——十九大报告

习近平总书记在第十九大报告中提出，坚持和平发展道路，推动构建新型国际关系和推动构建人类命运共同体。中国提出的构建人类命运共同体理念，为促进人类社会共同发展提供了新的视角和思路，展现出真正的全球视野。这一理念的提出，既勾画了新时代背景下中国外交战略的总目标，充分展示了中国负责任大国的形象，也指明了新时代国际法治发展的正确方向。

一　人类命运共同体理念获得了广泛的国际认同

党和国家领导人在国际国内重要场合100多次谈及人类命运

共同体，就人类命运共同体的内涵、实践路径、路线图等做了详细阐述。党的十八大报告中提到："人类生活在同一个地球村，生活在历史和现实交汇的同一个时空里，越来越成为你中有我、我中有你的命运共同体。"2013年3月下旬，习近平首次出访俄罗斯，并在莫斯科国际关系学院的演讲中第一次提到命运共同体的概念。2015年9月28日，习近平出席纪念联合国成立70周年大会，并发表题为"携手构建合作共赢新伙伴，同心打造人类命运共同体"的讲话，这是中国最高领导人首次在重大国际组织中提出人类命运共同体的概念并详细阐释其核心思想。2017年2月10日，联合国"非洲发展新伙伴关系的社会层面"决议，呼吁国际社会本着合作共赢和构建人类命运共同体的精神，加强对非洲经济社会发展的支持。这是联合国决议首次写入"构建人类命运共同体"理念。2017年3月17日，联合国安理会一致通过决议，呼吁国际社会通过"一带一路"建设等加强区域经济合作，敦促各方为"一带一路"建设提供安全保障环境、加强发展政策战略对接、推进互联互通务实合作等。决议强调，应本着合作共赢精神推进地区合作，构建人类命运共同体。这一理念首次被写入联合国安理会决议。2017年3月23日，这一理念首次被载入联合国人权理事会决议。2017年11月1日，第72届联大负责裁军和国际安全事务第一委员会通过了"防止外空军备竞赛进一步切实措施"和"不首先在外空放置武器"两份安全决议。"构建人类命运共同体"理念再次载入这两份联合国决议。

"构建人类命运共同体"理念在域外国家也得到积极响应。尼泊尔学者南达拉·蒂瓦里（Nandalal Tiwari）指出，中国一直在推动发展中国家加强合作，形成新的全球治理体系，希望目前的世界秩序得到改善。在这方面，"构建人类命运共同体"理念为国际社会实现持久和平、共同发展和持续繁荣指明了方向并绘制了蓝图,它也代表着中国追求自身发展和世界发展的全球愿景。[1] 德国席勒研究所主席兼创始人黑尔佳·策普·拉鲁什(Helga Zepp LaRouche)认为,"人类命运共同体"理念从人类的共同命运出发,强调"人类统一"的概念,呼吁各国人民同心协力,构建人类命运共同体,建设持久和平、普遍安全、共同繁荣、开放包容、清洁美丽的世界。这一人类史上的全新范式,并不是中国人的突发奇想,而是2500年来儒家思想的一脉相承。[2] 法国团结与进步党主席雅克·舍米纳德(Jacques Cheminade)强调,"构建人类命运共同体理念对世界来说是共赢的,这意味着各国将会和谐发展。中国在发展中从未把自己的制度强加给其它国家,打破了'零和'游戏规则,引领世界走入和谐发展轨道"[3]。前英国伦敦经济与商业政策署署长乔治·罗斯(John Ross)表示,"推动构建人类命运共同体"理念与中国经济的快速发展密不可分,体现了对多样性的尊重,对各国之间平等相处、人类和谐共生、孜孜不倦的追求。[4] 可见,人类命运共同体理念作为一份思考人类未来的"中国方略",获得了广泛的国际认同,这为其成为国际法治的价值目标和远景目标奠定了坚实的基础。

---

[1] Nandalal Tiwari, "Community Of Shared Future For Mankind", The Rising Nepal, http://therisingnepal.org.np/news/22680 (lasted visited on May 28, 2018).

[2] 李志兰、吕光一:《席勒研究院黑尔佳:"人类命运共同体"理念符合人类发展规律》,2018年5月28日,新华丝路网(http://silkroad.news.cn/2017/1130/71994.shtml)。

[3] 刘茹霞、常红:《法国团结与进步党主席:人类命运共同体引领世界走入和谐发展轨道》,2018年5月28日,人民网(http://world.people.com.cn/n1/2018/0201/c1002-29800715.html)。

[4] 李阿茹娜、王欲然:《英国学者:"人类命运共同体"理念是对破解全球性问题最透彻的阐述》,2018年5月28日,人民网(http://world.people.com.cn/n1/2018/0410/c1002-29915954.html)。

二 国际法治是构建人类命运共同体的法律保障

构建人类命运共同体离不开国际法治建设。在全球化时代，伴随经济全球化、政治多极化及文化多元化，不同国家、地区及民族之间彼此依存程度空前加深，构建利益交融、安危与共的人类命运共同体已成为世界人民的共同期盼，协调合作已是世界各国的必然选择。构建人类命运共同体，致力于解决全球发展失衡、增强全球发展的整体性及均衡性，将国家利益与人类利益、全球利益更加紧密地联系在一起。

（一）人类命运共同体理念是对全球治理理念的创新发展

全球治理是国际社会应对全球性问题的共同选择。当前全球治理体系是第二次世界大战后在发达国家主导下形成的，既有适应当时客观条件的一面，也存在不完善、不合理、不适应发展变化新形势的一面。[1] 随着全球化的发展，人类社会面临的一些重大国际问题，例如环境污染、国际犯罪等，任何国家都不可能仅凭一己之力来解决。全球问题和全球系统性风险的产生，对以"国家主义"为核心内涵的传统治理观提出了新挑战，治理体系和规则的碎片化，以及治理主体的多元特征使得全球治理过程中整体措施难以开展，完全由发达国家来主导的旧的全球治理范式不能再继续下去了，[2] 亟待新的治理理念来解除这一危机。

构建人类命运共同体则是中国为全球治理开出的良方。人类命运共同体理念就是根植于中国传统文化并与新时代背景紧密结

---

[1] 参见李向阳《人类命运共同体理念指引全球治理改革方向》，《人民日报》2017年3月8日第7版。

[2] 郭晴、陈伟光：《全球治理理念的变革》，《中国社会科学报》2017年12月29日。

合而产生的新的全球治理理念,习近平在 2015 年 10 月中央政治局第 27 次集体学习时指出,"随着全球性挑战的增多,推进全球治理体系变革已是大势所趋。全球治理体制的变革离不开理念的引领,要推动全球治理理念创新发展,积极发掘中华文化中积极的处事之道和治理理念同当今时代的共鸣点,继续丰富打造人类命运共同体等主张,弘扬共商共建共享的全球治理理念"[①]。

(二)国际法治是实现人类命运共同体的重要方法和路径

构建人类命运共同体,关键是寻找构建人类命运共同体的方法和现实路径。人类命运共同体的理念只有在国际法治的途径下才有可能接近和达到,只有充分利用国际法治的框架才能得以贯彻和实施。

国际法治,简单地说,就是在国际社会践行法治。其核心表现是用规则去构想全球治理、解决国际问题。全球治理的实施机制包括了正式的和非正式的机制,国际法治只是其中的一个方面。但是国际法治是调整国际关系的最基本法律规范,是全球治理的最核心组成部分。另一方面,法治是善治的保障。全球治理必须是在国际法约束下的治理,如此才能保证其在"善治"的轨道上运行。国际法为全球治理向着"善治"提供了一个制度保障。国际法的基本原则、强行法与具体的法律制度一起构成了促使全球治理走向法治化和善治的保障。具体来说,互相尊重主权和领土完整、互不侵犯、互不干涉内政、平等互利、善意履行国际义务、和平解决国际争端、尊重基本人权、国际合作共谋发展等基本国际法原则,公认的禁止性的强行法规则,包括种族歧视或灭绝、奴隶制或贸易、海盗、恐怖主义、武装侵略、空中劫持

---

① 习近平:《推动全球治理体制更加公正更加合理,为我国发展和世界和平创造有利条件》,《人民日报》2015 年 10 月 14 日第 1 版。

新时代法治发展的新面向

等以及具体领域的法律制度保障了国际秩序良性运作。

全球治理的进程就是国际法治的构建过程。完善全球治理需要构建国际法治。当今世界，人们对于法治的期待已经超越了一国国内体制的范畴，而倡导在国与国的关系上建立法治。全球治理委员会于1995年发表的《我们的全球之家》认为"在国家社会化过程中法治曾起到巨大的开化作用，因此必须在全球范围内拓展法治"。2005年的"世界首脑会议成果文件"将法治作为一项价值观和基本原则，呼吁在国家和国际两级全面实行法治。[①]习近平在2014年6月和平共处五项原则发表60周年纪念大会上提出："我们应该共同推动国际关系法治化。推动各方在国际关系中遵守国际法和公认的国际关系基本原则，用统一适用的规则来明是非、促和平、谋发展。"[②] 伴随着全球化的发展，人类社会从未像今天这样日益相互依存，想回到过去那种国家可以不受约束、为所欲为而不承担国际义务的时代已不可能。目前，国际法规则固然还不够完善，但它们仍然是必需的，它们提供了判断国际行为合法性的标准。国际法治的发展尽管远远不尽如人意，[③]但国际法治在推动国际社会实现安全、公正、可持续发展的国际秩序方面发挥了重要的作用。推进国际法治是人心所向，构建人类命运共同体，不是要"另起炉灶"，再造一个新的国际法体系，而是要不断适应人类社会的新发展新变化，推动现行国际法与时俱进，推动各国共商国际规则、共担国际责任、共享发展成果。[④]

[①] A/RES/60/1.

[②] 习近平：《弘扬和平共处五项原则，建设合作共赢美好世界——在和平共处五项原则发表60周年纪念大会上的讲话》，《人民日报》2014年6月29日第2版。

[③] 有学者认为，目前国际法治处在一种初期阶段，分地区、分生活领域的零星分布的状态，而没有形成整体完善的格局。参见何志鹏《国际法治论》，北京大学出版社2016年版，第46页。

[④] 梁鹰：《夯实人类命运共同体的国际法治基础》，《光明日报》2018年3月27日第6版。

(三) 人类命运共同体为国际法治树立了更高的价值目标

国际法是建立在具有说服力的共同价值观的基础之上的。可以说，国际法的价值是国际法的灵魂。只有正确树立国际法的价值目标，才能有效地发挥国际法的指引功能，促进国际关系向着正确的方向发展。构建人类命运共同体是中国针对解决和治理全球性问题提出的综合性方案，包含了新的国际权力观、共同利益观、可持续发展观和全球治理观，正逐渐被国际社会接受为一个新的全球价值观。把人类命运共同体作为国际法的价值目标意味着国际法追求实现一个合作、共进、分享成就、分享进步的国际关系格局。这一价值理念摒弃了传统的以强凌弱的丛林法则，与主张零和博弈、各自为政的国家主义的理念形成鲜明对比，它更加强调各国务实合作，实现共同利益的最大化。

在新时代背景下，人类命运共同体理念为国际法治树立了更高的价值目标。相比国际法的其他价值目标，人类命运共同体理念具有更有效的指引功能，可以带动国际秩序的良性推进。全球治理追求的公平正义价值目标是多元的，包括国家之间、个人之间以及全人类角度的公平正义。毫无疑问，构建人类命运共同体追求的是全人类的共同利益，体现的是真正的全球视野。回顾国际法的发展，我们看到传统的国际法孜孜以求的价值目标更多的是国家间的公平正义。这种价值定位已经不能满足国际社会的各种诉求。构建人类命运共同体的理念则超越了传统国际法的"国家本位"价值论，即不仅要实现国家间的正义，还要满足以全人类利益为视角的"全球正义"。这为国际法治树立了更高的价值目标。诚如有学者所言，在 21 世纪由于科学技术的高度发达造成的全人类相互依赖性和共同面临的客观困境提出了新的要求：所有的国际法规则均须受到国际社会共同利益的制约，必须为这一共同利益服务；国际社会共同利益成为国际法的最终目的性价值。①

当然，在以主权国家为主体的国际关系格局下，国家间的正义价值观仍然是国际法的主流价值观，但在坚持这一主流价值观的同时，适度兼容"个人正义"和"全球正义"不仅是适应全球治理中所需要的必要价值定位的调整，也是当代国际法发展的方向。② 以人类命运共同体为价值目标的国际法治将进一步推动全球治理走向全面"善治"。全球治理与国际法的发展之间有一个长期的互动过程，表现为相互依赖的正相关关系。③ 人类命运共同体理念的提出则是推动这一关系向前发展的催化剂。

三 人类命运共同体理念下国际法的新面向

人类命运共同体在国际法上是一个全新的概念，体现了中国主动运用国际法参与全球治理的决心和大胆尝试，是继1954年中国提出和平共处五项原则以来对国际法发展的又一次重大贡献。在新时代背景下，如何在人类命运共同体理念的指引下，进一步完善国际法，使国际法在规范国家行为、维护国际秩序方面发挥更大的作用，是我们国际法学者应该思考的一个重要问题。这里的国际法，不仅是指静态的国际法，即调整国际关系的法律规范，还包括动态中的国际法，即国际法规范的运作。也就是说，从立法、守法、执法、司法的角度全方位地分析国际法律规

---

① 高岚君：《国际法的价值论》，武汉大学出版社2006年版，第61页。
② 刘志云：《后危机时代的全球治理与国际经济法的发展》，《厦门大学学报》（哲学社会科学版）2012年第6期，第6页。
③ 刘志云：《全球治理与国际法》，《厦门大学学报》（哲学社会科学版）2013年第5期，第87页。

范的产生和运作过程。全面的"国际法"意味着"国际法治"。①因此,这里也是从法治的角度来使用国际法这一概念的。

人类命运共同体是国家间关系的一种理想状态。构建人类命运共同体是一个动态的发展进程。作为人类社会所希冀的状态,最终实现人类命运共同体是国际法的远景目标。这一目标具体包括改变全球治理体制中不公正、不合理的安排,增加新兴市场国家和发展中国家的发言权,推动各国在国际合作中权利平等、机会平等、规则平等,推进全球治理规则民主化、法治化,努力使全球治理体制更加平衡地反映大多数国家的意愿和利益。为最终实现这一目标,国际法应在立法、司法和守法方面不断完善,逐渐地接近这一目标。人类命运共同体理念的提出使得国际法肩负的使命和期望越来越大。

(1) 伴随着全球化的发展,国际法调整的范围不断扩大,已经渗透到人类社会的方方面面,但仍然不能及时地回应人类社会调整国际关系的需要,甚至是国际社会的重大关切。例如,国际投资迅猛发展,但至今人类社会尚没有达成一个多边投资协定。国际立法在各个领域呈现出不均衡的发展。另一方面,国际法是一种功能性的法律,不是依据既定的法律原则建构起来的具有内在严密逻辑结构、内在一致性和体系完整的法律体系。随着国际法的全球化,国际法碎片化的状态越来越明显。国际法的碎片化虽然是国际法体系的固有特征,但并不是不可以解决的。国际法各种规则和规则体系之间的冲突在全球化的背景下更加迫切地需要协调解决。② 例如,国际贸易和国际投资的规则必须和国际人

---

① 何志鹏:《国际法治论》,北京大学出版社2016年版,第559页。
② 参见 William Burke-White, "International Legal Pluralism", *Michigan Journal of International Law*, Vol. 25, 2004, pp. 963 – 979; Joost Pauwelyn, "Bridging Framentation and Unity: International Law as a Universe of Inter-Connected Islands", *Michigan Journal of International Law*, Vol. 25, 2004, pp. 903 – 929。

权、国际环境保护的规则相协调、相促进。国际社会已经意识到并采取行动解决国际法的碎片化问题,但还远远不够。在各个规则和规则体系相互协调的过程中,应该秉持构建人类命运共同体的理念,着眼于人类社会的可持续发展。

(2) 自20世纪冷战结束以来,国际司法机构数量的迅速增加以及作用的加强是国际法最重要的进展之一。许多学者将之称为"国际法的司法化"。国际司法是人类命运共同体理念得以实现的重要保障。对于国际司法的现状,有的学者持悲观的看法,认为目前的国际司法总体上非常薄弱,在大国政治中难以维持公正。[①] 有的学者则较为乐观,认为国际司法机构的蓬勃发展,是国际法治悄然兴起的重要标志之一。诚然,国际司法在不断向前发展的同时,暴露出很多问题。在国际法规范缺失、国际法碎片化的国际法律体系下,国际法的解释显得尤为重要。例如,目前,国际投资仲裁机制正面临着重大的改革甚至重塑。其中一个重要的发展趋势是在国际投资仲裁中,要处理好投资与环境、投资与劳工保护等问题。面对仲裁员在解释一些重要的国际投资规则,如间接征收、公平公正待遇时出现的扩大化趋势,除了要切实遵守《维也纳条约法公约》规定的条约解释规则外,还要建立对国际投资条约解释的约束和监督机制。[②] 国际司法机制还面临着去政治化、公正性等重大问题。只有不断解决这些问题,才能真正为构建人类命运共同体提供司法保障。国际司法任重而道远。

(3) 法律的实施除了靠国家强制力,也靠法律本身的力量和人们对它的尊重与服从。在很多国际交往实践中,国际法得到了

[①] 何志鹏:《国际法治论》,北京大学出版社2016年版,第496页。
[②] 参见 [尼泊尔] 苏利亚·P. 苏贝迪《国际投资法——政策与原则的协调》,高磊译,法律出版社2015年版,第140页。

遵守与执行。尽管一些国家为了自身利益做出违反国际法的行为，但国际法的约束力和执行力是不能否定的。[①] 法律的生命在于付诸实施，各国有责任维护国际法治权威，依法行使权利，善意履行义务。构建人类命运共同体，关键在行动。[②] 如何在国际法与国内法两个层面强化国际法的执行力、确保当事国积极有效履行国际公约义务，特别是在打击国际犯罪、环境保护、实现可持续发展等人类社会面临的重大国际问题上推进国际法治和国内法治的良性互动，是国际法面临的另一个重大问题。解决好这一问题，才能提高国际法的刚性，有力回击所谓国际法无用的认识。

（4）构建人类命运共同体是新时代背景下国际法发展的新起点。人类命运共同体绝不仅仅是人类社会追求的美好理想，不是一个抽象的概念，而是具有很强实践操作性的全球治理理念。人类命运共同体理念具有大量的阐释空间和实践指引潜能，是未来国际法发展的新起点。人类命运共同体蕴含着十分丰富的内涵。2015年9月，在联合国成立70周年系列峰会上，习近平阐述了人类命运共同体"五位一体"的内涵，即"建立平等相待、互商互谅的伙伴关系，营造公道正义、共建共享的安全格局，谋求开放创新、包容互惠的发展前景，促进和而不同、兼收并蓄的文明交流，构筑尊崇自然、绿色发展的生态体系"。[③] 可见，人类命运共同体理念涵盖了政治、安全、发展、文明、生态等多个领域。习近平通过对人类命运共同体理念内涵的阐述也揭示了人类命运

---

① 刘楠来：《维护国际法严肃性》，《人民日报》2016年8月15日第20版。
② 习近平：《共同构建人类命运共同体——在联合国日内瓦总部的演讲》，《人民日报（海外版）》2017年1月20日第2版。
③ 习近平：《携手构建合作共赢新伙伴，同心打造人类命运共同体——在第七十届联合国大会一般性辩论时的讲话》，2015年9月28日，新华网（http://news.xinhuanet.com/politics/2015-09/29/c_1116703645.htm）。

新时代法治发展的新面向

共同体理念所包含的依存性、平等性、共赢性和包容性等特点。这些内涵实际上也是国际法治目前最迫切需要调整的主要内容，这些特点也是国际法治发展进程中所应体现出的价值追求。在政治上，国家间冲突甚至局部战争仍然时有发生；在安全上，除传统安全外，恐怖主义、网络袭击等非传统安全问题日益突出；在发展上，南北不平衡问题尚未得到有效解决；在文化上，文明的冲突体现在各个方面；在生态上，掠夺式开发和生态环境的破坏阻碍着人类的可持续发展。这些问题不仅促发了人类命运共同体理念的产生，也构成了阻碍构建人类命运共同体的重要方面。实际上，这些内容是国际法调整的重要内容。其调整的重大国际问题包括地区武装冲突、领土及海洋争端、打击海盗及恐怖主义、国际人权保护、国际环境治理、国际公地保护等。当前的国际法领域已经开始把人类社会的共同利益和可持续发展作为价值取向，但还远远做得不够。人类命运共同体建设是一个国际法上的全新命题，涉及国际法与国际法治的方方面面。就国际法而言，不仅需要国家、国际组织、非政府组织在国际立法和国际司法中贯彻这一理念，我们国际法学者也需要把这种思维模式渗入到国际法研究的各个领域。构建人类命运共同体涉及国际法的主体、国家的权利义务与责任、国际法上的个人等诸多理论问题，一方面，分析构建人类命运共同体离不开上述国际法理论；另一方面，国际条约法、国际组织法、国际人权及人道法、国际海洋法、国际航空法等国际法各分支领域，与构建人类命运共同体都有千丝万缕的联系，是保障构建人类命运共同体的具体实践领域。在这些具体实践领域，要着力推动人类命运共同体理念在国际规则和制度中得到落实和固化，使得这一理念在国际上更具有普遍性和影响力。

从以上论述可知，国际法治成为全球治理在国际规制层面的重要方法和路径。反过来，全球治理也对国际法治提出了新要求。要充分发挥国际法在构建人类命运共同体中的作用，就要以人类命运共同体理念为指导，把人类命运共同体理念渗入到国际法研究的各个领域，深入研究国际法，特别是国际法的新领域和新问题，另外，要推动国际法治和国内法治的良性互动。

四 中国在推动构建人类命运共同体、实现国际法治进程中的作用

2011年9月，中国政府发布了《中国和平发展白皮书》，强调了中国政府对待国际组织与国际法的基本态度，并将其作为"积极有为的国际责任观"的重要组成部分，即"作为国际社会负责任的国家，中国遵循国际法和公认的国际关系准则，认真履行应尽的国际责任。中国以积极姿态参与国际体系变革和国际规则制定，参与全球性问题治理，支持发展中国家发展，维护世界和平稳定"。2014年6月，习近平在和平共处五项基本原则发表60周年纪念大会上提出："我们应该共同推动国际关系法治化。推动各方在国际关系中遵守国际法和公认的国际关系基本原则，用统一适用的规则来明是非、促和平、谋发展。"2015年4月13日，李克强在出席亚洲法律协商组织第54届年会开幕式发表的主旨讲话中指出："当今世界，和平与发展仍然是时代主题，合作共赢更是大势所趋，推进国际法治是人心所向……世界要和平，亚非要进步，各国要发展，都离不开法治和秩序。"这些文件和领导人的讲话表明了我国对国际法和国际法治的基本态度，正如我国外交部长王毅所言："一个坚定致力于对内推进法治的中国，同时也必然是国际法治的坚定维护者和积极建设者。"在中国和平发展的过程中，中国对国际法的态度经历了从改革开放

前的拒绝或排斥,到改革开放中的遵守或运用,再到现在的热情维护和发展国际法的过程。

中国提出构建人类命运共同体理念,并以诸多实际行动来践行这一理念,致力于建设一个持久和平、普遍安全、共同繁荣、开放包容、清洁美丽的世界。① 构建人类命运共同体理念提出以来,中国不断以实际行动为构建人类命运共同体做出贡献。从"一带一路"到"巴黎气候协定",从"亚投行"到"亚欧班列"开通,中国为提高人类福祉的努力遍及世界的各个角落。2018年3月,"推动构建人类命运共同体"写入了《中华人民共和国宪法》,这体现了中国推动构建人类命运共同体的信念和决心,展现出中国负责任的大国形象。构建人类命运共同体的理念,为促进人类社会共同发展提供了新的视角和思路。中国构建相互尊重、合作共赢的国际关系,打造人类命运共同体的理念正在世界范围内传播,有助于荡涤极端利己、狭隘功利的价值取向,弥合对抗、冲突造成的鸿沟。②

国际法是规范、协调国际社会多元化和差异性的一个法律工具。从其产生的根源来看,维护国家间的共存与合作是其基本目标。在新时代背景下,维护和平,促进发展仍然是国际法的根本目标。对中国来说,积极构建大国命运共同体和周边国家命运共同体,是全面构建人类命运共同体的关键。首先,要优先处理好中美命运共同体的建设。中美两国之间的关系,是人类命运共同体的重要组成部分。如果中美两国针锋相对,构建人类命运共同体就多半成了空话。同时,中美两国的合作是人类命运共同体向前发展的重要推动力。人类命运共同体的建设需要中美两国的共

---

① 沈伯平:《构建人类命运共同体的中国实践》,《人民日报》2018年5月9日第7版。
② 叶小文:《全球治理的中国理念》,《人民论坛》2017年第6期,第7页。

同努力。中美两国关系，特别是经贸关系，在法治的轨道上前行是保证两国关系协调发展的重要路径。其次，构建人类命运共同体要从中国与周边国家共同体开始。中国的周边区域，现在是世界上最有活力的区域，也是矛盾重重，情况最为复杂的区域，同时也是中国最有可能推动人类命运共同体建设的区域。对于我国与周边国家发生的包括南海诸岛、东海大陆架和钓鱼岛在内的海洋争端，我国要充分发挥国际法的作用，借助国际法的力量，通过国际司法机制维护我国的领土主权和海洋权益，同时致力于共同维护地区和平与稳定，增进周边国家的理解、信任与合作，打造区域共同体。

在新时代背景下，一国要想长久地有效维护自身的核心利益，必须将维护本国的利益与国际社会的利益有机结合起来，必须借助国际法的力量。在国际法规则的构建过程中要积极参与。要提高我国在全球治理中的制度性话语权，首先要提高我国在国际规则制定中的话语权，提出具有科学性，符合时代发展趋势，并维护国际社会整体利益的国际法规则。这是中国展现负责任大国风范的需要。中国国际法学界任重而道远。2016年5月17日，习近平在哲学和社会科学工作座谈会上的讲话中指出，哲学社会科学工作"要围绕我国和世界发展面临的重大问题，着力提出能够体现中国立场、中国智慧、中国价值的理念、主张、方案"。在构建人类命运共同体的国际法实践中，中国对国际法律事务需要提出有其文化与价值取向的观念、态度和方案。在构建人类命运共同体的过程中，中国要承担与自身的实力相称的国际责任。在国际规则的构建中，我们不能做旁观者、追随者，要做参与者和建设者，甚至引领者。当前的国际社会希望听到中国的声音，期待着中国的参与。对于具体的国际法问题，中国该如何构建和完善中国立场？对于这一问题的深入研究将有助于中国国际法理论的进一步提升和国际法实践的发展和成熟。为展现中国负责任的大国形象，我国在重要的国际问题上应更为清晰地表达自己的主张和看法，赢得更多国家的道义支持。目前，欧盟和美国都在通过区域或双边贸易（投资）协定谈判影响或改变着全球贸易（投资）规则的话语权。通过国际条约将国内或内部规则外化成国际通行规则，最大限度地维护国家或集团利益。我国影响和主导国际经贸规则制定的能力还较弱，对国际经济秩序的影响有限。为快速改变这种现状，中国的学界和商务管理部门应该携起手来，从长计议，当务之急是制定出如何参与国际规则制定的行动方案和指导原则。我们深知，中国要将经济实力转化成制度性权力尚需付出艰苦的努力。

在新的时代背景下，构建人类命运共同体的神圣使命呼唤着中国国际法工作者为推进国内法治和国际法治的进程做出不懈的努力。中国国际法的理论和实践为推动构建人类命运共同体正在踏上新的征程。

（作者为中国社会科学院国际法研究所研究员）

完善海洋法律体系，加快
建设海洋强国

马金星

> 坚持陆海统筹，加快建设海洋强国。
>
> ——十九大报告

海洋是经济社会发展的重要依托和载体，建设海洋强国是中国特色社会主义事业的重要组成部分。近五年，我国海洋生产总值保持7.5%的年均增速，2017年全国海洋生产总值达到7.8万亿元，占国内生产总值近10%，海洋经济已经成为推动国民经济发展的重要引擎。[①] 党的十九大报告提出"坚持陆海统筹，加快建设海洋强国"，是国家在认识、利用和管理海洋方面做出的重要部署，为建设海洋强国再一次指明了方向，具有重要的现实和战略意义。改革开放以来，我国海洋立法取得长足的进展，基本上走向科学化、合理化和体系化的道路，立法技术逐步提高，立法体系逐渐成型，逐步建立起以《领海及毗连区法》《专属经济区和大陆架法》《海洋环境保护法》等法律为支柱，以其他行政法规、部门规章和规范性文件等为补充的海洋法律体系。然而，海洋法律体系结构合理性与协调性、立

---

① 刘诗平：《2017年我国海洋生产总值达7.8万亿元》，2018年5月22日，中国政府网（http://www.gov.cn/shuju/2018-01/21/content_5259081.htm）。

法内容涵摄性及操作性，仍存在诸多不完善之处，亟须通过体系化方法加以解决。

一 完善我国海洋法律体系重要意义

海洋法律体系，是由调整海洋活动中发生的各种社会关系的法律规范所形成的有机联系的统一整体，属于中国特色社会主义法律体系的子体系。建设海洋强国是中国特色社会主义事业的重要组成部分，从海洋大国走向海洋强国，建立完备的海洋法律体系势在必行。

第一，完善中国特色社会主义法律体系的海洋路径。海洋法律体系是中国特色社会主义法律体系的重要组成部分，完善海洋法律体系是推进中国特色社会主义制度发展完善的内在要求，也是今后海洋立法工作面临的重要任务。[1] 创设有利于践行新发展理念的法治基础，充分反映完备的海洋法律规范体系在当代中国海洋治理中的引领、规范和保障功能，大力营造有利于实现新发展理念要求的规范化、制度化海洋法制环境，是全面落实依法治国基本方略的前提和基础，也是中国特色社会主义法治建设和全面依法治国进入新时代的必然要求。

第二，通过立法引导海洋综合管理体制走向完善。海洋综合管理是建立在国家海洋整体利益和部门行业管理之上的全局性、指导性和协调性管理，是在维护海洋权益、促进国民经济发展、确保海洋资源持续利用和保护海洋环境的原则下，[2] 运用法律手段统筹兼顾、综合平衡地对海洋资源、海洋环境和海洋权益进行

---

[1] 参见郁志荣《完善海洋法律体系需理论与实践指导》，《中国海洋报》2012年2月20日第3版。
[2] 全永波：《构建我国海洋立法体系的思考》，《燕山大学学报》（哲学社会科学版）2008年第4期，第47页。

管理。① 为了配合海洋事务管理走向法制化,需要在法制层面夯实海洋综合管理的制度基础,通过体系化的方式,用法律明确规定我国海洋综合管理的基本内涵、保障手段、实现途径等内容。

第三,通过立法体现国家海洋基本政策。国家海洋基本政策,指覆盖国家海洋权益,资源、环境的开发利用、保护、维护和管理的高层次的、综合性的总体政策。海洋立法与国家海洋基本政策内容上并不冲突,制定或修订海洋法律法规的过程,就是推动制定国家海洋基本政策的过程,也就是逐步将国家海洋基本政策上升为国家意志的过程。反过来,制定或修订海洋法律法规也是为国家海洋基本政策的制定实施提供强有力的法律依据及保障。以立法的形式对海洋政策或战略进行"固化"的优势在于,使建设海洋强国的基本国策或战略不因领导人的施政偏好或趋向转移而弱化,并且通过立法确认国家海洋政策或战略的方式,鼓励国民开发海洋,利用海洋,实现立法与政策的双向扶持。

第四,借助法律手段提升全民族的海洋意识。台湾学者王伯琦在总结立法与公众意识之间的关系时指出,公众行为规范虽不是立法者可以制造的,但立法者制成的法律,对于社会大众的意识却有莫大的警示作用,从而足以加速促成其意义之成熟。尤其在一个社会需要有重大的变革之时,此种立法的手段更为重要。② 在澳大利亚关于《海洋法》立法的公开讨论中,支持者主张海洋立法的依据之一,即包括通过立法总结海洋政策、增进公众海洋意识,以及加深对海洋重要性的理解,因此,以立法的形式提高国民海洋意识并非妄谈。③ 可以预见,我国与周边国家海洋权益

---

① 参见周江、张济坤《建设海洋强国需完善海洋法律体系》,《人民日报》2018年1月10日第7版。
② 《王伯琦法学论著集》,台北:三民书局1999年版,第294—294页。
③ 参见李志文、马金星《论我国海洋法立法》,《社会科学》2014年第7期,第89—90页。

争端不可能在短期内解决,双方围绕海洋划界及其衍生的其他海洋权益争议将持续存在,为此,更需要通过完善海洋法律体系的方式,提升国民的海洋意识,增强全民族的海权观念。①

第五,助力"21世纪海上丝绸之路"建设。共同建设"21世纪海上丝绸之路"(以下简称"共建海上丝绸之路")是中国政府面向国际社会提出的重大合作倡议,② 积极推进"共建海上丝绸之路"需要健全的海洋法治做保障,而完善的海洋法律体系是海洋法治的重要构成。通过完善海洋法律体系,依法履行海洋管理职能,严格规范海洋管理权力运行,不仅为"共建海上丝绸之路"提供法律保障,也为海洋强国建设开创新的局面。由于海洋事务具有显著的涉外性,许多海洋法律法规的内容及适用与国际条约密切相关,在"共建海上丝绸之路"过程中,也需要通过不断完善海洋法律体系,准确把握国际规则,积极运用相应的国际条约及协定,享有条约赋予的权利,履行条约规定的义务,和平解决在海上交往中产生的法律冲突。

二 我国海洋法律体系的构成及存在的问题

海洋法律体系由全部现行有效的海洋规范性法律文件按照一定的原则组合成若干部门和层次,形成一个相互协调一致、完整统一的法律系统。目前,我国已形成由宪法相关法、法律及行政法规、部门规章和地方性法规等多层次的法律规范构成的中国特色海洋法律体系,体系内的法律法规之间有一定的分工,但仍处

---

① 参见陈小菁《海洋基本法应尽快走上立法轨道》,《解放军报》2012年3月14日第6版。
② 《21世纪海上丝绸之路国际研讨会在泉州开幕》,2018年5月22日,国务院新闻办公室网(http://www.scio.gov.cn/zxbd/tt/zdgz/Document/1455103/1455103.htm)。

于分而治之的局面。①

（一）海洋法律体系的构成及特征

我国已经制定的海洋法律法规大多采取分领域、分事务、分行业的分割式立法模式，以单个要素为调整对象。② 海洋法律体系内的规范性法律文件就其性质而言，可以分为公法与私法两大类，公法包括刑法与行政法，在刑法领域，相对于《刑法》而言，不存在具有独立形式或者独立存在的海洋法律法规，《刑法》也没有具有特别意义的涉海条款或具体规定，有关海上交通肇事、海洋环境污染等海上犯罪行为，普遍适用《刑法》的规定。③ 在行政法领域以部门立法为表现形式，立法以主管部门行政管理权的配置为主要调整内容，调整的社会关系是特定的和具体的。就私法而言，海洋法律法规包括一般法与特别法。一般法普遍适用于平等主体之间海上民事及商事活动，如《民法总则》《民法通则》《物权法》《侵权责任法》等。特别法仅适用于特定的主体和事项，或者在特定的空间和时间内适用，如《海商法》仅调整海上运输法律关系、船舶法律关系。从法律体系形成的过程，及立法形式及内容角度看，我国海洋法律体系具有如下特征。

第一，海洋法律体系包括纵向构成与横向构成。海洋法律体系的纵向构成，体现在由不同效力层次的海洋规范性法律文件组成等级有序的纵向关系，包括宪法相关法、法律、行政法规、部门规章及地方性法规。宪法相关法，是指与宪法相配套、直接保

---

① 马明飞：《我国〈海洋基本法〉立法的若干问题探讨》，《江苏社会科学》2016年第5期，第180页。
② 刘惠荣：《制定海洋基本法，依法维护海洋权益》，《中国海洋报》2014年6月17日第A3版。
③ 参见司玉琢、李天生《论海法》，《法学研究》2017年第6期，第86页。

障宪法实施和国家政权运作等方面的法律规范，它们在海洋法律体系中具有基础性、根本性的建设和规范作用，《中国特色社会主义法律体系》白皮书将《领海及毗连区法》《专属经济区和大陆架法》归为宪法相关法。[①] 法律是海洋法律体系的主干，国务院制定的行政法规、国务院下属各部门颁发的部门规章及地方性法规，为海洋法律体系的重要组成部分。海洋法律体系的横向构成，由调整海洋活动中不同形式的各类海洋法律规范的组成，按所调整海洋活动中社会关系的不同性质或者社会关系的构成要素的不同，而划分出若干处于同一层次的部门法，依据调整范围包括海域制度立法、海洋资源立法、海洋生态环境立法、海上交通立法、海岛管理立法等。

第二，海洋法律体系内兼具公法与私法。海洋法律体系内的公法以行政法律为核心内容，私法则调整平等主体间海上活动中的民事或商事关系，这些私法性的法律法规通常被归入民法特别法或商法特别法范畴。虽然，在海洋法律体系中存在公法与私法的界分，但一些具体立法中却出现公法与私法的混合性。所谓"混合"并不是混同，而是指不同属性的、具体法律规范在具体一部立法中的共存。受到近代公法与私法相互融合发展趋势的影响，在以行政法为主导的部门法中，出现了私法因素，其中的私法因素大多表现为规定海洋活动中的民事责任，如2009年《防治船舶污染海洋环境管理条例》在性质上属于行政法范畴，而在内容上却单设"船舶污染事故损害赔偿"一章，规定因船舶油污造成海洋环境污染损害侵权行为的民事责任。在私法性质的规范性法律文件制定过程中，也存在加入公

---

① 参见《中国特色社会主义法律体系》白皮书第2部分第2节，2018年5月22日，中国政府网（http://www.gov.cn/jrzg/2011-10/27/content_ 1979498.htm）。

法因素的事例。①

第三，海洋法律体系构成与国际条约关系密切。我国海洋法律体系构建过程中，无论从立法依据、立法内容，还是立法适用方面，多吸纳了国际条约的规定，力争与有关国际法规则相协调。如《领海及毗连区法》《专属经济区和大陆架法》直接吸收了《联合国海洋法公约》相关规定，与公约规定的内容保持一致；《海岛保护法》第2条第2款关于海岛的定义，是对《联合国海洋法公约》第121条第1款"岛屿"定义的纳入；《渔业法》在起草过程中不仅注意了与有关国际公约和惯例相协调，同时也与中日渔业协定相衔接。②《防治船舶污染海洋环境管理条例》规定，船舶的结构、设备、器材应当符合国家有关防治船舶污染海洋环境的技术规范以及我国缔结或者参加的国际条约的要求。③ 许多立法还规定有条约适用条款，如《海洋环境保护法》第96条、《海商法》第268条、《涉外海洋科学研究管理规定》第14条等。立法上的这种借鉴和吸收，在很大的程度上缩短了我国海洋立法的研究探索过程，起到了推进海洋立法进程的作用，维持了国内立法与国际条约在立法内容和立法标准方面的高度协调，扩大了与世界其他国家在海洋法律事务领域的交流融合，客观上对我国海洋管理水平和海洋科技水平起到了一种提升、督促和监督的作用。

---

① 1992年6月7日报送全国人大常委会的《中华人民共和国海商法（草案）》（国函〔1992〕63号）第5条（非法悬挂我国国旗航行）、第174条（碰撞后不予救助）、第182条（违反海上人命救助义务）等均有刑事责任的规定，并有具体量刑，但最终全部被删除，以留待修改刑法时规定。但刑法修改时并没有考虑海上刑法的特殊性。转引自司玉琢、李天生《论海法》，《法学研究》2017年第6期，第86页。

② 参见朱荣《关于〈中华人民共和国渔业法（草案）〉的说明——1985年11月13日第六届全国人民代表大会常务委员会第十三次会议》，2018年5月22日，中国法律法规信息网（http://law.npc.gov.cn/FLFG/flfgByID.action?flfgID=151623&zlsxid=23）。

③ 参见《防治船舶污染海洋环境管理条例》第10条。

（二）海洋法律体系存在的问题

我国海洋法律体系的顶层设计尚不完善。顶层设计是提高海洋立法规范化、体系化建设的需要，在规范海洋事务过程中，只有重视法律和制度层面的顶层设计，制定系统的、配套完善的法律体系，才能形成长期稳定的海洋法治形态。

我国海洋法律体系的整体性存在一定问题，尤其是在部门立法分割作用下，规范各类海洋活动的专门立法或者自成体系，或是依托于传统的部门法，造成了我国海洋领域的专门立法松散，立法价值存在部门利益化倾向，缺乏统领全局的海洋基本法律。一些领域内还欠缺相应的规定，无从应对现实出现的海洋事务管理中的新问题：一是海洋法律体系中缺少系统化海上反恐立法，现有立法内容存在缺陷。我国的海上反恐立法明显缺乏系统性、完整性，各部门在应急处置中的职责缺乏法律依据。少数反恐条款零散分布在《刑法》《国家安全法》《国际船舶保安规则》《港口设施保安规则》等立法中，对于诸如"恐怖组织""恐怖活动""恐怖袭击"等基本概念没有明确规定。[1] 二是管辖海域外海上活动领域立法存在空白。在国内法层面我国缺少与南极、北极活动相关的国内立法，国内法对于海洋科学调查、海底电缆管道管理等活动的适用范围，均限定在我国管辖海域。[2] 调整管辖海域外海上活动领域的规范性文件，大多为国家海洋局指定的行政规范性文件，其规范事项有限，且缺乏必要的罚则与执行程序。

部分立法内容陈旧。我国海洋法律体系内，由于一些立法颁

---

[1] 王淑敏：《海上反恐面临的新挑战及其相关法律问题》，《中国海洋大学学报》（社会科学版）2005年第1期，第9页。

[2] 参见《防治海洋工程建设项目污染损害海洋环境管理条例》第2条、《涉外海洋科学研究管理规定》第1条、《海底电缆管道保护规定》第2条。

布的时间较早,与现有的海洋开发利用以及海洋综合管理理念的要求均有一定的距离。部分立法陈旧的表现为,立法时间跨度长,立法内容与现实脱节。这些法规有的颁布于1949年新中国成立初期,有的则制定于20世纪六七十年代,不同时期颁布的立法长期得不到修订和清理,这些法规内的一些术语和机构名称已经过时,有的早已不复存在。如1958年《非机动船舶海上安全航行暂行规则》已经"暂行"了60年,至今有效;1966年《国境河流外国籍船舶管理办法》法规用语中,仍然保持着"人民委员会"和"港务监督"等称谓。部分"龙头法"内容陈旧,立法长期未被修改,而子法体系内的下位法更新速度较快、立法内容与时俱进。如海上交通立法体系内的"龙头法"为1983年颁布的《海上交通安全法》,该法从出台至今未被修订过,而自1983年以来,几乎每年都有关于海上交通安全方面的部门规章或地方立法出台,《海上交通安全法》的内容与现行管理体制和管理内容已存在较大差异。

不同法律规范之间相互矛盾、冲突的现象。我国海洋法律体系内的立法冲突主要表现为"法律规范冲突",包括:一是上位法与下位法之间存在的立法冲突。即上位法与下位法在授权条件规定方面、设定义务(责任)条件规定方面、法律制裁规定方面存在部分冲突。二是中央立法与地方立法之间存在冲突。中央立法与地方立法的制定、出台存在着越来越多的交叉点,立法名称使用不规范、越权立法、法律制裁不一致、授予权利的条件规定的冲突和设定义务(责任)的条件规定的冲突等问题普遍存在。三是部门立法之间存在冲突。由于我国海洋法律体系内的法律、法规大多以单个要素为调整对象,各海洋立法调整范畴受行政主体的管理职权左右,造成立法规定的授权部门管理事项存在竞合,不同立法对同一法律事项的管理要求不一致。

国际公约转化适用滞后于公约的修改进程。以国内补充立法方式适用我国缔结或参加的国际公约，在实践中并没有完全解决公约在国内的实施问题。如《国际海上人命安全公约》《国际防止船舶造成污染公约》等我国缔结、参加的国际公约，自生效以来每年都会被修订，大量被通过的修正案会很快得到缔约国的接受，在两到三年内生效。鉴于国内的立法程序，如果针对每一次公约修正案进行国内二次立法转化，国内立法部门将会面临沉重的立法负担。此外，由于立法的程序性要求，也延长了国际公约及其修正案和议定书进行国内二次立法转化的时间。[①] 同时，立法部门还面临着立法计划实施的步伐是否与公约修订相协调，以及如何解决公约修改与国内法稳定性之间的关系等问题。

三　完善我国海洋法律体系基本思路和实施路径

当代中国语境下的法律体系，已经不是学理概念的法律体系，它成为中国社会政治发展的目标，被赋予了丰富的社会政治意义。[②] 在中国特色社会主义进入新时代的背景下加快推进海洋强国建设，必须完善海洋法律体系，增强不同海洋立法之间的协调衔接，强化法律的可操作性，让法律制度更贴近我国海洋事业发展的时代要求和客观需要，为维护国家海洋权益提供法律依据。

（一）完善海洋法律体系的基本思路

坚持陆海统筹的立法理念，从顶层设计层面完善海洋法律体

[①] 李志文、马晓路：《我国海事立法中的国际公约有关问题研究》，《学术论坛》2014年第5期，第76页。

[②] 信春鹰：《中国特色社会主义法律体系及其重大意义》，《法学研究》2014年第6期，第19—20页。

完善海洋法律体系,加快建设海洋强国

系。陆海统筹的理念正在从根本上转变以陆看海、以陆定海的传统观念,逐步强化多层次、大空间、海陆资源综合利用的现代海洋经济发展意识。[①] 新时代中国海洋观以建设海洋强国为核心目标,[②] 加快建设海洋强国,需要深化海洋立法理论研究,提高海洋立法的科学性,从顶层设计层面完善海洋法律体系。

妥善处理"四个层面"的关系,构建和谐相洽的海洋法律体系。海洋法律体系中四个层面的关系,是指公法与私法的关系、海洋管理与海洋维权的关系、中央立法与地方立法的关系,以及国内法与国际法的关系。区分公法与私法是现代法律秩序的基础,在海洋法律体系中公法与私法是最基本的分类,[③] 区分某部门法是公法或者是私法,是对其子部门具体法律规范逐一按照公法和私法区分的标准考虑后,从总体上概括的结果,它仅仅表明这个部门中多数规范或者绝大多数规范是公法性质或者私法性质,而不能说这个部门中所有的规范都是公法或者私法性质的。公法和私法有着各自不同的适用边界,"私法化"了的公法仍属公法,其国家强制色彩并未减弱。[④] 因此,应当承认海洋法律体系内出现的"公法私法化"与"私法公法化",是在海洋活动实践、海上特殊风险以及海洋的整体性与国际性基础上形成的,是海洋法律体系理性结构和内在规则发展的结果,海洋法律体系内的公法与私法所包含的已经不是两个截然相反、互相对比的法律部门群,而是作为两种调整社会关系的方法,渗透在所有的法律

[①] 王宏:《海洋强国建设助推实现中国梦》,《人民日报》2017年11月20日第7版。
[②] 李剑:《新时代呼唤新的国家海洋观》,《解放军报》2017年4月25日第7版。
[③] 参见曾云燕《我国公法实施中的私法化问题研究》,《山东社会科学》2012年第7期,第117—118页。
[④] 金自宁:《宪法第一案:公法私法化》,载袁曙宏等《公法学的分散与统一》,北京大学出版社2007年版,第331页。

部门之中。① 为此，可以考虑借鉴公法与私法相互融合的理念、技术以至具体的制度和规定，部分改变立法的实施方式，推动海洋法律体系不断发展。

协调海洋管理与海洋维权的关系，扩充海洋立法的维权内涵。海洋管理主要指政府和社会组织为促进围绕海洋活动形成的各种社会关系协调运转，对相应的社会关系的组成部分、不同领域以及发展环节，进行组织、协调、监督和控制的过程。海洋管理具有内向性特征，法治则是加强海洋管理的重要手段和方式，海洋立法对调整海洋活动中社会群体利益关系、保障民生和社会权利、促进社会和谐稳定，具有重要作用。然而，法不仅仅是社会管理的手段，也是国家意志的体现，制定及执行法律也是彰显国家主权及管辖权的方式。我国与所有海洋邻国间均存在海洋权益争端，维权的现实需要是完善海洋法律体系不能回避的现实问题。在立法中扩充海洋维权的内涵，包括两方面：一是在立法目的中突出维护国家权益的表述。立法目的具有前置性特征，海洋立法者必须首先明确立法的目的，才能进行具体的立法活动，否则将会无的放矢。对此，应当在海洋立法目的表述中增加"维护国家权益"等类似表达，彰显海洋立法的维权特征。二是在立法内容中增加维护国家权益的内容。包括积极推动重点领域海洋立法、完善无害通过制度、规范海洋军事利用等，通过完善我国海洋法律体系中有关维护海洋权益的内容，全面维护国家海洋权益。

协调中央立法与地方立法的关系，鼓励地方立法"先试先行"。我国海洋法律体系由中央立法与地方立法两部分组成，中央立法包括法律、行政法规、部门规章，地方立法包括地方政府

---

① 朱景文：《中国特色社会主义法律体系：结构、特色和趋势》，《中国社会科学》2011年第3期，第31页。

规章和地方性法规，海洋法律体系形成以中央立法和地方立法为主要内容的多层次法律框架体系。地方立法是中央立法的有益补充，是我国海洋法律体系中的重要组成部分，地方政府在海洋法律体系构建过程中发挥了"先行先试"的作用，许多中央立法的出台都是奠基于地方立法的经验摸索。[①] 为了使法律适应本地的具体情况，保证法律法规的全面实施，地方立法应根据地方实际，细化、补充、完善国家法律的规定，并与上位法相呼应、相配套，以弥补国家法律原则性强、修改程序繁杂的问题。在中央立法出现空白的时候或者许多不宜由中央立法解决的问题，通过地方立法予以解决，在解决法律适用空白的同时，也为中央立法积累了地方经验。如 2009 年《海岛保护法》出台之前，《宁波市无居民海岛管理条例》（2004）、《厦门市无居民海岛保护与利用管理办法》（2004）等地方性海岛管理立法已经生效实施，为《海岛保护法》出台积累了宝贵的立法经验。地方立法先于中央立法出台并促进中央立法，已经成为构建我国海洋法律体系的一项特色。在协调中央立法与地方立法的关系中，应当在法律行政法规框架内，发挥地方立法的能动性，鼓励地方立法对地区海洋活动中的新问题"先试先行"。

协调国内法与国际法的关系，理顺国内法与国际法的接驳。目前，我国已缔结和参加《联合国海洋法公约》《海上人命安全公约》《南太平洋公海渔业资源养护和管理公约》等众多与海洋事务密切相关的国际公约，这些公约不仅赋予了缔约国众多海洋权利，同时，公约所确定的基本原则和内容，也构成我国海洋法律制度的组成部分，并通过纳入或（和）转化的方式被国内法吸收。通过完善国内海洋法律体系积极实现国际公约赋予的权利，

---

① 钱大军：《当代中国法律体系构建模式之探究》，《法商研究》2015 年第 2 期，第 10 页。

维护国家海洋权益,是加快建设海洋强国的必由之路。

(二) 完善海洋法律体系的实施路径

完善我国海洋法律体系,需要因应国情及海洋事业发展现状,结合海洋管理活动所积累的历史经验、国际条约最新发展趋势,对现有海洋法律体系中不合理之处进行调整,增加新的立法内容,注入新的管理理念,体现海洋法律体系架构的合理性和前瞻性。

第一,利用大数据技术,系统清理规范性法律文件。法律清理是立法工作的重要组成部分,是保证新立之法与原有之法之间不存在冲突、重叠的必要步骤,是构建海洋法律体系与其他法律体系之间、海洋法律体系内部法律法规之间和谐相洽、维护法治统一的前提。[①] 法律清理可以从三方面着手:一是充分利用大数据技术。在社会信息化发展趋势下,大数据建设是推进依法治国的基础工程。"十三五"规划建议提出:"实施国家大数据战略,推进数据资源开放共享",法规清理应当充分利用数据库资源和数据检索技术,以准确、便捷和高效的方式处理日渐庞大的法律数据信息,识别数据库中的重复性规定、时滞性条款、冲突条款等,剔除僵尸法律信息。二是法律清理应当制度化。法的清理作为决定法律规范,是否继续适用或是否需要修改的专门活动应当由享有立法职权的国家机关或其授予的机关按确定的程序系统进行,使法律清理走向制度化和常态化。[②] 三是法律文件的清理应当全面。法律清理应自上而下进行,作为上位法的中央立法应当首先通过法律清理,梳理厘清现存各种法的基本情况,确定哪些

[①] 张文显:《法理学》,法律出版社2007年版,第149页。
[②] 参见马晓路《海事立法与相关涉海立法的边界及协调研究》,《南通大学学报》(社会科学版)2014年第5期,第48—49页。

可以继续适用,哪些需要修改、补充或废止,使立法活动与法律清理并行,以减少立法后再次产生新法与旧法之间的法律冲突。

第二,运用海洋综合管理理念,完善海洋法律体系架构。海洋综合管理是一种行动框架或管理方法,正如《联合国海洋法公约》序言所言,"海洋区域的种种问题彼此密切相关,有必要作为一个整体加以考虑"。在国际社会不断推动下,沿海国家和有关国际组织接受、确立并推行海洋综合管理,已然是实现海洋资源可持续开发利用的必由路径。海洋综合管理只有付诸国家实践、与国家行政管理体制相结合时,通过法律形式加以确定,才会"落地生根",形成某种法律机制,进而产生法律效果。运用海洋综合管理完善海洋法律体系架构,需要以国家海洋整体利益为目标,制定并实施海洋利用及保护基本法律制度以及各类标准与规范,指导和约束海洋开发利用活动,协调海洋利用过程中的经济、环境和社会效益,搭建起海洋利用及保护综合管理的行政框架,在统一管理与分部门和分级管理的体制下,实施统筹协调管理,提高海洋开发利用的系统功能。

第三,改进立法技术,完善立法内容。完善我国海洋法律体系时,在吸收借鉴的基础上要有所创新,着重于海洋立法的前瞻性,尤其是关注科学发现和技术变革对海洋开发利用及生态环境保护等方面所带来的积极影响,以先进的科学技术引领海洋立法的走向,延长海洋立法的生命力,减少亦步亦趋式的立法修订。如此一来,海洋法律体系才能够真正形成门类齐全,层级有序,内外协调的有机统一整体,才能满足加快建设海洋强国的法治需求。在完善海洋立法内容方面,要厘清因立法冲突造成的执法机构的权责不清,执法依据"令出多门"的现象,推进海洋程序立法,规范海上执法行为。弥补立法空白,把《南极条约》《联合国海洋法公约》等相关国际公约赋予缔约国的权利以国内立法的形式具体化，以适应公约生效后新的海洋形势的发展，最大限度享受公约给缔约国带来的海洋利益，在国内法层面清除我国进一步参与全球海洋治理的法律障碍。

第四，通过制定《海洋基本法》，弥补海洋法律体系的顶层缺位。我国海洋法体系是在部门法的基础上建立和发展的，全局性、整体性不强，立法体系并不完整，尤其是在顶层设计层面缺乏系统规范海洋事务的"龙头法"，海洋法制建设状况和海洋事业发展的内在需求，仍存在继续发展的空间。在具体制度方面，我国海洋综合管理和协调体制亟待立法确认和完善，在海上执法程序立法方面，《领海及毗连区法》《专属经济区和大陆架法》仅对我国主要海洋权益进行了原则性宣示，没有具体可执行的程序规则，不利于执法人员依法行使职权，无法为海洋事务和海洋权益的不断拓展提供强有力的法律依据。[1]《海洋基本法》是对我国海洋基本政策、海洋管理体制、海上执法力量、海洋安全和我国在管辖外海域海洋权益的立法表述，是规范海洋事务的"龙头法"。制定《海洋基本法》在一定程度上是战略预置，是建设海洋强国过程中避免或减少战略风险的重要保障。不仅可以通过立法明确各有关部门及其领导的权责，包括其在落实海洋强国战略中的职责，避免各部门之间的职能交叉及利益冲突，[2]也是通过立法规定解决海洋权益争端遵循的原则、国内海洋维权力量运作机制等内容，向外传达我国对海洋权益的具体理解和维护和谐海洋的决心，增加参与国际海洋事务的透明度。

第五，改进中央立法主体对地方立法的备案审查制度。依据《立法法》规定设区的市、自治州均有立法权，《宪法》第100、

---

[1] 李志文、马金星：《论我国海洋法立法》，《社会科学》2014年第7期，第89页。
[2] 王翰灵：《加快制定国家海洋战略和海洋基本法》，《人民法治》2016年第8期，第22—23页。

106条以及《立法法》第72、98、102条都规定,地方性法规要向全国人大常委会和国务院备案,国务院各部门和地方政府的规章要向国务院备案。2002年《法规规章备案条例》对于报送法规、规章备案审查、备案审查的标准和发现问题后的后续处理有较为详细的规定。我国共有11个沿海省份(除港澳台外),目前地方海洋立法的数量正在不断增加,在备案审查制度的运行实施过程中,需要完善备案审查人才保障机制,增加违反报备义务的问责机制,规定备案审查主体消极行使备案审查权的系列惩戒措施,以此提高备案审查机构专业化水平,理顺法律体系内部运行机制。[1]

第六,完善相关国际条约国内适用。一般而言,国际法规范只有被接受为国内法,成为国内法的渊源后,才能很好地在国内发生法律效力或作用于国内法。对此,建议以制定《海洋基本法》为契机,对国际条约的适用问题做出原则性规定,以弥补宪法有关国际条约国内法地位规定的缺位。具体实施国际条约的方式应与该条约的特点紧密相连,即公法性质的国际条约应采取"转化"的方式,通过国内二次立法将条约的实体规定纳入国内法,结合我国的法律文化和实际国情予以实施。对于大多数以技术规范与规则为内容的国际条约,可以考虑采纳直接生效的方式,以满足技术规范及时性的要求,节约国内立法资源。[2]

四 结语

综上所述,加快建设海洋强国需要依托完备的法制。建设中

---

[1] 梅一波:《备案审查制度的若干缺陷及其完善》,《法律方法》2016年第2期,第238—239页。

[2] 许俊强:《论海事国际公约的适用》,《人民司法》2003年第11期,第16—18页。

新时代法治发展的新面向

国特色社会主义法治体系，实现海洋强国战略，需要立足于海洋领域的法治需求，形成体系合理、结构科学、内容完备的海洋法律体系。用法律明确规定我国海洋权益的基本内涵、保障手段、实现途径等，符合海洋事业的发展趋势和国家与人民长远利益和根本利益。构建更为完善、合理的海洋法律体系，对维护我国海洋权益和国家安全，促进资源、环境、经济协调发展具有重要意义。

（作者为中国社会科学院国际法研究所助理研究员）

实现"一带一路"倡议的法治化体系构建

刘敬东

> 要以"一带一路"建设为重点,坚持引进来和走出去并重,遵循共商共建共享原则,加强创新能力开放合作,形成陆海内外联动、东西双向互济的开放格局。
>
> ——十九大报告

2013年,习近平主席提出共建丝绸之路经济带和21世纪海上丝绸之路的倡议,得到国际社会的广泛关注和积极响应。4年来,"一带一路"建设在全球范围取得重大进展。[1] 无论是从发展规模和覆盖范围还是从国际影响力来评价,"一带一路"已成为当前全球经济发展的主要推动力。作为中国首倡的全球经贸发展新路径,"一带一路"的制度建设和发展模式对于21世纪全球经济治理最终能否成功将产生巨大影响。[2]

构建"一带一路"合作体系无非有两种路径可以选择:一条路径就是采取由中国主导、沿线国家以友好同盟关系为基础而形

---

[1] 截至目前,已经有100多个国家和国际组织参与"一带一路"建设,进度和成果超出预期。参见《习近平2017年5月14日在"一带一路"国际合作高峰论坛开幕式上的演讲》,2017年7月1日(http://news.xinhuanet.com/politics/2017-05/14/c_1120969677.htm)。

[2] 参见苏格《全球视野之"一带一路"》,《国际问题研究》2016年第2期,第4页。

成的、封闭式经济同盟关系,另一条路径就是由中国与沿线各国共同协商建立以规则为导向、开放包容、民主透明的法治化体系。历史经验和教训告诉人们,"小圈子式"的经济同盟模式尽管可能一时热闹,但最终却只能"昙花一现"、不可持续,因此前一路径不宜选择。坚持以规则为导向、开放包容、民主透明的法治化路径,也就是上述第二种路径,不仅是建立新型国际关系的现实需求,更是国际关系保持稳定和可持续发展的必要保证。[①] 只有构建一套法治化体系,选择一条法治化的发展路径,实现国内法治与国际法治的良性互动,"一带一路"才能确保长期、稳定、健康发展。[②]

法治是人类共同的文明成果,通过国际合作制定国际规范,建立可预期的国际制度,进而逐步塑造公正、有效的、法治化的全球治理模式,是人类社会发展进步的必然选择。在不断推进法治中国建设的同时,中国也需要在全球治理的法治化进程中阐述中国的立场,实现国际法治的中国表达。[③] 在当前国内法治建设进入新阶段以及国际经贸关系格局已发生重大历史性变化的今天,构建"一带一路"法治化体系应当成为法治中国建设以及改革全球治理体制的重要使命。

一 构建"一带一路"法治化体系的指导原则

坚持各国共商、共建、共享,遵循平等、追求互利,不仅造

[①] 20世纪世界治理模式的进步就是不断迈向法制理想与目标的制度发展与制度建设进步,推动或促进国际经济贸易治理的法治化。(刘志云主编:《国际关系与国际法学刊》第6卷,厦门大学出版社2016年版,第89—90页。)

[②] 参见赵骏《全球治理视野下的国际法治与国内法治》,《中国社会科学》2014年第10期,第84—85页。

[③] 参见何志鹏《国际法治的中国表达》,《中国社会科学》2015年第10期,第159页。

实现"一带一路"倡议的法治化体系构建

福中国人民,更造福沿线各国人民,这是"一带一路"建设确立的根本宗旨和最终目标,"一带一路"法治化体系必须围绕这一宗旨和目标。"一带一路"既植根于现有国际经贸关系的基础,同时,又是对国际经贸关系的发展、创新,因此,"一带一路"法治化体系要吸收借鉴全球经济治理的成功经验,更应因应国际关系的变化以及时代特点创新发展模式,推动全球治理体制的改革。

现有全球经济治理体制是第二次世界大战后形成的、以发达国家为主导建立的治理体制。[1] 不可否认,这一治理体制及其法律制度为世界经济的增长与国际经贸关系的重建做出了历史性贡献,有其合理和积极的一面,中国也是这一体系的长期参与者和受益者。但必须正视的是,这一治理体制主要反映了西方发达国家的立场,最终有利于西方发达国家,广大发展中国家只能服从它们的"治理"。基欧汉形容这种模式是一种"多国合作的俱乐部模式",造成了国际民主的缺失。[2]

随着广大发展中国家经济实力不断提升,这种"多国俱乐部"模式的不公正、不合理越发凸显。[3] 改革呼声越发强烈,但

---

[1] 关税及贸易总协定、国际货币基金协定与世界银行被公认为战后世界经济发展的三大经济支柱。参见姚梅镇主编《国际经济法概论》,武汉大学出版社1999年版,第622页。

[2] 基欧汉指出:"从1944年布雷顿森林会议开始,有关治理的关键机制就以'俱乐部'的方式来运行。最初,少数富国的内阁部长及同一问题领域的部长级官员聚在一起制定规则。贸易部长们主导了GATT;财政部长们则推动了IMF的工作;国防部长和外交部长会聚北约总部;央行行长则聚首国际清算银行。他们先秘密磋商,然后将相关协议提交国家立法机关并公布于众。直到最近,这种模式仍是不可挑战的。"([美]罗伯特·基欧汉:《局部全球化世界中的自由主义、权力与治理》,门洪华译,北京大学出版社2004年版,第249页。)

[3] 三个国际组织都面临着重大的合法性与问责性危机,因为它们内部的投票与决策结构没有反映全球新的权力关系现实……要让国际经济组织在21世纪全球充满活力的经济中重要、负责、有效,有必要进行重大的制度改革。政府领导人应当将这作为一项优先事务。([加拿大]黛布拉·斯蒂格主编:《世界贸易组织的制度再设计》,汤蓓译,上海人民出版社2011年版,第5页。)

新时代法治发展的新面向

美国等西方传统强国试图采取各种方法和手段来维系这一不合时宜的治理模式：中国等发展中国家经济实力大增导致美国丧失了在世界贸易组织（WTO）多边贸易体制中的绝对主导权，美国已不能像乌拉圭回合那样自行其是，故对新一轮多哈回合谈判采取长期拖延甚至不惜放弃的立场。奥巴马执政期间，美国就开始从"多边"向"区域"性经贸谈判转向，其主导签署的《跨太平洋伙伴关系协定》（TPP）中"美国色彩"极其浓厚，尽管特朗普政府决定退出该协定，宣称将以双边谈判方式缔结所谓能实现美国利益最大化的经贸协定，但无论是区域性还是双边性谈判，美国维持其全球经济体系中霸权地位的意图仍十分明显；以提升中国等发展中国家投票权为核心的国际货币基金组织（IMF）改革，虽未影响到美国拥有的重大决策"否决权"，但对这一改革方案美国国会长时间不予批准，导致国际货币金融体系改革严重滞后，迫于国际压力美国最终同意了IMF投票权改革，但至今仍耿耿于怀；对于中国倡导建立的"亚洲基础设施投资银行"，美国起初非但不予支持，反而采取各种手段阻挠其西方盟友加入该行，唱衰意味十分强烈。上述做法无疑是逆国际形势发展的潮流而动，是霸权思想和"冷战"思维的固守和延续。[①]

面对错综复杂的国际形势以及保护主义的甚嚣尘上，中国提出了具有包容、开放精神的"一带一路"倡议，向国际社会发出了支持贸易与投资自由化的强烈信号。在其推进过程中，理应顺应时代发展潮流，回应改革现有全球经济治理体制的呼声，以鲜明的时代特点创新治理模式，其核心是改变以强凌弱、以大欺小的不公正、不合理的治理体系，推动全球经济治理向公正、合理

---

① 美国上述对华政策转变本身反映了中美实力对比变化，美国已意识到其掌控全球事务能力在下降，也认识到中国崛起引发权势转移对现行国际体系的影响。（赵华：《透视新"美国衰落"争论》，载刘志云主编《国际关系与国际法学刊》第6卷，厦门大学出版社2016年版，第201页。）

实现"一带一路"倡议的法治化体系构建

的方向发展。

结合"一带一路"的宗旨和目的以及改革全球经济治理的时代使命，在当前形势下，构建"一带一路"法治化体系应遵循以下三项原则：

第一，平等、互利原则。这一原则是构建"一带一路"法治化体系的首要指导原则。

中国倡导"一带一路"伊始就提出了共商、共建、共享的发展理念，遵循平等、追求互利的基本原则。这绝非一时冲动或权宜之计，而是中国总结历史经验、推动全球治理体系变革的长期战略。

中国从一个经济发展落后、经济实力弱小的国家发展成为当今世界第二大经济体，其经历的过程是艰苦和不平凡的。曾几何时，美国等西方发达国家动辄以各种借口对中国实施经济制裁，在中国加入WTO谈判中，这些国家罔顾中国的发展中国家地位，肆意抬高要价，以"非市场经济""特殊保障措施"等超WTO义务对中国企业和产品实行歧视性贸易政策，在其国内，针对中国投资长期施以"高标准"安全审查，使中国付出极高的经济代价。[①]"己所不欲，勿施于人"，中国绝不会将自己经历的痛苦强加于别国。

无论是全球治理模式改革要求，还是中国发展的历史经验均表明，"一带一路"体系建构必须遵循平等、互利原则，实现国际经济民主。我们应本着真诚的态度与沿线国家平等协商，通过实际行动取信于沿线国家，绝不以"老大"自居。应深刻认识到沿线国家充分参与"一带一路"合作体系创设的必要性，通过与沿线国家之间多边或双边磋商"一带一路"法律框架，不论是在

[①] 市场经济地位之争不是一个单纯的法律和经济问题，而是美国赖以制衡中国的政治手段。参见孙昭《寸土必争的世贸争端》，知识产权出版社2015年版，第11—14页。

投票权设置还是规则制定方面,都要尊重并倾听各方意见和建议,真正将"一带一路"做成国际集体事业。在这一过程中,深入探寻和理解"一带一路"沿线国家各自真正需要什么,而不能主要由我们自己界定它们需要什么。平等和互利不可分割,"一带一路"建设必须强调公平的利益分配,甚至应偏惠于一些弱国贫国,追求实质平等,通过与沿线国家的真诚合作实现互利共赢的目标。①

第二,规则导向原则。这是"一带一路"法治化的核心,是营造稳定、可预见性发展环境的必然选择。

所谓规则导向,就是要求"一带一路"建设中的合作与开发活动遵循现有国际法原则和规则,尊重普遍适用的国际商业规则和惯例,进行全面的制度构建。同时,规则导向原则还要求参与"一带一路"建设的商事主体尊重东道国制定的法律,要求各国政府及司法机构在解决"一带一路"商事纠纷时尊重国际商事主体选择适用的法律以及相关国际公约和国际惯例。改革传统的全球治理模式,绝不意味着抛弃那些已被实践证明行之有效的国际法原则和规则,这些原则和规则是建立在科学基础之上的人类文明遗产,"一带一路"法治化体系构建应充分发掘和利用这些国际贸易投资法律制度中的宝贵资源。② 在此基础之上,建立一整套由条约、协定、合同、章程等法律文件构成的"一带一路"规则体系。《联合国货物买卖合同公约》《承认及执行外国仲裁裁决的公约》(即《纽约公约》)等国际商事条约为"一带一路"商事活动提供了规则范本。沿线各国属于不同的法系和法律文明,但平等保护原则、诚信原则、正当程序原则等均为其所尊

---

① 时殷弘:《"一带一路":祈愿审慎》,《世界经济与政治》2015年第7期,第151—152页。
② 中国是现行国际秩序的受益者,改革传统治理模式并不意味着全部推倒重来。参见李鸣《国际法与"一带一路"研究》,《法学杂志》2016年第1期,第12—14页。

崇，这些公认的基本法律原则亦应成为"一带一路"法治化体系中必不可少的普遍性法律原则。①

不断完善和创新现代国际法规则，同样是"一带一路"规则导向原则的重要要求。当前，新一轮 WTO 多边回合谈判举步维艰，环境保护、气候变化、互联网经济等新生事物亟待新的国际法规则予以规制。"一带一路"应通过不断的规则创新，推动相关国际法规则进步。

规则导向原则还要求"一带一路"建立适合于自身特点的争端解决体系，及时、公正地解决沿线国家之间、东道国与投资者之间、商事主体之间可能产生的各种争端和纠纷。

第三，可持续发展原则。这是"一带一路"长期健康发展的根基，也是提升"一带一路"品质和国际形象的关键。

自 1992 年联合国环境与发展大会通过的《21 世纪议程》提出"进一步发展国际可持续发展法"的要求以来，国际可持续发展法有了令人瞩目的发展。② 现如今，可持续发展不仅是人类社会发展的总体目标，更是各国肩负的重要法律责任。作为国际合作的新形式，"一带一路"建设应坚持可持续发展原则，并将这一原则落实为实际行动。

在"一带一路"建设中，基础设施和能源领域始终是中国与沿线国家合作的优先领域，基础设施建设和能源开发又是生态环境风险的高发领域，面临着可持续发展的严峻考验。从地域上看，陆上丝绸之路经过欧亚大陆腹地，是全球生态问题突出地区

---

① 有学者主张，应从更大的国际法角度研究"一带一路"体系构建。参见李鸣《国际法与"一带一路"研究》，《法学杂志》2016 年第 1 期，第 15—17 页。

② 环境保护与经济发展相协调原则、行使主权权利不得损害境外环境原则、自然环境和环境的可持续利用原则、国际合作共谋可持续发展原则已成为可持续发展法的核心原则。参见赵建文《"一带一路"与"可持续发展法"》，《人民法治》2015 年第 11 期，第 12—13 页。

之一，而海上丝绸之路沿岸国家大多是发展中国家，同中国一样正面临发展带来的环境污染困扰，"一带一路"沿线国家整体上分散在环境脆弱地区。① 以上因素决定了可持续发展对"一带一路"具有特殊意义。

过去一段时期，"中国环境威胁论""中国生态倾销论"等在国际上颇有市场。这些论调固然反映了西方国家的偏见，但一些中国投资者不顾当地环境乱采滥挖的现象也确有发生，这不但严重破坏了中国的国际形象，也给中国企业造成严重的经济损失。能否将可持续发展原则落实到贸易、投资、基础设施建设等具体项目中，不仅关乎"一带一路"品质和形象，更关乎"一带一路"建设能否长期健康发展。

近年来，国际经济法律制度已将可持续发展作为重要的转型要素。② 在国际投资仲裁实践中，可持续发展相关问题越来越引起仲裁庭的关注。③ "一带一路"对于上述发展态势不能忽视，应将环境保护、气候变化、劳工保护、反腐败等具有可持续发展内涵的国际法规则纳入法治化体系之中。

构建"一带一路"法治化体系，平等、互利是根本指导原则，这是其宗旨所决定的，也是改革全球经济治理体系的要求；

---

① 参见宁红玲、漆彤《"一带一路"倡议与可持续发展原则——国际投资法视角》，《武大国际法评论》2016年第19卷第1期，第232页。
② 以国际投资法为例，最近缔结的国际投资协定中（2008—2013年）超过四分之三包含"可持续发展"的语言，2012年和2013年缔结的所有的投资协定都包含此类规定。2014年签署的18个国际投资协定大部分也都含有确保可持续发展目标的规制权条款。Gordon, K., J. Pohl and M. Bouchard, Investment Treaty Law, Sustainable Development and Responsible Business Conduct: A Fact Finding Survey, OECD Working Papers on International Investment, 2014/01, OECD Publishing, p. 5. UNCTAD, World Investment Preport 2015, p. 112. 转引自宁红玲、漆彤《"一带一路"倡议与可持续发展原则——国际投资法视角》，《武大国际法评论》2016年第19卷第1期，第235页。
③ 参见宁红玲、漆彤《"一带一路"倡议与可持续发展原则——国际投资法视角》，《武大国际法评论》2016年第19卷第1期，第236页。

规则导向原则是法治化体系的核心,是稳定、可预见法律环境的必然选择;可持续发展原则是长期健康发展的根基,否则,"一带一路"将丧失正当性基础,最终"不可持续"。

指导原则确立后,制度内涵建设就成为关键。"一带一路"倡议的核心是推动中国与沿线国家之间开展经济贸易、投资、金融以及基础设施建设等领域的合作,国际贸易、投资、商事、海事规则等国际法律规则应成为"一带一路"法治化体系的制度内涵;"一带一路"建设涉及大量中国与沿线国家市场主体之间的民商事交往,中国与沿线各国的对外经贸法律制度建设以及涉外民商事法律制度亦不可或缺。因此,"一带一路"体系的制度内涵应当包括国际法、国内法两大领域,通过国际法、国内法规则的良性互动,实现法治化的发展目标。

二 "一带一路"法治化体系的国际法内涵

"一带一路"的国际法内涵不仅应包括中国与相关国家和地区签署的既有双边、区域性及多边贸易与投资条约、协定,还应当吸纳国际经贸规则发展的最新成果,以贸易便利化为核心构建国际贸易法规则,以推进沿线国家的基础设施建设为工作重心创新国际投资规则,构建亚洲基础设施投资银行及丝路基金等开发性金融机构的国际金融法律规则,将构建一个代表21世纪国际经济法发展成果的国际条约体系作为其法治化的重要目标。[①]

在国际贸易、投资法领域,中国应与"一带一路"沿线国家

---

① 参见前引,张乃根文,第103页。

一道，共同梳理既有双边、多边贸易和投资协定，以贸易、投资便利化为核心，推动与沿线国家和地区签订不同层级、不同水平的贸易投资协定。① 在这一进程中，以下法律条款应重点加以考虑：

（1）环境条款：可持续发展原则要求参与"一带一路"建设的各国政府及其海外投资者必须肩负起保护海外投资环境的法律义务。中国与"一带一路"沿线国家应借鉴公认的国际环境公约、气候变化公约等国际环境法规则，结合各国经济发展水平和特点，共同谈判设计和制定"一带一路"中的环境条款。"一带一路"沿线国家大多属于发展中国家，面临着经济发展与环境保护之间协调的困境，这无疑是一项艰巨的任务。②

（2）劳工条款。近些年来，劳工标准被国际贸易投资协定接纳的趋势越发明显，在"一带一路"贸易投资协定中确定基本劳工标准，不但符合国际经贸规则的发展趋势，对于沿线各国劳动者的权益维护也是必要的。但在制定过程中，不能忽视这些国家大都属于发展中国家的现实，不能超过各国经济社会发展水平而设置过高标准，且应根据各国不同情况区别对待，为此，中国与沿线国家应充分协商，决不能强加于人。

（3）人权条款。当前，人权保护已逐渐渗透到国际贸易、投

---

① 现有"一带一路"沿线国家签署的自由贸易协定仍体现出碎片化、自由化程度低、覆盖面窄等问题。参见张晓君《司法护航"一带一路"建设》，《人民法院报》2015年7月8日，第32页。

② 现阶段我国签订的投资协定在环境保护方面的规定仍处于较低水平，目前从中国已签订的 BITs 来看，仅在与新加坡和东盟签订的 BITs 中提到了环境保护的条款，但仍较为笼统，并且缺乏监督机制，中国现有 129 项 BITs 中仅有极个别 BITs 在序言中涉及健康问题。这是"一带一路"法治化进程中必须特别关注的议题。参见竺彩华、李诺《全球投资政策发展趋势与构建"一带一路"投资合作条约网络》，《国际贸易》2016年第9期，第63—64页。

资法领域。① 尽管可能存在争议，但无论是缔结新的贸易投资协定，还是建立亚投行等新的国际金融组织，人权都是绕不开的一个问题。"一带一路"建设以促进各国经济发展为目标，本身就是对国际人权事业的重大贡献，因此，"一带一路"不仅不应回避人权话题，而且应理直气壮地阐释对人权原则的理解。中国应与沿线国家一道共同设计贸易投资领域中的人权条款，在贸易投资自由化与人权保护之间建立起法律上的平衡。②

（4）知识产权保护条款。高标准的知识产权保护成为新一代贸易投资协定的一个重要特征，包括：延长著作权的保护时间、加强互联网知识产权保护、对临时性侵权行为的惩罚、降低侵犯知识产权行为的刑事门槛等。③ 作为引领国际合作潮流的"一带一路"应借鉴、吸纳新一代贸易投资协定中知识产权保护条款的相关内容。当然，考虑到"一带一路"沿线国家多为发展中国家的实际情况，中国应与沿线国家根据不同情况，确立多元化知识产权保护标准。

（5）贸易便利化条款。贸易便利化对于"一带一路"建设显得尤为重要，"一带一路"的一项重要目标就是实现区域内商品和服务的互通有无，核心就是便利化。④ "一带一路"应特别

---

① "国际贸易事务以及它影响我们赖以生存的社会的方式，特别是在过去几十年中已引发公众和政治家们的关注。" James Harrison, "The Human Rights Impact of the World Trade Organization", Oxford and Portland, Oregon, Hart Publishing, p. 4.

② Thomas Cottier, Joost Pauwelyn, and Elisabeth Burch, *Linking Trade Regulation and Human Rights in International Law: an Overview*, "Human Rights and International Trade", Edited by Thomas Cottier, Joost Pauwelyn and Elisabeth Burgi Bonanomi, Oxford University Press, 2005, p. 21.

③ TPP在知识产权规则方面的条款规定不仅超出了TRIPs规定的义务，而且与先前的《反假冒贸易规定（ACTA）》相比，不仅覆盖面更广，而且涵盖了实体与程序两方面的规则。参见前引，张乃根文，第98页。

④ 促进投资便利化已成为全球投资政策发展的重要趋势。参见竺彩华、李诺《全球投资政策发展趋势与构建"一带一路"投资合作条约网络》，《国际贸易》2016年第1期，第59—60页。

关注货物通关、商品检验检疫、质量标准、电子商务规则等法律问题。通过程序和手续的简化、适用法律和规定的协调、基础设施的标准化和改善，创造一个协调的、透明的、可预见的营商环境。

除上述条款外，反腐败问题、国有企业问题、竞争法规则等也是新一代贸易投资协定中的重点规制领域，应引起中国与沿线国家高度重视，在这些领域设计具有自身特色的相应规则。

在国际金融法领域，亚投行的成立与运行以及其制定的法律规则，对于国际货币金融规则以及治理体系重构是具有突破意义的实质进展。[①] 中国与参与各方就亚投行建立的宗旨和目的、份额、投票权分配、决策机制、投资导向及标准、成员方资格等充分协商，借鉴世界银行、亚洲开发银行等成功做法，吸取他们的教训，努力推动国际金融制度创新。

亚投行决策机制设计应既考虑各国出资的份额大小，又考虑全体成员方的话语权，设计不同事项、不同类别的决策权分配方案，在投票权问题上真正做到实质平等。[②] 公平、透明、廉洁、高效应成为亚投行奉行的基本原则。公平，是亚投行建立的基础，亚投行对所有成员无论大小均公平对待；透明，是亚投行决策和运行的特色，亚投行全部决策及其过程均应公开、透明；廉洁，是亚投行成功的保障，亚投行自身建设以及投融资项目必须保持廉洁；高效，这一原则要求亚投行及时回应成员方诉求，减少繁文缛节，高效地为成员方提供服务。

亚投行成立以来成功运行，为"一带一路"建设做出了突出

[①] 参见前引张乃根文，第95页。
[②] IMF 的决策机制采用的是加权表决制，其缺陷是美国一家独大，有权否决 IMF 所有重要决策。WTO 采用的是"协商一致"原则，好处在于，不论国家大小，一律平等，均有权否决 WTO 重要决策，但其弊端也十分明显——无法就国际贸易领域中的重要问题尽快做出决定，导致体制僵化。

贡献，其制度设计应日臻完善，成为当今国际金融治理的典范。

三 "一带一路"法治化体系中的国内法内涵

在国际治理中，国内法治和国际法治始终相互贯通、相互渗透、相互影响，共同为国际治理的推进提供坚实的法律制度保障。[①]"一带一路"法治化要通过国内法治与国际法治的互动来实现，中国与沿线国家在充实"一带一路"国际法内涵的同时，应为"一带一路"营造良好的国内法律环境，平等保护各国商事主体利益。为此，各国应在投资者保护、涉外民商事审判、国际仲裁裁决承认与执行以及司法协助等领域加强合作，在条件成熟时，推动形成国际法规则。

根据"一带一路"建设的特点，其国内法内涵应包括两方面内容：一是与"一带一路"密切相关的涉外经贸法律制度建设，一是中国与沿线国家的涉外民商事法律制度及司法运用。

在对外经贸法律制度建设方面，中国与沿线各国应特别注重贸易、投资领域的开放以及涉及公平市场环境的国内法问题。在这方面，中国已经做出巨大努力。自2013年上海自贸试验区设立以来，通过在自贸区内各项深化改革或扩大开放的制度实验，中国已初步建立了以准入前国民待遇和负面清单制度在内的贸易投资法律创新体系。2016年8月，中国政府决定在辽宁省、浙江省、河南省、湖北省、重庆市、四川省、陕西省新设立7个自贸试验区，在更广领域、更大范围形成各具特色、各有侧重的试点格局，推动全面深化改革扩大开放。中国不仅应将自贸试验区的成功经验适时转化为相关领域的国内立法，还应及时推广至中国

[①] 参见贺荣《论中国司法参与国际经济规则的制定》，《国际法研究》2016年第1期，第7页。

与沿线国家签订的双边或区域性自贸协定之中,与此同时,将"一带一路"形成的国际法规则及时反映到国内自贸试验区制度之中,实现国内自贸试验区与"一带一路"持续互动。①

"一带一路"体系国内法内涵中的另一个重要内容就是中国与沿线国家涉外民商事法律制度及其司法运用,这对于降低"一带一路"法律风险、增强投资者信心至关重要。近年来,中国在涉外民商事法律建设领域取得了重大进步,服务与保障"一带一路"的司法举措不断出台,展示了中国司法开放、包容的态度。

在涉外民商事领域,中国的司法机构一方面创新现有涉外民商事法律制度,通过审理涉"一带一路"建设相关案件,维护各类市场主体的合法权益,平等保护中外当事人的利益;另一方面,大力开展"一带一路"沿线国家之间的司法合作,推动各国间的司法协助,解决司法管辖冲突、国际平行诉讼问题和司法判决、仲裁裁决的承认与执行问题。通过上述举措,形成了有利于"一带一路"建设的良好国内司法环境。

2015年7月,最高人民法院颁布实施《关于人民法院为"一带一路"建设提供司法服务和保障的若干意见》(以下简称《意见》)。该意见紧密结合"一带一路"建设的特点和我国涉外商事海事审判工作实践,借鉴国际先进司法理念,在管辖权、司法互惠、适用国际条约和惯例、外国法查明、涉外仲裁裁决的司法审查等多方面做出了创新性规定。②

(1)管辖权制度。《意见》在管辖权方面的规定总结借鉴了其他国家相关立法和司法判例,科学合理地确定涉"一带一路"案件的联结因素,为积极行使我国法院的司法管辖权迈出重要一

---

① 参见前引,张乃根文,第101页。
② 《法学专家解读〈最高人民法院关于人民法院为"一带一路"建设提供司法服务和保障的若干意见〉》,《人民法院报》2015年7月8日。

步。同时，强调根据"意思自治"原则，充分尊重中外市场主体协议选择司法管辖的权利；通过与沿线国家的司法机构友好协商，减少涉外司法管辖的国际冲突，逐步与沿线国家建立司法合作渠道和机制，从而妥善解决国际平行诉讼问题。

（2）司法互惠。跨境送达、取证是国际民事诉讼必不可少的法律程序，承认与执行外国法院判决的重要性不必多言，如果得不到他国法院的承认与执行，当事人付出再高代价赢得的判决也只不过是一张废纸。《意见》提出在一定条件下中国法院将先行给予他国司法优惠，这对于沿线国家当事人而言不啻为一个重大利好。①

2017年6月8日，第二届中国—东盟大法官论坛通过了《南宁声明》，第7项规定反向推定互惠关系的共识，这标志着互惠原则在司法实践中取得更大突破。②尽管这仅是中国与东盟国家法院之间的重要共识，但中国推动"一带一路"沿线国家司法互惠的意愿进一步彰显。

（3）适用国际条约和外国法。《意见》提出，人民法院应严格依照《维也纳条约法公约》第31条和32条规定的解释通则，根据条约用语通常所具有的含义按其上下文并参照条约的目的及宗旨对国际条约进行善意解释。

这是我国第一次在国内重要司法文件中直接写入国际公认的条约解释通则，对于准确适用国际公约、提升国内民商事判决的

---

① 石静霞：《司法助力"一带一路"战略的有效实施》，《人民法院报》2015年7月8日。

② 《南宁声明》第7项规定："区域内的跨境交易和投资需要以各国适当的判决的相互承认和执行机制作为其司法保障。在本国国内法允许的范围内，与会各国法院将善意解释国内法，减少不必要的平行诉讼，考虑适当促进各国民商事判决的相互承认和执行。尚未缔结有关外国民商事判决承认和执行国际条约的国家，在承认与执行对方国家民商事判决的司法程序中，如对方国家的法院不存在以互惠为理由拒绝承认和执行本国民商事判决的先例，在本国国内法允许的范围内，即可推定与对方国家之间存在互惠关系。"

国际公信力具有十分重要的意义。在国际商业交易中，已形成了大量各国普遍接受的国际惯例，准确适用这些国际惯例，对于案件裁判国际认可度提升无疑是非常积极的。①

根据意见规定，当相关案件涉及外国法律适用时，法院将依照我国《涉外民事关系法律适用法》等冲突规范的规定，全面综合考虑法律关系的主体、客体、内容、法律事实等涉外因素，充分尊重当事人选择准据法的权利，积极查明和准确适用外国法，消除沿线各国中外当事人国际商贸往来中的法律疑虑。《意见》为"一带一路"建设参与者自由选择合同所适用的法律创造了良好条件，促使它们更愿意选择中国法院来解决民商事纠纷。

（4）司法支持国际仲裁。作为国际通行的跨国民商事领域纠纷解决方式，国际仲裁最终能否有效解决纠纷很大程度上依赖于主权国家对待仲裁的态度和司法立场。《意见》首次将支持仲裁作为一项法律原则纳入最权威司法文件。

在开展涉"一带一路"案件国际商事仲裁裁决司法审查工作时，人民法院将严格依照《纽约公约》对于依法应当承认和执行的仲裁裁决，依法及时予以承认和执行。对于那些尚未参加《纽约公约》的沿线国家仲裁机构做出的仲裁裁决，将本着互惠的原则对依法应当承认和执行的仲裁裁决，及时予以承认和执行。通过审理"一带一路"建设相关仲裁司法审查案件，中国法院将不断强化仲裁司法审查报告制度，推广仲裁司法审查案件统一归口涉外审判庭审查的工作机制，确保仲裁司法审查规范统一、公正高效。

除以上创新外，《意见》特别提出，要研究"一带一路"建设中的国际经贸争端解决机制，探索司法支持贸易、投资等国际

---

① 张晓君：《司法护航"一带一路"建设》，《人民法院报》2015年7月8日。

争端解决机制充分发挥作用的方法与途径,保障沿线各国双边投资保护协定、自由贸易区协定等协定义务的履行。这表明,中国司法机关将积极支持国际争端解决机制在"一带一路"建设中发挥作用,进一步保障中外投资者的合法权益。[①]

《意见》在涉外民商事法律领域做出的诸多创新彰显了中国将以包容、开放的态度推进"一带一路"法治化的决心和信心。为进一步落实这些举措,最高人民法院还应当深入研究国家主权豁免、"法庭之友"、法律援助、透明度等重要涉外民商事法律问题,及时推出相关司法政策。

除自身努力外,中国应通过各种渠道向"一带一路"沿线国家宣传中国涉外民商事法律及司法制度所取得的进步,还应与"一带一路"沿线国家充分利用现有司法合作平台,适时建立"一带一路"司法论坛,就涉"一带一路"民商事案件面临的法律问题以及司法协助问题进行协商,共同丰富"一带一路"国内法内涵。[②]

四 "一带一路"法治化体系中的争端解决机制

争端解决机制是法治化进程中必不可少的环节,缺少公正、高效的争端解决机制,"一带一路"将无法保持长期、稳定发展。构建"一带一路"争端解决机制需要从国际、国内两个层面深思谋虑,需要国际争端解决机制与国内司法机制之间的有机结合。结合"一带一路"的特点,"一带一路"争端解决机制应遵循以

---

① 韩秀丽:《积极探索司法支持投资争端解决机制》,《人民法院报》2015年7月8日。

② 现有"上海合作组织"最高法院院长会议、亚太首席大法官会议、中国—东盟大法官会议、金砖国家大法官会议等机制。贺荣:《论中国司法参与国际经济规则的制定》,《国际法研究》2016年第1期,第12页。

下指导原则:[1]

第一,平等协商、谈判的解决争端。

坚持各国共商、共建、共享的宗旨要求"一带一路"建设中一旦发生争端,当事各方应尽最大努力通过协商、谈判的方式加以解决,这应成为"一带一路"争端解决机制构建的首要原则。[2] 在这方面,WTO 争端解决机制可资借鉴。磋商是 WTO 案件进入实质审理之前的法定前置程序,使得成员方之间的大量贸易争端在磋商阶段就已妥善解决,并未进入实质审理。[3] 此外,无论案件在专家组阶段、上诉审阶段还是执行阶段,WTO 均鼓励争端各方通过协商、谈判的方式解决,确保许多争端不致进入到最终的强制执行程序中。

中国与各沿线国家、政府应鼓励并促使国家间、投资者与东道国间、商事主体之间友好协商解决争端,应充分利用中国与沿线各国已搭建的平台,如,中国东盟 10 + 1 领导人会议机制、中国—中东欧国家合作机制、中国—阿拉伯国家合作论坛、中非论坛等多边合作机制协商解决相关经贸争端,创造团结友善、富有亲和力的合作氛围。

第二,尊重现代国际法规则及公认的国际商事规则。

"一带一路"争端解决机制应充分尊重并运用现代国际法规则,各类商事主体之间争端解决也必须遵循国际商事交易规则,寻求可依据的共同法律基础。

这一原则还要求"一带一路"争端解决机制采取国际公认的仲裁、调解、斡旋等多元化纠纷解决方式,不仅应尊重 WTO 等国际机构做出的裁决以及国际投资仲裁裁决,还应当在其国内司

---

[1] 参见蒋圣力《论"一带一路"战略背景下的国际经贸争端解决机制的建立》,《云南大学学报》(法学版) 2016 年第 29 卷第 1 期,第 76 页。

[2] 同上书,第 79 页。

[3] 参见 WTO《关于争端解决规则和程序的谅解》第 4 条规定。

法机构审理涉"一带一路"民商事案件中,尊重并运用现代国际法规则和国际商事规则。①

第三,推动"一带一路"司法合作与协助。

成功的争端解决机制离不开高效、便利的司法合作与协助机制。"一带一路"沿线国家文化传统不同,法律制度各异,横跨大陆法系、普通法系、伊斯兰法系等世界几大法系,这就需要在"一带一路"沿线国家间开展并推动司法合作与协助,以确保争端解决的最终成果落到实处。高效、便捷的司法合作与协助机制对于营造"一带一路"法治化营商环境的意义非同小可,中国与"一带一路"沿线国家应为此相向而行。

构建"一带一路"争端解决机制是一项复杂而艰巨的系统工程,不仅要依靠现有国际争端解决机制,还要依靠国内司法机制,只有将国际、国内两方面的机制有机结合、形成合力,才能真正实现公正、高效解决争端的最终目标。

首先,中国与"一带一路"沿线许多国家是WTO成员,也与许多沿线国家同属《华盛顿公约》缔约国,WTO争端解决机制、《华盛顿公约》项下的国际投资争端解决中心等为"一带一路"争端解决提供了有效的法律途径。此外,中国与"一带一路"沿线国家还签署了《区域性自由贸易协定》和《双边投资保护协定》,这些协定中含有诸多争端解决条款和解决机制,应

---

① 有的学者认为,"一带一路"争端解决机制不易照搬或直接诉诸既有的国际贸易争端解决机制。(蒋圣力:《论"一带一路"战略背景下的国际经贸争端解决机制的建立》,《云南大学学报》(法学版)2016年第29卷第1期,第76—78页。)但笔者认为,因为"一带一路"沿线许多国家都是WTO的成员以及《华盛顿公约》缔约国,相关贸易或投资争端诉诸WTO争端解决机制或《华盛顿公约》项下的投资仲裁机制是这些国家必须履行的国际条约义务。正确的做法是,应当将现有国际经贸争端解决机制与"一带一路"争端解决机制相结合,形成有机统一,共同为"一带一路"服务。

充分运用。①

在各方面条件成熟时,特别是符合"一带一路"沿线国家共同意愿的情形下,可结合"一带一路"的特点,共同构建"一带一路"创新性争端解决机制。目前,中国应与沿线国家一道探讨推动在亚投行、丝路基金等合作框架下建立新的争端解决机制的可能性。②

内国司法机制对于"一带一路"民商事主体之间的争端以及国际商事仲裁及投资仲裁裁决的承认与执行而言至关重要,理应成为"一带一路"争端解决机制的重要组成部分,沿线国家应为此开展广泛而深入的司法协助与合作。在这方面,中国的涉外民商事司法审判勇于开拓,已做出表率,还应进一步探讨建立国际商事法庭、国际商事调解委员会、国际仲裁机构"三位一体"的创新性涉外民商事司法机制。可见,理想中的"一带一路"争端解决机制应当是一套多层次、立体化、国际机制与国内机制相互配合、良性互动的争端解决机制。

五 结论

"一带一路"是中国在新的历史时期根据国际国内形势的新发展、新变化提出的重大倡议,得到了世界上许多国家和国际组织的响应,现已成为全球经济发展的重要推动力。只有构建科学的法治化体系,营造稳定的、可预见性的法治环境,才能确保"一带一路"建设的长期、稳定、健康发展。

平等、互利原则、规则化导向原则、可持续发展原则是构建

---

① 关于我国与"一带一路"沿线国家签署的自由贸易协定情况,参见张晓君《司法护航"一带一路"建设》,《人民法院报》2015年7月8日。

② 蒋圣力:《论"一带一路"战略背景下的国际经贸争端解决机制的建立》,《云南大学学报》(法学版)2016年第29卷第1期,第79—80页。

实现"一带一路"倡议的法治化体系构建

"一带一路"法治化体系应遵循的指导原则。这一体系应包括国际法和国内法两大内涵：在国际法方面，依靠中国与相关国家和地区签署的既有双边、多边贸易与投资合作机制，融入国际金融法、投资法和贸易法发展的最新成果，创新国际经贸规则，构建一个代表 21 世纪国际经济法发展成果的国际条约体系。在国内法方面，在对外经贸法律制度建设方面，中国与沿线各国应特别注重贸易、投资领域的开放以及涉及公平市场环境的国内法问题，改革、完善现有涉外民商事法律制度及司法运用，降低"一带一路"建设中的法律风险，平等保护中外当事人的利益，为此，应推动沿线国家之间的司法合作，解决司法管辖冲突、国际平行诉讼和司法判决、仲裁裁决的承认与执行等问题。中国已在这方面迈出了坚实的一步，充分展示了开放、包容的态度。

"一带一路"法治化体系离不开公平、高效的争端解决机制，应坚持通过平等协商、谈判解决争端，运用现代国际法规则及公认的国际商事规则解决争端，推动司法合作与协助的原则构建"一带一路"争端解决机制。中国与沿线国家应立足于现有国际争端解决机制，协商建立创新性争端解决机制，充分运用内国司法机制，形成多层次、立体化、国际机制与国内机制相互配合、良性互动的争端解决格局。

（作者为中国社会科学院国际法研究所研究员）